国家出版基金项目

NATIONAL PUBLICATION FOUNDATION

中国宗教文学史

吴光正 主编

第十二卷 下册

中国佛教文学研究索引

吴光正 编著

北方文艺出版社

哈尔滨

图书在版编目（CIP）数据

中国佛教文学研究索引 / 吴光正编著 . — 哈尔滨：
北方文艺出版社，2023. 10
（中国宗教文学史 / 吴光正主编）
ISBN 978-7-5317-5821-1

Ⅰ . ①中… Ⅱ . ①吴… Ⅲ . ①佛教文学 - 文学史研究 -
中国 - 文献 - 索引 Ⅳ . ①Z89：I207. 99

中国版本图书馆 CIP 数据核字（2023）第 027026 号

中国佛教文学研究索引
ZHONGGUO FOJIAO WENXUE YANJIU SUOYIN

编　　著 / 吴光正	丛书主编 / 吴光正
责任编辑 / 王学刚　林宏海	封面设计 / 琥珀视觉
出版发行 / 北方文艺出版社	邮　编 / 150080
发行电话 /（0451）86825533	经　销 / 新华书店
地　址 / 哈尔滨市南岗区宣庆小区 1 号楼	网　址 / www. bfwy. com
印　刷 / 哈尔滨久利印刷有限公司	开　本 / 787mm×1092mm　1/16
字　数 / 728 千字	印　张 / 66. 75
版　次 / 2023 年 10 月第 1 版	印　次 / 2023 年 10 月第 1 次印刷
书　号 / ISBN 978-7-5317-5821-1	定　价 / 248. 00 元

项目来源：国家社科基金重大项目《中国宗教文学史》（15ZDB069）

学术顾问：宇文所安　孙昌武　李丰楙

　　　　　　陈允吉　　郑阿财　项　楚

　　　　　　高田时雄

丛书主编：吴光正

《中国宗教文学史》导论

吴光正

《中国宗教文学史》包括"中国道教文学史"、"中国佛教文学史"、"中国基督教文学史"、"中国伊斯兰教文学史"四大板块，是一部涵盖汉语、藏语、蒙古语等语种的大中华宗教文学史。经过多次会议①，无数次探讨②，我们以为，编撰这样一部大中华宗教文学史，编撰者需要探索如下理论问题。

---

① 《中国宗教文学史》编撰学术研讨会（2012 年 8 月 28—30 日，黄梅）、宗教实践与文学创作暨《中国宗教文学史》编撰国际学术研讨会（2014 年 1 月 10—14 日，高雄）、宗教实践与星云法师文学创作学术研讨会（2014 年 9 月 12—16 日，宜兴）、第三届佛教文献与佛教文学国际学术研讨会（2014 年 10 月 17—21 日，武汉、黄梅）、宗教生命关怀国际学术研讨会（2015 年 12 月 18—19 日，高雄）、第三届宗教实践与文学创作暨《中国宗教文学史》编撰国际学术研讨会（2016 年 12 月 16—18 日，武汉）、从文学到理论——星云法师文学创作学术研讨会（2017 年 11 月 18—19 日，武汉）、《中国宗教文学史》审稿会（2018 年 1 月 10—11 日，武汉）、"古代中国的族群、文化、文学与图像国际学术研讨会"（2019 年 6 月 22—23 日，武汉）、中国文学史编撰研讨暨国家社会科学基金重大项目"中国宗教文学史"结项鉴定会（2021 年 12 月 4 日，武汉）。参见李松：《〈中国宗教文学史〉编撰研讨会召开》，《长江学术》2013 年第 2 期；张海翔：《宗教和文学联袂携手，弘法与创作结伴同行——宗教实践与文学创作暨〈中国宗教文学史〉编撰国际学术研讨会综述》，《哈尔滨工业大学学报》2014 年第 3 期；张海翔：《第三届宗教实践与文学创作暨〈中国宗教文学史〉编撰国际学术研讨会成功举办》，《长江学术》2017 年第 2 期；张海翔：《〈中国宗教文学史〉审稿会成功举行》，《长江学术》2018 年第 2 期；孙文歌："古代中国的族群、文化、文学与图像国际学术研讨会"召开》，《文学遗产》2019 年第 5 期；孙文歌：《中国文学史编撰研讨会在武汉大学召开，"中国宗教文学史"结项鉴定会同期举办》，《长江学术》2022 年第 2 期。

② 吴光正、何坤翁：《坚守民族本位 走向宗教诗学》，《武汉大学学报》2009 年

一、宗教文学的定义

宗教文学即宗教实践（修持、弘传、济世）中产生的文学。它包含三个层面的内涵。

第 3 期；吴光正：《"宗教文学与宗教文献"开栏辞》，《江西师范大学学报》2010 年 2 期；吴光正：《中国宗教文学史研究（专题讨论）》，《哈尔滨工业大学学报》2012 年第 3 期；吴光正：《宗教文学史：宗教徒创作的文学的历史》，《武汉大学学报》2012 年第 2 期；吴光正：《扩大中国文学地图，建构中国佛教诗学——〈中国佛教文学史〉刍议》，《哈尔滨工业大学学报》2012 年第 3 期；吴光正：《"宗教实践与文学创作"开栏弁言》，《贵州社会科学》2013 年第 6 期；吴光正：《佛教实践、佛教语言与佛教文学创作》，《学术交流》2013 年第 2 期；吴光正：《宗教文学研究主持人语》，《学术交流》2014 年第 8 期；吴光正：《民族本位、宗教本位、文体本位与历史本位——〈中国道教文学史〉导论》，《贵州社会科学》2014 年第 5 期；吴光正：《宗教实践与近现代中国宗教文学研究（笔谈）》，《哈尔滨工业大学学报》2015 年第 5 期；吴光正：《〈中国宗教文学史〉导论》，《学术交流》2015 年第 9 期；刘湘兰：《先秦两汉宗教文学论略》，《哈尔滨工业大学学报》2012 年第 3 期；李小荣：《论中国佛教文学史编撰的原则》，《学术交流》2014 年第 8 期；李小荣：《汉译佛典文学研究的回顾与展望》，《武汉大学学报》2012 年第 2 期；李小荣：《疑伪经与中国古代文学关系之检讨》，《哈尔滨工业大学学报》2012 年第 6 期；赵益：《宗教文学·中国宗教文学史·魏晋南北朝道教文学史》，《哈尔滨工业大学学报》2012 年第 3 期；高文强：《魏晋南北朝佛教文学之差异性》，《武汉大学学报》2012 年第 2 期；王一帆：《21 世纪中国宗教文学研究动向之一——新世纪中国宗教文学史研究综述》，《文艺评论》2015 年第 10 期；罗争鸣：《宋代道教文学概况及若干思考》，《哈尔滨工业大学学报》2012 年第 3 期；张培锋：《宋代佛教文学的基本情况和若干思考》，《武汉大学学报》2012 年第 2 期；张培锋：《论宋代文艺思想与佛教》，《哈尔滨工业大学学报》2014 年第 3 期；李舜臣：《中国佛教文学：研究对象·内在理路·评价标准》，《学术交流》2014 年第 8 期；李舜臣：《〈明代佛教文学史〉编撰刍议》，《学术交流》2012 年第 5 期；李舜臣：《〈辽金元佛教文学史〉研究刍论》，《武汉大学学报》2012 年第 2 期；余来明：《明代道教文学研究的几个问题》，《云南大学学报》2013 年第 4 期；鲁小俊：《清代佛教文学的文献情况与文学史编写的体例问题——〈清代佛教文学史〉编撰笔谈》，《哈尔滨工业大学学报》2015 年第 5 期；贾国宝：《中国现代佛教文学研究的回顾与展望》，《贵州社会科学》2016 年第 8 期；索南才让、张安礼：《藏传佛教文学论略》，《江西师范大学学报》2013 年第 5 期；树林：《蒙古族佛教文学研究回顾与前瞻》，《蒙古学研究年鉴（2017 年卷）》，2019 年 5 月；宋莉华：《基督教汉文文学的发展轨迹》，《武汉大学学报》2012 年第 2 期；荣光启：《现当代汉语基督教文学史漫谈》，《武汉大学学报》2012 年第 2 期；马梅萍：《中国汉语伊斯兰教文学史的时空脉络与精神流变》，《武汉大学学报》2013 年 6 期；马梅萍：《中国汉语伊斯兰教文学述略》，《中国宗教文学史编撰研讨会论文集》，北方文艺出版社，2015。我们的讨论也获得了学术界的支持和呼应：张子开、李慧：《隋唐五代佛教文学研究之回顾与思考》，《哈尔滨工业大学学报》2012 年第 3 期；吴真：《唐代道教文学史刍议》，《哈尔滨工业大学学报》2012 年第 3 期；李松：《中国现当代道教文学史研究的回顾与省思》，《学术交流》2013 年第 2 期；郑阿财：《论敦煌文献对中国佛教文学研究的拓展与面向》，《长江学术》2014 年第 4 期。

一是宗教徒创作的文学。宗教徒身份的确定，应依据春秋名从主人之义（自我认定）、时间之长短等原则来处理。据此，还俗的贾岛、临死前出家的刘勰、遁迹禅林却批判佛教之遗民屈大均等不得列为宗教作家；政权鼎革之际投身方外者，其与世俗之关系，当以宗教身份来要求，不当以政治身份来要求；早期宗教史上的一些作家可以适当放宽界限。

宗教徒文学具有神圣品格与世俗品格。前者关注的是人与神、此岸与彼岸的超越关系，彰显的是宗教家的神秘体验和内在超越；后者关注的是宗教家与民众及现实的内在关联，无论其内容如何世俗乃至绮语连篇，当从宗教作家的宗教身份意识来加以考察，无常观想也罢，在欲行禅也罢，弘法济世也罢，要做出符合宗教维度的界说。那些违背宗教精神的作品，不列入《中国宗教文学史》的研究范围。

二是虽非宗教徒创作，但出于宗教目的、用于宗教场合的文学。这类作品包括如下两个层面：

宗教神话、宗教圣传、宗教灵验记等神圣叙事类作品。其著作权性质可以分为编辑、记录、整理和创作。编辑、记录、整理的作品，其特征是口头叙事、神圣叙事的案头化；创作的作品，则融进了创作者个人的宗教理念和信仰诉求。

用于仪式场合，展示人神互动、表达宗教信仰、激发宗教情感的仪式性作品。这类作品有不少是文人创作的，具有演艺性、程式性、音乐性等特征。许多作品在宗教实践中传承演变，至今依然是宗教仪式中的经典，有的作品甚至保留了几百年、上千年前的原貌，称得上是名符其实的活化石。

三是文人参与宗教实践、因有所感触而创作的表达宗教信仰、宗教体验的作品。在这个层面上，"宗教实践"可作为弹性概念，"宗教信仰"和"宗教体验"应该作为刚性概念。文人创作与宗教有关的作品，有的当作一种信仰，有的当作一种生活方式，有的当作一种文化资源，有的当作一种文化批判，其宗教性差异非常大，要做仔细辨别。只有与宗教信仰和宗教体验有关的作品才可以纳入宗教文学的范畴。因此，充斥于历代文学总集、选集、别集中的，与宗教信仰和宗教体验关系不大的唱和诗、游寺诗这类作品不纳入宗教文学的范畴。

本部分仅仅包括文人创作的"文"类作品，不包括文人创作的碑记、序跋等"笔"类作品。文人创作的"笔"类作品可以作为宗教徒创作的背景材料和阐述材料。

尽管教内的认可度宽延尺度不一，文人创作的宗教性仍要参考教内的认可度。有的文人被纳入宗教派别的法嗣，有的文人被写入教内创作的宗教传记如《居士传》等，这是很好的参考标准。

梳理这部分作品时，应从现象入手，将有关文人的作品纳入相关章节，并进行理论概括。理由如下：几乎所有古代文人都会写有关宗教的作品，其宗教性程度不等，甚至有大量反宗教的作品，所以需要从上述层面进行严格限定；几乎所有古代文人所写的与宗教相关的作品都只是其创作中的一个小景观，《中国宗教文学史》不宜设过多章节来介绍某一世俗作家及其作品，否则，中国宗教文学史就成了一般文学史。

这三部分之间的关系，应该遵循如下原则：宗教徒创作的文学是中国宗教文学史的"主体"，用于宗教场合的非宗教徒创作的作品是中国宗教文学史的"补充"，文人参与宗教实践而创作的表达宗教信仰、宗教体验的作品是中国宗教文学史的"延伸"。编撰

《中国宗教文学史》时，要用清理"主体"和"补充"部分所确立起来的理论视野对"延伸"部分进行界定和阐释，"延伸"部分所占比例要比其他部分小。这样，就可避免宗教文学内涵与外延的无限扩大。

我们对宗教文学的界说，是在总结百年中国宗教文学研究、中国宗教研究经验和教训的基础上展开的。

百年中国宗教文学研究关注的主要是"宗教与文学"这个领域，[①] 事实层面、文献层面的清理成就斐然，但阐释层面存在不少隔靴搔痒的现象，其关键在于对宗教实践和宗教徒文学的研究相对匮乏。我们甚至可以认为，不了解宗教实践与宗教徒的文学创作，我们就无法对"宗教与文学"做出比较到位的阐释。纵观百年中国宗教文学研究史，在"宗教与文学"层面做出卓越贡献的学者对宗教实践、宗教思维的体会往往很深刻，因此对宗教文学文献的释读也很到位。从宗教徒的角度来说，宗教实践是触发其文学创作的唯一途径。宗教徒创作的文学作品，有的是出于宣教的功利目的，有的是出于感悟与体验的审美目的，有的是出于个人的宗教情怀，有的是出于教派的宗教使命，但无一不与其宗教实践的方式和特性密切相关，无一不与其所属宗教或教派的宗教理念和思维方式密切相关。从"宗教实践"的角度来界说宗教文学，目的在于切除关系论、影响论下的文学作品，纯化论述对象，把握宗教文学的本质。任何界说，作为一种设定，都具有其合理

---

① 吴光正：《二十世纪大陆地区"道教与古代文学"研究述评》，《文与哲》（台湾）2006 年第 9 期；吴光正：《二十世纪"道教与文学"研究的历史进程》，《文学评论丛刊》2007 年第 9 卷第 2 辑；何坤翁、吴光正：《二十世纪"佛教与古代文学"研究述评》，《世界宗教研究》2013 年第 3 期；吴光正：《域外中国道教文学研究述评》，《中国文哲研究通讯》（台湾）2021 年第 31 卷第 2 期。

性和局限性。本设定作为《中国宗教文学史》论述对象的理论界定，需要贯彻到具体的章节设计之中。

百年中国宗教研究，从业人员以哲学界人士占主导地位，哲学模式的宗教研究成果无比丰硕，从业人员不多的史学界在这个领域也留下了经典论著。国内近几十年的宗教研究一直是哲学模式一统天下，有力地推进了中国宗教研究的历史进程。但是，宗教是一个复杂的精神现象和社会现象，需要多维度、多学科加以观照。在目前的研究态势下，更需要强化史学、社会学、政治学、民族学、人类学、文学、心理学等学科的观照，辨析复杂、多元的宗教史实，还原宗教实践场景。有学者指出，目前出版的所有《中国道教史》居然没有一本介绍过道教实践中最为关键的一环——受箓，因此，倡导多元的研究维度还是必要的。在阅读中国宗教研究著作时，学者们常常会反思：唐代以后，大规模的宗教经典创作和翻译工作已经结束，不再产生新宗教教派或新宗教教派不以理论建构见长，哲学模式主导的宗教研究遂视唐以后的宗教彻底走向衰败，结果导致宋元明清宗教史一直被学术界忽视，连基本事实的清理都未能完成，宗教实践的具体情形更是无从谈起。近些年来，宗教学界已经注意到这个问题，并陆续出版了不少精彩的论著。笔者在这里想强调的是，如果能从宗教实践的立场来研究这段历史，结论一定会很精彩。近一百年来，中国宗教史研究所使用的材料主要是经典、经论、史籍和碑刻，对反映宗教实践的宗教徒文学创作关注不够，导致许多研究无法深入。比如，王重阳用两年六个月的时间在山东半岛收了七大弟子后即羽化，他创建的全真教因何能够发展壮大，最后占了道教的半壁江山？史籍和碑刻资料很难回答这个问题，王重阳和全真七子的文学创作却能够回答这个问题。① 明末清初的佛教其实非常繁荣，但是通过史籍和经论很难说清楚，不过，中国台湾学者廖肇亨的研究却很好地解决了这个问题，② 原因就在于他能够读僧诗、解僧诗。从宗教实践的角度来看，就是被哲学模式研究得非常深入的唐宋禅学，也有重新审视的必要。哲学擅长的是思辨，强调概念和推理，而禅学偏偏否定概念和推理，甚至否定经典和文字，讲究的是"悟"，参禅、教禅强调的是不立文字、不离文字，即绕路说禅，具有很强的诗学意味。因此，从宗教实践的角度来看，唐宋禅学研究应该是语言学界和文学研究界擅长的领域。③

可见，无论是从宗教史还是从文学史的立场，宗教实践都是一个最为关键的切入点。

二、宗教文学经典与宗教文学文献

从宗教实践的角度将宗教徒的文学创作确立为宗教文学的主体，需要解决的问题是如何认定宗教文学经典、如何收集宗教文学文献。在课题组组织的会议上，我们都面临着这样的问题：宗教徒的文学创作有经典吗？对此，我们的回答是：宗教文学从来不缺经典，缺的是经典的发现和经典的阐释。

关于宗教文学经典的认定，我们觉得应该从如下层面加以展开。一是要从宗教实践的立场审视宗教文学作品的功能，对宗教

---

① 吴光正：《金代全真教掌教马丹阳的诗词创作及其文学史意义》，《世界宗教研究》2019 年第 1 期；吴光正：《试论马丹阳的诗词创作及其宗教史意义》，《宗教学研究》2021 年第 1 期。

② 廖肇亨：《中边·诗禅·梦戏：明末清初佛教文化论述的呈现与开展》，允晨文化实业股份有限公司，2008。

③ 周裕锴：《禅宗语言》，复旦大学出版社，2017；周裕锴：《法眼与诗心：宋代佛禅语境下的诗学话语建构》，中国社会科学出版社，2014。

文学的"文"类、"笔"类作品之优劣加以评估，确立其经典性。二是要强调宗教性和审美性的统一。具备召唤能力和点化能力的作品才是好作品，能激发宗教情感的作品才是好作品，美感和了悟兼具的作品才是好作品。三是要凸显杰出宗教徒在文学创作中的核心地位。俗话说："诗僧未必皆高，凡高僧必有诗。""诗僧"产出区域与"高僧"产出区域往往并不重叠。因此，各宗教创始人、各教派创始人、各教派发展史上的杰出人物的创作比一般的宗教徒创作更具经典性。因此，《真诰》《祖堂集》中的诗歌比一般的宗教徒如齐己的别集更具有经典性。四是要从宗教传播中确立经典。很多作品在教内广泛流传，甚至被奉为学习、参悟之典范，甚至被固定到相关的仪式中而千年流转。流行丛林之《牧牛图颂》《拨棹歌》《十二时歌》《渔父词》一类作品应该作为丛林之经典；在宗教仪式中永恒之赞美诗、仙歌道曲应该是教内之经典；被丛林奉为典范之《寒山诗》《石门文字禅》应该是教内之经典。最后需要指出的是，在终极关怀和生命意识的呈现上，一个优秀的宗教作家完全等同于具有诗人情怀的世俗作家。高僧与诗人，高道与诗人，曹雪芹和空空道人，贾宝玉和文妙真人，本质上是同一的，具备这种同一性的作家和作品，可谓达到了宗教文学的极致！总之，宗教文学经典的确立应从教内出发而不应从世俗出发，而最为经典的宗教文学作品和最为经典的世俗文学作品，其精神世界是相通的。

有了这样的认识，我们才能从浩瀚无边的文献中清理宗教文学作品并筛选宗教文学经典。清理宗教文学文献时，我们拟采取如下步骤和措施。

各大宗教内部编撰的大型经书和丛书应该是《中国宗教文学

史》首先关注的文献。《道藏》、《藏外道书》、《道藏辑要》、《大藏经》（包括藏文、蒙古文大藏经《甘珠尔》《丹珠尔》）、汉译《圣经》、汉译《古兰经》中的文献，需要全面排查。经典应该首先从这些文献中确立。《大藏经》中的佛经文学以及《圣经》《古兰经》的历次汉译本要视为各大宗教文学的首要经典和翻译文学的典范加以论述，《道藏》中的道经文学要奉为道教文学的首要经典加以阐释。《道藏》文献很杂，一些不符合宗教文学定义的文献需要剔除，一些文学作品夹杂在有关集子中，需要析出。《大藏经》不收外学著作，其内学著作尤其是本土著述，有的全本是宗教文学著作，有的只有一部分，有的只存在于具体篇章中，需要通读全书加以清理。

各大宗教家文学别集的编撰、著录、存佚、典藏情况需要进行全面清理，要在目录学著作、志书、丛书、传记、序跋、碑刻和评论文章中进行爬梳。

宗教文学选集与总集的编著、著录、传播、典藏情况要从文献学和选本学的角度加以清理，归入相关选本、总集出现的时代。因此，元明清各段的文学史要设置相关的章节。这是从宗教实践、宗教传播视野确立经典的一个维度。

《中国佛寺志丛刊》《中国道观志丛刊》和地方志等文献中存在大量著述信息，需要加以考量。

方内文人编撰的断代、通代选集和总集中的"方外"部分也需要从选本学、文献学的立场进行清理，归入相关选本、总集出现的时代。这类文献提供了方外创作的面貌，保留了大量文献，但其选择依据是方内的，和方外选本有差距。这类选集和总集数量非常庞大，如果不能穷尽，则需要选择典范选本加以介绍。需要特别指出的是，近百年来编撰的各类文学总集往往以"全集"命名，但由于文学观念和资料的限制，"全集"并不全。比如，《全元诗》秉持纯文学观念，对大量宗教说理诗视而不见，甚至整本诗集如《西斋净土诗》也完全弃之不顾。在佛教界内部，《西斋净土诗》被奉为净土文学的典范。中国台湾的星云法师是当代非常擅长文学弘法的高僧，他在宜兰念佛会上举办各种活动时就不断从《西斋净土诗》中抽取相关诗句来吸引信徒。因此，收集宗教文学文献时，我们一定要秉持宗教文学观，不要轻易相信世俗总集之"全"，而要上穷碧落下黄泉式地搜寻资料。

藏族佛教文学、蒙古族佛教文学、南传佛教文学、中国基督教文学和中国伊斯兰教文学的基本文献均未得到有效整理，基本上尘封于全国乃至全世界的图书馆、宗教场所中，尘封于报刊中，需要研究者花时间和精力去探寻。近些年来，一些大型史料性丛书得以出版。如钟鸣旦、杜鼎克、黄一农、祝平一主编《徐家汇藏书楼明清天主教文献》，钟鸣旦等主编《耶稣会罗马档案馆明清天主教文献》，王秀美、任延黎主编《东传福音》，曾庆豹主编《汉语基督教经典文库集成》，周振鹤主编《明清之际西方传教士汉籍丛刊》《徐家汇藏书楼明清天主教文献续编》，张美兰所著《美国哈佛大学哈佛燕京图书馆藏晚清民国间新教传教士中文译著目录提要》，周燮藩主编《清真大典》，王建平主编《中国伊斯兰教典籍选》，吴海鹰主编《回族典藏全书》等。从这些文献中爬梳宗教文学作品，也是一份艰辛的工作。

总之，《中国宗教文学史》各段要设专章对本段宗教文学文献进行全面清理，为后来的研究提供文献指南。不少专著和专文已经做了初步的研究，可以全面参考。这是最见功力、最耗时间的一章，也是最好写的一章，更是造福士林、造福教界的一章。

三、宗教文学文体与宗教诗学

近百年来，西方的纯文学观念彰显的是符合西方观念的作品，一定程度上遮蔽了中国自身的文学传统，并且制造了不少伪命题。作为一种学术反思，学术界的本土化理论建构已经在探究"传统文学"的"民族传统"。在这种学术潮流中，诸多学者的研究已经产生重大反响，比如，罗宗强的文学思想研究，刘敬圻的还原批评，张锦池的文献文本文化研究，陈洪、蒋述卓、孙逊、尚永亮的文学与文化研究，吴承学倡导的文体研究，陈文新秉持的辨体研究，等等，均深获学界赞许。这一研究路径应该引起宗教文学研究者的重视，《中国宗教文学史》应该继承和发扬这一研究范式，因为，宗教文学是最具民族特色的文学，而文体作为一种把握世界的方式，是最具民族特性的。

对中国宗教文学展开辨体研究，就意味着要抛弃西方纯文学观念，不再纠缠"文学"之纯与杂，而是从宗教实践的立场对历史上的各大"文"类、"笔"类作品进行清理，对其经典作品进行理论阐述。因此，我们特别注重如下三个方面的论述：第一，我们强调，研究最具民族性的传统文学——宗教文学时，要奉行宗教本位、民族本位、历史本位、文体本位，清理各个时期宗教实践中产生的各类文体，对文体进行界说，对文体的功能、题材、程式、风格、使用场合进行辨析，也即对各大文体、文类下定义，简洁、明晰、到位之定义，足以垂范后学之定义。如，魏晋南北朝时期的经表之文、仙真之传、神仙之说、仙灵之诗，其文体在道教文学史上具有典范意义，我们在撰述过程中应该对其文体进行准确界说。第二，我们强调，各文体中出现的各大类别也要进行界说，并揭示其宗教本质和文学特质。如佛教山居诗，要对山居诗下定义，并揭示山居诗的关注中心并非山水，而是山水中的僧人——俯视众生、超越世俗、自由自在、法喜无边的僧人。第三，我们强调，宗教文学文体是应宗教实践而产生的，有教内自身的特定文体，也有借自世俗之文体，其使用频率彰显了宗教实践的特色和宗教发展之轨迹。

在分析各体文学的具体作品时，我们不仅要尊重"文各有体，得体为佳"的创作规律，而且要建立起一套阐释宗教文学的话语体系和诗学理论。

用抒情言志这类传统的文人诗学话语和西方纯文学的诗学话语解读中国宗教文学作品时，往往无法准确揭示中国宗教文学的本质，甚至过分否定其价值。比如，关于僧诗，唐代还能以"清丽"加以正面评价，从宋人开始就完全以"蔬笋气"、"酸馅味"加以一概否定了。中国古代宗教文学作品，无论是道教文学还是佛教文学，能得到肯定的只是那部分"情景交融"的作品，这类作品在研究者眼里已经"文人化"，因而备受关注和肯定。这是一种完全不考虑宗教实践的外在切入视野。如学术界一直否定王重阳和丘处机的实用主义文学创作，却认定丘处机的山居诗情景交融，是"文人化"的体现，是难得一见的好作品。殊不知，丘处机的山居诗是其苦修——斗闲思维的产物。为了斗闲，丘处机在磻溪和龙门山居十三年，长期的苦修导致他一生文学创作的焦点均是山居风物，呈现的是一种放旷、悠闲、自由的境界。西方纯文学观念引进中国后，宗教徒文学在相当长的一段时间内基本上淡出学者的学术视野，在百年中国文学史书写中销声匿迹。大陆晚近三十来年的宗教文学研究主要在文献和事实清理层面上成绩突出，理论层面虽有所建树，但需要探索、解决的问题依然很多。因此，需要从宗教实践的立场探索一套解读、阐释宗教文学的话语系统和诗学理论。

因此，我们强调，宗教观念决定了宗教的传播方式和语言观，也就决定了宗教文学的创作特性。不同的宗教有不同的传播策略、不同的语言观，从而影响了佛教、道教、基督教和伊斯兰教的经典撰述和翻译，也影响了宗教家对待文学创作的态度，更影响了宗教家的作品风貌。佛典汉译遵循了通俗易懂原则、随机应变原则，这是受佛经语言观影响形成的翻译原则，导致汉译经典介于文白和雅俗之间，对佛教文学创作产生了重要影响。[①] 葛兆光甚至认为，佛教"不立文字"和道教"神授天书"的语言观和传播方式决定了佛教文学和道教文学的风格特征。[②] 基督教和伊斯兰教的语言观和传播方式不仅决定了经典的翻译特色，而且决定了基督教文学和伊斯兰教文学的创作风貌。伊斯兰教强调《古兰经》是圣典，不可翻译，因此，中国伊斯兰教徒一直用波斯语和阿拉伯语诵读《古兰经》，大量伊斯兰教徒的汉语文学创作难觅伊斯兰教踪影，直到明王朝强迫伊斯兰教徒汉化才形成回族，才有汉语教育，才有《古兰经》的汉语译本，才有伊斯兰教汉语文学。巴别塔神话实际上就是基督教的语言观和传播方式的一个象征，这一象征决定了中国基督教文学的特色。为了宣传教义，传教士翻译了大量西方世俗文学作品和基督教文学作品，李奭学的《译述：明末耶稣会翻译文学论》《中国晚明与欧洲文学——明末耶稣会古

---

① 李小荣：《汉译佛典文学研究的回顾与展望》，《武汉大学学报》2012 年第 2 期。

② 葛兆光：《"神授天书"与"不立文字"——佛教与道教语言传统及其对中国古典诗歌的影响》，《文学遗产》1998 年第 1 期。

典型证道故事考诠》^① 已经成功地论证了晚明传教士在这方面的努力。与此同时，传教士不仅不断翻译、改写《圣经》来传播福音，而且利用方言和白话创作了大量文学作品，并借助现代传媒——报纸、杂志、电台进行传播，其目的就是为了适应中国国情而进行宗教宣传，其通俗化、艺文化和现代化策略极为高超，客观上对中国现代文学产生了重要影响。

因此，我们强调，中国宗教文学自身具有一些和传统士大夫文学、传统民间文学截然不同的表达传统。中国史传文学发达，神话和史诗不发达，这是一般文学史的看法。如果考察宗教文学就会发现，这样的表述是不准确的。民族史诗、佛教和道教的神话、传记在这方面有很显著的表现，形成了一种独特的叙事诗学，并对中国小说、戏剧产生了重要的影响。^② 中国抒情诗发达，叙事诗和说理诗不发达，这是一般文学史的定论。但是，宗教文学的目的在于劝信说理，宗教文学最为注重的就是说理和叙事，并追求说理、叙事、抒情兼善的表达风格，其叙事目的在于说理劝信，其抒情除了在人与人、人与自然之间展开外，更多在人与神、宗师与信众之间展开。这是一种迥异于世俗文学的表达传统，传统诗学和西方诗学或视而不见，或做出不公的评价，因此，需要确立新的阐释话语。

《中国宗教文学史》的目的在于通过宗教文学史史实、宗教文学经典、宗教文学批评史实的清理，建构中国宗教诗学。本领域

---

① 李奭学：《译述：明末耶稣会翻译文学论》，香港中文大学出版社，2012；李奭学：《中国晚明与欧洲文学——明末耶稣会古典型证道故事考诠》，"中央"研究院及联经出版公司，2005。
② 吴光正：《神道设教——明清章回小说叙事的民族传统》，武汉大学出版社，2012。

需要发凡起例，垂范后学。即使论述暂时无法深入，但一定要说到，写到，要周全，要周延。这是一种挑战，更是一种诱惑。编撰者学术个性应该在这个层面凸显。宗教诗学的建构任重而道远，虽不能一蹴而就，而心向往焉。

四、中国宗教文学史与民族认同、文化认同

《中国宗教文学史》将拓展中国文学史的疆域和诗学范畴，一个长期被忽视的疆域，一个崇尚说理、叙事的疆域，一个面对神灵抒情的疆域，一个迥异文人创作、民间创作的表达传统和美学风貌。《中国宗教文学史》魅力无限，宗教徒文学魅力无限，只有在宗教徒文学的历史进程、表达方式、内在思想、生命意识得到清理之后，我们才能更好地把握纯文学视野无法放下的苏轼和白居易们。

《中国宗教文学史》需要跨学科的视野，其影响力不仅仅在文学领域，更可能在宗教和文化领域，也即《中国宗教文学史》不仅仅是文学史，而且还应该是宗教史和文化史。

宗教文学史是宗教实践演变史的一个层面，教派的创建与分合、教派经典的创立与诵读、教派信仰体系和关怀体系的差异、教派修持方式和宗教仪式上的特点、教派神灵谱系和教徒师承风貌、宗教之间的冲突与融汇均对宗教文学创作产生了重要的影响，有时甚至就是这些特性的文学呈现。在这个层面上，我们特别强调教派史和文学史的内在关联。并不是所有的作品均呈现出教派归宿，不少宗教徒作家出入各大教派之间，有的甚至教派不明，但教派史乃至宗门史视野一定能够发现太多的宗教文学现象，并加深研究者对作品的阅读和阐释，深化研究者对宗教史的认识。

《中国宗教文学史》的编撰一定能催生一种新的宗教史研究模

式，并对学术史上的一些观点进行补说。宗教信仰是一种神圣性、神秘性、体验性、个人性的心灵活动，其宗教实践和概念、体系关系不大。可是，以往的中国宗教史研究对这一点重视不够。宋前的概念史是否真的就反映了历史的真实？宋后没有新教派、新体系、新概念就真的衰弱了吗？《中国宗教文学史》需要反思这一研究模式，对宗教文学史、宗教史做出新的描述和阐释。宗教文学最能反映宗教信仰的神圣性、神秘性、体验性、个人性，清理这些特性一定能别开生面。《中国宗教文学史》的断代和分期应该与宗教发展史相关，和朝代更替关系不大，和世俗文学史的分期更不相关。目前采取朝代分期，是权宜之计。如何分期，需要各段完成写作之后才能知道。因为，目前的研究还不足以展开分期讨论。我们坚信，对中国宗教文学史的深入研究足以引发学界对宗教发展史分期和特点的探讨。其实，先秦宗教重在实践，理论表述不多；汉唐宗教实践也没有西方、日本式的发展形态和理论形态；道教符箓派本质上是一个实践性的宗教，理论表述并不是其关注焦点；中国宗教在唐代以后高度社会化，其宗教实践渗透到民众生活的各个层面。目前关于明末清初佛教文学的研究已经表明，明清佛教并不像学术界所说的那样"彻底衰败"。通过对清代三百余种僧人别集的解读，我们相信，这种"彻底衰败说"需要修正。我们梳理清代道教文学创作后发现，清代道教徒的文化素养、艺文素养其实并不低，清代道教其实在向社会化和现代化转变。

宗教实践的演变和一定时代的文化氛围密切相关，冲突也罢，借鉴也罢，融合也罢，总会呈现出各个时代的风貌。玄佛合流、三教争衡、三教合一、以儒释耶、以儒释经（伊斯兰教经典）、政教互动、圣俗互动、族群互动、对外文化交流、宗教本土化等文化现象，僧官制度、道官制度、系账制度、试经制度、度牒制度、道举制度等文化制度均对宗教文学的创作产生了重要影响。例如，金元道教出现了迥异于以往的发展面貌，从而形成了一些颇具特色的文学创作现象：苦行、试炼与全真教的文学创作；弘法、济世与玄教领袖的文学创作；远游、代祀与道教文学家的创作视野；遗民情怀与江南道教文学创作；雅集、宴游、艺术品鉴与江南道教文学创作；宗教认同与金元道教传记创作；道人居室题咏；文人游仙诗创作；道教实践、道教风物之同题集咏；道士游方与送序、行卷；北方全真教的"头陀"印记与南方符箓派的"玄儒""儒仙"印记，国家祭祀与族群文化认同。这些文学现象，是金元道教发展史上的独特现象，也是金元王朝二元政治环境下的产物，更是元王朝辽阔疆域在道教文学中的折射。这些文学现象，不仅是文学史、宗教史上的经典个案，更是文化史上的经典个案，值得我们深入探究。

文学史和宗教史向文化史靠拢，就意味着文化交流，就意味着族群互动与文化认同。中国历史上的两次南北朝时期，就是通过文化认同和民族认同熔铸了中华民族的精神谱系。其中，道教，尤其是佛教所起的作用颇为重要，可惜这一贡献在百年来的文化建设和学术研究中得不到足够的重视。其实，只要我们认真清理这两个时期留下的宗教文学作品，我们就能体会到宗教认同与文化认同、民族认同之间的密切联系。近现代以来，西方文明在列强的枪炮声中席卷全中国，包括宗教在内的传统文化被强烈批判乃至抛弃，给今天的文化建设带来了巨大的困扰。但太虚法师倡导的人间佛教在台湾取得丰硕成果，不仅成为台湾精神生活的奇迹，而且以中华文明的形式在全球开花结果。以佛光山、法鼓山、中台禅寺、慈济功德会为代表的台湾人间佛教，如今借助慈善、禅修、文化、教育和文学，不仅在中国台湾，而且在全球弘扬中国传统文化，提升中国文化软实力。星云法师、圣严法师的文学创作，不仅建构了自身的人间佛教理念，而且强化了自身的教派认同，不仅在台湾岛内培育了强大的僧团和信众组织，而且在全球吸纳徒众和信众，其文学创作所取得的宗教认同、文化认同和民族认同，非同凡响，值得我们深思。这也提醒我们，编撰《中国宗教文学史》不仅是在编撰文学史、宗教史、文化史，而且是在进行一种国家文化战略的思考。

目　　录

中国佛教文学研究专著索引

1836 年

Foé Koué Ki，*ou Relations des royaumes bouddhiques*：*voyage dans la Tartarie*，*dans l'Afghanistan et dans l'Inde*，*exécuté*，*à la fin du IVe siècle*（佛国记——四世纪末的鞑靼利亚、阿富汗和印度之行），Abel-Rémusat，Jean-Pierre（雷慕沙），Paris：Imprimerie royale，1836.

1853 年

Voyages des pèlerins bouddhistes. I. *Histoire de la vie de Hiouen – Thsang et de ses voyages dans l'Inde*，*depuis l'an* 629 *jusqu'en* 645〔佛教朝圣者之旅（一）——玄奘生平和他公元 629 至 645 年的印度之行〕，Julien，Stanislas（儒莲），Paris：Imprimerie impériale，1853.

1858 年

Voyages des pèlerins bouddhistes. Ⅱ et Ⅲ. *Mémoires sur les contrées occidentales*〔佛教朝圣者之旅（二）（三）—— 大唐西域记〕，Julien，Stanislas（儒莲），Paris：Imprimerie impériale，1857 – 1858。

1905 年

寒山詩集，島田翰，民友社，1905 年。

1909 年

明末义僧东皋禅师集刊，东皋禅师著，（荷兰）高罗佩编著，商务印书馆，1909 年。

1915 年

大日本佛教全书，佛书刊行会编纂，1915 年。

1916 年

昧盫诗录，太虚著，宁波宏久印刷局，1916 年。

1919 年

八指头陀诗集十卷，敬安撰，文明书局编，北京法源寺刊刻，1919 年。

唐写本《季布歌》、《孝子董永传》残卷跋，王国维著，上虞罗氏铅印本，1919 年。

1920 年

翻译文学与佛典，梁启超著，1920 年。

1923 年

玄奘法师年谱，曾了若著，北京文史学研究所，1923 年。

托尔斯泰与佛经，胡寄尘著，上海世界佛教居士林，1923 年。

宗教小说《归元镜》（扬州藏经院存版），作者不详，有正书局，1923 年。

考古学零简——东方文库第七十一种，东方杂志社编，上海商务印书馆，1923 年。

1924 年

西方道琴十二首，周秉清编，北平中央刻经院。

敦煌零拾，罗振玉辑录，上虞罗氏自印本，1924 年。

云谣集，朱孝臧校辑，彊村丛书，1924 年。

沙州文录补遗，罗福苌辑，上虞罗氏印，1924 年。

1925 年

大日本续藏经，日本藏经书院编，上海商务印书馆影印，1925 年。

敦煌掇琐，刘复辑，中央研究院历史语言研究所专刊之二，1925 年。

佛經文學概論，小野玄妙著，甲子社书房，1925 年。

1926 年

因明大疏删注，熊十力著，上海商务印书馆，1926 年。

敦煌遗书第一集，伯希和、羽田亨编，东亚考究会印，民国十五年（1926 年）。

1927 年

观堂别集补遗，上海商务印书馆石印本，民国十六年（1927年）；海宁王忠悫公遗书初集本，民国二十九年（1940 年）。

1928 年

宋儒与佛教（国学小丛书），林科棠著，上海商务印书馆，1928 年。

苏曼殊代表作，苏曼殊著，织云女士辑，上海亚西亚书局，1928 年。

苏曼殊年谱及其他，柳亚子著，上海北新书局，1928 年。

禪籍目錄，駒澤大學圖書館編，駒澤大學，1928 年。

1929 年

曼殊小说 A（断鸿零雁记），苏曼殊撰，时希圣编辑，上海广益书局，1929 年。

曼殊笔记（曼殊小丛书），时希圣编辑，上海广益书局，1929 年。

曼殊遗迹（第 1 册），肖纫秋藏，柳亚子编，1929 年。

警世小说因果新编，金仙编，永盛斋，1929 年。

佛教文學物語，深浦正文著，東森書房，1929 年。

Hôbôgirin. Dictionnaire encyclopédique du Bouddhisme d'après les sources chinoises et Journal Asiatique，*ponaises*（法宝义林——以汉和资料为基础的佛教百科全书辞典），Demiéville，Paul（戴密微），vol. 1 – 3，Paris：Adrien Maisonneuve，1929，1930，1937.

1930 年

神会和尚遗集，胡适编校，上海亚东图书馆，1930 年。

曼殊小说 B（天涯红泪记、绛纱记、焚剑记），苏曼殊撰，时希圣编辑，上海广益书局，1930 年。

曼殊小说 C（碎簪记、非梦记），苏曼殊撰，时希圣编辑，上海广益书局，1930 年。

曼殊手札（曼殊小丛书），苏曼殊撰，时希圣编辑，上海广益书局，1930 年。

拟寒山诗，慈受禅师著，1930 年。

梵文仏伝文學の研究，木村泰賢、平等通昭著，岩波書店，1930 年。

鳴沙餘韻——敦煌出土未傳古逸佛典開寶，矢吹慶輝編，岩波書店，1930 年。

圆鉴大师二十四孝押座文跋，董康著，大东书局石印本，民国十九年（1930 年）；诵芬室校刻本，民国二十八年（1939 年）。

1931 年

敦煌劫余录，陈垣著，国立中央研究院历史语言研究所，1931 年。

1932 年

中国僧伽之诗生活，张长弓著，张长弓书店，1932 年。

插图本中国文学史，郑振铎著，朴社，1932 年。

云谣集，龙沐勋编，彊村遗书，1932 年。

敦煌出土神會錄附解說，鈴木大拙著，石井光雄刊，1932 年。

佛教文學，山边習學著，大東出版社，1932 年。

1933 年

圣宋九僧诗，丁福保编，上海医学书局，1933 年。

佛藏子目引得，洪业、田继综等编，哈佛燕京学社引得编纂处，1933 年；上海古籍出版社缩印，1986 年。

阳复斋诗偈续集，江易园居士著，印光法师鉴定，佛学书局，1933 年。

贞松堂藏西陲秘籍丛残，罗振玉辑，上虞罗氏影印本，民国二十二年（1933 年）。

On ancient Central - Asian tracks，Aurel Stein，London：Macmillan，1933.

1934 年

慧远大师集，慧远著，上海佛学书局，1934 年。

憨山大师年谱疏，国光书局，1934 年。

唐僧诗选，皮鹤龄编，佛学书局总发行，1934 年。

敦煌出土六祖壇經，鈴木貞太郎、公田連太郎校訂，森江書店，1934 年。

興聖寺本《六祖壇經》，鈴木貞太郎、公田連太郎校訂，森江書店，1934 年。

大正新修大藏經，日本大正一切經刊行會編，1934 年。

敦煌出土荷沢神會錄，鈴木貞太郎、公田連太郎校訂，森江書店，1934 年。

寶林傳の研究，常盤大定著，東方文化學院東京研究所，1934 年。

1935 年

新编醒世千家诗，李圆净辑，上海佛学书局，1935 年。

庐山慧远法师文钞，沙健庵、项智源编，清凉书屋点校，国光印书局，1935 年。

中国文学史新编·唐代的俗文学，张长弓著，开明书店，1935 年。

佛教學之諸問題，深浦正文著，岩波書店，昭和十年（1935 年）。

敦煌出土少室逸書，鈴木大拙著，1935 年，鈴木自印本。

1936 年

参寥子集（《四部丛刊三编》本），释道潜著，上海商务印书馆，1936 年。

白莲集，释齐己著，商务印书馆《四部丛刊初编》本，1936 年。

禅月集，释贯休著，商务印书馆《四部丛刊初编》本，1936 年。

佛传（佛学讲义第一种），高观如编，上海佛教书店，1936 年。

苏曼殊全集（襟霞阁普及本），苏玄瑛著，上海中央书店，1936 年。

八相变文（"世界文库"第九册），郑振铎校录，上海生活书店，民国二十五年（1936 年）。

舜子至孝变文（"世界文库"第十二册），郑振铎校录，上海生活书店，民国二十五年（1936 年）。

大目犍连冥间救母变文并序（"世界文库"第十册），郑振铎校录，上海生活书店，民国二十五年（1936 年）。

目连变文第二种（"世界文库"第十册），郑振铎校录，上海生活书店，民国二十五年（1936 年）。

目连变文第三种（"世界文库"第十册），郑振铎校录，上海生活书店，民国二十五年（1936 年）。

维摩诘经变文文殊问 1（"世界文库"第十一册），郑振铎校录，上海生活书店，民国二十五年（1936 年）。

维摩诘经变文持世菩萨 2（"世界文库"第十一册），郑振铎校录，上海生活书店，民国二十五年（1936 年）。

维摩诘经变文 20（"世界文库"第十一册），郑振铎校录，上海生活书店，民国二十五年（1936 年）。

佛教山居诗，忏庵居士编，商务印书馆，1936 年。

佛教山居诗续编，忏庵居士编，商务印书馆，1936 年。

巴黎敦煌残卷叙录，王重民著，北平图书馆，1936 年。

校刊少室逸書及解說，鈴木大拙著，大阪安宅佛教文庫，1936 年。

1937 年

唐宋金元词钩沉，周泳先校编，商务印书馆，1937 年。

人海灯，第四卷第一期"佛教文学上辑"，1937 年。

人海灯，第四卷第二期"佛教文学下辑"，1937 年。

玄奘（中国名人故事丛书），章衣萍、吴曙天编，上海儿童书局，1937 年。

点校赞偈类编（法事丛书），世界佛教居士林编，上海佛学书局，1937 年。

1938 年

中国佛教文学与美术，高观如著，佛学书局，1938 年。

曼殊雅颂，郑孝胥等著，上海商务印书馆，1938 年。

白话文学史，胡适著，商务印书馆，1938 年。

1939 年

禅联（袖珍），轻安著，上海般若书局，1939 年。

舜子至孝变文跋，董康著，诵芬室校刻本，民国二十八年（1939 年）。

1940 年

一吼堂诗钞（圆瑛法汇），圆瑛撰，明旸辑，圆明法施会，

1940 年。

1941 年

敦煌劫余录，陈垣著，中央研究院历史语言研究所刊本，民国三十年（1941 年）。

1943 年

敦煌故事，松崗讓著，日下部書店，1943 年。

1944 年

弘一大师年谱，林子青编，中日文化协会上海分会，1944 年。

1947 年

唐代小说研究，刘开荣著，商务印书馆，1947 年。

曼殊六记，苏曼殊著，上海中央书店，1947 年。

阳复斋诗偈三集，宋铸字印刷局，1947 年。

1948 年

苏曼殊小说集，苏曼殊著，上海中央书店，1948 年。

苏曼殊书信集，苏曼殊著，上海中央书店，1948 年。

苏曼殊诗文集，苏曼殊著，上海中央书店，1948 年。

苏曼殊译作集，苏曼殊著，上海中央书店，1948 年。

佛教經典成立史論，望月信亨著，法藏館，1948 年。

1949 年

曼殊大师纪念集，苏曼殊著，柳无忌编，正风出版社，1949 年。

Entretiens du maître de dhyana Chen – houei du Ho – tsö（668 – 760）（荷泽神会禅师语录），Gernet，Ja cques（谢和耐），Hanoi：école Française d'Extrême – Orient，1949.

1950 年

俗讲说话与白话小说，孙楷第著，作家出版社，1950 年。

敦煌曲子词集，王重民辑，商务印书馆，1950 年初版，1956 年修订版。

佛鑒禪師小傳，福島俊翁著，大本山東福寺，1950 年。

1952 年

Les d'ebuts de la litt'erature en chinois Unlgaire Comptes tendus des séances de l'Acad'émie des Inscriptions et Belles lettres 96 anné N. 4，Paul Demi'éville，Paris：lnstitut de France，1952.

1953 年

无声息的歌唱（佛光丛书），星云著，佛光出版社，1953 年。

鸠摩罗什传（法轮图书传记部特刊），法轮图书传记部编辑，法轮图书传记部，1953 年。

1954 年

大唐三藏法师取经记，作者不详，古典文学出版社，1954 年；文学古籍刊行社，1955 年。

大唐三藏取经诗话，作者不详，中国古典文学出版社标点，上海古典文学出版社，1954 年。

敦煌变文汇录，周绍良编，上海出版公司，1954 年初版，1955 年增订版。

敦煌曲初探，任二北著，上海文艺联合出版社，1954 年。

Chinese Buddhist Verse, Robinson Richard trans., London：John Murray，1954.

1955 年

敦煌曲校录，任二北著，上海文艺联合出版社，1955 年。

校本冥報記（附譯文），内田道夫编，東北大學中國文學研究室，1955 年。

大藏经，中华佛教文化馆大藏经委员会影印本，台湾，1955—1957 年。

1956 年

禪語字彙，今井福山校，中川涩庵，森江書店，1956 年。

梁の武帝—佛教王朝の悲劇，森三樹三郎著，平樂寺書店，1956 年。

俗讲、说话与白话小说，孙楷第著，作家出版社，1956 年；

河洛图书出版社，1978 年。

1957 年

弹词宝卷书目，胡士莹著，古典文学出版社，1957 年。

敦煌变文集，王重民等编，人民文学出版社，1957 年。

列朝诗集小传，（清）钱谦益著，古典文学出版社，1957 年。

達摩大師の研究，關口真大著，彰國社，1957 年。

1958 年

洛阳伽蓝记校注，（北魏）杨炫之撰，范祥雍校注，古典文学出版社，1958 年。

禪學辭典，神保如天，安藤文英編，正法眼藏注解全書刊行會，1958 年。

寒山，入矢義高著，岩波書店，1958 年。

1959 年

大唐三藏取经诗话三卷，（宋）佚名撰，世界书局，1959 年。

Buddhism in Chinese History，Arthur F. Wright，Stanford：Stanford University Press，1959.

禪語解說詞典索引，篠原壽雄編，駒澤大學禪宗辭典編纂所，1959 年。

The Travels of Fa – hsien（399 – 414 *A. D.*），*or Record of the Buddhistic Kingdoms*. Giles，H. A（trans.）. London：Routledge and Paul，1959（1923）.

1960 年

佛教小说集，朱桥编，佛教文化服务处，1960 年。

Ballads and Stories from Tun - huang，Waley Arthur trans.，London：Allen and Unwin，1960.

中国善書の研究，酒井忠夫著，弘文堂，1960 年。

1961 年

宝卷综录，李世瑜编，中华书局，1961 年。

敦煌变文七十八种，王重民等，世界书局，1961 年。

1962 年

中国佛教史籍概论，陈垣著，中华书局，1962 年。

唐代民歌考释及变文考论，杨公骥著，吉林人民出版社，1962 年。

海日楼扎丛，沈曾植著，钱仲联辑，中华书局，1962 年。

寒山诗集，姚广孝等编，世界书局，1962 年。

新纂禪籍目錄，駒澤大學圖書館編，駒澤大學圖書館，1962 年。

Cold Mountain：100 *Poems by the T'ang Poet Han - shan*，Watson，Burton，New York：Grove Press，1962.

1963 年

洛阳伽蓝记校释，（北魏）杨衒之撰，周祖谟校释，中华书局，1963 年。

一行禪師の研究，長部和雄著，神戶商科大學經濟研究所，1963 年。

原始佛教聖典的成立史研究，前田惠學著，山喜房佛書林，昭和三十八年（1963 年）。

孝子說話集の研究（中世篇、近世篇、近代篇），德田進著，東京井上書房，1963 年。

寶卷の研究：總説・提要，澤田瑞穗著，采華書林，1963 年。

1964 年

梵语文学史，金克木著，人民文学出版社，1964 年。

欧美之光，吕碧城著，狮头山无量寿长期放生会，1964 年。

Buddhism in China：*A Historical Survey*，Ch'en Kenneth K. S.，Princeton：Princeton University Press，1964.

內野博士還曆紀念東洋學論集，漢魏文化研究會，1964 年。

寒山诗（韩语），金达镇著，法宝院，1964 年。

1965 年

弘法大师全集，空海著，密教文化研究所，1965 年。

敦煌韵文集，巴宙编，佛教文化服务处，1965 年。

曼殊诗与拟曼殊诗，蒋一安编撰，商务印书馆，1965 年。

禪宗辭典，山田孝道著，日本佛書刊行會，1965 年。

A Record of Buddhistic Kingdoms：*Being an account by the Chinese Monk Fa – Hsien of this travels in India and Ceylon*（*A. D.* 399 – 414）*in*

Search of the Buddhist Books of Discipline. Legge，James（trans.）. New York：Pargon Book Reprint. 1965（1886）.

Riprap & Cold Mountain Poems，Snyder Gary，San Francisco：Four Seasons Foundation，1965.

1966 年

新续高僧传，喻昧庵辑，广文书局，1966 年。

新佛典解题事典，水野弘元監修，春秋社，1966 年。

1967 年

南诏大理国新资料的综合研究，李霖灿著，"中央"研究院民族学研究所，1967 年。

The Platform Sutra of the Sixth Patriarch，Mcrae John R.，New York：Columbia University Press，1967.

印度佛教文學の研究，平等通昭著，日本印度學研究所，1967 年。

達摩の研究，關口真大著，岩波書店，1967 年。

五山文學新集，玉村竹二編，東京大學出版會，1967—1981 年。

達摩的語錄·禪的語錄，柳田聖山著，築摩書房，1967 年。

1968 年

中印文学关系研究，裴普贤著，商务印书馆，1968 年。

禅宗集成，艺文印书馆，1968 年。

神会和尚遗集（附胡适晚年研究），胡适著，台湾胡适纪念馆，1968 年。

The Buddhist revival in China. With a section of photos. by Henri Cartier - Bresson.（Harvard East Asian series 33）, H. Welch, Cambridge：Harvard University Press，1968.

中國文學講話，倉石武四郎著，岩波書店，1968 年。

地獄变：中国の冥界説，澤田瑞穗，法藏館，1968 年。

初期禪宗史書の研究，柳田聖山，東京：法藏館，1968 年。

Biographies des moines eminents（kao seng tchouan）de Houei - kiao〔Biographies of Eminent Monks（*Gaoseng zhuan*）by Huijiao〕. Shih, Robert. Louvain：Institut orientaliste，1968.

1969 年

弘一大师传，陈慧剑著，三民书局，1969 年。

敦煌变文用韵考，罗宗涛著，众人出版社，1969 年。

中国小说史略，该社编辑部，明伦出版社，1969 年。

無の探求《中國禪》，柳田聖山、梅原猛著，角川書店，1969 年。

1970 年

敦煌变文，杨家骆主编，世界书局，1970 年。

印度文学欣赏，糜文开著，三民书局，1970 年。

寒山的时代精神，赵滋蕃编，这一代出版社，1970 年。

敦煌变文述论，邱镇京著，台湾商务印书馆，1970 年。

寒山诗笺注，黄山轩笺注，善言文摘社，1970 年。

晓珠词，吕碧城撰，樊樊山评，广文书局，1970 年。

六朝古逸觀世音應驗記之研究，牧田諦亮著，京都平樂寺書店，1970 年（昭和四十五年）。

佛教文學概論，深浦正文著，永田文昌堂，1970 年。

景德傳燈錄，左橋法龍，春秋社，1970 年。

寒山诗（韩语），金达镇，弘法院，1970 年。

1971 年

中国禅宗史，印顺著，正闻出版社，1971 年。

敦煌曲，饶宗颐编，法国国立科学研究中心，1971 年。

艺海微澜，巴壶天著，广文书局，1971 年。

寒山诗解，曾普信著，花莲华光书局，1971 年。

曼殊大师诗文集，文公直编，文海出版社，1971 年。

寒山诗集，附丰干、楚石、拾得、石树原诗，寒山、丰干、拾得等著，汉声出版社，1971 年。

Airs de Touen – houang（Touen – houang k'iu），textes à chanter des VIIIe – Xe siècles：manuscrits reproduits en facsimilé，Jao Tsong – yi，Paul Demieville，Paris：Editions du Centre National de la Recherche Scientifique，1971.

Word of mouth：oral story telling in the pien – wen，Eugene Eoyang，Bloomington：Indiana University，1971.

譯經史研究，宇井伯壽著，岩波書店，1971 年。

禪源諸詮集序·禪的語錄，鎌田茂雄著，築摩書房，1971 年。

敦煌の文學，金冈照光著，大藏出版株式會社，1971 年。

大唐西域記，水谷真成，京都：平凡社，1971 年。

Bodhisattvabhumi：*A Statement of Whole Course of the Bodhisattva* (*Being Fifteenth Section of Yogacarabhumi*). *Wogihara*，*Unrai*. Tokyo：Sankibo Buddhist Book Store，1971 (first published in 1926).

1972 年

禅宗宝笈《祖堂集》之发现及印行，悟翁著，"国立"编译馆馆刊，1972 年。

讲史性之变文研究，谢海平著，嘉新基金会出版，1972 年。

禅家寒山诗注，李谊，正中书局，1972 年。

The T'ang Poet – Monk Chiao – jan，Thomas P. Nielsen，Tempe：Center for Asian Studies，Arizona State University，1972.

The Buddhist conquest of China. The spread and adaptation of Buddhism in early medieval China. (Reprint，with additions and corrections. ed.，Sinica Leidensia v. 11)，E. Zürcher，Leiden：Brill，1972.

Entretiens de Lin – tsi（临济录），Demiéville，Paul（戴密微），Paris：Fayard，1972.

中國高僧伝索引（全 7 卷），牧田諦亮著，平樂寺書店，1972—1978 年。

梁高僧傳索引，牧田諦亮著，平樂寺書店，1972 年。

1973 年

汉唐佛教思想论集，任继愈著，人民出版社，1973 年。

景德传灯录（《普慧大藏经》本），（北宋）道原撰，真善美出版社，1973 年。

一行居集，彭绍升撰，新文丰出版公司，1973 年。

中国文学研究，梁启超等著，明伦出版社，1973 年。

汉学论著选读·王梵志诗篇，戴密微著，巴黎，1973 年。

The Tun – huang Manuscripts Essays on the Sources for Chinese History，Akira Tujieda，Columbia：University of South Carolina Press，1973.

The Chinese Transformation of Buddhism，Ch'en Kenneth K. S.，Princeton：Princeton University Press，1973.

五山文學全集，上村觀光編，思文閣出版，1973 年。

禪學叢書·古尊宿語要，柳田聖山編，中文出版社，1973 年。

1974 年

怀柏山房吟草，本迹法师著，骆启莲、龙庭杰印，1974 年。

敦煌变文社会风俗事物考，罗宗涛著，文史哲出版社，1974 年。

寒山子研究，陈慧剑著，东大图书股份有限公司，1974 年。

Han Shan：150 *Gedichte vom Kalten Berg*，Stephan Schuhmacher，trans. ，Diederichs，1974.

禪家語錄 1，西穀啟治，柳田聖山編，世界古典文學全集 36A，築摩書房，1974 年。

禪家語錄 2，西穀啟治，柳田聖山編，世界古典文學全集 36B，築摩書房，1974 年。

禪月大師の生涯と藝術，小林太市郎著，淡交社，1974 年。

1975 年

艺林丛录·大汕和尚与王渔阳，季子著，香港商务印书馆，1975 年。

艺林丛录·大汕其人其像，杼庵著，香港商务印书馆，1975 年。

艺林丛录·澹归著作补谈，于今著，香港商务印书馆，1975 年。

敦煌学，潘重规著，石门图书有限公司，1975 年。

枯崖漫录（《卍续藏经》第一百四十八册），（宋）释圆悟著，新文丰出版公司，1975 年。

罗湖野录（《卍续藏经》第一百四十二册），（宋）释晓莹著，新文丰出版公司，1975 年。

雪峰如幻和尚瘦松集，雪峰如幻著，新文丰出版公司，1975 年。

佛教文學集，入矢義高譯，平凡社，1975 年。

增補寶卷の研究，澤田瑞穂著，國書刊行會出版，1975 年。

1976 年

六祖坛经研究论集，张曼涛主编，大乘文化出版社，1976 年。

禅学论文集，张曼涛主编，大乘文化出版社，1976 年。

禅学与唐宋诗学，杜松柏著，黎明文化公司，1976 年。

石刻史料丛书，严耕望编，艺文印书馆，1976 年。

佛学研究十八篇，梁启超著，台湾中华书局，1976 年；中华书局，1989 年。

Scripture of the Lotus Blossom of the Fine Dharma. Translated from the Chinese of Kuma rajiva，Hurvitz Leon，New York：Columbia University Press，1976.

Archetype and Allegory in the "Dream of the Red Chamber"，Andrew H. Plaks，Princeton：Princeton University Press，1976.

疑經研究，牧田諦亮著，京都大學人文科學研究所，1976 年（昭和五十一年）。

《六祖壇經》諸本集成，柳田聖山主編，日本中文出版社，1976 年。

1977 年

佛教圣歌集，佛光出版社编选，佛光出版社，1977 年。

云水悠悠，白云老禅师著，白云出版社，1977 年初版；2009 年，第六版。

禅学论文集（第二册），张曼涛主编，大乘文化出版社，1977 年。

禅宗思想与历史，张曼涛主编，大乘文化出版社，1977 年。

雪窦百颂讲座·现代佛教学术丛刊·禅学专集之五·禅宗典籍研究，无言著，张曼涛主编，大乘文化出版社，1977 年。

生命存在与心灵境界——生命存在之三向与心灵九境，唐君毅著，台湾学生书局，1977 年。

佛典解题事典，中村元编，地平线，1977 年。

南来堂诗集辑注，王培孙辑注，鼎文书局，1977 年。

敦煌云谣集新书，潘重规著，石门图书公司，1977 年。

A taste for apricot：*approaches to Chinese Fiction in Chines narrative*：*critical and theoretical essays*，Andew H. Plaks，Eugene Eoyang，Princeton：Princeton University Press，1977.

The Poems of the Han - shan Collection，Stalberg，Roberta，Ohio：Ohio State University，1977.

Chinese Narrative：*Critical and Theoretical Essays*，Andrew H. Plaks，New York：Columbia University Press，1977.

The Archetypal Structure of Dream of the Red Chamber，Andrew H. Plaks，in *Archetype and Allegory in the* " *Dream of the Red Chamber*"，Princeton：Princeton University Press，1977.

中世禪林詩史，蔭木英雄著，笠間書院，1977 年。

佛書解說大辭典，小野玄妙編纂，大東出版社，1977 年。

宋高僧傳索引（上中下），牧田諦亮、井上四郎編，平寺出版社，1977 年。

境界的探求，柯庆明著，联经出版事业公司，1977 年。

1978 年

宋元僧史三种述评，陈垣著，大乘文化出版社，1978 年。

中国藏经翻译刻印史，释道安著，中华大典编印会，1978 年。

洛阳伽蓝记校注，（北魏）杨衒之撰，范祥雍校注，上海古籍出版社，1978 年。

片石集，赵朴初著，人民文学出版社，1978 年。

玄奘大师研究（上、下），张曼涛主编，大乘文化出版社，1978 年。

牧牛图颂，普明禅师著，香港佛学印书局，1978 年。

弘一大师年谱，林子青编，天华出版事业公司，1978 年。

佛教与中国文学，张曼涛主编，大乘文化出版社，1978 年。

苏曼殊大师集，苏曼殊著，华星出版社编，华星出版社，1978 年。

佛教艺术论集，张曼涛主编，大乘文化出版社，1978 年。

中国佛教史论集，张曼涛主编，大乘文化出版社，1978 年。

现代佛学丛刊，张曼涛主编，大乘文化出版社，1978 年。

佛教人物史话，张曼涛主编，大乘文化出版社，1978 年。

中华佛教文化史散策初集，陈祚龙著，新文丰出版公司，1978 年。

佛典翻译史论，张曼涛主编，大乘文化出版社，1978 年。

禅宗典籍研究，张曼涛主编，大乘文化出版社，1978 年。

The Legend of Miao - shan，Dudbridge Glen，London：Ithaca Press，1978.

The Death of Woman Wang，Jonathan Spence，New York：The Viking Press，1978.

西域与佛教文史论集（宗教丛书），（俄）LNMwnsikov 著，许章真译，学生书局，1978 年。

佛教說話研究，岩本裕著，開明書院，1978 年。

慧能研究の傳記と資料，日本驛澤大學禪宗史研究會編，大修館書店，1978 年。

唐代文學と佛教の研究，平野顯照著，朋友書店，1978 年。

弘法大師研究，中野義照編，吉川弘文館，1978 年。

1979 年

罗摩衍那初探，季羡林著，外国文学出版社，1979 年。

敦煌古籍叙录，王重民著，中华书局，1979 年；木铎出版社，1981 年。

唐代佛教，范文澜著，人民出版社，1979 年。

红楼佛影，张毕来著，文艺出版社，1979 年。

中国佛学源流略讲，吕澂著，中华书局，1979 年。

半痴诗禅集，詹励吾著，慧炬出版社，1979 年。

中国诗学思想篇，黄永武著，巨流图书公司，1979 年。

佛教文史杂考，张曼涛著，大乘文化出版社，1979 年。

菩萨的成就，白云老禅师著，白云出版社，1979 年初版；2011 年，第三版。

观无量寿佛经释论，吕碧城著，天华出版事业公司，1979 年。

《度柳翠》、《翠乡梦》与《红莲债》三剧的比较研究，汪志勇著，撰者自印，1979 年。

明苍雪大师赵读彻行实考，王培孙著，台湾商务印书馆，1979 年。

A Buddhist Leader in Ming China：The Life and Thought of Han - shan Te ch'ing，Sung - peng Hsu（徐颂鹏），University Park and London：The Pennsylvania State University Press，1979.

佛教传说，柏林格姆著，巴利语经典协会，1979 年。

中國佛教思想史の研究，道端良秀撰，平樂寺書店，1979 年。

隱元全集，隱元隆琦著，平久保章編，開明書院，1979 年。

本朝高僧傳，大日本佛教全書，名著普及會，1979 年。

增補中國佛教文學研究，加地哲定著，京都同朋舍，1979 年。

1980 年

中国美学史资料选编，北京大学哲学系美学教研室编，中华书局，1980 年。

清初僧诤记，陈垣著，中华书局，1980 年。

中国古代哲学家评注·慧远，方立天著，齐鲁书社，1980 年。

金明馆丛稿初编，陈寅恪著，上海古籍出版社，1980 年；三联书店，2001 年。

敦煌文学，张锡厚著，上海古籍出版社，1980 年。

金明馆丛稿二编，陈寅恪著，上海古籍出版社，1980 年；三联书店，2001 年。

龚自珍己亥杂诗注，刘逸生注，中华书局，1980 年。

新编汉文大藏经目录，吕澂著，齐鲁书社，1980 年。

隋唐佛教，郭鹏著，齐鲁书社，1980 年。

古代印度文学理论，金克木译，人民文学出版社，1980 年。

中国古代名哲学家评传，方立天著，齐鲁出版社，1980 年。

中国佛寺志，杜洁祥主编，明文书局，1980 年。

佛教文学短论，唐大圆等著，大乘文化出版社，1980 年。

禅与诗，杜松柏著，弘道文化公司，1980 年。

寒山及其诗，黄博仁著，新文丰出版公司，1980。

洛阳伽蓝记校注（中国佛寺史志汇刊），（北魏）杨衒之撰，范祥雍校注，明文书局，1980 年。

中国民间传说论集，王秋桂编，联经出版事业公司，1980 年。

大乘初期佛教之起源与开展，印顺著，正闻出版社，1980 年。

金陵梵刹志，杜洁祥著，明文书局，1980 年。

Les entretiens de Mazu，*maître Chan du VIIIe siècle*（八世纪禅师马祖的语录），Despeux，Catherine（戴思博），Paris：Les Deux Océans，1980.

敦煌佛教和禪（講座佛教八），篠原壽雄、田中良昭編，大東出版社，1980 年。

祖堂集索引，柳田聖山编，京都大學人文科学研究所，1980—1984 年。

善導大師研究論文集，山喜房佛書林，1980 年。

大藏新纂卍續藏經，河村孝照等编，東京株氏會社國書刊行會，1980—1989 年。

経典：その成立と展開，水野弘元，東京：佼成出版社，1980 年。

1981 年

佛经故事选，耿予方等选译，江西人民出版社，1981 年。

苏曼殊诗笺注，刘斯奋笺注，广东人民出版社，1981 年。

坛经对勘，惠能撰，郭鹏对勘，齐鲁书社，1981 年。

禅宗与道家，南怀瑾著，复旦大学出版社，1981 年。

中国佛教思想资料选编，石峻、楼宇烈等编，中华书局，1981 年。

佛曲叙录，郑振铎著，上海书店影印，1981 年。

米拉日巴传及其道歌（藏文），乳毕坚谨著，青海民族出版社，1981 年。

诗佛王摩诘传（佛林丛书），褚柏思撰，新文丰出版公司，1981 年。

历代名僧诗词选，陈香编，"国家"书店，1981 年。

禅诗三百首，杜松柏选注，黎明文化事业公司，1981 年。

敦煌变文字义通释（增订本），蒋礼鸿著，上海古籍出版社，1981 年。

禅门逸书（初编），明复法师主编，明文书局，1981 年。

佛教小说选，第 1 集"悟"，朱桥编，佛光出版社，1981 年。

敦煌词谱（附录、图片），潘重规著，石门图书公司，1981 年。

唐代诗人与在华外国人之文字交，谢海平著，文史哲出版社，1981 年。

中国佛教文学与美术（学佛必读），高观如编著，常春树书坊，1981 年。

弘一大师传，陈慧剑著，东大图书股份有限公司，1981 年。

玄奘大师新传（佛林丛书），褚柏思撰，新文丰出版公司，1981 年。

Memories of Loyang：*Yang Hsuan - chih and the Lost Capital* （493 - 534）, Jenner William J. F. , Oxford：Oxford University Press, 1981.

The Renewal of Buddhism in China：*Chuhung and the Late Ming Synthesis*, Chun - fung Yu（于君芳）, New York：Columbia University

Press，1981.

僧伝の研究，木村武夫著，永田文昌堂，1981 年。

廬山慧遠年譜慧遠研究，竺沙雅章著，創文社，1981 年。

荒木教授退休紀念集——中國哲學史研究論集，荒木見悟著，葦書房，1981 年。

寒山观物：寒山拾得的诗，Arthur Tobias 、J. P. Seaton 著，白松出版社，1981 年。

胡適禪學案，柳田聖山編，日本中文出版社，1981 年。

美学散步，宗白华著，上海人民出版社，1981 年。

Le chemin de l'éveil，*illustré par le dressage du buffle dans le bouddhisme Chan*，*le dressage du cheval dans le taoïsme*，*et le dressage de l'éléphant dans le bouddhisme tibétain*（佛教禅宗牧牛、道教驯马和藏传佛教驯象中所见的开悟之路），Despeux，Catherine（戴思博），Paris：Asiathèque，1981.

1982 年

论佛老思想对苏轼的影响，王永昌编，齐鲁书社，1982 年。

国外学者看中国文学，侯健编，"中央文物"供应社，1982 年。

梵门绮语录，（清）佚名撰，人民文学出版社，1982 年。

知堂回想录·文学与宗教，周作人著，湖南人民出版社，1982 年。

中国古典诗歌评论集，叶嘉莹著，广东人民出版社，1982 年。

魏晋南北朝佛教论丛，方立天著，中华书局，1982 年。

敦煌唐写本《神会和尚遗集》，胡适校，"中央"研究院胡适纪念馆，1982 年。

中印文化关系史论文集，季羡林著，三联书店，1982 年。

隋唐佛教史稿，汤用彤著，中华书局，1982 年。

苏曼殊小说诗歌集，苏曼殊著，中国社会科学出版社，1982 年。

朱自清古典文学论集，朱自清著，上海古籍出版社，1982 年。

敦煌变文论文录，王重民编，上海古籍出版社，1982 年。

永恒之山——寒山子之研究，杨梓铭著，黾勉出版社，1982 年。

洛阳伽蓝记校注，范祥雍校注，上海古籍出版社，1982 年重印版。

南岳诗选，周寅宾选注，湖南人民出版社，1982 年。

玄怪录续玄怪录，牛僧孺编，李复言著，程毅中点校，中华书局，1982 年。

中国白话小说史，韩南著，浙江古籍出版社，1982 年。

玄奘（名人伟人传记全集），吴季桓著，名人出版事业公司，1982 年。

敦煌变文论辑，潘重规编，石门图书公司，1982 年。

佛教故事集，台湾佛教编委会编，佛教出版社，1982 年。

佛经文学故事选，任侠选注，弥勒出版社，1982 年。

寒山子传记资料，朱传誉主编，天一出版社，1982 年。

寒山及其诗研究，李重庆著，伟智公司，1982 年。

洛阳伽蓝记校笺，（北魏）杨衒之著，杨勇校笺，正文书局，1982 年；中华书局，2001 年。

仓央嘉措及其情歌研究（资料汇编），黄颢、吴碧云编，西藏人民出版社，1982 年。

敦煌变文（佛教故事类），弥勒出版社，1982 年。

敦煌变文论文录，周绍良、白化文编，上海古籍出版社，1982 年。

禅诗六百首，陈香选注，"国家"出版社，1982 年。

禅诗别裁，陈香编注，"国家"出版社，1982 年。

禅与诗，张弓长著，常春树书坊，1982 年。

释文纪，（明）梅鼎祚编，弥勒出版社，1982 年。

释迦牟尼（名人伟人传记全集），孙实著，名人出版事业公司，1982 年。

敦煌变文论辑，潘重规编，石门图书公司，1982 年。

讲史性之变文研究，谢海平著，文史哲出版社，1982 年。

敦煌孝道文学研究，郑阿财著，石门图书公司，1982 年。

憨山大师年谱疏注，福善记录，福徵疏注，新文丰出版公司，1982 年。

中国传统小说概述，朱传誉主编，天一出版社，1982 年。

佛教对中国小说之影响，朱传誉主编，天一出版社，1982 年。

中國中世の宗教と文化，（日）福永光司编，京都大學人文科學研究所，1982 年.

The View from Cold Mountain，*Arthur Tobias*，James Sanford and J. P. Seaton，trans.，Fredonia，N. Y.：White Pine Press，1982.

L'oeuvre de Wang le zélateur，*suivies des Instructions de l'aïeul. Poèmes populaires des T'ang VIIIe - Xe siècles*（王梵志的作品，并《太公家教》——八至十世纪的唐代通俗诗歌），Demiéville，

Paul（戴密微），Paris：Institut des hautes études chinoises，1982.

訓注空華日用功夫略集——中世禪僧の生活と文學，蔭木英雄著，思文閣，1982 年。

Society and the Holy in Late Antiquity. Brown，Peter. Berkeley and Los Angeles：University of California Press，1982.

Die Identitat der Buddhistischen Schulen und die Kompilation Buddhistischer Universalgeschichten in China：*Ein Beiirag zur Geistesgeschichte der Song－zeit.* Schmidt－Glintzer，Helwig. Wiesbaden：Franz Steiner，1982.

1983 年

苏轼研究论文集·第二集，苏轼研究学会编，四川人民出版社，1983 年。

照隅室古典文学论集，郭绍虞著，上海古籍出版社，1983 年。

唐君毅先生纪念论文集，唐君毅著，学生书局，1983 年。

唐诗鉴赏辞典，萧涤非、程千帆等撰，上海辞书出版社，1983 年。

燕子龛诗笺注，马以君笺注，四川人民出版社，1983 年。

敦煌遗书总目索引，敦煌研究院编，中华书局，1983 年。

华严金狮子章校释，（唐）法藏撰，方立天校释，中华书局，1983 年。

佛光寺和大云院唐五代壁画，山西省古建筑保护研究所编，文物出版社，1983 年。

中国古代寓言史，陈蒲清著，湖南教育出版社，1983 年。

中国古代美学史研究，《复旦学院》（社会科学版）编辑部编，复旦大学出版社，1983 年。

历代诗话续编，丁福保辑，中华书局，1983 年。

列朝诗集小传，钱谦益著，中华书局，1983 年。

《坛经》校释，郭鹏著，中华书局，1983 年。

印度文化论集，金克木著，中国社会科学出版社，1983 年。

汤用彤学术论文集，汤用彤著，中华书局，1983 年。

大慈恩寺三藏法师传，（唐）慧立、彦悰著，中华书局，1983 年。

汉魏两晋南北朝佛教史，汤用彤著，中华书局，1983 年。

达赖六世情歌及秘传（密宗丛书），仓央嘉措、阿旺伦珠达吉撰，中国瑜珈出版社，1983 年。

中国佛教史籍概论，陈垣、彭雅、杨义、廖卓成著，新文丰出版公司，1983 年。

王梵志诗校辑，张锡厚著，中华书局，1983 年。

文镜秘府论校注，弘法大师撰，王利器校注，中国社会科学出版社，1983 年。

独异志宣室志，李冗、张读著，张永钦、侯志明点校，中华书局，1983 年。

沧浪诗话校释，严羽著，郭绍虞校释，人民文学出版社，1983 年。

目连救母故事之演进及其有关文学之研究，陈芳英著，台湾大学出版委员会，1983 年。

二十五种藏经目录对照考释，蔡运辰编著，新文丰出版公司，1983 年。

隋唐佛教史稿，汤用彤著，木铎出版社，1983 年。

大正藏，高楠顺次郎主编，新文丰出版公司，1983 年影印。

北磵集（影印文渊阁《四库全书》本），释居简著，台湾商务印书馆，1983—1986 年。

潜山集（影印文渊阁《四库全书》本），（宋）释文珦著，台湾商务印书馆，1983—1986 年。

镡津文集（影印文渊阁《四库全书》本），释契嵩著，台湾商务印书馆，1983—1986 年。

参寥子诗集（影印文渊阁《四库全书》本），释道潜著，台湾商务印书馆，1983 年。

禅宗牧牛图颂汇编，杜松柏编，黎明文化事业股份有限公司，1983 年。

敦煌论集，苏莹辉著，台湾学生书局，1983 年。

敦煌论集续篇，苏莹辉著，台湾学生书局，1983 年。

敦煌变文集新书，潘重规著，中国文化大学中文研究所，1983 年。

敦煌民间文学，高国藩著，联经出版事业公司，1983 年。

佛经翻译史实研究——中国翻译史纲，裴源著，大乘文化出版社，1983 年。

韩国佛教全书，东国大学，东国大学出版部，1983 年。

佛书经典总论，小野玄妙著，杨白衣译，新文丰出版公司，1983 年。

Tun - huang Popular Narratives，Mair，Victor H.，Cambridge：Cambridge University Press，1983.

Han - shan：The Collected Songs of Cold Mountain，Red Pine，

tr. and annot，Port Townsend：Copper Canyon Pres，1983.

敦煌禪宗文獻的研究，田中良昭著，大東出版社，1983 年。

求道と悦楽，入矢義高著，岩波書店，1983 年。

敦煌禪宗文獻の研究，田中良昭，大東出版社，1983 年。

1984 年

首届《西游记》学术讨论会论文选，江苏省社会科学院文学研究所编，江苏古籍出版社，1984 年。

儒道佛思想散论，严北溟著，湖南人民出版社，1984 年。

纪念弘一法师，中国佛教图书文物馆编，文物出版社，1984 年。

六朝志怪小说情节单元分类索引，金荣华著，私立中国文化大学中文研究所，1984 年。

敦煌壁画中的佛经故事（共二辑），敦煌文物研究所编，甘肃人民出版社，1984 年。

印度民间故事，王树英等编，北京大学出版社，1984 年。

慧远及其佛学，方立天著，中国人民大学出版社，1984 年。

藏文典籍目录，民族图书馆编写，四川民族出版社，1984 年。

中国佛学论文集，任继愈等著，陕西人民出版社，1984 年。

佛学大辞典，丁福保编，文物出版社，1984 年。

八指头陀诗文集，释敬安著，梅季点校，岳麓书社，1984 年。

中国美学史，李泽厚、刘纲纪著，社会科学出版社，1984 年。

金刚般若波罗密经集注，（明）朱棣主编，上海古籍出版社，1984 年。

比较文化论集，金克木编，三联书店，1984 年。

中华大藏经（汉文部分），中华书局，1984—1995 年。

唐戏弄，任半塘著，上海古籍出版社，1984 年。

五灯会元， （宋）释普济著，苏渊雷点校，中华书局，1984 年。

佛教与中国文学，张中行著，安徽教育出版社，1984 年。

俗文学论集，朱介凡编，联经出版事业公司，1984 年。

弘一法师，中国佛教协会编，文物出版社，1984 年。

敦煌遗书论文集，王重民编，中华书局，1984 年。

寒山子研究，陈慧剑著，东大图书股份有限公司，1984 年。

王阳明与禅，陈荣捷著，学生书局，1984 年。

憨山老人年谱疏注，福征疏注，老古文化事业有限公司，1984 年。

大藏经补编，华宇出版社，1984 年。

中国历代诗学通论，方子舟著，大海文化事业股份有限公司，1984 年。

佛经的故事，叶嘉莹选著，时报文化出版事业公司，1984 年。

大正大藏经解题，蓝吉富主编，华宇出版社，1984 年。

敦煌俗文学研究，林聪明著，东吴大学中国学术著作奖助委员会，1984 年。

皎然诗式辑校新编五卷，许清云著，文史哲出版社，1984 年。

中国佛教发展史，中村元等编，天华出版事业公司，1984 年。

佛典汉译之研究，王文颜著，天华出版事业股份有限公司，1984 年。

苏曼殊大师新传（沧海丛刊）刘心皇著，东大图书股份有限公司，1984 年。

A Record of Buddhist Monasteries in Lo - yang，Wang Yi - t'ung trans.，Princeton：Princeton University Press，1984.

講座敦煌，榎一雄編，大東出版社，1984 年。

宋版高麗本景德傳燈錄，柳田聖山主編，中文出版社，1984 年。

禪語錄，柳田聖山編，築摩書房，1984 年。

陽明學的發展與佛教，荒木見悟著，研文出版社，1984 年。

空海，和多秀乘、高木神元著，吉川弘文館，1984 年。

寒山詩，西穀啟治編，築摩書房，1984 年。

法顕伝宋雲行紀，長沢和俊，東京：平凡社，1984 年。

1985 年

法显传校注，章巽校注，上海古籍出版社，1985 年。

远游的诗神——中国古典诗歌对美国新诗运动的影响，赵毅衡著，四川人民出版社，1985 年。

敦煌学论集，甘肃省社会科学院文学研究所编，甘肃人民出版社，1985 年。

列朝诗集小传，钱谦益著，钱陆灿编，世界书局，1985 年。

佛家名相通释，熊十力著，东方出版中心，1985 年。

唐代佛教与文学，孙昌武著，陕西人民出版社，1985 年。

岭南历代思想家评传，丁宝兰著，广东人民出版社，1985 年。

中西文化交流史，沈福伟著，上海人民出版社，1985 年。

中国佛教史，任继愈主编，中国社会科学出版社，1985 年。

空之探究，印顺著，中华书局，1985 年。

常任侠艺术考古论文选集，常任侠著，文物出版社，1985 年。

玄奘，杨廷福著，上海人民出版社，1985 年。

少林云水诗集，海灯法师著，巴蜀书社，1985 年。

西斋净土诗，（明）释梵琦撰，中华书局，1985 年。

五祖禅寺诗选，陈静安编，五祖寺印，1985 年。

佛本生故事选，郭良鋆、黄宝生译，人民文学出版社，1985 年。

佛经故事选，王邦维选译，重庆出版社，1985 年。

唐代文学与佛教，孙昌武著，陕西人民出版社，1985 年。

大唐西域记校注，（唐）玄奘、辩机著，季羡林等校注，中华书局，1985 年。

敦煌译丛（第一辑），敦煌研究院编，甘肃人民出版社，1985 年。

1983 年全国敦煌学学术讨论会文集·石窟艺术编，敦煌文物研究所编，甘肃人民出版社，1985 年。

禅与老庄，吴怡著，三民书局，1985 年。

游心法海六十年，印顺法师著，正闻出版社，1985 年。

王梵志寒山子，陈慧剑著，巨流图书公司，1985 年。

寒山子与寒山诗研究，杨梓铭著，善言文摘社，1985 年。

李叔同的灵性，桑柔著，精美出版社，1985 年。

中国美学史大纲，叶朗著，上海人民出版社，1985 年；沧浪出版社，1986 年。

中国文学论著译丛，王秋桂编，学生书局，1985 年。

许地山散文选，杨牧编，洪范书局，1985 年。

中国佛教通史，镰田茂雄著，关世谦译，佛光出版社，1985—1986 年；狮子吼杂志社，1991 年。

印顺导师的思想与学问——印顺导师八十寿庆论文集，蓝吉富编，弥勒出版社，1985 年。

列朝诗集小传·天启崇祯两朝遗诗小传，钱谦益、陈济生著，世界书局，1985 年。

王阳明与明代佛教，荒木见悟著，华宇出版社，1985 年。

中国近世佛教研究，荒木见悟著，如实译，华世出版社，1985 年。

寒山拾得（上、下），久须本文雄著，東京講談社，1985 年。

信心銘·證道歌·十牛圖·坐禪儀，梶毅宗忍、柳田聖山、辻村公一著，築摩書房，1985 年。

禪の語録，柳田聖山著，築摩書房，1985 年。

王梵志诗研究，朱凤玉，学生书局，1985 年。

Classical Chinese Tales of the Supernatural and the Fantastic：*Selections from the Third to the Tenth Century.* Kao，Karl S. Y. （ed.）. Bloomington：Indiana University Press，1985.

Le mangeur de brumes：*L'oeuvre de Han – shan*，*poéte et vagabond*，Carré，Patrick，trans.，Paris：Phebus，1985.

Han Shan：108 *Poemes*，Cheng，wing fun and Herve Collet，Millemont，trans.，France：Moundarren，1985.

Han Shan，*ermite taoiste*，*bouddhiste*，*zen*，Jaeger，Georgette，trans.，Brussels：Thanh – Long，1985.

1986 年

东方佛教文化，罗照辉、江亦丽著，山西人民出版社，1986 年。

苏曼殊诗文选注，曾德珪著，陕西人民出版社，1986 年。

意境纵横谈，南开大学中文系古典文学教研室编，南开大学出版社，1986 年。

佛寺漫游，白化文著，河南人民出版社，1986 年。

管锥编，钱钟书著，中华书局，1986 年。

顾随文集·佛典翻译文学选——汉三国晋南北朝时期，顾随著，上海古籍出版社，1986 年。

弘一大师李叔同，杜苕著，北京文艺出版社，1986 年。

峨眉山诗选注，陈述舟选注，四川人民出版社，1986 年。

寒山寺志汇编，（清）叶昌炽撰，苏州图书馆辑，江苏广陵古籍刻印社，1986 年。

湛然居士文集，（元）耶律楚材著，谢方点校，中华书局，1986 年。

台湾学者中国文学批评论文选，毛庆其选编，人民文学出版社，1986 年。

禅宗与中国文化，葛兆光著，上海人民出版社，1986 年。

禅与人生，佐藤幸治著，赵德宇译，南开大学出版社，1986 年。

中国古典戏剧论集，曾永义，联经出版事业公司，1986 年。

入唐求法巡礼行记，圆仁著，顾承甫、何泉达点校，上海古籍出版社，1986 年。

佛教小说选，第 2 集"不同的爱"，朱桥编，佛光出版社，1986 年。

敦煌宝藏，黄永武编，新文丰出版公司，1986 年。

印度文学，柳无忌著，联经出版事业公司，1986 年。

清代传记丛刊，周骏富辑，明文书局，1986 年。

济颠僧传，浙江天台山国清寺印行，1986 年。

敦煌遗书最新目录，黄永武主编，新文丰出版公司，1986 年。

一池落花两样情，星云大师著，时报文化出版事业公司，1986 年。

佛教文学辞典，万长春主编，常春树书坊，1986 年。

明末剩人和尚年谱，汪宗衍著，台湾商务印书馆，1986 年。

严羽及其诗论之研究，黄景进著，文史哲出版社，1986 年。

六朝志怪小说研究，周次吉著，文津出版社，1986 年。

从磨剑室到燕子龛，柳无忌，时报文化出版事业公司，1986 年。

Le Traité de Bodhidharma：La première anthologie du Chan（达摩论——禅宗的第一部文集），Faure，Bernard（佛尔），Aixen Provence：Le Mail，1986.

子規三大隨筆，正岡子規著，東京談講社，1986 年。

龐居士語錄，入矢義高譯注，築摩書房，1986 年。

六朝士大夫の精神，森三樹三郎著，京都同朋舍出版社，1986 年。

古則全集禪門公案大成（乙部），魁芳編，"國書"刊行會，1986 年。

六朝古逸觀世音應驗記研究，牧田諦亮著，平樂寺書店，1986 年。

弘法大師空海全集，築摩書房，1986 年。

诗式校注，皎然著，李壮鹰校注，齐鲁书社，1986 年；人民文学出版社，2003 年。

1987 年

民族文学论文选，刘俊田、禹克坤等，中央民族学院出版社，1987 年。

艺境，宗白华著，北京大学出版社，1987 年。

美学与意境，宗白华著，人民出版社，1987 年；淑馨出版社，1988 年。

敦煌学论文集，姜亮夫著，上海古籍出版社，1987 年。

敦煌变文话本研究，李骞著，辽宁大学出版社，1987 年。

佛经寓言故事选，谢生保编，百花文艺出版社，1987 年。

中国艺术精神，徐复观著，春风文艺出版社，1987 年。

佛教文化与近代中国，高振农著，上海社会科学院出版社，1987 年。

苏曼殊研究，柳亚子著，上海人民出版社，1987 年。

淮海外集（《禅门逸书续编》本），（宋）释元肇著，汉声出版社，1987 年。

1983 年全国敦煌学学术讨论会文集（1—4 卷），敦煌文物研究所编，甘肃人民出版社，1987 年。

观音菩萨全书，民初江村著，张颖校点，春风文艺出版社，

1987 年。

李嘉言古典文学论文集，李嘉言著，上海古籍出版社，1987 年。

佛教与中国文化，张曼涛主编，上海书店，1987 年。

简明东方文学史，季羡林主编，北京大学出版社，1987 年。

宋高僧传，（宋）赞宁撰，范祥雍点校，中华书局，1987 年。

明末广东抗清诗人评传（"函昰"、"函可"二篇），黄海章著，广东人民出版社，1987 年。

敦煌文学论文集，王庆菽著，吉林大学出版社，1987 年。

台港及海外中文报刊资料专辑（1986），北京图书馆文献信息服务中心剪辑，书目文献出版社，1987 年。

船子和尚拨棹歌（上海文献丛书），方行主编，华东师范大学出版社，1987 年。

敦煌歌辞总编，任半塘著，上海古籍出版社，1987 年。

中印文学关系源流，郁龙余编，湖南文艺出版社，1987 年。

严羽学术研究论文选，中共福建省邵武市宣传部、福建师范大学中文系编，鹭江出版社，1987 年。

唐代士大夫与佛教，郭绍林著，河南大学出版社，1987 年。

敦煌文学作品选，周绍良主编，中华书局，1987 年。

东方比较文学论文集，卢蔚秋编，湖南文艺出版社，1987 年。

敦煌讲唱文学作品选注，张鸿勋著，甘肃人民出版社，1987 年。

圣宋高僧诗选（《禅门逸书初辑》本），陈起编，汉声出版社，1987 年。

禅门逸书续编，释复明著，汉声出版社，1987 年。

佛教小说选，第 3 集 "弱水三千"，佛光出版社，1987 年。

佛教小说选，第 4 集 "莲花水色"，佛光出版社，1987 年。

佛教散文选，第 1 集 "僧伽"，佛光出版社，1987 年。

清哦集，晓云法师著，原泉出版社，1987 年。

紫柏大师研究——以生平为中心，释果祥著，东初出版社，1987 年。

法眼文益禅师之研究，邓克铭著，东初出版社，1987 年。

观音——半个亚洲的信仰，郑僧一著，华宇出版社，1987 年。

文心雕龙与佛教关系之考辨，方元珍著，文史哲出版社，1987 年。

高僧传研究，郑郁卿著，文津出版社，1987 年。

本生经的起源及其开展，释依淳著，佛光出版社，1987 年；1989 年再版。

小部经典——本生经，夏丏尊据日版重译，新文丰出版公司，1987 年。

说一切有部为主的论书与论师之研究，印顺著，正闻出版社，1987 年。

明版嘉兴大藏经，新文丰出版公司，1987 年。

宋代佛教史研究，高雄义坚著，陈季青等译，华语出版社，1987 年。

丝路与佛教文化，冈崎敬等著，张桐生译，业强出版社，1987 年。

唐代的文学与佛教，平野显照著，张桐生译，业强出版社，1987 年。

大藏经索引，小野玄妙主编，吉林文史出版社，1987 年。

观世音菩萨本事，后藤大用著，黄佳馨译，天华出版事业公司，1987 年。

The Four Masterworks of the Ming Novel：*Ssu ta ch'i – shu*, Andrew H. Plaks，Princeton：Princeton University Press，1987.

禪語散策，田上太秀著，東京書籍，1987 年。

禪宗經典使用概史，松浦秀光著，山喜房，1987 年。

大乘仏典 9：大唐西域記，桑山正進，中央公論社，1987 年。

1988 年

敦煌石窟艺术论集，段文杰著，甘肃人民出版社，1988 年。

佛教与中国传统文化，苏渊雷著，湖南教育出版社，1988 年。

唐代文学研究（第一辑），山西人民出版社，1988 年。

笔端·李叔同先生（据天马书店 1935 年出版本影印），曹聚仁著，上海书店，1988 年。

中国佛教与传统文化，方立天著，上海人民出版社，1988 年。

中国佛学人名辞典，比丘明复编，中华书局，1988 年。

中国传统文化中的儒道释，汤一介著，中国和平出版社，1988 年。

梵文《妙法莲华经》写本，蒋忠新著，中国社会科学出版社，1988 年。

佛教与中国文化，文史知识编辑部，中华书局，1988 年。

儒道佛美学思想探索，张文勋著，中国社会科学出版社，1988 年。

玄奘年谱，杨廷福著，中华书局，1988 年。

佛教与藏族文学，丹珠昂奔著，中央民族学院出版社，1988 年。

禅宗历史与文化，正果法师，黑龙江教育出版社，1988 年。

敦煌语言文学论文集，杭州大学古籍研究所等合编，浙江古籍出版社，1988 年。

诗佛王维研究，杨文雄著，文史哲出版社，1988 年。

佛经故事新编，谈锡永著，中国友谊出版公司，1988 年。

敦煌名胜古迹诗歌楹联散文选，胡开儒主编，新疆人民出版社，1988 年。

古译佛经寓言选，张友鸾著，人民文学出版社，1988 年。

唐音佛教辨思录，陈允吉著，上海古籍出版社，1988 年。

丰子恺研究资料，丰华瞻、殷绮编，宁夏人民出版社，1988 年。

寻道的人，白云老禅师，白云出版社，1988 年初版；2009 年第三版。

佛教与中国文学，孙昌武著，上海人民出版社，1988 年；2007 年，第 2 版。

禅与文化，（美）萧甫斯坦著，徐进夫译，北方文艺出版社，1988 年。

禅与艺术，铃木大拙等著，徐进夫译，北方文艺出版社，1988 年。

世俗的祭礼——中国戏曲的宗教精神，郭英德著，国际文化出版公司，1988 年。

敦煌语言文学研究，中国敦煌吐鲁番学会语言文学分会编纂，北京大学出版社，1988 年。

胡适古典文学研究论集，胡适著，上海古籍出版社，1988 年。

大唐西域求法高僧传校注，（唐）义净著，王邦维校注，中华书局，1988 年。

印度佛教史，（明）多罗那他著，张建木译，四川民族出版社，1988 年。

慈云悠悠——达进法师八十自述，刘春城著，圆神出版社，1988 年。

初期大乘佛教之起源与开展，印顺法师著，正闻出版社，1988 年。

明末中国佛教之研究，释圣严，台湾学生书局，1988 年。

文学与宗教 ——第一届国际文学与宗教会议论文集，台北辅仁大学外语学院编，时报文化出版事业公司，1987 年。

原始佛教盛典之集成，印顺著，正闻出版社，1988 年。

皎然诗式研究，许清云著，文史哲出版社，1988 年。

佛教散文选，第 2 集 "情缘"，佛光出版社，1988 年。

梵语佛典导论，山田龙城著，许洋主译，华宇出版社，1988 年。

拈花菩提，林青玄著，九歌出版社，1988 年。

Buddhist Art of the Tibetan Plateau，1st English ed.，Lizhong Liu，Ralph. Kiggell，San Francisco，California：China Books & Periodicals，1988.

Painting and Performance，*Chinese Picture Recitation and its Indian Genesis*，Victor H. Mair，Honolulu：University of Hawaii Press，1988.

黄檗文化人名辞典，大槻幹郎、加藤正俊、林雪光编著，思文阁，1988 年。

研究报告（全 8 册），花园大学国际禅学研究所，1988—2003 年。

Monks and Magicians：*Religious Biographies in Asia.* Shinohara，Koichi and Phyllis Granoff，eds. Oakville：Mosaic Press，1988.

1989 年

艺术与世界宗教，（俄）雅科伏列夫，任光宣、李冬晗译，文化艺术出版社，1989 年。

敦煌本《佛说十王经》研究，杜斗城著，甘肃教育出版社，1989 年。

中国北京图书馆藏佛学释氏十三经，中国佛学院，书目文献出版社，1989 年。

中国历代石刻拓本汇编，北京图书馆金石组编，中州古籍出版社，1989 年。

历代高僧传，释道宣等著，上海书店，1989 年。

禅语精选百篇，英凯编译，花城出版社，1989 年。

佛教与美学，王志敏、方珊著，辽宁人民出版社，1989 年。

饮冰室合集，梁启超著，中华书局，1989 年。

佛教与东方艺术，张锡坤等编，吉林教育出版社，1989 年。

成语与佛教，朱瑞玟编著，北京经济学院出版社，1989 年。

佛经中的民间故事，方广锠等编，中国社会科学出版社，1989 年。

敦煌文学，颜廷亮主编，甘肃人民出版社，1989 年。

诗与禅，程亚林著，江西人民出版社，1989 年。

禅宗与艺术审美，高长江著，吉林大学出版社，1989 年。

释迦牟尼新传，钮先铭著，台湾商务印书馆，1989 年。

中国比较文学研究资料（1919—1949），北京大学比较文学研究所编，北京大学出版社，1989 年。

虚云和尚年谱，岑学吕编，大悲印经会，1989 年。

佛教典籍百问，方广锠著，今日中国出版社，1989 年。

唐玄奘三藏传史汇编，光中法师著，东大图书股份有限公司，1989 年。

汉唐音乐文化论集，王小盾，学艺出版社，1989 年。

余国藩西游记论集，余国藩著，李奭学译，联经出版事业公司，1989 年。

汉魏六朝佛道两教之天堂地狱说，萧登福著，台湾学生书局，1989 年。

唐代文学论集，罗联添著，台湾学生书局，1989 年。

蕅益大师全集，蕅益大师著，佛教书局，1989 年。

西域与佛教文史论集，许真章译，台湾学生书局，1989 年。

佛教散文选，第 3 集"半是青山半是云"，佛光出版社，1989 年。

Operatic Ritual："*Mulian Rescues His mother*" *in Chinese popular Culture*，Johnson David，Berkeley：Institute for East Asian Studies，1989.

A Study of the Buddhist Contribution to the Rise of Vernacular Fiction and Drama in China，Victor H. Mair，Cambridge：Council on East Asian Studies，Harvard University，1989.

六祖坛经的世界（第九次国际佛教学术会议纪要），（韩）金知见编，韩国民族出版社，1989 年。

古尊宿語錄（立正大學圖書館所藏明代南藏本），日本立正大學圖書館編，野澤佳美解說，立正大學圖書館，1989 年。

古尊宿語錄（山口縣快友寺所藏明代南藏本），野澤佳美編，宗教典籍研究會，1989 年。

禪林僧寶傳譯，柳田聖山主編，京都大學人文科學研究所，1989 年。

中國佛教の苦悩と士大夫たち，野口善敬譯注，中國書店，1989 年。

入唐求法巡禮行記の研究，小野勝年著，法藏館，1989 年。

景德傳燈錄固有名詞索引，莊司格一編，中文出版社，1989 年。

寒山诗（韩语），金达镇，世界社，1989 年。

梵語仏典の研究 IV：密教経典篇，塚本啓祥、松長有慶、磯田熙文，京都：平楽寺書店，1989 年。

东方民族的思维方法，（日）中村元著，林太、马小鹤译，浙江人民出版社，1989 年；淑馨出版社，1999 年。

1990 年

苏曼殊评传，李蔚著，珠海市政协编，社会科学文献出版社，1990 年。

苏曼殊新论，邵迎武著，百花文艺出版社，1990 年。

英藏敦煌文献（1—4），四川人民出版社，1990—1995 年。

1987 年敦煌石窟研究国际讨论会论文集（上、下），段文杰，辽宁美术出版社，1990 年。

禅宗著作词语汇释，袁宾著，江苏古籍出版社，1990 年。

禅宗：文化交融与历史选择，顾伟康著，上海知识出版社，1990 年。

中国佛教文化序说，孙昌武著，南开大学出版社，1990 年。

王维新论，陈铁民著，北京师范学院出版社，1990 年。

大正藏，佛陀教育基金会出版部，1990 年。

六世班禅洛桑巴丹益希传，嘉木央·久麦旺波著，许得存、卓永强译，西藏人民出版社，1990 年。

佛学典故汇释，李明权著，浙江古籍出版社，1990 年。

西游记研究资料，刘荫柏编，上海古籍出版社，1990 年。

饮冰室佛学论集，梁启超著，江苏广陵古籍刻印社，1990 年。

中国戏剧起源，李肖冰等编，知识出版社，1990 年。

王梵志研究资料汇编，颜廷亮著，上海古籍出版社，1990 年。

敦煌变文集校议，郭在贻、张涌泉、黄征著，岳麓书社，1990 年。

王梵志诗研究汇录，张锡厚辑，上海古籍出版社，1990 年。

佛教与中印文化交流，季羡林著，江西人民出版社，1990 年。

禅宗与中国古代诗歌艺术，李森著，长春出版社，1990 年；丽文文化事业股份有限公司，1993 年。

中国戏曲与中国宗教，周育德著，中国戏剧出版社，1990 年。

传统文化与古典戏曲，郑传寅著，湖北教育出版社，1990 年；湖南人民出版社，2004 年。

敦煌变文选注，项楚编，巴蜀书社，1990 年。

景德传灯录（福州东禅寺版），（北宋）道原撰，日本禅文化研究所影印，1990年。

1987敦煌石窟研究国际讨论会文集·石窟考古编，辽宁美术出版社，1990年。

福建南戏暨目连戏论文集，福建省艺术研究所编，福建省艺术研究所，1990年。

中国近现代高僧与佛学名人小传，高振农、刘新美著，华东师范大学出版社，1990年。

佛经传译与中古文学思潮，蒋述卓著，江西人民出版社，1990年。

佛道诗禅，赖永海著，中国青年出版社，1990年。

佛典·志怪·物语，王晓平著，江西人民出版社，1990年。

佛教文学对中国小说的影响，释永祥著，佛光出版社，1990年。

归程——圣严法师前传，释圣严著，东初出版社，1990年。

法源血源——记大陆探亲十九天，释圣严著，东初出版社，1990年。

中国佛教文化研究论集，冉云华著，东初出版社，1990年。

游心法海六十年，印顺法师著，正闻出版社，1990年重版。

妙云集，印顺法师著，正闻出版社，1990年。

仁恩梦存，悟明法师著，台北县树林海明禅寺，1990年。

雅人深致与宗教情缘——唐代文人的生活样态，李乃龙，文津出版社，1990年。

妙善传说——观音菩萨缘起考，杜德桥著，李文彬等译，巨流图书公司，1990年。

中国禅学研究论集，冉云华著，东初出版社，1990 年。

佛光山国际禅学会议实录，佛光出版社，1990 年。

中国佛教文化研究论集，冉云华著，东初出版社，1990 年。

梵呗赞谱，戴明贤编，国际佛教文化出版社，1990 年。

中国佛教文学，加地哲定著，刘卫星译，秦惠彬校，今日中国出版社，1990 年。

晚明佛教丛林改革与佛学诤辩之研究——以憨山德清的改革生涯为中心，江灿腾著，新文丰出版公司，1990 年。

The Poetry of Han – shan：A Complete，Annotated Translation of Cold Mountain，Robert Henricks，New York：State University of New York Press，1990.

唐代中期の文學と思想，戸崎哲彦著，滋賀大學經濟學部，1990 年。

敦煌講座9·敦煌文學文獻，金岡照光著，日本大乘出版社，1990 年。

敦煌佛教の研究，上山大峻著，法藏館，1990 年。

佛教と陽明學，荒木見悟著，株式會社第三文明社，1990 年。

洛陽伽藍記，入矢義高訳注，平凡社，1990 年。

1991 年

禅外说禅，张中行著，黑龙江人民出版社，1991 年。

静默的美学，皮朝纲著，成都科技大学出版社，1991 年。

佛教文学辞典，任道斌主编，浙江古籍出版社，1991 年。

补续高僧传，（明）释明河撰，上海古籍出版社，1991 年。

新续高僧传，（民国）喻谦撰，上海古籍出版社据民国十二年排印本影印，1991 年。

印光大师全集，印光大师著，财团法人佛陀教育基金会，1991 年。

敦煌壁画乐史资料总录与研究，牛龙菲著，敦煌文艺出版社，1991 年。

敦煌五台山文献校录研究，杜斗城著，山西人民出版社，1991 年。

和风堂文集，柳存仁著，上海古籍出版社，1991 年。

中国禅宗大全，李淼编，长春出版社，1991 年。

敦煌文学丛考，项楚著，上海古籍出版社，1991 年。

理学·佛学·玄学，汤用彤著，北京大学出版社，1991 年。

藏要，欧阳竟无编，上海书店，1991 年。

高僧传合集，上海古籍出版社，1991 年。

佛教大藏经史（八—十世纪），方广锠著，中国社会科学出版社，1991 年。

周叔迦佛学论著集，周叔迦著，中华书局，1991 年。

季羡林学术论著自选集，季羡林著，北京师范学院出版社，1991 年。

印度古代文学史，季羡林主编，北京大学出版社，1991 年。

吕澂佛学论著选集，吕澂著，齐鲁书社，1991 年。

寒山诗校注，钱学烈著，广东高等教育出版社，1991 年。

寒山子诗校注，徐光大著，陕西人民出版社，1991 年。

五台山诗歌选注，崔正森等著，中国旅游出版社，1991 年。

古诗百科大辞典（宗教卷），吴受琚等著，光明日报出版社，

1991 年。

敦煌歌辞选注，吴鼎森选注，辽宁人民出版社，1991 年。

禅诗一百首，李淼选著，上海书店，1991 年。

苏曼殊文集，苏曼殊著，马以君编注，广州花城出版社，1991 年。

明清小说与中国文化，吴圣昔著，南京大学出版社，1991 年。

参学琐谈，真华法师著，正闻出版社，1991 年。

李炳南老居士全集，李炳南著，青莲出版社，1991 年。

比较文学与民间文学，季羡林著，北京大学出版社，1991 年。

王梵志诗校注，项楚校注，上海古籍出版社，1991 年。

中国佛教与美学，曾祖荫著，华中师范大学出版社，1991 年；文津出版社，1994 年。

中西宗教与文学，马焯荣著，岳麓书社，1991 年。

汤显祖论稿，周育德著，文化艺术出版社，1991 年。

戏曲研究，第 37 辑（目连戏专辑），文化艺术出版社，1991 年。

佛理·唐音·古典美学，姜光斗著，南京出版社，1991 年。

祖堂集，（唐）释静、释筠撰，上海古籍出版社，1991 年；日本禅文化研究所，1994 年。

福建目连戏研究文集，福建省艺术研究所编，福建省艺术研究所，1991 年。

禅的诗偈：一味禅、花之卷，黄靖雅著，香港博益出版集团公司，1991 年。

澹归禅师年谱，吴天任，香港佛教志莲图书馆，1991 年。

人间佛教的星云：学者作家心目中的星云大师，陆铿主编，佛光出版社，1991 年。

儒道释与中国文豪，王煜著，台湾学生书局，1991 年；2001 年再版。

盛唐诗与禅，姚仪敏著，佛光出版社，1991 年。

佛国之旅，释圣严著，东初出版社，1991 年。

蕅益大师全集，蕅益大师著，财团法人佛陀教育基金会，1991 年。

佛教的思想与文化，释圣严等著，法光出版社，1991 年。

第二届敦煌学国际研讨会论文集，汉学研究中心编，汉学研究中心，1991 年。

中国佛学研究论集，冉云华编，东初出版社，1991 年。

明代传记丛刊，周骏富辑，明文书局，1991 年。

维摩诘所说经·敦煌写本综合目录，江素云著，东初出版社，1991 年。

中国禅僧略传，禅云居士著，世茂出版社，1991 年。

禪語辭典，入矢義高監修，古賀英彥編，思文閣，1991 年。

禪語辭書類聚，日本禪文化研究所編，日本禪文化研究所，1991 年。

平安朝漢文學の開花——詩人空海と道真，川口久雄著，吉川弘文館，1991 年。

修訂地獄変：中国の冥界説，澤田瑞穂著，平河出版社，1991 年。

中国禅宗语录大观，袁宾编，百花洲文艺出版社，1991 年。

1992 年

藏传佛教故事，褚亚丁编，尼玛泽仁绘画，四川美术出版社，1992 年。

禅与诗学，张伯伟著，浙江人民出版社，1992 年。

中国禅诗鉴赏辞典，王洪、方广锠主编，中国人民大学出版社，1992 年。

佛典精解，陈士强著，上海古籍出版社，1992 年。

禅宗与中国诗歌，周裕锴著，上海人民出版社，1992 年。

大乘起信论校释，（梁）真谛译，高振农校释，中华书局，1992 年。

禅宗语录辑要，本社编，上海古籍出版社，1992 年。

敦煌碑铭赞辑释，郑炳林编，甘肃教育出版社，1992 年。

禅林僧宝传，（宋）惠洪著，江苏广陵古籍刻印社，1992 年。

中国禅宗思想历程，潘桂明著，今日中国出版社，1992 年。

杼山集，释皎然撰，上海古籍出版社，1992 年。

五祖寺志，黄梅五祖寺志编纂委员会，湖北科学技术出版社，1992 年。

俄藏敦煌文献（1—11），上海古籍出版社，1992—1999 年。

佛教与音乐艺术，胡耀著，天津人民出版社，1992 年。

佛教禅学与东方文明，陈兵著，上海人民出版社，1992 年。

皎然年谱，贾晋华著，厦门大学出版社，1992 年。

全唐诗补编·全唐诗续拾，陈尚君辑校，中华书局，1992 年。

古代小说与宗教，白化文、孙欣著，辽宁教育出版社，

1992 年。

佛经寓言故事，范又琪译注，罗丹、廖娟绘画，海南摄影美术出版社，1992 年。

宋词与佛道思想，史双元著，今日中国出版社，1992 年。

图解佛经故事：南北大藏经，张元编译，赵明等绘画，内蒙古人民出版社，1992 年。

济公系列小说，陈东有著，辽宁教育出版社，1992 年。

禅门妙语，吴言生著，陕西人民教育出版社，1992 年。

禅门奇僧，马茂军等编著，陕西师范大学出版社，1992 年。

禅门故事，兴轩等编著，陕西师范大学出版社，1992 年。

禅诗百首今译，王志远、吴相洲著，今日中国出版社，1992 年。

禅与中国文学，张锡坤、吴作桥、王树海、张石著，吉林文史出版社，1992 年。

苏曼殊传略，柳亚子著，三联书店，1992 年。

中国菩萨罗汉小说，徐静波著，辽宁教育出版社，1992 年。

高僧传，汤用彤校注，中华书局，1992 年。

河西宝卷真本校注研究，方步和著，兰州大学出版社，1992 年。

河西宝卷的调查研究，段平著，兰州大学出版社，1992 年。

佛教与中国文艺美学，蒋述卓著，广东高等教育出版社，1992 年。

山水美与宗教，蒋述卓著，稻禾出版社，1992 年。

佛教美学，王海林著，安徽文艺出版社，1992 年。

西域戏剧与戏剧的发生，曲六艺、李肖冰编，新疆人民出版社，1992年。

禅学与玄学，洪修平、吴永和著，浙江人民出版社，1992年。

禅与艺术，张育英著，浙江人民出版社，1992年。

冥报记 广异记，唐临、戴孚撰，方诗铭辑校，中华书局，1992年。

佛教与戏剧艺术，陈宗枢著，天津人民出版社，1992年。

佛学与儒学，赖永海著，浙江人民出版社，1992年。

老庄与禅，徐小跃著，浙江人民出版社，1992年。

中国敦煌学史，林家平、宁强、罗华庆著，北京语言学院出版社，1992年。

茗山文集，茗山著，江苏古籍出版社，1992年。

丰子恺散文全编（上、下编），丰子恺著，丰陈宝、丰一吟编，浙江文艺出版社，1992年。

丰子恺文集，丰子恺著，丰陈宝、丰一吟编，浙江文艺出版社、浙江教育出版社，1992年。

斌宗法师遗集，斌宗老法师著，台湾中华佛教文献编撰处，1992年。

明旸诗选，明旸著，学林出版社，1992年。

李卓吾的佛学与世学，林其贤著，文津出版社，1992年。

敦煌文学刍议及其他，周绍良著，新文丰出版公司，1992年。

唐道宣《续高僧传》批判思想初探，释果灯著，东初出版社，1992年。

禅家寒山诗注（附拾得诗），李谊注释，正中书局，1992年。

火宅清凉，释圣严著，东初出版社，1992年。

东西南北，释圣严著，东初出版社，1992年。

莲池大师全集，莲池大师著，东初出版社，1992 年。

佛典与中古汉语词汇研究，朱庆之著，文津出版社，1992 年。

中国文学与宗教，郑志明著，台湾学生书局，1992 年。

禪語辭書類聚二，葛藤語箋著，日本禪文化研究所，1992 年。

木庵全集，木庵性瑫著，思文閣，1992 年。

慧超往五天竺國傳研究，桑山正進著，京都大學人文科學研究所，1992 年。

中国小说世界，内田道夫编，李庆译，上海古籍出版社，1992 年。

The Legend and Cult of Upagupta. Strong，John S. Princeton：Princeton University Press，1992.

Speaking of Monks：Essays on Religious Biographies in India and China. Shinohara，Koichi and Phyllis Granoff. Oakvile，Ontario：Mosaic Press. 1992.

1993 年

仙佛奇踪，洪应明著，江苏广陵古籍刻印社，1993 年。

俗语佛源，中国佛教文化研究所，上海人民出版社，1993 年。

中国佛教音乐选萃，田青主编，上海音乐出版社，1993 年。

五台山佛教音乐，韩军著，山西人民出版社，1993 年。

上海博物馆藏敦煌吐鲁番文献（上、下），上海博物馆、上海古籍出版社编，上海古籍出版社，1993 年。

禅意与化境，金丹元著，上海文艺出版社，1993 年。

千古禅灯，袁宾著，中国友谊出版公司，1993 年。

巴蜀目连戏剧文化概论，林建华著，文化艺术出版社，1993年。

妙语玄机，林天舒、穆仲霞编著，人民中国出版社，1993年。

儒道佛美学的融合——苏轼文艺美学思想研究，王世德著，重庆出版社，1993年。

禅门开悟诗二百首，杜松柏编著，中国社会科学出版社，1993年。

丛林智慧——禅宗公案别集，程兆雄著，中国社会科学出版社，1993年。

敦煌文书校句研究·王梵志诗用韵考，蒋冀骋著，文津出版社，1993年。

中国灯录全书，净慧主编，中国藏学出版社，1993年。

诗式校注，周维德著，浙江古籍出版社，1993年。

敦煌壁画故事，敦煌文物研究所编，甘肃人民出版社，1993年。

伦敦藏敦煌汉文卷子目录提要，中国文化大学中国文学研究所敦煌学研究小组，福记文化图书有限公司，1993年。

东方神话——印度古代神话，赵国华著，知识出版社，1993年。

佛经文献语言，俞理明著，巴蜀书社，1993年。

中国佛道诗歌总汇，马大品等主编，中国书店，1993年。

生命的诗境：禅宗美学的现代诠释，潘知常著，杭州大学出版社，1993年。

佛教故事选，郭鹏编译，中国国际广播出版社，1993年。

佛经故事选，陈麟辉等主编，上海社会科学院出版社，

1993 年。

李叔同，钱君陶主编，上海美术出版社，1993 年。

郭在贻敦煌学论集，郭在贻著，江西人民出版社，1993 年。

禅宗与中国文学，谢思炜著，中国社会科学出版社，1993 年。

饶宗颐史学论文集，饶宗颐著，上海古籍出版社，1993 年。

中国的神话传说与古小说，小南一郎著，孙昌武译，中华书局，1993 年。

梵学集，饶宗颐著，上海古籍出版社，1993 年。

佛教与中国古典文学，陈洪著，天津人民出版社，1993 年。

第二届国际唐代学术会议论文集，中国唐代学会编辑委员会编辑，文津出版社，1993 年。

目连戏研究，朱恒夫著，南京大学出版社，1993 年。

佛诗三百首，洪丕谟著，江苏文艺出版社，1993 年。

弘一大师全集，弘一法师著，福建人民出版社，1993 年。

佛经精华故事大观，王登云、肖是剑著，北京科学技术出版社，1993 年。

目连戏研究论文集，湖南省艺术研究所编，艺海编辑部出版，1993 年。

目连戏与巴蜀文化，王定欧主编，《四川戏剧》编辑部，1993 年。

佛典重译经研究与考录，王文颜著，文史哲出版社，1993 年。

敦煌诗歌导论，项楚，新文丰出版公司，1993 年；巴蜀书社，2001 年。

敦煌文献与文学，郑阿财著，新文丰出版公司，1993 年。

参禅与念佛：晚明袁宏道的佛教思想，邱敏捷著，商鼎文化出版有限公司，1993 年。

唐诗中的佛教思想，陈允吉著，商鼎文化出版社，1993 年。

中国佛教文学史，加地哲定著，刘卫星译，佛光出版社，1993 年。

白话临济录·禅关策进，许文恭译，圆明出版社，1993 年。

宋代民间的幽冥世界观，沈宗宪著，商鼎文化出版有限公司，1993 年。

唐代美学思潮，霍然著，丽文文化出版有限公司，1993 年。

游戏三昧——禅的实践与终极关怀，吴汝钧著，台湾学生书局，1993 年。

中国佛门人物志第一集，于凌波，慧炬出版社，1993 年。

中国佛门人物志第二集，于凌波，慧炬出版社，1993 年。

敦煌说唱文学概论，张鸿勋著，新文丰出版公司，1993 年。

禅师与禅诗，释星云著，佛光出版社，1993 年。

行云流水，释圣严著，东初出版社，1993 年。

慧能，杨惠南著，东大图书股份有限公司，1993 年。

法国学者敦煌学论文选萃，（法）谢和耐等著，耿升译，中华书局，1993 年。

History of the Strange：*Pu Songling and the Chinese Classical Tale*, Zeitlin, Judith T., Stanford：Stanford University Press, 1993.

Enchantment and Disenchantment：*Love and Illusion in Chinese Literature*, Wai – yee Li, Princeton：Princeton University Press, 1993.

宋元版禪籍の研究，椎名宏雄著，大東出版社，1993 年。

《景德傳燈錄》索引（上、下册），日本京都禪文化研究所編集，禪文化研究所，1993 年。

一字索引叢書（全21卷），日本禪文化研究所編，日本禪文化研究所，1993—1997年。

禪語辭書類聚三碧岩錄不二鈔，日本禪文化研究所編，日本禪文化研究所，1993年。

漢文大藏經典籍品題名索引（增補版），龍谷大學佛教文化研究所編，龍谷大學佛教文化研究叢書Ⅳ，法藏館，1993年。

唐中期の淨土教——特に法照禪師の研究，塚本善隆，東方文化學院京都研究所，1993年。

The Lotus Sutra，Burton Watson trans.，New York：Columbia University Press，1993.

1994 年

民间目连戏文化，刘祯著，巴蜀书社，1994年。

佛藏要籍选刊（1—14册），苏渊雷、高振农选辑，上海古籍出版社，1994年。

中国历代禅师传记资料汇编（上中下），徐自强，全国图书馆文献缩微复制中心，1994年。

维摩诘经今译，鸠摩罗什译，道生等注译，中国社会科学出版社，1994年，2003年第二版。

金刚经今译，翁虚等注译，中国社会科学出版社，1994年。

法华经今译，鸠摩罗什译，张新民等译注，中国社会科学出版社，1994年。

净土诸经今译，鸠摩罗什等译，瞿平等注译，中国社会科学出版社，1994年。

宗白华全集，宗白华著，安徽教育出版社，1994 年。

禅诗三百首，周嘉向主编，陕西人民出版社，1994 年。

禅诗一万首，韩进廉主编，河北科学技术出版社，1994 年。

禅与中国艺术精神的嬗变，黄河涛著，商务印书馆，1994 年。

法藏敦煌西域文献（1—8），上海古籍出版社，1994—1998 年。

禅月诗魂——中国诗僧纵横谈，贾召文著，三联书店，1994 年。

佛教词语的构造与汉语词汇的发展，梁晓虹著，北京语言学院出版社，1994 年。

观音信仰，邢莉著，北京学苑出版社，1994 年。

禅宗词典，袁宾编，湖北人民出版社，1994 年。

佛教与中国文化，薛克翘著，中国华侨出版社，1994 年。

古尊宿语录，（宋）赜藏主编集，萧萐父、吕有祥等点校，中华书局，1994 年。

中国佛话，徐建华、宋仲琤选编，上海古籍出版社，1994 年。

一味禅·月之卷·禅的公案，林新居著，中国青年出版社，1994 年。

一味禅·花之卷·禅的诗偈，黄靖雅著，中国青年出版社，1994 年。

一味禅·风之卷·禅的故事，李瑛棣著，中国青年出版社，1994 年。

佛门偈语故事，罗伟国著，上海人民出版社，1994 年。

历代禅语小品，许苏民编著，湖北辞书出版社，1994 年。

寒山诗与史，周琦著，黄山书社，1994 年。

观世音应验记，（南朝宋）傅亮等撰，孙昌武点校，中华书局，1994 年。

宋诗纵横，赵仁珪著，中华书局，1994 年。

禅宗美学史稿，皮朝纲著，电子科技大学出版社，1994 年。

敦煌僧诗校辑，汪泛舟校辑，甘肃人民出版社，1994 年。

休庵诗集，白云老禅师著，佛印月刊社，1994 年。

平凡的一生（增定本），印顺法师著，正闻出版社，1994 年。

中国佛门人物志第三集，于凌波著，慧炬出版社，1994 年。

禅境与诗情，李杏邨著，东大图书股份有限公司，1994 年。

敦煌邈真赞校录并研究，姜伯勤、项楚、荣新江著，新文丰出版公司，1994 年。

禅境合一论略，顾伟康著，东大图书股份有限公司，1994 年。

《碧岩集》的语言风格研究——以构词法为中心，欧阳宜璋著，圆明出版社，1994 年。

白话洞山禅师语录，许文恭译，圆明出版社，1994 年。

知止斋禅学论文集，杜松柏著，文史哲出版社，1994 年。

中国禅宗与诗歌，周裕锴著，丽文文化事业股份有限公司，1994 年。

原始佛教圣典之集成，印顺著，正闻出版社，1994 年。

中国佛寺诗联丛话，董维惠著，里仁书局，1994 年。

道教术仪与密教典籍，萧登福著，新文丰出版股份有限公司，1994 年。

文学与佛学关系，中国古典研究会主编，台湾学生书局，1994 年。

佛光大藏经·禅经，佛光大藏经编委会，佛光出版社，

1994 年。

芳草碧连天：弘一大法师传，陈星著，业强出版社，1994 年。

诗与禅，孙昌武著，东大图书股份有限公司，1994 年。

行云流水，释圣严著，圆神出版社，1994 年。

金山有矿，释圣严著，圆神出版社，1994 年。

中国沙门外学的研究——汉末至五代，曹仕邦著，东初出版社，1994 年。

漂流的小舟：中国禅诗，Dennis Moloney 著，白松出版社，1994 年。

哥伦比亚大学传统中国文学选集，（美）梅维恒编，哥伦比亚大学出版社，1994 年。

Mount Lu Revisited：*Buddhism in the Life and Writings of Su Shih*，Beata Grant，Honolulu：University of Hawaii Press，1994.

Lives of the Nuns：*Biographies of Chinese Buddhist Nuns from the Fourth to Sixth Centuries*，Tsai Kathryn Ann trans. ，Honolulu：University of Hawaii Press，1994.

The Scripture of the Ten Kings and the Making of Purgatory in Medieval Chinese Buddhism，Teiser Stephen F. ，Honolulu：Kuroda Institute Studies in East Asian Buddhism，University of Hawaii Press，1994.

The Rhetoric of Immediacy：*A Cultural Critique of Chan/Zen Buddhism*（当下的修辞——禅宗的文化批判），Faure，Bernard（佛尔），Princeton：Princeton University Press，1994.

《祖堂集》索引，日本禪文化研究所编，日本禪文化研究所，1994 年。

仏教文學講座第三卷法語・詩偈，伊藤博之著，東京勉誠社，1994 年。

中國詩文論叢——平野顯照教授退官紀念論文集，清水茂編，京都大谷大學出版會，1994 年。

1995 年

中国艺术意境论，蒲震元著，北京大学出版社，1995 年初版；1999 年第二版。

禅宗的美学，皮朝纲著，丽文文化公司，1995 年 。

1990 敦煌学国际研讨会文集，段文杰主编，辽宁美术出版社，1995 年。

观音的传说，长生编，花山文艺出版社，1995 年。

茫茫归途：弘一大师印光大师绝世真言，白郎编，四川人民出版社，1995 年。

大唐西域记全译，玄奘撰，芮传明译注，贵州人民出版社，1995 年。

敦煌佛学・佛事篇，王书庆著，甘肃民族出版社，1995 年。

冼玉清文集，冼玉清著，中山大学出版社，1995 年。

东方文学史，季羡林主编，吉林教育出版社，1995 年。

禅诗二百首，段晓华选注，江西人民出版社，1995 年。

出三藏记集，僧祐撰，苏晋仁、萧錬子点校，中华书局，1995 年。

弘一法师年谱，林子青编著，宗教文化出版社，1995 年。

禅诗鉴赏辞典，高文、曾广开主编，河南人民出版社，1995

年 7 月。

苏曼殊传论，毛策著，中国人民大学出版社，1995 年。

灵尘化境——佛教文学，龙晦著，四川人民出版社，1995 年。

寒山诗注释，郭鹏著，长春出版社，1995 年。

南海寄归内法传校注，（唐）义净著，王邦维校注，中华书局，1995 年。

巨赞集，黄夏年主编，中国社会科学出版社，1995 年。

张中行作品集（第三卷），张中行著，中国社会科学出版社，1995 年。

禅宗语言和文献，于谷著，江西人民出版社，1995 年。

敦煌愿文集，黄征、吴伟编，岳麓书社，1995 年。

佛学与中国近代诗坛，王广西著，河南大学出版社，1995 年。

中国近现代佛教人物志，于凌波著，宗教文化出版社，1995 年。

苏轼禅诗研究，（韩）朴永焕著，中国社会科学出版社，1995 年。

中国叙事学，浦安迪著，北京大学出版社，1995 年。

太虚法师年谱，印顺编，宗教文化出版社，1995 年。

惟贤法师诗文集，惟贤著，东方文化艺术研究所编，内部资料，1995 年。

禅与诗学，张伯伟著，扬智文化事业股份有限公司，1995 年。

函可，刘世南著，文津出版社，1995 年。

颜之推《冤魂志》研究，王国良著，文史哲出版社，1995 年。

道家道教影响下的佛教经籍，萧登福著，新文丰出版股份有限公司，1995 年。

罗汉图像研究，陈清香著，文津出版社，1995 年。

六朝佛教志怪小说研究，薛惠琪著，文津出版社，1995 年。

敦煌佛教文学研究，曲金良著，文津出版社，1995 年。

汤显祖与晚明文化，郑培凯著，允晨文化公司，1995 年。

禅思与禅史，杨惠南著，东大图书股份有限公司，1995 年。

明复法师佛学文丛，释明复著，财团法人觉风佛教艺术文化基金会，1995 年。

Religious Experience and Lay Socity in T'ang China：*A Reading of Tai Fu's Kuang - i Chi*，Dudbridge Glen，Cambridge：Cambridge University Press，1995.

日用類書による明清小説の研究，小川陽一著，研文社，1995 年。

宋人年谱集目、宋编宋人年谱选刊，吴洪泽编，巴蜀书社，1995 年。

楞伽经注释，王树海注释，长春出版社，1995 年。

1996 年

唐高僧义净生平及其著作论考，王邦维著，重庆出版社，1996 年。

黄檗山寺志，独往性幽著，江苏广陵古籍刻印社，1996 年。

祖堂集，释静、释筠编撰，吴福祥、顾之川点校，岳麓书社，1996 年。

道家与禅宗，李霞著，安徽大学出版社，1996 年。

全唐五代诗格校考，张伯伟著，陕西人民教育出版社，1996 年。

敦煌俗字研究，张涌泉撰，上海教育出版社，1996年。

白话碧岩录，许文恭译，作家出版社，1996年。

意境论，蓝华增著，云南人民出版社，1996年。

历代高僧诗选，陈耳东编著，天津人民出版社，1996年。

段文杰敦煌研究五十年纪念文集，敦煌研究院编，世界图书出版公司，1996年。

文化厄言，金克木著，周锡山编，上海文艺出版社，1996年。

梵佛探，金克木著，河北教育出版社，1996年。

澄心论萃，饶宗颐著，上海文艺出版社，1996年。

东方文论选，曹顺庆主编，四川人民出版社，1996年。

中国历代僧诗精华，吕子都选注，东方出版中心，1996年。

天台山历代诗选，刘长春、朱封鳌编著，黄山书社，1996年。

百喻故事（图说佛教），吕建福编，马永欣绘，江苏美术出版社，1996年。

佛经中的民间故事，方广锠等编，中国少年儿童出版社、中国青年出版社，1996年。

佛经故事，丁一编著，中国文史出版社，1996年。

佛经故事一百篇（汉英对照），张庆年选译，中国对外翻译出版公司，1996年。

佛话经典，何学威、李素素、梵陀编著，湖南文艺出版社，1996年。

敦煌宗教艺术与礼乐文明，姜伯勤著，中国社会科学出版社，1996年。

中国文学中的维摩与观音，孙昌武著，高等教育出版社，1996年。

弘一大师文集·讲演卷，萧枫编注，内蒙古人民出版社，1996 年。

佛门偈语赏析，罗伟国著，上海书店出版社，1996 年。

神会和尚禅话录，杨曾文编校，中华书局，1996 年。

智顗评传，潘桂明著，南京大学出版社，1996 年。

圆瑛法师年谱，释明旸主编，宗教文化出版社，1996 年。

佛教譬喻文学研究，丁敏著，东初出版社，1996 年。

祖堂集，葛兆光释译，佛光出版社，1996 年。

潘石禅先生九秩华诞敦煌学特刊，柳存仁等编，新文丰出版股份有限公司，1996 年。

庐山慧远大师思想析论——初期中国佛教思想之转折，刘贵杰著，圆明出版社，1996 年。

道佛十王地狱说，萧登福著，新文丰出版股份有限公司，1996 年。

华严禅——大慧宗杲的思想特色，开济著，文津出版社，1996 年。

"敦煌宝藏"遗书索引，禅睿法师著，法鼓文化事业股份有限公司，1996 年。

七寺古逸經典研究叢書，牧田諦亮監，落合俊典編，大東出版社，1996 年。

中国现代学术经典——杨文会、欧阳渐，吕澂卷，刘梦溪主编，河北教育出版社，1996 年。

1997 年

五灯会元白话全译，（宋）普济辑，蒋宗福、李海霞译，西南师范大学出版社，1997年。

中国民间目连文化，刘祯著，巴蜀书社，1997年。

高僧山居诗，忏庵居士编，江苏广陵古籍出版社，1997年。

周绍良先生欣开九秩庆寿文集，白化文编，中华书局，1997年。

中国历代高僧，张力等主编，吉林教育出版社，1997年。

清初佛门事略，蔡鸿生著，广东高等教育出版社，1997年。

中国佛教音乐研究，袁静芳著，慈济文化出版社，1997年。

拈花微笑——禅宗的机锋，顾伟康著，云南人民出版社，1997年。

王维集校注，陈铁民校注，中华书局，1997年。

禅思与诗情，孙昌武著，中华书局，1997年。

敦煌佛教经录辑校（上、下），方广锠辑校，江苏古籍出版社，1997年。

宋代诗学通论，周裕锴撰，巴蜀书社，1997年。

赵昌平自选集，赵昌平著，广西师范大学出版社，1997年。

二十二种大藏经通检，童玮著，中华书局，1997年。

佛陀和原始佛教思想，郭良鋆著，中国社会科学出版社，1997年。

敦煌文学论集，项楚主编，四川人民出版社，1997年。

唐代诗人丛考，傅璇琮著，中国社会科学出版社，1997年。

唐代文学丛考，陈尚君著，中国社会科学出版社，1997年。

中国学术名著提要·宗教卷，陈士强主编，复旦大学出版社，1997年。

中国佛家故事集，业露华主编，上海社会科学院出版社，

1997 年。

中国历代僧诗全集：晋·唐·五代卷，沈玉成、印继梁主编，中国历代僧诗全集编委会编，当代中国出版社，1997 年。

文苑佛光：中国文僧，林建福、陈鸣著，华文出版社，1997 年。

佛教文学精编，陈允吉、陈引驰主编，上海文艺出版社，1997 年。

佛教与晚明文学思潮，黄卓越著，东方出版社，1997 年。

佛经民间故事，陈鸿滢编著，花城出版社，1997 年。

佛经故事，江亦丽、罗照辉编著，华文出版社，1997 年。

佛经故事，周齐编译，外国文学出版社，1997 年。

佛经故事传说与敦煌壁画，倪怡中编著，学苑出版社，1997 年。

佛经寓言故事，王邦维编著，花城出版社，1997 年。

陶诗佛音辨，丁永忠著，四川大学出版社，1997 年。

悲欣交集：弘一法师传，金梅著，上海文艺出版社，1997 年。

葛兆光自选集，葛兆光著，广西师范大学出版社，1997 年。

济公全传，（清）郭小亭著，中国和平出版社，1997 年。

中国诗禅研究，王敏华著，广西师范大学出版社，1997 年。

中国宝卷研究论集，车锡伦著，学海出版社，1997 年。

中日佛教学术会议论文集，杨曾文著，镰田茂雄编，中国社会科学出版社，1997 年。

佛教美学，祁志祥著，上海人民出版社，1997 年。

中国殿堂壁画全集·元代道观，金维诺著，山西人民出版社，1997 年。

中国鬼戏，许祥麟著，天津教育出版社，1997年。

敦煌变文和王梵志诗，刘子瑜著，大象出版社，1997年。

敦煌变文字义通释，蒋礼鸿著，上海古籍出版社，1997年。

佛教与明清小说，周嘉向著，太白文艺出版社，1997年。

长老偈·长老尼偈，邓殿臣译，中国社会科学出版社，1997年。

大唐三藏取经诗话校注，李时人、蔡镜浩校注，中华书局，1997年。

汉唐佛寺文化史，张弓著，中国社会科学出版社，1997年。

中国近代白话短篇小说研究，小野四平著，施小炜等译，上海古籍出版社，1997年。

憨山大师法汇初集，佛教法喜精舍，1997年。

敦煌写本《坛经》原本，周绍良著，文物出版社，1997年。

昌明方丈法偈选，昌明著，隆非编，湖北省佛教协会，1997年。

指月录禅诗偈颂，圆观著，老古文化事业股份有限公司，1997年。

中国近代佛门人物志（第四集），于凌波著，慧炬出版社，1997年。

中国佛教海外弘法人物志，于凌波著，慧炬出版社，1997年。

曲折迂回菩提路——七十自述，于凌波著，慧炬出版社，1997年。

宋儒与佛教，蒋义斌著，东大图书股份有限公司，1997年。

六十年行脚记，乐观法师著，海潮音，1997年。

唐代诗歌与禅学，萧丽华著，东大图书股份有限公司，

1997 年。

临济录，释义玄述，张伯伟译释，佛光文化事业有限公司，1997 年。

佛典疑伪经研究与考录，王文颜著，文津出版社，1997 年。

景德传灯录，张华释译，佛光文化事业有限公司，1997 年。

北宋佛教史论稿，黄启江著，台湾商务印书馆，1997 年。

The Eminent Monk：Buddhist Ideals in Medieval Chinese Hagiography，John Kieschnick，Honolulu：University of Hawai'i Press，1997.

涅槃経の研究：大乗経典の研究方法試論，下田正弘，春秋社，1997 年。

1998 年

敦煌写经，天津市文物公司主编，文物出版社，1998 年。

周一良集第 3 卷，佛教史与敦煌学，周一良著，辽宁教育出版社，1998 年。

中国历代观音文献集成，夏荆山、娄玉田主编，中华全国图书馆文献缩微复制中心，1998 年。

目连戏与中国佛教，凌翼云著，广东高等教育出版社，1998 年。

印度神话故事，曾明编著，宗教文化出版社，1998 年。

宗教与文学，海伦·加德纳著，沈弘、江先春等译，四川人民出版社，1998 年。

人生境界与生命美学，陈德礼著，长春出版社，1998 年。

胸中之竹，叶朗著，安徽教育出版社，1998 年。

二十世纪中国文学与佛学，谭桂林著，安徽教育出版社，1998 年。

中国现代作家的宗教文化情结，刘勇著，北京师范大学出版社，1998 年。

佛教征服中国，（荷兰）许理和著，李四龙、裴勇等译，江苏人民出版社，1998 年。

印光法师年谱，沈去疾著，天地出版社，1998 年。

吕碧城（评传、作品选），刘纳编著，中国文史出版社，1998 年。

漫忆李叔同，余涉编，浙江文艺出版社，1998 年。

弘一大师谈艺录，谷流、彭飞编著，河南美术出版社，1998 年。

紫伯老人全集，紫柏大师著，和裕出版社，1998 年。

精选佛经注释，黄夏年主编，四川人民出版社，1998 年。

敦煌禅宗文献集成，林世田等著，全国图书馆文献缩微复制中心，1998 年。

诗性栖居的冥思——中国禅宗美学思想研究，刘方著，四川大学出版社，1998 年。

悟与美——禅诗新释，杨永祁、陈富国、唐粒编著，四川人民出版社，1998 年。

禅宗宗派源流，吴立民主编，中国社会科学出版社，1998 年。

慧能评传，洪修平、孙亦平著，南京大学出版社，1998 年。

敦博本禅籍录校，邓文宽、荣新江录校，江苏古籍出版社，1998 年。

西域敦煌宗教论稿，杨富学著，甘肃文化出版社，1998 年。

佛学研究十八篇，梁启超著，辽宁教育出版社，1998 年。

五六世纪北方民众佛教信仰，侯旭东著，中国社会科学出版社，1998 年。

汉唐西域与中国文明，林梅村著，文物出版社，1998 年。

百喻经，僧伽斯那撰，求那毗地译，张德邵注译，花城出版社，1998 年。

佛教文化与历史，苏晋仁著，中央民族大学出版社，1998 年。

诗国高潮与盛唐文化，葛晓音著，北京大学出版社，1998 年。

佛传：释迦牟尼生平故事（配图本），王小明译注，学苑出版社，1998 年。

敦煌变文讲经文因缘辑校，周绍良等辑校，江苏古籍出版社，1998 年。

旷世凡夫：弘一大师传，柯文辉著，东方出版中心，1998 年。

苏曼殊全传：沉沦的菩提，王长元著，长春出版社，1998 年。

苏曼殊传，邱盈午著，团结出版社，1998 年。

中国佛教与文学，胡遂著，岳麓书社，1998 年。

印度文学在中国，季羡林著，华文出版社，1998 年。

宗教艺术论，蒋述卓著，暨南大学出版社，1998 年；文化艺术出版社，2005 年图片版。

禅和文化与文学，季羡林著，商务印书馆，1998 年。

禅与唐宋作家，姚南强著，江西人民出版社，1998 年。

中国宗教与文学论集，葛兆光著，清华大学出版社，1998 年。

杂宝藏经注译，（北魏）吉伽夜、昙曜译撰，陈引弛注译，花城出版社，1998 年。

从民间文学到比较文学，刘介民著，暨南大学出版社，1998年。

敦煌学大辞典，季羡林主编，上海辞书出版社，1998年。

升霞与涅槃：汉唐僧人道士的人生追求，陈洪著，东方出版社，1998年。

顾随说禅，顾随著，上海古籍出版社，1998年。

寒山拾得诗校评，钱学烈校评，天津古籍出版社，1998年。

中国早期艺术与宗教，王昆吾著，东方出版中心，1998年。

文字禅与宋代诗学，周裕锴著，高等教育出版社，1998年。

中国翻译简史，马祖毅著，中国对外翻译出版公司，1998年。

庄禅美学，王建疆著，甘肃文化出版社，1998年。

中国小说与宗教，黄子平主编，香港中华书局，1998年。

敦煌学佛教学论丛，方广锠著，中国佛教文化出版有限公司，1998年。

隆莲诗词选，隆莲著，《洛阳佛教》编辑部编，内部资料，1998年。

红尘，白云老禅师著，白云广播事业股份有限公司，1998年。

山鸟下厅事，檐花落酒中——唐代文学论丛，中正大学中文系，1998年。

佛教新出碑志集粹，丁明夷著，佛光出版社，1998年。

佛学与文学，丁敏等著，李志夫主编，法鼓文化事业股份有限公司，1998年。

空花水月，释圣严著，法鼓文化事业股份有限公司，1998年。

佛光大辞典，慈怡主编，佛光出版社，1998年。

敦煌礼忏文研究，汪娟著，法鼓文化事业股份有限公司，

1998 年。

《杂宝藏经》及其故事研究，梁丽玲著，法鼓文化事业股份有限公司，1998 年。

佛教文学与艺术学术研讨会论文集·文学部分，法鼓文化事业股份有限公司，1998 年。

弘明集，吴远释译，佛光山宗务委员会，1998 年。

紫柏老人全集，紫柏大师著，和裕出版社，1998 年版

圆悟克勤大师传，吴言生著，佛光出版社，1998 年。

民间目连戏中庶民文化之探讨——以宗教、道德与小戏为核心，郝誉翔著，文史哲出版社，1998 年。

步步莲花，释圣严著，法鼓文化事业股份有限公司，1998 年。

Crazy Ji：Chinese Religion and Popular Literature，Shahar，Meir. Cambridge，MA：Harvard University Asia Center，1998.

1999 年

佛经故事选，罗秉芬等选译，西藏人民出版社，1999 年。

梵竺庐集（甲）梵语文学史，金克木著，江西教育出版社，1999 年。

敦煌坛经合校简注，李申合校，方广锠简注，山西古籍出版社，1999 年。

唐五代禅宗史，杨曾文著，中国社会科学出版社，1999 年。

玄奘研究，黄心川主编，陕西师范大学出版社，1999 年。

20 世纪中国文学与佛学，谭桂林著，安徽教育出版社，1999 年。

寒山寺志，（清）叶昌炽著，张维明校补，江苏古籍出版社，1999 年。

心灵的空地——宗教心性与生命情怀，李建盛著，中国文联出版社，1999 年。

碑林全集，高峡编，广东经济出版社，1999 年。

中国佛文化漫笔，李哲良著，东方出版中心，1999 年。

净土宗经典精华，林世田点校，宗教文化出版社，1999 年。

审美与生存，皮朝纲主编，巴蜀书社，1999 年。

护生画集，丰子恺绘，沈庆均、杨小玲主编，中国友谊出版社，1999 年。

建立一种现代禅剧——高行健与中国实验剧场，赵毅衡著，尔雅出版社，1999 年。

普陀洛迦山志，妙善鉴定，王连胜主编，上海古籍出版社，1999 年。

中国佛教人名大辞典，震华法师著，上海辞书出版社，1999 年。

甘肃藏敦煌文献（1—6），甘肃人民出版社，1999 年。

上海图书馆藏敦煌吐鲁番文献（1—4），上海古籍出版社，1999 年。

禅语译注，袁宾著，语文出版社，1999 年。

增一阿含经，中国佛教文化研究所点校，宗教文化出版社，1999 年。

长阿含经，中国佛教文化研究所点校，宗教文化出版社，1999 年。

旧学新知，张涌泉著，浙江大学出版社，1999 年。

人间关怀——20 世纪中国佛教文化学术论集，王守常等编，中国广播电视出版社，1999 年。

敦煌俗文化学，高国藩著，上海三联书店，1999 年。

鲁迅辑录古籍丛编·第一卷古小说钩沉，鲁迅著，人民文学出版社，1999 年。

佛教文学的开拓者——马鸣大师传，侯传文著，佛光文化事业有限公司，1999 年。

印度古典诗学，黄宝生著，北京大学出版社，1999 年。

佛经文学粹编，陈允吉、胡中行主编，上海古籍出版社，1999 年。

佛经故事，慈庄等编，河南人民出版社，1999 年。

佛经故事（配图），达瑞、亚丁编写，李存庄绘，四川美术出版社，1999 年。

禅宗美学，张节末著，浙江人民出版社，1999 年。

禅宗经典精华（原名雍正御选语录），林世田点校，宗教文化出版社，1999 年。

禅诗三百首：今析新注，汪正球编析，漓江出版社，1999 年。

石濂大汕与澳门禅史：清初岭南禅学史研究初编，姜伯勤著，学林出版社，1999 年。

饶宗颐东方学论集，饶宗颐著，汕头大学出版社，1999 年。

禅宗语言，周裕锴著，浙江人民出版社，1999 年。

幽灵的节日：中国中世纪的信仰与生活，（美）太史文著，侯旭东译，浙江人民出版社，1999 年。

唐代诗禅关系探赜，卢燕平著，甘肃文化出版社，1999 年。

宝卷·弹词，车锡伦、周良编，春风文艺出版社，1999 年。

中国敦煌学百年文库·文学卷，郑阿财、颜廷亮、伏俊琏主编，甘肃文化出版社，1999年。

中国敦煌学百年文库·艺术卷，林保尧、关友惠主编，甘肃文化出版社，1999年。

印度文学研究集刊·第四辑，季羡林主编，上海译文出版社，1999年。

王梵志诗，张锡厚著，春风文艺出版社，1999年。

敦煌变文，李骞著，春风文艺出版社，1999年。

俄藏敦煌汉文写卷叙录，孟列夫主编，上海古籍出版社，1999年。

犍陀罗佛教艺术，（英）约翰·马歇尔著，许建英译，新疆美术摄影出版社，1999年。

唐代变文（上、下），（美）梅维恒著，杨继东、陈引弛译，中国佛教文化出版公司，1999年。

敦煌石窟全集，香港商务印书馆，1999年。

中国诗歌与宗教，邝健行主编，香港中华书局，1999年。

佛学与文学的系谱，周庆华著，里仁书局，1999年。

冥祥记研究，王国良著，文史哲出版社，1999年。

永明延寿，冉云华著，东大图书股份有限公司，1999年。

中国近代佛门人物志第五集，于凌波著，慧炬出版社，1999年。

1998年佛学研究论文集——佛教音乐1，财团法人佛光山文教基金会主编，佛光出版社，1999年。

盛唐禅宗文化与诗佛王维，傅绍良著，佛光出版社，1999年。

禅思与禅诗——吟咏在禅诗的密林里，杨惠南著，东大图书股份有限公司，1999 年。

无涯歌，梁寒衣著，九歌出版社，1999 年。

莲池大师全集，莲池大师著，和裕出版社，1999 年。

傅大士研究，张勇著，法鼓文化事业股份有限公司，1999 年。

空性与现代性——从京都学派、新儒家到多音的佛教诠释学，林镇国著，立绪出版社，1999 年。

法鼓全集，圣严著，法鼓文化事业股份有限公司，1999 年。

敦煌写卷金光明经忏悔灭罪冥报传研究，郑阿财，敦煌文薮，饶宗颐主编，新文丰出版公司，1999 年。

空花水月，释圣严著，东初出版社，1999 年。

Precious Volumes：*An Introduction to Chinese Sectarian Scriptures from the Sixteenth and Seventeenth Centuries*，Daniel L. Overmyer，Cambridge：Harvard University Asia Center，1999.

Early Buddhist Art of China and Central Asia，Marylin M. Rhie，Handbuch Der Orientalistik，Vierte Abteilung，China 12. Bd. Leiden；Boston：Brill，1999.

十牛圖，上田閑照，柳田聖山著，築摩書房，1999 年。

鈴木大拙全集（增補新版），鈴木大拙、久松真一、山口益、古田紹欽編，岩波書店，1999—2003 年。

禪宗小事典，石川力山著，法藏館，1999 年。

禪學典籍叢刊（全 11 卷），柳田聖山，椎名宏雄編，臨川書店，1999—2001 年。

柳田聖山全集（全 6 卷），柳田聖山著，法藏館，1999—2006 年。

增補中國善書の研究（上・下），酒井忠夫著，国書刊行会，

1999—2000 年。

禅诗三百首，陈耳东编注，百花文艺出版社，1999 年。

2000 年

宗仰上人集，黄宗仰著，沈潜、唐文权编，华中师范大学出版社，2000 年。

禅宗三百题，黄夏年主编，上海古籍出版社，2000 年。

历代石刻史料汇编，国家图书馆善本金石组编，北京图书馆出版社，2000 年。

藏外佛教文献·第七辑，方广锠编，宗教文化出版社，2000 年。

海云禅藻集/海云文献辑略，（清）徐作霖、黄蠢等著，华宝斋书社，2000 年。

中国梦戏研究，廖藤叶著，台湾学生书局，2000 年。

明代南京寺院研究，何孝荣著，中国社会科学出版社，2000 年。

浙藏敦煌文献，《浙藏敦煌文献》编委会编，浙江教育出版社，2000 年。

苏轼传：智者在苦难中的超越，王水照、崔铭著，天津人民出版社，2000 年。

佛学与中国文化，祁志祥著，学林出版社，2000 年。

1994 年敦煌学国际学术研讨会文集，敦煌研究院，甘肃民族出版社，2000 年。

东方神韵，薛福兴著，人民文学出版社，2000 年。

敦煌遗书总目索引新编，敦煌研究院编，中华书局，2000 年。

英国收藏敦煌汉藏文献研究：纪念敦煌文献发现一百周年，宋家钰、刘忠编，中国社会科学出版社，2000 年。

晋唐弥陀净土信仰研究，刘长东著，巴蜀书社，2000 年。

汤用彤全集，汤用彤著，河北人民出版社，2000 年。

清人别集总目，李灵年、杨忠主编，安徽教育出版社，2000 年。

中国居士佛教史，潘桂明著，中国社会科学出版社，2000 年。

中外文学跨文化比较，曹顺庆著，北京师范大学出版社，2000 年。

大唐西域记校注，（唐）玄奘著，季羡林等校注，中华书局，2000 年。

《百喻经》故事简说，郑艳芬译注，山西古籍出版社，2000 年。

中国民间故事珍藏系列：佛话，沈廷昊编，陈吉力插图，上海文艺出版社，2000 年。

红土·禅床——江西禅宗文化研究，段晓华等著，中国社会科学出版社，2000 年。

五台山诗文撷英，周祝英编，山西人民出版社，2000 年。

今世果报——敦煌壁画因缘故事，谢生保编著，甘肃人民出版社，2000 年。

成佛之路：敦煌壁画佛传故事，谢生保编著，甘肃人民出版社，2000 年。

敦煌佛教故事，黄征主编，浙江大学出版社，2000 年。

中国佛教百科全书：诗揭、书画卷，赖永海主编，张宏生、章利国著，上海古籍出版社，2000年。

佛教文学知识讲解与阅读，孙昌武著，河北省佛学院，2000年。

中国宝卷总目，车锡伦著，北京燕山出版社，2000年。

寒山诗注，项楚著，中华书局，2000年。

敦煌歌辞总编匡补，项楚著，巴蜀书社，2000年。

傅大士研究，张勇著，巴蜀书社，2000年。

敦煌文学源流，张锡厚著，作家出版社，2000年。

印度文学文化论，唐仁虎、刘曙雄、姜景奎编，北京大学出版社，2000年。

中国古代小说与宗教，孙逊著，复旦大学出版社，2000年。

正仓院考古记·白川集，傅芸子著，辽宁教育出版社，2000年。

敦煌变文研究，陆永峰著，巴蜀书社，2000年。

红楼梦与佛学，张乘健著，中国文联出版社，2000年。

石室齐谐——敦煌小说选析，伏俊琏、伏麒鹏编著，甘肃人民出版社，2000年。

说唱艺术奇葩——敦煌变文选评，张鸿勋编著，甘肃人民出版社，2000年。

西陲文学遗珍——敦煌文学通俗谈，颜廷亮、张彦珍编著，甘肃人民出版社，2000年。

禅魄诗魂——佛禅与唐宋诗风的变迁，王树海著，知识出版社，2000年。

儒释道与晚明文学思潮，周群著，上海书店出版社，2000年。

敦煌诗集残卷辑考，徐俊纂辑，中华书局，2000年。

禅宗思想的形成与发展，洪修平著，江苏古籍出版社，2000 年。

大唐西域求法高僧传校注，（唐）义净著，王邦维校注，中华书局，2000 年。

中国音乐文学讲义（自印本），林仁昱，2000 年。

名山游访记，高鹤年著述，吴雨香点校，宗教文化出版社，2000 年。

蒙古族文学史，荣苏赫、赵永铣、梁一儒、扎拉嘎编，内蒙古人民出版社，2000 年。

杨文会全集，杨文会著，黄山书社，2000 年。

民国高僧传续编，于凌波著，昭明出版社，2000 年；知书房出版社，2005 年。

汉月法藏之禅法研究，释见一著，法鼓文化事业股份有限公司，2000 年。

两千年行脚，释圣严著，法鼓文化事业股份有限公司，2000 年。

圣严法师七十年谱，林其贤著，法鼓文化事业股份有限公司，2000 年。

庆祝吴其昱先生八秩华诞敦煌学特刊，潘重规等著，文津出版社，2000 年。

佛教东传 2000 年佛教音乐学术研讨会论文集，佛光山文教基金会，台北市立"国乐团"，2000 年。

The Koan：Texts and Contexts in Zen Buddhism，Steven Heine and Dale S. Wright. New York：Oxford University Press，2000.

中興禪林風月集，孔汝霖著，日本京都府立總和資料館《新抄物資料集成》抄本，2000 年。

初期禪宗史書の研究，柳田聖山著，法藏館，2000 年。

駒澤大學圖書館所藏禪籍善本圖錄，駒澤大學圖書館編，駒澤大學圖書館，2000 年。

隱元禪師年譜，能仁晃道著，日本禪文化研究所，2000 年。

憂國烈火禪——禪僧覺浪道盛のたたかい，荒木見悟著，研文社，2000 年。

敦煌研究文集·敦煌石窟经变篇，敦煌研究院编，甘肃民族出版社，2000 年。

2001 年

清凉山志、清凉山新志、钦定清凉山志（故宫珍本丛刊第 248 册），故宫博物院编，影印本，海南出版社，2001 年。

敦煌文献论集：纪念敦煌藏经洞发现一百周年国际学术研讨会论文集，郝春文主编，辽宁人民出版社，2001 年。

法国国家图书馆藏敦煌西域文献，上海古籍出版社、法国国家图书馆编，上海古籍出版社，2001 年。

世俗与神圣——中国民众宗教，侯杰等著，天津人民出版社，2001 年。

佛教与云南民族文学，郑筱筠著，新华出版社，2001 年。

般若与老庄，蔡宏著，巴蜀书社，2001 年。

鼓山艺文志，福州市地方志编纂委员会，海风出版社，2001 年。

出入自在——王安石与佛禅，徐文明著，河南人民出版社，

2001 年。

佛经精华：楞严经，李淼、郭俊峰主编，时代文艺出版社，2001 年。

赵州录，（唐）文远记录，张子开点校，中州古籍出版社，2001 年。

慧能与中国文化，董群著，贵州人民出版社，2001 年。

意境探微，古风著，百花洲文艺出版社，2001 年。

敦煌俗文学语汇溯源，陈秀兰著，岳麓书社，2001 年。

佛藏与道藏，罗伟国著，上海书店出版社，2001 年。

佛教与历史文化，杨曾文、方广锠著，宗教文化出版社，2001 年。

初盛唐佛教禅学与诗歌研究，张海沙著，中国社会科学出版社，2001 年。

天台山全志、石钟山志（故宫珍本丛刊第 259 册），故宫博物院著，影印本，海南出版社，2001 年。

文坛佛影，孙昌武著，中华书局，2001 年。

读书札记三集·高僧传初集之部，陈寅恪著，三联书店，2001 年。

金明馆丛稿初编，陈寅恪著，三联书店，2001 年。

金明馆丛稿二编，陈寅恪著，三联书店，2001 年。

敦煌诗歌导论，项楚著，巴蜀书社，2001 年。

浅俗之下的厚重——小说·宗教·文化，陈洪著，南开大学出版社，2001 年。

禅宗诗歌境界，吴言生著，中华书局，2001 年。

禅宗哲学象征，吴言生著，中华书局，2001 年。

禅宗思想渊源，吴言生著，中华书局，2001 年。

宗教民俗文献与小说母题，王立著，吉林人民出版社，2001 年。

迷路心回因向佛——白居易与佛禅，张弘著，河南人民出版社，2001 年。

潇洒人生——苏轼与佛禅，李赓扬、李勃洋著，河南人民出版社，2001 年。

大千世界——佛教文学，陈引弛著，云南人民出版社，2001 年。

魏晋南北朝时期的佛教信仰与神话，王青著，中国社会科学出版社，2001 年。

冤魂志校注，颜之推著，罗国威校注，巴蜀书社，2001 年。

宋僧录，李国玲著，线装书局，2001 年。

五卷书，季羡林翻译，人民文学出版社，2001 年。

佛本生故事选，郭良鋆、黄宝生译，人民文学出版社，2001 年。

传统文化与古典小说，杜贵晨著，河北大学出版社，2001 年。

洛阳伽蓝记校释今译，杨衒之著，周振甫释译，学苑出版社，2001 年。

谈佛说道解红楼，洪丕谟、罗伟国著，安徽文艺出版社，2001 年。

中国印度文学比较，郁龙余著，中国社会科学出版社，2001 年。

古代文学与宗教论集，张乘健著，吉林人民出版社，2001 年。

吕碧城词笺注，李保民笺注，上海古籍出版社，2001 年。

祖堂集，（南唐）净、筠禅僧编，张华点校，中州古籍出版社，2001 年。

临济录，（唐）慧然集，杨曾文编校，中州古籍出版社，2001 年。

郑板桥与佛教禅宗，金实秋著，宗教文化出版社，2001 年。

禅苑清规，（宋）宗赜著，苏军点校，中州古籍出版社，2001 年。

担当书画全集，（清）担当绘，李昆声主编，云南人民出版社、云南美术出版社，2001 年。

中国作家与宗教，朱耀伟主编，香港中华书局，2001 年。

2000 年佛学研究论文集——佛教音乐 2，财团法人佛光山文教基金会主编，佛光出版社，2001 年。

绘画与表演：中国绘画叙事及其起源研究，（美）梅维恒著，王邦维、荣新江、钱文忠译，北京燕山出版社，2000 年；中西书局，2011 年。

中古汉译佛经叙事文学研究，吴海勇著，佛光出版社，2001 年；学苑出版社，2004 年。

圣严法师看世界，释圣严著，法鼓文化事业股份有限公司，2001 年。

紫柏大师生平及其思想研究，范佳玲著，法鼓文化事业股份有限公司，2001 年。

现代新儒家与佛学、柳宗元与佛教、论苏轼与佛教（《中国佛教学术论典》第 38 册），星云大师监修，佛光山文教基金会总编辑，佛光山文教基金会，2001 年。

圣贤与圣徒：历史与宗教论文集，黄进兴著，允晨文化出版公司，2001 年。

佛教相关博硕论文提要汇编（1963—2000），香光尼众佛学院图书馆编，香光书香，2001 年。

近世中国佛教的曙光——云栖袾宏之研究，荒木見悟著，周贤博译，慧明文化事业有限公司，2001 年。

蒙古文手抄本与木刻本目录（第二卷），Б. Я. 符拉基米尔佐夫著，苏联科学院东方学研究所，2001 年。

Dharma Bell and Dharani Pillar：Li Po's Buddhist Inscriptions，Paul W. Kroll，Kyoto：Italian School of East Asian Studies，2001.

Summit of Treasures：Buddhist Cave Art of Dazu，China（1st ed.），A. Howard，Trumbull，CT：Weatherhill，2001.

Edward L. Davis，*Society and the Supernatural in Sung China*，Honolulu：Univesity of Hawai'i Press，2001.

佛典入門事典，大藏經學術用語研究會編寫，文昌堂，2001 年。

宋元佛教文化史研究，竺沙雅章著，汲古書院，2001 年。

新版敦煌新本《六祖坛经》，杨曾文校写，宗教文化出版社，2001 年。

2002 年

《贤愚经》及其相关问题研究，梁丽玲著，法鼓文化事业股份有限公司，2002 年。

敦煌维摩诘文学研究（《中国佛教学术论典》第53册），何剑平著，佛光出版社，2002 年。

中国古代小说的原型与母题，吴光正著，社会科学文献出版社，2002 年初版；2004 年再版。

志怪小说与人文宗教，王连儒著，山东大学出版社，2002 年。

敦煌学新论，荣新江著，甘肃教育出版社，2002 年。

敦煌学通论，刘进宝著，甘肃教育出版社，2002 年。

观音菩萨的故事，曼陀罗室主人著，陕西师范大学出版社，2002 年。

百年文学与传统文化，罗成琰著，湖南教育出版社，2002 年。

百年文学与宗教，谭桂林著，湖南教育出版社，2002 年。

禅学与艺境，刘墨著，河北教育出版社，2002 年。

"五四"作家与佛教文化，哈迎飞著，上海三联书店，2002 年。

《金刚经赞》研究，达照著，宗教文化出版社，2002 年。

净土天音，田青著，山东文艺出版社，2002 年。

寒山诗集，日本宫内厅书陵部藏宋元版汉籍影印丛书（第一辑第十二册），线装书局，2002 年。

禅趣人生，吴平编著，上海社会科学院出版社，2002 年。

中国古代寺院生活，王景琳著，陕西人民出版社，2002 年。

敦煌变文词汇研究，陈秀兰著，四川民族出版社，2002 年。

南朝佛教与文学，普慧著，中华书局，2002 年。

敦煌语言文字学研究，黄征著，甘肃教育出版社，2002 年。

曹溪——禅研究，释妙峰主编，中国社会科学出版社，2002 年。

长安艺术与宗教文明，李淞著，中华书局，2002 年。

敦煌俗文学研究，张鸿勋著，甘肃教育出版社，2002 年。

东方文化通论，侯传文著，山东教育出版社，2002 年。

汉译佛经中的音乐史料，王昆吾、何剑平著，巴蜀书社，2002 年。

古典文学佛教溯缘十论，陈允吉著，复旦大学出版社，2002 年。

全唐五代诗格汇考，张伯伟著，凤凰出版社，2002 年。

著名中年语言学家自选集·项楚卷，项楚著，安徽教育出版社，2002 年。

中国印度文学比较论文选，郁龙余编，中国美术学院出版社，2002 年。

隋唐佛学与中国文学，陈引弛著，百花洲文艺出版社，2002 年。

中国佛教经论序跋记集，许明著，上海辞书出版社，2002 年。

东晋诗歌论稿，陈道贵著，安徽教育出版社，2002 年。

庞居士研究，谭伟著，四川民族出版社，2002 年。

传统与个性之间——唐宋六大家与儒佛道，陈晓芬著，上海古籍出版社，2002 年。

台静农论文集，台静农著，安徽教育出版社，2002 年。

变文讲唱与华梵宗教艺术，李小荣著，上海三联书店，2002 年。

唐五代小说的文化阐释，程国赋著，人民文学出版社，2002 年。

五台山诗歌总集，赵林恩编著，宗教文化出版社，2002 年。

《观世音应验记三种》译注，董志翘译注，江苏古籍出版社，2002 年。

西游记的秘密（外二种），中野美代子注，王秀文等译，中华书局，2002年。

近代居士佛学研究，刘成有著，巴蜀书社，2002年。

七缀集，钱钟书著，三联书店，2002年。

藏族文学研究，佟锦华著，中国藏学出版社，2002年。

中国宗教文学史，马焯荣著，银河出版社，2002年。

罪与文学——关于文学忏悔意识与灵魂维度的考察，刘再复著，牛津大学出版社，2002年。

敦煌石窟僧诗校释，汪泛舟著，香港和平图书有限公司，2002年。

休庵诗词，白云老禅师著，金禧广播事业股份有限公司，2002年。

民国高僧传三编，于凌波著，慧明出版社，2002年。

民国高僧传四编，于凌波著，慧明出版社，2002年。

文学、文化与世变——第三届国际汉学会议论文集·文学组，"中央"研究院中国文哲研究所，2002年。

《贤愚经》研究，梁丽玲著，法鼓文化事业股份有限公司，2002年。

华严诗学，李霖生著，文史哲出版社，2002年。

众生的导师佛陀：一个追寻菩提的凡人，凯伦·阿姆斯特朗著，林宏涛译，左岸文化事业有限公司，2002年。

《金光明经》文学特质之研究，周敏惠著，政治大学中国文哲研究所，2002年。

第六次儒佛会通学术研讨会论文集，华梵大学编，华梵大学，2002年。

佛言佛语——佛教经典概述，业露华著，东大图书股份有限公司，2002 年。

禅宗与宋代诗学理论，林湘华著，文津出版社，2002 年。

魏晋南北朝佛经词汇研究，颜洽茂著，佛光山文教基金会，2002 年。

弘一大师诗词全解，徐正纶编，东大图书股份有限公司，2002 年。

Chinese Buddhist Art, *Images of Asia*, Patricia Eichenbaum Karetzky, Oxford, New York: Oxford University Press, 2002.

道宣伝の研究，藤善真澄，京都大学学術出版会，2002 年。

2003 年

隋唐五代石刻文献全编，国家图书馆金石组编，北京图书馆出版社，2003 年。

观世音菩萨传奇，仁华居士著，宗教文化出版社，2003 年。

2000 年敦煌学国际学术讨论会文集：纪念敦煌藏经洞发现暨敦煌学百年·石窟考古卷，张先堂主编，甘肃民族出版社，2003 年。

慧琳《一切经音义》研究，姚永铭著，江苏古籍出版社，2003 年。

佛门俗影——西游记民俗文化研究，陈文新、阎东平著，黑龙江人民出版社，2003 年。

佛教名人年谱，殷梦霞编，北京图书馆出版社，2003 年。

雁荡山僧——竺摩法师传，卢友中著，宗教文化出版社，2003 年。

敦煌密教文献论稿，李小荣著，人民文学出版社，2003年。

禅诗三百首赏析，蒋述卓著，广西师范大学出版社，2003年。

汉文佛教大藏经研究，李富华、何梅著，宗教文化出版社，2003年。

现代佛学，霍韬晦著，中国社会科学出版社，2003年。

中国汉传佛教音乐文化，袁静芳著，中央民族大学出版社，2003年。

法苑珠林校注，（唐）道世著，周叔迦、苏晋仁校注，中华书局，2003年。

中国古代阐释学研究，周裕锴著，上海人民出版社，2003年。

东方文学：从浪漫主义到神秘主义，王邦维主编，湖南文艺出版社，2003年。

中印文学比较研究，薛克翘著，昆仑出版社，2003年。

新世纪敦煌学论集，项楚、郑阿材主编，巴蜀书社，2003年。

从敦煌学到域外汉文学，王昆吾著，商务印书馆，2003年。

禅与唐宋诗学，张晶著，人民文学出版社，2003年。

儒释道背景下的唐代诗歌，陈炎、李红春著，昆仑出版社，2003年。

佛经故事（上下册），赵越编、赵明等绘，中国文史出版社，2003年。

贝叶礼赞：傣族南传佛教节庆仪式音乐研究，杨民康著，宗教文化出版社，2003年。

禅宗美学思想的嬗变轨迹，皮朝纲著，电子科技大学出版社，2003年。

宋人年谱丛刊·大慧普觉禅师年谱，（宋）祖咏编，（宋）宗演增订，吴洪泽等主编，四川大学出版社，2003 年。

中国佛教与人文精神，楼宇烈著，宗教文化出版社，2003 年。

中国美学的基本精神及其现代意义，刘方著，巴蜀书社，2003 年。

意境概说，夏昭炎著，北京广播学院出版社，2003 年。

唐代宗教信仰与社会，荣新江著，上海辞书出版社，2003 年。

汉化佛教与佛寺，白化文著，北京出版社，2003 年。

佛教文学，陈引弛著，上海人民美术出版社，2003 年。

大般涅槃经今译，破瞋虚明注译，中国社会科学出版社，2003 年第二版。

西游记考论，张锦池著，黑龙江教育出版社，2003 年。

有高楼杂稿，刘石著，商务印书馆，2003 年。

清水茂汉学论集，蔡毅译，中华书局，2003 年。

担当诗文全集，担当著，余嘉华、杨开达点校，云南美术出版社、云南人民出版社，2003 年。

赵朴初韵文集，赵朴初著，上海古籍出版社，2003 年。

寒山子诗集，苏州寒山寺印，2003 年。

东方民间文学比较研究，张玉安、陈岗龙主编，北京大学出版社，2003 年。

中国佛教菩萨罗汉大典，马书田著，华文出版社，2003 年。

沧海吟余，木鱼著，香港中华佛教出版社，2003 年。

真正大好年，释圣严，法鼓文化事业股份有限公司，2003 年。

六朝诗歌中之佛教风貌研究，王延蕙著，万卷楼图书股份有限公司，2003 年。

五百菩萨走江湖——禅宗祖庭探源，释圣严著，法鼓文化事业股份有限公司，2003 年。

西游记探源，郑明娳著，里仁书局，2003 年。

敦煌佛教歌曲之研究，（《中国佛教学术论典》第 89 册），林仁昱，佛光山文教基金会，2003 年。

冉云华先生八秩华诞寿庆论文集，冉云华先生八秩华诞寿庆论文集编辑委员会编，法鼓文化股份有限公司，2003 年。

第四届通俗文学与雅正文学学术研讨会——文学与宗教，"国立"中兴大学中国文学系主编，新文丰出版公司，2003 年。

释迦牟尼佛传记的神话性初探——以八相成道为例，李坤寅著，辅仁大学宗教学研究所，2003 年。

Poems of Hanshan，Peter Hobson trans，Creek：Alta Mira Press，2003.

空海と中國文化，岸田知子著，大修館書店，2003 年。

江湖風月集譯注，芳澤勝弘著，日本禪文化研究所，2003 年。

五山禪僧傳記集成，玉村竹二著，思文閣，2003 年。

唐宋の小説と社会，岡本不二明著，汲古書院，2003 年。

2004 年

敦煌学概论，姜亮夫著，北京出版社，2004 年。

明清神魔小说研究，胡胜著，中国社会科学出版社，2004 年。

魏晋作家创作心态研究，王晓卫著，贵州人民出版社，2004 年。

儒道佛美学思想源流，张文勋著，云南人民出版社，2004 年。

弘道与明教：《弘明集》研究，刘立夫著，中国社会科学出版社，2004 年。

佛经故事，朱瑞玟编著，汉语大词典出版社，2004 年。

中国古代戏剧形态与佛教，康保成著，东方出版中心，2004 年。

佛教与隋唐五代小说——隋唐五代佛教之流布与汉译佛典对小说创作之影响，夏广兴著，陕西人民出版社，2004 年。

一抹春痕梦里收——吕碧城诗词注评，李保民撰，上海古籍出版社，2004 年。

北磵诗集（《宋集珍本丛刊》第七十一册），（宋）释居简著，线装书局，2004 年。

无文印（《宋集珍本丛刊》第八十五册），（宋）道璨著，线装书局，2004 年。

苏轼禅学，李庚扬、李勃洋著，实学社出版股份有限公司，2004 年。

唐诗创作与歌诗传唱关系研究，吴相洲著，北京大学出版社，2004 年。

中国佛教忏法研究，圣凯著，宗教文化出版社，2004 年。

大般涅槃经，宋先伟主编，大众文艺出版社，2004 年。

宋型文化与宋代美学精神，刘方著，巴蜀书社，2004 年。

苏轼的哲学观与文艺观，冷成金著，学苑出版社，2004 年第二版。

禅诗三百首，刘向阳编著，大众文艺出版社，2004 年。

敦煌菩萨漫谈，魏迎春著，民族出版社，2004 年。

道安评传，方广锠著，昆仑出版社，2004 年。

敦煌高僧，屈直敏著，民族出版社，2004 年。

梵语《悉昙章》在中国的传播与影响，周光荣著，宗教文化出版社，2004年。

佛经文学研究论集，陈允吉主编，胡中行、荒见泰史副主编，复旦大学出版社，2004年。

游学集录——孙昌武自选集，孙昌武著，南开大学出版社，2004年。

佛经的文学性解读，侯传文著，中华书局，2004年。

理禅融会与宋诗研究，张文利著，中国社会科学出版社，2004年。

唐宋八大家与佛教，刘金柱著，人民出版社，2004年。

敦煌文学文献丛稿，伏俊琏著，中华书局，2004年。

禅诗精选（居士卷），宋先伟编，大众文艺出版社，2004年。

禅诗精选（高僧卷），宋先伟编，大众文艺出版社，2004年。

唐代非写实小说之类型研究，李鹏飞著，北京大学出版社，2004年。

文史探真，汪春泓著，昆仑出版社，2004年。

禅宗全书，蓝吉富主编，北京图书馆出版社，2004年。

苏轼书画艺术与佛教，陈中浙著，商务印书馆，2004年。

寒山拾得诗，宋先伟主编，大众文艺出版社，2004年。

唐代文学与宗教，刘楚华主编，香港中华书局，2004年。

民国高僧传五编，于凌波著，慈光图书馆，2004年。

民国高僧传六编，于凌波著，慈光图书馆，2004年。

现代佛教人物辞典，于凌波编，佛光文化事业有限公司，2004年。

台湾宗教文选，康来新、林淑媛主编，二鱼文化事业有限公司，2004 年。

佛教与文学的交会，赵杏根著，台湾学生书局，2004 年。

祖堂集禅宗诗偈研究，蔡荣婷著，文津出版社，2004 年。

佛教的重要经典，全佛编辑部主编，全佛文化事业有限公司，2004 年。

佛教的重要名词解说，全佛编辑部主编，全佛文化事业有限公司，2004 年。

敦煌讲经变文研究，罗宗涛著，佛光山文教基金会，2004 年。

因果、净土与往生——透视中国佛教史上的几个面相，黄启江著，台湾学生书局，2004 年。

圣严法师学思历程，圣严法师著，法鼓文化事业股份有限公司，2004 年。

慈航普渡——观音感应故事叙事模式析论，林淑媛著，大安出版社，2004 年。

第一届中韩佛教音乐学术研讨会论文集，袁静芳主编，宗教文化出版社，2004 年。

Zen Canon, *Steven Heine and Dale S. Wright*, New York：Oxford University Press，2004.

C. T. Hsia on Chinese Literature, C. T. Hsia, New York：Columbia University Press，2004.

2005 年

明清四大高僧文集·紫柏老人集，曹越主编，北京图书馆出版社，2005 年。

明清四大高僧文集·灵峰宗论，曹越主编，北京图书馆出版社，2005 年。

明清四大高僧文集·憨山老人梦游集，曹越主编，北京图书馆出版社，2005 年。

明清四大高僧文集·竹窗随笔，曹越主编，北京图书馆出版社，2005 年。

太虚大师全书（共 35 卷），释太虚，宗教文化出版社，2005 年。

汉魏晋南北朝诔碑文研究，黄金明著，人民文学出版社，2005 年。

抱疾游高峰，释圣严著，法鼓文化事业股份有限公司，2005 年。

汉译佛典翻译文学选，孙昌武编注，南开大学出版社，2005 年。

大圣慈寺画史丛考，王卫明著，文化艺术出版社，2005 年。

敦煌石窟艺术概论，郑炳林、沙武田著，甘肃文化出版社，2005 年。

中国宗教历史文献集成，周燮藩主编，黄山书社，2005 年。

敦煌学国际研讨会论文集，国家图书馆善本特藏部敦煌吐鲁番学资料研究中心编，北京图书馆出版社，2005 年。

续指月录，（清）聂先编，心善整理，巴蜀书社，2005 年。

篆香室诗集，竺摩著，卢友中编，宗教文化出版社，2005 年。

古代小说与神话宗教，萧兵、周俐著，山西人民出版社，2005 年。

明中后期文学思想研究，黄卓越著，北京大学出版社，

2005 年。

现代佛教学术丛刊 1·六祖坛经研究论集，张曼涛编，北京图书馆出版社，2005 年。

现代佛教学术丛刊 2·禅学论文集，张曼涛编，北京图书馆出版社，2005 年。

现代佛教学术丛刊 3·禅学论文集，张曼涛编，北京图书馆出版社，2005 年。

现代佛教学术丛刊 4·禅宗史实考辩，张曼涛编，北京图书馆出版社，2005 年。

现代佛教学术丛刊 12·禅学典籍研究，张曼涛编，北京图书馆出版社，2005 年。

现代佛教学术丛刊 52·禅学思想与历史，张曼涛编，北京图书馆出版社，2005 年。

顾随说禅，顾随著，广西人民出版社，2005 年。

地狱的思想，梅原猛著，刘瑞芝、卞立强译，四川人民出版社，2005 年。

礼仪中的美术——巫鸿中国古代美术史文编，（美）巫鸿著，郑岩、王睿编，三联书店，2005 年。

唐代白话诗派研究，项楚、张子开、谭伟、何剑平著，巴蜀书社，2005 年。

《祖堂集》文献语言研究，谭伟著，巴蜀书社，2005 年。

宗教文艺与审美创造（增订本），蒋述卓著，暨南大学出版社，2005 年。

佛教与晚唐诗，胡遂著，东方出版社，2005 年。

释惠洪研究，陈自力著，中华书局，2005 年。

佛法与诗境，萧弛著，中华书局，2005 年。

20 世纪中国音乐史论研究文献综录：佛教、基督宗教、少数民族宗教音乐卷，田青编著，人民音乐出版社，2005 年。

三生石上旧精魂——中国古代小说与宗教，白化文著，北京出版社，2005 年。

新编目连救母劝善戏文，郑之珍撰，朱万曙校点，黄山书社，2005 年。

明代宗教小说中的佛教"修行"观念，宋珂君著，中国社会科学出版社，2005 年。

《弘明集》《广弘明集》述论稿，李小荣著，巴蜀书社，2005 年。

汉魏六朝文学与宗教，葛晓音主编，上海古籍出版社，2005 年。

敦煌小说及其叙事艺术，王昊著，安徽人民出版社，2005 年。

青山道场——庄禅与中国诗学精神，刘成纪著，东方出版社，2005 年。

聊斋志异与宗教文化，黄洽著，齐鲁书社，2005 年。

全宋诗订补，陈新、张如安、叶石健、吴宗海等补正，大象出版社，2005 年。

禅宗生态审美研究，邓绍秋著，百花洲文艺出版社，2005 年。

六祖坛经：敦煌《坛经》读本，邓文宽著，辽宁教育出版社，2005 年。

远传的衣钵：日本传衍的敦煌佛教文学，王晓平著，宁夏人民出版社，2005 年。

西域佛教研究，张曼涛著，北京图书馆，2005 年。

李叔同集，郭长海、郭君兮编，天津人民出版社，2005 年。

为权力祈祷——佛教与晚明中国士绅社会的形成，（加）卜正民著，张华译，江苏人民出版社，2005 年。

西藏史诗和说唱艺人，（法）石泰安著，耿升译，中国藏学出版社，2005 年。

佛教与辽金元文化国际学术研讨会论文集，香港能仁书院，2005 年。

民国高僧传初编，于凌波著，知书房出版社，2005 年。

寒山资料考辨，叶珠红著，秀威科技股份有限公司，2005 年。

寒山诗集校考，叶珠红著，文史哲出版社，2005 年。

寒山资料类编，叶珠红著，秀威科技股份有限公司，2005 年。

《三教开迷归正演义》研究，林珊妏著，古典文献研究辑刊初编 36 册，花木兰文化出版社，2005 年。

鬼魅神魔——中国通俗文化侧写，蒲慕州著，麦田出版社，2005 年。

智慧的禅公案，杜松柏编，台湾学生书局，2005 年。

Shaping the Lotus Sutra：*Buddhist Visual Culture in Medieval China*，E. Wang，Seattle：University of Washington Press，2005.

Tibetan Buddhists in the Making of Modern China，Gray Tuttle，New York：Columbia University Press，2005.

Tibetan Pilgrimage：*Architecture of the Sacred Land*，Michel Peissel，New York：Harry N. Abrams，2005.

元代禪宗史研究，野口善敬著，日本禪文化研究所，平成十七年（2005 年）。

2006 年

唐五代佛寺辑考，李芳民著，商务印书馆，2006 年。

宋高僧传，赞宁著，范祥雍点校，中华书局，2006 年。

中国写本大藏经研究，方广锠著，上海古籍出版社，2006 年。

禅史钩沉：以问题为中心的思想史论述，龚隽著，三联书店，2006 年。

全敦煌诗，张锡厚主编，作家出版社，2006 年。

红楼梦悟，刘再复著，三联书店，2006 年。

佛经文学与古代小说母题比较研究，王立著，昆仑出版社，2006 年。

敦煌典籍与唐五代历史文化，张弓著，中国社会科学出版社，2006 年。

无尽意斋诗词选，赵朴初著，北京图书馆出版社，2006 年。

遍能法师诗文选集，永寿主编，宗教文化出版社，2006 年。

民国佛教期刊文献集成，黄夏年编，全国图书馆文献缩微复制中心，2006 年。

李叔同集，郭长海编，天津人民出版社，2006 年。

佛陀与维纳斯之盟——中国近代佛学与文艺美学，詹志和著，湖南师范大学出版社，2006 年。

江南古佛：中峰明本与元代禅宗，纪华传著，中国社会科学出版社，2006 年。

明代后期士人心态研究，罗宗强著，南开大学出版社，2006 年。

中国佛寺志丛刊，广陵书社，2006 年。

古典诗学会探——复旦大学中文系教授荣休纪念文丛·陈允吉卷，陈引弛等编，复旦大学出版社，2006 年。

禅宗美学，张节末著，北京大学出版社，2006 年。

宋元禅宗史，杨曾文著，中国社会科学出版社，2006 年。

醉菩提传 麴头陀传，萧欣桥著，人民文学出版社，2006 年。

明别集版本志，崔建英辑，贾卫民、李晓亚整理，中华书局，2006 年。

山魂水魄——明末清初节烈诗人山水诗论，时志明著，凤凰出版社，2006 年。

担当，朱万章著，河北教育出版社，2006 年。

洛阳伽蓝记校笺，杨勇校笺，中华书局，2006 年。

敦煌变文选注（增订本），项楚著，中华书局，2006 年。

汉魏六朝文学考论，许云和著，上海古籍出版社，2006 年。

中国汉语系佛教文学，弘学著，巴蜀书社，2006 年。

禅月集校注，陆永峰著，巴蜀书社，2006 年。

西域文化影响下的中古小说，王青著，中国社会科学出版社，2006 年。

劝善金科研究，戴云著，北京师范大学出版社，2006 年。

佛教与唐五代白话小说研究，俞晓红著，人民出版社，2006 年。

《红楼梦》、《西游记》与其他，余国藩著，李奭学编译，三联书店，2006 年。

佛教灵验记研究——以晋唐为中心，刘亚丁著，巴蜀书社，2006 年。

佛教与永明文学批评，高文强著，湖北教育出版社，2006 年。

中国佛教表现艺术，王志远著，中国社会科学出版社，2006 年。

四百年《西游记》学术史，竺洪波著，复旦大学出版社，2006 年。

瞎堂诗集，（清）天然和尚著，李福标、仇江点校，中山大学出版社，2006 年。

晚明佛教改革史，江灿腾著，广西师范大学出版社，2006 年。

明末佛教研究，圣严法师著，宗教文化出版社，2006 年。

汤显祖与晚明戏曲的嬗变，程芸著，中华书局，2006 年。

文镜秘府论汇校汇考，遍照金刚撰，卢盛江校考，中华书局，2006 年。

异域之眼——兴膳宏中国古典论集，（日）兴膳宏著，戴燕译，复旦大学出版社，2006 年。

史耐德与中国文化，钟玲著，首都师范大学出版社，2006 年。

黄梅四祖寺与中国禅宗，麻天祥主编，妙峰副主编，湖北人民出版社，2006 年。

悲智传响——海云寺与别传寺历史文化研讨会论文集，钟东主编，中国海关出版社，2006 年。

诗情画意总关禅，南北著，齐鲁书社，2006 年。

永明体与音乐关系研究，吴相洲著，北京大学出版社，2006 年。

武林西湖高僧事略等八种，释元敬、释元复撰，魏得良标点，徐吉军审订，杭州出版社，2006 年。

雪庐居士佛学思想暨行述研究，许淑华著，秀威资讯科技股份有限公司，2006 年。

比丘尼传暨续比丘尼传，释宝唱、释震华著，大千出版社，2006 年。

禅宗的开悟与传承，真观著，文津出版社，2006 年。

寒山诗集论丛，叶珠红著，秀威资讯科技股份有限公司，2006 年。

六朝汉译佛典偈颂与诗歌之研究（上下），王晴慧著，古典文献研究辑刊 2 编 16、17 册，花木兰文化出版社，2006 年。

小说中的达摩及相关人物研究，张火庆著，秀威资讯科技股份有限公司，2006 年。

宗密《禅源诸诠集都序》研究，林叶莲著，花木兰文化出版社，2006 年。

敦博本六祖坛经校释，黄连忠撰，万卷楼图书股份有限公司，2006 年。

长安都市文化与朝鲜·日本，李浩、矢野建一主编，普慧、土屋昌明执行主编，三秦出版社，2006 年。

比丘尼传校注，释宝唱著，王孺童校注，中华书局，2006 年。

Out of the Cloister：Literati Perspectives on Buddhism in Sung China，Mark－Halperin，Cambridge：Harvard University Asia Center，2006.

Reconnecting with John Muir：Essays in Post－Pastoral Practice，Terry Gifford，Athens：University of Georgia Press，2006.

中国泉州「目連」木偶戲の研究，山本宏子著，春秋社，2006 年。

中國禪宗寺名山名辭典，鈴木哲雄著，山喜房佛書林，2006 年。

2007 年

禅在红楼第几层，梁归智著，中国人民大学出版社，2007 年。

佛典辑要，赖永海著，中国人民大学出版社，2007 年。

云南历代僧人著述考略，云南省图书馆编，云南美术出版社，2007 年。

高丽大觉国师文集，黄纯艳校点，甘肃人民出版社，2007 年。

当代第一比丘尼——隆莲法师传，裘山山著，上海辞书出版社，2007 年。

吕碧城诗文笺注，李保民笺注，上海古籍出版社，2007 年。

弘一法师书信，林子青编，三联书店，2007 年。

无尽居士张商英研究，罗凌著，华中师范大学出版社，2007 年。

儒士视域中的佛教——宋代儒士佛教观研究，李承贵著，宗教文化出版社，2007 年。

百僧一案，周裕锴著，上海古籍出版社，2007 年。

马祖道一研究，邱环著，巴蜀书社，2007 年。

入唐求法巡礼记，圆仁著，广西师范大学出版社，2007 年。

中国鱼山梵呗文化节论文集，释永悟主编，宗教文化出版社，2007 年。

佛教禅宗与唐代诗风之发展演变，胡遂著，中华书局，2007 年。

佛传——《释迦如来应化事迹》注译，王孺童注译，中国人民大学出版社，2007 年。

入唐求法巡礼行记校注，白化文等校注，花山文艺出版社，2007 年。

中国佛教文化论，赖永海著，中国人民大学出版社，2007 年。

祖堂集，静、筠二禅师编，孙昌武点校，中华书局，2007 年。

文学与宗教——孙昌武教授七十华诞纪念论文集，张培锋、湛如、普慧编，宗教文化出版社，2007 年。

古代戏曲与东方文化，郑传寅著，武汉大学出版社，2007 年。

宋僧著述考，李国玲著，四川大学出版社，2007 年。

大汕和尚集，大汕和尚著，万毅、杜蔼华、仇江点校，中山大学出版社，2007 年。

中国佛教文学的古典与现代：主题与叙事，丁敏著，岳麓书社，2007 年。

隐藏的祖先——妙香国的传说和社会，连瑞枝著，三联书店，2007 年。

转型期的敦煌学，刘进宝、高田时雄主编，上海古籍出版社，2007 年。

北韵佛曲，道坚法师主编，海淘记谱整理，宗教文化出版社，2007 年。

晚明狂禅思潮与文学思想研究，赵伟著，巴蜀书社，2007 年。

法国汉学家论中国文学——古典诗词，钱林森编，外语教育与研究出版社，2007 年。

寒山诗集版本研究，陈耀东著，世界知识出版社，2007 年。

宋代士大夫佛学与文学，张培锋著，宗教文化出版社，2007 年。

诗禅证道——"贬官禅悦"和后期唐诗的"人造自然"风格，

王树海著，新星出版社，2007 年。

皎然《诗式》研究，许连军著，中华书局，2007 年。

佛教与中古小说，陈洪著，学林出版社，2007 年。

敦煌佛教音乐文学研究，李小荣著，福建人民出版社，2007 年。

应天诗钞，佛智法师著，巴蜀书社，2007 年。

佛说死亡——死亡学视野中的中国佛教死亡观研究，海波著，陕西人民出版社，2007 年。

八指头陀诗文集，释敬安著，梅季点校，岳麓书社，2007 年。

苏曼殊全集，苏曼殊著，柳严子编订，当代中国出版社，2007 年。

大汕和尚集，大汕和尚著，万毅、杜霭华、仇江点校，中山大学出版社，2007 年。

西湖寺院题韵沿革考，姚悔盦著，杭州出版社，2007 年。

憨山大师佛学思想研究，夏清瑕著，学林出版社，2007 年。

藏传佛教高僧传略，拉科·益西多杰著，青海人民出版社，2007 年。

列朝诗集，（清）钱谦益著，中华书局，2007 年。

佛教与回鹘社会，（德）茨默著，杨富学译，民族出版社，2007 年。

牧斋杂著，（清）钱谦益著，钱仲联标校，上海古籍出版社，2007 年。

赵朴初文集，赵朴初著，华文出版社，2007 年。

天然和尚年谱，汪宗衍著，香港梦梅馆，2007 年。

宝卷论集，李世瑜著，兰台出版社，2007 年。

影子，白云老禅师著，白云出版社，2007 年。

拾得及其作品研究，方志恩著，古典文献研究辑刊 5 编 28 册，花木兰文化出版社，2007 年。

历史·空间·身份——洛阳伽蓝记的文化论述，王美秀著，里仁书局，2007 年。

圣传与诗禅：中国文学与宗教论集，李丰楙、廖肇亨主编，"中央"研究院中国文哲研究所，2007 年。

佛教神通——汉译佛典神通故事叙事研究，丁敏著，法鼓文化事业股份有限公司，2007 年。

The Buddhist Conquest of China：*The Spread and Adaptation of Buddhism in Early Medieval China*；*with a Foreword by Stephen F. Teiser*. 3rd ed. ，E. Zürcher and E. Zèurcher，Leiden：Brill，2007.

The Chan Interpretation of Wang Wei's Poetry，Yang Jingqing，Hong Kong：The Chinese University Press，2007.

Pilgrims，*Patrons*，*and Place*：*Localizing Sanctity in Asian Religions*，Phyllis Granoff and Koichi Shinohara，Vancouver：University of British Columbia Press，2007.

盤珪禪師語錄，盤珪禪師著，鈴木大拙編校，岩波書店，2007 年。

唐代の禪僧（全 12 卷），田中良昭，椎名宏雄，石井修道監修，臨川書店，2007—2009 年。

中国近世における目連伝承の展開，小南一郎著，臨川書店，2007 年。

謝霊運論集，森野繁夫著，白帝社，2007 年。

The Buddhist Dead：*Practices*，*Discourses*. Cuevas，Bryan J. ，and

Jacqueline I. Stone, eds. Representations. Honolulu： University of Hawaii Press，2007.

2008 年

中边·诗禅·梦戏——明末清初佛教文化论述的呈现与开展，允晨文化实业股份有限公司，2008 年。

永明延寿禅师全书，延寿著，刘泽亮点校整理，宗教文化出版社，2008 年。

跨越时空的对话——美国诗人斯奈德的生态诗学与中国自然审美观，毛明著，光明日报出版社，2008 年。

禅宗语录，江蓝生编选，中国对外翻译出版公司，2008 年。

藏文佛经故事选译，周季文、谢后芳译，中国藏学出版社，2008 年。

大沩山古密印寺志，（清）陶汝鼎、陶之典编纂，梁颂成点校，岳麓书社 2008 年。

遍行堂集，（清）释今释著，段晓华点校，广东旅游出版社，2008 年。

晋唐时期南海求法高僧群体研究，何方耀著，宗教文化出版社，2008 年。

俗赋研究，伏俊琏著，中华书局，2008 年。

契嵩佛学思想研究，陈雷著，宗教文化出版社，2008 年。

禅宗修辞研究，疏志强著，山东文艺出版社，2008 年。

水中之月：中国现代禅诗精选，李天靖、张海宁主编，上海文化出版社，2008 年。

禅诗百首，姜剑云编，中华书局，2008 年。

禅偈百则，洪修平、张勇编，中华书局，2008 年。

公案百则，陈耳东编，中华书局，2008 年。

晚唐五代诗僧群体研究，王秀林著，中华书局，2008 年。

赵州录校注集评（上下卷），吴言生著，中国社会科学出版社，2008 年。

观音本生故事戏论疏，周秋良著，中国戏剧出版社，2008 年。

汉唐文学与文献论考，陈尚君著，上海古籍出版社，2008 年。

禅宗与全真道美学思想比较研究，余虹著，中华书局，2008 年。

文坛佛影（续集），孙昌武著，宗教文化出版社，2008 年。

佛典与南朝文学，龚贤著，江西人民出版社，2008 年。

项楚论敦煌学，项楚著，上海科学技术文献出版社，2008 年。

宋元俗文学叙事与佛教，陈开勇著，上海古籍出版社，2008 年。

日本汉学研究续探：文学篇，叶国良、陈明姿编，华东师范大学出版社，2008 年。

密教传持与唐代社会，夏广兴著，上海人民出版社，2008 年。

凡俗与神圣——佛道文化视野下的汉唐之间的文学，高华平著，岳麓书社，2008 年。

佛经叙事文学与唐代小说研究，孙鸿亮著，人民出版社，2008 年。

转型中的唐五代诗僧群体，查明昊著，华东师范大学出版社，2008 年。

陆氏《异林》之钟繇与女鬼相合事考论，张庆民著，人民文学出版社，2008 年。

禅与诗学（增订版），张伯伟著，人民文学出版社，2008 年。

20 世纪《西游记》研究，梅新林、崔小敬主编，文化艺术出版社，2008 年。

一休和尚诗集，一休宗纯著，华东师范大学出版社，2008 年。

靖江宝卷研究，陆永峰、车锡伦著，社会科学文献出版社，2008 年。

禅的诗书画，南北著，重庆大学出版社，2008 年。

普陀山诗词全集，王连胜主编，上海辞书出版社，2008 年。

敦煌变文传播研究，胡连利著，人民出版社，2008 年。

北宋禅宗思想史及其渊源，土屋太祐著，巴蜀书社，2008 年。

融会与贯通：蕅益智旭思想研究，龚晓康著，巴蜀书社，2008 年。

巨赞法师全集，释巨赞著，社会科学文献出版社，2008 年。

现代启蒙语境下的审美开创：苏曼殊文学论，黄轶著，上海人民出版社，2008 年。

遁入空门：李叔同为何出家，金梅编，天津人民出版社，2008 年。

出世入世间：黄宗仰传论，沈潜著，上海人民出版社，2008 年。

李叔同文集，李叔同著，东方出版社，2008 年。

民国佛教期刊文献集成补编（共 86 卷），中国书店出版社，2008 年。

稀见民国佛教文献汇编（报纸），中国书店出版社，2008 年。

东晋佛教思想与文学研究，（越）释慧莲著，巴蜀书社，2008 年。

李叔同集，李叔同著，东方出版社，2008 年。

苏曼殊集，苏曼殊著，东方出版社，2008 年。

丰子恺集，丰子恺著，东方出版社，2008 年。

经窗禅韵，净慧著，百花文艺出版社，2008 年。

憨山德清注《庄》之研究，李懿纯著，中国学术思想研究辑刊 2 编第 27 册，花木兰文化出版社，2008 年。

从《弘明集》看中国文化，王志楣著，中国学术思想研究辑刊 2 编第 25 册，花木兰文化出版社，2008 年。

禅宗典籍《五灯会元》研究，黄俊铨著，法鼓文化事业股份有限公司，2008 年。

千山诗集，函可著，严志雄、杨权点校，"中研院"文哲所，2008 年。

华严经，高振农释译，佛光山宗委会，2008 年。

《宋高僧传》叙事研究，黄敬家著，学生书局，2008 年。

佛教与儒教，荒木见悟著，廖肇亨译注，联经出版公司，2008 年。

中边·诗禅·梦戏——明末清初佛教文化论述的呈现与开展，廖肇亨著，允晨文化实业股份有限公司，2008 年。

佛学与文学的交汇，（美）德维文协会主编，汉艺色研文化事业有限公司，2008 年。

How Zen Became Zen：The Dispute over Enlightenment and the Formation of Chan Buddhism in Song – Dynasty China，Morten Schlutter，Honolulu：University of Hawai'i Press，2008.

The Linji Lu and the Creation of Chan Orthodoxy：The Development of Chan's Records of Sayings Literature，Albert Welter，Oxford and New

York：Oxford University Press，2008.

Personal Salvation and Filial Piety：*Two Precious Scroll Narratives of Guanyin and Her Acolytes*，Translated and with an Introduction by Wiltl. Idema，Honolulu：Kuroda Institute and University of Hawai'i Press，2008.

La Conversion de l'Orient：*un périple didactique de Bodhidharma dans un roman chinois en langue vulgaire du XVIIe siècle*（东渡记——十七世纪中国通俗小说中菩提达摩的教化之旅），Durand-Dastès，Vincent（戴文琛），Bruxelles：Institut Belge des Hautes Etudes Chinoises，2008.

2009 年

寒山子暨和合文化国际研讨会论文集，浙江省社会科学联合会编，浙江大学出版社，2009 年。

明真法师文集，南岳佛教协会编，岳麓书社，2009 年。

敦煌本佛教灵验记校注并研究，杨宝玉著，甘肃人民出版社，2009 年。

佛典譬喻经全集，王文元注释，重庆出版社，2009 年。

《红楼梦》与宗教，李根亮著，岳麓书社，2009 年。

中国古代鬼戏研究，杨秋红著，中国传媒大学出版社，2009 年。

仪式·信仰·戏曲丛谈，茆耕茹著，黄山书社，2009 年。

新校参天台五台山记，成寻著，王丽萍校点，上海古籍出版社，2009 年。

敦煌变相与变文研究，于向东著，甘肃教育出版社，2009 年。

中国禅学研究入门，龚隽、陈继东著，复旦大学出版社，2009 年。

苏东坡与佛教，达亮著，四川大学出版社，2009 年。

唐宋变革与宋代审美文化转型，刘方著，学林出版社，2009 年。

中国地藏信仰研究，尹富著，巴蜀书社，2009 年。

观音故事与观音信仰研究——以俗文学为中心，周秋良著，广东高等教育出版社，2009 年。

中国佛典翻译史稿，王铁钧著，中央编译出版社，2009 年。

佛学新解，龚鹏程著，北京大学出版社，2009 年。

文以载道：佛教文学观，阿莲著，宗教文化出版社，2009 年。

禅宗语言研究入门，周裕锴著，复旦大学出版社，2009 年。

结缘：文学与宗教——以中国古代文学为中心，陈洪著，北京师范大学出版社，2009 年。

中国佛教文学，高慎涛、杨遇青著，陕西人民出版社，2009 年。

诗僧传奇——纪念定持法师圆寂十周年，林俊聪著，花城出版社，2009 年。

天籁诗禅——八指头陀韵事，伍国庆著，岳麓书社，2009 年。

从艺术家到高僧——李叔同弘一大师传论，曹布拉著，浙江文艺出版社，2009 年。

慧皎《高僧传》研究，纪赟著，上海古籍出版社，2009 年。

曹溪禅学与诗学，张海沙著，中国社会科学出版社，2009 年。

魏晋南北朝释家传记研究——释宝唱与《比丘尼传》，刘飙著，岳麓书社，2009 年。

中国中古维摩诘信仰研究，何剑平著，巴蜀书社，2009 年。

碧潭秋月映寒山——寒山诗解读，钱学烈著，中央编译出版社，2009 年。

异质文化的碰撞——二十世纪"佛教与古代文学"论丛，吴光正、李舜臣、余来明主编，黑龙江人民出版社，2009 年。

宗教与文学，周群著，译林出版社，2009 年。

中国宝卷研究，车锡伦著，广西师范大学出版社，2009 年。

佛教与六朝诗学，刘艳芳著，中国社会科学出版社，2009 年。

宋诗与禅，张培锋著，中华书局，2009 年。

敦煌变文的口头传统研究，富世平著，中华书局，2009 年。

道体·心体·审美——魏晋玄佛及其对魏晋审美风尚的影响，韩国良著，中华书局，2009 年。

一诚老和尚诗文集选，一诚著，宗教文化出版社，2009 年。

阳明学派与晚明佛教，陈永革著，中国人民大学出版社，2009 年。

禅心剑气相思骨——中国诗词的道与法，徐晋如著，广西师范大学出版社，2009 年。

祖堂集校注，张美兰校注，商务印书馆，2009 年。

佛教解释学，（美）唐纳德·罗佩兹编，周光荣、常蕾、李建欣译，上海古籍出版社，2009 年。

虚云和尚全集，净慧主编，中州古籍出版社，2009 年初版；2018 年再版。

敦煌文学论集，杜琪主编，甘肃人民美术出版社，2009 年。

佛教诗词楹联选（嘉兴市卷），裴樟鑫、释性空主编，浙江大学出版社，2009 年。

从敦煌斋愿文看佛教与中国民俗的融合，王三庆著，新文丰出版股份有限公司，2009 年。

敦煌佛教斋愿文本研究，王三庆著，新文丰出版股份有限公司，2009 年。

佛典成立史，水野弘元著，刘欣如译，东大图书股份有限公司，2009 年。

苏曼殊诗析论，顾蕙倩著，花木兰文化出版社，2009 年。

民间信仰与民间文学，车锡伦著，博扬文化事业有限公司，2009 年。

唐代诗僧的创作论研究——诗歌与佛教的综合分析，彭雅玲著，花木兰文化出版社，2009 年。

明末曹洞宗殿军——永觉元贤禅师研究（上、下），范佳玲著，中国学术思想研究辑刊 3 编第 27、28 册，花木兰文化出版社，2009 年。

宋初智圆与契嵩对儒学的回应，欧朝荣著，中国学术思想研究辑刊 6 编第 30 册，花木兰文化出版社，2009 年。

晚明袁宏道的佛教思想，邱敏捷著，中国学术思想研究辑刊 6 编第 30 册，花木兰文化出版社，2009 年。

禅宗美学研究，曾议汉著，中国学术思想研究辑刊 6 编第 27 册，花木兰文化出版社，2009 年。

广说佛教语大辞典，中村元著，林光明编译，嘉丰出版社，2009 年。

晚唐暨五代禅宗的发展——以与会昌法难有关的僧侣和禅门五宗为重心（上、下），赖建成著，古代历史文化研究辑刊第 2 编第 19 册，花木兰文化出版社，2009 年。

王梵志、寒山、庞蕴通俗诗之比较研究，古典文献研究辑刊 9 编 19 册，花木兰文化出版社，2009 年。

观音：菩萨中国化的演变，于君方著，陈怀宇等译，法鼓文化事业股份有限公司，2009 年。

僧·法·思：中国诗学的越界思考，彭雅玲著，文史哲出版社，2009 年。

六朝僧侣诗研究，罗文玲著，花木兰出版社，2009 年。

游观：作为身体技艺的中古文学与宗教，刘苑如主编，"中央"研究院中国文哲研究所，2009 年。

泗州大圣与松雪道人：宋元社会精英的佛教信仰与佛教文化，黄启江著，台湾学生书局，2009 年。

禅宗美学研究，曾议汉著，花木兰文化出版社，2009 年。

Sacred Economies Buddhist Monasticism and Territoriality in Medieval China（Sheng Yen Series in Chinese Buddhist Studies），M. Walsh，New York：Columbia University Press，2009.

Fathering Your Father：The Zen of Fabrication in Tang Buddhism，Alan Cole，Berkeley：University of California Press，2009.

The People and the Dao：New Studies in Chinese Religions in Honour of Daniel L. Overmyer，Philip Clart and Paul Crowe，Germany：Institut Monumenta Serica，2009.

白川静著作集，白川静著，京東平凡社，2009 年。

2010 年

加里·斯奈德的诗学研究，陈小红著，中国社会科学出版社，

2010 年。

寒山：一种文化现象的探寻，崔小敬著，中国社会科学出版社，2010 年。

元代高僧中峰明本禅师，释印旭主编，宗教文化出版社，2010 年。

吕碧城传，王忠和著，百花文艺出版社，2010 年。

为霖道霈禅师，马海燕著，厦门大学出版社，2010 年。

天然之光：纪念函昰禅师诞辰四百周年学术研讨会论文集，杨权主编，中山大学出版社，2010 年。

柳宗元儒佛道三教观研究，张勇著，黄山书社，2009 年。

佛教十三经，赖永海主编，中华书局，2009 年。

景德传灯录译注（全五册），（宋）道原著，顾宏义译注，上海书店出版社，2010 年。

唐大和上东征传校注，梁明院校注，广陵书社，2010 年。

敦煌小说合集，张涌泉主编审订，浙江文艺出版社，2010 年。

法眼文益禅师，张云江著，厦门大学出版社，2010 年。

明代佛传故事画研究，邢莉莉著，线装书局，2010 年。

南北朝文学交流研究，王允亮著，上海古籍出版社，2010 年。

东晋求法高僧法显和《佛国记》，杨曾文、温金玉、杨兵主编，宗教文化出版社，2010 年。

隋唐佛教与中国文学，陈引弛著，百花洲文艺出版社，2010 年。

起源与传承——中国古代文学与文化论集，王小盾著，凤凰出版社，2010 年。

佛教文学概论，吴正荣著，云南大学出版社，2010 年。

明末清初的思想与佛教，荒木见悟著，廖肇亨译，上海古籍出版社，2010 年。

初禅集，智文法师著，宗教文化出版社，2010 年。

中国佛教文化史，孙昌武著，中华书局，2010 年。

中国宗教、学术与思想散论，葛兆光著，复旦大学出版社，2010 年。

汉译佛典文体及其影响研究，李小荣著，上海古籍出版社，2010 年。

《撰集百缘经》语法研究，遇笑容著，商务印书馆，2010 年。

中古汉语的关联词语：以鸠摩罗什译经为考察基点，袁雪梅著，人民出版社，2010 年。

弘一大师年谱与遗墨，林子青编，时代文艺出版社，2010 年。

宋僧惠洪行履著述编年总案，周裕锴撰，高等教育出版社，2010 年。

中国历代名僧诗选，廖养正编著，中国书籍出版社，2010 年。

憨山德清与晚明士林，王红蕾著，中国社会科学出版社，2010 年。

不负如来不负卿：六世达赖仓央嘉措的诗与情，姚敏著，文化艺术出版社，2010 年。

禅籍方俗词研究，雷汉卿著，巴蜀书社，2010 年。

佛教与中国文学论稿，陈允吉著，上海古籍出版社，2010 年。

宋词与禅，刘晓珍著，人民文学出版社，2010 年。

佛禅与金朝文学，刘达科著，江苏大学出版社，2010 年。

隋唐佛教各宗与美学，王耘著，上海古籍出版社，2010 年。

中国禅宗美学的思想发生与历史演进，刘方著，人民出版社，

2010 年。

中国佛教美学史，祁志祥著，北京大学出版社，2010 年。

中国佛教美术本土化研究，汪小洋主编，上海大学出版社，2010 年。

王梵志诗校注（增订本），项楚校注，上海古籍出版社，2010 年。

六世达赖喇嘛仓央嘉措秘传，阿旺伦珠达吉著，庄晶译，中国藏学出版社，2010 年。

山西介休宝卷说唱文学调查报告，李豫等著，社会科学文献出版社，2010 年。

敦煌讲唱文学写本研究，荒见泰史著，中华书局，2010 年。

悲欣交集：弘一法师传，金梅著，福建教育出版社，2010 年。

敦煌歌辞通论，吴肃森著，黄山书社，2010 年。

西湖景观美学与佛教，徐承著，团结出版社，2010 年。

景德传灯录译注，道原著，顾宏义译注，上海书店出版社，2010 年。

隐元隆琦禅师，林观潮著，厦门大学出版社，2010 年。

古典禅研究——中唐至五代禅宗发展新探，贾晋华著，牛津大学出版社，2010 年。

鬼节超度与劝善目连，王馗著，"国家"出版社，2010 年。

苏曼殊之文艺特色研究，林律光著，古典文学研究辑刊初编 9 册，花木兰文化出版社，2010 年。

《鱼山声明集》研究——中国佛教梵呗发展的考察（上、下），赖信川著，古典文献研究辑刊 10 编 20 册，花木兰文化出版社，2010 年。

藏书拼图——明代图书文化析论，许媛婷著，古典文献研究辑刊 11 编 4 册，花木兰文化出版社，2010 年。

《密勒日巴大师全集》研究，苏淑贞著，古典文献研究辑刊 11 编 14 册，花木兰文化出版社，2010 年。

唐代僧俗交涉之研究——以僧人世俗化为主（上、下），叶珠红著，古代历史文化研究辑刊第 4 编第 17 册，花木兰文化出版社，2010 年。

僧肇思想研究——以《肇论》为中心（上、下），王月秀著，中国学术思想研究辑刊 10 编第 37、38 册，花木兰文化出版社，2010 年。

文学僧藏叟善珍与南宋末世的禅文化——《藏叟摘稿》之析论与点校，黄启江著，新文丰出版股份有限公司，2010 年。

一味禅与江湖诗——南宋文学僧与禅文化的蜕变，黄启江撰，台湾商务印书馆股份有限公司，2010 年。

汉译佛典动物故事之研究，梁丽玲著，文津出版社，2010 年。

朝向生活世界的文学诠释：六朝宗教叙事的身体实践与空间书写，刘苑如著，新文丰出版股份有限公司，2010 年。

美好的晚年，释圣严著，法鼓文化事业有限公司，2010 年。

苏东坡与佛教，达亮著，文津出版社，2010 年。

文学的镜象，邱湘云著，万卷楼图书股份有限公司，2010 年。

儒佛文艺论集，张清泉著，黄辉云总编辑，丽文文化事业股份有限公司，2010 年。

无文印的迷思与解读：南宋僧无文道灿的文学禅，黄启江撰，台湾商务印书馆，2010 年。

明代佛门内外僧俗交涉的场域，陈玉女著，稻乡出版社，

2010 年。

唐代僧俗交涉之研究，叶珠红著，花木兰文化出版社，2010 年。

唐代诗禅互涉现象文学发展史的侧面考察，黄敬家著，花木兰文化出版社，2010 年。

China's Buddhist culture（*Gale virtual reference library*），L. Fang, Gale Group, Singapore：Cengage Learning Asia Pte, 2010.

The Caves of Dunhuang, Fan Jinshi, *Hong Kong, London*：*Dunhuang Academy in Collaboration with London Editions*：*Distribution outside China by Scala*, 2010.

Zen Masters, *Edited by Steven Heine and Dale S. Wright*, *Oxford*：Oxford University Press, 2010.

Monks, Bandits, Lovers and Immortals. Eleven Early Chinese Plays, edited and translated, with an Introduction, by Stephen H. West and Wilt L. Idema. Indianapolis：Hackett Publishing Company, 2010.

中国近世通俗文学研究，林雅清著，汲古書院，2010 年。

2011 年

绘画与表演：中国绘画叙事及其起源研究，（美）梅维恒著，王邦维、荣新江、钱文忠译，中西书局，2011 年。

金刚经解疑六讲，顾伟康著，上海古籍出版社，2011 年。

死亡是一面镜子——中国古代叙事文学中的死亡现象研究，李根亮著，黑龙江人民出版社，2011 年。

宗喀巴评传，王尧、褚俊杰著，南京大学出版社，2011 年。

澈悟的思与诗——李叔同的文艺创作及文艺思想研究，罗明著，巴蜀书社，2011 年。

宗仰上人集，沈潜、唐文权编，华中师范大学出版社，2011 年。

明代中日文化交流史研究，陈小法著，商务印书馆，2011 年。

敦煌文献·考古·艺术综合研究——纪念向达教授诞辰 110 周年国际学术研讨会论文集，樊锦诗、荣新江、林世田主编，中华书局，2011 年。

姚广孝史事研究，郑永华著，人民出版社，2011 年。

祖堂集 五灯会元校读，李艳琴、郭淑伟、严红彦校点，巴蜀书社，2011 年。

东坡禅话，李勃洋著，中华书局，2011 年。

齐己诗集校注，王秀林校注，中国社会科学出版社，2011 年。

洛阳伽蓝记研究，孟光全著，巴蜀书社，2011 年。

敦煌佛教文献与文学研究，郑阿财著，上海古籍出版社，2011 年。

佛教文献与佛教文学，冯国栋著，宗教文化出版社，2011 年。

印度中世纪宗教文学，薛克翘、唐孟生、姜景奎著，昆仑出版社，2011 年。

僧庐听雨：文化视野中的佛教，文海著，上海社会科学院出版社，2011 年。

东汉魏晋南北朝译经语料的鉴别，卢巧琴著，浙江大学出版社，2011 年。

佛经文学研究论集续编，陈允吉主编，复旦大学出版社，2011 年。

慧远评传，曹虹著，南京大学出版社，2011 年。

太虚大师年谱，释印顺编，中华书局，2011 年。

中国佛教疑伪经综录，曹凌编著，上海古籍出版社，2011 年。

支遁诗文译释，李正西译释，宗教文化出版社，2011 年。

玄奘年谱，杨廷福著，上海古籍出版社，2011 年。

玄奘法师年谱，孙乐斋著，云南人民出版社，2011 年。

虚云和尚诗偈全编，净慧主编，金城出版社，2011 年。

仓央嘉措圣歌集（全新译本中文藏文对照），（清）仓央嘉措著，北京十月文艺出版社，2011 年。

六世达赖情歌：仓央嘉措情诗全集，于道泉译，当代中国出版社，2011 年。

弘一大师新传，秦启明著，江苏人民出版社，2011 年。

贯休歌诗系年笺注，（唐）贯休著，胡大浚校注，中华书局，2011 年。

仓央嘉措诗传全集，闫晗编著，中国华侨出版社，2011 年。

苍雪大师《南来堂诗集》诗注，杨为星注，云南人民出版社，2011 年。

寒山与日本文化，张石著，上海交通大学出版社，2011 年。

寒山诗文本旅行与经典建构，胡安江著，清华大学出版社，2011 年。

梵音清韵：诗僧画侣面面观，曹胜高、袁晓晶著，济南出版社，2011 年。

《红楼梦》的多重意蕴与佛道教关系探析，陈国学著，中国社会科学出版社，2011 年。

弘明集，（梁）僧祐著，刘立夫、胡勇译注，中华书局，

2011 年。

基于梵汉对勘的《法华经》语法研究，姜南著，商务印书馆，2011 年。

宗教文献学研究入门，严耀中、范荧著，复旦大学出版社，2011 年。

新编续补历代高僧传，赵超著，社会科学文献出版社，2011 年。

镡津文集校注，释契嵩撰，林仲湘、邱小毛校注，巴蜀书社，2011 年。

宋前文学中的超现实婚恋遇合研究，洪国华著，齐鲁书社，2011 年。

隆莲大师文汇，释隆莲著，华夏出版社，2011 年。

唐代变文——佛教对中国白话小说及戏曲产生的贡献之研究，（美）梅维恒著，杨继东、陈引弛译，中西书局，2011 年。

明代佛教方志研究，曹刚华著，中国人民大学出版社，2011 年。

宋代高僧墨迹研究，胡建明著，西泠印社出版社，2011 年。

贯休歌诗系年笺注，贯休著，胡大浚校注，中华书局，2011 年。

真实之路——慈济年轮与宗门，证严上人著，复旦大学出版社，2011 年。

太虚大师年谱，释印顺著，中华书局，2011 年。

步步莲花：赵朴初佛缘人生，朱洪著，当代中国出版社，2011 年。

北宋契嵩的儒释融会思想，张清泉著，中国学术思想研究辑刊 11 编第 39 册，花木兰文化出版社，2011 年。

佛教文献与文学，郑阿财等著，佛光文化事业有限公司，2011 年。

寒山资料考辨，叶珠红著，古典文献研究辑刊 13 编 19 册，花木兰文化出版社，2011 年。

《比丘尼传》及其补遗考释（上、下），周睿著，古典文献研究辑刊 12 编 19 册，花木兰文化出版社，2011 年。

刘秉忠《藏春乐府》研究（上、下），林妙玲著，古典文献研究辑刊 13 编 12 册，花木兰文化出版社，2011 年。

雪庐诗集（上下编），李炳南著，慈光图书馆，2011 年。

隐逸·山人·园居——周履靖及其《夷门广牍》研究（上、下），叶俊庆著，古典文献研究辑刊 12 编 11 册，花木兰文化出版社，2011 年。

诗禅·狂禅·女禅：中国禅宗文学与文化探论，黄敬家著，台湾学生书局，2011 年。

两晋佛教居士研究，纪志昌著，"国立"台湾大学文学院，2011 年。

东坡诗文思想之研究（上中下），李慕如著，花木兰文化出版社，2011 年。

丰子恺《护生画集》体、相、用之探讨，林少雯著，文史哲出版社，2011 年。

六朝志怪小说研究述论：回顾与论释，谢明勋著，里仁书局，2011 年。

东亚文化意象之形塑，石守谦、廖肇亨主编，允晨文化实业股份有限公司，2011 年。

敦煌文学与中国古代的谐隐传统，杨明璋著，新文丰出版股份有限公司，2011年。

宋代禅宗辞书《祖庭事苑》之研究，黄绎勋著，佛光文化事业有限公司，2011年。

文学典范的建立与转化，郑毓瑜主编，学生书局，2011年。

明传奇宗教角色研究，赖慧玲著，花木兰文化出版社，2011年。

Ming Erotic Novellas：Genre，Consumption，and Religiosity in Cultural Practice，Richard G. Wang，The Chinese University of Hong Kong Press，2011.

Escape from Blood Pond Hell：The Tales of Mulian and Woman Huang，translated and introduced by Beata Grant and Wilt L. Idema，Seattle：University of Washington Press，2011.

語録の思想史，小川隆著，岩波出版社，2011。

唐宋伝奇戯劇考，岡本不二明著，汲古書院，2011。

中国日用類書史の研究，酒井忠夫著，国書刊行会，2011。

2012 年

画禅室随笔，（明）董其昌撰，印晓峰点校，华东师范大学出版社，2012年。

丹青妙香叩禅心：禅宗画学著述研究，皮朝纲著，商务印书馆，2012年。

中晚唐禅宗地理考释，吴洲著，宗教文化出版社，2012年。

佛经故事与中国民间故事演变，刘守华著，上海古籍出版社，

2012 年。

神道设教：明清章回小说叙事的民族传统，吴光正著，武汉大学出版社，2012 年。

唐五代佛寺壁画的文献考察，马新广著，中国社会科学出版社，2012 年。

宋代禅僧诗辑考，朱刚、陈珏著，复旦大学出版社，2012 年。

敦煌变文，李小荣著，甘肃教育出版社，2012 年。

洛阳伽蓝记，尚荣译注，中华书局，2012 年。

大唐西域记，董志翘译注，中华书局，2012 年。

傅大士研究，张子开著，上海人民出版社，2012 年。

乐府推故，许云和著，北京大学出版社，2012 年。

巍巍云居 千年真如：虚云禅师佛学国际研讨会论文集（上下），纯闻主编，中州古籍出版社，2012 年。

蒙古文佛教文献研究，宝力高著，人民出版社，2012 年。

佛教文学十六讲，孙尚勇著，陕西人民出版社，2012 年。

中国禅宗书画美学思想史纲，皮朝纲著，四川美术出版社，2012 年。

中国佛教文学研究，普慧主编，中华书局，2012 年。

心是莲花盛开：佛经中的清净本因，陈韵鹦著，重庆出版社，2012 年。

半世文人半世僧——李叔同，蒋心海著，齐鲁书社，2012 年。

虚云和尚年谱，净慧主编，中州古籍出版社，2012 年。

莲池大师全集，（明）袾宏著，华夏出版社，2012 年。

注石门文字禅，（宋）释惠洪著，释廓门贯彻注，张伯伟等点校，中华书局，2012 年。

云水禅心：虚云和尚诗偈选赏，纯闻主编，现代出版社，2012 年。

寄禅大师文汇，寄禅大师著，华夏出版社，2012 年。

玄奘集编年校注，闫小芬、邹同庆、范振国著，河南大学出版社，2012 年。

慈悲旅人李叔同传，瓦当著，中国友谊出版公司，2012 年。

满船空载月明归：禅门诗偈三百首，廖阅鹏编著，九州出版社，2012 年。

闲到心闲始是闲：禅门诗偈三百首，廖阅鹏编著，九州出版社，2012 年。

世事纷纭读寒山，万泉著，暨南大学出版社，2012 年。

皎然诗学渊源考论，甘生统著，人民出版社，2012 年。

百年来敦煌文学研究之考察，朱凤玉著，民族出版社，2012 年。

词与禅 少室笔记，释延裕著，九州出版社，2012 年。

当代西方汉学研究集萃·宗教史卷，伊沛霞、姚平主编，上海古籍出版社，2012 年。

六朝精神史研究，吉川忠夫著，王启发译，江苏人民出版社，2012 年。

宗教与中国文学散论——梦枕堂丛稿初编，李小荣著，凤凰出版社，2012 年。

诗海禅心：岭南禅诗小札，刘斯翰编，羊城晚报出版社，2012 年。

佛教五经与唐宋诗学，张海沙著，中华书局，2012 年。

吴方言区宝卷研究，陆永峰、车锡伦著，社会科学文献出版社，2012 年。

烹禅煮诗：禅诗的寂寞香气，张绍民著，西苑出版社，2012 年。

三生石上旧精魂——中国古代小说与宗教，白化文著，北京出版社，2012 年。

观音——菩萨中国化的演变，于君方著，商务印书馆，2012 年。

南岳佛道著作选，慧思、希迁等撰，徐孙铭校点，薛幽栖、陈少微等撰，万里等校点，岳麓书社，2012 年。

贯休及其《禅月集》之研究（上、下），高于婷著，花木兰文化出版社，2012 年。

佛教文学对中国小说的影响，释永祥著，佛光文化事业有限公司，2012 年。

憨山自性禅思想之理论基础与核心论题，陈松柏著，中国学术思想研究辑刊 14 编第 33 册，花木兰文化出版社，2012 年。

智顗佛性论研究（上、下），王月秀著，中国学术思想研究辑刊 14 编第 31 册，花木兰文化出版社，2012 年。

八指头陀诗研究，谢秀莲著，古典诗歌研究汇刊第 11 辑第 30 册，花木兰文化出版社，2012 年。

惠洪“文字禅”之诗学内涵，吴静宜著，古典诗歌研究汇刊第 11 辑第 21 册，花木兰文化出版社，2012 年。

元朝中叶中央权力结构与政治生态，傅光森著，古代历史文化研究辑刊第 7 编第 11、12 册，花木兰文化出版社，2012 年。

“文字禅”诗学发展的轨迹，萧丽华著，新文丰出版公司，2012 年。

佛教文化哲学，郭朝顺著，里仁书局，2012 年。

雪中足迹——圣严法师自传，圣严法师著，三采文化，2012 年。

体现自然：意象与文化实践，刘苑如主编，"中研院"文哲所，2012 年。

Zen Buddhist rhetoric in China, Korea, and Japan, edited by Christoph Anderl. (Conceptual History and Chinese Linguistics), C. Anderl, Leiden; Boston：Brill, 2012.

Signs from the Unseen Realm：Buddhist Miracle Tales from Early Medieval China, Rober Ford Campany, Kuroda Institute Classics in East Asian Buddhism, Honolulu：University of Hawai'i Press, 2012.

増補求道と悦楽，入矢義高著，岩波書店，2012 年。

2013 年

北山录校注，神清撰，慧宝注，德珪注解，富世平校注，中华书局，2013 年。

敦煌文学千年史，颜延亮著，人民文学出版社，2013 年。

宗教文化视域下的《太平广记》研究，曾礼军著，中国社会科学出版社，2013 年。

李叔同诗歌评注，朱兴和评注，上海交通大学出版社，2013 年。

弘明集校笺，李小荣著，上海古籍出版社，2013 年。

淑世与超旷：苏轼仕杭时期活动与创作评析，周晓音著，浙江工商大学出版社，2013 年。

珍本宋集五种：日藏宋僧诗文集整理研究，许红霞著，北京大学出版社，2013 年。

东汉佛道文献词汇新质研究，俞理明、顾满林著，商务印书馆，2013 年。

中华佛教史·佛教文学卷，孙昌武著，山西教育出版社，2013 年。

佛教文化交流与融合，孙昌武著，天津教育出版社，2013 年。

宗教与中国文学散论——梦枕堂丛稿二编，李小荣著，凤凰出版社，2013 年。

唐代长安佛教文学，王早娟著，商务印书馆，2013 年。

敦煌佛教文学，郑阿财著，甘肃教育出版社，2013 年。

《金刚经》传，林涌强著，浙江大学出版社，2013 年。

法句譬喻经注译与辩析，荆三隆、邵之茜著，中国社会科学出版社，2013 年。

《维摩诘经》文献与文学研究，杨瑰瑰著，中国社会科学出版社，2013 年。

仓央嘉措诗传，闫晗编著，中国华侨出版社，2013 年。

华枝春满，天心月圆：弘一法师传，吴黎明著，长江文艺出版社，2013 年。

弘一大师传，陈慧剑著，商务印书馆国际有限公司，2013 年。

星云大师新传，邓子美、毛勤勇著，社会科学文献出版社，2013 年。

蕅益大师全集，蕅益智旭著，巴蜀书社，2013 年。

中国僧伽之诗生活，张长弓著，知识产权出版社，2013 年。

佛教经典诗学研究，孙尚勇著，高等教育出版社，2013 年。

惠洪文字禅思想研究，张慧远著，宗教文化出版社，2013年。

饶宗颐佛学文集，饶宗颐著，天地图书有限公司，2013年。

寒山寺论学集，昌莲编著，宗教文化出版社，2013年。

吴言生说禅1经典禅语，吴言生著，商务印书馆国际有限公司，2013年。

吴言生说禅2经典禅诗，吴言生著，商务印书馆国际有限公司，2013年。

吴言生说禅3经典颂古，吴言生著，商务印书馆国际有限公司，2013年。

寒山寺诗话，凌郁之著，凤凰出版社，2013年。

真妄之间——作为史传家的禅师惠洪研究，江泓著，宗教文化出版社，2013年。

王梵志诗词汇研究，曹翔著，南京大学出版社，2013年。

明月藏鹭：千首禅诗品析，冯学成著，南方日报出版社，2013年。

从王维到苏轼——诗歌与禅学交会的黄金时代，萧丽华著，天津教育出版社，2013年。

佛经文学与六朝小说母题，刘惠卿著，中国社会科学出版社，2013年。

醒悟于中国古代的禅诗中，邓秀珍编著，太白文艺出版社，2013年。

王安石诗作与佛禅之关系研究，刘洋著，中央民族大学出版社，2013年。

紫柏大师全集，（明）紫柏真可著，上海古籍出版社，2013年。

南怀瑾选集，南怀瑾著，复旦大学出版社，2013年。

经窗禅韵，释净慧著，大象出版社，2013 年。

传统僧人文学近代以来的转型，贾国宝著，中国文史出版社，2013 年。

仙佛奇踪图传，洪应明著，安徽人民出版社，2013 年。

敦煌诗歌词汇研究，洪帅著，光明日报出版社，2013 年。

中国地方志佛道文献汇纂，何建明主编，国家图书馆出版社，2013 年。

敦煌曲研究，任中敏著，张长彬校理，凤凰出版社，2013 年。

敦煌佛教歌辞研究，王志鹏著，高等教育出版社，2013 年。

八指头陀诗研究，谢秀莲著，花木兰文化出版社，2013 年。

明代宗教戏曲研究，林智莉著，"国家"出版社，2013 年。

百年佛缘，星云大师著，佛光文化事业有限公司，2013 年。

校点高僧传，汤用彤著，汤一介主编，佛光文化事业有限公司，2013 年。

禅宗牧牛主题研究，林绣亭著，文津出版社，2013 年。

汉译《阿含经》之"厌离"研究，张云凯著，中国学术思想研究辑刊 17 编第 32 册，花木兰文化出版社，2013 年。

南传《法华经》到汉译《四十二章经》关系与影响研究，释慧如著，中国学术思想研究辑刊 16 编第 23 册，花木兰文化出版社，2013 年。

《六祖坛经》的生死哲学及其养生观，邱淑美著，中国学术思想研究辑刊 16 编第 23 册，花木兰文化出版社，2013 年。

丰子恺图文创作中的儿童世界研究，吴云凤著，民国文化与文学研究文丛 2 编第 18 册，花木兰文化出版社，2013 年。

中国中古时期《法华经》注本研究——以授记主题为中心，

李幸玲著，文津出版社有限公司，2013 年。

《洛阳伽蓝记》研究，吴晶著，古典文献研究辑刊 17 编 9 册，花木兰文化出版社，2013 年。

佛教地狱观念与中古叙事文学，范军著，古典文学研究辑刊 8 编 7 册，花木兰文化出版社，2013 年。

静倚晴窗笑此生：南宋僧淮南元肇的诗禅世界，黄启江著，台湾商务印书馆，2013 年。

沉沦、忏悔与救度——中国文化的忏悔书写论集，李丰楙、廖肇亨主编，"中研院"中国文哲研究所，2013 年。

中国佛教研究入门，冈部和雄、田中良昭著，辛如意译，法鼓文化事业有限公司，2013 年。

忠义菩提：晚明清初空门遗民及其节义论述探析，廖肇亨著，"中研院"文哲所，2013 年。

吕碧城文学与思想，杨锦郁著，佛光文化事业有限公司，2013 年。

一山一宁禅师及其禅法，释觉多著，佛光文化事业有限公司，2013 年。

明季岭南高僧——函可和尚的研究，杨燕韶著，文史哲出版社，2013 年。

The Journey to the West，Anthony C. Yu，Chicago：University of Chicago Press，2013.

Mémoire sur les pays bouddhiques（佛国记），Drège，Jean-Pierre（戴仁），Paris：Les Belles Lettres，2013.

漢語佛典中關於偈的研究，齊藤隆信著，法藏館 2013 年。

傳教大師傳の研究，佐伯有清著，吉川弘文館，2013 年。

2014 年

弘道与垂范：释赞宁《宋高僧传》研究，金剑锋著，中国社会科学出版社，2014 年。

天然禅师与岭南文化，释印觉主编，巴蜀书社，2014 年。

野径与禅道：生态美学视域下美国诗人斯奈德的禅学因缘，毛明著，中国社会科学出版社，2014 年。

续高僧传，道宣撰，郭绍林点校，中华书局，2014 年。

跨文化视野下的敦煌俗文学，张鸿勋著，上海古籍出版社，2014 年。

唐代叙事文学与冥界书写研究，绍颖涛著，中国社会科学出版社，2014 年。

佛教山居诗研究，祁伟著，商务印书馆，2014 年。

苏轼的人生境界及其文化底蕴，阮延俊著，世界图书北京出版公司，2014 年。

佛教寺院与唐代小说，李艳茹、李瑞春著，人民出版社，2014 年。

杜甫与佛教关系研究，鲁克兵著，安徽大学出版社，2014 年。

佛教文学十讲，孙昌武著，中华书局，2014 年。

中古佛教文学研究，普慧著，世界图书出版公司，2014 年。

景德传灯录研究，冯国栋著，中华书局，2014 年。

晋宋宗教文学辨思录，李小荣著，人民出版社，2014 年。

汉语复音词研究新探——以《摩诃僧祇律》为例，柴红梅著，天津古籍出版社，2014 年。

汉文佛经音乐史料类编，王小盾、何剑平、周广荣编著，凤凰出版社，2014年。

月印千江——弘一法师李叔同大传，金梅著，金城出版社，2014年。

四书蕅益解译评，龚晓康注译，贵州大学出版社，2014年。

月挂一轮灯：寒山诗提纲注解，孟晓路、李砚评注，人民出版社，2014年。

居士传校注，（清）彭绍升撰，张培锋校注，中华书局，2014年。

参寥子诗集校注，高慎涛、张昌红编，中州古籍出版社，2014年。

仓央嘉措诗精编，（清）仓央嘉措著，长江文艺出版社，2014年。

南朝诗僧研究，包得义、陈星宇、王树平著，四川大学出版社，2014年。

僧史与圣传——《禅林僧宝传》的历史书写，李熙著，中国社会科学出版社，2014年。

弘一大师李叔同诗文试读，郭长海著，吉林大学出版社，2014年。

唱道与乐情——宋代禅宗渔父词研究，伍晓蔓、周裕锴著，中国社会科学出版社，2014年。

禅诗三百首译析，李森译注，吉林文史出版社，2014年。

遇见王维——一代诗佛的诗情与禅趣，兰雪燕著，哈尔滨出版社，2014年。

佛禅与唐诗，葛蔓著，吉林人民出版社，2014年。

禅解杜诗，张铁男著，中国社会科学出版社，2014 年。

嘉泰普灯录，正受著，秦瑜注释，上海古籍出版社，2014 年。

明清小说中尼僧形象之文学与文化研究，郭辉著，南开大学出版社，2014 年。

三言二拍与佛道关系之研究，姜良存著，山东人民出版社，2014 年。

中国民间宝卷文献集成·江苏无锡卷，车锡伦总主编，钱铁民分卷主编，商务印书馆，2014 年。

法眼与诗心——宋代佛禅语境下的诗学话语建构，周裕锴著，中国社会科学出版社，2014 年。

诗心禅意两徘徊，牟岩著，黄河出版社，2014 年。

茗山长老自传年谱，茗山著，江南文化书院，2014 年。

茗山长老诗词楹联集粹，茗山著，金陵刻经处，2014 年。

赵朴初传：行愿在世间，谷卿、汪定远著，东方出版中心，2014 年。

宗教文化与唐五代笔记小说，刘正平著，中国社会科学出版社，2014 年。

齐己诗注，潘定武、张小明、朱大银校注，黄山书社，2014 年。

华梵汇流——尹锡南教授讲印度文学与中印文学关系，尹锡南著，中央编译出版社，2014 年。

大苏山净居寺古韵今声，王照权著，河南人民出版社，2014 年。

支遁集校注，张富春校注，巴蜀书社，2014 年。

道璨全集校注，黄锦君校注，巴蜀书社，2014 年。

诗海捞月：唐代宗教文学论集，深泽一幸著，中华书局，2014 年。

寒山子研究，陈慧剑著，东大图书股份有限公司，2014 年。

北碉文集，居简著，复旦大学出版社，2014 年。

世出世间——元代诗僧文迹初探，王君莉著，花木兰文化出版社，2014 年。

苏轼佛教文学研究（上、中、下），吴明兴著，古典文学研究辑刊 10 编第 15 册，花木兰文化出版社，2014 年。

"敦煌舞"的佛教艺术思想研究（上、下），陈宜青著，中国学术思想研究辑刊 19 编第 24、25 册，花木兰文化出版社，2014 年。

禅宗非言语行为之语言研究（上、下），康庄著，中国学术思想研究辑刊 19 编第 22、23 册，花木兰文化出版社，2014 年。

惠洪、张商英《妙法莲华经合论》研究，陈颖蓁著，中国学术思想研究辑刊 19 编第 21 册，花木兰文化出版社，2014 年。

圆悟克勤禅学思想研究，魏建中著，中国学术思想研究辑刊 19 编第 20 册，花木兰文化出版社，2014 年。

六朝江东佛教地理研究，蒋少华著，古代历史文化研究辑刊第 11 编第 6 册，花木兰文化出版社，2014 年。

汉译佛经之美术理论研究——以汉唐为中心，侯艳著，古代历史文化研究辑刊第 11 编第 19 册，花木兰文化出版社，2014 年。

昙鸾大师由仙转佛之学思历程研究，魏式岑著，中国学术思想研究辑刊 18 编第 16 册，花木兰文化出版社，2014 年。

摩利支天、斗母信仰流变与庙宇分布研究，吕芬员著，古代历史文化研究辑刊第 12 编第 20 册，花木兰文化出版社，2014 年。

苏辙与佛教，达亮著，文津出版社，2014 年。

《景德传灯录》语言探索，高婉瑜著，学生书局，2014 年。

南宋六文学僧纪年录，黄启江著，学生书局，2014 年。

东亚汉诗及佛教文化之传播，萧丽华著，新文丰出版公司，2014 年。

巨浪回澜——明清佛门人物群像及其艺文，廖肇亨著，法鼓文化事业有限公司，2014 年。

Building a Sacred Mountain：*The Buddhist Architecture of China's Mount Wutai*，First edition. Lin，Wei – Cheng，Barbara E. Williams，and Project Mus，Art History Publication Initiative. Seattle，WA：University of Washington Press，2014.

Modern Chinese Religion I：*Song – Liao – Jin – Yuan*（960 – 1368 AD），John Lagerwey and Pierre Marsone，Leiden：Bril，2014.

Illusory Abiding：*The Cultural Construction of the Chan Monk Zhongfeng Mingben*，Natasha Heller，Cambridge，MA：Harvard University Asia Center，2014.

Mémoire sur les monastères bouddhiques de Luoyang（洛阳迦蓝记），Lourme，Jean – Marie（让 – 马利·鲁尔穆），Paris：Les Belles Lettres，2014.

Buddhist and Tales of the Supernatural in Early Medieval China：*A Study of Liu Yiqing's*（403 – 444）*Youminglu*，Zhang，zhenjun，Leiden：Brill，2014.

『搜神記』研究，大橋由治著，明德出版社，2014。

2015 年

中国民间目连文化，刘祯著，北京时代华文书局，2015 年。

中土佛音：汉传佛教经典的翻译与传播，陈帅著，中州古籍出版社，2015 年。

大宋僧史略校注，（宋）赞宁撰，富世平校注，中华书局，2015 年。

北方民族与佛教：文化交流与民族融合，孙昌武著，中华书局，2015 年。

净土十要，智旭撰，于海波点校，中华书局，2015 年。

明清小说中僧尼形象之文学与文化研究，郭辉著，南开大学出版社，2015 年。

文镜秘府论汇校汇考（修订本），遍照金刚撰，卢盛江校考，中华书局，2015 年。

道冠儒履释袈裟——中国古代文人的精神世界，张松辉著，岳麓书社，2015 年。

宋元文学与宗教，张宏生主编，上海古籍出版社，2015 年。

神游：早期中古时代与十九世纪中国的行旅写作，田晓菲著，三联书店，2015 年。

图像与文本——汉唐佛经叙事文学之传播研究，李小荣著，福建人民出版社，2015 年。

禅心诗韵：禅门诗偈选注，心光选注，四川人民出版社，2015 年。

空谷妙音：佛教与文学、乐舞、戏曲，邹蕴著，中州古籍出版社，2015年。

龚鹏程讲佛，龚鹏程著，东方出版社，2015年。

走入《十牛图》，王小林著，香港中华书局，2015年。

佛教艺术的发展，阮荣春主编，辽宁美术出版社，2015年。

中国佛教文化论稿，魏承思著，上海人民出版社，2015年。

佛教图像的展开，阮荣春主编，辽宁美术出版社，2015年。

佛教建筑的演进，阮荣春主编，辽宁美术出版社，2015年。

中国南传佛教资料辑录，伍琼华、彭多意主编，云南大学出版社，2015年。

元明清时期天水地区的佛教艺术，高翾著，甘肃人民出版社，2015年。

唐代儒士佛教观研究，崔海东著，东南大学出版社，2015年。

敦煌佛教感通画研究，张小刚著，甘肃教育出版社，2015年。

中国佛教里程碑——道安法师贡献之研究，方瑾著，湖北人民出版社，2015年。

宋代妇女的佛教信仰与生活空间，邵育欣著，中国社会科学出版社，2015年。

《法苑珠林》研究：晋唐佛教的文化整合，李华伟著，中国社会科学出版社，2015年。

北朝佛教研究：第三届河北禅宗文化论坛论文集，黄夏年主编，大象出版社，2015年。

经典佛偈解析，罗伟国著，上海书店，2015年。

胜鬘经 胜鬘宝窟释读，尹邦志释读，上海古籍出版社，2015年。

苏轼、王安石的哲学建构与佛道思想，胡金旺著，中央编译出版社，2015 年。

汤显祖新论——多重文化视角下的汤显祖，尹恭弘著，社会科学文献出版社，2015 年。

牛头禅研究，洪燕妮著，东方出版社，2015 年。

解读《红楼梦》的禅文化，悟澹著，中山大学出版社，2015 年。

西域敦煌宗教论稿续编，杨富学著，甘肃教育出版社，2015 年。

魏晋南北朝士人思想演变研究，洪卫中著，郑州大学出版社，2015 年。

明僧弘秀集，毛晋辑，李玉栓点校，安徽师范大学出版社，2015 年。

跨界与融合：佛教与民族文化的云南叙事，郑筱筠著，中国社会科学出版社，2015 年。

文学传统与中古道家佛教，陈引驰著，复旦大学出版社，2015 年。

敦煌诗解读，汪泛舟著，世界图书北京出版公司，2015 年。

中国佛事文学研究——以汉至宋为中心，鲁立智著，中国社会科学出版社，2015 年。

解读靖江宝卷，黄靖著，江苏人民出版社，2015 年。

咒语·图像·法术——密教与中晚唐文学研究，黄阳兴著，海天出版社，2015 年。

江淮禅诗集，释智文编著，宗教文化出版社，2015 年。

弘赞和尚选集，弘赞和尚著，萧卓、李福标、张珊珊、仇江、张燕点校，广东旅游出版社，2015 年。

函可和尚集，函可和尚著，张红、仇江、沈正邦点校，广东旅游出版社，2015 年。

神秘文化与中国古代小说，朱占青著，郑州大学出版社，2015 年。

佛家怀抱，俱味禅悦：佛禅与王安石诗歌研究，宫波著，中国社会科学出版社，2015 年。

岭外洞宗高僧三种，道独和尚等著，李福标等点校，广东旅游出版社，2015 年。

佛境：影响藏传佛教的奇僧，周炜著，中国藏学出版社，2015 年。

化城集：佛教义理与佛教人物研究，喻静著，北京时代华文书局，2015 年。

2015 宗教生命关怀国际学术研讨会论文集，正修科技大学宗教生命关怀学术研讨会编辑委员会主编，正修科技大学通识教育中心，2015 年。

丰子恺自述："我这一生"，丰子恺著，中国青年出版社，2015 年。

释迦牟尼传，贝克夫人著，华文出版社，2015 年。

北宗禅与早期禅宗的形成，（美）马克瑞著，韩传强译，上海古籍出版社，2015 年。

艺术的逃难：丰子恺传，（澳）白杰明著，浙江人民出版社，2015 年。

回鹘文诗体注疏和新发现敦煌本韵文研究，米尔卡马力·阿依达尔著，上海古籍出版社，2015 年。

巴黎藏回鹘文诗体般若文献研究，热孜娅·努日著，上海古籍出版社，2015 年。

佛教对中国物质文化的影响，柯嘉豪著，中西书局，2015 年。

敦煌邈真赞释译，张志勇著，人民出版社，2015 年。

中外文学关系论稿，李奭学著，联经出版事业股份有限公司，2015 年。

中古佛经情绪心理动词之研究（上、下），李昱颖著，中国语言文字研究辑刊 9 编第 8、9 册，花木兰文化出版社，2015 年。

宋代禅宗临终偈研究，姬天予著，中国学术思想研究辑刊 21 编第 26、27 册，花木兰文化出版社，2015 年。

北宋"文字禅"研究，赵娜著，中国学术思想研究辑刊 21 编第 25 册，花木兰文化出版社，2015 年。

以笔砚作佛事：北宋文字禅运动流行考，徐铭谦著，中国学术思想研究辑刊 22 编第 22 册，花木兰文化出版社，2015 年。

《五家语录》禅僧诗偈颂研究，曾淑华（释宗慈）著，中国学术思想研究辑刊 22 编第 21 册，花木兰文化出版社，2015 年。

《寒山诗集》之流传与影响，叶珠红著，古典文献研究辑刊 20 编 24 册，花木兰文化出版社，2015 年。

明清目连戏初探（上、下），廖藤叶著，古典文学研究辑刊 11 编 23 册，花木兰文化出版社，2015 年。

明代之前小说中儒道释海洋观研究（上下），林庆扬著，古典文学研究辑刊 12 编 9 册，花木兰文化出版社，2015 年。

中国文化中的佛教：中国 III 宋元明清，冲本克已、菅野博史编辑，辛如意译，法鼓文化事业有限公司，2015 年。

求法与弘法：汉传佛教的跨文化交流国际研讨会论文集，释果镜、廖肇亨主编，法鼓文化事业有限公司，2015 年。

敷演与捏合：敦煌通俗叙事文学的叙人体物，杨明璋著，政治大学出版社，2015 年。

兴盛开展的佛教：中国 II 隋唐，冲本克己、菅野博史编辑，释果镜译，法鼓文化事业有限公司，2015 年。

北宋黄龙慧南禅师三钥：宗传、书尺与年谱，黄启江著，台湾学生书局，2015 年。

Tea in China：A religious and cultural history，James A. Benn，Honolulu：University of Hawai 'i Press，2015.

Sheng Yen Series in Chinese Buddhist Studies，Jiang Wu and Lucille Chia，Honolulu：University of Hawai'i Press，2015.

The Records of Mazu and the Making of Classical Chan Literature，Mario Poceski，Oxford and New York：Oxford University Press，2015.

The Classic Chinese Novel：A Critical Introduction，C. T. Hsia，Hong Kong：The Chinese University of Hong Kong Press，2015.

Oedipal God：The Chinese Nezha and HisIndian Origins，Meir Shahar，Honolulu：University of Hawai'i Press，2015.

Leaving for the Rising Sun：Chinese Zen Master Yinyuan and the Authenticity Crisis in Early Modern East Asia，Jiang Wu，Oxford：Oxford University Press，2015.

Religious Publishing and Print Culture in Modern China：1800 –2012，Philip Clart，Gregory Adam Scott，Walter de Gruyter GmbH & Co KG，2015.

现代中国佛教文学史稿，谭桂林著，安徽教育出版社，2015 年。

2016 年

贝叶与杨花——中国禅学的诗性精神，张勇著，中华书局，2016 年。

太虚庐山诗文集，李勤合编，宗教文化出版社，2016 年。

汉译佛典偈颂研究，王丽娜著，商务印书馆，2016 年。

敦煌变文集补编，周绍良、白化文、李鼎霞著，北京大学出版社，2016 年。

地狱观念与中古文学，陈龙著，中国社会科学出版社，2016 年。

辉煌鼎盛：隋唐五代时期佛教，熊江宁著，中州古籍出版社，2016 年。

如来佛祖：释迦牟尼及其弟子，熊江宁著，中州古籍出版社，2016 年。

云门天子——佛源妙心禅师的禅法及其宗风，释明圆主编，冯焕珍执行主编，上海古籍出版社，2016 年。

释迦牟尼佛简略年谱，刘荣著，宗教文化出版社，2016 年。

三教合一之心——王夫之佛道思想研究，肖建原著，北京师范大学出版社，2016 年。

第二届中华佛教宗风论坛论文集，印顺主编，宗教文化出版社，2016 年。

秦汉学术转型与中国佛道教的兴起——兼论对当代文化建构的价值，潘俊杰著，人民出版社，2016 年。

道安踪迹考析，胡中才著，宗教文化出版社，2016 年。

无著道忠禅语考释、集录与研究，王闰吉著，中国社会科学出版社，2016 年。

从法身至佛性：庐山慧远与道生思想研究，史经鹏著，人民出版社，2016 年。

论儒道禅之情：以《论语》《庄子》《坛经》为中心，朱松苗著，武汉大学出版社，2016 年。

唐宋禅录句式研究，祁从舵著，中国社会科学出版社，2016 年。

敦煌僧诗研究，刘晓玲著，中国社会科学出版社，2016 年。

梦幻与真如：佛教与中国文学论集，周裕锴著，中国社会科学出版社，2016 年。

圣严年谱，林其贤著，法鼓文化事业有限公司，2016 年。

径山志，宋奎光辑，径山禅寺刊印，2016 年。

星云大师全集初编目录（未定稿），星云大师著，佛光文化事业有限公司，2016 年。

稀见明刻诗文评二种（石门洪觉范天厨禁脔三卷），释惠洪著，中华书局，2016 年。

《全宋诗辑补》，汤华泉辑撰，黄山书社，2016 年。

八指头陀诗文集，释敬安著，段晓华校点，上海古籍出版社，2016 年。

佛学与六朝文论，盖晓明著，浙江大学出版社，2016 年。

苏轼的方外交游及其诗文研究，司聘著，中国人民大学出版社，2016 年。

孙昌武教授八十华诞纪念文集，宁稼雨、张培锋等编，百花文艺出版社，2016 年。

北碉文集，释居简撰，纪雪娟点校，西南师范大学出版社，2016 年。

镡津文集，契嵩撰，钟东、江晖点校，上海古籍出版社，2016 年。

神魔小说与印度密教，薛克翘著，中国大百科出版社，2016 年。

诗情禅意：诗与禅之关系研究，卢忠仁著，花城出版社，2016 年。

释迦牟尼佛传，星云大师著，东方出版社，2016 年。

星云禅话，星云大师著，东方出版社，2016 年。

敦煌文学与佛教文化研究，王志鹏著，甘肃文化出版社2016 年。

佛教与传统吟唱的文化学考察，张培锋著，天津教育出版社，2016 年。

敦煌佛教图像研究，王惠民著，浙江大学出版社，2016 年。

佛典语言及传承，辛嶋静志著，裘云青、吴蔚琳译，中西书局 2016 年。

赞宁《宋高僧传》研究，杨志飞著，巴蜀书社，2016 年。

佛教文学里的圣凡男女，李玉珍著，新文丰出版公司，2016 年。

日本五山文学《济北集》对中国诗文的接受，梁姿茵著，古典诗歌研究汇刊第 20 辑第 17、18 册，花木兰文化出版社，2016 年。

寒山诗在宋元禅林的传播研究，黄敬家著，台湾学生书局，2016 年。

明代观音信仰之研究，徐一智著，法鼓文化事业有限公司，2016 年。

药病为喻的精神史——以钱谦益为中心的考察，陈孟君著，中国学术思想研究辑刊 23 编第 15 册，花木兰文化出版社，2016 年。

《药师经》医疗观之探析，林秀砡著，中国学术思想研究辑刊 24 编第 11 册，花木兰文化出版社，2016 年。

晋城佛教金石录（上、下），张君梅编，新文丰出版公司，2016 年。

《南瀛佛教》故事体作品研究，陈惠贞著，台湾历史与文化研究辑刊 10 编第 5 册，花木兰文化出版社，2016 年。

晚明遗民担当禅师诗画研究，庄琇婷著，古典文学研究辑刊 14 编 20 册，花木兰文化出版社，2016 年。

因果轮回研究——以《阅微草堂笔记》为探讨，薛宜欣著，古典文学研究辑刊 14 编 18 册，花木兰文化出版社，2016 年。

佛教的东传与中国化：中国 I 南北朝，冲本克己、菅野博史编辑，辛如意译，法鼓文化事业有限公司，2016 年。

On Cold Mountain：A Buddhist Reading of the Hanshan Poems，Paul Rouzer，Seattle and London：University of Washington Press，2016.

中国怪異譚の研究 – 文言小説の世界，中野清著，研文出版，2016。

2017 年

南岳佛道诗词经典笺注，全华凌、陈志斌笺注，中南大学出版社，2017 年。

中国禅宗与诗歌，周裕锴著，复旦大学出版社，2017 年。

文字禅与宋代诗学，周裕锴著，复旦大学出版社，2017 年。

禅宗语言，周裕锴著，复旦大学出版社，2017 年。

宋高僧传，范祥雍点校，上海古籍出版社，2017 年。

中古文学与佛教，陈引驰著，商务印书馆，2017 年。

汉唐佛教造像艺术史，费泳著，湖北美术出版社，2017 年。

唯有碧云称纤秾：碧云寺历史文化研究，高云昆著，中央民族大学出版社，2017 年。

汉晋佛像综合研究，何志国著，上海人民出版社，2017 年。

梵净山佛教文化史料与研究，黄尚文著，贵州大学出版社，2017 年。

东方思想文化论纲：中国易、儒、道、佛、诗评述，黄世中著，中国美术学院出版社，2017 年。

后秦佛教研究：以译经为中心，姜涛著，中国社会科学出版社，2017 年。

罗汉桂琛禅师，蒋家华著，厦门大学出版社，2017 年。

今无和尚集，今无著，广东旅游出版社，2017 年。

义净著述辑要，宽旭著，中华书局，2017 年。

晋唐佛教文学史，李小荣著，人民出版社，2017 年。

潇洒的智慧：诗禅画意《金刚经》，李雄风著，社会科学文献出版社，2017 年。

明末清初临济宗圆悟、法藏纷争始末考论，吕真观著，巴蜀书社，2017 年。

佛教美学新编，祁志祥著，上海人民出版社，2017 年

唐代长安地区佛教造像的考古学研究，冉万里著，科学出版社，2017 年

名山佛教文化，释了文著，上海书店出版社，2017 年。

云门文偃禅师，隋思喜著，中国社会科学出版社，2017 年

中国佛教建筑，孙大章著，中国建筑工业出版社，2017 年。

汉译佛经中的本生故事，王慧慧著，甘肃教育出版社，2017 年。

生态文化视野下的唐代长安佛寺植物，王早娟著，西安电子科技大学出版社，2017 年。

赵州录校注，文远记录，徐琳校注，中华书局，2017 年。

宋代天台佛教思想研究，吴忠伟著，宗教文化出版社，2017 年。

《西游记》佛禅思想考释，张艳姝著，吉林大学出版社，2017 年。

敦煌艺术十讲，赵声良著，文物出版社，2017 年。

近佛与化雅：北宋中后期文人学佛与诗歌流变研究，左志南著，中国社会科学出版社，2017 年。

云门匡真禅师广录研究，曹瑞锋著，上海古籍出版社，2017 年。

佛心禅意：中国佛学与佛教文化，陈进玉著，人民出版社，2017 年。

禅茶：礼仪与思想，关剑平著，中国农业出版社，2017 年。

求道与安心：河北禅门片论及儒佛对勘，李洪卫著，上海三联书店，2017 年。

清初士林逃禅现象及其文学影响研究，刘敬著，人民出版社，

2017 年。

道在日用：无准师范研究，刘宁著，广西师范大学出版社，2017 年。

诗情禅意续编，卢忠仁著，花城出版社，2017 年。

加里·斯奈德与禅宗文化，罗坚著，外语教学与研究出版社，2017 年。

禅宗音乐美学著述研究，皮朝纲著，人民出版社，2017 年。

《葛藤语笺》校释，王闰吉校释，中国社会科学出版社，2017 年。

禅宗思想与文献丛考，衣川贤次著，复旦大学出版社，2017 年。

宋代僧人诗话研究：诗学、禅学、党争交织的文学案例，周萌著，北京大学出版社，2017 年。

大慧宗杲的生活世界，耿静波著，宗教文化出版社，2017 年。

岭外别传：清初岭南诗僧群研究，李舜臣著，南方日报出版社，2017 年。

明代僧官制度研究，马晓菲著，山东大学出版社，2017 年。

明清之际诗僧研究，孙宇男著，兰州大学出版社，2017 年。

成寻《参天台五台山记》研究，王丽萍著，上海人民出版社，2017 年。

中国历代僧诗总集，杨镰主编，广陵书社，2017 年。

海清转道禅师，张文学著，中国社会科学出版社，2017 年。

中国古代壁画艺术与数字化应用研究：以四川地区佛寺壁画为例，李雅梅著，高等教育出版社，2017 年。

寒山诗日本古注本丛刊，卞东波编，凤凰出版社，2017 年。

唐代文人禅诗研究，张锦辉著，中国社会科学出版社，2017 年。

宗风与宝训——宋代禅宗写作传统研究，祁伟、周裕锴著，中国社会科学出版社，2017 年。

李叔同说佛，李叔同著，译林出版社，2017 年。

敦煌学论稿，姜亮夫著，姜昆武等编，浙江大学出版社，2017 年。

敦煌文献与文学丛考，黄永武著，浙江大学出版社，2017 年。

文字禅与宋代诗学，周裕锴著，复旦大学出版社，2017 年。

中国禅宗与诗歌，周裕锴著，复旦大学出版社，2017 年。

《西游记》佛禅思想考释，张艳姝著，吉林大学出版社，2017 年。

镜花水月，陈引驰编选，商务印书馆，2017 年。

诗情禅意续编，卢忠仁著，花城出版社，2017 年。

晚唐五代诗格研究，李江峰著，人民出版社，2017 年。

参廖子诗集，道潜著，孙海燕点校，上海古籍出版社，2017 年。

参廖子诗集编年校注，释道潜著，陈小辉校注，江西人民出版社，2017 年。

中古文学与佛教，陈引驰著，商务印书馆，2017 年。

汉唐西域文学研究，高人雄著，新疆人民出版社，2017 年。

佛典流播与唐代文言小说，俞晓红著，人民出版社，2017 年。

空谷妙音：佛教与文学·乐舞·戏曲，邹蕴著，中州古籍出版社，2017 年。

海云禅藻集（附法性禅院倡和诗），（清）徐作霖、黄蠡辑，黄国声续辑并点校，周大樽编，林子雄点校，广东旅游出版社，2017 年。

道忞和尚选集，道忞和尚著，萧卓、钟东、郭鹏飞点校，广东旅游出版社，2017 年。

多维视野下的中国古代小说戏曲与佛道教关系研究，陈国学著，中国社会科学出版社，2017 年。

药师如来与人间佛教："中国福山峆㠠寺药师如来与人间佛教论坛"论文集，释悟实编，宗教文化出版社，2017 年。

民间信仰与明末清初话本小说之神异叙事，杨宗红著，人民出版社，2017 年。

敦煌文献与文学丛考，黄永武著，浙江大学出版社，2017 年。

佛教文献论稿，王招国著，广西师范大学出版社，2017 年。

佛语禅心·佛禅歌咏集，张培锋主编，孙可选注，天津人民出版社，2017 年。

佛语禅心·高僧山居诗，张培锋主编，张培锋整理，天津人民出版社，2017 年。

佛语禅心·禅林妙语集，张培锋主编，吕继北、罗丹选注，天津人民出版社，2017 年。

佛语禅心·佛教美文集，张培锋主编，张培锋选注，天津人民出版社，2017 年。

佛语禅心·佛经故事集，张培锋主编，王芳、王虹选注，天津人民出版社，2017 年。

佛语禅心·佛典撷英集，张培锋主编，张培锋选注，天津人民出版社，2017 年。

东汉画像石与早期道教暨敦煌壁画之研究，俞美霞著，古代历史文化研究辑刊第 17 编第 27 册，花木兰文化出版社，2017 年。

目连戏研究，朱恒夫著，"国家"出版社，2017 年。

佛教与中国古代戏剧形态，康保成著，"国家"出版社，2017 年。

明清华严传承史料两种——《贤首宗乘》与《贤首传灯录》，廖肇亨主编，简凯廷点校，台湾"中央"研究院中国文哲研究所，2017 年。

东晋法显《佛国记》研究论文集，胡海燕编，圆光佛学研究所，2017 年。

明代佛教劝善运动研究，黄豪著，花木兰文化出版社，2017 年。

《六度集经》故事研究，林彦如著，花木兰文化出版社，2017 年

宗教实践与星云大师的早期文学创作，吴光正著，佛光文化事业有限公司，2017 年。

《华严经》的空间美学：以《入法界品》为主，陈琪瑛著，元华文创股份有限公司，2017 年。

Buddhism and Medicine：*An Anthology of Premodern Sources*，C. Pierce Salguero，New York：Columbia University Press，2017.

Many Faces of Mulian：*The Precious Scrolls of Late Imperial China*，Rostislav Berezkin，Seattle and London：University of Washington Press，2017.

2018 年

东汉—隋本缘部汉译佛经定中结构研究，许剑宇著，中国社

会科学出版社，2018 年。

三宝感应要略录，释非浊编，邵颖涛校注，人民出版社，2018 年。

大慈恩寺三藏法师传，高永旺译注，中华书局，2018 年。

集古今佛道论衡校注，道宣著，刘林魁校注，中华书局，2018 年。

中国文学里的印度形象研究，王汝良著，中华书局，2018 年。

汉魏两晋南北朝佛教美学史，王振复著，北京大学出版社，2018 年。

"真心观"与宋元明文艺思想研究，曹磊著，巴蜀书社，2018 年。

清代佛教史籍研究，曹刚华著，人民出版社，2018 年。

佛在敦煌，段文杰著，中华书局，2018 年。

汉地佛教造像服饰研究，葛英颖著，东华大学出版社，2018 年。

海上交通与佛教传播，龚隽著，宗教文化出版社，2018 年。

云林佛教图书分类法，释光泉主编，国家图书馆出版社，2018 年。

麦积山佛影，何鸿著，中国美术学院出版社，2018 年。

中国特色的佛教文化，洪修平著，江苏人民出版社，2018 年。

中国佛教仪式研究：以斋供仪式为中心，侯冲著，上海古籍出版社，2018 年。

中印佛教文学比较研究，侯传文著，中华书局，2018 年。

佛陀相佑：造像记所见北朝民众信仰，侯旭东著，社会科学文献出版社，2018 年。

元代北京汉藏佛教研究，胡雪峰著，宗教文化出版社，2018年。

中国古代佛典"译道"的知识谱系及现代阐释，华满元著，武汉大学出版社，2018年。

八指头陀禅意诗文，敬安著，商务印书馆，2018年。

汉译佛典文体特征及其影响研究，荆亚玲著，浙江大学出版社，2018年。

首届天台佛教学术研讨会：唐宋天台佛教论文集，可祥编，上海书店出版社，2018年。

古代福建佛教的海洋传播，兰惠英著，福建教育出版社，2018年。

石破天惊的盛世佛光：法门寺博物馆，李炳武著，西安出版社，2018年。

帝王与佛教，李国荣著，人民出版社，2018年。

南北朝佛教编年，李利安著，三秦出版社，2018年。

佛山文苑人物传辑注，李自国著，中山大学出版社，2018年。

西域古佛寺：新疆古代地面佛寺研究，林立著，科学出版社，2018年。

东亚佛学评论，刘成有著，国际文化出版公司，2018年。

佛境与唐宋诗境，刘艳芬著，中国戏剧出版社，2018年。

一心万法：延寿学研究，刘泽亮著，宗教文化出版社，2018年。

南海佛教与海上丝绸之路学术研讨会文集，楼宇烈编，陕西人民出版社，2018年。

明清佛教戒律思想研究，鲁海军著，商务印书馆，2018年。

汉文佛教文献研究，那体慧著，广西师范大学出版社，2018年。

供奉与表达：傣族南传佛教艺术与"赕"的关系解析，田玉玲著，云南大学出版社，2018年。

唐音佛教辨思录，陈允吉著，复旦大学出版社，2018年。

中日黄檗山志五本合刊，林观潮著，宗教文化出版社，2018年。

芥川龙之介文学中的佛教思想研究，潘贵民著，南京大学出版社，2018年。

隋唐时期儒释道文化与政治思想研究，乔凤岐著，人民出版社，2018年。

宋思溪藏本弘明集，僧祐著，国家图书馆出版社，2018年。

回鹘文佛教文献研究，杨富学著，上海古籍出版社，2018年。

疑伪经与中国佛教研究，张淼著，宗教文化出版社，2018年。

宋代寺院碑文书写研究，赵德坤、陈传芝著，中国社会科学出版社，2018年。

敦煌壁画五台山图，赵声良著，江苏凤凰美术出版社，2018年。

天台山佛道文化漫谈，朱封鳌著，宗教文化出版社，2018年。

禅宗北宗敦煌文献录校与研究，韩传强著，江苏人民出版社，2018年。

茶禅诗书赵朴初，黄彬著，安徽大学出版社，2018年。

禅宗文献语言论考，雷汉卿著，上海教育出版社，2018年。

黄檗流芳，李斗石著，社会科学文献出版社，2018年。

"五灯"系列禅录文献语言研究，李旭著，四川大学出版社，

2018 年。

诗里特别有禅，骆玉明著，上海三联书店，2018 年。

《古尊宿语录》文献整理研究，秦越著，四川大学出版社，2018 年。

峨眉山禅诗禅联赏析，王仲亮著，巴蜀书社，2018 年。

春去花还在：唐诗里的人生禅意，韦秀英著，中国致公出版社，2018 年。

禅宗与中国文学，谢思炜著，人民文学出版社，2018 年。

禅籍词语研究：以《祖堂集》为主要考察对象，詹绪左著，科学出版社，2018 年。

雪域奇僧更敦群培评传，杜永彬著，中国藏学出版社，2018 年。

汉传佛教高僧传，高照民著，宗教文化出版社，2018 年。

鉴真年谱，吴平著，广陵书社，2018 年。

天台集，李庚等编，郑钦南、郑苍钧点校，上海古籍出版社，2018 年。

重订天台山方外志要，齐召南纂，阮元修订，许尚枢点校，国家图书馆出版社，2018 年。

五至十一世纪敦煌文学研究，钟书林著，中国社会科学出版社，2018 年。

鬼子母研究：经典、图像与历史，李翎著，上海书店出版社，2018 年。

圣僧慧达行迹研究，白礼昌著，宗教文化出版社，2018 年。

中国佛教金石文献·五塔铭墓志部辽金卷，许明编著，上海书店出版社，2018 年。

古代小说文化学，万晴川著，吉林文史出版社，2018 年。

俄藏黑水城汉文佛教文献释录，吴超著，学苑出版社，2018 年。

四朝高僧传，慧皎、道宣、赞宁、如惺著，中国书店，2018 年。

禅和之声："六祖慧能与佛教中国化"研讨会论文集，明生编，宗教文化出版社，2018 年。

禅门师资承袭图，张春波著，东方出版社，2018 年。

独目小僧及其他，柳田国男著，北京师范大学出版社，2018 年。

明代神魔小说研究，邹壮云著，四川大学出版社，2018 年。

《全元文》补正，陈开林著，古典文献研究辑刊 27 编 20 册，花木兰文化出版社，2018 年。

唐代佛教群体的记忆与信仰实践，林韵柔著，稻乡出版社，2018 年。

坛经十八讲，钱翰著，中国学术思想研究辑刊 28 编第 12 册，花木兰文化出版社，2018 年。

耿定向与李贽论争研究，周素丽著，中国学术思想研究辑刊 28 编第 11 册，花木兰文化出版社，2018 年。

由苏曼殊看晚清民初文学转型，黄轶著，民国文化与文学研究文丛 10 编第 1 册，花木兰文化出版社，2018 年。

闽南入冥救亲戏曲研究——以泉腔、莆仙戏《目连救母》为例，李育真著，台湾历史与文化研究辑刊 14 编第 9 册，花木兰文化出版社，2018 年。

六朝志怪笔记中的动物故事研究（上、下），陈晓蓁著，古典文学研究辑刊 18 编 15 册，花木兰文化出版社，2018 年。

庄子与骷髅：叙事文学中的多重对话，洪菁著，古典文学研究辑刊 18 编 1 册，花木兰文化出版社，2018 年。

汉译南传大藏经《本生经》故事研究，陈晓贞著，古典文学研究辑刊 17 编 26 册，花木兰文化出版社，2018 年。

倒吹无孔笛：明清佛教文化研究论集，廖肇亨著，法鼓文化事业有限公司，2018 年。

第二届宗教实践与文学创作暨《中国宗教文学史》编撰国际学术研讨会论文集，吴光正、妙凡法师主编，佛光文化事业有限公司，2018 年。

Buddhist Pilgrim – Monks as Agents of Cultural and Artistic Transmission：*The International Buddhist Art Style in East Asia*，Dorothy C. Wong，Singapore：National University of Press，2018.

Hidden and Visible Realms：*Early Medieval Chinese Tales of the Supernatural and the Fantastic*，Liu Yiqing and Zhenjun Zhang，New York：Columbia University Press，2018.

The Administration of Buddhism in China：*A Study and Translation of Zanning and the Topical Conpendium of the Buddhist Clergy（Da Song Seng shilue）*，Albert Welter，Cambria Press，2018.

初期仏教：ブッダの思想をたどる，馬場紀寿，岩波書店，2018 年。

仏教の歴史 東アジア，末木文美士著，山川出版社，2018 年。

2019 年

苏轼苏辙研究，朱刚著，复旦大学出版社，2019 年。

禅学与宋元文人画，江澜著，人民出版社，2019 年。

唐代佛教史籍研究，李艳著，中国社会科学出版社，2019 年。

钱谦益佛教文献与文学研究，王彦明著，中国社会科学出版社，2019 年。

南海寄归内法传解诂，谭代龙著，北京大学出版社，2019 年。

洛阳伽蓝记，杨衒之著，中国书店，2019 年。

敦煌碑铭赞辑释（增订本），郑炳林著，上海古籍出版社，2019 年。

景德传灯录，释道原撰，冯国栋点校，中州古籍出版社，2019 年。

锦江禅灯，丈雪通醉编，吴华、杨合林点校，中州古籍出版社，2019 年。

《全唐诗》宗教名物意象考释，孙振涛著，宗教文化出版社，2019 年。

大唐西域记，陈引驰、陈特注评，凤凰出版社，2019 年。

搜神记 搜神后记辑校，干宝、陶潜著，李剑国辑校，中华书局，2019 年。

禅宗语言研究入门，周裕锴著，复旦大学出版社，2019 年。

禅宗语言，周裕锴著，复旦大学出版社，2019 年。

中国古代阐释学研究，周裕锴著，复旦大学出版社，2019 年。

中国古代诗学通论，周裕锴著，上海古籍出版社，2019 年。

宋代禅宗美学与禅画艺术研究，刘桂荣著，人民出版社，2019 年。

朱熹文学与佛禅关系研究，邱蔚华著，中国社会科学出版社，2019 年。

南朝佛教与文学，普慧著，江苏人民出版社，2019 年。

星云大师全集，星云大师著，新星出版社，2019 年。

项楚学术文集［敦煌变文选注（增订本）、敦煌歌辞总编匡补、敦煌文学丛考、敦煌诗歌导论、柱马屋存稿、柱马屋存稿二编、寒山诗注（附拾得诗注）、王梵志诗校注（修订本）］，项楚著，中华书局，2019 年。

中国当代小说与佛教文化之关系研究，褚云侠著，中国社会科学出版社，2019 年。

佛教中国化进程与晋唐文言小说演进研究，刘惠卿著，西南交通大学出版社，2019 年。

中唐诗僧研究，杨芬霞著，中国社会科学出版社，2019 年。

永嘉大师证道歌诠释浅释，宣化法师口述，宗教文化出版社，2019 年。

敦煌文学总论（修订本），伏俊琏著，上海古籍出版社，2019 年。

舒州天柱山诗词校辑注解，韩结根著，复旦大学出版社，2019 年。

黄庭坚的佛禅思想与诗学实践，孙海燕著，中华书局，2019 年。

禅宗视域中的江西宋代文学与理学，刘松来、唐永芬著，江西人民出版社，2019 年。

苏曼殊诗全注全解，邵盈午著，北方文艺出版社，2019 年。

宝卷研究，濮文起、李永平主编，商务印书馆，2019 年。

禅学与宋元文人画，江澜著，人民出版社，2019 年。

多元宗教背景下的中国宗教文学，陈引驰主编，中西书局，

2019 年。

宗教实践与中国宗教文学论文集，吴光正、何坤翁编，北方文艺出版社，2019 年。

诗僧寄禅：天童禅寺禅文化交流会论文集（2016），诚信主编，宗教文化出版社，2019 年。

释德清庄学思想体系重构，沈明谦著，中国学术思想研究辑刊 30 编第 18 册，花木兰文化出版社，2019 年。

雪庐老人《论语讲要》研究，谢智光著，中国学术思想研究辑刊 30 编第 7 册，花木兰文化出版社，2019 年。

The Poet Shen Yueh（441 – 513）：*The Reticent Marquis*，Richard B. Mather，Princeton：Princeton University Press，2019.

2020 年

五斗米与白莲社：对陶渊明的宗教文化解读，范子烨著，凤凰出版社，2020 年。

南海寄归内法传校注，义净著，王邦维校注，中华书局，2020 年。

大唐西域求法高僧传校注，义净著，王邦维校注，中华书局，2020 年。

宋代禅宗美学与禅画艺术研究，刘桂荣著，人民出版社，2020 年。

佛典史传部异文考，曾良著，广陵书社，2020 年。

佛教中国文学溯论稿，陈允吉著，上海古籍出版社，2020 年。

寒山子诗集，释寒山著，文物出版社，2020 年。

孙昌武文集（中国古代北方民族与佛教，中国文学中的观音与维摩，诗歌与神仙信仰，柳宗元传论，中国佛教文化，道教与唐代文学，唐代古文运动通论，隋唐五代文化史，佛教与中国文学，佛教文学十讲，禅宗十五讲，禅思与诗情，韩愈散文艺术论，唐代文学与佛教，文苑杂谈，文坛佛影，柳宗元评传，僧诗与诗僧，佛教：文化交流与融合，佛教论集，中华佛教文学史，游学集录），孙昌武著，中华书局，2020 年。

北宋文人与佛教，赵伟著，中国社会科学出版社，2020 年。

唐宋诗歌与佛教文艺论集，朱刚著，复旦大学出版社，2020 年。

缘起：佛教譬喻文学的流变，范晶晶著，中西书局，2020 年。

禅趣与文情——宋代禅林笔记研究，陆会琼著，四川大学出版社，2020 年。

开元题壁诗三百首，褚亚玲著，宗教文化出版社，2020 年。

中国宗教研究新视野——新语文学的启示，贾晋华、白照杰主编，宗教文化出版社，2020 年。

禅宗语言丛考，衣川贤次著，复旦大学出版社，2020 年。

神异感通·化利有情：敦煌高僧传赞文献研究，杨明璋著，政治大学出版社，2020 年。

《西游记》新论及其他：来自佛教仪式、习俗与文本的视角，侯冲、王见川主编，博扬文化事业有限公司，2020 年。

法鼓全集 2020 年纪念版，圣严法师著，法鼓文化事业有限公司，2020 年。

明代宗教杂剧研究，柯香君著，翰芦图书出版有限公司，2020 年。

星云大师文艺思想研究，高文强等著，香港中文大学人间佛教研究中心，2020 年。

游冥故事与中国古代小说的建构空间，郑红翠著，古典文学研究辑刊22 编 6 册，花木兰文化出版社，2020 年。

苏轼诗论与佛学关系研究，周燕明著，古典文学研究辑刊 21 编 7 册，花木兰文化出版社，2020 年。

佛禅与白居易诗歌创作研究（上、下），严胜英著，古典诗歌研究汇刊第 28 辑第 5、6 册，花木兰文化出版社，2020 年。

Staging Personhood：*Costuming in Early Qing Drama*，Guojun Wang，Columbia University Press，2020.

Thriving in Crisis：*Buddhism and Political Disruption in China*，1522 – 1620，Dewei Zhang，Columbia University Press，2020.

Transmutations of Desire：*Literature and Religion in Late Imperial China*. Li Qiancheng. Hong Kong：The Chinese University of Hong Kong Press，2020.

Becoming Guanyin：*artistic devotion of Buddist women in late inperial China*，Li，yuhang. New York：Columbia University Press，2020.

中国佛教文学研究论文索引

1909 年

敦煌石室中の典籍，田中慶太郎，燕塵，第 2 卷，第 11 號，1909 年。

敦煌石室の發見物，内藤湖南，朝日新聞，1909 年 11 月 12 日。

敦煌發掘の古書，内藤湖南，朝日新聞，1909 年 11 月 24 – 27 日．

1910 年

Cinq Cents Contes et Apologues, Chavannes Edouard Trans., *Librairie Ernest Leroux* 4 vols, 1910.

1912 年

超然物外的禅境与幽隐，罗兰，中央日报，10 版，1912 年 11 月 12 日。

1916 年

谈大头和尚戏柳翠的渊源，陈万鼐，中央日报副刊，1916 年 2

月 20 日。

支那俗文學研究の材料（上、下），狩野直喜，藝文，第 7 卷第 1 號、第 3 號，1916 年。

1917 年

湛然居士と萬松老人，安岡正篤，東洋時報，1917 年。

1919 年

谈押座文（一），幻生，菩提树，1919 年 9 月。

1920 年

敦煌发见唐朝之通俗诗及通俗小说，王国维，东方杂志，17 卷 8 号，1920 年 4 月。

唐代的俗文学，郑振铎，小说月报，20 卷 30 号，1920 年。

耶律楚材の佛教信仰，高雄義堅，六條，224；大正，9，1920 年。

佛陀と孫悟空，武者小路實等，武者小路實等全集，藝術社，1920 年。

1921 年

圣书与中国文学，周作人，小说月报，第 12 卷 1 期，1921 年。

1922 年

禅宗的白话散文，胡适，国语月刊，1 卷 4 期，1922 年 5 月。

"西游记"考证，胡适，努力周报读书杂志，第 6 期，1922 年。

读《"西游记"考证》，董作宾，努力周报读书杂志，第 7 期，1922 年。

1923 年

供研究西游记者参考，浩川，觉悟，1923 年 9 月 25 日。

"西游记"民俗文学的价值，赵景深，觉悟，1923 年 7 月 5 日。

《红楼梦》中念佛声，哀自，上海小说日报星期增刊，第 28 期，民国十二年六月十八日（1923 年 6 月 18 日）。

1924 年

佛曲三种跋，罗振玉，敦煌零拾卷四，上虞罗氏，1924 年自印本。

1925 年

读"目连戏"，开明，语丝，第 15 期，1925 年 2 月。

敦煌发见佛曲俗文时代之推定，徐嘉瑞，澎湃，第 13、14 期；文学周报，第 199 期，1925 年。

1926 年

对于敦煌发现佛曲的疑点，徐嘉瑞，国学月报汇刊，第 1 期，1926 年。

龟兹苏祇婆琵琶七调考原，向达，学衡，第 54 期，1926 年。

1927 年

梵剧体例及其在汉剧上底点点滴滴，许地山，小说月报，第 17 卷号外，1927 年。

佛曲叙录，郑振铎，小说月报，17 卷号外，1927 年 6 月；中国文学研究，商务印书馆，1927 年。

"唐三藏取经诗话"跋，王国维，国学月报，专号第 2 卷第 8、9、10 期，1927 年。

目连戏考，钱南扬，北大国学月刊，第 1 卷第 6 期，1927 年。

目连救母行孝戏文研究，仓石武四郎著，汪馥泉译，小说月报，第 17 卷号外，1927 年 6 月；《中国文学研究》（下册），郑振铎编，商务印书馆，1927 年。

元吴昌龄"西游记"杂剧之研究，傅惜华，南金，第 1 期，1927 年。

目连戏考，钱南扬，国学月刊，第 1 卷第 6 号，1927 年 9 月。

观世音菩萨之研究，李圣华，民俗，第 78 期，1927 年 9 月。

《目連變文》紹介の後に，倉石武四郎，支那學，第 4 卷第 3 号，1927 年。

敦煌遗书《目連緣起》《大目乾連冥間救母變文》及び《降魔

變押座文》に就て，青木正兒，支那學，第 4 卷第 3 號，1927 年；
敦煌本佛曲三種，載：支那文學藝術考，青木正兒，1942 年。

支那俗文學史研究の材料，狩野直喜，載：支那学文藪，弘
文堂书房，1927 年。

1928 年

伏虎宝卷合玄坛爷故事的异同，灰灵，民间文艺，第 9 卷第
10 期，民国十七年（1928 年）一月三日。

唐初的白话诗，胡适，载：白话文学史，新月书店，1928 年。

忏悔灭罪金光明经冥报传，陈寅恪，国立北平图书馆馆刊，
第 2 卷第 1 号，1928 年。

白居易时代的禅宗世系，胡适，浙江图书馆报，1928 年，第 2
卷；胡适文存三集，上海亚东图书馆，1930 年；胡适文集，北京
大学出版社，1998 年。

须达起精舍因缘曲跋，陈寅恪，国学论丛，第 1 卷第 4 号，
1928 年；金明馆丛稿二编，上海古籍出版社，1980 年。

有相夫人生天因缘曲跋，陈寅恪，国学论丛，第 1 卷第 2 号，
1928 年；金明馆丛稿二编，上海古籍出版社，1980 年。

白话诗人王梵志，胡适，白话文学史第二编，第 10 章，新月
书店，1928 年。

节译支那小说戏曲史概说，达年译，学灯，1928 年 1 月。

对于敦煌发现佛曲的疑点，徐嘉瑞，国学月报，第 1 期，1928
年 1 月。

观世音，马太玄等，中山大学语历所周刊，第 2 卷第 14 期，

1928 年 1 月。

灶菩萨的故事，司徒永，民俗，第 25 卷第 26 期，1928 年 9 月。

须达起精舍因缘曲跋，陈寅恪，国学论丛，第 1 卷第 4 期，民国十七年（1928 年）；陈寅恪先生论文集（下），三人行出版社，民国六十三年（1974 年）五月三十日。

1929 年

敦煌的俗文学，郑振铎，小说月报，第 20 卷第 3 期，1929 年 3 月；中国文学史——中世纪第三章，上海商务印书馆，1940 年。

论唐代佛曲，觉明，小说月报，第 20 卷第 10 号，1929 年；唐代长安与西域文明，三联书店，1957 年。

读日本仓石武四郎的"目连救母行孝戏文研究"，钱南扬，民俗，第 72 期，1929 年。

遍行堂集残稿跋，容肇祖，语言历史学研究所周刊（第 6 集），1929 年。

湛然居士に見之王君玉に就て，米山悟郎，神宫皇學館史學學會會報，1929 年 5 月。

中国俗文学三种 的研究，青木正儿著，汪馥泉译，北新半月刊，第 3 卷第 4 期，1929 年。

1930 年

关于《唐三藏取经诗话》的版本，鲁迅，中学生，民国十九年（1930 年）。

佛典文学叙论，唐大圆，海潮音，第 11 卷第 1 期，1930 年 1 月。

"西游记"玄奘弟子故事之演变，陈寅恪，史语所集刊，第 2 卷 2 期，1930 年。

敦煌本维摩诘经文殊师利问疾品演义跋，陈寅恪，中央研究院历史语言研究所集刊，第 2 本第 1 分，1930 年；金明馆丛稿二编，上海古籍出版社，1980 年。

唐人写本曲子，赵叔雍，北京画报，1930 年 7 月 30 日。

关于敦煌遗书《目连缘起》《大目乾连冥间救母变文》及《降魔变押座文》，青木正儿著，汪馥泉译，中国文学研究译丛，上海北新书局，民国十九年（1930 年）。

写在《目连变文》介绍之后，仓石武四郎著，汪馥泉译，中国文学研究译丛，上海北新书局，民国十九年（1930 年）。

1931 年

萧统与刘勰，访秋，师范大学国学丛刊，第 11 卷第 2 期，1931 年 5 月。

销释真空宝卷，胡适，北平国立图书馆馆刊，第 5 卷第 3 号，1931 年。

湛然居士集十四卷题记，莫天一，岭南学报，第 2 卷第 2 期，1931 年 7 月。

关于"唐三藏取经诗话"，鲁迅，中学生，第 12 期，1931 年 2 月。

敦煌本维摩诘经文殊师利问疾品演义跋，陈寅恪，海潮音，

第 12 卷第 9 期，1931 年。

敦煌丛抄，向达辑，北平图书馆馆刊，第 5 卷第 6 号，1931 年；第 6 卷第 2、6 号，1932 年。

板桥的和尚朋友，在山，沪滨半月刊，第 19 期，民国二十年（1931 年）十月。

佛教文學研究——特に法儀の文學について——，筑土鈴寬，載：岩波講座日本文學，岩波書店，1931 年。

敦煌丛抄（变文），向达辑抄，北平图书馆馆刊，第 5 卷第 6 号，1931 年；第 6 卷第 2 号，1932 年。

1932 年

佛学与戏剧，张伯驹，戏剧丛刊，第 2 期，1932 年。

敦煌本维摩诘经问疾品演义书后，陈寅恪，清华周刊，第 37 卷第 9、10 期合刊，民国二十一年（1932 年）；金明馆丛稿二编，上海古籍出版社，1980 年。

关于《唐三藏取经》诗话，鲁迅，中学生，第 12 期，1932 年 2 月。

莲花色尼出家因缘跋，陈寅恪，清华学报，第 7 卷第 2 期，1932 年。

禅门十二时曲（敦煌丛抄），佚名，北平图书馆馆刊，第 6 卷第 6 期，民国二十一年（1932 年）十二月。

茸芷缭衡室随笔，平伯，清华周刊，第 36 卷第 7 期，1932 年。

从变文到弹词，汪伟，民锋半月刊，第 3 期，1932 年。

变文的出现，郑振铎，插图本中国文学史，第 33 章，1932 年。

藏譯賢愚經那塘版目錄之記載，佐田聲苗，想苑，第 4 卷第 4 號，1932 年。

1933 年

标点《搜神记》序，胡怀琛，新时代月刊，第 5 卷第 2 期，1933 年。

"西游记"的演化，郑振铎，文学，第 1 卷第 4 期，1933 年。

驳"跋销释真空宝卷"，平伯，文学，第 1 卷第 1 期，1933 年 7 月。

苏东坡的佛教思想，井上秀夫著，昙伦译，海潮音，第 14 卷第 3 期，民国二十二年（1933 年）三月。

明代《楞严经》之流行，荒木見悟讲，高正哲整理，人生杂志，1933 年 9—12 月。

高麗版《祖堂集》と禪宗古典籍，穴山孝道，東洋學苑，第 2 期，1933 年。

1934 年

明清之际之宝卷文学与白莲教，向觉明，文学第 2 卷第 6 期，民国二十三年（1934 年）六月一日。

唐代传奇文与印度故事，霍世休，文学，第 2 卷第 6 期，1934 年 6 月。

佛教文学之审美观及光明思想，姚宝贤，中国文学月刊，第 2

卷第 1 期，1934 年 7 月。

南曲中的唐僧出世传说，赵景深，艺风，第 2 卷第 12 期，1934 年 12 月。

词调的来源与佛教经曲，霍世休，清华周刊，第 41 卷第 3—4 期，1934 年。

唐代俗讲考，向达，燕京学报，第 16 期，1934 年 12 月；文史杂志，第 3 卷第 9、10 期合刊，1944 年；国学季刊，第 6 卷第 4 号，1946 年；唐代长安与西域文明，三联书店，1957 年。

现存敦煌所出俗讲文学作品目录，向达，燕京学报，第 16 期，1934 年；唐代长安与西域文明，三联书店，1957 年。

从变文到弹词，郑振铎演讲，汪伟笔记，民铎（半月刊），第 3 期；中国文学研究（卷 4），作家出版社，1957 年。

敦煌石室里的民俗文学，洪亮，中国俗文学史略，第 3 章第 3 节，1934 年。

三十年来中国文学新资料的发现史略，郑振铎，文学，第 2 卷第 6 期，民国二十三年（1934 年）。

Le taoïsme au VIe siècle de notre ère d'après un p phlet anti - taoïste, le Siao tao louen（公元六世纪的道教：以排道抨击文《笑道论》为主线），Maspero, Henri（马伯乐），*Annuaire du Collège de France*, pp：119 – 120, 1934.

白居易诗中的佛学思想，张汝钊，海潮音，第 15 卷第 3 期，1934 年。

灵的文学与佛教——舒舍予（老舍）先生在汉藏教理院讲，达居记，海潮音，第 3 期，1934 年。

从文学的观点上来谈谈佛教——老向先生在汉藏教理院暑期

训练班，妙钦记，海潮音，第 3 期，1934 年。

清代诗僧八指头陀评传，大醒，海潮音，第 3 期，1934 年。

1935 年

《沧浪诗话》以前之诗禅说，郭绍虞，文艺月报，第 5 期，1935 年；照隅室古典文学论集（上编），上海古籍出版社，1983 年。

《王梵志诗》跋，郑振铎，世界文库，上海生活书店，1935 年。

"白蛇传"与佛教，谢兴尧，北平晨报"学园"，第 792 期，1935 年 3 月。

六朝文学与佛教影响，蒋维乔，国学论衡，第 6 期，1935 年 12 月。

唐五代的俗文学，张长弓，中国文学史新编第十八章，上海开明书店，1935 年。

词调来源与佛教舞曲，田子贞，人间世，第 23 期，1935 年 3 月。

"西游记"的刺，芳洲，太白，第 1 卷第 9 期，1935 年 1 月。

吴昌龄的"西游记"杂剧，赵景深，文学，第 5 卷第 1 期，1935 年 7 月。

"牡丹亭"与"天仙圣母源流泰山宝卷"，颖陶，剧学月刊，第 4 卷第 4 期，1935 年 9 月。

什么叫做"变文"和后来的"宝卷"、"诸宫调"、"弹词"、"鼓词"等文体的关系怎样，郑振铎，文学百题，1935 年 7 月。

唐太宗入冥故事的演变，陈志良，新垒月刊，第 5 卷第 1 期，1935 年；中央日报·俗文学，第 35 期，1947 年 7 月 4 日。

变文的起来与俗文的遗留，谭正璧，中国小说发达史，第 4 章第 6 节，1935 年。

袁中郎的佛学思想，张汝钊，人间世，第 20 期，1935 年。

"拉马耶那"与"陈巡检梅岭寻亲记"，林培志，文学，第 2 卷第 6 期，1935 年。

唐代佛教の儀禮—特に法會について，大谷光照，史學雜誌，第 46 號，1935 年。

Le taoïsme dans les p phlets bouddhiques du VIe siècle，suite de la traduction du Siao tao louen（六世纪排道抨击文中的道教：《笑道论》翻译续），Maspero，Henri（马伯乐），*Annuaire du Collège de France*，pp：150 – 151，1935.

1936 年

佛学论文分类目录，许国霖，微妙声，第 1—4 期，1936 年。

红莲柳翠故事的演变，张全恭，岭南学报，第 5 卷第 2 期，1936 年 8 月。

鼓子词与变文，杜颖陶，剧学月刊，第 5 卷第 2 期，1936 年 12 月。

"西游记"的内容及其比较，阿丁，天地人半月刊，第 7 期，1936 年 6 月。

敦煌佛曲、唐代民间的七字唱本，徐嘉瑞，近代文学概论，第 2 编第 7、8 章，1936 年。

Note Sur l'arcienne litteratute populaire en Chine，Jan jaworski，*Rocznik orizjentalistyczny* 12，1936.

The Editions of The Ssǔ – shih – êrh – chang – ching，T'ang Yung – T'ung，*Harvard Journal of Asiatic Studies* 1，1936.

Notes on The Fan Wang Ching，James R. Ware，*Harvard Journal of Asiatic Studies* 1，1936.

Le taoïsme dans les p phlets bouddhiques du VIe et du VIIe siècle（六至七世纪排道抨击文中的道教），Maspero Henri（马伯乐），*Annuaire du Collège de France*，171，1936.

真福寺本遊仙窟考勘記，奧野信太野，史學，第 14 卷第 4 號，1936 年 3 月。

中晚唐時代に於ける偽濫僧に關する——根本史料の研究，那波利貞，龍谷大學，佛教史學論叢，1936 年。

宿房としての唐代寺院，道端良秀，支那佛教史學，第 2 卷第 1 號，1936 年。

中唐時代俗講僧文淑法師釋疑，那波利貞，東洋史研究，第 4 卷第 6 號，1936 年。

唐代佛教文學の民眾化について，武田泰淳，中國文學月報，第 13 號，1936 年。

全唐文仏教關係撰述目錄，春日禮智，日荅佛教研究會年報，第 2 號，1936 年。

淨土教資料しての名僧傳指示抄名僧要問抄並に彌勒如來感應抄等四所引の名僧傳にって，春日禮智，宗學研究，第 12 號，1936 年。

1937 年

唐代俗讲轨范与其本之体裁，孙楷第，国学季刊，第 6 卷第 1 期，1937 年；敦煌变文论文录，上海古籍出版社，1982 年。

佛教文学上辑，人海灯，第 4 卷第 1 期，1937 年。

佛教文学下辑，人海灯，第 4 卷第 2 期，1937 年。

佛教文学的轮廓，通一，人海灯，第 4 卷第 1 期，1937 年 1 月。

再论中印传说文学之关涉，刘铭恕，历史与考古，第 1 期，1937 年 2 月。

唐代文艺源于印度之点滴，刘铭恕，文哲月刊，第 1 卷第 10 期，1937 年 1 月。

杜甫诗中之宗教，志喻，逸经，第 28 期，1937 年 4 月。

异方便净土传灯归元镜三祖实录及其异本，吴晓铃，中央日报文史副刊，第 18－20 期，1937 年 4 月 4 日、11 日、18 日。

从"变文"的产生说到佛教文学在社会上之地位，觉先，人海灯，第 4 卷 1 期，1937 年 1 月。

探论"宝卷"在俗文学上的地位，佟晶心，歌谣周刊，第 2 卷第 37 期，民国二十六年三月（1937 年 3 月）。

敦煌卷季布骂阵词文考释，吴世昌，史学集刊，第 3 期，1937 年 4 月。

记伦敦所藏的敦煌俗文学，向达，新中华杂志，第 5 卷第 13 号，1937 年；唐代长安与西域文明，三联书店，1957 年。

敦煌写本张淮深文跋，孙楷第，中央研究院历史语言研究所集刊第七本第三分，民国二十六年（1937 年）。

关于"影戏"与"宝卷"及"滦洲影戏"的名称，吴晓铃，歌谣周刊，第 2 卷第 40 期，民国二十六年（1937 年）。

答吴晓铃先生关于"影戏"与"宝卷"的问题，佟晶心，歌谣周刊，第 2 卷第 40 期，民国二十六年（1937 年）。

中国小说源出佛家考，鰓庐，逸经半月刊，第 35 期，1937 年 8 月。

敦煌写本张义潮变文跋，孙楷第，图书季刊，第 3 卷第 3 期，1937 年。

耶律楚材《西游录》考释，E. Bret – schneider，禹贡，第 1 卷第 1 – 3 期，民国二十六年（1937 年）。

敦煌本還冤記殘卷に就いて，重松俊章，史淵，第 17 期，1937 年。

1938 年

唐代俗讲所给予近代戏曲之影响，佟晶心，东方文化，第 1 卷第 7 期，民国二十七年十一月（1938 年 11 月）。

唐代民间歌赋、变文，郑振铎，中国俗文学史第 6、7 章，1938 年。

真福寺本遊仙窟考，平井秀文，國語と國文學，第 15 卷第 4 期，1938 年 4 月。

唐代の社邑に就きて（上、中、下），那波利貞，史林，第 23 卷第 2 號、第 3 號、第 4 號，1938 年。

1939 年

读洛阳伽蓝记书后，陈寅恪，中研院史语所集刊，第 8 卷第 2 期，1939 年 9 月。

戏剧中角色净丑生旦的起源，卫聚贤，说文月刊，第 1 卷第 7 期，1939 年。

吴昌龄与杂剧西游记，孙楷第，辅仁学志，第 8 卷第 1 期，1939 年 6 月。

吴昌龄与杂剧西游记（附表），孙楷第，图书季刊，新第 1 卷第 2 期，1939 年 6 月。

伦敦所藏敦煌卷子经眼目录，向达，北平图书馆图书季刊，新第 1 卷第 4 期，1939 年；唐代长安与西域文明，三联书店，1957 年。

圆鉴大师二十四孝押座文跋，董康，书舶庸谈卷四，诵芬室，1939 年刻印本。

Life in a Chinese Buddhist Monastery, John Blofeld, *T'ien Hsia Monhl* 8, 1939.

敦煌二十詠に就いて，（日）神田喜一郎，史林，第 24 卷第 4 號，1939 年。

支那佛教唱導文學の生成，澤田瑞穗，智山學報，新第 13、14 號，1939、1940 年；佛教と中國文學，國書刊行會，1975 年。

中唐時代俗講僧文漵法師釋疑，那波利貞，東洋史研究，第 4 卷第 6 號，1939 年。

中晚唐時代に於ける偽濫僧に關する一根本史料の研究，那

波利貞，龍谷大學佛教史學論叢，冨山房，1939 年。

文漱と文淑，小野勝年，東洋史研究，第 5 卷第 1 號，1939 年。

1940 年

汉魏六朝之外来譬喻文学，陈竺同，语言文学专刊，第 2 卷第 1 期，1940 年 3 月。

魏晋南北朝志怪小说书录附考证，严懋坦，文学年报，第 6 期，1940 年 11 月。

曼殊大师与文学，孟玖，中国文艺，第 2 卷第 6 期，1940 年 8 月。

白乐天之思想行为与佛道之关系，陈寅恪，清华学报，第 15 卷第 1 期，1940 年；元白诗笺证稿，三联书店，2001 年。

敦煌本董永变文跋，王重民，国书季刊，新第 2 卷第 3 期，民国二十九年（1940 年）。

中国佛教与文艺，陈一平，同愿半月刊，第 1 卷第 1 期，1940 年。

支那仏教唱道文學の生成，澤田瑞穗，智山學報，第 13 卷、第 14 卷，1939、1940 年。

支那に於ける佛教の民衆教化，道端良秀，日本佛教學協會年報，第 12 號，1940 年。

感應說話集として觀たる三寶感通錄，高雄義堅，龍谷史壇，第 26 號 1940 年。

1941 年

关于"西游记"江流僧本事，台静农，文史杂志，第 1 卷第 6 期，1941 年 6 月。

"述异记"，左海，齐鲁学报，第 2 期，1941 年 7 月。

"博物志"，左海，齐鲁学报，第 2 期，1941 年 7 月。

"拾遗记"，左海，齐鲁学报，第 2 期，1941 年 7 月。

敦煌俗文学之发见及其展开，傅芸子，中央亚细亚，第 1 卷第 2 期，1941 年。

谢灵运在佛法上的建树及其文学造诣，翳如，同愿月刊，第 2 期，第 3 期，1941 年。

《西游记》玄奘弟子故事之演变，陈寅恪，国立中央研究院，历史语言研究所集刊，第二本第二分，1941 年。

明末诗人函可和尚年谱，王在民，宇宙风乙刊，第 36 期，1941 年 1 月。

Yung – Chia Cheng – Tao – Ko or Yung – chia's Song of Experiencing the Tao, Walter Liebenthal, *Monumenta Serica* 1/2, 1941.

道教の俗講に就いて，道端良秀，支那佛教史學，第 5 卷第 2 號，1941 年。

燉煌發見文書に拠る中晚唐時代の佛教寺院の錢穀布帛類貸付營利事業運營の實況，那波利貞，支那學，第 10 卷第 3 號，1941 年。

目连故事的演变，赵景深，小说月报，第 13 期，1941 年；中国小说论集，上海永祥印书馆，1946 年；读曲小记（改题：目连救母的演变），中华书局，1960 年。

1942 年

济公考，徐心，新民报，第 4 卷第 8 期，1942 年 4 月。

《五更调》的演变——从敦煌的叹五更到明代的闹五更，傅芸子，中国留日同学会季刊，第 1 号，1942 年。

唐玄奘与《西游记》，应脱，佛学月刊，第 1 卷第 8 期，1942 年 1 月。

诗僧曼殊，丁丁，作家，第 2 卷第 4 期，1942 年 5 月。

李白的佛学思想，浩乘，佛学月刊，第 2 卷第 5—6 期，1942 年 11 月。

唐代的民间佛教文学——诗歌、变文，梅若，佛学月刊，第 1 卷 11、12 期，民国三十一年三月（1942 年 3 月）。

初唐的民间诗人王梵志，菊影，西北公论，第 2 卷第 6 期，1942 年。

印度文学与佛教对中国文学的影响，何家槐，文化杂志，第 2 卷第 5 期，1942 年 7 月。

元明间的民间佛教文学：中国佛教文学史初探之一，梅若，佛学月刊，第 2 卷第 4 期，1942 年 9 月。

昭明太子的皈佛，李意如，佛学月刊，第 2 卷第 7 期，1942 年 12 月。

"搜神记"、"搜神后记"源流考，丰田穣著，颐安译，中和，第 3 卷第 5、6 期，1942 年 5 月、6 月。

"Explication de textes bouddhiques relatifs au taoïsme：le P'o sie louen de Fa－lin"（对与道教相关的佛教文本的说明——法琳的《破邪论》），Maspero，Henri（马伯乐），*Annuaire du Collège de France*，104，1942.

The Revolving Book－Case in China，L. Carrington Goodrich，*Harvard Journal of Asiatic Studies* 7，1942.

1943 年

说"诸佛世尊如来菩萨尊者名称歌曲"，吴晓铃，海潮音，第 24 卷第 5 期，1943 年 5 月。

洛阳伽蓝记子注释例，孙次舟，金陵女大集刊，第 1 期，1943 年。

关于破魔变文——敦煌足本的发现，傅芸子，艺文，第 1 卷第 3 期，1943 年。

《丑女缘起》与《贤愚经·金刚品》，傅芸子，艺文，第 3 卷第 3 期，1943 年。

敦煌本温室经讲唱押座文跋，傅芸子，白川集，日本求文堂印，民国三十二年（1943 年）；北大文学，第 1 辑，民国三十三年（1944 年）。

云谣集杂曲子校释，唐圭璋，文史哲季刊，第 1 卷第 1 期，1943 年 1 月。

王维田园诗与佛教，唐彦骧，佛学月刊，第 2 卷第 9—10 期，1943 年 3 月。

吴梅村清凉山赞佛诗笺，钱萼孙，东方文化，第 2 卷第 5 期，1943 年；真知学报，4 卷 1、2 期合刊，1945 年。

长兴四年中兴殿应圣节讲经文，向达，唐代俗讲考（附录二）；文史杂志，第 3 卷第 9、10 期，民国三十二年（1943 年）。

敦煌所出俗讲文学作品目录，向达，唐代俗讲考（附录二）；文史杂志，第 3 卷第 9、10 期，民国三十二年（1943 年）。

东坡居士与佛教，昌静，同愿（半月刊），第 4 卷第 3—4、5—6 期，民国三十二年（1943 年）。

耶律楚材对于儒、释、道三教之态度，黎正甫，新中华（复刊），第 1 卷第 9 期，民国三十二年（1943 年）。

南明史遗民传之函可和尚（1611—1659）传，王在民，大千杂志，第 4 卷第 12—15 期，民国三十二年（1943 年）十月。

敦煌本《溫室經講唱押座文》跋，傅芸子，支那佛教史學，第 7 卷第 1 號，昭和十八年（1943 年）。

Continuation de la traduction et du commentaire du P'o sie louen de Fa–lin, p phlet anti–taoïque du VIIe siècle（七世纪排道抨击文法琳《破邪论》翻译点评续），Maspero, Henri（马伯乐），*Annuaire du Collège de France*，106，1943。

1944 年

唐代俗讲考，向达，文史杂志，第 3 卷第 9、10 期，1944 年 5 月。

中国戏曲所受印度文学及佛教之影响（佛教翻译文学六讲之一），卢前，文史杂志，第 4 卷第 11、12 期，1944 年 12 月。

敦煌唐词校释，唐珪璋，中国文学，第 1 卷第 1 期，1944 年。

中国杀老童话来自印度说，刘铭恕，中国民族学十周年纪念论文集，1944 年 12 月。

六朝志怪小说之存逸，傅惜华，汉学，第 1 期，1944 年 9 月。

明末义僧东皋丛刊校后记，王芃生，社会科学季刊（中央），第 1 卷第 2 期，民国三十三年四月（1944 年 4 月）。

吴梅村与晦山和尚，陈旭轮，古今，第 50 期，民国三十三年七月（1944 年 7 月）。

小乘经典与中国小说戏曲，郭立诚，艺文杂志，第 2 卷第 9 期，1944 年 8 月。

佛教文学之审美观及光明思想，姚宝贤，中国文学月刊，第 2 卷第 1 期，1944 年 7 月。

"天问"里的印度诸天搅海故事，苏雪林，东方杂志，第 40 卷第 9 期，1944 年 5 月。

Yünnanese Images of Avalokitesvara, Helen B. Chapin, *Harvard Journal of Asiatic Studies* 8, 1944.

Tantrism in China, Chou Yi – Liang, *Harvard Journal of Asiatic Studies* 8, 1944.

1945 年

"大唐三藏取经诗话"为宋人说经话本考，方诗铭，文史杂志，第 5 卷第 7、8 期，1945 年 8 月。

佛法与中国之文学，王恩洋，文教丛刊，第 1 卷第 3—4 期，1945 年 12 月。

中国文艺批评所受佛教传播的影响，徐中玉，中山文化季刊，第 2 卷第 1 期，1945 年 6 月。

晚唐時代の撰述と考察せらるる茶に關する通俗的滑稽文學品，那波利貞，史林，第 30 卷第 3 號，1945 年。

1946 年

变文研究，刁汝钧，文艺先锋，第 8 卷第 1 期；中国俗文学概论，第十二章，民国三十四年（1946 年）一月。

形影神诗与东晋之佛道思想，逯钦立，民国三十五年（1946 年）脱稿。

俗讲新考，傅芸子，新思潮，第 1 卷第 2 期，民国三十五年（1946）。

唐代俗讲考，向达，国学季刊，第 6 卷第 4 期，1946 年。

谈变文，关德栋，觉群周报 1 卷，第 12 期，1946 年。

王梵志诗研究，王绥章，中央日报（六版），民国三十五年（1946 年）。

《游仙窟》与变文的关系，刘开荣，唐代小说研究，第 7 章，上海商务印书馆，民国三十五年（1946 年）。

敦煌石室所见董永董仲歌与摆夷所传借钱葬父故事，邢庆兰，边疆人文，第 3 期第 5、6 合期（油印本），民国三十五年（1946 年）。

1947 年

读十二辰歌，王重民，上海申报·文史周刊，第 30 期，1947 年。

关于俗讲再说几句话，周一良，大公报·图书·周刊，第 20

期，民国三十六年六月五日（1947 年 6 月 5 日）；大公报·图书·周刊，第 21 期，民国三十六年六月二十日（1947 年 6 月 20 日）。

宋初九僧诗考，梅应运，中央日报，民国三十六年六月三十日（1947 年 6 月 30 日）。

宋释智圆的古诗文新论，罗根泽，中央日报，民国三十六年九月十五日（1947 年 9 月 15 日）。

读"唐代俗讲考"，周一良，大公报·图书·周刊，第 6 期，民国三十六年二月八日（1947 年 2 月 8 日）。

"读唐代俗讲考"的商榷，关德栋，大公报·图书·周刊，第 15 期，民国三十六年四月十二日（1947 年 4 月 12 日）。

补说唐代俗讲二三事兼答周一良、关德栋两先生，向达，大公报·图书·周刊，第 18 期，民国三十六年五月九日（1947 年 5 月 9 日）。

补说唐代俗讲二三事，向达，大公报，第 9 版，民国三十六年五月十四日（1947 年 5 月 14 日）。

大头和尚的来源（零墨新笺），杨宪益，新中华（复刊），第 5 卷第 1 期，1947 年 1 月。

李复言的《续幽怪录》（唐代丛书之一），赵景深，文潮月刊，第 2 卷第 4 期，1947 年 2 月。

《西游记》与慈恩法师传，冯钟芸，经世日报读书周刊，第 69 期，1947 年 12 月 10 日。

禅与诗，黄芝冈，文艺先锋，第 11 卷第 5 期，1947 年 11 月。

关于俗讲考也说几句话，吴晓玲，华北日报·俗文学，第 1、11 期，民国三十六年七月四日（1947 年 7 月 4 日）；民国三十六年九月二十日（1947 年 9 月 20 日）。

略说"变"字的来源，关德栋，大晚报·通俗文学，第 25 期，民国三十六年四月十四日（1947 年 4 月 14 日）；曲艺论集，中华书局，1958 年。

讲唱文学的远祖——《八相变文》及其它，徐调孚，中学生，第 189 期，民国三十六年（1947 年）；中国文学名著讲话之六，中华书局，1981 年。

说经与说参请，徐士年，中央日报"文学"，第 30 期，民国三十六年五月二十日（1947 年 5 月 20 日）。

"丑女缘起"故事的根据，关德栋，中央日报，第 9 期，民国三十六年十二月十九日（1947 年 12 月 19 日）；曲艺论集，中华书局，1958 年。

讲唱的流行，林庚，中国文学史，第廿九章，民国三十六年（1947 年）。

说五更转，王重民，申报·文史，第 2 期，1947 年 12 月 13 日。

僧传里的"国王新衣"故事，杨宪益，新中华复刊，第 5 卷第 2 期，1947 年 1 月。

董永故事的演变，赵景深，小说论丛，日欣出版社，民国三十六年（1947 年）。

敦煌本董永变文跋，王重民，俗文学（北平），第 3 期，民国三十六年七月十八日（1947 年 7 月 18 日）。

南明诗僧函可事考，王在民，广东建设研究，第 2 卷第 2 期，民国三十六年七月（1947 年 7 月）。

道藏及大藏经中散曲之结集，卢前，复旦学报，第 3 期，民国三十六年五月（1947 年 5 月）。

谈佛典翻译文学，周一良，申报·文史，第 3—5 期，1947 年 12 月 20 日、27 日，1948 年 1 月 10 日。

洛陽伽藍記序劄記，神田喜一郎，東洋史研究，第 1 卷第 5 號，1947 年 8 月。

蘇曼殊とサンターラ姫，飯塚朗，中國文學，第 101 號，1947 年 10 月。

1948 年

唐代禅家语录所见的语法成分，高名凯，燕京学报，第 34 期，1948 年。

禅家的语言，朱自清，世间解，第 7 期，1948 年；朱自清古典文学论集，上海古籍出版社，1982 年。

打诨、参禅与江西派诗，王季思，之江文会，第 1 期，1948 年；玉轮轩曲论，中华书局，1980 年。

目连戏与《西游记》，庄一拂，通俗文学，第 77 期，民国三十七年（1948 年）。

孙悟空与猪八戒的来源，冯汉镛，东南日报，民国三十七年四月二十一日（1948 年 4 月 21 日）。

以禅喻诗说探源，钱钟书，谈艺录，民国三十七年四月（1948 年 4 月）。

论宋人好比学诗于学禅，钱钟书，谈艺录，民国三十七年四月（1948 年 4 月）。

问答录与"说参请"，张政烺，史语所集刊，第十七本，1948 年 4 月。

唐唐临"冥报记"之复原，岑仲勉，史语所集刊，第十七本，1948 年 4 月。

"降魔变押座文"与"目连缘起"，关德栋，文艺复兴（中国文学研究号），中，1948 年 12 月。

柳宗元黔之驴取材来源考，季羡林，文艺复兴（中国文学研究号），上，1948 年 9 月。

"西游记"研究，袁圣时，台湾文化，第 3 卷第 1、2 期，1948 年 1、2 月。

变文目，关德栋，中央日报·俗文学，第 64 期，1948 年 4 月 3 日；曲艺论集，中华书局，1958 年。

说十二月，王重民，申报·文史，第 7 期，1948 年 1 月 24 日。

说十二时，王重民，申报·文史，第 22 期，1948 年 5 月 8 日。

唐代的俗讲与梵赞，金启华，和平日报，第 6 版，民国三十七年（1948 年）六月十九日。

说诸宫调与俗讲的关系，阎万章，北平，华北日报，第 68 期，民国三十七年（1948 年）十月十五日。

形影神诗与东晋之佛道思想，逯钦立，中研院史语所集刊，第 16 期，1948 年 1 月。

A Note on the Invention of the Buddha Image，Benjamin Rowland，*Harvard Journal of Asiatic Studies* 11，1948.

Fo－t'u－têng：A Biography，Arthur Frederick Wright，*Harvard Journal of Asiatic Studies* 11，1948.

1949 年

吴承恩与"西游记"，汪浚，文艺复兴（中国文学研究号），下，1949 年 8 月。

降魔变押座文与目连缘起，关德栋，文艺复兴（中国文学研究号），中，1949 年 12 月。

唐临冥报记之复原，岑仲勉，"国立"中央研究院历史语言研究所集刊，第 17 本，1949 年 4 月。

醍醐寺本遊仙窟之研究——平古止點について，白木直也，漢文學紀要（4），1949 年 12 月。

日本靈異記と冥報記——支那の說話集と我國說話文學との關係についての覺書，小泉弘，學藝，第 1 號，北海道學藝大學，1949 年 12 月。

1950 年

人民的赋、佛曲和变文，蒋祖怡，中国人民文学史，第 5 章第 2、3 节，北新书局，1950 年。

俗讲之仪式，向达，国学季刊，第 6 卷第 4 期，1950 年。

中国文学与佛教，马鉴，国风，1950 年 12 月 1 日。

杜甫与佛教，梁实秋，自由中国，第 2 卷第 1 期，1950 年。

Buddhist Monasteries and Four Money – raising Institutions in Chinese History，Lien – sheng Yang，*Harvard Journal of Asiatic Studies* 13，1950.

Shih Hui – yüan's Buddhism as Set Forth in His Writings，Walter Liebenthal and Shih Hui – yüan，*Journal of the American Oriental Society* 4，1950.

詩禪相關の諸詩說，鈴木虎雄，日本學士院紀要，1950 年

3 月。

唐詩にあらわれてにる佛教と道教，つださらきち，東洋思想研究，第 4 號，1950 年 7 月。

俗講と變文，那波利貞，佛教文學，第 2、3、4 號，1950 年 1、6、10 月。

1951 年

中国文学精神（上下），唐君毅，民主评论，第 2 卷第 23、24 期，1951 年 6 月。

敦煌所出唐变文汇录，周绍良，现代佛学，第 1 卷第 10 期，1951 年 6 月。

回鹘文菩萨大唐三藏法师传，冯家昇，考古学专刊丙种，第 1 号，1951 年。

佛经文学对中国文学的影响，姚凤北，慧炬，第 37 期，1965 年。

读变文杂识，孙楷第，现代佛学，第 1 卷第 10 期，1951 年；沧州集（卷一），中华书局，1965 年。

宝卷总录，傅惜华，汉学论丛，1951 年。

Notes on The Sung and Yüan Tripitaka, Kenneth Ch'en, *Harvard Journal of Asiatic Studies*, 14, 1951.

Biographie du Maître Chen – houei du Ho – tsö（668 – 760）. Contribution à l'histoire de l'école du Dhyana ［荷泽神会（668 – 760）禅师传记——禅宗历史新探］，Gernet, Jacques（谢和耐）. *Journal Asiatique* 239, 1：29 – 68, 1951.

Notes on Tun – Huang Manuscripts in Paris and London, Woodbridge Bingham, *The Far Eastern Quarterly* 1, 1951.

龍大圖書館山內文庫藏法照念佛贊——本文並解說，佐藤哲英，日本慶華文化研究會，1951 年。

洛陽伽藍記の諸版とその系統，畑中淨園，大谷學報，第 30 卷第 4 號，1951 年 6 月。

1952 年

Anti – Buddhist Propaganda During the Nan – ch'ao, Kenneth Ch'en, *Harvard Journal of Asiatic Studies* 15, 1952.

梁の武帝—南朝文化の象徵，森三樹三郎，東洋の文化と社會（京大）第 2 號，1952 年 3 月。

法照和尚念仏讚について，佐藤哲英，佛教史學，第 3 卷 2 號，平樂寺書店（京都），1952 年。

1953 年

明太祖与日僧绝海，梁启若，"中央"日报，1953 年 3 月 9 日。

中国文学史分期的一个建议，李辰冬，民主评论，1953 年 3 月 1 日。

论佛典翻译文学，周乙良，申报·文史副刊，第 3 – 5 期，1947 – 1948 年；大陆杂志，第 6 卷第 7 期，1953 年。

蘇曼殊に就いて，孫伯醇，中國語學研究會會報，第 1 號，1953 年 3 月。

君主獨裁社會に於ける佛教團の場（上）－宋僧贊を中心として，牧田諦亮，佛教文化研究，1953 年 3 期。

《祖堂集》の資料價值（一），柳田聖山，禪學研究，第 44 期，1953 年。

1954 年

论韩愈，陈寅恪，历史研究，1954 年，第 2 期。

《红楼梦》简论，俞平伯，新建设，1954 年，第 3 期。

"出版者说明"说明什么（对《大唐三藏取经诗话》出版者的意见），谌千，文艺报，第 23、24 期，1954 年。

敦煌所出变文现存目录，周绍良，敦煌变文汇录，上海出版公司，1954 年初版；1955 年增订版。

俗文学与词的起来，林庚，中国文学简史，上卷第 15 章，1954 年。

苏东坡肚子里的禅宗骨董，融熙，人生，第 7 卷第 3 期，1954 年。

唐末沙州（敦煌）张义潮的起义——敦煌写本张义潮变文，金启综，历史教学，第 38 卷，1954 年。

文心雕龙与佛教，饶宗颐，民主评论，第 5 卷第 5 期，1954 年 3 月；文心雕龙论文集，木铎出版社，1975 年。

民国诗僧苏曼殊，王世昭，人生，第 7 卷第 5 期，1954 年。

27 Poems by Han－shan, Waley, Arthur, *Encounter* 3.3, 1954.

Biography and Hagiography: Hui－Chien's Lives of Eminent Monks, Wright Arthur F., in *Silver Jubilee Volume of the Zinbun－*

Kagaku – Kenkyusyo，Kyoto：Kyoto University，1954.

Langue et littérature chinoises. Résumé des cours de 1953 – 1954. Ⅰ. Apocryphes bouddhiques en Chine；Ⅱ. Textes de littérature vulgaire de Touen – houang（中国语言和文学 1953 – 1954 年度课程提要 Ⅰ. 中国佛教伪经 Ⅱ. 敦煌俗文学文献），Demiéville，Paul（戴密微），*Annuaire du Collège de France*，246 – 250，1954.

Compléments aux Entretiens de Chen – houei（神会语录遗补），Gernet Jacques（谢和耐），Bulletin de l'École Française d'Extrême – Orient，44，2：453 – 466，1954.

變文と講史——中國白話小說の形式の起源，小川環樹，日本中國學會報，第 6 號，1954 年。

敦煌文學研究，太田辰夫，神戶外大論叢，第 5 卷第 2 號，1954 年 7 月。

唐五代變文の意義，金岡照光，大倉山學院紀要，1954 年，第 1 卷。

古逸六朝觀世音應驗記の出現——晉謝敷、宋傅亮の光世音應驗記，塚本善隆，京都：京都大學人文科学研究所，1954 年。

1955 年

敦煌文学中的《韩朋赋》，王利器，文学遗产增刊，1955 年，第 1 期。

关于《大唐三藏取经诗话》新印本的一点意见，柯仲鲁，文艺月报，1955 年，第 1 期。

西游记中对佛教的批判态度，彭海，光明日报·文学遗产，

1959 年，第 77 期；西游记研究论文集，作家出版社，1955 年
30 日。

蒙古佛教文学及其名著介绍，张兴唐，文学月刊，第 3 卷第 9
期，1955 年 9 月。

漫谈变文的起源，周叔迦，现代佛学，1955 年 2 月号。

苏曼殊的身世问题，许龄，香港大学中文学会刊，第 2 期，
1955 年 12 月。

敦煌变文中的浣纱女，苏莹辉，"中央"日报，6 版，1955 年
12 月 23 日。

Langue et littérature chinoises. Résumé des cours de 1954 – 1955.
Ⅰ. Apocryphes bouddhiques en Chine；Ⅱ. Textes de littérature vulgaire
de Touen – houang（中国语言和文学 1954 – 1955 年度课程提要 Ⅱ.
中国佛教伪经 Ⅱ. 敦煌俗文学文献），Demiéville，Paul（戴密微），
Annuaire du Collège de France，237 – 241，1955.

A Biography of Chu Tao – Sheng，Walter Liebenthal，*Monumenta
Nipponica* Ⅱ，1955.

中國文學史研究方法の一問題——唐五代庶民文學の意味す
るもの，金岡照光，純心月大紀要，第 2 號，1955 年。

中晚唐五代の佛教寺院の俗講の座に於ける變文の演出方法
に就きて，那波利貞，甲南大學文學會論集，第 2 號，1955 年。

變文と繪卷——ペリオ將來本降魔變圖卷について，秋山光
和，文化史懇談會，第 32 號，1955 年。

冥報記について，内田道夫，文化，第 19 卷第 1 號，
1955 年。

冥報記の傳本について，志村良治，文化，第 19 卷第 1 號，

1955 年。

"冥報記"の性格について，内田道夫，文化，第 19 卷第 1号，1955 年。

校本冥報記（附譯文），（日）内田道夫編譯，東北大學文學部，支那學研究室，1955 年。

永樂佛曲，澤田瑞穗，跡見學園國語科紀要，第 4 號，1955 年。

宋代における佛教史學の發展，牧田諦亮，印學佛教學研究，第 3 卷第 2 號，1955 年。

肇論と老莊思想，福永光司，肇論研究，京都法藏館，1955 年。

王梵志について（上），入矢義高，中国文学学报，第 3 期，1955 年。

1956 年

略谈《搜神记》，刘叶秋，语文学习，1956 年，第 12 期。

我对变文的几点初步认识，徐嘉龄，光明日报，文学遗产，第 122 期，1956 年 9 月；文学遗产选辑，三辑，1960 年。

《洛阳伽蓝记》的现实意义，黄公渚，文史哲，1956 年，第 11 期；中国古典散文研究论文集，人民文学出版社，1959 年。

刘勰文艺思想与佛教之关系，饶宗颐，香港中文学会会刊，1956 年。

明末诸高僧的禅理与诗才（上、下），厚菴，畅流，第 13 卷第 3、4 期，1956 年 3、4 月。

嵇康与佛教，Donald Holzman，印度学佛教学研究，第 4 卷第 2 期，1956 年。

白話詩人王建とその時——唐、五代講唱文學發達史の一側面として——長田夏樹，神戶大論叢，第 7 卷第 1，2，3 號，1956 年。

敦煌本降魔變（牢度叉圍聖變）書卷について，秋山光和，美術研究，第 187 卷，1956 年。

大唐三藏取經詩話の一考察，平野顯照，支那學報創刊號（大谷大學），1956 年 3 月。

王維之奉佛觀序說——以安祿山事件為中心，岡山縣漢學學會報創刊號，1956 年。

王梵志について（上、下），入矢义高，中国文学学报，第 4 期，1956 年。

The Economic Background of The Hui – ch'ang Suppression of Buddhism, Kenneth Ch'en, *Harvard Journal of Asiatic Studies* 19, 1956.

Langue et littérature chinoises. Résumé des cours de 1955 – 1956. Ⅰ. L'école du Tch'an；Ⅱ. Textes de littérature vulgaire de Touen – houang（中国语言和文学 1955 – 1956 年度课程提要 Ⅰ. 禅宗 Ⅱ. 敦煌俗文学文献），Demiéville，Paul（戴密微），*Annuaire du Collège de France*，284 – 290，1956.

舜子至孝變文諸問題，金岡照光，大倉山學院紀要，第 2 卷，1956 年。

八相成變文と今昔物語集佛傳說話—我が國說話文學の演變と敦煌資料，川口久雄，金澤大學論集・文學篇，第 4 卷，

1956 年。

敦煌變文の素材と日本學——目蓮救母變文、降魔變文，川口久雄，日本中國學，1956 年。

1957 年

论古典戏曲艺术中的鬼魂问题，李啸仓，戏曲研究，1957 年，第 3 期。

敦煌曲校臆补，张次青，文学遗产，第 25 卷，1957 年。

试谈变文的产生和影响，王庆菽，新建设，1957 年 3 月。

论魏志怪小说传播和知识分子思想分化的关系，范宁，北京大学学报，1957 年，第 2 期。

读《搜神记》札记，刘叶秋，读书月报，1957 年 8 月。

变文笔记两则，宋毓珂，南开大学学报，1957 年，第 4 期。

佛曲俗文与变文，郑振铎，中国文学研究·卷四，作家出版社，1957 年。

巴黎藏 P4524 号代图本降魔变六师外道化水牛变文，向达，唐代长安与西域文明，三联书店，1957 年 4 月。

关于苏曼殊的二三事，补拙，文艺学习，1957 年 1 月。

宝卷新研——兼与郑振铎先生商榷，李世瑜，文学遗产增刊，第 4 辑，作家出版社，1957 年 3 月。

山西民间流传的宝卷抄本，张额，火花，1957 年，第 3 期。

江浙诸省的宝卷，李世瑜，文学遗产增刊，第 7 辑，1957 年。

A Study of Han – shan, Wu Chiyu（吴其昱），*T'oung Pao* 45, 4/5：392 – 450，1957.

Remarks on Shih Seng – Yu's "Ch'u San – Tsang Chi – Chi" as a Source for Hui – Chiao's "KaoSeng Chuan" as Evidenced in Two Versions of the Biography of Tao – an, Arthur E. Link, *Oriens* 2，1957.

Langue et littérature chinoises. Résumé des cours de 1956 – 1957. Ⅰ. L'école du Tch'an；Ⅱ. Textes de littérature vulgaire de Touen – houang（Wang Fan – tche, Ⅰ）（中国语言和文学 1956 – 1957 年度课程提要 Ⅰ. 禅宗 Ⅱ. 敦煌俗文学文献：王梵志之一），Demiéville，Paul（戴密微），*Annuaire du Collège de France*，349 – 357，1957.

王梵志詩集考，神田喜一郎，神田博士還曆紀年書志學論集，1957 年。

陶淵明と伝教について，宮澤正順，宗教文化，第 12 卷，1957 年。

一鋪の意義について，水谷真成，大谷大學支那學會報，第 2 卷，1957 年。

敦煌本搜神記の説話について，西野貞治，人文研究，第 8 卷第 4 號，1957 年。

敦煌本搜神記について，西野貞治，神田博士還曆紀念書志學論集，1957 年。

Die Biographie in China ［The Biography in China］. Olbricht，P. *Saeculum* 8（1957）：224 – 235.

1958 年

新校订的敦煌写本神会和尚遗著两种，胡适，史语所集刊，第 29 期，1958 年。

玄奘法师二三事，上官红，天津日报，1958 年 11 月 16 日。

《西游记》与《罗摩延书》，吴晓铃，文学研究，1958 年，第 1 期。

魏晋南北朝志怪小说简论，刘叶秋，新建设，1958 年，第 4 期。

《敦煌变文集》校记补正，徐震堮，华东师范大学学报，1958 年，第 1 期。

《敦煌变文集》校记再补，徐震堮，华东师范大学学报，1958 年，第 2 期。

祇园记图考，金维诺，文物参考资料，1958 年，第 10 期；中国美术史论集，人民美术出版社，1981 年。

祇园记图与变文，金维诺，文物参考资料，1958 年，第 11 期。

宝卷漫谈，关德栋，曲艺论集，中华书局，1958 年。

唐代的变文、敦煌曲词，刘大杰，中国文学发展史，中卷第 13 章第 5 节、第 17 章第 2 节，1958 年。

唐代说书，陈汝衡，说书史话，第 2 节，1958 年。

民间曲辞、说唱文学，中国民间文学史初稿（上册 5 编第 2 章第 2 节、第 3 章），北京师范大学中文系 55 级学生集体编写，1958 年。

中印文学关系研究，裴普贤，大学生活，第 4 卷第 5—8 期，1958 年。

佛教画中的古代传说（正）（续），金维诺，美术，1958 年，第 2 期。

变文与中国文学，秋乐，现代佛学，第 11 卷，1958 年。

毗沙门天王父子与中国小说之关系，柳存仁，新亚学报，第 3 卷第 2 期，1958 年。

山翁忞禪師（釋道忞）隨年自譜，釋道處，東方學報，第 1 卷第 1、2 期，1958 年。

The First translations of Buddhst sutras in Chinese literature and their place in the development of storytelling，vera Hrdlickova，*Archiv Orientalni* 26，1958.

Cold Mountain Poems，Gary Snyder，*Evergreen Review* 5，1958.

The Landscape Buddhism of the Fifth – Century Poet Hsieh Lingyun，Mather Richard B.，*Journal of Asian Studies* 18，1958.

Biography of Shih Tao – an，Arthur E. Link，*T'oung Pao* 46，1/2，1958.

Langue et littérature chinoises. Résumé des cours de 1957 – 1958. Ⅰ. Entretiens de Lin – tsi；Ⅱ. Textes de littérature vulgaire de Touen – houang（Wang Fan – tche，Ⅱ）（中国语言和文学 1957 – 1958 年度课程提要 I. 临济录 II. 敦煌俗文学文献：王梵志之二），Demiéville，Paul（戴密微），*Annuaire du Collège de France*，*pp.* 381 – 391，1958.

Un manuscrit de Touen – houang concernant Wang Fan – tche（有关王梵志的一件敦煌手稿），WU，Chi – yu（吴其昱），*T'oung Pao* 46，3/5：397 – 401，1958.

歸去來の辭と伝教，吉岡義豐，石濱先生古稀紀念東洋學論叢，岩波書店，1958 年。

俗講に關する疑義，平野顯照，大谷學報，第 38 卷第 1 期，1958 年。

中晚唐五代の佛教寺院の俗講の座に於ける變文の演出方法に就きて，那波利貞，甲南大學文學會論集，第 8 卷，1958 年。

隋唐における古曲の傳唱，增田清秀講，日本中國學會報，第 10 卷，1958 年。

舜子變文解變報告，平野顯照，支那學報，第 3 卷，1958 年。

維摩變の一場面——變相と變文との關係，藤枝晃，佛教藝術，第 34 卷，1958 年。

說話とその周邊——冥報記を中心とつて，瀧澤俊亮，早稻田大學，東洋文學研究，第 6 期，1958 年。

中唐初期江左的詩僧，市原亨吉，東方學報，第 28 期，1958 年 4 月。

智猛並に法勇の求法行記について，諏訪義純，大谷學報，第 38 號，1958 年。

佛教东来对中国文学之影响，谢无量，现代佛学，1958 年第 9 期。

1959 年

变文与我国民间文学之渊源，彭楚珩，"中央"日报，第 3 版，1959 年 8 月 4 日。

《中印文学关系研究》跋，苏雪林，"中央"日报，第 3 版，1959 年 2 月。

中印文学关系研究，裴普贤，台湾省妇女写作协会，第 69 期，1959 年。

读书散记两篇·读寒山诗，钱穆，新亚书院学术年刊，1959

年，第 1 期。

鹿母夫人（佛经故事），金维诺，美术，1959 年，第 3 期。

西游记中的金光寺，陈鸣钟，光明日报，1959 年 12 月 13 日。

唐代小说与变文的关系，王庆菽，文学论文集（第二集），吉林人民出版社，1959 年。

唐话本初探，李蹇，辽宁大学学报，1959 年，第 2 期。

唐写本残小说跋，王国维，观堂集林，卷 21，中华书局，1959 年。

唐代民间文学，中国文学史，第 4 编第 12 章，北京大学中文系文学专门化 1955 级集体编著，1959 年。

唐代民间文学，中国文学史，中册第 4 编第 2 章，复旦大学中文系古典文学组学生集体编著，1959 年。

唐五代民间文学，中国文学史，第 4 编第 2 章，吉林大学中文系中国文学史教材编写组编著，1959 年。

云谣集杂曲子跋，王国维，观堂集林，卷 21，中华书局，1959 年。

敦煌词校议，蒋礼鸿，杭州大学学报，1959 年，第 3 期。

浙江诸暨的宝卷，李世瑜，文学遗产增刊，第七辑，1959 年 12 月。

评蒋礼鸿《敦煌变文字议通释》，张次青，光明日报·文学遗产，第 282 期，1959 年。

"洛阳伽蓝记"的现实意义，黄公渚，中国古典散文研究论文集，人民文学出版社编辑部，1959 年。

唐戏弄俑，田进，戏剧研究，第 4 卷，1959 年。

苍雪，黄雪邨，中国文学史论集，第 3 章，1959 年 4 月。

三百年来—苍雪，厚安，畅流，第 18 卷第 2 章，1959 年 9 月。

La Nouvelle Marie'e Acanatre, Paul Demieville, *Asia Major New Series* Vol. XⅢ, 1959.

Literary Evidence for Early Buddhist Art in China（Book Review）, L. Hurvitz, *Journal of the American Oriental Society* 79, 1959.

Langue et littérature chinoises. Résumé des cours de 1958 – 1959. Ⅰ. Entretiens de Lin – tsi；Ⅱ. Textes de littérature vulgaire de Touen – houang（Wang Fan – tche, Ⅲ）（中国语言和文学 1958 – 1959 年度课程提要 Ⅰ. 临济录 Ⅱ. 敦煌俗文学文献：王梵志之三）, Demiéville, Paul（戴密微）, *Annuaire du Collège de France*：435 – 439, 1959..

"Trois poèmes inédits de Kouan – hieou" （贯休逸诗三首）, WU, Chi – yu（吴其昱）, *Journal Asiatique*, 247：349 – 379, 1959.

敦煌俗文學の素材とその展開，西野貞治，大阪市立大學文學會，人文研究，第 10 卷第 11 號，1959 年。

パリ藏本目連變文三種——附注解——，金岡照光，大倉山學院紀要，第 3 卷，1959 年。

唐代民間孝子譚の佛教的一斷面——目連變文を中文として——，金岡照光，東洋大學紀要（人文、社會、自然科學篇），第 13 卷，1959 年。

中國民間における目連說話の性格，金岡照光，佛教史學，第 7 卷第 4 號，1959 年。

大唐三藏取經詩話の形成，小川貫式，龍谷大學論集，第 362 卷，1959 年。

大唐三藏取經詩話譯注一（1），志村良治，愛知大學支那文學論叢，第 19 卷，1959 年。

道衍傳小稿，牧田諦亮，東洋史研究，第 18 卷 3 號，1959 年。

魚籃觀音一その說話と文藝，澤田瑞穗，天理大學學報，第 30 卷，1959 年。

敦煌壁画维摩变的发展，金维诺，文物，1959 年，第 2 期。

敦煌晚期的维摩变，金维诺，文物，1959 年，第 4 期。

1960 年

晚明江南佛学风气与文人画，吴因明，新亚书院学术年刊，第 2 期，1960 年 9 月。

大众文艺与口语诗——从变文谈到说部，谷怀，口语文艺丛谈，菩提文艺出版社，1960 年。

《洛阳伽蓝记》试论，罗根泽，光明日报，1960 年 1 月 31 日。

漫谈"变文"的名称、形式、渊源及影响，冯宇，哈尔滨师范学院学报，1960 年，第 1 期。

葛洪的文学主张，杨明照，光明日报，1960 年 6 月 19 日。

《鱼儿佛》作者，毛一波，"中央"日报，1960 年 6 月 11 日。

Le séjour de Kouan – hieou au Houa chan et le titre du recueil de ses poémes：Si – yo tsi, Wu Chi – yu. , *Mélanges*，publies par l'Institut des Hautes études Chinoises，1960.

Buddhist Sources of the Novel Feng – shen Yan – I, Liu Ts'un – yan, *Journal of the Hong Kong Branch of the Royal Asiatic Society*

1，1960.

Shih Seng – Yu and His Writings，Arthur E. Link and Shih Seng – Yu，*Journal of the American Oriental Society* 1，1960.

A Vacation Glimpse of the T'ang Temples of Ch'ang – an：The Ssu – t'a Chi by Tuan Ch'engshih，Alexander C. Soper，*Artibus Asiae* 1，1960.

Langue et littérature chinoises. Résumé des cours de 1959 – 1960. Ⅰ. Le Tch'an au IXème siècle；Ⅱ. Textes de littérature vulgaire de Touen – houang（中国语言和文学 1959—1960 年度课程提要 Ⅰ. 九世纪的禅 Ⅱ. 敦煌俗文学文献），Demiéville，Paul（戴密微），*Annuaire du Collège de France*，pp：317 – 320，1960.

Le séjour de Kouan – hieou au Houa chan et le titre du recueil de ses poèmes："Si – yo Tsi"（贯休在华山的日子，以及其文集的名称《西岳集》），WU，Chi – yu（吴其昱），in *Mélanges publiés par l'Institut des hautes études chinoises*，tome 2，Paris：Institut des hautes études chinoises，pp. 159 – 178，1960。

葉淨能詩の成立について，小川陽一，東方宗教，第 16 卷，1960 年。

敦煌いおける變文と繪畫——再ぴ牢度叉鬥聖變を中心に——，秋山光和，美術研究，第 211 卷，1960 年。

敦煌講經文と佛教經疏との關係，平野顯照，大谷學報，第 40 卷第 2 號，1960 年。

敦煌變文字義通釋讀後，波多野太郎，橫濱市立大學論叢，第 11 卷第 2 號，1960 年 4 月。

變文の構造——孝子談に見られる"くらかえし"ま中心

に——，小川陽一，仙臺，中國文史哲研究會，集刊東洋學，第 3 卷，1960 年。

變文探源，那波利貞，京都，立命館文學（橋本博士古稀記念東洋學論叢），第 80 卷，1960 年。

變文に繁がる日本所傳中國說話，早川光三郎，東京，支那學報，1960 年 6 月。

敦煌變文の性格と日本文學——敦煌變文の概念——，川口久雄，漢文教室，第 50 號，1960 年。

唐三藏の出生傳說について，澤田瑞穗，福井博士東洋思想論集，1960 年。

道宣の後集續高僧傳に就いて，前川隆司，龍谷史壇，第 46 號，1960 年。

唐西明寺道宣律師考，山崎宏，載福井博士頌壽記念論文集刊行會編《福井博士頌壽記念東洋思想論集》，東京：早稻田大學出版社，1960 年。

1961 年

唐三藏取经，向达，北京日报，1961 年 8 月 24 日。

康复札记——何谓俗讲，汤用彤，新建设，1961 年，第 6 期。

读增订本《敦煌变文字义通释》，王贞珉，文学遗产增刊，第 8 集，1961 年。

敦煌变文词语研究，徐复，中国语文，1961 年，第 8 期。

敦煌变文中的双音连词，胡竹安，中国语文，1961 年，第 10—11 期。

评《敦煌变文字义通释》，徐复，中国语文，1961 年，第 10—11 期。

从《游仙窟》谈唐代民间说唱文学的形成与发展，刘开荣，江海学刊，1961 年，第 9 期。

粤人僧函可，胥端甫，"中央"日报，1961 年 7 月 31 日。

Myth in Buddhism: Essential or Peripheral? Winston L. King, *Journal of Bible and Religion* 29，1961.

Langue et littérature chinoises. Résumé des cours de 1960 – 1961. Ⅰ. Tch'an et poésie；Ⅱ. Textes de littérature vulgaire de Touen – houang（中国语言和文学 1960—1961 年度课程提要Ⅰ. 禅与诗Ⅱ. 敦煌俗文学文献），Demiéville，Paul（戴密微），*Annuaire du Collège de France*，pp: 289 – 302，1961.

唐の道宣の感通について，山崎宏，载塚本博士頌寿記念會編《塚本博士頌寿記念仏教史学論集》，京都：塚本博士頌壽記念會，1961 年。

Chinese Biographical Writing. Twitchett，D. C. In *Historians of China and Japan*，edited by W. G. Beasley and E. G. Pulleyblank，95 – 114. London：Oxford University Press，1961.

1962 年

玄奘取经，张习孔，工人日报，1962 年 7 月 13 日。

1959 年哈密新发现的回鹘文佛经，冯家昇，文物，1962 年，第 7、8 期。

明末爱国诗僧和书画家担当，徐家瑞，边疆文艺，1962 年，第 9 期。

因果报应小说中的"异端"，何明，光明日报，1962 年 4 月 14 日。

《纪闻》作者牛肃考，卞孝萱，江海学刊，1962 年，第 7 期。

关于《身饲饿虎经变文》，周绍良，文汇报，1962 年 10 月 13 日。

漫谈《洛阳伽蓝记》，潘辰，光明日报，1962 年 9 月 16 日。

变文和民歌，中国文学史，第 12 章，中国科学院文学研究所中国文学史编写组编写，1962 年。

敦煌变文集校记录略，蒋礼鸿，杭州大学学报，1962 年，第 1 期。

也谈侯方域的"出家"问题，刘知渐，光明日报，1962 年 8 月 23 日。

敦煌曲子词（10 首），中华活页文选，第 5 号，1962 年。

杨公骥辑成《唐代民歌考释及变文考论》，穆子，光明日报"学术简报"，1962 年 8 月。

萧衍李白《上云乐》的体和用，任半塘，文史（第 2 辑），中华书局，1962 年。

法献佛牙隐现记，陈垣，文史（第 1 辑），中华书局，1962 年。

敦煌曲子词，夏承焘，怀霜，文汇报，1962 年 1 月 7 日。

漫谈敦煌曲子词，周熊，甘肃日报，1962 年 4 月 1 日。

刘勰的灭惑论，黄继持，香港大学中文学会年刊·文心雕龙研究专号，1962 年 12 月。

诗禅王摩诘，风人，畅流，第 24 卷第 11 期，1962 年。

关于变文的几点探索，程毅中，文学遗产增刊，第 10 辑，1962 年；敦煌变文论辑，石门图书公司，1981 年。

唐代的说话与变文，路工，民间文学，总 87 号，1962 年，第 6 期。

敦煌变文目录及《孔子项吒相问书》之传承，朱介凡，大陆杂志，第 22 卷第 7 期，1962 年。

Some questions connected with Tun – huang Pien – wen, Hrdlickova V. , *Archiv. Orientalni* v. 30, n. 2, 1962.

Quelques traits de moeurs barbares dans une chantefabble Chinoise des T'ang, Paul Demi éville, *Acta Orientalia* 15, 1962.

Buddhist and Taoist Influences on Chinese Novels, Liu Ts'un – yan, in *The Authorship of the Feng Shen Yen* I, Wiesbaden：Otto Harrassowitz, 1962.

Cold Mountain：100 Poems by the T'ang poet Han – shan by Burton Watson and Han – shan （Review）, David Hawkes, *Journal of the American Oriental Society* 4, 1962.

Langue et littérature chinoises. Résumé des cours de 1961 – 1962. I. Tch'an et poésie. II. Textes de littérature vulgaire de Touen – houang （中国语言和文学 1961 – 1962 年度课程提要 I. 禅与诗 II. 敦煌俗文学文献）, Demiéville, Paul （戴密微）, *Annuaire du Collège de France*, pp：329 – 336, 1962.

金剛醜女變文とわが國說話文學，川口久雄，漢文教室，第 59 卷，1962 年.

變文的周邊——父母恩重經講經文、雜抄の素材論的考察——，小川陽一，集刊東洋學，第 7 卷，1962 年。

《大唐三藏取經詩話》補考，太田辰夫，長江季刊（神戶大），1962 年 1 月。

唐代文人の傳教理解について，筱原壽雄，印度學傳教學研究，第 1 卷第 2 號，1962 年 3 月。

《孝子傳》の影響と創造—西鶴の"本朝二十不孝"までの概要，笠井清，神戶大學文學會研究，第 29 卷，1962 年。

Problems of Chinese Biography. Twitchett, D. C. In *Confucian Personalities*, edited by Arthur F. Wright and Denis Twichett, 24 - 39. Stanford：Stanford University Press，1962.

Aspects of Traditional Chinese Biography? Nivenson, D. S. *Journal of Asian Studies* 21（1962）：457 - 463.

1963 年

佛本生图形式的演变，金维诺，现代佛学，1963 年，第 2 期。

诸宫调和唐变文，贺昌明，文艺报，1963 年，第 1 期。

唐代民间、宫廷、寺院中的说话，胡士莹，光明日报，文学遗产，第 456 期，1963 年。

谈唐代民间文学——谈《中国文学史》中"变文"节书后，周绍良，新建设，1963 年，第 1 期。

敦煌俗文学中的别字异文和唐五代西北方言，邵荣芬，中国语文，1963 年，第 3 期。

简论《敦煌曲》中的"普通杂曲"，詹安泰，学术研究，1963 年，第 2 期。

《宝卷综录》的编目方法评介，连群，光明日报，1963 年 3 月

6 日。

唐代通俗文学和民间歌谣，中国文学史，第 4 编第 12 章，游国恩等主编，人民文学出版社，1963 年。

敦煌变文琐谈——一部唐代民间文学的研究，周春塘，香港，大学生活，1963 年，第 12 期。

敦煌变文中的董永故事，苏莹辉，联合报第 7 版，1963 年 12 月 23 日。

观世音由男变女考（一）（二），荒齐，华侨日报，1963 年 4 月 19 日；1963 年 5 月 6 日。

A Song from Tun – huang, A. Waley, *BSOAS* 26, 1963.

Wang Chin's "Dhūta Temple Stele Inscription" as an Example of Buddhist Parallel Prose, Richard B. Mather, *Journal of the American Oriental Society* 3, 1963.

The Fo – tsu – t'ung – chi, a Biographical and Bibliographical Study, Jan Yün – hua, *Oriens Extremus* 1, 1963.

洛陽伽藍記の時代——序章，大澤陽典，立命館文學，第 219 卷，1963 年。

顏之推と佛教，勝村哲也，東洋史研究會會報，第 1 卷，1963 年。

敦煌變文の性格と日本文學——繪解きの世界——，川口久雄，日本文學，第 12 卷第 10 號，1963 年。

敦煌變文研究の動向（1）——資料研究を中心に——，金岡照光，東洋學報，第 46 卷第 3 號，1963 年 12 月。

寶卷の研究，澤田瑞穗，名古屋采華書林，第 255 卷，1963 年。

"寶卷の研究"書評，吉冈義豐，東方宗教，第 22 卷，
1963 年。

敦煌出土法照和尚念佛讚，佐藤哲英，西域文化研究，法藏
館，第 6 卷，1963 年。

1964 年

论敦煌佛学韵文，巴宙，海潮音，第 45 卷第 6 期，1964 年。

佛教对于六朝文学的影响，李嘉言，开封师范学院学报，1964
年，第 1 期；李嘉言古典文学论文集，上海古籍出版社，1987 年。

关于《搜神记》，范宁，文学评论，1964 年，第 1 期。

读《敦煌变文字义通释》偶记，张永言，中国语文，1964 年，
第 3 期。

说话的渊源，程毅中，宋元话本，第 1 章第 1 节，中华书局，
1964 年。

曼殊上人诗册，文芷，艺林丛录，第 5 卷，1964 年。

神话戏与鬼戏的区别，庄华，大公报，1964 年 3 月 10 日。

中国文学中的宗教情愫，龚书森，神学与教会，第 4 卷第 1
期，1964 年 7 月。

禅与诗，顾随，艺文杂志，第 2 卷第 2 期，1964 年。

釋教劇敍錄，澤田瑞穗，天理大學學報，第 16 卷第 1 期，
1964 年 6 月。

謝靈運の文學に對する佛教の浸透，平野顯照，大谷學報，
第 43 卷第 3 號，1964 年 2 月。

敦煌本歡百歲詩九想觀詩と日本文學について，川口久雄，

内野博士還曆紀念東洋學論文集，1964 年 12 月。

敦煌變文研究の動向（2）——變文の本質・總論に關する研究——，金岡照光，東洋學報，第 46 卷第 4 期，1964 年 3 月。

敦煌資料と今昔語集との異同に關する一考察（1）、（2）、（3），本田義憲，奈良女子大學文學會研究年報，第 7、9、10 號，1964 年 3 月、1966 年 2 月、1967 年 2 月。

蘇軾と伝教，竺沙雅章，京大東方學報，第 36 號，1964 年。

蘇曼殊覺書——燕子龕詩をめぐつて——，松崎治之，目加田誠博士還曆紀念中國學論集，1964 年 11 月。

祖堂集の文本研究（一），柳田聖山，禪學研究，第 54 卷，1964 年。

寒山詩雜感，中村孝，集刊東洋學，第 12 期，1964 年。

訓注祖堂集（1）—（12），柳田聖山，禪文化，第 5 卷，1964 年。

1965 年

山西五台山佛光寺大殿发现：唐、五代的题记和唐代壁画，罗哲文，文物，1965 年，第 4 期。

罗哲文关于唐代民间文学研究的几点意见，光明日报，文学遗产，第 515 期，1965 年。

读变文，孙楷第，沧州集，中华书局，1965 年；敦煌变文论辑，石门图书公司，1982 年 12 月。

敦煌变文"是"字用法分析，于夏龙，中国语文，第 4 期，1965 年 8 月。

日本説話文學と外國文學とのかかおら——敦煌本搜神記を
めぐつて——，川口久雄，國文學解釋と鑒賞，第 30 卷第 2 期，
1965 年 2 月。

説話より戯劇へ—敦煌變文の性格と日本文學—，川口久雄，
金澤大學法文學部論集（文學篇），第 12 卷，1965 年。

敦煌變文における唱符と音曲への展開——日本文學とのか
かわりにおいて，川口久雄，中國古典研究，第 13 卷，1965 年。

靈異記と冥報記の蘇生説話，露木悟義，東洋大學文學論藻，
第 31 卷，1965 年。

王維と佛教，藤善眞澄，東洋史研究，第 24 卷第 1 期，
1965 年。

Buddhist Self – immolation in Medieval China. Jan，Yun – hua.
History of Religions 4（1965）：243 – 268.

1966 年

《丑女缘起》变文及其佛经原型，杨青，西北师范大学学报，
1966 年，第 6 期。

敦煌学杂记，梁若容，国语日报，第 32 版，1966 年 5 月
21 日。

苏莹辉著敦煌概要简介，王天昌，国语日报，第 32 版，1966
年 5 月 21 日。

国际汉学界与敦煌学，苏莹辉，国语日报，第 32 版，1966 年
5 月 21 日。

佛教对中国文学的影响，王熙元，慧炬，第 145、146、147

期，1966 年。

佛教思想与古代小说，（韩）郑柱东，语文论丛，1966 年，第
3 辑。

孝子說話集の研究，山崎道夫，東洋文化（無窮會）復刊，
第 13 卷，1966 年。

梁の武帝と佛教，新田雅章，松阪女子短期大學論叢，第 2
卷，1966 年。

敦煌本"董永傳"試探，金岡照光，東洋學紀要（文學部篇）
第 2 卷，1966 年。

《大唐三藏取經詩話》考，太田辰夫，神戶外大論叢，第 17
卷，1966 年。

蘇東坡詩腸に見る宗教的傾斜，倉光卯平，西南學院大學文
理論集，第 6 卷第 2 期，1966 年 2 月。

1967 年

唐代的俗讲与变文，尉天驄，幼狮学志，第 5 卷第 1 期，
1967 年。

敦煌学与敦煌韵文集，于大成，读书人周刊，1967 年 7 月。

唐初的两位白话诗人，孙以仓，畅流，第 36 卷卷第 1 期，
1967 年。

敦煌写本《法体十二时》订正，陈祚龙，华冈学报，1967 年，
第 4 期。

佛教說話研究序說，岩本裕，法藏館，第 300 卷，1967 年。

靈異記と冥報記，藤森賢一，高野山大學論叢，第 6 卷，

1967 年。

冥報記と今昔物語集について，川口久雄，金澤大學法文學部論集（文學篇），第 14 卷，1967 年。

明清小說に於ける宗教性の意義，倉光卯平西南學院大學文理論集，第 7 卷第 1、2 期，1967 年。

〈玄奘三藏渡天由來緣起〉と〈西遊記〉の一古本，太田辰夫，神戶外大論叢，第 18 卷第 1 期，1967 年 6 月。

敦煌寫本《贊普滿偈》之研鑽，陳祚龍，東方宗教，第 20 期，1967 年。

顏氏家訓歸心篇冤魂志をあぐつて，勝村哲也，東洋史研究，第 26 卷第 3 號，1967 年 12 月。

謝靈運の"辨宗論"，木全德雄，東方宗教，第 30 卷，1967 年。

1968 年

佛教翻译文学的文体及其影响，裴普贤，中印文学关系研究，商务印书馆，1968 年。

佛教对我国小说的影响，裴普贤，中印文学关系研究，商务印书馆，1968 年。

由五台山文殊院说到佛教流行的原因，萨孟武，水浒传与中国社会，三民书局，1968 年。

敦煌佛经变文述论（上）（下），邱镇京，狮子吼，第 6 卷第 7、8、9 期，1968 年。

Biographies des Moines Eminents（Kao Seng Tchouan）de

Houeikiao. Premiere partie：Biographies des Premiers Traducteurs，Shih Robert trans.，*Bibliotheque du Museon* 54，1968.

Filial Piety in Chinese Buddhism，Kenneth Ch'en，*Harvard Journal of Asiatic Studies* 28，1968.

Dates of Some of the Tunhuang Lyrics，Shih – chuan Chen，*Journal of the American Oriental Society* 2，1968.

地獄變，澤田瑞穗，法藏館，第230卷，1968年。

俗講の意味について，福井文雅，つイロソつイア，第53卷，1968年。

再論文溦法師，金岡照光，東洋學研究，第2卷，1968年。

敦煌變文孝子傳と舜子變の比較，櫪尾武，中國文學論叢，櫻美林大學，第1卷，1968年。

敦煌本八相押座文校釋，金岡照光，東方宗教，第32卷，1968年。

文書を中心に，金岡照光，平樂寺書店大乘菩薩道の研究，1968年。

日本靈異記說話の發想と趣向——主として冥報記との關係について，渥美かをる，愛知縣立大學，說林，第18卷，1968年。

1969 年

王摩詰的诗与佛学的关系，王熙元，文学心路，仙人掌出版社，1969年。

变文述论，邱镇京，东方杂志复刊，第2卷，1969年。

十八层地狱与森罗殿（一），香花庵，春秋，第 11 卷第 6 期，1969 年 12 月。

苏曼殊之真面目，冯自由，革命逸史，商务印书馆，1969 年。

红楼梦与佛学，葛建时，畅流，第 38 卷第 6 期，1969 年。

敦煌变文与佛寺壁画之关系（变文与变相），梅应运，新亚书院学术年刊 11（建校二十周年纪念特大号），1969 年。

Chinese Religion: An Introduction, Thompson Laurence G., *Myth & Symbol* 2, 1969.

目蓮傳說と盂蘭盆經，岩本裕，法藏館，1969 年。

冥祥記について，莊司格一，集刊東洋學，1969 年 11 月。

唐代文人の宗教觀，藤善真澄，歷史教育，第 183 卷，1969 年。

敦煌資料の素材と日本文學——阿彌陀經講經文と我が國浮士文學，川口久雄，金澤大學法文學部論集（文學篇），第 16 卷，1969 年。

敦煌本舜子變再論補正，金岡照光，東洋大學文學部紀要，第 27 號，1969 年。

新校重訂敦煌寫本《十空贊》表隱，陳祚龍，東洋文化論集：福井博士頌壽紀念，福井博士頌壽記念論文集刊行會編，早稻田大學出版部，1969 年。

WU, Chi－yu（吳其昱），禪月集補遺，東洋文化論集：福井博士頌壽紀念，福井博士頌壽記念論文集刊行會編，早稻田大學出版部，1969 年。

1970 年

菩萨与妖精，萨孟武，西游记与中国古代政治，三民书局，1970 年。

南明诗僧函可考证，王在民，千山剩人和尚语录，香港金坛印务公司，1970 年。

阿字和尚年谱，王在民，千山剩人和尚语录，香港金坛印务公司，1970 年。

寒山的禅境与诗情，陈鼎环，寒山诗集，附丰干、楚石、拾得、石树原诗，文峰出版社，1970 年。

谈敦煌学，苏莹辉，敦煌论集，学生书局，1970 年 8 月。

关于变文的题名·结构和渊源，曾永义，现代文学，第 38 期，巨流图书公司，1970 年。

试论敦煌曲之起源、内容与修辞，方瑜，现代文学，第 38 期，巨流图书公司，1970 年。

杨衒之和"洛阳伽蓝记"，章江，自由青年，第 43 卷第 3 期，1970 年 3 月。

佛教与中国诗歌，葛连祥，中国诗季刊，第 1 卷第 2 期，1970 年 6 月。

十八层地狱与森罗殿（二），香花庵，春秋，第 13 卷第 1 期，1970 年 1 月。

敦煌学与图书馆学，苏莹辉，敦煌论集，学生书局，1970 年 8 月。

北平图书馆与敦煌学，苏莹辉，敦煌论集，学生书局，1970

年8月。

敦煌发现藏经之谜，苏莹辉，敦煌论集，学生书局，1970年8月。

敦煌学在日本，苏莹辉，敦煌论集，学生书局，1970年8月。

我如何写《敦煌学概要》，苏莹辉，敦煌论集，学生书局，1970年8月。

论敦煌本史传变文与中国俗文学，苏莹辉，敦煌论集，学生书局，1970年8月。

敦煌艺文略，苏莹辉，敦煌论集，学生书局，1970年8月。

简评巴宙辑《敦煌韵文集》，苏莹辉，敦煌论集，学生书局，1970年8月。

北宋释子之文论，郭绍虞，中国文学批评史（上卷），明伦出版社，1970年11月。

寒山在东方和西方文学界的地位，钟玲，"中央"日报（副刊），1970年3月8—12日；中国诗季刊，第3卷第4期，1972年。

R'ecent travaux sur Touen – houang, P. Demi éville, *T'oung pao* XL 1, 1970.

Nāgārjuna, One or More? A New Interpretation of Buddhist Hagiography, Jan Yün – hua, *History of*, *Religions* 10, 1970.

Les Entretiens de Lin – tsi（临济录），Demiéville, Paul（戴密微），*Hermès* 7：61 – 80, 1970.

Le Recueil de la Salle des patriarches（Tsou – t'ang tsi）（祖堂集），Demiéville, Paul（戴密微），*TP* 56, 4/5：241 – 261, 1970.

The Image of the Perfect Ruler in Early Taoist Messianism：Lao –

tzu and Li Hung（早期道教弥赛亚主义中完美统治者的形象——老子和李弘），Seidel, Anne（索安），*History of Religions* 9：216 - 47，1970.

醍醐寺本遊仙窟·譯文稿，平井秀文訓譯，福岡，教育大學紀要（文科編），第 19 卷，1970 年。

ソヴエ－－トにある敦煌資料——日本文學との關係——，川口久雄，文學，第 38 卷第 12 期，1970 年 12 月。

敦煌本舜子變文董永變文と我が國說話文學，川口久雄，東方學，第 40 卷，1970 年。

梁高僧傳の構成，田中敬信，印度學佛教學研究，第 19 卷第 1 期，1970 年。

ソヴエ－－トにある敦煌資料——日本文學との關係——，川口久雄，文學，第 38 卷第 12 期，1970 年 12 月。

1971 年

北平衣字三十三号变文考，罗宗涛，文海，第 17 期，1971 年 5 月。

释"立铺"，马泰来，饶宗颐教授南游赠别论文集，饶宗颐教授南游赠别论文集编辑委员会，1971 年。

从变文到弹词，郑振铎，中国文学研究，香港古文书局，1971 年。

中唐诗里的佛教成分，谢扶雅，南华小住山房文集，香港南天书业公司，1971 年。

陶渊明是中国诗禅的开宗主，詹励吾，中华诗学，第 5 卷第 6

期，1971 年 11 月。

地狱观念在中国小说中的运用和改变，量斋，纯文学，第 9 卷第 5 期，1971 年 5 月。

苏曼殊及其燕子龛诗，熊润桐，新夏，第 15 期，1971 年。

西游记中若干情节本源的探讨——读《慈恩传》札记，曹仕邦，中国学人，第 1 期，1971 年。

苏东坡与道佛之关系（上），曹树铭，"中央"图书馆馆刊，新第 3 卷第 2 期，1971 年。

苏东坡与道佛之关系（下），曹树铭，"中央"图书馆馆刊，新第 3 卷第 3 – 4 期，1971 年。

《敦煌变文》总论，邱镇京，敦煌变文述论，商务印书馆，1971 年 4 月；1975 年 10 月 2 版。

变文之内容及种类，邱镇京，敦煌变文述论，商务印书馆，1971 年 4 月；1975 年 10 月 2 版。

变文之体裁与结构，邱镇京，敦煌变文述论，商务印书馆，1971 年 4 月；1975 年 10 月 2 版。

变文之价值及影响，邱镇京，敦煌变文述论，商务印书馆，1971 年 4 月；1975 年 10 月 2 版。

敦煌所出变文现存目录，邱镇京，敦煌变文述论，商务印书馆，1971 年 4 月；1975 年 10 月 2 版。

俗讲中的讲经文，邵红，敦煌石室讲经文研究，1971 年 12 月。

现存的讲经文，邵红，敦煌石室讲经文研究，1971 年 12 月。

各本讲经文校记补正，邵红，33，敦煌石室讲经文研究，1971 年 12 月。

现代日本学者对寒山诗的评价与解释：津田左右吉博士的寒山诗评，张曼涛，狮子吼，第 11 期，1971 年。

The Historical Context for the Tun – huang Pien – Wen, Eugene Eoyang, *Literature East and West* 15, 1971.

Pien – wen chantefable and Aucassin et Nicoltte, Ch'en Li – li, *Comparative Literature* XXⅢ, 1971.

Arts of China: Buddhist Cave Temples: New Researches (Book Review), Wilma Fairbank, *Pacific Affairs* 44, 1971.

Holmes Welch: The Buddhist Revival in China (Harvard East Asian Series, 33), H. Inagaki, *Bulletin of the School of Oriental and African Studies* 34, 1971.

The Original Structure of The Correspondence Between Shih Hui – Yüan and Kumārajīva, R. G. Wagner, *Harvard Journal of Asiatic Studies* 31, 1971.

Han Shan and Shih – Te, Mori ōgai, D. A. Dilworth, J. T. Rimer, *Monumenta Nipponica* 1, 1971.

醍醐寺本遊仙窟の和訓について，宇都宮睦男，廣島，鈴峰女子短期大學人文社會科學研究所集報，第 18 卷，1971 年。

近年臺灣の敦煌研究文獻三種——《敦煌論集》《敦煌變文考》《敦煌變文述論》等，金岡照光，東洋學報，第 54 卷第 2 號，1971 年 9 月。

題畫文學と唱導文學，川口久雄，金澤大學法文學部論集（文學篇），第 19 卷，1971 年。

<大宋高僧傳>から<大明高僧傳>へ－－十科の崩壞と高僧傳の斷絕>，安藤智信，宋代禪宗史の研究：中國曹宗と道元

禪，大東出版社，1971 年。

1972 年

贾宝玉的痴情、任性和出家，罗盘，小说写作研究，1972 年，第 4 期。

苏曼殊的生平及其译著，张玉法，新知，第 1 卷第 6 期，1972 年。

大藏经与紫柏，梁永康，内明，1972 年 1 月。

变歌、变相与变文，罗宗涛，中华学苑，第 7 期，台北政治大学中国文学研究所，1972 年 3 月。

洛阳伽蓝记校注，田素兰，师范大学国文研究所集刊，第 16 期上，1972 年 6 月。

陶渊明的思想与禅境，詹励吾，慧炬，1972 年 12 月。

空海的《文镜秘府论》与《文心雕龙》的关系，黄锦鋐，内明，第 3、4 期，1972 年 6 月。

从变文到诸宫调鼓子词，田士林，中国戏剧发展史略，商务印书馆，1972 年。

敦煌讲经变文浅说（上），罗宗涛，"中央"日报（第 9 版），1972 年 9 月 23 日。

敦煌讲经变文浅说（下），罗宗涛，"中央"日报（第 9 版），1972 年 9 月 24 日。

寒山在东方与西方文学界的地位，钟玲，中国诗季刊，1972 年。

Ballads and Stories From Tung – huang, an anthology. Arthur

Waley, J. I. Crump, *Journal of Asian Studies* 21 (3), 1972.

Outer and Inner Forms of Chu – Kung – tiao, with Reference to Pien – wen, Tz'u and Vernacular Fiction, Li – li Ch'en, *Harvard Journal of Asiatic Studies* 32, 1972.

The Comic Perspective in Zen Literature and Art, M. Conrad Hyers, *The Eastern Buddhist* 1, 1972.

The Han – Shan Poems, Philip Holmes, *The Agni Review* 1, 1972.

Tsung – Mi, His Analysis of Ch'an Buddhism, Jan Yün – Hua, *T'oung Pao*, 58, 1/5, 1972.

An Early Chinese Confessional Prose: Shen Fu's Six Chapters of a Floating Life, Milena Doleželová – Velingerová and Lubomír Doležel, *T'oung Pao* 58, 1972.

六朝詩人の佛教受容—（1），川上忠雄，千葉商大論叢（A 一般教養篇），1972 年 12 月。

弘明集と洛陽伽藍記，服部克彦，佛教文化研究所紀要（龍 谷大），第 11 卷，1972 年。

近世小說の樣式について——變文の影響を中心として，内 田道夫，文化，第 22 卷第 5 期，1972 年 9 月。

斷鴻零雁記——蘇曼殊・人と作品——，蘇曼殊著，飯塚朗 譯，東京平凡社（東洋文庫），第 364 卷，1972 年。

淨土教の研究，石田充之博士古稀記念論文集，永田文昌堂， 1972 年。

持誦金剛經靈驗功德記私考，河內昭圓，大谷大學所藏敦煌 古寫經，京都，1972 年。

The Life of Lin – chi I – hsuan., Yanagida Seizan. *Eastern*

Buddhist 5（Oct. ，1972）：70 - 94.

1973 年

谭嗣同与佛学，蓝吉富，新夏，第 27 期，1973 年。

苍雪诗异文，郑骞，书目季刊，第 7 卷第 2 期，1973 年 12 月 16 日。

王阳明与了庵和尚（日译中），苏振申，华学月刊，第 3 期，1973 年。

宋初九僧与九僧诗，黄启方，国语日报·书和人（双周刊），第 197 期，1973 年。

敦煌变文题材考四种，罗宗涛，书目季刊，第 3 卷第 3 期，1973 年 1 月。

关于唐代的变文，陈森甫，反攻，第 364 期，1973 年 7 月。

刘勰与佛教关系的探讨，李丰楙，慧炬，第 108、109 期，1973 年 2 月。

佛教入华后对中国文学之影响，陈修敏，内明，第 16、17 期，1973 年 8 月。

佛教入华后对中国文学之影响，黄丽华，内明，第 19 期，1973 年 10 月。

佛教入华后对中国文学之影响，蔡清霖，内明，第 20 期，1973 年 11 月。

佛教的故实影响于中国小说的初探（上），台静农，科学发展，第 2 卷第 1 期，1973 年 1 月。

佛教对中国白话文学的影响，陈德华，慧炬，第 126、127 期，

1973 年。

谈变文，思潜，台湾中华日报，第 10 版，1973 年 2 月 1 日。

王维诗中的佛家思想，卢桂霞，古今谈，第 100 期，1973 年。

变文题材考，罗宗涛，敦煌讲经变文研究，文史哲出版社，1973 年 8 月。

变文用韵考，罗宗涛，敦煌讲经变文研究，文史哲出版社，1973 年 8 月。

变文语体考，罗宗涛，敦煌讲经变文研究，文史哲出版社，1973 年 8 月。

变文仪式考，罗宗涛，敦煌讲经变文研究，文史哲出版社，1973 年 8 月。

变文时代考，罗宗涛，敦煌讲经变文研究，文史哲出版社，1973 年 8 月。

Poetry as Contemplation：T'ao Ch'ien's Homing and William Wordsworth's Tintern Abbey（陶潜与华滋华斯之沈思诗——"归去来辞"与"亭藤僧院"），Lucien Miller（米乐山），中国文化研究所学报，第 6 卷 2 期，1973 年。

释云辩及其诗文，陈祚龙，华学月刊，第 24 期，1973 年。

禅与中国诗论之关系，周维介，贝叶，第 7 卷，1973 年。

陶渊明形影神诗三首并序笺证，王叔岷，南洋大学学报·人文科学，第 7 卷，1973 年。

赞宁大师的研究，达安伯（Dalia Albert A.）佛教文化学报，1973 年，第 2 期。

Chinese Poetry and Zen, Iriya Yoshitaka, N. A. Waddell, *The Eastern Buddhist* 1, 1973.

The Prefaces to the Chinese Dharmapadas Fa – chü Ching and Ch'u – yao Ching, Charles Willemen, *T'oung Pao* 1/5, 1973.

"Adieu MAsia Major, an"（"好住孃"）, Demiéville, Paul（戴密微）, *Bulletin of the School of Oriental and African Studies* 36, 2: 271 – 286, 1973.

六朝詩人の佛教受容—（2）, 川上忠雄, 千葉商大論叢（A一般教養篇）, 1973 年 4 月。

六朝詩人の佛教受容—（3）, 川上忠雄, 千葉商大論叢（A一般教養篇）, 1973 年 6 月。

顔延之の儒佛一致論について（1）, 小林正美, 中國古典研究（早大）, 第 19 卷, 1973 年。

資料紹介"ジャック・ジエルネ・吳其昱編ペリオ將來敦煌漢文寫本目錄", 金岡照光佛教藝術, 第 96 卷, 1973 年。

敦煌本舜子變再論補正, 金岡照光, 東洋大學文學部紀要, 第 27 卷, 1973 年。

"靈異記" と "冥報記" について, 入部正純, 文藝論叢, 1973 年, 第 1 卷。

《唐三藏出身全傳》考, 太田辰夫, 神戶外大論叢, 第 24 卷第 1 期, 1973 年 6 月。

宋僧贊寧佛教史觀, 丸田教雄, 龍谷大學佛教文化研究所紀要, 第 12 期, 1973 年。

牧田諦亮《高僧傳の成立（上）》, 《東方学報》第 44 號, 1973 年。

牧田諦亮《高僧傳の成立（下）》, 《東方学報》第 48 號, 1975 年。

1974 年

苏东坡与红莲，柳庵，中国文选，第 76 期，1974 年 8 月。

评王安石拟寒山拾得诗二十首，胡钝俞，中国诗季刊，第 4 卷第 1 期，1974 年 3 月。

变文双恩记试论，潘重规，香港新亚书院学术年刊，第 15 期，1974 年 9 月。

唐代的变文小说词赋，刘中龢，新文艺，第 215 期，1974 年 2 月。

唐代俗讲的仪式，罗宗涛，书和人，第 235 期，1974 年 4 月。

敦煌劫余录序，陈寅恪，陈寅恪先生论文集（下），三人行出版社，1974 年 5 月 30 日。

Animal Symbolism in Early Buddhist Literature and Art, Balkrishna G. Gokhale, *East and West* 24, 1974.

Ch'an, Illusion, and Sudden Enlightenment in the Poetry of Yang Wan-li, J. D. Schmidt, *T'oung Pao* 60, 1974.

1975 年

佛教故实与中国小说，台静农，东方文化，第 13 卷第 1 期，1975 年；中国文学史论文选集（三），学生书局，1979 年。

梁高僧传笺证，明复，中国佛教，第 19 卷，1975 年。

陶诗形影神与佛氏心理分析，郝毅民，明报，第 10 卷第 10 期，1975 年。

关于五代名僧云辩的"诗"与"偈"——云楼杂简之三，陈祚龙，东方杂志，复刊第 9 卷第 2 期，1975 年。

新校重订敦煌古钞释亡名的《绝学箴》，陈祚龙，海潮音，第 56 卷第 1 期，1975 年。

魏晋南北朝的鬼小说与小说鬼，叶庆炳，中外文学，第 3 卷第 12 期，1975 年 5 月。

佛经文学对中国文学的影响，蔡尚志，慧炬，第 130、131 期，1975 年 2 月。

（隋唐五代）变文，孟瑶，中国文学史，大中国图书公司，1975 年 8 月。

山河大地在诗佛——王维诗之特色与成就，李正治，鹅湖，第 1 卷第 6 期，1975 年。

饶宗颐戴密微合著：敦煌曲，杨联陞，清华学报，新第 10 卷第 2 期，1975 年 7 月。

敦煌曲评介，苏莹辉，中国文化研究所学报，第 7 卷第 1 期，香港中文大学，1975 年 12 月。

敦煌石室的佛经变文，邵红，书目季刊，1975 年。

Li Clodo du Dharma：25 Poèmes de Han – shan, Calligraphies de Li, kwork – wing, Pimpaneau, Jacques, trans. , *Centre de publication Asje orientale*, 1975.

Wang Fan – chih, Stephen Owen, *Sunflower*, 1975.

Han – shan, Liu Wu – Chi, *Sunflower*, 1975.

Narrative Structure and the Problem of Chapter Nine in The "Hsi – Yu Chi", Anthony C. Yu, *The Journal of Asian Studies* 34, 1975.

Records of the Life of Ch'an Master Pai – chang Huai – hai, Yi T'ao – t'ine, *The Eastern Buddhist* 1, 1975.

洛陽伽藍記，船木勝馬，史學雜誌，第 84 卷第 9 期，1975 年。

"洛陽伽藍記"の"四庫提要"をあぐつて，福井文雅，中國古典研究（早大），第 20 卷，1975 年。

增補寶卷の研究，澤田瑞穗，圖書刊行會，第 462 卷，1975 年。

敦煌本贊偈類數則，金岡照光，東方宗教，第 46 期，1975 年。

1976 年

从文学说到佛教文艺，萧杏华，内明，第 48 期，1976 年 3 月。

诗与禅的异同，黄永武，幼狮月刊，第 44 卷第 3 期，1976 年。

"五更调"俗曲曲词的蜕变，胡红波，成功大学学报，1976 年 5 月。

禅学之兴盛及其特性，杜松柏，禅学与唐宋诗学，黎明文化事业公司，1976 年。

以诗写禅，杜松柏，禅学与唐宋诗学，黎明文化事业公司，1976 年。

以禅入诗，杜松柏，禅学与唐宋诗学，黎明文化事业公司，1976 年。

禅学与诗学之合流，杜松柏，禅学与唐宋诗学，黎明文化事业公司，1976 年。

以禅论诗之精义，杜松柏，禅学与唐宋诗学，黎明文化事业公司，1976 年。

由禅学论诗之创作，杜松柏，禅学与唐宋诗学，黎明文化事业公司，1976 年。

由禅学论诗之批评，杜松柏，禅学与唐宋诗学，黎明文化事业公司，1976 年。

唐宋诗中之禅趣，杜松柏，禅学与唐宋诗学，黎明文化事业公司，1976 年。

敦煌石室的历史故事——廿一种文学作品初探，邵红，文学评论，第 1 期，1976 年。

敦煌石室的佛经变文，邵红，书目季刊，第 9 卷第 1 期，1976 年。

敦煌变文"庐山远公话"成立的时代，罗宗涛，中华学苑，第 16 期，1976 年。

王维禅诗的园林思想，田博元，幼狮文艺，第 44 卷第 2 期，1976 年。

元代释教剧，高大鹏，夏潮，第 1 卷第 5 期，1976 年 8 月。

古代回鹘文《玄奘传》卷十，铁兹江，匈牙利东方学报，第 30 期，1976 年。

Chiao – jan, Yen chen – ch'ing and theircircie, David Pollach, *Linked Verse*, 1976.

Une descente aux enfers sous les T'ang：la biographie de Houang Che – k'iang（唐代游冥记——《黄仕强传》），Demiéville, Paul（戴密微），in *études d'histoire et de littérature chinoises：offertes au Professeur Journal Asiatique*, roslav Prušek, Paris：Presse universitaire de France，pp. 71 – 85，1976。

關於古小說鉤沉本《述異記》，鳥羽田重，漢文學會會報（國學院大學），第 22 期，1976 年。

直感應傳について，吉田隆英，集刊東洋學，第 35 期，1976。

顏延之の儒佛一致論について（2），小林正美，中國古典研究（早大），第 21 期，1976 年。

謝靈運と宗柄—"畫山水序"，をめぐつて（中國人の自然觀），集刊東洋學（東北大），第 35 期，1976 年。

唐臨と"冥報記"について，内山知也，大東文化大學，漢學會志，第 15 期，1976 年。

敦煌の佛教文學，金岡照光，三康文化研究所報，第 9 期，1974 年。

晚年の王維（上）（下），入穀仙介，中文學報，第 18、19 期，1963 年。

1977 年

敦煌唐人诗集残卷，舒学辑，文物资料丛刊，第 1 辑，1977 年。

关于小说戏剧的来源，马汉茂，中国古典文学研究丛刊，1977 年 10 月。

佛教对中国小说文学的影响，东初，海潮音，第 58 卷第 10 期，1977 年。

佛经俗讲与小说，谈锦永，内明，第 48 期，1977 年 3 月。

降魔变的思想背景，堂弃，雄狮美术，第 63 期，1977 年

5 月。

敦煌变文成立时代新探，罗宗涛，人文学报，第 2 期，1977 年 7 月。

李卓吾的生平与佛教思想，江灿腾，中华佛学学报，第 3 期，1977 年。

毗沙门天王父子与中国小说之关系，柳存仁，新亚学报，第 3 卷第 2 期，1958 年 2 月；和风堂读书记，香港龙门书店，1977 年 6 月。

文心雕龙与佛儒二教义理论集，石垒，香港九龙云在书屋，第 187 卷，1977 年。

关于唐玄宗御注金刚经，陈祚龙，狮子吼，第 16 卷第 8 期，1977 年。

柳宗元与佛教之关系，苏文擢，大陆杂志，第 55 卷第 5 期，1977 年。

寒山诗的流传，钟玲，香港明报月刊，第 139 期，1977 年。

新集中世敦煌三宝感通录，陈祚龙，敦煌学海探珠，商务印书馆，1977 年。

The Tun – huang Version of the Meng Chiang – nu Story，Ch'iu – Kuei Wang，*R. O. C. Asian Culture Quarterly* Vol. v，No. 4，1977.

Hanshan, Gedichten Van De Koude Berg, Zen – Poëzie, Vert. Envan Nawoord Voorzien Door W. L. Idema, *Chinese Bibliotheek Deel* 8, 1977.

Whose Moutain Is This Gary Smyder's Translations of Han Shan, L Chung, *Renditions* 7, 1997.

Late Han Vernacular Elements in the Earlier Buddhist Translations,

Erik Zurcher, *Journal of the Chinese Language Teachers Association* 12,
1977.

變·變相·變文劄記，金岡照光，東洋學論叢（東洋大學文
學部紀要第三〇集 1 佛教學科·中國哲學文學科篇 II），1977 年。

《祖堂集》の編成，椎名宏雄，宗學研究，第 21 期，1977 年。

The Power of Recitation: An Unstudied Aspect of Chinese
Buddhism. Jan, Yun – hua. *Studi Stoirico Religiosi* ［Studies on Religious
Stories］ II 2（1977）: 289 – 299.

1978 年

杜甫的佛教信仰，吕澂，历史研究，1978 年，第 6 期。

敦煌早期壁画的民族传统和外来影响，段文杰，文物，1978
年，第 12 期。

清初士大夫禅悦之风与红楼梦的关系（一）（二），张毕来，
社会科学战线，1978 年，第 1、2 期。

杜甫的佛教信仰，刘佳等，人民戏剧，1978 年，第 5 期。

敦煌抄本与俗文学的研究（上）（下），湘念，"中央"日报，
第 10 版，1978 年 5 月 18—19 日。

禅宗成立前后中国诗与诗学之比较，杜松柏，中外文学，第 7
卷第 6 期，1978 年。

禅与诗——由神秀慧能的偈诗谈起，杜松柏，海潮音，第 59
卷第 9 期，1978 年。

诗境与禅机，陈月霞，慧炬，第 166 期，1978 年 4 月；艺坛，
1980 年，第 1 期。

巴黎藏敦煌本"白泽精怪图"及"敦煌二十咏"考述，林聪明，东吴文史学报，第 2 期，1978 年 3 月。

"左街僧录大师压座文"校记，曾锦彰，中国学人，第 6 期，1978 年 9 月。

从变文到弹词，刘经菴、徐傅霖等，中国俗文学论文汇编，西南书局，1978 年 5 月 1 日。

宝卷：佛教的通俗文学，曾子良，中国时报，第 12 版，1978 年 9 月 4 日。

红楼梦的僧侣读者，赵冈，中国时报，第 12 版，1978 年 2 月 3 日。

八指头陀诗选评，胡钝俞，夏声，第 150 期，1978 年。

《月明和尚柳翠》之表演雏型及其演变，胡可立，中华文化复兴月刊，第 10 卷第 1 期，1978 年。

明代天目山大和尚——蕅益大师，维思，浙江月刊，第 10 卷第 12 期，1978 年。

蕅益大师（释智旭）山居诗之园林思想，释晓云，中华文化复兴月刊，第 10 卷第 4 期，1978 年。

柳翠剧的两种类型，胡可立，文学评论，第 4 辑，1978 年 5 月。

佛曲俗文与变文，刘经菴、徐傅霖等，西南书局，中国俗文学论文汇编，1978 年 5 月 1 日。

唱导的教学方法，罗宗涛，学粹，第 19 卷第 4、5 期，1978 年 10 月。

讲经变文与讲史变文关系之试探，罗宗涛，幼狮月刊，第 46 卷第 3 期，1978 年 9 月。

敦煌变文体裁述略，罗宗涛，中华学苑，第 19 期，1978 年 3 月。

佛曲序录，郑木铃，中国俗文学论文汇编，西南书局，1978 年 5 月。

佛学与中国文学，李玲惠，慧炬，第 163、164 期，1978 年 2 月。

论王维诗中的禅宗思想，陈允吉，文艺论丛（十），1978 年。

泛谈中国戏曲与中外文化，金东方，明报，第 13 卷第 5 期，1978 年 5 月。

由禅学阐论严沧浪之诗学，杜松柏，中华学术院文学论集，1978 年 1 月 7 日。

儒道二家论神与文学批评之关系，郭绍虞，燕京学报，1978 年，第 4 期。

《名僧传》与《名僧传抄》，苏晋仁，中国佛教史学史论集，大乘文化出版社，1978 年。

佛教的文艺大师——马鸣菩萨，印顺法师，现代佛教学术丛刊，第 49 册，大乘文化出版社，1978 年。

孟浩然与孟郊的咏僧学佛诗，张健，中外文学，第 6 卷第 11 期，1978 年。

Han – shan: Puileyblank, E. G. *Studies in Chinese Poetry and Poetics*, Volume 1, Ronald Miao, ed., Chinese Materials Center, 1978.

Linguistic Evidence for the Date of Han – shan: Puileyblank, E. G. *Studies in Chinese Poetry and Poetics*, Volume 1, Ronald Miao, ed. Chinese Materials Center, 1978.

Ghosts, Gods, and Retribution: Nine Buddhist Miracle Tales from

Six Dynasties and Early T'ang China, Ch'en Kenneth K. S., *Asian Studies Committee Occasional Papers Series* 2, 1978.

Emperor as Bodhisattva in The Governance of The Ch'ing Empire, David M. Farquhar, *Harvard Journal of Asiatic Studies* 38, 1978.

Two Zen Artists: Potter and Poet, Lucien Stryk, *The Antioch Review*, Spring 2, 1978.

Scroll Presentation in The T'ang Dynasty, Victor H. Mair, Harvard *Journal of Asiatic Studies* 1, 1978.

Is Poetry a Sin? —Honjisuijaku and Buddhism versus poetry, Herbert Eugen Plutschow, *Oriens Extremus* 2, 1978.

Lyric Vision in Chinese Narrative Tradition: A Reading of Hung - lou Meng and Ju - Lin Wai - Shih, Andrew H. Plaks, in *Chinese Narrative: Critical and Theoretical Essays*, Princeton University Press, 1978.

Method and Intuition: The Poetic Theories of Huang T'ing - chien, Adele Austin Rickett, *Chinese Approaches to Literature from Confucius to Liang Ch'i - Ch'ao*, Adele Austin Rickett, ed., Princeton: Princeton University Press, 1978.

王维诗"以禅入诗"之特色,(韩)柳晟俊,韩国文学报,1978 年,第 5 期。

唐代文學と佛教の研究,平野顯照,大谷大學中國文學會研究叢刊,tx 429 期,朋友書店,1978 年 5 月。

增補寶卷の研究,酒井忠夫,近代中國,第 4 卷,1978 年。

關於宋版《龐居士語錄》——西明寺《龐居士語錄》之介紹及其資料價值,石川力山,禪文化研究所紀要,第十五號,

1978 年。

雪竇頌古の世界，柳田聖山，禪文化研究所紀要，1978 年。

王梵志诗のつ两侧面，游佐升，大正大学大学院研究论集，2，1978 年。

1979 年

经变的起源、种类和所反映佛教上宗派的关系，阎文儒，社会科学战线，1979 年，第 4 期。

回鹘文玄奘传第七卷研究，耿世民，民族语文，1979 年，第 4 期。

刘勰《灭惑论》撰年考，杨明照，古代文学理论研究，1979 年，第 1 辑。

《灭惑论》与刘勰前后期思想变化，王元化，历史学，1979 年，第 2 期。

新校重订敦煌古钞释良价的诗歌与偈子，陈祚龙，敦煌学海探珠，商务印书馆，1979 年。

宋元明讲唱文学，叶德钧，戏曲小说丛考，中华书局，1979 年。

论汉唐佛学及其对古典哲学与文学的影响，苏渊雷，北方论丛，1979 年，第 3 期。

《洛阳伽蓝记》及作者，林茂兴，河北日报，1979 年 12 月 7 日。

《敦煌变文》研究管见，刁汝钧，陕西师范大学学报，1979 年，第 1 期。

读变文札记，周绍良，文史，第 7 辑，1979 年 12 月。

王维"雪中芭蕉"寓意蠡测，陈允吉，复旦学报，1979 年，第 1 期。

敦煌变文中所见的"了"和"着"，赵金铭，中国语文，1979年，第 1 期。

敦煌变文用韵考，周大璞，武汉大学学报，1979 年，第 3、4、5 期。

曹雪芹所谓的"空"和"情"，周汝昌，北方论丛，1979 年，第 1 期。

鬼戏纵横谈，冯其庸，戏剧艺术论丛，第 1 卷，1979 年。

敦煌变文小考，曹明和，中国文学，第 6 辑，1979 年。

《水浒传》的宗教思想，易持恒，建设，第 27 卷第 10 期，1979 年 3 月。

红楼佛影，张毕来，红楼梦学刊，第 1 辑，1979 年 1 月。

谈敦煌写卷的解读与通俗文学的研究，李殿魁，古典文学第一集，学生书局，1979 年 12 月。

弘法大师与《文镜秘府论》，王利器，中华文史论丛（第 12辑），上海古籍出版社，1979 年。

敦煌变文札记，周绍良，文史（第 7 辑），中华书局，1979 年。

从变文到诸宫调（上）（下），黄骏丰，大华晚报，第 7 版，1979 年 4 月 1、8 日。

从《聊斋》一书看蒲松龄的佛教倾向，罗敬之，中国佛教，第 22 卷第 8 期，1979 年。

从敦煌古写本文书中看雅俗作品的相互关系，苏莹辉，"中央"图书馆馆刊，第 11 卷第 2 期，1979 年 12 月。

唐代俗讲及其底本，曾锦潭，香港浸信会学院学报，第 5 期，1979 年。

明苍雪大师《南来堂诗集》及王培孙氏之笺注，李猷，东方杂志，第 11 卷第 6 期，1979 年。

历代高僧故事——诗僧苍雪，彭楚衍，慈云，第 3 卷第 2、3 期，1979 年。

敦煌变文校录，潘重规，华冈文科学报，第 32 期，1979 年。

敦煌变文新论，潘重规，幼狮月刊，第 49 卷第 1 期，1979 年 1 月；敦煌变文论辑，石门图书公司，1982 年。

佛经翻译与白话文学，智铭，内明，第 85 期，1979 年。

禅家宗派与江西诗派，杜松柏，文史学报（中兴大学），第 8 期，1979 年。

谈押座文（一），幻生，菩提树，第 322 期，1979 年 9 月。

中国戏剧源于宗教仪典考，龙彼得著，王秋佳、苏友贞译，中外文学，第 7 卷第 12 期，1979 年。

敦煌讲经变文的变——讲经变文运用佛经的方法，罗宗涛，幼狮学志，第 15 卷第 4 期，1979 年 12 月。

刘勰文艺思想以佛教为根柢辩，潘重规，幼狮学志，第 15 卷第 3 期，1979 年。

《景德传灯录》的编者问题，大华，海潮音，第 60 卷 11 期，1979 年。

Beyond the Birds of Appetite：Thomas Merton's Encounter with Zen，Larry A. Fader，*Biography* 3，1979.

Une copie Asia Major，idique du T'ien – t'ai Tche – tchö tache fa –

yuan wen（une étude sur le manuscrit P. 3183）［一件《天台智者大师发愿文》的阿弥陀信仰抄本（P. 3183 号敦煌写本研究）］，Magnin Paul（梅弘理），in *Contributions aux études sur Touen - houang*，Genève，Michel Soymié，ed.，Paris：Librairie Droz，p. 99 - 114，1979.

"世說新語"成立の宗教的背景，福井文雅，加賀博士退官紀念中國文史哲學論集，1979 年 3 月。

謝靈運と頓悟，中西久味，森三樹三郎博士頌壽記念東洋學論集，1979 年 12 月。

1980 年

简论敦煌民间词文和故事赋，张鸿勋，社会科学，1980 年，第 1 期。

支道林思想之研究，刘贵杰，华冈佛学学报，1980 年，第 4 期。

回鹘文玄奘传研究（二），耿世民，中央民族学院学术论文（民族研究），1980 年，第 3 辑。

微妙比丘尼变初探，史潇湘，敦煌学辑刊，1980 年，第 1 辑。

明末四僧之一——紫柏尊者，彭楚珩，生力月刊，1980 年 6 月。

佛教与中国古代文学的关系，钱仲联，江苏师范学院学报，1980 年，第 1 期。

试论柳宗元的"综合儒释"思想，孙昌武，中国哲学史研究集刊，1980 年，第 1 辑。

敦煌莫高窟中的《福田经变》壁画，史苇湘，文物，1980 年，第 9 期。

大理感通寺与担当和尚，杨中兴，边疆文艺，1980 年，第 3 期。

论敦煌词曲所见之禅宗与净土宗，龙晦，世界宗教研究，1980 年，第 3 期。

柳宗元与佛教之关系，苏文擢，文艺论丛，第 10 辑，上海文艺出版社，1980 年。

批判胡适的《西游记考证》，冯沅君，古典文学论文集，山东人民出版社，1980 年。

论佛老思想对苏轼文学的影响，刘乃昌，四川大学学报丛刊，第 6 辑，1980 年。

唐诗僧皎然卒年考辨，刘曾遂，杭州大学学报，1980 年，第 4 期。

毁僧谤道与悬崖撒手——从贾宝玉出家看曹雪芹的思想矛盾，林冠夫，红楼梦学刊，第 3 辑，1980 年。

敦煌变文和《景德传灯录》中"了"字的用法，潘维桂、杨天戈，语言论集，第 1 辑，1980 年。

读蒋礼鸿《敦煌变文字义通释》札记，吴小如，文献，第 1 辑，1980 年。

寒山子和他的诗，李敬一，江汉论坛，1980 年，第 1 期。

敦煌写本王梵志诗浅论，张锡厚，文学评论，1980 年，第 5 期。

王维诗歌的禅意与画意，袁行霈，社会科学战线，1980 年，第 2 期。

龚自珍的戒诗与学佛，杨天石，复旦学报，1980年，第3期。

论魏晋至唐关于艺术形象的认识——兼论佛学输入对于艺术形象理论的影响，敏泽，文学评论，1980年，第1期。

什么是变文，白化文，古典文学论丛，第2辑，1980年。

敦煌发现的话本一瞥，张鸿勋，社会科学，1980年，第4期。

关于俗讲的几个问题，刘铭恕，郑州大学学报，1980年，第4期。

小说识小录·变文，戴不凡，小说闻见录，浙江人民出版社，1980年。

严羽诗禅说析辨，郁沅，学术月刊，1980年，第7期。

韩愈排佛老议，唐振常，中国文学论丛，第1辑，齐鲁书社，1980年。

敦煌文学的历史贡献，张锡厚，文学评论丛刊，第9辑，1980年。

寺院里的俗讲、通俗文学，胡士莹，话本小说概论，第1章第3、4节，中华书局，1980年。

变文，中国文学史，第4编第9章第2节，六省十一院校合编，黑龙江人民出版社，1980年。

《双恩记》变文残本，扬州师范学院学报，1980年，第2、3期。

敦煌写本王梵志诗校注，赵和平、邓文宽，北京大学学报，1980年，第5—6期。

论《文心雕龙》的纲，马宏山，中国社会科学，1980年，第4期。

清代湘潭诗僧——八指头陀，何崇恩，湘潭大学学报，1980

年，第 1 期。

汉三国晋南北朝时期佛典翻译文学，顾随，河北大学学报，1980 年，第 3 期。

沈尹默书曼殊上人诗稿，吴泰昌，解放日报，1980 年 8 月 28 日。

苏曼殊论，任访秋，河南师范大学学报，1980 年，第 2 期。

"铁槛寺与馒头庵"说，弘释，红楼梦学刊，第 1 辑，1980 年。

唐初白话诗人王梵志考略，张锡厚，中华文史论丛，第 16 辑，上海古籍出版社，1980 年。

寒山子诗歌的创作年代，王运熙、杨明，中华文史论丛，第 16 辑，上海古籍出版社，1980 年。

思托撰鉴真和尚原传述略，汪向荣，中华文史论丛，第 14 辑，上海古籍出版社，1980 年。

略论玄奘在中国翻译史上的贡献，杨廷福，中华文史论丛，第 13 辑，上海古籍出版社，1980 年。

浅言现存两种最古僧传的传记分类和编次，曹仕邦，香港佛教，第 204 期，1980 年。

唐诗中的禅趣，邱燮友，古典文学，第二辑，台湾中国古典文学研究会编，学生书店，1980 年 12 月。

关于敦煌古钞《九观想诗》两种，陈祚龙，海潮音，第 60 卷第 9 期，1980 年。

介绍《心海集》——读敦煌胶卷笔记之五，幻生，内明，第 101 期，1980 年。

敦煌变文集四兽因缘订正，潘重规，大陆杂志，第 59 卷第 4

期，1980 年 10 月。

敦煌"不知名变文"新书（一），潘重规，敦煌学，第 4 期，1980 年 7 月。

王梵志诗校录——读敦煌胶卷笔记之六，幻生，内明，第 104 期，1980 年 11 月。

佛学与中国文学，李殿魁，木铎，第 9 期，1980 年 11 月。

唐宋诗中之禅趣，杜松柏，海潮音，第 60 卷第 8 期，1980 年。

The Reception of Cold Mountain's Poetry in the Far East and the United States, L. Chung, *China and the West：Comparative Literature Studies*, Chinese University Press, 1980.

Les Paraboles Bouddhiques Dans la Litterature Chinoise, Mensikov Lev N. , *Bulletin de l'Ecole frangaise d'Extreme - Orient* 67, 1980.

A Buddhist Leader in Ming China：The Life and Thought of Han - shan Tech'ing （Review）, Daniel L. Overmyer, *The Journal of Asian Studies* 3, 1980.

The Life of Hsuan - tsang （Ta Tang Ta Tz'u - ên Ssu San - tsang Fa - shih Chuan） by Hui - li and Yen - ts'ung Resumé of Chapters Ⅶ - Ⅹ, Devahuti, *Annals of the Bhandarkar Oriental Research Institute* 1/4, 1980.

The Use of Verse in the Dun - Huang Bian - Wen, Samuel Hung - nin Cheung, *Journal of Chinese Linguistics* 1, 1980.

The Wu Tzu - hsü Pien - wen and its Sources：Part Ⅱ, David Johnson, *Harvard Journal of Asiatic Studies* 2, 1980.

The Wu Tzu - hsü Pien - wen and Its Sources：Part Ⅰ, David

Johnson，*Harvard Journal of Asiatic Studies* 1，1980.

Zen Literature：Wasting Not，Wanting Not，Lucien Stryk，*The North American Review* 3，1980.

中國の古典文學と宗教，前野直彬，中哲文學會報，第 5 卷，1980 年。

憨山德清の思想，荒木見悟，池田末利博士古稀紀年東洋學論集，池田末利博士古稀紀年事業會，1980 年。

敦煌文献にぁらゎれた童蒙庶民教育伦理——王梵志诗太公家教等中心として，游佐升，大正大学大学院研究论集，第 4 期，1980 年。

1981 年

佛教的审美教育，蒋述卓，社会科学报，1981 年，第 5 期。

近年来佛教美学研究概述，王典宏，华中师范大学学报，1981 年，第 4 期。

从镇澄的诗看镇澄其人，楷锋，五台山研究，1981 年，第 6 期。

张商英与五台山，任东，五台山研究，1981 年，第 6 期。

"归去来"小议，梁晓虹，九江师范专科学校学报，1981 年，第 3 期。

清凉山赞佛诗注释，肖雨，五台山研究，1981 年，第 5 期。

邵红《敦煌石室讲经文研究》内容述要，韩建颂，敦煌学辑刊，1981 年，第 2 期。

汉魏六朝佛经在汉语研究中的价值，俞理明，四川大学学报，

1981 年，第 4 期。

唐以前海赋的研究：以 Eliade 的宗教理论为基础的分析，陈心心、何美宝，中外文学，第 15 卷第 8 期，1981 年 1 月。

祇园传奇：略论一则佛教母题的演化，李奭学，中外文学，第 15 卷第 12 期，1981 年 5 月。

徐文长作《玉禅师》非自喻，萧罗，上海师范学院学报，1981 年，第 2 期。

孝道文学敦煌写卷《十恩德》初探，郑阿财，华冈文科学报，第 13 期，1981 年。

关于《丑女变文》故事（附波斯匿王丑女缘品），史潇湘，阳关，1981 年，第 2 期。

声律论的发生和发展及其在中国文学史上的影响，管雄，古代文学理论研究，第 3 辑，上海古籍出版社，1981 年。

禅宗公案问答的十个格式，吴怡，鹅湖，第 6 卷第 9 期，1981 年。

试谈曹雪芹对宗教的态度，张之，红楼梦学刊，第 3 辑，1981 年。

僧懿及《伐魔诏》一书，黄慧贤，魏晋南北朝隋唐史资料，第三辑，1981 年。

敦煌古抄《梁朝傅大士颂金刚经》之考证和校订，陈祚龙，国际汉学会议论文集，1981 年。

列子与佛经的因袭关系，陈连庆，社会科学战线，1981 年，第 1 期。

论耶律楚材的佛教思想——兼释他的"以佛治心，以儒治国"的济世方针，孟广耀，内蒙古社会科学，1981 年，第 6 期。

明末杰出的云南诗僧——苍雪，孙太初，边疆文艺，1981 年，第 2 期。

一支向南色更丹——明末爱国诗人担当和他的诗，菡芳，昆明师范学院学报，1981 年，第 1 期。

法显与《法显传》，章巽，中华学术论文集，中华书局，1981 年。

敦煌文学的历史贡献——兼谈八十年来敦煌文学的整理和研究，张锡厚，文学评论丛刊，第 9 辑，1981 年。

试论敦煌话本小说及其成就，张锡厚，河北师范学院学报，1981 年，第 3 期。

敦煌讲唱文学的体制及类型初探，张鸿勋，敦煌学辑刊，第 2 集，1981 年；敦煌俗文学研究，甘肃教育出版社，2002 年。

变文考略，胡士莹，宛春杂著，浙江人民出版社，1981 年。

云谣集杂曲子校注，孙其芳，社会科学，1981 年，第 1、3 期。

敦煌变文释词，周光庆，中国语文通讯，1981 年，第 2 期。

敦煌变文语词札记，项楚，四川大学学报，1981 年，第 2 期。

敦煌曲子词用韵考，张金泉，杭州大学学报，1981 年，第 3 期。

论唐代变文的出现及其渊源，冯宇，北方论丛，1981 年，第 6 辑。

略谈"敦煌变文"，王锡仁，甘肃日报，1981 年 11 月 1 日。

王维的佛教信仰与诗歌创作，孙昌武，文学遗产，1981 年，第 2 期。

七十年来之敦煌学研究概述，苏莹辉，珠海学报，第 12 期，

1981 年。

王维与华严宗诗僧道光，陈允吉，复旦学报，1981 年，第 3 期。

王维的佞佛和他的山水诗，曲世川，山东大学文科论文集刊，1981 年，第 4 期。

僧侣作家苏曼殊，潘叔安，中国青年报，1981 年 12 月 6 日。

刘勰为什么要"依沙门僧祐"，张少康，北京大学学报，1981 年，第 6 期。

论龚自珍的佛教信仰及其对创作的影响，管林，华南师范学院学报，1981 年，第 1 期。

龚自珍中年学佛的考察，卢兴基，文学遗产，1981 年，第 1 期。

论佛教的美学思想，严北溟，复旦学报，1981 年，第 3 期。

关于曹雪芹的美学观，韩进廉，红楼梦学刊，1981 年，第 2 期。

瑰丽新颖，多彩多姿——敦煌民间文学漫谈，张鸿勋，飞天，1981 年，第 1、2 期。

浅谈阿銮故事与佛教的关系，方峰群，山茶，1981 年，第 2 期。

梁武帝萧衍与佛教，方立天，世界宗教研究，1981 年，第 6 期。

论《西游记》中神佛与妖魔的对立，陈澍，文献，第 7 辑，1981 年。

龚贤和剩上人——兼谈清朝最早的文字狱：南京函可之狱，白坚，南京艺术学院学报，1981 年，第 1 期。

诗僧苏曼殊，王玉祥，人物，1981 年，第 3 期（总第 7 期）。

苏曼殊试论，王孝廉，西南学院大学文理论集，22 卷 1 号，1981 年 8 月。

关于苏曼殊，柳无忌，人物，1981 年，第 6 期（总第 10 期）。

茫茫烟水著浮身——苏曼殊和曼殊塔〔西湖文人漫忆〕，萧凡，西湖，1981 年，第 6 期。

苏曼殊诗歌简论，曹旭，上海师范学院学报，1981 年，第 4 期。

苏曼殊和《断鸿零雁记》，周天忠，昭通师范专科学校学报，1981 年，第 2 期。

关于苏曼殊的身世，郭烙，百科知识，1981 年，第 10 期。

漫谈苏曼殊，徐重庆，随笔，第 15 辑，1981 年 4 月。

吴敬梓和释道"异端"，陈美林，文史哲，1981 年，第 5 期。

《敦煌写本王梵志诗校注》补正，项楚，中华文史论丛，第 4 辑，上海古籍出版社，1981 年。

敦煌变文研究，王重民，中华文史论丛，第 18 辑，上海古籍出版社，1981 年。

苏曼殊多情似无情，刘心皇，中外杂志，第 28 卷第 6 期，1981 年。

曼殊新考，刘心皇，华冈佛学学报，第 4 期，1981 年。

论苏曼殊的诗，刘心皇，反攻，1981 年，第 12 期。

有关苏曼殊的诗文，华星编，中国诗季刊，第 11 卷第 1 期，1981 年。

论苏曼殊的血统和身世问题，刘心皇，自由谈，第 31 卷第 6 期，1981 年。

苏曼殊诗选评，胡钝俞，夏声，1981 年。

苏曼殊的思想——苏曼殊评价之一，刘心皇，自由谈，第 31 卷第 7 期，1981 年。

论《红楼梦》的"色空观念"，葛楚英，武汉师范学院孝感分院学报，1981 年，第 1 期。

试论《石头记》戚评的佛家思想，翁志鹏，杭州大学学报，1981 年，第 4 期。

宝卷在《金瓶梅》中，蔡国梁，河北大学学报，1981 年，第 1 期。

杜甫题玄武禅师屋壁诗，柳存仁，明报月刊，1981 年 8 月 1 日。

杜甫题玄武禅师屋壁诗（2），柳存仁，明报月刊，1981 年 9 月 1 日。

金山留玉带灵峰悟宿因——苏东坡的佛教因缘，蔡惠明，香港佛教，第 26 期，1981 年。

佛学与诗漫论（一）（二）（三），竺摩，香港佛教，1981 年。

敦煌卷俗写文字与俗文学之研究，潘重规，"中央"研究院国际汉学会议论文集，"中央"研究院，1981 年。

关于中世敦煌流行某些"偈"或"偈子"，陈祚龙，海潮音，第 62 卷第 1 期，1981 年。

敦煌变文中诗歌形式之探讨，罗宗涛，"中央"研究院国际汉学会议论文集，"中央"研究院，1981 年。

论苏曼殊的散文，刘心皇，畅流，第 62 卷第 12 期，1981 年 2 月。

行云流水一孤僧——苏曼殊的感情世界，王孝廉，海潮音，

第 62 卷第 2 期，1981 年 2 月。

论苏曼殊的小说，刘心皇，反攻，第 430 期，1981 年 6 月。

智圆的仁义五常古文说和善善恶恶古诗说，罗根泽，学海出版社，中国文学批评史，1981 年 9 月再版。

敦煌劝学行孝曲词，潘重规，敦煌词谱，石门图书公司，1981 年 3 月。

皇帝菩萨梁高祖——中国历史上最佞佛的皇帝，庄练，文坛，第 258 期，1981 年 12 月。

陶靖节与慧远，吴颐平，辅仁学志文学院之部，第 10 期，1981 年 6 月。

从阳羡书生浅谈佛教对中国魏晋小说的影响，洪念劬，海洲文献，第 3 卷第 2 期，1981 年 9 月。

大藏经上为何未收刘勰传集，高琇国，海潮音，第 62 卷第 8 期，1981 年 8 月。

中印文学关系举例，糜文开，中外文学，第 10 卷第 1 期，1981 年 6 月。

关于《禅诗三百首》，杜松柏，台湾新生报，第 12 版，1981 年 12 月 6 日。

Chinese Poetry and the American Imagination, Orr Gregory, *Ironwood* 18，1981.

Lay Students and the Making of Written Vernacular Narrative：An Inventory of Tun – Huang Manuscripts, Victor H. Mair, *Chinoperl Papers* 10，1981.

The Early Chinese Buddhist Miracle Tale：A Preliminary Survey, Donald E. Gjertson, *Journal of the American Oriental Society*，Vol. 101，

No. 3，pp. 287 – 301，1981.

The Chinese View of Immortality：Its Expression by Chu Hsi and Its Relationship to Buddhist Thought（1942），Derk Bodde，*Essays on Chinese Civilization*，Charles Le Blanc and Dorothy Borei，ed，Princeton：Princeton University Press，1981.

王梵志詩校韻譜，松尾良樹，均社論叢，第 10 期，小川環樹先生古稀紀念號，1981 年。

景德傳燈錄之研究，增永靈鳳，佛光學報，駒澤大學禪宗史研究會編，第 6 期，1981 年。

黃宗羲《三峰禪師塔銘》考—黃梨洲と濟宗法静— 山口久和，人文研究（中國語·中國文學），第 33 卷第 2 期，1981 年 11 月。

六朝志怪に見える鬼について，富永一登，宇部工業高等專門學校研究報，第 27 期，1981 年。

陶淵明と佛教思想，宮澤正順，高校通信東書國語，第 209 期，1981 年。

1982 年

敦煌莫高窟壁画中的《维摩诘经变》，贺世哲，敦煌研究（试刊），1982 年，第 2 期。

加里·斯奈德翘首东望，赵毅衡，读书，1982 年，第 10 期。

敦煌变文校勘商榷，项楚，中国语文，1982 年，第 4 期。

召树屯渊源考，谢远章，云南社会科学，1982 年，第 2 期。

浅谈《兰嘎西贺》的演变，李沅，傣族文学讨论会论文集，中国民间文艺出版社，1982 年。

《大唐西域记》的民间文学价值，刘守华，民间文艺集刊，第
2 集，上海文艺出版社，1982 年。

禅宗"牧牛图"探析（上、下），蔡介裕，中国文化月刊，
1982 年。

敦煌讲唱伎艺搬演考略，张鸿勋，敦煌学辑刊，1982 年，第 3
期；敦煌俗文学研究，甘肃教育出版社，2002 年。

吐火罗文 A 中的三十二相，季羡林，民族语文，1982 年，第 4
期。

西域乐舞和元代杂剧，沈贻炜，新疆艺术，1982 年，第 2 期。

《三遂平妖传》的妖异人物，魏子云，古典文学，1982 年，第
4 期。

诗情·画意·禅理——王维《鸟鸣涧》试析，林邦钧，北京
师范大学学报，1982 年，第 4 期。

《大唐三藏取经诗话》写作时代蠡测，刘坚，中国语文，1982
年，第 5 期。

《大唐三藏取经诗话》成书时代考辨，李时人、蔡镜浩，徐州
师范学院学报，1982 年，第 3 期。

应县佛宫寺木塔发现的辽代俗文学写本，史树青，文物，1982
年，第 6 期。

敦煌俗文学中说唱故事类材料的粗浅分析（上篇），白化文，
古典文学论丛，第 2 辑，陕西人民出版社，1982 年。

宋代"话本"和唐代"说话"、"俗讲"、"变文"、"传奇小
说"的关系，王庆菽，社会科学，1982 年，第 1 期。

苏藏敦煌写本王梵志诗补正，张锡厚，社会科学，1982 年，
第 2 期。

论《西厢记》的宗教批判，朱彤，北方论丛，1982 年，第 5 期。

浅谈《临川四梦》的非佛道思想，万斌生，江西大学学报，1982 年，第 2 期。

避暑山庄和外八庙碑文选注（普宁寺碑文），齐敬之，承德师范专科学校学报，1982 年，第 2 期。

《文心雕龙》与佛学思想，李庆甲，文学评论丛刊，第 13 辑，1982 年。

敦煌写本《搜神记》考辨——兼论二十卷本《搜神记》，张锡厚，文学评论丛刊，第 16 辑，1982 年。

论红楼梦中的"色""空"观念，苏鸿昌，社会科学研究，1982 年，第 3 期。

论红楼梦中的神话描写所展示的美学思想和艺术构思，苏鸿昌，红楼梦学刊，1982 年，第 4 期。

敦煌讲唱文学的体制及其类型初探，张鸿勋，学术月刊，1982 年，第 9 期。

唐代古文运动和佛教，刘国盈，北京师范学院学报，1982 年，第 1 期。

陶渊明《形影神》诗探微，李华，北京师范学院学报，1982 年，第 3 期。

论陶渊明《形影神》三诗的社会意义，张德鸿，昆明师范学院学报，1982 年，第 2 期。

敦煌学在国内亟待展开第三时期，任半塘，江海学刊，1982 年，第 1 期。

《游仙窟》与敦煌民间文学，张鸿勋，关陇文学论丛，第 1

集，1982 年。

谈敦煌讲经文，高国藩，南京大学学报，1982 年，第 2 期。

关于苏曼殊，裴效维，文史知识，1982 年，第 9 期。

苏曼殊其人其事，朱小平，艺潭，1982 年，第 4 期。

苏曼殊小说集，王稼句，读书，1982 年，第 11 期。

从《白蛇传》看民间文学与宗教的关系，张文，民间文学论坛，1982 年，第 2 期。

莒县定林寺是刘勰故居吗？王汝涛、刘心健等，文史知识，1982 年，第 12 期。

一位埋没千载的诗人——简介王梵志和他的诗作，金启华，名作欣赏，1982 年，第 6 期。

苏藏敦煌写本王梵志诗补正，张锡厚，社会科学，1982 年，第 2 期。

王梵志诗拾遗，何文广，文献，1982 年，第 2 期；唐代文学论丛，第 2 辑，1983 年。

《王梵志诗校辑》序，任半塘，社会科学，1982 年，第 3 期。

释皎然的诗歌主张，郑文，社会科学，1982 年，第 3 期。

略论韩愈的反佛道斗争问题，史苏苑，中州学刊，1982 年，第 1 期。

韩柳与佛老，王春庭，重庆师范学院学报，1982 年，第 1 期。

韩愈、柳宗元与佛教的关系，孙以楷，中国哲学，1982 年，第 7 期。

略辨杜甫的禅学信仰——读《李白与杜甫》的一点质疑，陈允吉，唐代文学论丛，第 2 辑，陕西人民出版社，1982 年。

一个并不虔诚的佛教徒——谈孙悟空的形象并和刘远庆同志

商榷，何思玉，思想战线，1982 年，第 3 期。

"布袋和尚"及其他——黄遵宪名、字、号小释，刘发清，羊城晚报，1982 年 3 月 19 日。

关于苏曼殊生平的几个问题，马以君，华南师范学院学报，1982 年，第 1 期。

论苏曼殊，姜东赋，天津师范大学学报，1982 年，第 5 期。

古代维吾尔语佛教原始剧本《弥勒会见记》（哈密写本）研究，耿世民，文史，第 12 辑，中华书局，1982 年。

马祖禅师石函题记与张宗演天师圹记，陈柏泉，文史，第 14 辑，中华书局，1982 年。

关于敦煌写本《王梵志诗》整理的若干问题，张锡厚，文史，第 15 辑，中华书局，1982 年。

僧一行非张公谨之孙，翟林东，文史，第 13 辑，中华书局，1982 年。

《大唐西域记》阙文考辨，范祥雍，文史，第 13 辑，中华书局，1982 年。

敦煌石室写本唐天宝初年《郡县公廨本钱簿》校注并跋，吴震，文史，第 13 辑，中华书局，1982 年。

略论苏曼殊诗的风格，张宜雷，津门文学论丛，第 7 辑，天津社会科学院文学研究所，1982 年 10 月。

唐代古文运动与佛教，孙昌武，文学遗产，1982 年，第 1 期。

略论苏曼殊的创作，张如法，中州学刊，1982 年，第 1 期。

苏曼殊与调筝人像，默盦，新民晚报，1982 年 3 月 24 日。

文心雕龙与佛学思想，李庆甲，文学评论丛，第 13 辑，人民文学出版社，1982 年。

应该全面评价苏曼殊，凌霄，北京晚报，1982 年 12 月 9 日。

儒教思想对佛典汉译带来的影响，中村元，世界宗教研究，1982 年，第 2 期。

论《西游记》的宗教批判，朱彤，北方论丛，1982 年，第 5 期。

评藏族文学名著《米拉日巴传》，佟锦华，中央民族学院学报，1982 年，第 2 期。

历史上的玄奘和小说中的唐僧，李遵义，历史知识，1982 年，第 3 期。

朱子与佛教，秦家懿，新亚学术集刊，第 3 期，1982 年。

近三十年国际研究"敦煌学"之回顾与前瞻，苏莹辉，书目季刊，第 16 卷第 2 期，1982 年 9 月。

敦煌学散简，陈祚龙，大陆杂志，第 65 卷第 4 期，1982 年。

二程先生《辟佛说》合议，张永俊，哲学论评，第 5 期，1982 年 1 月。

苏东坡·佛教，杜若，中国佛教，第 26 卷第 4 期，1982 年 1 月。

冥界游行，前野直彬著，前田一惠译，中国古典小说研究专集，第 4 集，联经出版社，1982 年。

朱子之宗教实践，陈荣捷，华学月刊，第 127 期，1982 年 7 月。

关于敦煌古抄《新海集》，陈祚龙，海潮音，第 63 卷第 9—10 期，1982 年。

《文心雕龙》与佛学的关系，张意文，慧炬，第 215 期，1982 年 5 月。

慧皎《高僧传》及其神异性格，李丰楙，中华学苑，第 26 期，1982 年。

慧远"沙门不敬王论"的理论基础，周伯勘，"国立"台湾大学历史学系学报，第 9 期，1982 年。

"国立中央"图书馆所藏敦煌卷子影印流通的贡献，潘重规，汉学研究通讯，第 1 卷第 1 期，1982 年 1 月。

国内所见宝卷叙录，曾子良，幼狮学志，第 17 卷第 1 期，1982 年 5 月。

敦煌押座文后考，潘重规，华冈文科学报，第 14 期，1982 年 6 月。

敦煌学研究论文著作目录初稿，郑阿财，华冈文科学报，第 14 期，1982 年 6 月。

王梵志诗的评价——论几本文学史评王诗之不当，东方杂志，第 16 卷第 6 期，1982 年 12 月。

敦煌变文汇录序，周绍良，敦煌变文论辑，石门图书公司，1982 年 12 月。

敦煌卷子俗写文字与俗文学之研究，潘重规，敦煌变文论辑，石门图书公司，1982 年 12 月。

敦煌变文与儒生解经，潘重规，台中静宜学报，第 4 期，1982 年 6 月；唐君毅先生纪念论文集，学生书局，1983 年。

敦煌学研究论文著作目录稿（中文篇），郑阿财，敦煌学，1982 年。

敦煌铭赞小集，陈祚龙，大陆杂志，第 63 卷第 4 期，1982 年。

浅谈韩国汉文小说与佛教，林明德，台湾中华日报，第 10 版，

1982 年 12 月 18 日。

中国文学中的佛教寓言故事，Mensikov，L. N. 著，许真章译，国外学者看中国文学，"中央文物"供应社，1982 年 12 月。

The Dragon Girl and the Abbess of Mo – shan：Gender and Status in the Ch'an Buddhist Tradition，Miriam Levering，*Journal of the International Association of Buddhist Studies* 5，1982.

Miao – shan on Stone：Two Early Inscriptions，Glen Dudbridge，*Harvard Journal of Asiatic Studies* 42，1982.

Alieniloquium：Liu Tsung – yüan's Other Voice，Charles Hartman，*Chinese Literature：Essays，Articles，Reviews （Clear）* 1，1982.

The Dream Narrative and the Indian Doctrine of Illusion，Wendy Doniger O'Flaherty，*Representations and Realities* 3，1982.

"王梵志詩集一卷"について（2），遊佐昇，東洋大學大學院紀要，第 18 期，1982 年 2 日。

初唐の文學者と佛教——王勃を中心として，荒井健，中國中世の宗教と文化，1982 年 3 月。

黄宗羲《三峰禪師塔銘》致（2）—汉月法藏と知解宗徒，山口久和，人文研究，第 34 卷第 11 期，1982 年 12 月。

六朝隋唐小說史の展開と佛教信仰，小南一郎，中國中世の宗教と文化，京都人文科學研究所，1982 年。

佛教の因縁譚と六朝志怪小說，多賀浪砂、純真紀，純真女子短期大學，1982 年。

中国佛教文学史研究上の一问题—佛教の中国文学への影响に关する论议をめぐつて，金冈照光，中哲文学会报，第 7 期，

1982 年。

陶淵明を顯した佛教者たち，宮澤正順，日本私立大學連盟大學時報，1982 年。

知識人と佛教——柳宗元（上），古賀英彦，花園大學研究紀要，1982 年，第 13 期。

靈異記と冥報記，近澤敬一，福岡大學人文論叢，第 14 卷第 2 期，1982.9。

"悟淨出世""悟淨歡異"覺書，神田秀夫，武藏大學人文學會雜誌，第 14 卷第 2 期，1982 年。

文心雕龍と出三藏記集，興膳宏，中國中世の宗教と文化 福永光司，京都大學人文科學研究所，1982 年。

1983 年

寒山子与寒山版本，钱学烈，文学遗产增刊，第 16 辑，中华书局，1983 年。

柳宗元"综合儒释"论初探，唐志敬，广西民族学院学报，1983 年，第 3 期。

敦煌写卷《父母恩重经》研究，郑阿财，法商学报，第 18 期，1983 年。

敦煌写本王梵志诗考辨，张锡厚，王梵志诗校辑，中华书局，1983 年。

略论宋儒的宗教信仰——以范仲淹的宗教观为例，刘静贞，史学集刊，第 15 期，1983 年。

论王梵志诗的口语化倾向，张锡厚，文艺研究，1983 年，第

1 期。

克孜尔第 110 窟的佛传壁画，丁明夷，敦煌研究，1983 年创刊号。

新疆焉耆县发现吐火罗文 A（焉耆）本《弥勒会见记剧本残卷》，李遇春、韩翔，文物，1983 年，第 1 期。

谈新疆博物馆藏吐火罗文 A《弥勒会见记剧本》，季羡林，文物，1983 年，第 1 期。

谢灵运与南本《大般涅槃经》，孙叔圻，南京大学学报，1983 年，第 1 期。

唐泰（担当）出家原因初探，万揆一，昆明师范学院学报，1983 年，第 3 期。

寒山和他的诗，李振杰，文学评论，1983 年，第 6 期。

刘勰与佛学，孔繁，中国社会科学，1983 年，第 4 期。

印度《五卷书》和中国民间故事，刘守华，外国文学研究，1983 年，第 2 期。

《维摩碎金》探索，项楚，南开学报，1983 年，第 2 期。

南宋大觉禅师的“杂剧诗”，张杰，戏曲研究，第 8 辑，文化艺术出版社，1983 年。

论唐代寺庙壁画对韩愈诗歌的影响，陈允吉，复旦学报，1983 年，第 1 期。

柳宗元与佛教的关系，岑贤安，学术论坛，1983 年，第 4 期。

谈《南柯梦记》的讽世和寓意，钱英郁，光明日报，1983 年 3 月 8 日。

禅境画意入诗情——王维后期诗风浅探，史双元，南京师范学院学报，1983 年，第 1 期。

柳宗元"好佛"的原因及其世界观的实质，唐志敬，广西民族学院学报，1983 年，第 1 期。

柳宗元与佛教，谢汉强，中国哲学史研究，1983 年，第 3 期。

柳宗元有"生人之意"这一观念，孙昌武，重庆师范学院学报，1983 年，第 2 期。

苏轼事佛简论，夏露，江汉论坛，1983 年，第 9 期。

苏东坡与佛印和尚，陈师旅，惠阳师范专科学校学报，1983 年，第 1 期。

论黄庭坚儒、佛、道合一的思想特色，黄宝华，复旦学报，1983 年，第 1 期。

对刘勰"家贫不婚娶"和"依沙门僧"的看法，马宏山，文心雕龙学刊，第 1 辑，1983 年。

《红楼梦》中的佛道思想，陶秋英，文献，总 15 期，1983 年。

王维的奉佛与诗歌初探，贺新居，唐代文学论丛，第 3 辑，陕西人民出版社，1983 年。

避暑山庄和外八庙碑文选注之四：普乐寺碑记，齐敬之，承德师范专科学校学报，1983 年，第 3 期。

生母·情僧·诗作：苏曼殊研究三题，马以君，中国近代文学研究，第 1 辑，广东人民出版社，1983 年。

论敦煌变文从宗教到文学的转变，张锡厚，文学评论丛刊"古典文学专号"，中国社会科学出版社，1983 年。

敦煌俗曲中的分时联章体歌辞——关于五更转、十二时辰、十二月的考察，周丕显，关陇文学论丛（敦煌文学专集），甘肃人民出版社，1983 年。

敦煌讲唱文学作品故事流变考略，张鸿勋，关陇文学论丛

（敦煌文学专集），甘肃人民出版社，1983 年。

谈敦煌白话五言诗，高国藩，关陇文学论丛（敦煌文学专集），甘肃人民出版社，1983 年。

读变枝谈，蒋礼鸿，关陇文学论丛（敦煌文学专集），甘肃人民出版社，1983 年。

敦煌学的拓荒者——王国维，陈时彦，关陇文学论丛（敦煌文学专集），甘肃人民出版社，1983 年。

仆仆于惊沙大漠的敦煌学家——向达，任之，关陇文学论丛（敦煌文学专集），甘肃人民出版社，1983 年。

《敦煌变文汇录》和《敦煌变文集》，赵以武，关陇文学论丛（敦煌文学专集），甘肃人民出版社，1983 年。

敦煌曲子词集，肖戈，关陇文学论丛（敦煌文学专集），甘肃人民出版社，1983 年。

奋起夺回"敦煌学中心"，陈人之，关陇文学论丛（敦煌文学专集），甘肃人民出版社，1983 年。

敦煌文学研究笔谈，王庆菽等，关陇文学论丛（敦煌文学专集），甘肃人民出版社，1983 年。

敦煌文学研究目录索引（初稿），张鸿勋、周丕显、颜庭亮，关陇文学论丛（敦煌文学专集），甘肃人民出版社，1983 年。

许浑《千首湿》与他的佛教思想，罗时进，学术月刊，1983 年，第 5 期。

"偈"与"有诗为证"，梅庆吉，学习与探索，1983 年，第 3 期。

再论民族民间文学与宗教的关系，马学良、王尧，民间文学，1983 年，第 2 期。

宗教与民间文学，李景江，吉林大学学报，1983 年，第 6 期。

关于《灭惑论》撰年与诸家商兑，李淼，社会科学战线，1983 年，第 2 期。

略谈晚唐名僧之咏花诗，孙浮生，徐州师范学院学报，1983 年，第 3 期。

关于王梵志思想评价的几个问题，张锡厚，关陇文学论丛（敦煌文学专集），甘肃省社会科学院文学研究室编，甘肃人民出版社，1983 年。

唐代通俗诗人王梵志，张锡厚，唐代文学论丛，第 4 辑，1983 年。

王梵志诗社会内容浅析，匡扶，西北师范学院学报，1983 年，第 4 期。

论杜甫与佛教——兼论作为外国文学的佛经对杜诗的影响，锺来因，草堂，1983 年，第 2 期。

古代诗意境说的肇始作——皎然《诗式》，张寅澎，上海师范学院学报，1983 年，第 3 期。

左右相瞰，适度为美——从皎然《诗式》"气高而不怒"说起，董丁诚，西北大学学报，1983 年，第 4 期。

寒山诗语法初探，钱学烈，语言教学与研究，1983 年，第 2 期。

寒山子生活时代及身份，陈之卓，唐代文学论丛，第 4 辑，1983 年。

苏诗禅味八题，魏启鹏，东坡诗论丛·苏轼研究论文集，第 2 辑，1983 年。

曼殊作品辨误二则，裴效维，艺谭，1983 年，第 4 期。

诗僧苏曼殊，徐重庆，书林，1983年，第1期。

苏曼殊二三事，伏琛，西湖，1983年，第6期。

谈苏曼殊的翻译，徐重庆，文科教学，1983年，第4期。

李欧梵论苏曼殊，杨义，文学研究动态，1983年，第9期。

记苏曼殊埋骨西湖，裴可权，浙江月刊，1983年，第1期。

苏曼殊的生平，黄忏华，文化史料丛刊，第4辑，1983年。

"春雨楼头"的挽歌——苏曼殊的情结与诗才小识，萧遥，自由谈，1983年，第2期。

苏曼殊小说论，裴效维，文学遗产，1983年，第3期。

评新编两种苏曼殊诗集——施蛰存辑录《燕子龛诗》、刘斯奋《苏曼殊诗笺注》，林辰，文学遗产，1983年，第1期。

苏曼殊及其小说，林志仪，江汉论坛，1983年，第7期。

苏曼殊写过论《金瓶梅》的文章吗？敦长海，天津师范大学学报，1983年，第4期。

苏曼殊和小说《惨世界》，志一，四川日报，1983年8月13日。

彷徨于两个世界之间——苏曼殊小说浅评，林岗，光明日报，文学遗产，第598期，1983年。

《新小说》上的"曼殊"考，马以君，华南师范大学学报，1983年，第4期。

这"曼殊"并非苏曼殊，颜廷亮，光明日报"文学遗产"，第614期，1983年。

说"妙悟"——读《沧浪诗话》札记，陈必胜，天津师范大学学报，1983年，第5期。

苏曼殊诗漫评，时萌，南京大学学报，1983年，第4期。

爱国诗僧曼殊评传，敦烙，法音，1983 年，第 3 期。

三言二拍与善书，小川陽一著，孙宪富译，语文教学与研究，1983 年，第 2 期。

齐己生卒年考证，曹汛，中华文史论丛，第 27 辑，上海古籍出版社，1983 年。

敦煌变文字义析疑，项楚，中华文史论丛，第 25 辑，上海古籍出版社，1983 年。

赵孟頫书《海宁禅寺碑》小记，吴聿明，文史，第 19 辑，中华书局，1983 年。

苏曼殊诗酒入花丛，刘心皇，中外杂志，第 33 期，1983 年。

学佛新记，陈祚龙，海潮音，第 64 卷第 1 期，1983 年。

坡谷的寓禅诗，杜松柏，台湾中华日报，第 10 版，1983 年 6 月 21 日。

黄山谷的四首寓禅诗，杜松柏，台湾新生报，第 8 版，1983 年 5 月 4 日。

六百号敦煌无名断片的新标目，黄永武，汉学研究，第 1 卷 1 期，1983 年。

《西游记》探源（书评），吴达芸，汉学研究，1 卷 1 期，1983 年。

天才文学家苏曼殊，王绍通，广东文献，第 13 卷第 4 期，1983 年 12 月。

风流圣洁和尚苏曼殊，张三义，中华文艺，第 26 期，1983 年 11 月。

朱子理学与文学里的定命思想试论，侯健，中外文学，第 11 卷第 11 期，1983 年 4 月。

禅宗《祖堂集》中有关韩愈的新资料，蔡涵墨，书目季刊，第 17 卷第 1 期，1983 年。

文学探元——从"游仙""煮海"之用管窥文学的本质，萧辉楷，能仁校训，1983 年 9 月 30 日。

佛教之传入对中国小说之影响，释修智，能仁校训，1983 年 11 月 25 日。

论观音与西游故事，张静二，"国立"政治大学学报，总第 48 期，1983 年。

一代奇才苏曼殊，黄雍廉，近代中国，第 37 期，1983 年。

苏曼殊的革命思想，唐润钿，近代中国，第 37 期，1983 年。

贯休禅师生平的探讨，释明复，华冈佛学学报，第 6 期，1983 年。

敦煌学研究论文著作目录稿（中文篇）续，郑阿财，敦煌学，1983 年。

《洛阳伽蓝记》的作者与成书年代，詹秀惠，台湾"中央"大学文学院院刊，第 1 期，1983 年。

论西游故事中的悟空，汉学研究，第 1 卷第 1 期，1983 年。

目连救母故事的基型及其演进，陈芳英，中国古典小说研究专集，第四集，联经出版事业公司，1983 年。

诠释"洛阳伽蓝记"志余，王伊同，（台湾）清华学报，新第 15 卷第 1、2 期，1983 年 12 月。

佛经对中国文学的影响，高玉美，中国佛教，第 27 卷第 10 期，1983 年。

中国地狱罪报观念的形成，宋光宇，台湾省立博物馆年刊，第 26 期，1983 年 12 月。

不识庐山真面目：试论中国诗中所涵泳的禅趣，郑正忠，中华文化复兴月刊，第 16 卷第 12 期，1983 年 12 月。

诗与禅，林景焕，文艺月刊，第 172 期，1983 年 10 月。

Gary Snyder's Han – Shan, Bartlett Lee., *Sagetrieb* 2：1，1983.

The Talent Learning Polarity in Chinese Poetics：Yan Yu and the Later Tradition, Richard John Lynn, *Chinese Literature*：*Essays*, *Articles*, *Reviews* 1/2，1983.

The Narrative Revolution in Chinese Literature：Ontological Presuppositions, Victor H. Mair, *Chinese Literature*：*Essays*, *Articles*, *Reviews* 1/2，1983.

Female Gender in Chinese Religious Symbols：Kuan Yin, Ma Tsu, and the "Eternal Mother", P. Steven Sangren, *Women and Religion* 1，1983.

王梵志詩集と山上憶良貧窮問答歌，菊池英夫，第三十一届國際亞洲北非人文科學會議論文，1983 年。

冥報記小考，鶴島俊一郎，駒澤大學外國語部論集，第 18 期，1983 年。

1984 年

《文心雕龙》与《出三藏记集》，兴膳宏，兴膳宏《文心雕龙》论文集，齐鲁书社，1984 年。

论妙悟，张毅，文艺理论研究，1984 年，第 4 期。

从《世说新语》看名僧和名士相交游，孔繁，世界宗教研究，1984 年，第 4 期。

记新出的菏泽大师神会塔铭，温玉成，世界宗教研究，1984年，第2期。

明末著名诗画家担当，陈正强，云南师范大学学报，1984年，第4期。

《四声猿》写作时间小议，吴方，戏曲研究，第11辑，文化艺术出版社，1984年。

试论汤显祖"四梦"中的佛学禅宗思想——兼论汤显祖的思想倾向，蓝凡，河北大学学报，1984年，第3期。

敦煌变文《双恩记》本事考索，龙晦，世界宗教研究，1984年，第3期。

白居易与佛道，张立名，湘潭师范专科学校学报，1984年，第2期。

王维的禅宗审美观点及其山水诗的空灵风格，陶林，浙江师范学院学报，1984年，第3期。

对《刘勰与佛学》的几点不同意见，滕福田，中国社会科学，1984年，第2期。

唐代僧人诗和唐代佛教世俗说，汤贵仁，唐代文学论丛，第7辑，陕西人民出版社，1984年。

唐代的诗僧和僧诗，程裕祯，南京大学学报，1984年，第1期。

略论诗僧贯休及其诗，黄世中，浙江师范学院学报，1984年，第2期。

柳宗元与佛教，赖永海，哲学研究，1984年，第3期。

诗僧齐己，陈蒲清，求索，1984年，第2期。

论释子齐己的社会诗，黄新亮，益阳师范专科学校学报，1984

年，第 1 期。

从《西游记》的神权系统和宗教之争看它的现实主义倾向，杨桂森，天津师范专科学校学报，1984 年，第 2 期。

避暑山庄和外八庙碑文选注之五，齐敬之，承德师范专科学校学报，1984 年，第 1 期。

王梵志诗与宋诗的散文化、议论化，匡扶，西北师范学院学报，1984 年增刊。

禅悟与诗悟，秦寰明，学术月刊，1984 年，第 9 期。

柳宗元与佛教，李传明，文史哲，1984 年，第 6 期。

湖南的目莲戏，文忆萱，戏曲研究，第 11 辑，文化艺术出版社，1984 年。

唐代文学与佛教，孙昌武，天津社会科学，1984 年，第 5 期。

刘勰是"虔诚的佛教徒吗"？陈汉，文心雕龙学刊，1984 年，第 2 辑。

刘勰与莒县定林寺，萧洪林、邵立均，文史哲，1984 年，第 5 期。

《文心雕龙》与因明学，黄广华，学术月刊，1984 年，第 7 期。

陶诗的写意传神与玄学的言意之辨，朱家驰，辽宁师范大学学报，1984 年，第 4 期。

王梵志诗的几条补注，周一良，北京大学学报，1984 年，第 4 期。

王勃两次来广州与宝庄严寺碑，李松庵，岭南文史，1984 年，第 2 期。

陶潜与王维——诗史上儒道结合与儒佛结合之比较，任嘉木，内蒙古大学学报，1984 年，第 2 期。

皎然论大历江南诗人辨析，贾晋华，文学评论丛刊，第 22 辑，1984 年。

皎然《诗式》中的"色"非指"颜色"，史双元，光明日报，1984 年 1 月 15 日。

读皎然《赠包中丞书》札记——灵澈、皇甫曾、严维、刘长卿有关资料补正，赵昌平，唐代文学论丛，第 5 辑，1984 年。

皎然诗说并未涉及"意境"，曦锺，光明日报，1984 年 12 月 11 日。

柳宗元的自然观不是二元论——对柳氏两则涉佛之作的我见，谢汉强，世界宗教研究，1984 年，第 2 期。

我为什么写《苏曼殊评传》，柳无忌、李芸，读书，1984 年，第 9 期。

古代第一人称小说向现代发展的桥梁——谈苏曼殊的《断鸿零雁记》，章明寿，淮阴师专科学校学报，1984 年，第 3 期。

试论苏曼殊小说、散文的反帝、反封建主题，袁璋，镇江师范专科学校教学与进修，1984 年，第 1 期。

苏曼殊爱情小说初探，李倩，淮阴师范专科学校学报，1984 年，第 2 期。

《潮音》序，苏曼殊著，王晶垚译，社会科学战线，1984 年，第 2 期。

试论苏曼殊的诗，陆草，中州学刊，1984 年，第 5 期。

曼殊佚诗存疑，柳亚子，社会科学战线，1984 年，第 4 期。

苏曼殊研究的三个阶段，柳无忌，华南师范大学学报，1984 年，第 3 期。

苏曼殊的感时忧国诗，王玉祥，北方论丛，1984 年，第 5 期。

苏曼殊早年的革命活动，柳无忌、李芸，社会科学，1984 年，第 10 期。

关于苏曼殊的"断句"，马以君，社会科学战线，1984 年，第 4 期。

爱国诗僧苏曼殊画传（1884—1918）——纪念曼殊诞生一百周年，王晶垚，社会科学战线，1984 年，第 4 期。

敦煌唐人诗集残卷考释，王重民，中华文史论丛，第 30 辑，上海古籍出版社，1984 年。

变文字义零拾，项楚，中华文史论丛，第 30 辑，上海古籍出版社，1984 年。

《关于〈灭惑论〉撰年与诸家商兑》之商兑，李庆甲，中华文史论丛，第 32 辑，上海古籍出版社，1984 年。

有关国会图书馆所藏的宝卷，相田洋著，冯哲佐、范作申译，世界宗教文化，1984 年，第 3 期。

义净籍贯考辨及其他，王邦维，中华文史论丛，第 32 辑，上海古籍出版社，1984 年。

谈寒山话拾得，王进珊，中华文史论丛，第 29 辑，上海古籍出版社，1984 年。

圆仁事迹的最早记载，顾承甫，中华文史论丛，第 29 辑，上海古籍出版社，1984 年。

论新发现的《金山宝卷》抄本在《白蛇传》研究中的价值，高国藩，民间文艺集刊，第 5 辑，1984 年。

简论《王梵志诗校辑》，潘重规，"中央"日报·文艺评论版（第 21 期），1984 年 8 月 16 日。

明代的禅宗著述，蔡惠明，香港佛教，1984 年 10 月。

明末中国的禅宗人物及特色，释圣严，华冈佛学学报，第 7 期，1984 年。

试论皎然诗式，王梦鸥，古典文学论探索，正中书局，1984 年。

敦煌讲经变文与讲史变文之比较研究，罗宗涛，中华学苑，第 27 期，1984 年 6 月。

冥婚的传奇与习俗，阮昌锐，海外学人，第 141 期，1984 年。

佛家理趣与道家意境——陶渊明与王维田园诗境之比较，王邦雄，鹅湖月刊，第 109 期，1984 年。

王梵志诗录，朱凤玉，木铎，1984 年。

王梵志诗叙录，朱凤玉，林景尹先生逝世周年纪念论文集，"台湾"中国文化大学中文系所，1984 年。

简论《王梵志诗校辑》，潘重规，明报，1984 年，第 8 期。

敦煌写卷定格联章《十二时》研究，郑阿财，木铎，1984 年，第 1 期；林景伊先生逝世周年纪念论文集，1984 年。

禅宗公案的基本法则及语言价值，杨新瑛，慧炬，总第 242—243 期，1984 年。

敦煌学研究论文著作目录稿（续），郑阿财，敦煌学，第 8 辑，1984 年。

敦煌学研究论文著作目录稿（中文篇）（续），郑阿财，敦煌学，第 7 辑，1984 年。

Gary Snyder, Han Shan, and Jack Kerouac, Leeds Jacob, *Journal of Moderen Literature* 11：1，1984.

The Development of Two Yüeh – fu Themes in the Eighth and Ninth

Centuries – Implications for T'ang literary History, Nienhauser, William H. , *Jr. TkR* 10, 1984 – 1985.

What Is Pien – wen? Pai Hua – wen, Victor H. Mair trans. , *Harvard Journal of Asiatic Studies* Vol. 44, No. 2, 1984.

Buddhist Concepts Old and New (Book Review), G. W. Houston, *The Tibet Journal* 9, 1984.

Attitudes Toward the Ruler and State in Chinese Popular Religious Literature: Sixteenth and Seventeenth Century Paochüan, Daniel L. Overmyer, *Harvard Journal of Asiatic Studies*, Vol. 44, No. 2, pp. 347 – 379, 1984.

中日古代文化の交流に關する一考察: 黄泉國神話における六朝志怪小説の生死觀, 淡江學報, 第 21 號, 1984 年。

敦煌學の現狀——中國敦煌學發展の近況, 段文傑, 鄧健吾譯, 東洋學術研究, 第 23 卷第 1 號, 1984 年。

王摩詰詩にみる佛教的ュ——トピ, 小笠原博慧, 漢文學會會報 (國學院大學), 第 29 期, 1984 年。

謝靈運山水詩の背景一始寧時代の作品を中心にして一ㄣ, 矢淵孝良, 東方學報, 第 56 冊, 京都大學人文科學研究所, 1984 年。

有關國會圖書館所藏的寶卷, 相田洋, 東洋學報, 第 64 卷 3、4 號, 1984 年。

田聖山編《祖堂集索引》, 椎名宏雄, 駒澤大學佛教學部論集, 第 15 輯, 1984 年。

馬祖の傳記, 西口芳男, 禪學研究, 第 63 輯, 1984 年。

1985 年

佛教般若思想的传入和魏晋玄学的产生，洪修平，南京大学学报，1985 年增刊。

东晋南北朝"志怪小说"中的观世音灵验故事杂谈，楼宇烈，中原文物（特刊），1985 年。

六朝士人对轮回学说的接受，李申，中原文物（特刊），1985 年。

《大目乾连冥间救母变文》补校，项楚，四川大学学报丛刊，第 27 辑，1985 年。

回鹘文佛教诗中的"十二因缘"考释，古丽鲜，新疆文物，1985 年，第 1 期。

孔雀公主型民间故事的起源和发展，李佳俊，思想战线，1985 年，第 2 期。

论敦煌佛教艺术的世俗性——兼论《金刚经变》在莫高窟的出现与消失，史苇湘，敦煌研究，1985 年，第 3 期。

关于苏曼殊祖籍的一件材料，马以君，中国近代文学研究，1985 年，第 3 期。

王维与僧人的交往，王铁民，文献，1985 年，第 3 期。

论南北朝的"释氏辅教之书"，李剑国，天津师大学报，1985 年，第 3 期。

元好问《徽公塔铭》注，温玉成，山西大学学报，1985 年，第 3 期。

从《欢喜国王缘》变文看《长恨歌》故事的构成——兼论

《长恨歌》与佛经的关系，陈允吉，复旦学报，1985 年，第 3 期。

论佛经文学对敦煌变文的影响，梁达胜，辽宁师范大学学报，1985 年，第 3 期。

柳宗元的山水诗与其儒佛思想，景凯旋，学术月刊，1985 年，第 5 期。

漫说《水浒》里的宗教描写，汪远平，西北大学学报，1985 年，第 4 期。

禅学·诗学·美学：评《沧浪诗话》的"以禅喻诗"，刘文刚，辽宁师范大学学报，1985 年，第 3 期。

佛经文学及其对藏族文学的影响，谢后芳，民族文学研究，1985 年，第 3 期。

唐代变文及其它（上），周绍良，文史知识，1985 年，第 12 期。

敦煌变文艺术散论，张锡厚，敦煌学论集，甘肃人民出版社，1985 年。

唐变文的形式及其与俗讲的关系，李骞，敦煌学辑刊，1985 年，第 2 期。

浅论禅宗对宋诗的影响，吴惠娟，学术月刊，1985 年，第 11 期。

《西游记》中佛道之争探原：兼评"三教合一"说，李谷鸣，安徽教育学院学报，1985 年，第 2 期。

《王梵志诗校辑》校释补正，袁宾，社会科学，1985 年，第 6 期。

《王梵志诗校辑》商榷，蒋绍愚，北京大学学报，1985 年，第 5 期。

敦煌话本《叶静能诗》考辨，张鸿勋，敦煌学论集，甘肃人民出版社，1985 年。

《祖堂集》词语试释，蒋绍愚，中国语文，1985 年，第 2 期。

仓央嘉措秘传的真实性及其它，郭卫平，西藏民族学院学报，1985 年，第 2 期。

耶律楚材及其《西游录》杂议，樊保良，新疆社会科学，1985 年，第 6 期。

《雪窦寺》浅考，张新鹰，世界宗教研究，1985 年，第 1 期。

佛教传记综述，苏晋仁，世界宗教研究，1985 年，第 1 期。

试论王维的佛教思想，马欣来，山西师范大学学报，1985 年，第 2 期。

从变文形式推究变文之源，宋洪志，齐鲁学刊，1985 年，第 3 期。

敦煌文学研究现状评介，健宏，文史知识，1985 年，第 6 期。

宗教故事题材包孕了嘲谑宗教的内容——简议《西游记》的特点，袁世硕，文科月刊，1985 年，第 4 期。

论变文在我国小说史上的地位和作用，舒佩实，贵州大学学报，1985 年，第 4 期。

探讨目连戏的学术价值——湖南省戏曲研究所与本刊编辑部联合召开讨论会，章愚，戏曲研究，第 16 辑，文化艺术出版社，1985 年。

兴：宗教观念内容向艺术形式的积淀，赵沛霖，天津社会科学，1985 年，第 5 期。

关于敦煌写本《王梵志诗》整理的若干问题，张锡厚，古代文学研究集，中国文联出版公司，1985 年。

《王梵志诗》一首，黄家全，敦煌研究，1985 年，第 2 期。

王梵志诗点校拾遗，吕朋林，古籍整理研究学刊，1985 年，第 4 期。

《王梵志诗一卷》中的否定副词，黄家全，敦煌研究，1985 年，第 2 期。

王梵志诗校注辨正，刘瑞明，中国语文，1985 年，第 6 期。

皎然诗论与佛教哲学，韩泉欣，中国文艺思想史论丛，第 2 辑，1985 年。

湖州诗僧皎然吟湖诗选注，王宗凌，湖州师范专科学校学报，1985 年，第 4 期。

中国传统诗学的一座里程碑——皎然意境说初探，申建中，文艺理论研究，1985 年，第 1 期。

略谈"境象"与"意境"的关系，黄保真，光明日报，1985 年 5 月 7 日。

皎然《诗式》浅说，董丁诚，唐代文学论丛，第 6 辑，1985 年 8 月。

苏曼殊到底写了多少诗？——谈几本新出的苏曼殊诗集，陈诏，光明日报，1985 年 6 月 18 日。

寒山子其人其诗，徐光大，台州师范专科学校学报，1985 年，第 2 期。

寒山诗歌在日本，宋红，中外文学研究参考，1985 年，第 6 期。

论"宝卷"的宗教色彩和艺术特征，段平，兰州大学学报，1985 年，第 3 期。

韩愈的诗与佛经偈颂，陈允吉，中国古典文学丛考，第 1 辑，复旦大学出版社，1985 年。

试论《断鸿零雁记》，陆草，文学论丛，第 4 辑，1985 年。

关于寒山子的生平及其作品，钟文，汕头大学学报，1985 年，第 2 期。

《王梵志诗校辑》匡补，项楚，中华文史论丛，第 33 辑，上海古籍出版社，1985 年。

《中国佛教资料思想资料选编》人物简介补正，许福谦，中华文史论丛，第 34 辑，上海古籍出版社，1985 年。

唐代僧诗重出甄辨，饶宗颐，中华文史论丛，第 35 辑，上海古籍出版社，1985 年。

《文心雕龙·声律篇》与鸠摩罗什《通韵》，饶宗颐，中华文史论丛，第 35 辑，上海古籍出版社，1985 年。

刘禹锡的佛教因缘，蔡惠明，香港佛教，第 36 期，1985 年。

论《心经》与西游故事，张静二，"国立"政治大学学报，第 51 期，1985 年 5 月。

苏曼殊与清末小说，王孝廉，联合文学，第 1 卷第 6 期，1985 年 4 月。

《洛阳伽蓝记》的冷笔与热笔，林文月，台大中文学报，第 1 期，1985 年。

论《洛阳伽蓝记》的创作理念，栗子菁，中正学术研究集刊，1985 年，第 15 期。

严羽以禅喻诗试解，王梦欧，古典文学论探索，正中书局，1985 年。

寒山译诗与《敲打集》——一个文学典型的形成，悉密，中美文学因缘，郑树森主编，东大图书公司，1985 年。

敦煌写卷《唐太宗入冥记》之撰写年代及其影响（上），萧登福，中华文化复兴月刊，18 卷 5 期，1985 年。

敦煌写卷《唐太宗入冥记》之撰写年代及其影响（下），萧登福，中华文化复兴月刊，18 卷 6 期，1985 年。

论《西游记》故事中的三藏，张静二，文学评论，第 8 辑，1985 年。

《王梵志诗附太公家教》引言，戴密微著，廖伯元、朱凤玉译，敦煌学，第 9 辑，1985 年 1 月。

《王梵志诗校辑》读后记，潘重规，敦煌学，第 9 辑，1985 年 1 月。

北宗禅籍拾遗——记寂和尚偈，冉云华，敦煌学，第 10 辑，1985 年。

严羽诗论与江湖诗人之关系，黄景进，中外文学，1985 年，第 1 期。

禅教兼通的紫柏尊者，蔡会明，内明，1985 年 6 月。

王梵志出生时代的新观察——解答《全唐诗》不收王梵志诗之谜，潘重规，"中央"日报·文艺评论，1985 年，第 54 期。

《寒山及其诗》序，宋晞，"中央"日报，第 11 版，1985 年 5 月 6 日。

禅宗对唐宋诗的影响，陈荣波，"中央"日报，第 10 版，1981 年 5 月 26 日；香港佛教，第 263 期，1982 年；艺坛，第 192 期，1985 年。

敦煌云谣集斠证，林玫仪，淡江学报，第 21 期，1985 年 5 月。

敦煌写本秦妇吟新书，潘重规，敦煌学，第 8 辑，1985 年

7 月。

杨时与佛学，熊琬，宋代理学与佛学之探讨，文津出版社，1985 年 4 月。

朱子理学与佛学之渊源，熊琬，宋代理学与佛学之探讨，文津出版社，1985 年 4 月。

从宇宙观探讨朱子之辟佛，熊琬，宋代理学与佛学之探讨，文津出版社，1985 年 4 月。

从本体论探讨朱子之辟佛，熊琬，宋代理学与佛学之探讨，文津出版社，1985 年 4 月。

从教育学探讨朱子之辟佛，熊琬，宋代理学与佛学之探讨，文津出版社，1985 年 4 月。

程颐与佛学，熊琬，宋代理学与佛学之探讨，文津出版社，1985 年 4 月。

敦煌学研究论文著作目录稿（续），郑阿财，敦煌学，第 9 辑，1985 年。

鱼篮观音的传说，泽田瑞穗，中国文学论著译丛，台湾学生书局，1985 年。

Centuries – Implications for T'ang literary History, Nienhauser, William H. , *Jr. TkR* 10，1984 – 1985.

The Development of Two Yüeh – fu Themes in the Eighth and Ninth Centuries – Implications for T'ang literary History,, Nienhauser, William H. , *Jr. TkR* 10，1984 – 1985.

Review：Buddhist Pilgrim, Immortal Beast. The Journey to the West by Anthony C. Yu, Paul V. Martinson, *The Journal of Religion* 3，1985.

Demons, Gods, and Pilgrims: The Demonology of the Hsi – yu Chi, Rob Campany. *Demons*, *Literature*: *Essays*, *Articles*, *Reviews* (*Clear*) 7, 1985.

"L'école tch'an de Nieou – t'eou" （牛头宗）, "Nieou – t'eou Fa – jong"（牛头法融）, "Extinction de la contemplation"（绝观论）, "L'inscription de l'esprit"（信心铭）, in Michel Belloni, ed., *Tch'an* (*Zen*). Despeux, Catherine （戴思博）, Racines et floraisons, Paris: Les Deux Océans, pp. 103 – 125, 125 – 136, 136 – 155, 156 – 164, 1985.

敦煌莫高窟壁畫中的維摩詰經變, 賀世哲著, 安田治樹譯, 東洋學術研究, 1985 年。

柳宗元の思考樣式と佛教・合理主義・山水——劉禹錫との比較を考慮して, 阿部兼也, 東洋學, 第 54 期, 1985 年 1 月。

經變と變文——本生譚を中心として, 金岡照光, 東洋學術研究, 第 24 卷第 1 期（特集・敦煌における經變）, 1985 年 5 月。

語錄の歷史：禪文獻の成立史的研究, 東方學報, 第 57 輯, 1985 年；禪文獻の研究, 柳田聖山集, 卷 2。

語録の歷史：禅文献の成立史的研究, 柳田聖山, 東方学報, 第 57 卷, 1985 年。

T'ang Buddhist Encyclopedias: A Bibliographical Introduction to *Fa – yiian chu – lin* and *Chu – ching yao – chi* Teiser, Stephen F. *T'ang Studies* no. 3 (Winter 1985): 109 – 28.

1986 年

古代维吾尔语佛教原始剧本《弥勒会见记》第二幕研究, 耿世民，西北民族研究，1986 年，第 1 期。

东晋南北朝"志怪小说"中观世音灵验故事杂谈，楼宇烈，中原文物，1986 年特刊。

敦煌莫高窟的《涅槃经变》，贺世哲，敦煌研究，1986 年，第 1 期。

敦煌汉文卷子《茶酒论》与藏文《茶酒仙女》的比较研究，朗吉，敦煌学辑刊，1986 年，第 1 期。

"旦"、"末"与外来文化，黄天骥，文学遗产，1986 年，第 5 期。

徐渭《四声猿》源流探，卢大中，齐鲁学刊，1986 年，第 4 期。

佛教对中国神魔小说之影响二题，白化文，文史知识，1986 年，第 10 期。

"法曲子"论：从敦煌本《三皈依》谈"唱道词"与曲子词关涉问题，饶宗颐，中国史研究，1986 年，第 1 期。

谈谈以禅喻诗，周振甫，文史知识，1986 年，第 10 期。

唐代变文及其它（下），周绍良，文史知识，1986 年，第 1 期。

变文名实新辩，曲金良，敦煌研究，1986 年，第 2 期。

河西宝卷的昨天与今天：甘肃张掖、民乐念卷活动的调查报告，段平，民间文学论坛，1986 年，第 3 期。

诗僧寒山子，钟文，文史知识，1986 年，第 8 期。

说寒山诗，张家鹏，辽宁大学学报，1986 年，第 2 期。

再说寒山诗，张家鹏，沈阳师范学院学报，1986 年，第 2 期。

儒道释结合熔铸百家的开放型思想：李白思想新论，葛景春，中州学刊，1986 年，第 2 期。

论刘禹锡诗中的佛教烙印，肖瑞峰，贵州文史丛刊，1986 年，第 3 期。

宋代文学与宗教，龙晦，成都大学学报，1986 年，第 1 期。

北宋的禅宗与文学，周义敢，文学遗产，1986 年，第 3 期。

黄庭坚与禅宗，钱志熙，文学遗产，1986 年，第 1 期。

试论谢灵运山水诗的玄言本质，刘启云，湖北教育学院学报，1986 年，第 4 期。

论王维诗作中的禅趣，史双元，四川师范大学学报，1986 年，第 6 期。

论皎然的《诗式》，孙昌武，文学评论，1986 年，第 1 期。

佛教与谢灵运的山水诗，张国星，学术月刊，1986 年，第 11 期。

关于中国古代文学理论民族特点问题，张少康，社会科学战线，1986 年，第 1 期。

从佛学的"六根""六境"说看艺术境界的审美心理因素，张文勋，社会科学战线，1986 年，第 2 期。

唐释宗亮诗辑存，张如安，宁波师范学院学报，1986 年，第 1 期。

寓褒讥于伽蓝 寄奇思于妙笔：略论《洛阳伽蓝记》，陈庆元，福建师范大学学报，1986 年，第 2 期。

怎样读汉译佛典：略介鸠摩罗什兼谈文体，金克木，读书，1986 年，第 2 期。

柳宗元与佛教及佛学的关系，孙以楷，安徽师范大学学报，1986 年，第 2 期。

唐代佛典在士大夫中的流传情况，郭绍林，史学月刊，1986年，第3期。

漫说中国佛经的翻译，阿罗，文史杂志，1986年，第3期。

浅析谭嗣同的信佛，李喜所，学术月刊，1986年，第8期。

佛教为什么能战胜道教：读《太平广记》的一点心得，黄永年，文史知识，1986年，第8期。

明代四大高僧，金章和，人物，1986年，第5期。

禅宗意境与审美意象，缪家福，文艺研究，1986年，第5期。

金刚经、金刚经变及金刚经变文的比较，杨雄，敦煌研究，1986年，第4期。

最早一部宝卷的研究，马西沙，世界宗教研究，1986年，第1期。

罗教"五部六册"宝卷的思想研究，韩秉方，世界宗教研究，1986年，第4期。

明清目连戏散论，朱恒夫，中华戏曲，第2辑，山西人民出版社，1986年。

魏晋玄学、佛学和诗，孔繁，世界宗教研究，1986年，第3期。

"变文"名实新辨，曲金良，敦煌研究，1986年，第2期。

虚幻的佛国与真实的人生——王梵志《世间日月明》浅析，张锡厚，文史知识，1986年，第10期。

王梵志诗用韵考，都兴宙，兰州大学学报，1986年，第1期。

诗与禅，袁行霈，文史知识，1986年，第10期。

谈谈以禅喻诗，周振甫，文史知识，1986年，第10期。

"苦海慈航"——佛教与悲剧，杨建文，中华戏曲，第1辑，

1986 年。

佛典翻译对中国俗文学的影响，苏仲翔，民间文艺季刊，1986年，第 2 期。

印度梵剧与中国戏曲关系之研究，黎蔷，戏剧艺术，1986 年，第 3 期。

试析古代西域的五种戏剧——兼论古代西域戏剧与中国戏剧的关系，姚宝瑄，文学遗产，1986 年，第 5 期。

"佛教"对刘勰所起的作用，木村清孝，文心雕龙学刊，第 4 卷，1986 年。

《洛阳伽蓝记》版本述考，罗晃潮，文献，1986 年，第 1 期。

唐代佛教思想与"象外之象"，朱堂锦，玉溪师专学报，1986年，第 1 期。

唐代僧人诗和唐代佛教的世俗化，汤贵仁，唐代文学论丛，第 7 卷，1986 年。

王梵志诗校注补正，刘瑞明，西北师范学院学报增刊·敦煌学研究，1986 年 10 月。

王梵志诗三首原貌探求——兼评诗注的一个倾向，刘瑞明，敦煌研究，1986 年，第 2 期。

王梵志年代杂考，张伯昂等，信阳师范学院学报，1986 年，第 1 期。

王梵志诗"自言鹦性鼠"句解，刘瑞明，敦煌研究，1986 年，第 3 期。

学"咘"——《〈王梵志诗校辑〉商榷》之商榷，史双元，北京大学学报，1986 年，第 5 期。

王梵志诗释词，项楚，中国语文，1986 年，第 4 期。

王梵志笔下贪官谱，文山月，社会科学，1986 年，第 6 期。

论皎然的诗歌美学，姜光斗等，南通师范专科学校学报，1986年，第 1 期。

皎然"自然"说诗例一则——简析《冬日送颜延之明府抚州觐叔父》，王英志，名作欣赏，1986 年，第 6 期。

韩愈何曾接受过佛说，许可，韩愈研究资料汇编，汕头大学中系，1986 年。

柳宗元并不笃信佛教，罗必意，南宁师范专科学校学报，1986年，第 1 期。

我对柳宗元"统合儒释"的肤浅看法，龙震球，零陵师专学报，1986 年，第 2 期。

读柳宗元《晨诣超师读禅经》，雷应行，法音，1986 年，第2 期。

贯休诗论（上），杨道明，广西师院学报，1986 年，第 4 期。

苏藏《莲花经变文》校录，徐芹，中国敦煌吐鲁番学会研究通讯，1986 年，第 2 期。

严羽"妙悟"说的审美特征，刘健芬、牟臣益，西南师范大学学报，1986 年，第 3 期。

王梵志诗十一首辨伪，项楚，中华文史论丛，第 38 辑，上海古籍出版社，1986 年。

剩人和尚和《金塔铃》诗集考述，曹汛，中华文史论丛，第37 辑，上海古籍出版社，1986 年。

苏曼殊与拜伦，邵迎武，天津师范大学学报，1986 年，第3 期。

疏钟红叶坠相思——论苏曼殊诗，苏丰，社会科学，1986 年，第 3 期。

敦煌变文字义校释零札，刘凯鸣，文史，第 27 辑，中华书局，1986 年。

敦煌本句道兴《搜神记》补校，项楚，文史，第 26 辑，中华书局，1986 年。

关于宝卷文学及其音韵曲调，刘兴义，阳关，1986 年，第 6 期。

念卷与俗讲，谭蝉雪，阳关，1986 年，第 6 期。

河西的"宝卷"，李铭等，红柳，1986 年，第 3 期。

苏曼殊诗中若干词语释文商榷，木兰秋，光明日报，1986 年 2 月 11 日。

河西宝卷，谭蝉雪，敦煌语言文学研究通讯，第 1 期，1986 年。

应当重视河西宝卷的搜集整理，文女，阳关，1986 年，第 5 期。

酒泉宝卷再探，郭仪，阳关，1986 年，第 6 期。

谈拾得的诗，徐光大，台州师范专科学校学报，1986 年，第 1 期；东南文化天台文化专刊（总 82 期），南京东南文化杂志社，1990 年。

谈禅宗公案的矛盾与不可说，杨惠南，台大哲学论评，第 9 期，1986 年。

《洛阳伽蓝记》中的智慧老人，栗子菁，中正学术研究集刊，第 16 期，1986 年。

陆象山与禅初探，曾春海，哲学论集，第 20 期，1986 年。

论陶渊明的道家思想与佛家思想，包根弟，辅仁国文学报，第 2 期，1986 年。

宝卷，曾子良，中国文学讲话，巨流图书公司，1986 年。

试论王维之宦隐与大乘般若空性的关系——兼论王维诗中"空"的境界美，萧丽华，台大中文学报，第 6 期，1986 年。

李商隐与佛教，龚鹏程，汉学研究，第 4 卷第 1 期，汉学研究中心，1986 年 6 月。

敦煌讲经变文"古吟上下"探源，罗宗涛，汉学研究，第 4 卷第 2 期，1986 年 12 月。

延州妇人——锁骨菩萨故事之研究，胡万川，中外文学，第 15 卷第 5 期，1986 年 10 月。

盂兰盆会的由来：介绍佛教剧本目连救母的故事，明复，佛教艺术，第 2 期，1986 年。

禅宗与中国文学，尹维坤，中国佛教，第 30 卷第 5 期，1986 年 6 月。

敦煌王梵志诗新探，潘重规，汉学研究，第 4 卷第 2 期，1986 年。

看了敦煌古抄《报恩寺开温室浴僧记》以后，陈祚龙，汉学研究，第 4 卷第 2 期，1986 年。

敦煌壁画佛经变相与现代经变图，释晓云，汉学研究，4 卷 2 期，1986 年。

西游人物溯源：沙悟静与密教中的深沙大将，萧登福，东方杂志，第 19 卷第 11 期，商务印书馆，1986 年 5 月。

杂剧中的鬼神世界的意识形态，曾永义，大陆杂志，总第 193 期，1986 年 5 月。

苏曼殊外传：曼殊和尚的锦绣人生（1），戚宜君，中外杂志，

第 39 卷第 2—228 期，1986 年 2 月。

苏曼殊外传：曼殊和尚的锦绣人生（2），戚宜君，中外杂志，第 39 卷第 3—229 期，1986 年 3 月。

苏曼殊外传：曼殊和尚的锦绣人生（3），戚宜君，中外杂志，第 39 卷第 4—230 期，1986 年 4 月。

苏曼殊外传：曼殊和尚的锦绣人生（4），戚宜君，中外杂志，第 39 卷第 5—127 期，1986 年 5 月。

苏曼殊外传：终于找到了慈母（5），戚宜君，中外杂志，第 39 卷第 6—232 期，1986 年 6 月。

苏曼殊外传：千金买醉无吝色（6），戚宜君，中外杂志，第 40 卷第 1—233 期，1986 年 7 月。

苏曼殊外传：西湖受惊遁走南洋（7），戚宜君，中外杂志，第 40 卷第 2—234 期，1986 年 8 月。

苏曼殊外传：花丛诗酒偶傥风流（8），戚宜君，中外杂志，第 40 卷第 3235 期，1986 年 9 月。

苏曼殊外传：天涯红泪、绛纱情缘（9），戚宜君，中外杂志，第 40 卷第 4—236 期，1986 年 10 月。

苏曼殊外传：焚剑埋情、碎簪毁盟（10），戚宜君，中外杂志，第 40 卷第 5—237 期，1986 年 11 月。

苏曼殊外传：重吻碧玉含笑而逝（11），戚宜君，中外杂志，第 40 卷第 6—238 期，1986 年 12 月。

谈曼殊大师禅与文学生命的挣扎，于飞，中国文化月刊，总第 86 期，1986 年。

晚明憨山德清中兴曹溪祖庭及其中边问题，江灿腾，史学集刊，1986 年 9 月。

从论理学探讨朱子之辟佛，熊琬，宋代理学与佛学之探讨，文津出版社，1986 年 4 月。

先秦冥界思想探述（上），萧登福，鹅湖，第 137 期，1986 年 11 月。

王梵志研究的两本专书评介——（一）戴密微著《王梵志诗》（附《太公家教》）、（二）张锡厚著《王梵志诗校辑》，朱凤玉，敦煌学，第 11 辑，乐学书局，1986 年。

由重出诗探讨《西游记》《封神演义》的关系，康士林（Nicholas Koss）著，吕健忠译，中外文学，第 14 卷第 11 期，1986 年。

敦煌学论文著作目录稿（续），郑阿财，敦煌学，第 11 辑，1986 年。

关于敦煌变文演出的二三个问题，金冈照光，汉学研究，第 4 卷第 2 期，1986 年。

国外学者看《西游记》，张静二，东方杂志，第 19 卷第 11 期，1986 年。

Kuan – hsiu, Schafer, Edward H. , *Companion* 509 – 510, 1986.

Wang Fan – chih, Hartman, Charles, *Companion*, 1986.

Han – shan, Kubin, Wolfgang. , *Companion* 394 – 395, 1986.

Han Shan in English, Kahn, Paul. , *Renditions* 25, 1986, ress. 1990.

Wang Jung's "Hymns on the Devotee's Entrance into the Pure Life, Richard B. Mather, *Journal of the American Oriental Society* 106, 1986.

The Iconography of Chinese Buddhism in Traditional China, Iconography of Religions, Section XII, *East and Central Asia Fasc.* 5, H. A. Van. Oort, Leiden: Brill, 1986.

Bodhidharma as Textual and Religious Paradigm, Bernard Faure, *History of Religions* 3, 1986.

Cosmogony and Self – Cultivation: The Demonic and the Ethical in Two Chinese Novels, Rob Campany, *The Journal of Religious Ethics* 1, 1986.

Records of Transformation Tableaux (pien – hsiang), Victor H. Mair, *T'oung Pao*, Second Series, Vol. 72, Livr. 1/3, pp. 3 – 43, 1986.

Six Daily Periods of Worship: Symbolic Meaning in Buddhist Liturgy and Eschatology, Julian F. Pas, *Monumenta Serica* 1, 1986.

The Manifestation of a Monastery: Shen – Ying's Experiences on Mount Wu – t'ai in T'ang Context, Raoul Birnbaum, *Journal of the American Oriental Society* 1, 1986.

Wang Jung's "Hymns on the Devotee's Entrance into the Pure Life", Richard B. Mather, *Journal of the American Oriental Society* 1, 1986.

泉州福先召慶院の淨修禪師省僜と《祖堂集》石井修道，駒澤大學佛教學部研究紀要，總 44 期，1986 年。

佛教と唐代の文學，孫昌武著，衣川賢次譯，禪文化，總 119 卷，1986 年。

王維の在家信仰——維摩經を中心に，内田誠一，中國詩文論叢，第 5 卷，1986 年。

关于李白与佛教的因缘，陈祚龙，中国文化月刊，第 80 期，1986 年。

1987 年

《西游记》与佛教，殷以聪，贵州教育学院学报，1987 年，第 2 期。

《金刚般若波罗蜜经讲经文》补校，杨雄，敦煌研究，1987 年，第 4 期。

王梵志诗歌宗旨探求——王梵志诗论之一，刘瑞明，敦煌学辑刊，1987 年，第 1 期。

也谈两晋时代的玄佛合流问题，洪修平，中国哲学史研究，1987 年，第 2 期。

关于敦煌本《五台山赞》与《五台山曲子》的创作时代问题，杜斗城，敦煌学辑刊，1987 年，第 1 期。

王梵志诗校注，项楚，敦煌吐鲁番文献研究论集，第 4 辑，北京大学出版社，1987 年。

敦煌艺术中的《普门品变》和《观音经变》，罗华庆，敦煌研究，1987 年，第 3 期。

东渡日本的宋元僧侣及其在日本文学史上的贡献，孙东临，日本学刊，1987 年，第 1 期。

论傣族对《兰嘎西贺》的创造，王国祥，云南社会科学，1987 年，第 3 期。

《红楼梦》与禅宗，高志忠、曾永辰，中国文学研究，1987 年，第 2 期。

苏轼诗歌的艺术渊源，谢桃坊，西南师范大学学报，1987 年，第 1 期。

日本学者对中国禅宗文献的研究和整理，杨曾文，世界宗教研究，1987 年，第 1 期。

论柳宗元"好佛"的两重性特征及其评价问题，张武，广西社会科学，1987 年，第 4 期。

中国艺术意境之诞生，宗白华，艺境，北京大学出版社，1987 年。

佛教与中国古代文学，张玉玲，邵阳师范专科学校学报，1987 年，第 3 期。

论佛教文学对志怪小说虚构意识的影响，蒋述卓，比较文学研究，1987 年，第 4 期。

关于佛教与晚唐山水诗的综合思考，胡遂，求索，1987 年，第 6 期。

寒山子与寒山诗，钱学烈，深圳大学学报，1987 年，第 3 期。

王梵志诗校注置辩，刘瑞明，敦煌研究，1987 年，第 4 期。

王梵志诗校勘零拾，黄灵庚，敦煌研究，1987 年，第 4 期。

般若学和唐宋诗论——佛学与诗学初探，徐季子，宁波师范学院学报，1987 年，第 2 期。

从《前赤壁赋》看苏轼与佛学，黄进德，扬州师范学院学报，1987 年，第 1 期。

救世婆心 曲笔为文——《聊斋志异》因果报应问题辨正，王能宪，江西师范大学学报，1987 年，第 1 期。

论魏晋南北朝志怪小说与佛教的关系，曲沫，中国古典文学论丛，第 5 辑，人民文学出版社，1987 年。

《西游记》与元明清宝卷，刘荫柏，文献，1987 年，第 4 期。

夺胎换骨说质疑，祝振玉，上海师范大学学报，1987 年，第 1 期。

《西游记》主题思想新探，冯扬，思想战线，1987 年，第 3 期。

严羽、刘克庄诗论辨析，黄鸣奋，厦门大学学报，1987 年增刊。

释道精神与古典诗歌理想，韩经太，文史知识，1987 年，第 2 期。

陶渊明与慧远：陶渊明不入"莲社"之我见，丁永忠，学术月刊，1987 年，第 10 期。

略论寒山景物诗中的禅意，何西虹，山西师范大学学报，1987 年，第 3 期。

敦煌变文词语札记，都兴宙，兰州大学学报，1987 年，第 1 期。

敦煌变文校读释例，张涌泉，杭州大学学报，1987 年，第 1 期。

敦煌写本变文、讲经文作品创作时间汇考：兼及转变与俗讲问题，曲金良，敦煌学辑刊，1987 年，第 1 期。

柳宗元与佛教关系浅议，段景莲，河北大学学报，1987 年，第 2 期。

苏轼的诗与禅，彭曼青，华声报，第 4 版，1987 年 9 月 25 日。

论辛弃疾的佛教思想，任文京，河北大学学报，1987 年，第 1 期。

略论寒山景物诗中的禅意，山西师范大学学报，1987 年，第

3 期。

寒山传说与寒山诗，孙昌武，南开文学研究，天津古籍出版社，1987 年。

禅宗思想的民族化与中晚唐僧诗的繁荣，黄新亮，益阳师范专科学校学报，1987 年，第 3 期。

探寻与收获——陈允吉唐代文学研究的新成果，孙明，复旦学报，1987 年，第 2 期。

论唐代的古文革新与儒道演变的关系，葛晓音，中国社会科学，1987 年，第 1 期。

论魏晋南北朝志怪小说和佛教的关系，曲沐，中国古典文学论丛，第 5 辑，人民文学出版社，1987 年。

敦煌变文讨论综述，高国藩，中国古典文学论丛，人民文学出版社，1987 年。

关于中国古典文学中的佛教影响的研究，孙昌武，文学遗产，1987 年，第 4 期。

论印度那伽故事对中国龙王龙女故事的影响（上），阎云翔，民间文艺季刊，1987 年，第 1 期。

论印度那伽故事对中国龙王龙女故事的影响（下），阎云翔，民间文学季刊，1987 年，第 3 期。

论《洛阳伽蓝记》，房聚棉，沈阳师范学院学报，1987 年，第 2 期。

王梵志诗的重大新发现，项楚，敦煌语言文学研究通讯，1987 年，第 4 期。

王梵志诗校释拾补，郭在贻，中国语文，1987 年，第 1 期。

《王梵志诗校辑》注商榷，信应举，中国语文，1987 年，第

1 期。

王维的山水田园诗与音乐、绘画及禅学的联系，萧廷恕，湖南科技大学学报，1987 年，第 2 期。

敦煌《高兴歌》及其文化意蕴，王小盾，上海师范大学学报，1987 年，第 3 期；中国早期艺术与宗教，东方出版中心，1998 年。

李白与佛教思想，葛景春，唐代文学论丛，第 9 辑，1987 年。

皎然交游考，萧占鹏，江海学刊，1987 年，第 6 期。

皎然诗论版本小议，陈曦钟，中国文学论集，第 16 期，九州大学中国文学会，1987 年。

柳宗元与佛教关系浅议，段景莲，河北大学学报，1987 年，第 2 期。

柳宗元在永州与佛教的关系，何书置，零陵师范专科学校学报，1987 年，第 2 期。

略论寒山景物诗中的禅意，何西虹，山西师范大学学报，1987 年，第 3 期。

贯休诗论（下），杨道明，广西师范学院学报，1987 年，第 2 期。

贯休的甘苦，萧文苑，语文月刊，1987 年，第 2 期。

《唐太宗入冥记》缺文补意与校释，刘瑞明，文献，1987 年，第 4 期。

《维摩诘经讲经文》（S. 4581）补校，杨雄，敦煌研究，1987 年，第 2 期。

《佛说阿弥陀经讲经文》补校，杨雄，敦煌学辑刊，1987 年，第 1 期。

河西宝卷与敦煌变文的比较，谢生保，敦煌研究，1987 年，第 4 期。

中国戏曲传统与印度 kerala 地方的梵剧的比较，布海歌著，姜智译，戏曲研究，第 24 辑，1987 年。

最早的佛经译文中的东汉口语成分，（荷兰）许理和，语言学论丛，第 14 辑，商务印书馆，1987 年。

白居易的净土归宿，李醒华，广东民族学院学报，1987 年，第 4 期。

敦煌曲子辞的音乐初探，叶栋，中华文史论丛，第 42 辑，上海古籍出版社，1987 年。

义净诗小考，陈尚君，中华文史论丛，第 41 辑，上海古籍出版社，1987 年。

周梦蝶作品中的"禅意"，冯瑞龙，蓝星诗刊，第 11 期，1987 年。

涵盖多元思想，容包多种艺术——惠洪研究，薛若邻，人文，第 33 期，1987 年。

传统佛教的文学观，汪娟，佛学与文学，李志夫主编，法鼓文化事业股份有限公司，1987 年 12 月。

度脱与嘲讽：浅论三个明杂剧的主题，张火庆，鹅湖，第 13 卷第 12 期，1987 年。

敦煌写本定格联章《百岁篇》研究，郑阿财，木铎，第 11 期，1987 年 2 月。

晦山戒显年谱稿，野口善敬，第四届国际域外汉籍研讨会论文集，联经出版事业股份有限公司，1987 年。

法忍抄本残卷王梵志诗初校，陈庆浩，敦煌学，第 12 辑，1987 年。

评释果祥著《紫柏大师研究》，江灿腾，狮子吼，1987 年 4 月。

王维诗中的禅趣，王熙元，古典文学散论，学生书局，1987 年。

敦煌学研究论文著作目录稿，郑阿财，敦煌学，第 12 辑，1987 年。

张胜温梵像卷之观音研究，李玉珉，东吴大学中国艺术史集，1987 年。

说宝卷弹词（上）李国俊，民俗曲艺，第 50 期，1987 年。

A Partial Bibliography for the Study of Indian Influence on Chinese Popular Literature, Victor H. Mair, *Sino – Platonic Papers* 3, 1987.

Buddhism Under the T'ang, D. L. Overmyer, S. Weinstein, *Journal of the American Oriental Society* 3, 1987.

"O Soul, Come Back!" A Study in the Changing Conceptions of the Soul and Afterlife in Pre – Buddhist China, Ying – Shih Yü, *Harvard Journal of Asiatic Studies* 47, 1987.

The Life of the Buddha and the Buddhist Life: Wang Jung's (468 – 93) "Song of Religious Joy (Fa – le Tz'u)", Richard B. Mather, *Journal of the American Oriental Society* 107, 1987.

Rest, Rest, Perturbed Spirit!: Ghosts in Traditional Chinese Prose Fiction, Anthony C. Yu, *Harvard Journal of Asiatic Studies* 2, 1987.

Biography, Individuality and the Study of Religion, Richard A. Hutch, *Religious Studies* 4, 1987.

Bringing the Buddha down to Earth: Notes on the Emergence of

"Yü – lu" as a Buddhist Genre, Judith A. Berling, *History of Religions* 1, 1987.

Poet versus Minister and Monk: Su Shi on Stage in the Period 1250 – 1450, W. L. Idema, *T'oung Pao*, Second Series, Vol. 73, Livr. 4/5, pp. 190 – 216, 1987.

The Fictional Discourse of Pien – wen: The Relation of Chinese Fiction to Historiography, Hsiao – Peng Lu, *Chinese Literature: Essays, Articles, Reviews* 1/2, 1987.

The Importance of Nothing: Absence and Its Origins in the Poetry of Gary Snyder, Jody Norton and Gary Snyder, *Contemporary Literature* 1, 1987.

Anti – Poem from Cold Mountain, Jeffrey D. Bolt, *The Wallace Stevens Journal* 2, 1987.

Chin P'ing Mei: Inversion of Self – cultivation, Andrew H. Plaks, in *The Four Masterworks of the Ming Novel: Ssu ta ch'i – shu*, Princeton: Princeton University Press, 1987.

Hsi – yu chi: Transcendence of Emptiness, Andrew H. Plaks, in *The Four Masterworks of the Ming Novel: Ssu ta ch'i – shu*, Princeton: Princeton University Press, 1987.

San – kuo chih yen – i: Limitations of Valor, Andrew H. Plaks, in *The Four Masterworks of the Ming Novel: Ssu ta ch'i – shu*, Princeton: Princeton University Press, 1987.

Shui – hu chuan: Deflation of Heroism, Andrew H. Plaks, in *The Four Masterworks of the Ming Novel: Ssu ta ch'i – shu*, Princeton: Princeton University Press, 1987.

《祖堂集》と《景德傳燈錄》，石井修道，宋代禪宗史の研究，大東出版社，1987 年。

柳宗元和中唐的佛教，戶崎哲彥，中國文學報，第 38 期，1987 年。

近世怪異小說と佛書・その二——亡婦復仇譚・食人鬼說話を中心として，堤邦彥，藝文研究，總 51 期，1987 年。

陶淵明"形影神三首"の内包する問題—佛教と《贈答詩》，日本中國學會報，第 39 期，1987 年。

謝靈運の"辨宗論"における"道家之唱，得意之說"の解釋をあぐつて，鵜飼光昌，佛教大學大學院研究紀要，第 15 期，1987 年。

上代文學と敦煌文獻——道教・字書・"王梵志詩集"をあぐつく，東野治之，塙書房萬葉集研究，第 15 期，1987 年。

王維"謁璿上人"について，道上克哉，學林，第 9 期，1987 年。

柳宗元と中唐の佛教，戶崎哲彥，中國文學報，第 38 期，1987 年。

袁宏道と佛教，孫昌武撰，新穀秀明譯，未名，第 6 期，1987 年。

1988 年

整理《王梵志诗集》的新收获——敦煌写本 L1456 与 S4277 的重新缀合，张锡厚，文学遗产，1988 年，第 6 期。

变文词语考释录，袁宾，敦煌语言文学论文集，浙江古籍出版社，1988 年。

王梵志的一组哲理诗（校释与评论），项楚，敦煌研究，1988年，第 1 期。

敦煌文学刍议初稿，周绍良，社会科学，1988 年，第 1 期；绍良文集，北京古籍出版社，2005 年。

《敦煌变文集》校记散录，项楚，敦煌语言文学论文集，浙江古籍出版社，1988 年 10 月。

苏藏法忍抄本王梵志诗校注，项楚，南开文学研究，天津古籍出版社，1988 年。

敦煌变文字义续拾，项楚，敦煌语言文学研究，北京大学出版社，1988 年。

《禅宗著作词语汇释》序，郭在贻，杭州大学学报，1988 年，第 2 期。

禅宗著作里的口语词，袁宾，语文月刊，1988 年，第 7 期。

佛教与唐代文学，孙昌武，唐代文学研究，第 1 辑，山西人民出版社，1988 年。

禅宗文献研究在日本，杨曾文，当代，第 26 期，1988 年。

龙门《石道记》碑与宋释赞宁，张乃翥，文物，1988 年，第 4 期。

唐代俗讲文体制补说，程毅中，敦煌语言文学研究，北京大学出版社，1988 年。

佛典与中国古典散文，孙昌武，文学遗产，1988 年，第 4 期。

《西游记》的主旨及其与明代神魔小说中的扬佛贬道倾向，毛忠贤，宜春师范专科学校学报，1988 年，第 1 期。

涵盖多元思想，容包多种艺术——论目连戏兼及海内外的研讨情况，薛若邻，戏曲研究，第 28 辑，文化艺术出版社，1988 年。

论祁剧目连戏的流变与特色，刘回春，戏曲研究，第 28 辑，1988 年。

中国古代文学家近佛原因初探，张碧波、吕世玮，东北师大学报，1988 年，第 3 期。

北朝质朴文风与佛教，蒋述卓，文艺理论研究，1988 年，第 1 期。

北朝文风的悲凉感与佛教，蒋述卓，广西师范大学学报，1988 年，第 2 期。

齐梁浮艳雕绘文风与佛教，蒋述卓，华东师范大学学报，1988 年，第 1 期。

支遁与山水文学的兴起，蒋述卓，学术月刊，1988 年，第 6 期。

佛教与谢灵运及其诗，齐文榜，文学遗产，1988 年，第 2 期。

论隋唐佛教小说，杜贵晨，曲靖师范专科学校学报，1988 年，第 1 期。

什么是宝卷，赵伯陶，古典文学知识，1988 年，第 4 期。

变文与俗讲，白化文，文史知识，1988 年，第 8 期。

敦煌文学的内涵，周绍良，文史知识，1988 年，第 8 期。

俗赋·词文·通俗小说，周绍良，文史知识，1988 年，第 8 期。

《降魔变文》校议，陈方，山西师范大学学报，1988 年，第 3 期。

王梵志和他的五言通俗诗，张锡厚，文史知识，1988 年，第

8 期。

王梵志诗校释商补，黄征，杭州大学学报，1988 年，第 2 期。

韩愈谏迎佛骨的历史意义，洪流，暨南学报，1988 年，第
1 期。

宝卷叙录（三），车锡伦，扬州师范学院学报，1988 年，第
1 期。

佛经翻译理论与中古文学、美学思想，蒋述卓，文艺研究，
1988 年，第 5 期。

整体的世界幻灭，彻底的情缘悟空——对《西游补》空幻感
的把握，陈立君，湖南教育学院学报，1988 年，第 4 期。

略论禅与诗，孙昌武，社会科学战线，1988 年，第 4 期。

敦煌佛曲《五更转兼十二时 · 维摩托疾》跋——维摩诘文学
试论，龙晦，世界宗教研究，1988 年，第 4 期。

论唐代说唱文学对唐代叙事诗的影响，何丹尼，文学评论丛
刊，第 30 辑，1988 年。

论《西游记》的整体意识及其对宗教神学的揶揄，宁宗一、
罗德荣，天津师范大学学报，1988 年，第 3 期。

论中国近代诗坛的唯理化倾向，陆草，中州学刊，1988 年，
第 6 期。

谢灵运与宗炳围绕《画山水序》，志村良治、何楠，齐齐哈尔
师范学院学报，1988 年，第 2 期。

唐五代诗僧及其诗歌，徐庭筠，唐代文学研究，第 1 辑，山西
人民出版社，1988 年。

明清之际广州佛教管窥，杨鹤书，岭南文史，1988 年，第
3 期。

明初二高僧清初二遗民史迹考析，王春瑜，史林，1988 年，第 3 期。

禅宗与元杂剧，毛炳身、毛小雨，中州学刊，1988 年，第 2 期。

黄庭坚禅学源流述略，祝振玉，文史知识，1988 年，第 4 期。

梵语佛教文学概述，郭良鋆，南亚研究，1988 年，第 2 期。

诗与禅，李壮鹰，北京师范大学学报，1988 年，第 4 期。

《化胡经》考，王利器，宗教学研究，1988 年，第 1 期。

伯·2292《维摩诘经讲经文》补校，郭在贻、张涌泉、黄征，浙江学刊，1988 年，第 5 期。

中国佛教四大译师之四，不空三藏，法音，1988 年，第 10 期。

《居士传》采微，陈士强，法音，1988 年，第 1 期。

《法华经传记》论贯，陈士强，法音，1988 年，第 9 期。

《法华经传记》统略，陈士强，法音，1988 年，第 10 期。

《经律异相》大意，陈士强，五台山研究，1988 年，第 4 期。

论刘禹锡和佛教禅宗，张碧波、吕世伟，学术交流，1988 年，第 6 期。

试论白居易的崇佛，马斗尼，五台山研究，1988 年，第 4 期。

支遁及其佛学思想，许抗生，北京社会科学，1988 年，第 4 期。

《野叟曝言》版本辨析，欧阳健，明清小说研究，1988 年，第 1 期。

谈谈《二十四尊得道罗汉传》，方胜，明清小说研究，1988 年，第 4 期。

禅宗与宋代江西作家，王琦珍，江西师范大学学报，1988 年，第 4 期。

禅宗思维方式与王安石晚年的诗歌，杨崇仁，思想战线，1988 年，第 6 期。

敦煌文学丛谈，周绍良、程毅中、白化文，文史知识，1988 年，第 8 期。

《西洋记》的主旨及其与明代神魔小说中的扬佛贬道倾向，毛忠贤，宜春师范专科学校学报，1988 年，第 1 期。

论目连戏兼及海内外的研讨情况，戏曲研究，第 28 辑，文化艺术出版社，1988 年。

我国封建社会的镜子——目连戏思想内容初探，汪效倚，戏曲研究，第 28 辑，文化艺术出版社，1988 年。

观音信仰与民间传说，王福金，民间文艺季刊，1988 年，第 2 期。

王国维与敦煌学，袁英光，中华文史论丛，第 43 辑，上海古籍出版社，1988 年。

敦煌遗书考（一），刘铭恕，文史，第 29 辑，中华书局，1988 年。

敦煌遗书考（二），刘铭恕，文史，第 29 辑，中华书局，1988 年。

王梵志诗论，项楚，文史，第 31 辑，中华书局，1988 年。

王维"雪中芭蕉"寓意蠡测，陈允吉，唐音佛教辨思录，上海古籍出版社，1988 年。

论王维山水诗中的禅宗思想，陈允吉，唐音佛教辨思录，上海古籍出版社，1988 年。

韩愈的诗与佛经偈颂,陈允吉,唐音佛教辨思录,上海古籍出版社,1988 年。

李贺与《楞伽经》,陈允吉,唐音佛教辨思录,上海古籍出版社,1988 年。

皎然诗论的主要观念和创作理论,许清云,铭传学报,1988 年,第 25 期。

《唐太宗入冥记》若干问题再探讨,张火庆,中华文化复兴月刊,第 21 卷第 10 期,1988 年 10 月。

敦煌学研究论文著作目录稿,郑阿财,敦煌学,第 13 辑,1988 年。

契嵩思想研究:佛教思想与儒家学说之交涉,刘贵杰,中华佛学学报,第 2 期,1988 年。

晚唐几种语录中的白话,马伯乐著,冯承钧译,西洋汉学家佛学论集,华宇出版社,1988 年。

诗心悠悠·禅机缈缈:中国古典诗词之佛学内涵,林永雅,慧炬,1988 年,第 9 期。

王梵志诗集和山上忆良"贫穷问答歌"之研究,菊花英夫著,朱凤玉译,敦煌学,第十三辑,1988 年。

从"三言"看明代的僧尼,徐志平,嘉义农业专科学校学报,第 17 期,1988 年。

明代遗民隐于禅者著述考,丁原基,东吴文史学报,第 6 期,1988 年。

四朝高僧传,蔡慧明,内明,总 192 期,1988 年。

明代小说与善书,小川阳一,汉学研究,第 6 卷第 1 期(A),1988 年。

阴司报应与冥界法庭；三本明杂剧的思想问题，张火庆，鹅湖，第 14 卷第 3 期，1988 年。

荷泽神会传研究，WU，Chi－yu（吴其昱），"中央"研究院历史语言研究所集刊，第 59 期第 4 号，1988 年。

中韩目连故事之流变关系，史在东，汉学研究，1988 年 第 1 期。

Having Once Died and Returned to Life：Representations of Hell in Medieval China，Teiser Stephen F. ，*Harvard Journal of Asiatic Studies* 48，1988.

Buddhism in the Poetry of Po Chu－I，Burton Watson，*The Eastern Buddhist*，New Series 21，1988.

Buddhist Images in Action：Five Stories from the Tang. Glen Dudbridge，*Cahiers d'Extrême－Asie* 10，1988.

On "Shuo Ts'an－Ch'ing"，Wang Ch'in－kuei，*Asia Major*，Third Series，Vol. 1，No. 2，pp. 65－76，1988.

Wang Wei in Kamakura：A Consideration of The Structural Poetics of Mishima's Spring Snow，David Pollack，*Harvard Journal of Asiatic Studies* 2，1988.

謝靈運詩におはる"理"と自然—"辨宗論"及び始寧時代の詩た中心に，牧角悦子，文學研究，第 85 期，1988 年。

《祖堂集》解題，柳田聖山，韓國：曉城趙明基博士追慕佛教史學論文集，1988 年。

The Contextual Study of Chinese Buddhist Biographies：The Example of Yung－Ming Yen－Shou（904－975）. Welter，Albert. In *Monks and Magicians：Religious Biographies in Asia*，edited by Phyllis

Granoff and Köichi Shinohara, 247 – 268. Oakville, Ontario：Mosaic, 1988.

Two Sources of Chinese Buddhist Biographies：Stupa Inscriptions and Miracle Stories. Shinohara, Koichi. In *Monks and Magicians*：*Essays on Religioius Biographies in Asia*. Edited by Phyllis Granoff and Koichi Shinohara, 119 – 228. Oakville, Ontario：Mosaic Press. 1988.

1989 年

陶渊明反佛说辨异——兼评逯钦立先生论陶文之疏漏，丁永忠，江西社会科学，1989 年，第 1 期。

"观世音"的来龙去脉，王景琳，文史知识，1989 年，第 1 期。

五代俗讲僧圆鉴大师，周绍良，佛教文化，1989 年创刊号。

谈王梵志诗中的"着"，梁晓虹，九江师范专科学校学报，1989 年，第 4 期。

佛教与晋宋之际的山水文学思潮，蒋述卓，古代文学理论研究，第 14 辑，1989 年。

S. 6551 讲经文作于西州回鹘国辩证，李正宇，新疆社会科学，1989 年，第 4 期。

《召树屯》《朗退罕》渊源新证，东方既晓，云南社会科学，1989 年，第 1 期。

略论冯惟敏及其杂剧《僧尼共犯》，郑树平，潍坊教育学院学报，1989 年，第 2 期。

再谈禅宗著作里的口语词，袁宾，语文月刊，1989 年，第

3 期。

苏曼殊的拜伦之歌，林静华，当代杂志，第 37 期，1989 年 5 月。

宋诗的"活法"与禅宗的思维方式，张晶，文学遗产，1989 年，第 6 期。

敦煌俗赋的渊源及其与变文的关系，程毅中，文学遗产，1989 年，第 1 期。

敦煌故事赋《茶酒论》与争奇型小说，张鸿勋，敦煌研究，1989 年，第 1 期。

汉魏晋南北朝佛教与小说：中国佛教与小说论（一），杜贵晨，齐鲁学刊，1989 年增刊。

试论敦煌所藏《禅师卫士遇逢因缘》——兼谈诸宫调的起源，李正宇，文学遗产，1989 年，第 3 期。

《鱼儿佛》原作者及改编者新考，陆林，戏剧，1989 年，第 2 期。

《大目乾连冥间救母变文》校议，郭在贻、张涌泉、黄征，安徽师范大学学报，1989 年，第 1 期。

王梵志年代新拟，刘瑞明，敦煌研究，1989 年，第 1 期。

六朝志怪小说与佛教，袁荻涌，文史杂志，1989 年，第 2 期。

敦煌变文校记二十七则，胥洪泉、徐相霖，四川师范大学学报，1989 年，第 2 期。

中古志怪小说与佛教故事，蒋述卓，文学遗产，1989 年，第 1 期。

《敦煌变文集新书》校议（下），郭在贻、黄征、张涌泉，文献，1989 年，第 3 期。

诗禅关系认识史上的重要环节：读皎然、齐己诗，程亚林，文学遗产，1989 年，第 5 期。

禅宗的"静心"思想与王维的山水诗创作，邱瑞祥，贵州大学学报，1989 年，第 3 期。

超尘越俗，徜徉山水：佛教对柳宗元及其山水游记和景物诗的影响，王启兴，湖北大学学报，1989 年，第 6 期。

论敦煌佛曲与词的起源，吴肃森，敦煌学辑刊，1989 年，第 2 期。

试论志怪演化的宗教背景，吴维中，兰州大学学报，1989 年，第 4 期。

韩孟诗派的创新意识及其与中唐文化趋向的关系，孟二冬，中国社会科学，1989 年，第 6 期。

地狱变相初探，杜斗城，敦煌学辑刊，1989 年，第 2 期。

变文的讲唱艺术——转变考略，曲金良，敦煌学辑刊，1989 年，第 2 期。

因果、色空、宿命观念与明清长篇小说的叙事模式，陈维昭，华南师范大学学报，1989 年，第 4 期。

禅宗与苏轼，黄宝华，上海师范大学学报，1989 年，第 4 期。

宋诗的活法与禅宗的思维方式，张晶，文学遗产，1989 年，第 6 期。

佛、道影响与中国古典小说的民族特色，张稔穰、刘连庚，文学评论，1989 年，第 6 期。

中唐前期的方外诗人，蒋寅，古典文学知识，1989 年，第 6 期。

试论宗教文学的内涵，赵建新，兰州大学学报，1989 年，第

4 期。

禅与诗——温庭筠艺术风格成因新探，刘尊明，人文杂志，1989 年，第 6 期。

佛学与中国近代诗坛，陆草，文学遗产，1989 年，第 2 期。

佛禅思想与苏轼文艺理论，刘石，天府新论，1989 年，第 2 期。

昭明太子《陶渊明集序》"风教"说平议，丁永忠，四川师范大学学报，1989 年，第 4 期。

谢灵运《辨宗论》与山水诗，钱志熙，北京大学学报，1989 年，第 5 期。

佛教理论与意境范畴的生成转化，陈伟，上海师范大学学报，1989 年，第 1 期。

马祖道一评传，何云，世界宗教研究，1989 年，第 1 期。

敦煌写本王梵志诗汇校，郭在贻，敦煌语言文学论文集，杭州大学古籍研究所编，浙江古籍出版社，1989 年。

义净和他的《南海寄归内法传》，季羡林、王邦维，文献，1989 年，第 1 期。

苏轼何时开始接触佛教，刘石，文史知识，1989 年，第 2 期。

《大宋僧史略》直笔，陈士强，五台山研究，1989 年，第 1 期。

憨山大师思想特色，汪平，五台山研究，1989 年，第 1 期。

敦煌变文四篇补校，杨雄，敦煌研究，1989 年，第 1 期。

佛教与美学 程林辉，青海社会科学，1989 年，第 1 期。

李贽与佛教，孟铸群，西南民族学院学报，1989 年，第 2 期。

佛教譬喻经文学，郭良鋆，南亚研究，1989 年，第 2 期。

试论《金刚经》的地位、流传与影响，李利安，南亚研究，1989年，第2期。

佛经寓言：《痴华鬘》的文学色彩，章明寿，淮阴师范专科学校学报，1989年，第2期。

浅谈《红楼梦》和佛老思想，刘建国，湘潭大学学报，1989年，第4期。

禅"悟"与审美直觉，马国柱，辽宁教育学院学报，1989年，第4期。

《释迦如来成道记》校勘记，赵德，五台山研究，1989年，第4期。

严沧浪以禅喻诗的理论特点及利弊辨析，张婷婷，郑州大学学报，1989年，第5期。

禅宗：直觉性审美结构体，吴功正，社会科学家，1989年，第6期。

从《济公传》看由民间文学成为文人作品的变化，汪德羞，明清小说研究，1989年，第1期。

中国文学中的三教合流与西方文学中的政教合一，马焯荣，湖南师范大学学报，1989年，第2期。

寒山诗管窥，入矢义高著，王顺洪译，古籍整理与研究，1989年，第4期。

中西古典小说僧侣形象的哲学本质和人格特征比较，钱炜，南通师范专科学校学报，1989年，第2期。

《文心雕龙》与阿毗昙心，饶宗颐，暨南学报，1989年，第1期。

从言义之辨到境生象外——论庄、玄、禅对古代诗论的影响，邓乔彬，华东师范大学学报，1989 年，第 1 期。

六祖《坛经》的语言哲学，陈荣波，佛光山禅学会议论文集，1989 年。

《南宗赞》小记，冉云华，敦煌学，第 15 辑，1989 年；中国佛教文化研究论集，东初出版社，1990 年。

敦煌学研究论文著作目录稿，郑阿财，敦煌学，第 15 辑，1989 年。

唐代古文家与佛教的关系，何寄澎，第一届国际唐代学术会议论文集，"中华民国"唐代研究学者联谊会，1989 年。

白居易与佛道关系重探，罗联添，第一届国际唐代学术会议论文集，唐代研究学者联谊会，1989 年。

佛经注疏与讲经文之比较研究——以维摩诘经讲经文持世菩萨第二为例，罗宗涛，"中央"研究院第二届国际汉学会议论文集（文学组上册），"中央"研究院，1989 年。

Buddhist Allegory in the Journey to the West, Francisca Cho Bantly, *The Journal of Asian Studies*, Vol. 48, No. 3, pp. 512 – 524, 1989.

Seeing Chen – Yen Buddhism: Traditional Scholarship and the Vajrayāna in China, Orzech, Charles D., *History of Religions* 29, 1989.

Some Iconographic Problems in Early Daoist – Buddhist Sculptures in China, J. James, *Archives of Asian Art* 42, 1989.

The Quest of Brother Amor: Buddhist Intimations in the Story of the Stone, Anthony C. Yu, *Harvard Journal of Asiatic Studies* Vol. 49, No. 1, pp. 55 – 92, 1989.

Bao and Baoying: Narrative Causality and External Motivations in Chinese Fiction, Karl S. Y. Kao, *Chinese Literature*: *Essays*, *Articles*, *Reviews* 11, 1989.

Humor in Zen: Comic Midwifery, Conrad Hyers, *Philosophy East and West* 3, 1989.

"Mu – lien Rescues His Mother" in Chinese Popular Culture by Beata Grant and David Johnson, in *Chinese Popular Culture*; *Papers from the International Workshop on the Mu – lien Operas*, Berkeley: Chinese Popular Culture Project, 1989.

The Contribution of T'ang and Five Dynasties Transformation Texts (pien – wen) to Later Chinese Popular Literature, Victor H. Mair, *Sino – Platonic Papers* 12, 1989.

1990 年

变形的人格再塑——苏曼殊人格论，毛策，国际南社学会会讯，1990 年，第 1 期。

《金光明经变》研究，施萍婷，1987 年敦煌石窟研究国际讨论会文集·石窟考古编，辽宁美术出版社，1990 年。

《五灯会元》点校献疑三百例，项楚，古籍点校疑误汇录（五），中华书局，1990 年。

论寒山诗及其在东西方的影响，王庆云，烟台师范学院学报，1990 年，第 1 期。

《维摩诘经讲经文》补校，项楚，敦煌吐鲁番文献研究论集，第 5 辑，北京大学出版社，1990 年。

1990 年回鹘文《玄奘传》及其译者，胜光法师、耿世民，中央民族学院学报，1990 年，第 6 期。

禅宗著作词语释义，袁宾，词典研究丛刊，第 11 辑，四川辞书出版社，1990 年。

敦煌遗书中有关王梵志三条材料的校订和解说，项楚，敦煌吐鲁番文献研究论集，北京大学出版社，1990 年，第 5 辑。

禅意的云——唐诗中一个词语的分析，葛兆光，文学遗产，1990 年，第 3 期。

柳宗元与"综合儒释"思潮，李锦全，晋阳学刊，1990 年，第 6 期。

《王梵志诗校注》献疑，张涌泉，敦煌研究，1990 年，第 2 期。

自然、空灵、简淡、幽静——唐代僧诗的艺术风格，周先民，文学遗产，1990 年，第 2 期。

《佛经传译与中古文学思潮》序，钱仲联，文艺理论研究，1990 年，第 2 期。

记明代新兴宗教的几本宝卷，周绍良，中国文化，1990 年 12 月号。

天津图书馆馆藏善本宝卷叙录，谢忠岳，世界宗教研究，1990 年，第 3 期。

"解体还形"小说与佛经故事，陈洪，徐州师范学院学报，1990 年，第 3 期。

朝过三清又拜佛：李商隐与佛教的关系兼说《华师》一诗，亦明，文史知识，1990 年，第 3 期。

心学、禅宗与明中后期文学思潮，葛兆光，明代文学研究，章培恒主编，江西人民出版社，1990年。

诗禅异同论——兼论严羽"妙悟"说的审美内涵，张晶，辽宁大学学报，1990年，第2期。

苏轼与佛教三辨，刘石，北京师范大学学报，1990年，第3期。

吴语区宝卷概说，车锡伦，扬州师范学院学报，1990年，第4期。

李白与佛教思想，章继光，人文杂志，1990年，第1期。

论敦煌曲中的佛曲歌辞，李世英，兰州大学学报，1990年，第1期。

试论禅宗对宋词的影响，邓莹辉，华中师范大学学报，1990年，第2期。

苏曼殊研究述评，王永福，广东社会科学，1990年，第2期。

论宫体与佛教，马积高，求索，1990年，第6期。

论韩愈反佛老对其文学思想及诗文创作的影响，邹进先，社会科学辑刊，1990年，第5期。

浅论中国民间佛教传说，黄夏年，五台山研究，1990年，第3期。

《聊斋志异》对冥界题材的开拓，马瑞芳，文史哲，1990年，第6期。

论蒲松龄与佛教，姜光斗，明清小说研究，1990年，第3期。

敦煌变文研究史述论，曲金良，烟台师范学院学报，1990年，第4期。

贾岛研究述评，吕庆端，青海民族学院学报，1990年，第2期。

王维山水田园诗源于禅宗吗？赵玉桢，中州学刊，1990年，第2期。

试论马鸣《佛本行经》，钱文忠，中国社会科学，1990年，第1期。

试论佛教美学思潮，蒋述卓，云南社会科学，1990年，第2期。

略论佛学对古代文学的影响，刘斌，雁北师范专科学校学报，1990年，第1期。

谭嗣同与佛教，孔繁，世界宗教研究，1990年，第2期。

试论佛陀崇拜中的审美因素，杨莲，青海社会科学，1990年，第5期。

日本发现我国元刊佛说目连救母经，朱建明、何美华，上海艺术家，1990年，第6期。

梁启超佛学思想概述，天祥，学术研究，1990年，第5期。

天台山佛教文学述评，丁锡贤、朱封鳌，东南文化，1990年，第6期。

敦煌俗讲僧保宣及其《通难致语》，李正宇，社科纵横，1990年，第6期。

志怪与魏晋南北朝宗教，吴维中，兰州大学学报，1990年，第2期。

"诚斋体"与禅学的"姻缘"，张晶，文艺理论家，1990年，第4期。

论孙悟空的宗教意识，周寅宾，湖南师范大学学报，1990年，第6期。

禅宗的创造性思维形式——对禅宗公案的理性探索，府宪展、徐小蛮，中华文史论丛，第 46 辑，上海古籍出版社，1990 年。

寒山子诗歌的流传与影响，徐三见，东南文化"天台山文化专号"，东南文化杂志社，1990 年，第 6 期。

寒山子诗韵试析，朱汝略，东南文化"天台山文化专号"，东南文化杂志社，1990 年，第 6 期。

寒山子生平新探，连晓鸣、周琦，东南文化"天台山文化专号"，东南文化杂志社，1990 年，第 6 期。

寒山诗解说，大田悌藏撰，曹潜译，东南文化"天台山文化专刊号"，东南文化杂志社，1990 年，第 6 期。

禅风与明清浪漫，金丹元，海南师范学院学报，1990 年，第 4 期。

禅的诡论和逻辑，（美）成中英，中华佛学学报，第 3 期，1990 年。

敦煌学研究论文著作目录稿（续），郑阿财，敦煌学，第 16 辑，1990 年。

论史乃德翻译的寒山诗：寒山诗的流传，钟玲，中外文学，1990 年，第 4 期。

济公形象之完成及其社会意义，周纯一，汉学研究，第 8 卷第 1 期，1990 年。

《叶净能诗》探研，陈炳良，汉学研究，第 8 卷第 1 期，1990 年。

一块彩就能补天吗？——周梦蝶诗境初窥，余光中，蓝星诗社，第 23 期，1990 年。

神仙与高僧——魏晋南北朝宗教心态试探，蒲慕洲，汉学研究，第 8 卷第 2 期，1990 年。

Dao – Xuan's Collection Of Miracle Stories About "Supernatural Monks" (Shen – Seng Gan – Tong Lu): An Analysis of Its Sources, 筱原亨一 (Koichi Shinohara), 中华佛学学报, 第 3 期, 1990 年。

Buddhism in the Trenches: Attitudes toward Popular Religion in Chinese Scriptures Found at Tun – huang, Daniel L. Overmyer, *Harvard Journal of Asiatic Studies* 50, 1990.

Sound and Sense in the Study of Chinese Popular Culture, Victor H. Mair, *Chinese Literature: Essays, Articles, Reviews* 12, 1990.

Church Language and Vernacular Language in Central Asian Buddhism, Jan Nattier, *Numen* 2, 1990.

Does the Koan Have Buddha – Nature? The Zen Koan as Religious Symbol, Steven Heine, *Journal of the American Academy of Religion* 3, 1990.

Lü Meng – cheng in the Tsung – men wu – k'u, Wang Ch'iu – Kuei, *Asia Major* 1, 1990.

Chasing Shadows: A Review Article, W. L. Idema, *T'oung Pao* 4/5, 1990.

T'ang Transformation Texts: A Study of the Buddhist Contribution to the Rise of Vernacular Fiction and Drama in China (Review), Anne E. McLaren, *The Journal of Asian Studies* 2, 1990.

The Dragon Who Never Sleeps: Verses for Zen Buddhist Practice, Robert Aitken, *The Eastern Buddhist* 1, 1990.

The Enlightened Prince Sutasoma: Transformations of a Buddhist Story, Angela Hobart, *Indonesia* 49, 1990.

Chang Chu – p'o on How to Read the Chin P'ing Mei (The Plum in the Golden Vase）, David L. Rolston, in *How to Read the Chinese Novel*, *Princeton*：*Princeton University Press*, 1990.

Chang Hsin – chih on How to Read the Hung – lou meng（Dream of the Red Chamber）, David L. Rolston, in *How to Read the Chinese Novel*, Princeton：Princeton University Press, 1990.

敦煌仏典と禅，篠原壽雄、田中良昭，講座敦煌（8），大東出版社，1990 年。

宋元禪籍研究——天目中峰和尚廣錄、天如惟則語錄，椎名宏雄，印度學佛教學研究，第 39 卷 1 號，1990 年。

Daoxuan's Collection of Miracle Stories about ' Supernatural Monks'（*Shenseng gantong lu*）：An Analysis of Its Sources. Shinohara, Koichi. *Chung – hwa Buddhist Journal* 3（1990）：319 – 80.

Biography and Hagiography：Hui – Chiao's Lives of Eminent Monks. Wright, Arthur. In *Silver Jubilee Volume of the Jimbun Kagaku Kenkyusyo*, *Kyoto University*. 383 – 432. Kyoto, 1954. Reprinted in Studies in Chinese Buddhism edited by Robert M. Somers. New Haven：Yale University Press, 1990.

1991 年

《敦煌佛顶尊胜陀罗尼经变》考释，王惠民，敦煌研究，1991 年，第 1 期。

废名小说的禅学底蕴，姜云飞，浙江师范大学学报，1991 年，第 3 期。

废名的小说与禅道投影，胡绍华，东北师范大学学报，1991

年，第 6 期。

李群玉诗作的佛性内蕴及以释补儒的主体特征，黄新亮，益阳师专学报，1991 年，第 1 期。

王梵志诗校注，项楚，敦煌吐鲁番文献研究论集，第四辑，1987 年 6 月。

皎然诗学述评，王运熙，贵州大学学报，1991 年，第 1 期。

皎然诗学述评（续完），王运熙，贵州大学学报，1991 年，第 2 期。

皎然生平及交游考，漆绪邦，北京社会科学，1991 年，第 3 期。

"诗佛"吴嵩梁与书院教育，杨布生，抚州师专学报，1991 年，第 4 期。

"怅望湖州未敢归"一诗非澹归和尚所作，林子青，法音，1991 年，第 10 期。

荟萃前人滥觞后世——论皎然的诗歌艺术思想，陈金泽、毕万忱，社会科学战线，1991 年，第 3 期。

释皎然早年事迹略考，陈向春，古籍整理研究学刊，1991 年，第 5 期。

王维"诗佛"论，方守金，中文自学指导，1991 年，第 8 期。

试论王维对禅宗的反影响，贾晋华，文学遗产，1991 年，第 4 期。

试论王维山水诗中的禅理，贺秀明，厦门大学学报，1991 年，第 4 期。

王维的佛心，肖苑，古典文学知识，1991 年，第 3 期。

罕见的叠字诗（寒山《杳杳寒山道》），刘竹庵，语文知识，

1991 年，第 9 期。

寒山其人其诗，苏自勤，文史杂志，1991 年，第 2 期。

论王梵志及其诗的思想，高国藩，固原师专学报，1991 年，第 4 期。

唐宋文人诗的禅化倾向——兼谈审美的价值取向，吴延溢，南通社会科学，1991 年，第 3 期。

唐人诗境说中的禅与道，胡晓明，华东师范大学学报，1991 年，第 3 期。

唐代佛教对诗歌活动的影响，傅绍良，文史知识，1991 年，第 3 期。

《五灯会元》点校献疑续补一百例，项楚，季羡林教授八十华诞纪念论文集（上），江西人民出版社，1991 年。

《敦煌歌辞总编》佛教歌辞匡补举例（上），项楚，中国与日本文化研究（第一集），大百科全书出版社，1991 年 8 月。

禅宗的语言观，袁宾，中文自学指导，1991 年，第 4 期。

项楚《王梵志诗校注》商兑和补遗，刘瑞明，敦煌学辑刊，1991 年，第 1 期。

白话诗人王梵志，苏自勤，文史杂志，1991 年，第 6 期。

一代文学中的幽情别趣：元杂剧中佛教影响初探，方敏，求是学刊，1991 年，第 2 期。

唐代茶文化的阶段性——敦煌写本《茶酒论》研究之二，暨志远，敦煌研究，1991 年，第 2 期。

论佛道教与中国美学，吴功正，世界宗教研究，1991 年，第 1 期。

陶潜与佛学，朱家弛，南开学报，1991 年，第 1 期。

文字禅与宋代诗学，周裕锴，国际宋代文化研讨会论文集，四川大学出版社，1991 年。

王维隐居与其诗的关系新探，赵玉桢，宁夏社会科学，1991 年，第 5 期。

《沧浪诗话》臆评，王志强，山东社会科学，1991 年，第 3 期。

试谈禅宗对古代文论之影响，孙德彪、刘清艳，延边大学学报，1991 年，第 1 期。

从目连戏到《西游记》的人物演变，黄笙闻，新疆艺术，1991 年，第 1 期。

论唐五代的佛教讲唱文学，李世英，兰州大学学报，1991 年，第 2 期。

散论佛学对《文心雕龙》的影响，董国尧、高国兴，学术交流，1991 年，第 2 期。

《补江总白猿传》新探，卞孝萱，西北师范大学学报，1991 年，第 3 期。

浅谈黎族洪水神话中的人文特点，邢植朝，民族文学研究，1991 年，第 1 期。

中国的战争女神——九天玄女，周晓薇，文史知识，1991 年，第 8 期。

僧诗的异相之美，伍立杨，求索，1991 年，第 4 期。

说宝卷，刘光民，文史知识，1991 年，第 10 期。

如来佛形象和《西游记》的主题，章立，信阳师范学院学报，1991 年，第 4 期。

禅学理念与王维山水诗创作手法，邱瑞祥，贵州大学学报，

1991 年，第 3 期。

论佛教与梁代宫体诗的产生，汪春泓，文学评论，1991 年，第 5 期。

专献精诚，博学宏通：著名敦煌文学专家项楚教授，宋永培，古籍整理研究学刊，1991 年，第 5 期。

目连戏的两种面貌：《目连救母劝善戏文》与《劝善金科》比较研究，李玫，戏剧，1991 年，第 3 期。

敦煌佛教文学儒化倾向考，汪泛舟，孔子研究，1991 年，第 3 期。

试论佛学对古代文学的影响，刘斌，五台山研究，1991 年，第 1 期。

宋代禅宗的"文字禅"，魏道儒，世界宗教研究，1991 年，第 1 期。

《文心雕龙》：综合儒道佛的美学建构，施惟达，云南社会科学，1991 年，第 2 期。

唐代文人的习禅风气，孙昌武，学术论坛，1991 年，第 2 期。

中国南戏暨目连戏国际学术研讨会综述，李国庭，福建社科情报，1991 年，第 6 期。

从目连戏到《西游记》的人物演变，黄笙闻，新疆艺术，1991 年，第 1 期。

目连戏中的禁欲主义，朱建明，四川戏剧，1991 年，第 2 期。

目连变文：目连戏与唐僧取经故事关系初探，朱恒夫，明清小说研究，1991 年，第 2 期。

目连戏——一个历史文化现象，金汉川，戏曲研究，第 37 辑，文化艺术出版社，1991 年。

目连戏与傩文化形态关系初探，叶明生，戏曲研究，第 37 辑，文化艺术出版社，1991 年。

目连戏与宗教、风俗考析，施文楠，戏曲研究，第 37 辑，文化艺术出版社，1991 年。

目连戏——佛教文化与中国文化的融合，凌翼云，戏曲研究，第 37 辑，文化艺术出版社，1991 年。

辰河高腔目连戏探索，李怀荪，戏曲研究，第 37 辑，文化艺术出版社，1991 年。

敦煌吐鲁番学中的目连与目连戏，黎蔷，戏曲研究，第 37 辑，文化艺术出版社，1991 年。

波诡云谲，蔚为大观——从一次盛大的川剧目连戏演出活动谈起，杜建华，戏曲研究，第 37 辑，文化艺术出版社，1991 年。

福建莆仙戏《目连》，林庆熙，戏曲研究，第 37 辑，文化艺术出版社，1991 年。

江西青罗腔目连戏的宗教仪式，刘春江，戏曲研究，第 37 辑，文化艺术出版社，1991 年。

郑之珍《劝善记》探微，文忆萱，戏曲研究，第 37 辑，文化艺术出版社，1991 年。

目连戏演出特点再探，尹伯康，戏曲研究，第 37 辑，文化艺术出版社，1991 年。

目连戏音乐谈，石生潮，黎建明，戏曲研究，第 37 辑，文化艺术出版社，1991 年。

观众对戏剧的参与——以傩戏为例，皇甫重庆，戏曲研究，第 37 辑，文化艺术出版社，1991 年。

大打飞叉——祁剧《目连戏》的表演特色，欧阳友徽，戏曲研究，第 37 辑，文化艺术出版社，1991 年。

超度——目连戏以及祭祀戏剧的产生，田仲一成，戏曲研究，第 37 辑，文化艺术出版社，1991 年。

日本中国朝鲜的假面剧——试论日本"能"的诞生，诹访春雄，戏曲研究，第 37 辑，文化艺术出版社，1991 年。

关于在日本发现的元刊《佛说目连救母经》，吉川良知，戏曲研究，第 37 辑，文化艺术出版社，1991 年。

附：佛说目连救母经，戏曲研究，第 37 辑，文化艺术出版社，1991 年。

改戏·改人·改制，朱颖辉，戏曲研究，第 37 辑，文化艺术出版社，1991 年。

简明扼要通俗易懂——介绍《古典戏曲名作纵横谈》，丛鹏，戏曲研究，第 37 辑，文化艺术出版社，1991 年。

诗书寄尘迹，栖禅亦老儒——担当暮年的审美倾向，杨开达，云南师范大学学报，1991 年，第 4 期。

陶潜与佛学，朱家驰，南开学报，1991 年，第 1 期。

宋代禅学的主流：宗杲的看话禅体系，魏道儒，中国社会科学院研究生院学报，1991 年，第 2 期。

唐代佛教对士大夫处世态度的影响，郭绍林，文史知识，1991 年，第 2 期。

汉译佛经中的"比喻造词"，梁晓虹，暨南学报，1991 年，第 2 期。

"见山是山见水是水"：禅与生命感受的充分诞生，皮朝纲、董运庭，云南师范大学学报，1991 年，第 1 期。

谈李白诗歌中的佛教意识，姜光斗，南通师范专科学校学报，

1991 年，第 4 期。

妙悟与禅趣：禅宗美学思想评析，吕孝龙，云南师范大学学报，1991 年，第 1 期。

唐代佛教对诗歌活动的影响，晓军，文史知识，1991 年，第 3 期。

龚自珍佛教文化研究特征，麻天祥，晋阳学刊，1991 年，第 2 期。

佛教对艺术传神论的启示和影响，蒋述卓，衡阳师专学报，1991 年，第 4 期。

佛教与中国文艺美学中的悲剧意识，蒋述卓，华东师范大学学报，1991 年，第 5 期。

禅宗与艺术创造刍议，马钧，青海民族学院学报，1991 年，第 4 期。

略论佛教对杜甫思想和创作的影响，陈枫，管理与教学，1991 年，第 3 期。

龚自珍学佛的思想基础和社会基础，麻天祥，郑州大学学报，1991 年，第 4 期。

西门庆形象与佛道意识，余岢，济宁师范专科学校学报，1991 年，第 3 期。

圆悟克勤的禅学思想及其对中国美学的启示，皮朝纲，四川师范大学学报，1991 年，第 5 期。

贯休诗歌订补，刘芳琼，文献，1991 年，第 3 期。

西行求法僧文化人格片论——丝路佛教文化现象研究之三，武守志，西北师大学报，1991 年，第 6 期。

禅宗美学的基本特征，崔元和，五台山研究，1991 年，第

4 期。

元代蒙古族佛教箴言诗，双福，内蒙古社会科学，1991 年，第 6 期。

藏传佛教对藏民族审美心理的影响，杨莲，青海社会科学，1991 年，第 6 期。

佛教文化对朝鲜诗歌文学的影响，朴忠禄，延边大学学报，1991 年，第 4 期。

陶弘景与佛教史实考辨，卢仕龙，史林，1991 年，第 4 期。

《罗摩衍那》在中国，季羡林，比较文学与民间文学，北京大学出版社，1991 年。

试谈禅宗对古代文论之影响，孙德彪、刘清艳，延边大学学报，1991 年，第 1 期。

论唐五代的佛教讲唱文学，李世英，兰州大学学报，1991 年，第 2 期。

李贽的禅心与童心，孙长军，信阳师范学院学报，1991 年，第 3 期。

佛教呗赞音乐与敦煌讲唱辞中"平""侧""断"诸音曲符号，王小盾，中国诗学，东方出版社，1991 年。

论王琰的《冥祥记》和佛教短篇小说，（苏）叶马克，世界宗教研究，1991 年，第 3 期。

《华严经》的构成与思想，镰田茂雄著，黄玉雄译，五台山研究，1991 年，第 2 期。

略论佛学对晚唐五代诗格的影响，张伯伟，中华文史论丛，第 48 辑，上海古籍出版社，1991 年。

孙昌武《佛教与中国文学》评介，王煜，儒道释与中国文豪，台湾学生书局，1991 年。

僧史家惠洪与其"禅教合一"观（上）（下），黄启江，大陆杂志，1991 年，第 4、5 期。

唐代的佛教应验小说，朱凤玉，法光，第 27 期，1991 年。

张胜温梵像卷药师琉璃光佛会与十二大愿之研究，释恒清等编，佛教的思想与文化——印顺导师八秩晋六寿庆论文集，法鼓出版社，1991 年。

敦煌学研究论文著作目录稿（续），郑阿财，敦煌学，第 16 辑，1991 年。

譬喻佛典之研究——撰集百缘经、贤愚经、杂宝藏经、大庄严论经，丁敏，中华佛学学报，1991 年。

"Structure" and "Communitas" in Po Chu – yi's Tomb Inscription，筱原亨一（Koichi Shinohara），中华佛学学报，1991 年.

The Forest and the Trees （T'ang Transformation Texts：A Study of the Buddhist Contribution to the Rise of Vernacular Fiction and Drama in China，Victor H. Mair and Eugene Eoyang，*Chinese Literature：Essays，Articles，Reviews* 13，1991.

The Sanskrit Origins of Recent Style Prosody，Victor H. Mair and Tsu – Lin Mei，*Harvard Journal of Asiatic Studies* 51，1991.

The Poetry of Han – shan，a Complete，Annotated Translation of Cold Mountain （Review），W. L. Idema，*T'oung Pao* 4/5，1991.

The Legend of Hanshan：A Neglected Source，Robert Borgen，*Journal of the American Oriental Society* 3，1991.

A Journey of the Mind：The Basic Allegory in Hou Xiyouji，Xiaolian Liu，*Chinese Literature：Essays，Articles，Reviews* 13，1991.

I Fear Nothing：A Note on the Zen Poetry of Death，Lucien Stryk，*The American Poetry Review* 3，1991.

Chin Dynasty Poetry：Reaction to the Mongol Incursion，1150 – 1250，Yoshikawa Kōjirō，in *Five Hundred Years of Chinese Poetry*，1150 – 1650：*The Chin*，*Yuan*，*and Ming Dynasties*，Princeton：Princeton University Press，1991.

奝然之入宋與上表文，照山口修，佛教大學佛教文化研究所年報，第 9 號，1991 年。

论柳宗元的禅思想，孙昌武，文学遗产，1991 年，第 6 期。

1992 年

敦煌学：开拓与发展，魏同贤，中华文史论丛，第 50 辑，上海古籍出版社，1992 年。

上海博物馆藏敦煌吐鲁番文献综论，李津国，中华文史论丛，第 50 辑，上海古籍出版社，1992 年。

俄罗斯科学院东方学研究所圣彼得堡分所藏敦煌文献附录：前苏联敦煌学研究论著目录，（俄）孟列夫，中华文史论丛，第 50 辑，上海古籍出版社，1992 年。

对黄编《六百号敦煌无名断片的新标目》之补正，方广锠，中华文史论丛，第 50 辑，上海古籍出版社，1992 年。

王梵志诗校释补议，黄征，中华文史论丛，第 50 辑，上海古籍出版社，1992 年。

论宋僧词，曾枣庄，中华文史论丛，第 50 辑，上海古籍出版社，1992 年。

佛教文化的现代心理学透视——施蛰存佛教题材小说论析，谭桂林，上海文化，1992 年，第 5 期。

皎然非谢灵运裔孙考辨，贾晋华，江海学刊，1992 年，第 2 期。

在世俗宗教的边缘徘徊——论寒山诗，李世英，祁连学刊，1992 年，第 2 期。

杰出的诗僧王梵志，黄新亮，长沙水电师范学院学报，1992 年，第 1 期。

论禅思与唐宋诗中的意境之构成，金丹元，文艺研究，1992 年，第 5 期。

佛教莲花意象与唐宋诗词，陈洪，江海学刊，1992 年，第 1 期。

敦煌写本《谒法门寺真身五十韵》考论，暨远志，敦煌研究，1992 年，第 2 期。

关于《大目乾连冥间救母变文》一段唱词的校释，项楚，敦煌研究，1992 年，第 4 期。

S.5588 号写本之再探索——《敦煌歌辞总编》"求因果"匡补，项楚，九州学刊，1992 年，第 4 期。

试论慧远对山水诗歌的贡献，齐文榜，汕头大学学报，1992 年，第 3 期。

敦煌莫高窟第 296 窟《须阇提故事》的研究，孙修身，敦煌研究，1992 年，第 1 期。

敦煌本藏文《贤愚经》及译者考述，王尧，九州学刊，1992 年，第 4 期。

禅超越语言和逻辑吗——从分析哲学观点看铃木大拙的禅论，

冯耀明，当代，1992 年，第 69 期。

《敦煌愿文集》辑校中的一些问题，黄征、吴伟，敦煌研究，1992 年，第 1 期。

敦煌愿文的整理和集结，吴伟、黄征，古籍整理出版情况简报，1992 年，第 261 期。

元外剌部释迦牟尼院碑，陈得芝，元史论丛，第 2 辑，中华书局，1992 年。

论禅学对诚斋体诗歌艺术的影响，王琦珍，辽宁大学学报，1992 年，第 5 期。

论严羽美学思想的文化背景和哲学基础，曹东，苏州大学学报，1992 年，第 1 期。

柳宗元"统合儒释"思想评价，郎宝如，内蒙古大学学报，1992 年，第 3 期。

阅世走人间 观身卧云岭——论苏轼倾心向禅，张弛，社会科学辑刊，1992 年，第 2 期。

贯休行年考述，戴伟华，扬州师范学院学报，1992 年，第 2 期。

读项楚《王梵志诗校注》，平新谊，杭州大学学报，1992 年，第 4 期。

论禅宗在敦煌僧俗中的流传，姜伯勤，九州学刊，1992 年，第 4 期。

关于王琰《冥祥记》的补充意见，孙昌武，文学遗产，1992 年，第 5 期。

恩报观念与中国古代复仇文学，王立，贵州大学学报，1992 年，第 4 期。

东晋南北朝时期的佛教结社，郝春文，历史研究，1992 年，第 1 期。

目连戏的衍变与傩文化的渗透，曲六乙，文艺研究，1992 年，第 1 期。

日本佛教文学研究概观，何乃英，世界宗教研究，1992 年，第 1 期。

论王琰和他的《冥祥记》，曹道衡，文学遗产，1992 年，第 1 期。

寺庙文化与唐代诗人，王启兴，唐代文学研究，第 3 辑，广西师范大学出版社，1992 年。

中晚唐的禅文学，孙昌武，唐代文学研究，第 3 辑，广西师范大学出版社，1992 年。

玄佛静观思想与晋宋山水诗的兴起，刘国忠、王尧美，文史哲，1992 年，第 1 期。

汉魏六朝小说的文化心理特征及影响，王华，文史哲，1992 年，第 1 期。

佛教莲花意象与唐宋诗词，陈洪，江海学刊，1992 年，第 1 期。

略论佛教禅宗对王维其人其诗的影响，方守金，郑州大学学报，1992 年，第 1 期。

诗僧齐己，夏莲，文史知识，1992 年，第 2 期。

挺出狭谷、放观天地的杰出诗僧——王梵志，黄新亮，长沙水电师范学院学报，1992 年，第 1 期。

论《西游记》中的观音形象——谦谈作品本旨及其他，张锦池，文学评论，1992 年，第 1 期。

《西游记》源流别考：以敦煌文学为例，汪泛舟，思想战线，1992 年，第 2 期。

因果报应与目连戏的结构模式，欧阳友徽，剧海，1992 年，第 1 期。

理学庄禅与江湖派，张瑞君，西南师范大学学报，1992 年，第 3 期。

儒道释文化合流与元杂剧的道德观，王显春，社会科学研究，1992 年，第 3 期。

苏轼与道潜的交游探微，于翠玲，文学遗产，1992 年，第 2 期。

宋江梦玄女新解，王延荣，绍兴师范专科学校学报，1992 年，第 2 期。

佛教与韩孟诗派诗歌思想，肖占鹏，江海学刊，1992 年，第 4 期。

略论敦煌变文的原型意义，张成全，殷都学刊，1992 年，第 3 期。

龙女报恩故事的来龙去脉——《柳毅传》与《朱蛇传》比较观，白化文，文学遗产，1992 年，第 3 期。

《聊斋志异》与佛教，田汉云，扬州师范学院学报，1992 年，第 2 期。

将释典儒宗细讲习：郑廷玉的佛教戏评述，任全高，淮阴师专学报，1992 年，第 2 期。

关于柳宗元与佛学，尚永亮，文学评论，1992 年，第 5 期。

牛魔王佛门渊源考论，陈洪，南开学报，1992 年，第 5 期。

《玉禅师》对禁欲主义的抨击：兼评同一题材话本小说《月明

和尚》，龚维英，贵州社会科学，1992 年，第 9 期。

禅学与宋代诗学，梁道礼，陕西师范大学学报，1992 年，第 3 期。

玄释与魏晋山水诗，贺秀明，福建学刊，1992 年，第 6 期。

佛教思想与苏轼的创作理论，陈晓芬，文艺理论研究，1992 年，第 6 期。

论禅学对诚斋诗歌艺术的影响，王琦珍，辽宁大学学报，1992 年，第 5 期。

苏曼殊诗歌新探，丁赋生，南通师范专科学校学报，1992 年，第 3 期。

试论佛教对中国古代文论的影响，周群、沐金华，盐城师专学报，1992 年，第 1 期。

"攻击社会"与"神道设教"——《阅微草堂笔记》中的社会思想，周积明，社会学研究，1992 年，第 3 期。

明清的寺院诗系，陆草，中州学刊，1992 年，第 2 期。

古代诗论中的以禅论诗，蒋述卓，江西师范大学学报，1992 年，第 1 期。

中国古代文论何以最重文体——汉译佛典与中国的文体流变之一，刘梦溪，文艺研究，1992 年，第 3 期。

略论佛学对晚唐五代诗格的影响，张伯伟，唐代文学研究，第 3 辑，广西师范大学出版社，1992 年。

宋代说话艺术《佛说目连经》探讨，常丹琦，戏曲研究，第 41 辑，文化艺术出版社，1992 年。

漫议目连戏渊源及其在中国文化史中的地位，任光伟，戏曲艺术，1992 年，第 2 期。

目连戏中的变态心理外化，欧阳友徽，戏剧，1992 年，第 2 期。

明清目连戏台本流变考，朱恒夫，文献，1992 年，第 2 期。

从目连戏看民间剧作与宫廷剧作艺术上的差异，李玫，武汉大学学报，1992 年，第 3 期。

目连戏中的"恶"与"惩恶"论析，李玫，戏曲文学，1992 年，第 3 期。

目连·刘氏·刘贾形象论，朱恒夫，江苏教育学院学报，1992 年，第 3 期。

超度、目连戏以及戏剧的产生，田仲一成，中华戏曲，第 12 辑，1992 年。

皎然诗禅论，蒋寅，学人，第 3 辑，1992 年。

明季清初遗民逃禅现象论析，暴鸿昌，江汉论坛，1992 年，第 1 期。

诗僧函可的愤懑情思，卞地诗，社会科学辑刊，1992 年，第 2 期。

五僧说，邢文，江苏画刊，1992 年，第 8 期。

担当大师的艺术观，杨开达，云南师范大学学报，1992 年，第 2 期。

论佛道"互渗"的传统艺术精神，金丹元，云南师范大学学报，1992 年，第 1 期。

禅宗人生哲学述评，黄总舜，社会科学动态，1992 年，第 2 期。

佛教音乐的传入及其对中国音乐的影响，金文达，中央音乐学院学报，1992 年，第 1 期。

鲁迅与佛学，刘挺生，华东师范大学学报，1992 年，第 1 期。

王维禅宗美学思想论略，李显卿、赵大声，锦州师范学院学报，1992 年，第 1 期。

儒、道、佛文化合流与元杂剧的道德观，王显春，社会科学研究，1992 年，第 3 期。

傣族民间叙事诗的繁荣与小乘佛教，李子贤，云南教育学院学报，1992 年，第 1 期。

刘禹锡与佛教，杨鸿雁，贵州大学学报，1992 年，第 2 期。

禅与士大夫的生活情趣，任晓红，烟台大学学报，1992 年，第 3 期。

中国古代佛教笔记，陈士强，复旦学报，1992 年，第 3 期。

佛教对中国古代文艺美学通俗化倾向的推进，蒋述卓，阴山学刊，1992 年，第 2 期。

《广弘明集》与隋唐初期的佛道儒论争，李明友，世界宗教研究，1992 年，第 2 期。

古代中印文化交流的一个例证：目连传说的演变，欧阳友微，西域研究，1992 年，第 2 期。

元代的"诗禅三隐"，陈得芝，禅学研究，第 1 辑，江苏古籍出版社，1992 年。

鲁迅与佛教，蒋杰，五台山研究，1992 年，第 2 期。

《聊斋志异》与佛教，田汉云，扬州师范学院学报，1992 年，第 2 期。

中国古代美学范畴研究的拓展与深化：评曾祖荫《中国佛教与美学》，力行，中国文化报，1992 年 8 月 16 日。

前蜀高僧贯休，胡昌健、刘新生，成都文物，1992 年，第

2 期。

禅宗语录两大集解读，陈士强，五台山研究，1992 年，第 2 期。

禅宗美学的基本特征，崔元和，五台山研究，1992 年，第 1 期。

明清大理僧人类型及其心态，管彦波，云南师范大学学报，1992 年，第 5 期。

诗学与禅学初探，魏江华、云松，思茅师范专科学校学报，1992 年，第 2 期。

咀嚼人生的沉重与迷惘——论佛教对王国维苏曼殊李叔同思想和创作的影响，宋益乔，徐州师范学院学报，1992 年，第 4 期。

略论林语堂的佛教观，田继绚，漳州师范学院学报，1992 年，第 3 期。

试论儒佛道思想对李清照的影响，朱千波，青海社会科学，1992 年，第 6 期。

论佛偈及其翻译文体，陈允吉，复旦学报，1992 年，第 6 期。

慧远佛教美学思想刍议：读《阿毗昙心序》，李中华，五台山研究，1992 年，第 4 期。

北宋德洪觉范禅诗融会儒释，王煜，世界宗教研究，1992 年，第 4 期。

鲁迅与佛学问题之我见，谭桂林，鲁迅研究月刊，1992 年，第 10 期。

藏传佛教"六字真言"考释，赵橹，西藏研究，1992 年，第 3 期。

魏晋南北朝时期的宣佛小说，郑欣，文史哲，1992 年，第

2 期。

苏轼创作中与佛禅有关的几个问题，刘石，贵州社会科学，1992 年，第 3 期。

评皎然的"复古通变"说，申建中，内蒙古师范大学学报，1992 年，第 3 期。

王梵志及其诗，华世鑫，云南教育学院学报，1992 年，第 2 期。

敦煌讲唱文学语言审美追求，汪泛舟，敦煌研究，1992 年，第 2 期。

历史的批评与理论的批评——评《佛经传译与中古文学思潮》，胡大雷，中国社会科学，1992 年，第 4 期。

佛教心性论对古代文艺创作心理学的启示，蒋述卓，学术研究，1992 年，第 1 期。

敦煌歌辞总编匡补（二），项楚，文史，第 36 辑，中华书局，1992 年。

释齐翰生卒年考，王依民，文史，第 35 辑，中华书局，1992 年。

《敦煌歌辞总编》匡补（一），项楚，文史，第 35 辑，中华书局，1992 年。

魏晋南北朝佛教的政治化特征，黄修明，许昌学院学报，1992 年，第 3 期。

从佛教经典到民间传说——李靖、妙善故事之变异，张瑞芬，兴大中文学报，第 5 期，1992 年。

赞宁译学主张释例，李雪涛，内明，第 246 期，1992 年。

李白与佛教，葛景春，李白研究，水牛出版社，1992 年。

嘉兴大藏经研究，蓝吉富，谛观，第 79 期，1992 年。

唐五代敦煌佛教透视，H. H. 索仁森著，杨富学译，敦煌学，第 18 辑，1992 年。

关于《续高僧传》之增补，伊吹敦著，释证道译，谛观，第 69 期，1992 年。

从一角仙人到月明和尚，白化文，中国文化（香港版），第 6 期，1992 年。

东晋萧梁间明祄达士对于善恶报应命运穷通之论述选辑，陈祚龙，海潮音，1992 年，第 4 期。

《维摩诘经》与中国文人、文学、艺术，王志楣，中华佛学学报，第 5 期，1992 年。

西游记若干情节的本源十一探，曹仕邦，中华佛学学报，第 5 期，1992 年。

禅诗论：方便善巧的禅师偈颂及其丰富蕴蓄，华珊嘉（Sandra A. Wawrytko），中华佛学学报，第 5 期，1992 年。

敦煌学研究论文著作目录稿（续），郑阿财，敦煌学，第 17 辑，1992 年。

Women Pilgrims to Tai Shan: Some Pages from a Seventeenth – Century Novel, Glen Dudbridge, in Susan Naquin; Chünfang yü (ed.), *Pilgrims and Sacred Sites in China*, the university of California Press, 1992.

Lin – chi (Rinzai) Ch'an and Gender: The Rhetoric of Equality and the Rhetoric of Heroism, Miriam Levering, *Buddhism, Sexuality and Gender*, 1992.

The Lingyin Si Monky Disciples and The Origins of Sun Wukong,

Meir Shahar, *Harvard Journal of Asiatic Studies* 52, 1992.

Rethinking Transcendence: The Role of Language in Zen Experience, Dale S. Wright, *Philosophy East and West* 1, 1992.

Review: Script and Word in Medieval Vernacular Sinitic, Victor H. Mair, *Journal of the American Oriental Society* 2, 1992.

Chinese Popular Literature from Tun – huang: The State of the Field (1980 – 1990), Mair, Victor H, in Turfan and Tun – huang: *The Texts*, Orientalia Venetiana, Florence: Leo S. Olschki, 1992.

T'ang Transformation Texts: A Study of the Buddhist Contribution to the Rise of Vernacular Fiction and Drama in China (Review), Eugene Eoyang, *The Journal of Religion* 2, 1992.

T'ang Transformation Texts: A Study of The Buddhist Contribution to The Rise of Vernacular Fiction and Drama in China (Review), Anthony C. Yu, *Harvard Journal of Asiatic Studies* 2, 1992.

The Origin of the Term "pien – wen": An Alternative Hypothesis, T. H. Barrett, *Journal of the Royal Asiatic Society* 2, 1992.

What is Bianxiang? —On The Relationship Between Dunhuang Art and Dunhuang Literature, Wu Hung, *Harvard Journal of Asiatic Studies* 1, 1992.

The Idolization of Enlightenment: On the Mummification of Ch'an Masters in Medieval China, Robert H. Sharf, *History of Religions* 1, 1992.

"Evidential Miracles in Support of Taoism": The Inversion of a Buddhist Apologetic Tradition in Late Tang China, Franciscus Verellen, *T'oung Pao* 4/5, 1992.

Buddhist Poet – Priests of the T'ang, Burton Watson, *The Eastern Buddhist* 2，1992.

Chinese Poetry Through the Looking Glass：Censorship and The Contexts of Chinese Modernism, Tony Barnstone, *Cultural Studies* 1，1992.

Historical Understanding：The Ch'an Buddhist Transmission Narratives and Modern Historiography, Dale S. Wright, *History and Theory* 1，1992.

書評：柳田聖山《祖堂集》，小川隆，花園大學研究紀要，第 23 期，1992 年．

1993 年

1976—1992：宗教与文学——从一个角度对近年文学的回顾，王利芬，当代作家评论，1993 年，第 4 期。

宗教超升与价值悖谬——近年诗歌文化立场的变更与困境，华清，中国现代、当代文学研究，1993 年，第 7 期。

叩问宗教——试论当代中国作家的宗教观，樊星，文艺评论，1993 年，第 1 期。

新时期文学中佛教发生的深层原因，石杰，锦州师范学院学报，1993 年，第 4 期。

佛学与中国现代作家，谭桂林，文学评论，1993 年，第 4 期。

丰子恺佛教意蕴管窥，谭桂林，湖南教育学院学报，1993 年，第 1 期。

论丰子恺与佛教文化的关系，谭桂林，东方论坛，1993 年，第 2 期。

许地山的佛教文学，郑炜明，北京大学学报，1993 年，第 6 期。

废名的诗与禅，王泽龙，江汉论坛，1993 年，第 6 期。

鲁迅与佛教造像，郑欣淼，鲁迅研究月刊，1993 年，第 3 期。

《野草》与佛典，翁志鹏，杭州大学学报，1993 年，第 2 期。

夏丏尊的佛教思想与散文创作，胡绍华，海南大学学报，1993 年，第 2 期。

透过佛光看人生：论许地山的散文创作，张从容，辽宁师范大学学报，1993 年，第 5 期。

探求人与世界的真实——佛教哲学对中国古代审美真实论的启示和影响，普慧，人文杂志，1993 年，第 1 期。

从杜甫的诗中看杜甫与佛教之关系，赵玉娟，杜甫研究学刊，1993 年，第 4 期。

李白题画诗释道色彩面面观，王玉梅，辽宁教育学院学报，1993 年，第 1 期。

齐己的诗癖和诗论，王子羲，益阳师范专科学校学报，1993 年，第 3 期。

略论齐己的咏物诗，蒋力余、卜其昌，益阳师范专科学校学报，1993 年，第 3 期。

佛性说与韩愈的诗歌思想，肖占鹏，古典文学知识，1993 年，第 1 期。

奉儒行道与崇道信佛——卢照邻思想述评，任国绪，北方论丛，1993 年，第 6 期。

《贤愚经》与克孜尔石窟本缘故事壁画，赵莉，西域研究，

1993 年，第 2 期。

敦煌遗书与中国禅宗历史研究，冉云华，中国唐代学会会刊，1993 年，第 4 期。

寒山诗校勘札记，项楚，俗语言研究，1993 年创刊号。

东晋南朝士大夫与佛教的关系（上），张宇，魏晋南北朝隋唐史资料，第 12 辑，武汉大学出版社，1993 年。

试论禅宗的思维方式，何明，学术探索，1993 年，第 4 期。

莫高窟第 192 窟《发愿功德赞文》重录及有关问题，贺世哲，敦煌研究，1993 年，第 2 期。

佛典的譬喻，梁晓虹，文化知识，1993 年 1 月号。

晚期诗论采用佛典举例，饶宗颐，复旦大学学报，1993 年，第 1 期。

唐代长安佛教寺院壁画，王光照，敦煌学辑刊，1993 年，第 1 期。

评钱学烈《寒山诗校注》，孙昌武，文学遗产，1993 年，第 2 期。

敦煌话本《叶净能诗》再探，张鸿勋，第二届国际唐代学术会议论文集，文津出版社，1993 年。

论癞僧跛道的文化意蕴，陈洪，红楼梦学刊，1993 年，第 4 辑。

从须菩提看《西游记》的创作思路，陈洪，文学遗产，1993 年，第 1 期。

论唐诗诗外之禅缘，巧英，学术论丛，1993 年，第 5 期。

天然和尚其人及其诗书艺术，朱万章，岭南文史，1993 年，第 2 期。

敦煌碑铭赞部分文书拼接复原，郑炳林，敦煌研究，1993 年，第 1 期。

《聊斋志异》之因果报应与宗教辨证，王连儒，明清小说研究，1993 年，第 3—4 期。

佛教文化与改革者的情怀：论佛教文化对清末维新派、革命派思想与创作的影响，宋益乔，文学遗产，1993 年，第 3 期。

王渔洋与禅宗，程相占，山东大学学报，1993 年，第 1 期。

浅谈佛教对中国文学的影响，季凤文，世界宗教研究，1993 年，第 4 期。

浅论禅宗美学对苏轼艺术创作的影响，高林广，内蒙古师范大学学报，1993 年，第 1 期。

无计逃禅奈有情：漫论苏曼殊的诗，陈重，贵州大学学报，1993 年，第 2 期。

"三言"的天理报应思想研究，周广秀，徐州教育学院学报，1993 年，第 1 期。

大历诗僧漫议，蒋寅，广西大学学报，1993 年，第 2 期。

论白居易所受佛老影响及其超越途径，尚永亮，陕西师范大学学报，1993 年，第 2 期。

试谈佛教思想对王维诗歌意境的影响，王波，青海社会科学，1993 年，第 3 期。

文言梦小说的发展轨迹，吴绍钏，延边大学学报，1993 年，第 2 期。

论梁肃的佛学造诣及其对唐代古文运动的贡献，姜光斗，南通师专学报，1993 年，第 2 期。

明尊暗砭神道儒，中兴佛教成大道——《西游记》主题辨析，周克良，大庆师范专科学校学报，1993 年，第 2 期。

试论元杂剧中的度脱剧，福满正博著，王森节译，张刚校，戏剧研究，第 46 辑，文化艺术出版社，1993 年。

从"童心"到"性灵"：兼论晚明文坛"狂禅"之风的蜕变，孙昌武，中国文学研究，1993 年，第 1 期。

董说《西游补》考述，徐江，中国社会科学院研究生院学报，1993 年，第 4 期。

狐精故事的演变与佛教文化的影响，朱迪光，衡阳师专学报，1993 年，第 3 期。

印度佛经故事与中国古典文学，李阳春，衡阳师专学报，1993 年，第 3 期。

古代巴蜀佛教与文学，孙昌武，社会科学研究，1993 年，第 5 期。

明初江南咏佛诗及其史料价值，陈进传，史学集刊，1993 年，第 3 期。

从《济颠语录》到《三会龙华普度收圆演义》：描写佛菩萨题材章回说部的一个发展轮廓，张颖、陈速，河南师范大学学报，1993 年，第 4 期。

《金瓶梅词话》的因果观，徐季子，宁波师范学院学报，1993 年，第 3 期。

东坡词风与释道思想，齐文榜，河南大学学报，1993 年，第 2 期。

销魂独我情何限——试论李煜词的宗教感，成松柳，长沙水电学院学报，1993 年，第 3 期。

《归去来兮辞》与《归去来》佛曲，丁永忠，文学遗产，1993

年，第 5 期。

梅村与佛禅，刘首安，东岳论丛，1993 年，第 6 期。

奉儒行道与崇道信佛：卢照邻思想述评，任国绪，北方论丛，1993 年，第 3 期。

济公来龙去脉考，陈东有，南昌大学学报，1993 年，第 3 期。

杨景贤与《西游记》杂剧论考，刘荫柏、张淑珍，河北师范学院学报，1993 年，第 4 期。

谈寄托禅宗哲理的长篇寓言小说，陈蒲清，云梦学刊，1993 年，第 1 期。

六朝佛教与美学，吴功正，世界宗教研究，1993 年，第 2 期。

论《醒世姻缘传》的因果报应与思想意义，严云受，安徽师范大学学报，1993 年，第 1 期。

敦煌寺庙文献，汪泛舟，敦煌文学概论，第十六章，甘肃人民出版社，1993 年。

佛教的中国化与东晋名士名僧，孙昌武，传统文化与现代化，1993 年，第 4 期。

谈宋初九僧诗，许红霞，中国典籍与文化，1993 年，第 2 期。

诗僧担当的书法艺术，孙太初，中国书法，1993 年，第 2 期。

"四朝高僧传"与法门寺，黄夏年，世界宗教研究，1993 年，第 1 期。

论禅之体悟与审美体悟，周述成，文艺研究，1993 年，第 3 期。

中国佛寺地域分布与选址相地说，王清廉、张和纬，河北师范大学学报，1993 年，第 3 期。

论刘勰的夸张与佛教，周延云，修辞学习，1993 年，第 4 期。

朱熹的宗教感情，任继愈，群言，1993 年，第 8 期。

试论杜甫的遁世思想和道教佛教思想，王抗敌，台州师范专科学校学报，1993 年，第 1 期。

元代蒙译佛经跋诗简论，双福，内蒙古社会科学，1993 年，第 4 期。

信佛辟佛诋佛：兼谈《大藏经》对韩愈反佛的写叙，李坤栋，四川师范大学学报，1993 年，第 3 期。

试论《西厢记》与佛教的关系，李剑亮，台州师专学报，1993 年，第 1、2 期。

浅谈中国佛教音乐，李迈新，河北师范大学学报，1993 年，第 3 期。

白居易佛家思想与道家思想的关系，范海波，殷都学刊，1993 年，第 3 期。

韩愈谏佛的历史评说，王瞻，文博，1993 年，第 4 期。

王羲之与道教和《兰亭序》文章问题，王玉池，中国书法，1993 年，第 4 期。

佛经文学性引论，侯传文，东方丛刊，1993 年，第 4 辑。

苏轼文学创作与佛学，刘石，世界宗教研究，1993 年，第 4 期。

中国文学中的维摩诘与观世音，孙昌武，社会科学战线，1993 年，第 1 期。

浅论禅宗美学对苏轼艺术创作的影响，高林广，内蒙古师范大学学报，1993 年，第 1 期。

禅宗思想对唐宋美学的影响，周春宇，宁夏教育学院银川师范专科学校学报，1993 年，第 5 期。

陶渊明佛教观新探，陈洪，徐州师范学院学报，1993 年，第4 期。

《水浒传》的道教意识及其描写，黄德烈，牡丹江师范学院学报，1993 年，第4 期。

李白与佛教，连登岗，庆阳师范专科学校学报，1993 年，第3 期。

浅谈佛教对中国文学的影响，李风文，世界宗教研究，1993 年，第4 期。

宗教与文学研究综述，王子华，世界宗教研究，1993 年，第4 期。

敦煌变文的佛影俗趣，杨义，中国社会科学，1993 年，第3 期。

禅和韵：中印诗学比较研究之一，黄宝生，文艺研究，1993 年，第5 期。

印度波你尼仙之围陀三声论略——四声外来说平议，饶宗颐，梵学集，上海古籍出版社，1993 年。

俄藏敦煌《玉篇》残卷考释，李伟国，中华文史论丛，第52 辑，上海古籍出版社，1993 年。

《敦煌歌辞总编》匡补（三），项楚，文史，第37 辑，中华书局，1993 年。

敦煌考释，谭世保，文史，第37 辑，中华书局，1993 年。

敦煌写本《忏悔灭罪金光明经传》研究，第三十四届亚洲及北非研究学术会议，1993 年。

关于"影戏"与"宝卷"及"滦州影戏"的名称，吴晓铃，歌谣周刊，第2 卷第40 期，1993 年。

陶渊明死亡的态度的再省思——以《自祭文》为中心的讨论，廖肇亨，中外文学，第 21 卷第 10 期，1993 年。

答晓铃先生关于影戏与宝卷的问题，佟晶心，歌谣，第 2 卷第 40 期，1993 年。

蕅益大师与《周易禅解》，夏金华，圆光佛学学报，1993 年 12 月创刊号。

日本五山禅僧的儒释二教一致论，郑梁生，淡江史学，第 5 期，1993 年。

洛夫诗中的庄与禅，费勇，中外文学，第 248 期，1993 年。

Poetry, Politics, Philosophy：Su Shih as The Man of The Eastern Slope, Alice W. Cheang, *Harvard Journal of Asiatic Studies* 2, 1993.

The Epitaphs of Two Chan Patriarchs, Jan Fontein, *Artibus Asiae* 1/2, 1993.

The Significance of a Dog's Tail：Comments on the Xu Xiyou ji, Frederick P. Brandauer, *Journal of the American Oriental Society* 3, 1993.

Wang Wei and Saigyo：Two Buddhist Mountain Poets, Sam Hamill, *The American Poetry Review* 2, 1993.

A World in Balance：Holistic Synthesis in the "T'ai – p'ing kuang – chi", Russell Kirkland, *Journal of Song – Yuan Studies* 23, 1993.

Engaging the Void：Emerson's Essay on Experience and the Zen Experience of Self Emptying, John G. Rudy, *The Eastern Buddhist* 1, 1993.

Faure, Bernard & Wright, Dale S.（佛尔与赖特）"La compréhension

historique：Les récits de transmission du bouddhisme Ch'an et l'historiog-
raphie moderne" （历史理解——禅宗传法故事与现代历史书写），
Cahiers d'Extrême – Asie 7，1：105 – 114，1993.

1994 年

禅宗语录成书时间的探讨及其意义，赵益，古典文献研究，
1991—1992 卷，南京大学出版社，1994 年。

敦煌本《秋胡变文》在秋胡故事流变中之地位，朱恒夫，古
典文献研究，1991—1992 卷，南京大学出版社，1994 年。

论佛教文化对中国通俗文学的影响，缪俊杰，中国现代、当
代文学研究，1994 年，第 4 期。

史铁生小说的佛教色彩，石杰，贵州大学学报，1994 年，第
2 期。

新时期散文中的佛教投影，石杰，华中师范大学学报，1994
年，第 5 期。

郁达夫与佛教文化，谭桂林，东岳论坛，1994 年，第 2 期。

论许地山与佛教文化的关系，谭桂林，求索，1994 年，第
4 期。

梅开二度话生死——对中唐以来文学好谈生死问题的思考，
田耕宇，西南民族学院学报，1994 年，第 5 期。

王梵志及其影响下的僧人诗，许总，古典文学知识，1994 年，
第 2 期。

王维成为"诗佛"的心理历程探微，王志超、李巨才，五台
山研究，1994 年，第 1 期。

禅意对王维山水田园诗的美学建构，张应斌，嘉应大学学报，1994年，第1期。

寒山子研究概述，丁苗，东南文化，1994年，第2期。

王梵志诗语法成分初探，曹小云，安徽师范大学学报，1994年，第3期。

敦煌《九相》观诗地域时代及其他，汪泛舟，社科纵横，1994年，第4期。

唐宋禅宗山水诗的意境特征，彭多，西藏民族学院学报，1994年，第3期。

敦煌本回鹘文《阿烂弥王本生故事》写卷译释，杨富学，西北民族研究，1994年，第2期。

敦煌写本斯四二七七王梵志诗校注，项楚，纪念陈寅恪先生百年诞辰学术论文集，江西教育出版社，1994年8月。

敦煌愿文散校，黄征，敦煌研究，1994年，第3期。

关于禅籍俗语言的民俗语源问题，曲彦斌，俗语言研究（创刊号），1994年2月。

禅宗与宋诗，赫伟刚、贾利华，河北师范大学学报，1994年，第3期。

斯奈德·禅宗·中国诗，刘生，聊城师范学院学报，1994年，第1期。

《老残游记》的禅智慧——逸云释论，王学钧，明清小说研究，1994年，第2期。

王维、苏轼山水诗中诗与禅相互交替现象，王志清，四川教育学院学报，1994年，第1期。

王梵志诗用韵研究，张鸿魁，隋唐五代汉语研究，山东教育出版社，1994 年。

试论苏轼的佛老思想，曾广开，周口师范专科学校学报，1994
年，第 3 期。

限量说：从佛学到美学，张晶，学术月刊，1994 年，第 8 期。

法照与敦煌文学，施萍婷，社科纵横，1994 年，第 4 期。

整体把握，寻找中介——《佛教与中国文艺美学》评介，魏
中林，暨南学报，1994 年，第 1 期。

《经律异相》及其主编宝唱，白化文，李鼎霞，国学研究，第
2 卷，北京大学出版社，1994 年。

永嘉玄觉及其《证道歌》考辨，张子开，宗教学研究，1994
年，第 2、3 合期。

敦煌变文新论，陈海涛，敦煌研究，1994 年，第 1 期。

关于王梵志传说的探源与分析，陈允吉，复旦学报，1994 年，
第 6 期。

敦煌文学与周边民族文学、域外文学关系述论，张先堂，敦
煌研究，1994 年，第 1 期。

苏轼与佛教，孙昌武，文学遗产，1994 年，第 1 期。

宋诗与禅宗，赵仁珪，宋诗纵横谈，中华书局，1994 年。

朱熹佛学思想简论，邓新庆，重庆师范学院学报，1994 年，
第 2 期。

《宋高僧传》的文学史料价值，李剑亮，杭州大学学报，1994
年，第 1 期。

论魏晋志怪小说与佛教，姜光斗，南通师范专科学校学报，
1994 年，第 2 期。

禅宗与宋诗，郝玮刚、贾利华，河北师范大学学报，1994 年，

第 3 期。

试论济公小说的演变，许尚枢，东南文化，1994 年，第 2 期。

临济禅法、无位真人与禅宗美学，皮朝纲，四川师范大学学报，1994 年，第 2 期。

简论东晋南朝时期佛教对文学的影响，张松辉，南都学坛，1994 年，第 5 期。

《金瓶梅》创作主旨探，周永祥，齐鲁学刊，1994 年，第 2 期。

寒山子身世考，严振非，东南文化，1994 年，第 2 期。

敦煌变文与唐代俗文学的关系，陈海涛，社科丛横，1994 年，第 4 期。

降魔变文、破魔变文与《西游记》：谈敦煌变文和古代神话小说的渊源关系，李润强，社科纵横，1994 年，第 4 期。

东晋佛学思想对陶渊明苦难观和生死观的影响，蔡锦军，广西师范大学学报，1994 年，第 3 期。

《西游记》中的密教影响，薛克翘，南亚研究，1994 年，第 2 期。

西域文学艺术的戏剧化，黎蔷，敦煌研究，1994 年，第 1 期。

敦煌僧诗补论，汪泛舟，敦煌研究，1994 年，第 3 期。

敦煌偈赞文学的歌辞特征及其流变，徐湘霖，四川师范大学学报，1994 年，第 4 期。

诗僧王梵志的通俗诗，杨青，敦煌研究，1994 年，第 3 期。

《敦煌文学概论》证误纠谬，劲草，敦煌学辑刊，1994 年，第 1 期。

禅与唐代山水诗，张晶，社会科学战线，1994 年，第 6 期。

《聊斋志异》中因果报应思想论析，许劲松，江淮论坛，1994年，第6期。

江苏南部的目连救母传说，朱恒夫，中国民间文化，1994年，第3期。

韩愈与僧人，刘国盈，首都师范大学学报，1994年，第4期。

论佛门鬼话的产生与流变，田兆元，中国民间文化，1994年，第3期。

南朝佛教义理的流播与尚形诗风的形成，马现诚，广西民族学院学报，1994年，第4期。

动物精怪故事的演变与佛教文化的影响，朱迪光，中国文学研究，1994年，第4期。

柳宗元崇佛的主体意识，陈晓芬，中国文学研究，1994年，第4期。

佛性与魏晋以来的中国古代文学，张乘健，温洲师范学院学报，1994年，第5期。

冷淡如僧著《聊斋志异》：从佛教看蒲松龄及其《聊斋志异》，陈洪，明清小说研究，1994年，第4期。

张鸿勋敦煌文学研究述评，李宇林，天水学刊，1994年，第4期。

王梵志诗用典特色初探，李宇林，社科纵横，1994年，第4期。

从北宋目连戏的产生看中国大型戏曲的形成，任光伟，中华戏曲，第17辑，山西古籍出版社，1994年。

中国目连戏非传自印度辨，徐宏图，中华戏曲，第17辑，山西古籍出版社，1994年。

浅论目连戏"封禁"的文化内涵，麻国均，中华戏曲，第 17 辑，山西古籍出版社，1994 年。

郑之珍所据"陈编"臆说，陈多，中华戏曲，第 17 辑，山西古籍出版社，1994 年。

《劝善金科》：民间本与诗赞系戏曲，刘祯，中华戏曲，第 17 辑，山西古籍出版社，1994 年。

谈湘剧《大目犍连》，戴云，中华戏曲，第 17 辑，山西古籍出版社，1994 年。

南流北派结新缘——光绪兰州刊《目连救母宝传》概貌，黄笙闻，中华戏曲，第 17 辑，山西古籍出版社，1994 年。

目连戏在河南，邓同德，中华戏曲，第 17 辑，山西古籍出版社，1994 年。

原型——不孝的印度目连，欧阳友徽，中华戏曲，第 17 辑，山西古籍出版社，1994 年。

广东乡村里的目连破狱仪式——八门功德，（日）田中一成，中华戏曲，第 17 辑，山西古籍出版社，1994 年。

日本盂兰盆会舞歌中现存的目连故事，（日）吉川良和，中华戏曲，第 17 辑，山西古籍出版社，1994 年。

川剧研究的新进展——简评《巴蜀目连戏剧文化概论》，郑传寅，中华戏曲，第 17 辑，山西古籍出版社，1994 年。

诗僧丰干禅师，萧宇，五台山研究，1994 年，第 1 期。

译经大师——鸠摩罗什，周齐，佛教文化，1994 年，第 1 期。

佛教文化与中国英雄史诗，潜明兹，民族文学研究，1994 年，第 1 期。

佛性童心性灵：禅宗与诗话理论关系探讨之一，胡遂，求索，

1994 年，第 1 期。

敦煌汉文禅籍特征概观，索仁森著，李吉和译，敦煌研究，1994 年，第 1 期。

婆罗门教神话和佛教神话比较研究，韩廷杰，世界宗教研究，1994 年，第 1 期。

佛经翻译在中国文化史上的地位和影响，法成，佛教文化，1994 年，第 3 期。

论夏丏尊与佛教文化的关系，谭桂林，安徽教育学院学报，1994 年，第 1 期。

佛学对李白诗歌的影响，赵星，南通教育学院学报，1994 年，第 1 期。

柳宗元与佛教禅宗的问题，杜寒风，社会科学家，1994 年，第 1 期。

"道家思想、仙话与民间文化"研讨会综述，郑土有，世界宗教研究，1994 年，第 1 期。

汉译佛经发生论，陈士强，复旦学报，1994 年，第 3 期。

基于现实生活的思考：鸠摩罗什译本的特征，中村元，世界宗教研究，1994 年，第 2 期。

从东亚地区对佛经典籍的接受情况来看罗什汉译《妙法莲华经》的特色，汤山明，世界宗教研究，1994 年，第 2 期。

自力自度与贵在自得：禅宗与诗话理论关系探讨之二，胡遂，湖南教育学院学报，1994 年，第 3 期。

佛禅的明心见性与审美感悟，王向峰，社会科学辑刊，1994 年，第 3 期。

艺而入禅，意不肤浅：论禅宗对中国古代文人的审美理想的影响，刘庆华，广州教育学院广州师范专科学校学报，1994 年，第 1 期。

陈独秀与佛教文化，谭桂林，青海师范大学学报，1994 年，第 2 期。

鸠摩罗什与东晋玄佛合流思潮，余敦康，世界宗教研究，1994 年，第 2 期。

曲从方言，趣不乖本：谈《妙法莲华经》的灵活译笔，葛维钧，东南文化，1994 年，第 2 期。

中国戏剧美学与佛教禅宗思想，姚文放，北京社会科学，1994 年，第 3 期。

《大唐三藏取经诗话》研究，高思嘉，四川师范大学学报，1994 年，第 4 期。

文虽左右，旨不违中：谈《妙法莲华经》的灵活译笔，葛维钧，南亚研究，1994 年，第 2 期。

音韵与佛学研究浅谈，陈云龙，湛江师范学院学报，1994 年，第 2 期。

藏传佛教与藏族文学，陈光国、徐晓光，青海民族学院学报，1994 年，第 1 期。

藏传佛教与藏族文学，李志松，中国文学研究，1994 年，第 3 期。

佛理嬗变与文风趋新：兼论晋宋间山水文学兴盛的原因，高华平，中国社会科学，1994 年，第 5 期。

第一次结集与迦叶、阿难之争，苏军，南亚研究，1994 年，第 2 期。

佛经翻译文质论，黄宝生，文学遗产，1994 年，第 6 期。

也谈"牧牛道场"的宗派问题，胡民学，四川文物，1994年，第6期。

佛学与哲理、禅趣诗刍议，何懿，安徽教育学院学报，1994年，第4期。

魏晋时期西域高僧对汉译佛典的贡献，宋肃瀛，西域研究，1994年，第4期。

契嵩生平与《辅教编》研究，郭尚武，山西大学学报，1994年，第4期。

中国诗僧现象的文化解读，仪平策，山东大学学报，1994年，第2期。

诗禅特质异同论，胡遂，湖南师范大学学报，1994年，第2期。

禅宗与宋诗，郝玮刚、贾利华，河北师范大学学报，1994年，第3期。

敦煌俗文学作品中的骈丽文风，劲文实，敦煌学辑刊，1994年，第2期。

说"遮诠"：禅宗与诗话理论关系探讨之五，胡遂，中国文学研究，1994年，第2期。

罗什外传：关于七寺一切经中《大乘菩萨入道三种观》等问题，牧田諦亮著，刘建译，世界宗教研究，1994年，第2期。

吐鲁番、敦煌功德录和有关文书——古代日本愿文的源流，池田温，1994年敦煌学国际学术研讨会论文，1994年。

禅宗语录的语言与文体，入矢義高著，李壮鹰译，俗语言研究创刊号，1994年2月。

《金瓶梅》佛道人性论，田秉锷，徐州师范学院学报，1994

年，第 2 期。

敦煌文学与唐代讲唱艺术，王小盾，中国社会科学，1994 年，第 3 期。

《敦煌歌辞总编》匡补（六），项楚，文史，第 40 辑，中华书局，1994 年。

《敦煌歌辞总编》匡补（五），项楚，文史，第 39 辑，中华书局，1994 年。

宋赐僧金兰袈裟试考，盛度，文史，第 38 辑，中华书局，1994 年。

《敦煌歌辞总编》匡补（四），项楚，文史，第 38 辑，中华书局，1994 年。

《大唐三藏法师取经记》史实考原，张乘健，文史，第 38 辑，中华书局，1994 年。

论唐代初期的佛经翻译，王亚荣，南亚研究，1994 年，第 4 期。

祖堂集·道信传，李崇兴，佛学研究，1994 年，第 1 期。

宋元时期非戏剧形态目连救母故事与宝卷的形成，刘祯，民间文学论坛，1994 年，第 1 期。

宝卷文学中的观音与民间信仰，于君方，民间信仰与中国文化国际研讨会论文集，汉学研究中心，1994 年。

皎然《诗式》论用事初探，齐益寿，王叔岷先生八十寿庆论文集，大安出版社，1994 年。

释惠洪五考，黄启方，中外文学，第 23 卷第 3 期，1994 年。

试论王维宦隐与大乘般若空性的关系，萧丽华，台大中文学报，第 6 期，1994 年。

《观世音应验记》与《宣验记》诸书——论六朝"释氏辅教之书"与"志怪"之关系，张瑞芬，逢甲中文学报，第 4 期，1994 年 9 月。

阿含经中的行政伦理观，萧丽华，第三届佛学与科学研讨会论文集，圆觉文教基金会，第 8 期，1994 年。

钱谦益的佛教生涯与理念，连瑞枝，中华佛学学报，第 7 期，1994 年。

六朝志怪小说中以佛教为主题故事之情节分析——以文化涵化之视野省察，陈逢源，致理学报，第 8 期，1994 年 11 月。

诗·书·画三绝之画艺坛半僧——吕佛庭教授，雪如，师友月刊，第 321 期，1994 年。

Biographies of Eminent Monks in a Comparative Perspective: The Function of the Holy in Medieval Chinese Buddhism（《高僧传》的比较研究：中古中国佛教圣僧的功能），筱原亨一（Koichi Shinohara），中华佛学学报，第 7 期，1994 年。

Buddhism and the Rise of the Written Vernacular in East Asia: The Making of National Languages, Victor H. Mair, *The Journal of Asian Studies* 53, 1994.

A Voice from the Silence: The Buddha's Mother's Story, Jonathan S. Walters, *History of Religions* 4, 1994.

Carnivalization in The Journey to the West: Cultural Dialogism in Fictional Festivity, Zuyan Zhou, *Chinese Literature: Essays, Articles, Reviews（Clear）* 16, 1994.

From Protean Ape to Handsome Saint: The Monkey King, Whalen Lai, *Asian Folklore Studies* 1, 1994.

Lives of the Nuns: Biographies of Chinese Buddhist Nuns from the Fourth to Sixth Centuries: A Translation of the Pi – ch'iu – nichuan (review), John Kieschnik, *China review international* 2, 1994.

Mechanisms of Violent Retribution in Chinese Hell Narratives, Charles D. Orzech, *Contagion: journal of violence, mimesis, and culture* 1, 1994.

Person as Narration: The Dissolution of 'Self' and 'Other' in Ch'an Buddhism, Peter D. Hershock, *Philosophy East and West* 4, 1994.

Who is this I? Who is that Other? The Poetry of an Eighteenth Century Buddhist Laywoman, Beata Grant, *Late Imperial China* 1, 1994.

Divination, jeux de hasard et purification dans le bouddhisme chinois: autour d'un sūtra apocryphe chinois, le Zhanchajing（中国佛教中的占卜、博弈游戏和净化：汉传伪经《占察经》论考），Kuo, Liying（郭丽英），in Fukui Fumimasa & Gérard Fussman, eds., *Bouddhisme et cultures locales. Quelques cas de réciproques adaptations*, Paris: école française d'Extrême – Orient, pp. 145 – 167, 1994.

"仏伝"と"仏伝文學"，雲井昭善著，龍穀大學學報，第33號，1994年。

1995 年

敦煌本《持诵金刚经灵验功德记》综论，郑阿财，敦煌学，第20辑，1995年。

支道林生平事迹考，王晓毅，中华佛学学报，第 8 期，1995 年。

唐代文人的维摩信仰，孙昌武，唐研究，第 1 卷，1995 年。

空海在唐作诗考，蔡毅，唐研究，第 1 卷，1995 年。

《续高僧传》管见——以兴圣寺本为中心，藤善真澄撰，刘建英、韩升译，唐研究，第 1 卷，1995 年。

诗笔禅趣写田园——废名及其对现代抒情小说的影响，杜秀华，文学评论，1995 年，第 1 期。

汪曾祺小说中的儒道佛，林江、石杰，广东教育学院学报，1995 年，第 5 期。

贾平凹创作中的禅的超越，石杰，河北师范大学学报，1995 年，第 4 期。

评皎然的风格观，王志强，烟台师范学院学报，1995 年，第 1 期。

皎然"复古通变"论，孟二冬、耿琴，安徽师大学报，1995 年，第 1 期。

论敦煌佛曲，徐湘霖，青海民族学院学报，1995 年，第 2 期。

略论齐己诗歌的禅境美，蒋力余，中国韵文学刊，1995 年，第 2 期。

禅性、禅境、禅愉——论王维山水诗的静与动，潘静，陕西师范大学学报，1995 年，第 4 期。

王维、白居易与佛诗，洪丕谟，中国宗教，1995 年，第 2 期。

与世淡无事、自然江湖人——论禅宗对王维诗歌的影响，丁欣，中国人民警官大学学报，1995 年，第 4 期。

王维诗画与禅宗影响，时卫平，东南文化，1995 年，第 1 期。

寒山子和寒山诗，蔡慧明，浙江佛教，1995 年，第 1 期。

王梵志诗校议，段观宋，中国韵文学刊，1995 年，第 2 期。

论唐代佛道小说及其嬗变，程国赋，汉中师范学院学报，1995 年，第 4 期。

敦煌佛教文学，周丕显，敦煌文献研究，甘肃文化出版社，1995 年。

唐代的释门散文，张弓，唐研究，第 1 卷，北京大学出版社，1995 年。

敦煌写本《山僧歌》缀合与斯 5692 蝴蝶装册的还原，徐俊，中国典籍与文化论丛，第 2 辑，中华书局，1995 年。

玄学与佛教东传引发的艺术天地，沈爱凤，苏州丝绸工学院学报，1995 年，第 1 期。

西域、敦煌文献所见回鹘之佛经翻译，杨富学，敦煌研究，1995 年，第 4 期。

鸠摩罗什和中国民族文化学术讨论会综述，黄夏年，世界宗教研究，1995 年，第 1 期。

唐代通俗诗研究，谢思炜，中国社会科学，1995 年，第 2 期。

代言人、反射镜、理想国——评加里·史奈德的寒山诗译，贾瑞芳，多种视角——文化及文学比较研究论文集，南开大学出版社，1995 年。

敦煌所见《五台山图》与《五台山赞》，杜斗城，敦煌吐鲁番文献研究，郑炳林主编，兰州大学出版社，1995 年。

流浪者的悲歌——寒山诗《弟兄同五郡》诠解，项楚，俗语言研究，1995 年，第 2 期。

有关西州回鹘的一篇敦煌文献——S.6551 讲经文的历史学研

究，张广达，西域史地丛稿初编，上海古籍出版社，1995 年。

净重、保唐禅与杜甫禅宗信仰，谢思炜，首都师范大学学报，1995 年，第 5 期。

禅宗、策略、形而上学及话语游戏，唐仁，太原师范专科学校学报，1995 年，第 1 期。

黄莲苦海乐逍遥——论《老残游记》中逸云的分裂人格，郑苏淮，高昌高专学报，1995 年，第 4 期。

尼姑下山与佛教意识——兼论《风月锦囊》本与《群音类选》本《尼姑下山》，朱建民，黄梅戏艺术，1995 年，第 1 期。

胡适《白居易时代的禅宗世系》指谬，徐文明，原学，第 6 辑，1995 年。

《红楼梦》与佛道文化，王平，社会科学研究，1995 年，第 2 期。

变文的南方源头与敦煌的倡导法匠，姜伯勤，华学，1995 年，第 1 期。

宗教境界·艺术境界·审美境界，邹元江，学术月刊，1995 年，第 12 期。

论苏轼诗文中的理趣——兼论苏轼推重陶王韦柳的原因，葛晓音，学术月刊，1995 年，第 4 期。

经典的设置与消解——论重显颂古的历史意义及文本策略，黄卓越，佛学研究，中华书局，1995 年。

柳宗元“好佛”略谈，袁家耀，江淮论坛，1995 年，第 3 期。

一部珍贵的目连戏演出本——谈影卷《忠孝节义》，戴云，戏曲研究，第 52 辑，文化艺术出版社，1995 年。

从山水到美人的艺术变奏——略论佛学与南朝诗风的演进关

系，陶礼天，福建论坛，1995 年，第 3 期。

心物冥一中的庄禅精神——陶潜、王维比较论，王志清，东北师范大学学报，1995 年，第 6 期。

法眼门庭、应病施药与禅宗美学，皮朝纲，青海民族学院学报，1995 年，第 1 期。

禅宗自性论对艺术创作的影响，张育英，江苏社会科学，1995 年，第 3 期。

大慧宗杲、"看话禅"与禅宗美学，皮朝纲，四川师范大学学报，1995 年，第 3 期。

不可"言说"的"嘱告"：禅宗语言哲学一议，陈晓龙、王长华，河北师范学院学报，1995 年，第 3 期。

语言之外的终极肯定——谈禅宗的语言观，鲍鹏山，江淮论坛，1995 年，第 4 期。

谈禅宗语言的模糊性，张育英，苏州大学学报，1995 年，第 3 期。

禅与个性化创造诗论，张晶，北方论丛，1995 年，第 1 期。

敦煌变文散札，蒋宗许，文献，1995 年，第 1 期。

目连形象的象征意义，刘祯，戏剧艺术，1995 年，第 4 期。

大历诗人与禅宗，叶青，赣南师范学院学报，1995 年，第 2 期。

果报思想与《醒世姻缘传》的主题，魏文哲，徐州师范学院学报，1995 年，第 1 期。

《己亥杂诗》与龚自珍的佛教思想，齐文榜，河南大学学报，1995 年，第 3 期。

净土法门盛而梅花尊：宋代梅花诗及其与佛教的因缘，李炳海，东北师范大学学报，1995 年，第 4 期。

禀天地之淑丽，出淤泥而不染：净土信仰与古代文学莲花意象，李炳海、唐颖，长白论丛，1995 年，第 6 期。

佛学与诗学研究的新收获，巩本栋，文学遗产，1995 年，第 4 期。

禅宗"即事而真"的哲学美学意蕴，李守钰，北京社会科学，1995 年，第 3 期。

略论苏轼的禅宗思想及对其诗论诗作的影响，邝文，华南师范大学学报，1995 年，第 3 期。

《西游记》神魔形象论，刘松涛，许昌师范专科学校学报，1995 年，第 3 期。

黄庭坚诗词理趣、禅趣辨味，吴晟，广东教育学院学报，1995 年，第 3 期。

论因果观念与明清小说的创作，吴波，松辽学刊，1995 年，第 3 期。

从佛经故事看中外文学的"同源现象"，杨东甫，广西师范学院学报，1995 年，第 2 期。

新发现的江浙民间抄本《古今宝卷汇编》，车锡伦，艺术百家，1995 年，第 3 期。

晚明性灵说之佛学渊源，黄卓越，文学评论，1995 年，第 5 期。

净众保唐禅与杜甫晚年的禅宗信仰，谢思炜，首都师范大学学报，1995 年，第 5 期。

王维"以佛入诗"辨，刘晓林，衡阳师专学报，1995 年，第 5 期。

刘义庆与怪异小说，王枝忠，古典文学知识，1995 年，第 6 期。

禅宗、理学与宋人理趣诗，闫福玲，中州学刊，1995 年，第 6 期。

黄庭坚的诗与禅，孙昌武，社会科学战线，1995 年，第 2 期。

"目连戏"和南北朝的"乡人傩"，陈多，中华戏曲，第 16 辑，1995 年。

目连戏研究论文索引（1991—1992），乔淑萍辑，中华戏曲，第 16 辑，1995 年。

试论苏轼的佛教观念及其影响，栾睿，新疆师范大学学报，1995 年，第 2 期。

敦煌文学中的"敦煌文"的研究和分类评价，李明伟，敦煌研究，1995 年，第 4 期。

论南下高僧及其对美学、文学发展的影响，钟仕伦，社会科学研究，1995 年，第 6 期。

日本国庋藏《寒山诗集》闻知录——《寒山诗集》版本研究之四，陈耀东，浙江师范大学学报，1995 年，第 2 期。

庐山远公话的篇尾诗，徐俊，文学遗产，1995 年，第 6 期。

方外诗人创作论，蒋寅，大历诗人研究，第三章，中华书局，1995 年。

汉唐僧诗发展述略，黄新亮，广西师范学院学报，1995 年，第 1 期。

支遁——袈裟下的文人，孙昌武，中国文化，1995 年，第 2 期。

说支遁，徐正英，天中学刊，1995 年，第 3 期。

宋初九僧丛考，许红霞，古典文献研究论丛，第 18 辑，北京大学出版社，1995 年。

瘦搭诗肩古佛衣——论北宋文学僧慧洪觉范，郑群辉，韩山师范学院学报，1995 年，第 4 期。

试论五台山在市民文学中的影响与地位，马书田，五台山研究，1995 年，第 1 期。

齐己诗中人间佛教思想初探，黄新亮，益阳师范专科学校学报，1995 年，第 1 期。

什么是佛教音乐，凌海成，佛教文化，1995 年，第 1 期。

佛教与中国文学，笛鸣，宁夏教育学院银川师范专科学校学报，1995 年，第 1 期。

从"悟"谈禅对中国古典诗歌理论的影响，黄蔚，广西社会科学，1995 年，第 1 期。

《论佛骨表》与韩愈排佛心态，悲心，五台山研究，1995 年，第 1 期。

柳宗元与苏轼崇佛心理比较，陈晓芬，社会科学战线，1995 年，第 2 期。

也谈《大唐三藏取经诗话》的成书时代，曹炳建，河南大学学报，1995 年，第 2 期。

宋濂的佛教观，李道进，浙江学刊，1995 年，第 3 期。

苏轼诗论与诗作的禅宗文化特点，邝文，广西教育学院学报，1995 年，第 2 期。

诗学"清空"与佛学空宗，何士琳，广西教育学院学报，1995 年，第 2 期。

僧肇生平考辨，刘成有，五台山研究，1995 年，第 3 期。

禅与艺术，劳里，佛教文化，1995 年，第 6 期。

佛学对中国文学的影响，王金林，职业技术教育，1995 年，第 11 期。

佛教诗偈初探，李谷鸣，安徽教育学院学报，1995 年，第 4 期。

敦煌遗书《泉州千佛新著诸祖师颂》研究，李玉昆，敦煌学辑刊，1995 年，第 1 期。

读宋初九僧诗零拾（一），周本淳，江海学刊，1995 年，第 6 期。

《红楼梦》与三生石，林庚，燕京学报，新 1 期，1995 年。

禅宗即事而真的哲学美学意蕴，李守钰，北京社会科学，1995 年，第 3 期。

从梵剧到俗讲——对一种文化转型现象的剖析，廖奔，文学遗产，1995 年，第 1 期。

论王梵志诗的艺术性，高国藩，江苏社会科学，1995 年，第 5 期。

汉文佛教文学研究概况及其展望，孙昌武，汉学研究之回顾与前瞻（上册），林徐典编，中华书局，1995 年。

禅语散论——"干屎橛"、"麻三斤"，入矢義高撰，蔡毅、刘健译，俗语言研究，1995 年，第 2 期。

吐鲁番出土《功德疏》所见西州庶民的净土信仰，王素，唐研究，第 1 卷，北京大学出版社，1995 年。

论洛夫中后期诗歌的禅意走向及其实验意义，蒋述卓，现代中文文学评论，1995 年，第 4 期。

敦煌写本《上生礼》研究，汪涓，全国敦煌学研讨会论文集，中正大学中国文学系所，1995 年 4 月。

支道林生平事迹考，王晓毅，中华佛学报，第 8 期，1995 年。

目连与双下山故事文本系统及源流考，廖奔，民俗曲艺，1995 年，第 93 期；文献，1996 年，第 4 期。

敦煌写卷《持诵〈金刚经〉灵验功德记》研究，郑阿财，全国敦煌学研讨会论文集，中正大学中国文学系编印，1995 年。

敦煌写卷"释智兴鸣钟感应记"研究，第二届唐代文化会议论文集，台湾中国唐代学会主办，1995 年 9 月。

讲唱文学与章回小说之先趋 —"佛名经"，郭丽英，佛教与中国文化国际学术会议论文集，中华文化复兴运动总会宗教研究委员会，1995 年。

从禅悟的角度看王维自然诗中空寂的美感经验，萧丽华，第五届文学与美学研讨会论文集，淡江大学，1995 年 5 月。

从慧能禅师传记探讨南北禅风之转移，蓝日昌，中华学苑，第 45 期，1995 年。

苏轼禅诗表现的艺术风格，（韩）朴永焕，佛学研究，1995 年，第 1 期。

神会、马祖和机缘问答的抄本，（美）马克瑞，佛教与中国文化国际学术会议论文集（下辑），中华文化复兴运动宗教委员会，1995 年。

冲邈上人翠微山居诗研究，黄永武，佛教与中国文化国际学术会议论文集，中华文化复兴运动宗教委员会，1995 年。

敦煌本《持诵〈金刚经〉灵验功德记》综论，郑阿财，敦煌学，第 20 辑，1995 年。

Buddhist Cave - Temples and the Cao Family at Mogao Ku,

Dunhuang. , Ma Shichang, *World Archaeology* 27, 1995.

Mu – lien in Pao – chuan: The Performance Context and Religious Meaning of the Yu – ming pao – ch'uan, David Johnson, *Ritual and Sculpture in Chinese Popular Religion*, *Five Studies*, 1995.

Buddhist Modernism and the Rhetoric of Meditative Experience, Robert H. Sharf, *Numen* 3, 1995.

Patterns of Female Religious Experience in Qing Dynasty Popular Literature, Grant Beata, *Journal of Chinese Religions*, No. 23, pp. 29 – 58, 1995.

Death – Bed Testimonials of the Pure Land Faithful. Stevenson, Daniel B. In *Buddhism in Practice*, edited by Donald Lopez, 447 – 458. Princeton: Princeton University Press, 1995.

1996 年

略谈《参天台五台山记》的史料价值, 曹家齐, 唐研究, 第 2 卷, 1996 年。

从日本汉籍看《全宋诗》补遗——以《参天台五台山记》为例, 蔡毅, 唐研究, 第 2 卷, 1996 年。

敦煌论议考, 王小盾, 中国古籍研究, 第一辑, 上海古籍出版社, 1996 年。

动物报恩型童话原型解码, 徐迪南, 西南师范大学学报, 1996 年, 第 1 期。

《枫桥夜泊》诗的禅心意境新探, 华定谟, 禅, 1996 年, 第 1 期。

浅谈禅宗对王维思想和创作的影响，彭多，西藏民族学院学报，1996 年，第 3 期。

王维诗歌创作与奉佛思想的矛盾性，刘晓林，中国文学研究，1996 年，第 1 期。

王维诗与佛道两家的色彩崇尚，于雪棠，北方论丛，1996 年，第 2 期。

王维诗中的静与禅，刘筑琴、别曦，陕西文史，1996 年，第 1 期。

敦煌遗书中的"说唱因缘"，张鸿勋，曲艺讲坛，1996 年创刊号。

重理中国宗教与文学之因缘，葛兆光，华学，第 2 辑，1996 年；中国宗教与文学论集，清华大学出版社，1998 年。

《寒山子诗集》版本研究匡补，段晓春，国书馆论坛，1996 年，第 1 期。

敦煌遗书中佛教文献及其价值，方广锠、许培玲，西域研究，1996 年，第 1 期。

王梵志诗用韵研究，刘冠才、陈士功，锦州师范学院学报，1996 年，第 4 期。

寒山诗籀读札记，项楚，中国古籍研究，第 1 卷，上海古籍出版社，1996 年；新国学，第 1 期，1999 年。

王梵志诗中的他人作品，项楚，敦煌吐鲁番研究，第 1 卷，1996 年。

论唐代浙东的僧诗，姜光斗，唐代文学研究，第 6 辑，广西师范大学出版社，1996 年。

论儒、道、佛禅的言语观，王向峰，文艺研究，1996 年，第

5 期。

《召树屯》渊源辨析，傅光宇，民族文学研究，1996 年，第 3 期。

禅籍词语校释的再讨论，刘瑞明，俗语言研究，1996 年，第 3 期。

禅宗语录中的数字语，张美兰，文教资料，1996 年，第 6 期。

禅籍俗语词零札，段观宋，俗语言研究，1996 年，第 3 期。

中国戏曲源于印度梵剧说考辨，孙玫，东西方戏剧纵横，江苏文艺出版社，1996 年。

《红楼梦》宗教精神新探，梅新林，学术研究，1996 年，第 1 期。

《红楼梦》《金瓶梅》色空观念之比较，王平，红楼梦学刊，1996 年，第 2 辑。

唐宋时期日本向江南灵山名寺舍经考，王勇，中日文化论丛，杭州大学出版社，1996 年。

佛心诗韵两相通——曹操诗风成因一解，左汉林，河北师范大学学报，1996 年，第 1 期。

家谱宝卷表微，濮文起，世界宗教研究，1996 年，第 3 期。

禅与诗：王安石晚年的生活寄托与创作思维，万伟成，江西社会科学，1996 年，第 2 期。

当代美国、日本"寒山热"原因探索，刘亚莉，社会科学探索，1996 年，第 3 期。

敦煌疑伪经典《佛母经》考察，李际宁，北京图书馆馆刊，1996 年，第 4 期。

佛教唱导与六朝小说，陈洪，文学评论丛刊，第 1 卷第 2 期，

1996 年。

《佛本生经》与故事文学母题，侯传文，东方丛刊，第 1 辑，1996 年。

印度佛教文学的审美特征，邱紫华，东方丛刊，第 4 辑，1996 年。

目连与小说《西游记》之孙悟空，刘祯，明清小说研究，1996 年，第 1 期。

"问活佛"故事的原型解读，吴效群，民间文学论坛，1996 年，第 1 期。

变文与佛教，袁荻涌，贵州文史丛刊，1996 年，第 1 期。

再论门外叩诗禅，李寿冈，中国韵文学刊，1996 年，第 1 期。

胡适与敦煌学，刘再聪、陈正桃，敦煌学辑刊，1996 年，第 1 期。

英藏斯 2073 卷子敦煌话本故事探源，周维平，敦煌学辑刊，1996 年，第 2 期。

敦煌本唐代净土五会赞文与佛教文学，张先堂，敦煌研究，1996 年，第 4 期。

钱谦益的佛学思想，孙之梅、王琳，佛学研究，1996 年，第 1 期。

佛教文化与《世说新语》，张跃生，华中理工大学学报，1996 年，第 3 期。

打通"古典"与"现代"的一个奇妙出入口：禅思诗学，陈仲义，文艺理论研究，1996 年，第 2 期。

目连戏曲艺术形态浅识，张泉悌，中华戏曲，第 18 辑，1996 年。

神变故事对宗教文学与说唱艺术的影响，湖湘论坛，1996 年，第 5 期。

略述佛教哲学对中国古代通俗小说的影响（上下），范军，通俗文学评论，1996 年，第 1—2 期。

明清小说化用佛经情节举隅，赵杏根，明清小说研究，1996 年，第 2 期。

楚地帛书敦煌残卷与佛教伪经中的伏羲女娲故事，吕威，文学遗产，1996 年，第 4 期。

佛教言意观与南朝文论家的语言艺术论，马现诚，江汉论坛，1996 年，第 8 期。

《洛阳伽蓝记》的体制渊源及其与名僧"格义"的关系，范子烨，北方论丛，1996 年，第 5 期。

欲色异相与梁代宫体诗，许云和，文学评论，1996 年，第 5 期。

韩柳刘白与佛禅，张一平，山西师范大学学报，1996 年，第 4 期。

简论魏晋南北朝小说中的情僧形象，詹丹，上海教育学院学报，1996 年，第 4 期。

清初文论中的佛学影响，陈洪，南开学报，1996 年，第 6 期。

宗教光环下的尘俗治平求索：论世本《西游记》的文化特征，张锦池，文学评论，1996 年，第 6 期。

释三生，吴柏森，明清小说研究，1996 年，第 4 期。

评《醒世姻缘传》的崇儒尚佛思想，周晓薇，淮阴师范专科学校学报，1996 年，第 4 期。

佛家笔下看庐山：读支昙谛《庐山赋》，章沧授，古典文学知识，1996 年，第 6 期。

试析王维诗歌与禅宗的联系，邱慧、胡仪，河北师范大学学报，1996 年，第 3 期。

王维山水诗的禅境与空境，朱丽霞，松辽学刊，1996 年，第 3 期。

杜甫与禅宗，秦彦士、庾光蓉，天府新论，1996 年，第 4 期。

论寒山子的时代、生平和诗歌，姜光斗，南通师范专科学校学报，1996 年，第 2 期。

佛之梦魇与禅之忧伤：岭南时期苏轼的禅佛情结，覃召文，文史知识，1996 年，第 6 期。

《红楼梦》僧尼形象管窥，廖信裴，西南师范大学学报，1996 年，第 3 期。

庐山净土法门与晋宋之际的山水诗画，李炳海，江西社会科学，1996 年，第 6 期。

慧远的净土信仰与谢灵运的山水诗，李炳海，学术研究，1996 年，第 2 期。

梵呗、转读、伎乐供养与南朝诗歌关系试论，许云和，文学遗产，1996 年，第 3 期。

意境与禅玄——中唐诗歌意境论之诞生，孟二冬，北京大学学报，1996 年，第 4 期。

红学与佛学的世纪末反省：《〈红楼梦〉与清代佛教》卮言，张乘健，温州师范学院学报，1996 年，第 5 期。

寒山诗的宋代知音：兼论寒山诗在宋代的流布与影响，曹汛，中国典籍与文化论丛，第 4 辑，1996 年。

关于《文心雕龙》之佛教渊源的新思考，汪春泓，文心雕龙研究，第一辑，北京大学出版社，1996 年。

《大唐太宗入冥记》校补，陈毓罴，中国古代小说国际研讨会论文集，开明出版社，1996 年。

慧洪以禅论艺的美学意蕴，皮朝纲，四川师范大学学报，1996年，第 2 期。

《浮沤歌》考，张子开，宗教学研究，1996 年，第 3 期。

宋代的诗僧与僧诗，张福勋，陕西师范大学学报，1996 年，第 4 期。

丑与怪诞——担当暮年的审美倾向，杨开达，云南师范大学学报，1996 年，第 1 期。

略论汉文佛教典籍的产生与流传，周少川，信阳师范学院学报，1996 年，第 1 期。

成都昭觉寺诗僧丈雪通醉，胡昌健，四川文物，1996 年，第 2 期。

晚明童心说之学术渊源及其与佛学的关系，黄卓越，中国文化研究，1996 年，第 1 期。

玄奘译经活动述论，张德宗，史学月刊，1996 年，第 3 期。

佛教论"以圆为美"及其美学影响，祁志祥，淮海文汇，1996 年，第 4 期。

寒山子佛学思想探析，蔡海江，台州师范专科学校学报，1996年，第 1 期。

佛教净土思想与南朝崇尚洁净文风，李炳海，江海学刊，1996年，第 3 期。

慧远的净土信仰与谢灵运的山水诗，李炳海，学术研究，1996年，第 2 期。

《经律异相》对梁陈隋唐小说的影响，蒋述卓，中国比较文学，1996 年，第 4 期。

佛教与新时期文学的融合，石杰，中国人民大学学报，1996 年，第 4 期。

佛教与《目连救母》杂剧的诞生，佚名，戏剧，1996 年，第 2 期。

游戏精神与澄明之境：佛教与中国传统诗学的"存在深度模式"，荆成，东方丛刊，1996 年，第 2 期。

嵇康与文士道教，孙明君，哲学研究，1996 年，第 6 期。

禅悟与艺术想象，蒋述卓，广东社会科学，1996 年，第 5 期。

读《宋初九僧诗零拾》（四），周本淳，江海学刊，1996 年，第 3 期。

读《宋初九僧诗零拾》（三），周本淳，江海学刊，1996 年，第 2 期。

《文心雕龙》对高僧传之影响臆探，陈洪，南开学报，1996 年，第 1 期。

禅学思想与李贽的童心说，左东岭、杨雷，郑州大学学报，1996 年，第 4 期。

唐长安佛寺考，孙昌武，唐研究，第 2 卷，北京大学出版社，1996 年。

张锡厚《敦煌本唐集研究》，徐俊，唐研究，第 2 卷，北京大学出版社，1996 年。

敦煌十卷本《老子化胡经》残卷新探，刘屹，唐研究，第 2 卷，北京大学出版社，1996 年。

方广锠主编《藏外佛教文献》第 1 辑，荣新江，唐研究，第 2

卷，北京大学出版社，1996 年。

从表演叙事论的角度谈敦煌讲唱文学，（韩）金弘哲，广西民族学院学报，1996 年，第 3 期。

禅语谈片，入矢义高撰，蔡毅译，俗语言研究，1996 年，第 3 期。

有关敦煌本《庐山远公话》的几个问题，小南一郎，中国古代小说国际研讨会论文集，开明出版社，1996 年。

敦煌文献校读释例，张涌泉，文史，第 41 辑，中华书局，1996 年。

《歧路灯》展示的清代盛世士人对三教的态度，朱越利，世界宗教研究，1996 年，第 3 期。

略论柳宗元与佛教的关系，林金龙，孔孟月刊，1996 年，第 4 期。

从《高僧传》的撰写及组织架构探其特色，释智慧，护僧杂志，1996 年，第 2 期。

诗僧寒山的复活，胡菊人，明报月刊，第 1 卷第 11 期，1996 年。

《孟录》270 号牧牛诗残卷考释，蔡荣婷，嘉义"国立"中正大学学报，第 7 期，1996 年。

论诗禅交涉——以唐诗为考索重心，萧丽华，佛学研究中心学报，第 1 期，1996 年。

惠洪"文字禅"初探，刘正忠，宋代文学研究丛刊，第 2 辑，丽文文化事业有限公司，1996 年。

蕅益智旭思想的特质及其定位问题，陈英善，中国文哲研究集刊，第 8 期，1996 年。

慧洪审美理论琐议，皮朝纲，宋代文学研究丛刊，第 2 辑，丽文文化事业有限公司，1996 年。

杂传体志怪与史传体的关系——从文类观念所作的考察，徐迪南、刘苑如，中国文哲研究集刊，第 8 期，1996 年。

雪浪洪恩初探：兼题东京内阁文库所藏《谷响录》一书，廖肇亨，汉学研究，1996 年，第 2 期。

从敦煌写本《十二光礼》看礼忏文的构造与变化，汪涓，铭传大学应用中文系"学理与应用研讨会"，1996 年 4 月。

西晋玄学与佛教的互动，王晓毅，中国文哲研究集刊，第 9 期，1996 年。

俄藏黑水城牧牛诗初探，蔡荣婷，"海峡两岸敦煌文学"研讨会论文集，四川大学主办，1996 年 9 月。

白居易诗中庄禅合论之底蕴，萧丽华，"唐代文学国际学术研讨会"论文集，中国唐代学会主办，1996 年 9 月。

宴坐寂不动，大千入毫发——唐人宴坐诗析论，萧丽华，第三届国际唐代文学研讨会，台湾唐代学会，1996 年 11 月。

唐人习业山林寺院之风尚，严耕望，唐代研究论文集，新文丰出版公司，1996 年。

俗赋与讲经文变文关系之考察，简宗悟，第三届国际辞赋学学术讨论会论文集，台北印本，1996 年。

杂传体志怪与史传的关系——从文类观念所作的考察，刘苑如，中国文哲研究集刊，第 8 期，1996 年。

Upside Down/Right Side Up: A Revisionist History of Buddhist Funerals in China, Alan Cole, *History of Religions* 35, 1996.

Having it Both Ways: Manors and Manners in Bai Juyi's Poetry,

Yang Xiaoshan, *Harvard Journal of Asiatic Studies* 56, 1996.

Putting the "Fox" Back in the "Wild Fox Kōan": The Intersection of Philosophical and Popular Religious Elements in the Ch'an/Zen Kōan Tradition, Steven Heine, *Harvard Journal of Asiatic Studies* 2, 1996.

Zen Masters of Meditation in Images and Writings. Supplementum, Helmut Brinker, Hiroshi Kanazawa and Andreas Leisinge, *Artibus Asiae*. 40, 1996.

日本古代の咒符木簡，墨書士器と疑偽經典——〈佛說七千神符經〉もしくは〈佛說益算經〉の受容，尾伸一郎，東洋の思想と宗教，第13號，1996年3月。

敦煌散花和聲曲輯考，砂岡和子，社科縱橫，1996年增刊。

湛然詩序說，中野美代子，北海道大學外國語、外國文學研究，第12卷，1996年，第5期。

《目莲变》故事基型的素材结构与生成时代之推考，陈允吉，唐研究，第2卷，1996年。

1997 年

《文镜秘府论》的几个传本，卢盛江，唐研究，第3卷，1997年。

《中兴禅林风月集》考论，卞东坡，唐研究，第3卷，1997年。

论王维山水诗的梵音世界，欧海龙，湖南师范大学学报，1997年，第5期。

禅宗哲学与唐宋心境美学，周春宇，青海社会科学，1997年，第 1 期。

敦煌写本九想观初探，郑阿财，敦煌文学论集，四川人民出版社，1997 年。

敦煌文献中的《斋琬文》，王书庆，敦煌研究，1997 年，第 1 期。

王阳明、吴嵩梁与黔西，淡远、史宏拯，贵州文史丛刊，1997 年，第 6 期。

转型期的谢灵运山水诗艺术，陈湘锋，湖北民族学院学报，1997 年，第 5 期。

皎然何以尤重谢灵运诗，陈桥生，赣南师范学院学报，1997 年，第 1 期。

魏晋玄学的衰落及其与佛教的合流，孔毅、李民，许昌师范专科学校学报，1997 年，第 2 期。

回鹘文佛教诗歌《观音经相应譬喻谭》研究，赵永红，中国少数民族文学与文献论集，辽宁民族出版社，1997 年。

对许理和教授《最早的佛经译文中的东汉口语成分》一文的几点补充，陈秀兰，古汉语研究，1997 年，第 2 期。

不离文字与不立文字——谈言和意，徐时仪，上海师范大学学报，1997 年，第 4 期。

吐鲁番出土回鹘文《七星经》回向文研究——兼论回鹘佛教之功德思想，邓浩、杨富学，敦煌研究，1997 年，第 1 期。

试论唐代佛教寺院壁画的历史分期，王光照，阜阳师范学院学报，1997 年，第 3 期。

率真朴实，峻烈活泼——读赵州从谂传世诗偈，张子开，浙江佛教，1997 年，第 3 期。

文无定法与文成法立，罗厚立，读书，1997年，第4期。

论印度佛教文化对中国文学的全面渗透和巨大影响，周锡山，中国文化与世界，第5辑，上海外语教育出版社，1997年。

机心灭处诸魔伏，自证菩提大觉林——禅学的心界神话《续西游记》，王增斌，运城学院学报，1997年，第3期。

敦煌本宋文明《通门论》所见"变文"词义考释，姜伯勤，周绍良先生欣开九秩庆寿文集，中华书局，1997年。

敦煌文学之"变文"辨，徐志啸，中国文学研究，1997年，第4期。

论诗与禅的互渗，杨维中，西北大学学报，1997年，第3期。

欧阳修与佛老，严杰，学术月刊，1997年，第2期。

大慧宗杲"看话禅"的现象学美学特质，刘方，自贡师范专科学校学报，1997年，第4期。

大慧宗杲"妙悟"说的美学意蕴及影响，刘方，学术界，1997年，第4期。

"文字禅"的用例、定义与范畴，周裕锴，传统文化与现代化，1997年，第5期。

禅悟与诗悟，邢东风，世界宗教研究，1997年，第2期。

雪窦寺与雪窦重显，李富华，世界宗教研究，1997年，第1期。

苏轼散文中的禅，赵仁珪，北京师范大学学报，1997年，第4期。

佛老思想与苏轼词的创作，张玉璞，齐鲁学刊，1997年，第3期。

20世纪前期文学与佛教关系的研究，孙昌武，中国古典文学学术史研究，新疆人民出版社，1997年。

从诗和禅联姻的流变解读谢榛的禅悟说，李庆立，苏州大学学报，1997年，第1期。

严羽诗论绪说，童庆炳，北京师范大学学报，1997年，第2期。

漫谈佛教与诗歌，张宏生，文史知识，1997年，第2期。

韩愈文学理论与佛法行持之研究，林伯谦，唐代文学研究，第6辑，1997年。

黄庭坚的禅家思想及禅宗对其诗歌的影响，白政民，人文杂志，1997年，第1期。

《冬青树》传奇中的西番僧，金伟、吴彦，辽宁师范大学学报，1997年，第2期。

佛教思想：隐藏于梦幻中的"红楼大厦"基座：兼论曹雪芹创作《红楼梦》的主观命意，白小易，红楼梦学刊，1997年，第1期。

《西游释厄传》综考辨证录：兼谈王辉斌的《西游释厄传》论，吴圣昔，宁夏大学学报，1997年，第1期。

也论《西游记》，张绪通，宗教学研究，1997年，第2期。

陶渊明对佛教的态度，顾农，山东师范大学学报，1997年，第1期。

颜之推与《冤魂志》，王枝忠，古典文学知识，1997年，第3期。

禅与唐宋诗人心态，张晶，文学评论，1997年，第3期。

从《弘明集·正诬论》看变文生成的年代，李小荣，固原师范专科学校学报，1997年，第2期。

海峡两岸敦煌文学研讨会综述，张子开，中国典籍与文化，1997 年，第 2 期。

南朝宫教与《玉台新咏》，许云和，文献，1997 年，第 3 期。

走出空寂的殿堂：唐代诗僧的世俗化，普慧，文史知识，1997 年，第 7 期。

《西游记》的佛教思想，李建东，河南社会科学，1997 年，第 2 期。

元和末年韩愈与佛教关系之探讨，闫琦，铁道师范学院学报，1997 年，第 3 期。

王维佛理诗之分类及渊源，邱瑞祥，贵州大学学报，1997 年，第 3 期。

敦煌变文与《西游记》，李润强，中国典籍与文化，1997 年，第 3 期。

"因果报应"观念与中国话本小说，刘兴汉，吉林大学学报，1997 年，第 5 期。

佛教神通及其在小说中的运用：神魔小说论稿上篇《神变论》之二，毛忠贤，宜春师范专科学校学报，1997 年，第 4 期。

圆观的情感底蕴及其渊源流变：情僧形象研究之二，詹丹，上海教育学院学报，1997 年，第 2 期。

陶渊明与东晋佛教，卫绍生，中州学刊，1997 年，第 5 期。

敦煌文学之"变文"辨，徐志啸，中国文学研究，1997 年，第 4 期。

神魔小说《四游记》漫评，龚维英，合肥教育学院学报，1997 年，第 2 期。

变文绝迹考，周飞，人文杂志，1997 年，第 4 期。

东土佛教与王维诗风，王树海，吉林大学学报，1997 年，第 6 期。

论幻化母题与图腾崇拜的起源，吴晓东，民族文学研究，1997 年，第 4 期。

慧远同隐士的交游和他的山水诗，何锡光，西南师范学院学报，1997 年，第 6 期。

名曰师徒取经，实为独坐修心——《西游记》本旨异说，郑起宏，青年思想家，1997 年，第 6 期。

关于"敦煌本唐集""怪圈"及其他：兼答徐俊同志，张锡厚，社科纵横，1997 年，第 5 期。

浅评《敦煌变文集》，刘玉红，贵州文史丛刊，1997 年，第 6 期。

王梵志生地生年考辨，顾浙秦，西藏民族学院学报，1997 年，第 4 期。

流传在甘肃的"五更词"研究，高启安，敦煌研究，1997 年，第 3 期。

敦煌五更词与甘肃词比较研究，高启安，敦煌研究，1997 年，第 3 期。

敦煌诗词补正与考源，汪泛舟，敦煌研究，1997 年，第 3 期。

《文心雕龙》与佛教成实学，普慧，文史哲，1997 年，第 5 期。

禅悟对中国古典诗歌发展的影响，王利军，浙江师范大学学报，1997 年，第 3 期。

《萨诃上人寄锡雁阁留题并序呈献》再校与新论，汪泛舟，敦煌研究，1997 年，第 1 期。

唐代诗僧皎然的宗系和思想，徐文明，佛教与中国传统文化，宗教文化出版社，1997 年。

全唐诗误收诗考，陈尚君，唐代文学丛考，中国社会科学出版社，1997 年。

傅大士《法身颂》考，张子开，宗教学研究，1997 年，第4 期。

北宋诗僧慧洪觉范的文学成就，郑群辉，学术论坛，1997 年，第3 期。

清代僧诗别集的典藏及检索，江庆柏，中国典籍与文化，1997年，第2 期。

佛经的文学原型意义，侯传文，外国文学评论，1997 年，第4 期。

禅宗语言的非语言表达手法，张美兰，中国典籍与文化，1997年，第4 期。

论鲁迅与佛教文化的关系，哈迎飞，福建学刊，1997 年，第6 期。

简论鸠摩罗什与佛教文化，王嵘，新疆大学学报，1997 年，第1 期。

近代中日学者的佛教因缘，李向平，浙江学刊，1997 年，第6 期。

唐代高僧籍贯的地理分布，李映辉，中国历史地理论丛，1997年，第3 期。

禅与直觉思维，王安忠，宁夏大学学报，1997 年，第4 期。

释道"转世""谪降"观念与中国古代小说结构，孙逊，文学遗产，1997 年，第4 期。

文明时代新的英雄神话——《野叟曝言》神话意象及思维研究，黄燕梅，文学遗产，1997年，第2期。

佛教文化与唐代传奇小说，张跃生，华中理工大学学报，1997年，第2期。

玄言诗的魅力及魅力的失落，胡大雷，文学遗产，1997年，第2期。

晚明情感论：与佛学关系之研究，黄卓越，文艺研究，1997年，第5期。

略论中国佛教的伦理化及其对小说"劝惩"论的影响，范军，通俗文学评论，1997年，第3期。

敦煌地理文书辑录著作三种校议，张涌泉，古典文献与文化论丛，第1辑，中华书局，1997年。

敦煌俗语词集释，黄征，古典文献与文化论丛，第1辑，中华书局，1997年。

关于唐后期五代宋初沙州僧俗的施舍问题，郝春文，唐研究，第3卷，北京大学出版社，1997年。

《入唐求法巡礼行记》疑难词语考辨，董志翘，唐研究，第3辑，北京大学出版社，1997年。

赵和平《敦煌写本书仪研究》，黄亮文，唐研究，第3卷，北京大学出版社，1997年。

《嘉兴藏》的主刻僧密藏事辑，金申，文史，第42辑，中华书局，1997年。

《坛经校释》订补，邓文宽，文史，第41辑，中华书局，1997年。

敦煌遗书中的《妙法莲华经》及有关文献，方广锠，中华佛学学报，第 10 期，1997 年。

梁武帝萧衍作品的宗教风貌，洪顺隆，"国立"编译馆馆刊，第 25 卷第 2 期，1997 年。

晚唐诗僧齐己的诗禅世界，萧丽华，佛学研究中心学报，第 2 期，1997 年。

六祖坛经的语言艺术与思考方法，萧丽华，元智工学院人文与管理学报，第 3 期，1997 年。

当代中国佛教文学研究初步评介——以台湾地区为主，丁敏，佛学研究中心学报，第 2 期，1997 年。

敦煌变文与《祖堂集》"什"、"什么"用法之比较，王锦慧，中国学术年刊，第 18 期，1997 年。

吕本中与佛教，蒋义斌，佛学研究中心学报，第 2 期，1997 年。

《寒山诗集》传本叙录，陈耀东，中国书目季刊，第 32 卷 2 期，1997 年。

担当生卒年及其山水——励耕书屋旧藏担当山水册研究，邢文，（清华）汉学研究，第 2 卷，1997 年 11 月。

敦煌本龙兴寺毗沙门天王灵验记与唐五代的毗沙门信仰，郑阿财，第三届中国唐代文化学术研讨会论文集，中国唐代学会编辑委员会编，中国唐代学会，1997 年。

李白青莲意象考，萧丽华，"李白与三峡"国际学术研讨会，中国李白学会主办，1997 年 10 月。

台湾当代禅诗的变古风貌，庆华，台湾文学与《台湾文学》，生智出版社，1997 年。

唐湘山宗慧禅师《牧牛歌》析论，蔡荣婷，中正大学中文学术年刊，创刊号，1997 年 12 月。

韩、柳对儒、释、道的取舍，方介，中正大学中文学术年刊，1997 年 12 月。

Liberating Intimacy：Enlightenment and Social Virtuosity in Ch'an Buddhism，Mcrae John R. ，*China Review International* 2，1997.

Ritual Topography：Embodiment and Vertical Space in Buddhist Monastic Practice，Eric Reinders，*History of Religions* 36，1997.

Prosimetric Form in the Chinese Literary Tradition，Victor H. Mair，*Prosimetrum*：*Cross - Cultural Perspectives on Narrative in Prose and Verse*，1997.

Philosophical and Rhetorical Modes in Zen Discourse：Contrasting Nishida's Logic and Koan Poetry，Steven Heine，*Buddhist - Christian Studies* 17，1997.

The Composition of the "Guan Wuliangshoufo - jing"：Some Buddhist and Jaina Parallels to its Narrative Frame，Jonathan A. Silk，*Journal of Indian Philosophy* 2，1997.

諸本對照 金陵清涼院文益禪師語錄（上），鈴木哲雄，愛知學院大學文學部紀要，第 27 期，1997 年。

諸本對照 金陵清涼院文益禪師語錄（下），鈴木哲雄，愛知學院大學文學部紀要，第 28 期，1997 年。

光鹫的诗文理论，覃召文，岭南文史，1997 年，第 1 期。

1998 年

廓门贯彻《注石门文字禅》谫论，张伯伟，唐研究，第 4 卷，

1998 年。

谈二十世纪中国佛教散文，青平，西南民族学院学报，1998年，第 1 期。

立人中的本体论内涵：鲁迅早期文化思想的佛学透视，潘政，鲁迅研究月刊，1998 年，第 7 期。

佛教文化与新时期小说创作，谭桂林，湖南师范大学学报，1998 年，第 5 期。

论苏曼殊与佛教——兼与弘一大师（李叔同）比较，石在中，华中师范大学学报，1998 年，第 4 期。

别本《大目乾连冥间救母变文》研究，王继如，敦煌研究，1998 年，第 3 期。

亦诗亦禅两艰难：贾岛创作心态简论，李小荣，贵州师范大学学报，1998 年，第 1 期。

《佛说孝顺子修行成佛经》校录补正，李丹禾，古籍整理研究学刊，1998 年，第 4—5 期。

禅宗与白居易的闲适诗，朱凌云，写作，1998 年，第 8 期。

论佛学对皎然诗学的深刻影响，姜光斗，唐代文学研究，第 7 辑，广西师范大学出版社，1998 年。

谈《枫桥夜泊》中“寒山寺”的英译——兼谈人名、地名的翻译，陆云，广西师范学院学报，1998 年，第 1 期。

试论汉译佛经对中古道经文学的影响（上），吴海勇，十堰职业技术学院学报，1998 年，第 4 期。

向善灵魂的深重叹息——王维的负罪意识和忏悔精神研究，王志清，南通教育学院学报，1998 年，第 4 期。

王梵志诗校注拾遗，张生汉，河南大学学报，1998 年，第

5 期。

禅宗与晚唐诗歌，黎光英，阅读与写作，1998 年，第 11 期。

境·诗·佛：论中唐"以境论诗"说，罗鸣放，梧州师专学报，1998 年，第 2 期。

唐诗与佛教，姜光斗，南通师范专科学校学报，1998 年，第 1 期。

论佛教对北朝儒学的影响，王晓卫，贵州大学学报，1998 年，第 6 期。

从《经律异相》看佛经故事对中国民间故事的渗透，刘守华，佛学研究，1998 年，第 1 期。

敦煌灵应小说的佛教史学价值——以《持诵〈金刚经〉灵验功德记》为例，郑阿财，唐研究，第 4 卷，北京大学出版社，1998 年。

明杂剧《僧尼共犯》简论，郑树平，泰安师专学报，1998 年，第 1 期。

谈谈禅宗语录，李壮鹰，北京师范大学学报，1998 年，第 1 期。

从唐代俗讲转变到宋元说经——以《佛说目连救母经》为中心，张鸿勋，曲艺讲坛，1998 年，第 5 期。

佛门普度众生的赞歌——《西游记》主题浅析，巴元芳，甘肃教育学院学报，1998 年，第 2 期。

论"宋初九僧"及其诗，祝尚书，四川大学学报，1998 年，第 2 期。

敦煌遗书中的药师经变榜底题稿校录，王惠民，敦煌研究，1998 年，第 4 期。

禅机独运 意趣天成——简述东坡绝句中的禅理诗，杨明洁，内蒙古民族师范学院学报，1998 年，第 3 期。

《敦煌僧诗校辑》补校（上），程惠新，俗语言研究，1998 年，第 5 期。

谢灵运《十四音训叙》辑考，王邦维，北京大学百年国学文粹·语言文献卷，北京大学出版社，1998 年。

唐五代长沙窑瓷器题诗校正，徐俊，唐研究，第 4 卷，1998 年。

汉魏六朝志怪中的佛教惩劝，王连儒，聊城师范学院学报，1998 年，第 4 期。

宋代诗学术语的禅学语源，周裕锴，文艺理论研究，1998 年，第 6 期。

《洛阳伽蓝记》的文体特征与中古佛学，范子烨，文学遗产，1998 年，第 6 期。

东晋玄言诗与佛偈，陈允吉，复旦学报，1998 年，第 1 期。

试论寒山诗中的儒家与道家思想，钱学烈，中国文化研究，1998 年，第 2 期。

寒山子年代的再考证，钱学烈，深圳大学学报，1998 年，第 2 期。

禅净合流与明代禅宗美学思想的趋向，皮朝纲，四川师范大学学报，1998 年，第 4 期。

试论明清人情小说的因果报应思想，蔡良俊，苏州大学学报，1998 年，第 1 期。

从《山居赋》看佛教对谢客山水诗的影响，陈道贵，文史哲，1998 年，第 2 期。

寒山子禅悦诗浅析，钱学烈，中国人民大学学报，1998 年，第 3 期。

寒山诗的流传与研究，钱学烈，中国社会科学院研究生院学报，1998 年，第 3 期。

变文艺术影响后世一例，刘瑞明，敦煌研究，1998 年，第 2 期。

苏轼与佛教人物的交往，彭印川、刘庆刚，华夏文化，1998 年，第 2 期。

藏传佛教与《尸语故事》，刘守华，西藏民俗，1998 年，第 3 期。

变文生成年代新论，李小荣，社会科学研究，1998 年，第 5 期。

观音救难故事与六朝志怪小说，郑筱筠，社会科学，1998 年，第 2 期。

岑参的写景诗与佛经的影响，张海沙，文学遗产，1998 年，第 1 期。

与世纪同龄的敦煌文学研究，颜廷亮，社科纵横，1998 年，第 4 期。

佛教"芥子纳须弥"命题及小说表现：《神魔小说论稿》上篇《神变论》之五，毛忠贤，宜春师范专科学校学报，1998 年，第 3 期。

佛教中观论与中国古代美学，黄念然，湛江师范学院学报，1998 年，第 4 期。

佛教梵呗传入中土后的华化和演变，林培安，音乐艺术（上海音乐学院学报），1998 年，第 3 期。

从《观世音应验记》到《西游记》：从一个方面看神怪小说与宗教的关系，欧阳健，漳州师范学院学报，1998 年，第 2 期。

《西游记》宗教修行的内景探微，陈金宽，郑州大学学报，1998 年，第 2 期。

浅谈禅宗对韦应物创作的影响，彭多，西藏民族学院学报，1998 年，第 2 期。

略论佛学对中国诗学的影响，李瑞明，华夏文化，1998 年，第 3 期。

从唐人小说看传统文化中的土地崇拜情结，赵维江，宁波大学学报，1998 年，第 3 期。

承前突破、艺技入诗、佛禅思想：对王维山水田园诗的三点思考，李敬平、刘荟、李爱民，殷都学刊，1998 年，第 4 期。

略论禅机独运、意趣天成：简述东坡绝句中的禅理诗，杨明洁，内蒙古民族师范学院学报，1998 年，第 3 期。

略论"静空"观对苏轼的影响，任爽，辽宁大学学报，1998 年，第 6 期。

略论《水浒传》与佛教文化，钱茂竹，绍兴文理学院学报，1998 年，第 3 期。

谈王孟的佛诗，虞澄，吴中学刊，1998 年，第 4 期。

试论佛教对元杂剧兴盛所起的作用，马长安，芜湖师范专科学校学报，1998 年，第 3 期。

佛教的时间超越及其小说表现：神魔小说论稿上《神变论》之六，毛忠贤，宜春师范专科学校学报，1998 年，第 6 期。

白莲教宝卷的变迁，张振中，华夏文化，1998 年，第 2 期。

《续西游记》作者问题初探，苏石，昆明社会科学，1998 年，第 6 期。

十年磨剑 厚积薄发——评孙昌武著《中国文学中的维摩与观音》，徐建华，世界宗教研究，1998 年，第 1 期。

《维摩诘经》的文学意义，侯传文，齐鲁学刊，1998 年，第 3 期。

论唐诗与佛教，姜光斗，南通师范学院学报，1998 年，第 1 期。

王维诗画禅意相通论，吴怀东，文史哲，1998 年，第 4 期。

试论美国的"寒山热"，张德中，东南文化，1998 年，第 A1 期。

东晋僧诗风格管窥，卢宁，天中学刊，1998 年，第 3 期。

慧远的禅智论与东晋南北朝的审美虚静说，普慧，文艺研究，1998 年，第 5 期。

妙观逸想：古代艺术家的审美体验及其意义世界，陈德礼，华中师范大学学报，1998 年，第 1 期。

北宋诗僧德洪用韵考，杜爱英，山东师范大学学报，1998 年，第 1 期。

佛教美学：在反美学中建构美学，祁志祥，复旦学报，1998 年，第 3 期。

佛教道教与中国诗歌之关系，马大品，中国文化研究，1998 年，第 2 期。

弘一法师的编书思想，金梅，书与人，1998 年，第 3 期。

禅宗审美观与中国审美理想的嬗变，周然毅，东方丛刊，1998 年，第 1 期。

佛教梵呗音乐在我国之缘起与发展，印再深，乐府新声，1998

年，第 2 期。

船子和尚和他的偈颂，张则桐，中国典籍与文化，1998 年，第 3 期。

佛教与中国古代文学的发展，项楚，人民政协报，1998 年 8 月 31 日。

略论佛学对中国诗学的影响，李瑞明，华夏文化，1998 年，第 3 期。

唐代佛教寺院的地理分布，李映辉，湘潭师范学院学报，1998 年，第 4 期。

《广弘明集》在中国佛教史上的价值、地位及其现代意义，巩本栋，中国典籍与文化，1998 年，第 4 期。

中国宝卷文献的几个问题，车锡伦，文献，1998 年，第 1 期。

诵经说法与小说家言——试论陈寅恪关于佛教与中国古代小说演变关系的研究，刘克敌，中国文学研究，1998 年，第 2 期。

中国古代神怪小说的地域特征及成因，赵辉，中南民族学院学报，1998 年，第 3 期。

试论南朝宫体诗的历程，胡大雷，文学评论，1998 年，第 4 期。

论魏晋六朝志怪小说的潜意识蕴含，王德华，浙江师范大学学报，1998 年，第 4 期。

论佛教的缘起说及其对生态环境的现实意义，崔文魁，五台山研究，1998 年，第 3 期。

论佛教的慈悲观及其对生态环境的现实意义，肖雨，五台山研究，1998 年，第 2 期。

禅宗与文艺美学相通的探索，王世德，宗教学研究，1998 年，第 2 期。

佛学与袁宏道的诗歌创作，周群，南京大学学报，1998 年，第 1 期。

导言：重理中国宗教与文学之因缘，葛兆光，中国宗教与文学论集，清华大学出版社，1998 年。

儒释兼综与小修诗论，周群，南京社会科学，1998 年，第 8 期。

相术学与明清小说，万晴川，上海师范大学学报，1998 年，第 4 期。

地藏十王图像的遗存及其信仰，罗世平，唐研究，第 4 卷，北京大学出版社，1998 年。

朱凤玉《敦煌写本碎金研究》，黄征，唐研究，第 4 卷，北京大学出版社，1998 年。

敦煌愿文杂考，黄征，文史，第 46 辑，中华书局，1998 年。

俗语词研究与敦煌文献的校理，张涌泉，文史，第 45 辑，中华书局，1998 年。

《敦煌文献语言词典》商榷（上），叶爱国，文史，第 44 辑，中华书局，1998 年。

《敦煌文献语言词典》商榷（中），叶爱国，文史，第 44 辑，中华书局，1998 年。

《敦煌文献语言词典》商榷（下），叶爱国，文史，第 44 辑，中华书局，1998 年。

敦煌变文"处"字释例，王瑛，文史，第 44 辑，中华书局，1998 年。

柳宗元诗禅机理趣事探讨，朱国能，唐代文学研究，第 7 辑，

1998 年。

敦煌遗书《沙洲乞经状》的研究，方广锠、许培玲，敦煌学佛教学论集，中国佛教文化出版有限公司，1998 年。

张商英《护法论》中的历史思维，蒋义斌，佛学研究中心学报，第 3 期，1998 年。

敦煌写本道明和尚还魂故事研究，郑阿财，山鸟下听事，檐花落酒中——唐代文学论丛，中正大学中国文学系，1998 年 3 月。

明华严宗派遍融和尚入狱考——兼述隆庆、万历年间佛教与京师权贵的往来，陈玉女，成功大学历史学报，第 24 期，1998 年。

文字禅与宋代诗学：以禅籍俗语言与游戏三昧为例，周裕锴，宋代文学研究丛刊，丽文文化公司，第 4 期，1998 年。

《祖堂集》系词"是"用法探究，王锦慧，中国学术年刊，第 19 期，1998 年。

近五十年（1949—1997）台湾地区中国佛教文学研究概况，萧丽华，中国唐代学会会刊，第 9 期，1998 年。

禅与存有——王维辋川诗析论，萧丽华，佛学与文学，法鼓文化事业有限公司，1998 年 12 月。

禅宗公案的创造性思维，萧丽华，佛学与科学论文集，佛光出版社，1998 年。

宋代禅宗的新视向：惠洪与文字禅，麻天祥，中国历史上的佛教问题，佛光山文教，1998 年。

佛教诗偈美，吉广舆，普门杂志，第 221—231 期，1998 年 2 月—1998 年 12 月。

初唐赋中的三教思想风貌，洪顺隆，华冈文科学报，第 22 期，

1998 年。

词僧惠洪及其词之探赜，谢惠青，兴大中文研究生论文集，第 3 期，1998 年。

唐五代禅宗牧牛诗初探，蔡荣婷，"山鸟下听事，檐花落酒中"——唐代文学论丛，"国立"中正大学中文系主编，1998 年 6 月。

《梁皇忏》初探，徐立强，中华佛学研究，第 2 期，1998 年。

《宋高僧传》英译本绪言，柯嘉豪撰，果儒译，大乘杂志，第 19 卷第 4 期，1998 年。

台湾当代儿童佛教文学初探，陈奕恺，儿童文学学刊，1998 年 第 1 期。

试探沈从文《月下小景》佛经故事的言语风格，周虹怜，辅大中研所学刊，1998 年。

Consecrating the Buddha：Legend, Lore, and History of the Imperial Relic – Veneration Ritual in the T'ang Dynasty（奉献佛陀——唐代帝王王奉迎佛舍利的传说、民俗、与历史），黄启江，中华佛学学报，第 11 期，1998 年。

Miracle Tales and the Domestication of Kuan – yin，于君方（Chün – Fang Yü），中华佛学学报，第 11 期，1998 年。

The eminent monk：Buddhist ideals in medieval Chinese hagiography，Kieschnick John，新史学，第 9 卷第 2 期，1998 年。

Evolution of Chan Biographies of Eminent Monks, Koichi Shinohara, *Bulletin De L'école Française D'Extrême – Orient* 85, 2010, 1998.

Portraits of Pious Women in East Asian Buddhist Hagiography：A

Study of Accounts of Women Who Attained Birth in Amida's Pure Land, Christoph Kleine, *Bulletin de l'école française d'Extrême - Orient* 85, 1998.

The Recovery of the Tang Dynasty Painting: Master Wang Wei's Ink - Wash Creation "On the Wangchuan River", Kwong Lum and Jia Chen, *International Journal of Politics, Culture, and Society* 3, 1998.

Images of Printing in Seventh Century Chinese Religious Literature, T. H. Barrett, *Chinese Science* 15, 1998.

Mount Lu Revisited: Buddhism in the Life and Writings of Su Shih (Review), Su Shih and J. D. Schmidt, *Harvard Journal of Asiatic Studies* 1, 1998.

Mount Lu Revisited: Buddhism in the Life and Writings of Su Shih (Review), Stuart H. Sargent, *The Journal of Asian Studies* 2, 1998.

Stories from the Life of Chi - tsang and Their Use in T'ien - t'ai Sectarian Historiography, Chen Jinhua, *Asia Major* 1, 1998.

《曹溪大師傳》成立，伊吹敦著，東洋思想宗教，第 15 號，1998 年。

祖堂集劄記，依山賢次著，禪文化研究所紀要，第 24 號，1998 年。

Changing Roles for Miraculous Images in Medieval Chinese Buddhism: A Study of the Miracle Image Section in Daoxuan's "Collected Records". Shinohara, Koichi. In *Images, Miracles,, and Authority in Asian Religious Traditions*, edited by Richard H. Davis, 151 – 61. Boulder, Colorado: Westview Press, 1998.

1999 年

寒山诗籀读札记，项楚，新国学，第 1 卷，1999 年 12 月。

论仲殊、道潜、惠洪的山水诗，陶文鹏，新国学，第 1 卷，1999 年 12 月。

慧远的念佛思想及其对中国人文传统的贡献，曹虹，闽南佛学院学报，1999 年，第 1 期。

黄龙宗禅诗研究，吴言生，五台山研究，1999 年，第 4 期。

三生石上旧精魂——汉文学对通过佛教经典传来的古代南亚次大陆文学素材的使用与扬弃，白化文，文学遗产，1999 年，第 5 期。

废名创作中禅意的形成与嬗变，杨厚均，湘潭大学学报，1999 年，第 3 期。

《高僧传》校点商榷，董志翘，古籍整理研究学刊，1999 年，第 1 期。

"风流自然"辨——试探皎然的论诗宗旨，孙学堂，江海学刊，1999 年，第 5 期。

唐宋敦煌世俗佛教的经典及其功用，李正宇，兰州教育学院学报，1999 年，第 1 期。

皎然"文章宗旨"发微，孙学堂、孙学松，河南师范大学学报，1999 年，第 5 期。

佛教与中国宝卷（上），车锡伦，圆光佛学学报，1999 年，第 4 期。

敦煌石窟不空绢索观音经变研究——敦煌密教经变研究之五，

彭金章，敦煌研究，1999 年，第 1 期。

以禅入诗，清幽绝俗——论王维山水田园诗的禅宗意蕴，孙涌翔，佳木斯教育学院学报，1999 年，第 1 期。

浅论佛教精神与戏剧的内在联系，欧阳祯人，武汉大学学报，1999 年，第 2 期。

敦煌写本《佛顶心观世音菩萨救难神验经》研究，郑阿财，新国学，第 1 辑，巴蜀书社，1999 年。

东晋名僧释慧远，肖雨，五台山研究，1999 年，第 1 期。

王维诗中的静与禅，刘筑琴，陕西青年管理干部学院学报，1999 年，第 2 期。

论王维诗歌之禅蕴，张旭东、黄明超，西南师范大学学报，1999 年，第 3 期。

《高僧传》词语通释（一）——兼谈汉译佛典口语词向中土文献的扩散，董志翘，汉语史研究集刊，第二辑，巴蜀书社，1999 年。

味摩诘诗、品摩诘画——试析王维诗、画中的禅意，周凤甫，湛江师范学院学报，1999 年，第 1 期。

中印龙女报恩故事之比较，刘守华，中国比较文学，1999 年，第 3 期。

禅宗妙喻漫谈，马国强，修辞学习，1999 年，第 6 期。

伯希和藏品中一件回鹘文皈依佛教三宝愿文研究，牛汝极，敦煌研究，1999 年，第 4 期。

《证道歌》作者考，聂清，宗教学研究，1999 年，第 1 期。

敦煌遗书中的类书简述，白化文，中国典籍与文化，1999 年，第 4 期。

佛教俗讲、转变伎艺与宋元说话，潘建国，上海师范大学学报，1999 年，第 4 期。

从唐僧取经壁画看《西游记》故事的演变，李安纲，河东学刊，1999 年，第 5 期。

从天水方言看禅录中"摩罗""狼藉"词义，李广明，唐都学刊，1999 年，第 1 期。

《敦煌遗书中的药师经变榜底题底稿校录》补遗，王惠民，敦煌研究，1999 年，第 4 期。

临济宗禅诗研究，吴言生，河东学刊，1999 年，第 1 期。

论《金刚经》对禅思禅诗的影响，吴言生，中国佛学，1999 年，第 1 期。

论李商隐诗歌的佛学意趣，吴言生，文学遗产，1999 年，第 3 期。

宗教艺术探索的新成果——谈蒋述卓教授的《宗教艺术论》，王斌，中国比较文学，1999 年，第 3 期。

变文与唱导关系之检讨——以唱导的生成衍变为中心，李小荣，敦煌研究，1999 年，第 4 期。

试论变文的消亡，李小荣，贵州社会科学，1999 年，第 6 期。

大历文坛由儒入佛思潮，胡遂，文艺研究，1999 年，第 5 期。

龚自珍的佛学思想，孔繁，世界宗教研究，1999 年，第 3 期。

六朝佛教与美学，吴功正，世界宗教研究，1999 年，第 2 期。

王梵志诗、寒山诗比较研究，陆永峰，四川大学学报，1999 年，第 1 期。

标点本《续西游记》读校随记，苏兴著，苏铁戈整理，古籍整理研究学刊，1999 年，第 5 期。

论《野草》的佛家色彩，哈迎飞，文学评论 1999 年，第 2 期。

《绿野仙踪》版本、作者新证，翟建波，甘肃社会科学，1999 年，第 3 期。

佛教八关斋与中古小说，陈洪，江海学刊，1999 年，第 4 期。

司空图三外说中的佛禅道之内涵，湛芬，湖北大学学报，1999 年，第 1 期。

须菩提、孙悟空与唐僧：读《西游记》札记，林冠夫，华侨大学学报，1999 年，第 2 期。

论魏晋南北朝士族宗室的宣佛志怪小说创作，李希运，青岛大学师范学院学报，1999 年，第 1 期。

变形与解脱：《搜神记》母亲变异现象的审美透视，马珏萍，山东大学学报，1999 年，第 2 期。

曹洞宗禅诗研究，吴言生，陕西师范大学学报，1999 年，第 1 期。

明清猥亵小说"纵欲—顿悟—出家"情节模式的佛家根基，刘书成，西北师范大学学报，1999 年，第 2 期。

中国最早佛教戏曲《弥勒会见记》考论，黎蔷，中华戏曲，第 23 辑，1999 年。

关于禅宗美学的逻辑起点、研究对象与理论范式的思考，皮朝纲，四川师范大学学报，1999 年，第 3 期。

僧祐《释迦谱》考论——兼论佛学与《文心雕龙》方法论之关系，陶礼天，首都师范大学学报，1999 年，第 2 期。

释道儒"变文"考辨——兼论变文的生成及三教思想，李小荣，淮阴师范学院学报，1999 年，第 2 期。

变相考述，李小荣，九江师范专科学校学报，1999 年，第

2 期。

敦煌藏卷中的白话小说是中国白话小说的源头，孙步忠，敦煌研究，1999 年，第 3 期。

禅境与艺境，赵旗，文艺理论研究，1999 年，第 6 期。

谈禅诗的禅味与诗味，陈耳东，天津社会科学，1999 年，第 6 期。

20 世纪中国佛教散文要论，刘瑞弘，社会科学辑刊，1999 年，第 6 期。

东晋南北朝佛教天堂地狱观念的传播与影响——以游冥间传闻为中心，侯旭东，佛学研究，1999 年，第 1 期。

《经律异相》管窥，夏广兴、吴海勇，古籍整理研究学刊，1999 年，第 4 期。

佛经故事中的功德观念，葛维钧，南亚研究，1999 年，第 1 期。

南戏中的佛教文化，黎蔷，山西师范大学学报，1999 年，第 4 期。

空门不空，净土不净：浅谈《儒林外史》的贬佛思想，伍大福，玉林师范专科学校学报，1999 年，第 1 期。

黄庭坚与佛教，彭印川、刘庆刚，华夏文化，1999 年，第 1 期。

元好问与佛教的关系，崔正森，学术论丛，1999 年，第 1 期。

唐代剑侠传奇与密宗成就剑法，李瑞明，文史杂志，1999 年，第 4 期。

佛教与韦应物及其诗，马现诚，东岳论丛，1999 年，第 4 期。

鸠摩罗什的译典在比较文学研究上的意义，刘宾，西域研究，

1999 年，第 3 期。

论魏晋南北朝志怪小说的宣佛思想倾向，李希运，东方论坛，1999 年，第 3 期。

唐太宗的佛学思想及其诗作，张海沙，暨南学报，1999 年，第 5 期。

刘禹锡与佛教及其诗论，马现诚，广西民族学院学报，1999 年，第 1 期。

"蒲公故事"及其历史内涵，干树德，宗教学研究，1999 年，第 2 期。

贯休生平系年，田道英，四川师范学院学报，1999 年，第 4 期。

丰都"鬼域"地狱十王信仰的考察，李丽、公维章、林太仁，敦煌学辑刊，1999 年，第 2 期。

禅宗美学前史，张节末，天津社会科学，1999 年，第 1 期。

佛教文化与敦煌变文，张跃生，华中理工大学学报，1999 年，第 4 期。

禅宗偈颂与宋诗翻案法，周裕锴，四川大学学报，1999 年，第 2 期。

元杂剧《度柳翠》与文字禅，张则桐，中国典籍与文化，1999 年，第 4 期。

"赢僧"之喻与宗教情怀：蒲松龄佛教思想述评，王连儒、王伟，蒲松龄研究，1999 年，第 3 期。

孙嘉淦和他的《西游记》，赵元，吕梁高等专科学校学报，1999 年，第 1 期。

论《维摩经》对李卓吾思想及文学批评之影响，陈洪，南开学报，1999 年，第 5 期。

佛教文化与唐前小说，张跃生，语言研究，1999 年增刊。

陶渊明受佛教影响说质疑：读丁永忠《陶诗佛音辨》，龚斌，九江师范专科学校学报，1999 年，第 4 期。

魏晋佛教玄风与东晋诗人陶渊明：《陶诗佛音辨》献芹，丁永忠，九江师范专科学校学报，1999 年，第 3 期。

汉译佛典与六朝小说，李鹏飞，中国文学研究，1999 年，第 4 期。

论王梵志及其诗的思想，高国藩，东南大学学报，1999 年，第 3 期。

宗教诗歌与诗歌中的宗教：从王维的佛理诗看佛教理念对文学的浸润，邱瑞祥，贵州大学学报，1999 年，第 6 期。

妙悟与言荃：诗禅分别论，杨径青，思想战线，1999 年，第 6 期。

龚自珍的佛教思想，孔繁，世界宗教研究，1999 年，第 3 期。

佛教禅宗与王维山水田园诗，陈敏直，唐都学刊，1999 年，第 4 期。

论李贽童心说、私心说与禅宗佛性论之异同，胡遂，船山学刊，1999 年，第 2 期。

《佛所行赞》与佛传文学，侯传文，东方论坛，1999 年，第 3 期。

"人境俱夺"的儒佛境界：从《江雪》看柳宗元的儒佛思想，鲁峡，洛阳工学院学报，1999 年，第 3 期。

诗僧贯休"得得来"，吴宝金，语文月刊，1999 年，第 4 期。

释慧远遗命"露骸松下"的意蕴，曹虹，中国典籍与文化，

1999 年，第 2 期。

论支遁，贾占新，河北大学学报，1999 年，第 3 期。

反常合道：曲喻与佯谬——禅宗语言对宋诗语言艺术的影响，周裕锴，文史知识，1999 年，第 1 期。

试论北宋诗僧惠洪妙观逸想的诗歌艺术，李贵，四川大学学报，1999 年增刊。

道济及《钱塘湖隐济颠禅师语录》有关问题考辨，许红霞，北京大学古文献研究所集刊，第 1 辑，北京燕山出版社，1999 年。

论《冥祥记》"晋司空庐江何充"条源出佛经，吴海勇，齐鲁学刊，1999 年，第 1 期。

明清贵州临济禅宗灯系及其典籍著述，王路平，世界宗教研究，1999 年，第 1 期。

从紫柏真可看明代佛教的融通趋势，张学智，世界宗教研究，1999 年，第 1 期。

关于《坛经》的若干问题研究，洪修平，世界宗教研究，1999 年，第 2 期。

佛教斋文源流与敦煌本《斋文》书的复原，宋家钰，中国史研究，1999 年，第 2 期。

敦煌布萨文与布萨次第新探，湛如，敦煌研究，1999 年，第 1 期。

鸠摩罗什与四声之发明及北传，刘培，济南大学学报，1999 年，第 1 期。

论魏晋南北朝佛教志怪的传布，李希运，淄博学院学报，1999 年，第 2 期。

龚自珍的学佛因缘，张景岗、何琼，东南文化，1999 年，第

3 期。

试论汉译佛经对中古道经文学的影响（下），吴海勇，十堰职业技术学院学，1999 年，第 1 期。

原始宗教与先秦文学，郑杰文，光明日报，1999 年 9 月 16 日。

敦煌佛教故事类讲唱文学所见净土宗与禅宗，郑炳润，敦煌研究，1999 年，第 2 期。

中古汉译佛经复仇主题初探，王立、吴海勇，中国比较文学，1999 年，第 3 期。

汉译佛经四字文体成因刍议，吴海勇，青海社会科学，1999 年，第 4 期。

"妙悟"：禅宗美学的核心范畴，彭彤，宗教学研究，1999 年，第 1 期。

佛教大乘居士思想与中土士大夫，袁书会，西藏民族学院学报，1999 年，第 2 期。

《百喻经》中的佛学思想，蔡宏，五台山研究，1999 年，第 3 期。

现代中的"传统"：论冯至与佛教文化之关系，哈迎飞，贵州社会科学，1999 年，第 6 期。

直译意译的论争：佛经译论发展的动因，蒋童、厉霞，陕西教育学院学报，1999 年，第 4 期。

禅宗"不立文字"臆说，疏志强，楚雄师范专科学校学报，1999 年，第 4 期。

禅门说戏——一个佛教文化史观点的尝试，廖肇亨，汉学研究，第 17 卷第 2 期，1999 年。

济公小说的版本流变，胡胜，明清小说研究，1999 年，第 3 期。

宫体诗的当代批评及其政治背景，骆玉明、吴仕逵，复旦学报，1999 年，第 3 期。

楞伽妙谛印禅心——论《楞伽经》对禅思禅偈的影响，吴言生，人文杂志，1999 年，第 1 期。

白居易与佛教，马现诚，江汉论坛，1999 年，第 2 期。

李贽"童心说""私心说"与禅宗佛性论之异同，胡遂，船山学刊，1999 年，第 2 期。

禅境与艺境，赵旗，文艺理论研究，1999 年，第 6 期。

敦煌藏卷中的白话小说是中国白话小说的源头，孙步忠，敦煌研究，1999 年，第 3 期。

论变文与讲经文的关系，伏俊琏，敦煌研究，1999 年，第 3 期；敦煌文学文献丛稿，中华书局，2004 年。

明清猥亵小说中的"纵欲—顿悟—出家"情节模式的佛教文化根基，刘书成，西北师范大学学报，1999 年，第 2 期。

"瓦舍""勾栏"新解，康保成，文学遗产，1999 年，第 5 期。

"榜"与中国古代小说结构，孙逊、宋莉华，学术月刊，1999 年，第 11 期。

《姑妄言》的结构艺术创新，王长友，学海，1999 年，第 6 期。

敦煌诗述异，汪泛舟，敦煌研究，1999 年，第 4 期。

诗思与佛性玄心的融合，孟二冬，中国诗学，第 6 辑，人民文学出版社，1999 年。

语言与意义——九至十世纪禅思想史的一个侧面，葛兆光，新国学，第 1 辑，巴蜀书社，1999 年。

试论禅宗语言的乖谬性及其宗教意义，周裕锴，新国学，第 1 辑，巴蜀书社，1999 年。

试论变文中的叙事套语，陆永峰，新国学，第 1 辑，巴蜀书社，1999 年。

区分中古汉语俗语言中字和词的界限的重要性——从对寒山诗的译注看世界汉学界的弊端，梅维恒、张子开，新国学，第 1 辑，巴蜀书社，1999 年。

《祖堂集》中的动量词，王绍新，古典文献与文化论丛，第 2 辑，中华书局，1999 年。

新见俄藏敦煌唐诗写本三种考证及校录，荣新江、徐俊，唐研究，第 5 卷，北京大学出版社，1999 年。

唐慈恩寺普光法师墓志考释，杜文玉，唐研究，第 5 卷，北京大学出版社，1999 年。

敦煌本《佛说父母恩重经》研究，张涌泉，文史，第 49 辑，中华书局，1999 年。

唐五代禅宗牧牛喻探析——以南岳法系为考察中心，蔡荣婷，新国学，第 1 辑，巴蜀书社，1999 年。

敦煌佛教故事类讲唱文学所见净土宗与禅宗，（韩）郑炳润，敦煌研究，1999 年，第 2 期。

王邦维《南海寄归内法传校注》，Max Deeg，唐研究，第 5 卷，北京大学出版社，1999 年。

《西游记》佛教文化阐释，张广庆，济南教育学院学报，1999 年，第 4 期。

中国第一部禅史——《祖堂集》，更凌，香港佛教，第 474

期，1999年。

敦煌礼忏文献述要，汪涓，二十一世纪敦煌文献研究回顾与展望研讨会论文集，王维梅主编，台中自然科学博物馆，1999年12月。

自在云水——圣严法师的旅游经，丁敏，中国时报，1999年4月16日。

诗悟与修悟，彭雅玲，"第三届宗教学学术研讨会"会议论文，南华大学宗教研究中心，1999年11月。

儒释交融的圣人观：从晚明儒家圣人与菩萨形象相似处及对生死议题的关注谈起，吕妙芬，"中央"研究院近代史研究所集刊，第32期，1999年。

嘉义县寺庙雕绘暨传说故事之调查报告，朱凤玉、陈益源，嘉义县文化艺术长期发展计划成果报告书，1999年6月。

论汉地佛教的地方神灵化、儒学化与老庄玄学化——从思想理论的层面看佛教的中国化，洪修平，中华佛学学报，第12期，1999年。

唐五代禅宗牧牛喻探析——以青原法系为考察中心，蔡荣婷，"国立"中正大学学报，第10卷第1期，"国立"中正大学，1999年。

《中国佛教》之《景德传灯录解题》，游侠，台湾中文研究学报，第6期，1999年。

佛教典籍的传译与中国佛教宗派，李富华，中华佛学学报，第12期，1999年。

禅门说戏——一个佛教文化史观点的尝试，廖肇亨，汉学研究，第17卷第2期，1999年。

金堡之节义观与历史评价探析，廖肇亨，"中央"研究院文哲所通讯，第 9 卷第 4 期，1999 年。

《异苑》中的怪异书写与谐谑精神研究——以陈郡谢氏家族的相关记载为主要线索，刘苑如，中国文哲研究集刊，第 14 期，1999 年。

变文六议，薛克翘，中华佛学学报，第 12 期，1999 年。

法事戏目连救母的精神内涵与演出形式，朱俐，艺术学报，第 65 期，1999 年。

台湾地区敦煌写本的收藏与研究之考察，郑阿财，敦煌学，第 25 辑，1999 年。

敦煌学研究论文著作目录稿（续 16），郑阿财、周西波，敦煌学，第 25 辑，1999 年。

敦煌学论著目录稿（续），郑阿财、蔡忠霖，敦煌学，第 25 辑，1999 年。

煮云法师的佛教经验与佛教事业——1949 年大陆来台青年僧侣个案研究，丁敏，中华佛学学报，第 12 期，1999 年。

达摩事迹与达摩图像，陈清香，中华佛学学报，第 12 期，1999 年。

六朝敦煌佛教写经的供养功德观，梁丽玲，敦煌学，第 25 辑，1999 年。

Liberating Animals in Ming – Qing China：Buddhist Inspiration and Elite Imagination，Joanna F. Handlin Smith，*The Journal of Asian Studies* 58，1999.

Exquisite Murals from the Fahai Buddhist Temple（Beijing，China，Cuiwei Mountain），J. Weinuo，X. Wen，*Chinese Literature* 21，1999.

A Stinger in the Tale the "Sudden Awakening" Ending in East Asian Folktales, Alan L. Miller, *Asian Folklore Studies* 2, 1999.

Little Vimalakirti: Buddhism and Poetry in the Writings of Chiang Chu. In Harriet Zurndorfer (ed.), *Chinese Women in the Imperial Past: New Perspectives*. Grant, Beata Leiden: Brill, 1999, pp. 286–307.

The Red Cord Untied. Buddhist Nuns in Eighteenth–Century China. Grant, Beata, In Karma Lekshe Tsomo (ed.), *Buddhist Women Across Cultures. Realizations*. Albany, NY: State University of New York Press, 1999.

The Temple of Guanyin: A Chinese Shadow Play, Fan Pen Chen, *Asian Theatre Journal* 1, 1999.

金堡《遍行堂集》による明末清初江南文人の精神様式の再検讨，廖肇亨，日本中國學會報，第 51 期，1999 年。

2000 年

关于崔致远《法藏和尚传》流传的几个问题，金程宇，唐研究，第 6 卷，2000 年。

《庐山远公话》新校，项楚，新国学，第 2 卷，2000 年 10 月。

《神曲》与敦煌变文故事中的地狱观念，姜岳斌，外国文学评论，2000 年，第 1 期。

皎然、司空图有关意境论之比较，尹蓉，吉安师范专科学校学报，2000 年，第 2 期。

敦煌愿文在汉语词汇史上的研究价值，曾良，文献，2000 年，第 1 期。

略论敦煌变文中的孝亲思想，李小荣，盐城师范学院学报，2000 年，第 2 期。

近代中国禅宗第一高僧，景海峰，中华读书报，2000 年 8 月 28 日。

孤峭人格与荒寒境界——论柳宗元山水诗文中的独特禅意，胡遂，求索，2000 年，第 2 期。

佛禅对柳宗元山水诗的影响刍议，王树海、王凤霞，社会科学战线，2000 年，第 1 期。

浅析皎然中和之美的辩证思想，卓希惠，阜阳师范学院学报，2000 年，第 6 期。

王维三教合一思想探析，高人雄，兰州大学学报，2000 年，第 2 期。

读《王梵志诗校注》札记，卢甲文，培训与研究（湖北教育学院学报），2000 年，第 3 期。

中晚唐诗僧与道教上清派，李乃龙，陕西师范大学学报，2000 年，第 4 期。

敦煌佛曲《散花乐》考源，李小荣，法音，2000 年，第 10 期。

佛经翻译在我国翻译史上的地位，彭治民，商洛师范专科学校学报，2000 年，第 3 期。

何为变相？——兼论敦煌艺术与敦煌文学的关系，巫鸿著，郑岩译，艺术史研究，第 2 辑，中山大学出版社，2000 年；礼仪中的美术：巫鸿中国古代美术史文编，郑岩译，王睿编，三联书店，2005 年。

《忏悔灭罪金光明经冥报传》校考，杨宝玉，英国收藏敦煌汉藏文献研究，宋家钰、刘忠编，中国社会科学出版社，2000年。

敦煌文书《龙兴寺毗沙门天王灵验记》校考，杨宝玉，文献，2000年，第2期。

从语言的角度看某些早期译经的翻译年代问题——以《旧杂譬喻经》为例，遇笑容、曹广顺，汉语史研究集刊，巴蜀书社，2000年。

刘勰《灭惑论》创作诸问题考论，陶礼天，文心雕龙研究，第4辑，2000年。

从佛经中脱胎而来的故事——"感恩的动物忘恩的人"解析，刘守华，民间文化，2000年，第11—12期合刊。

《高僧传》校点商榷（续），董志翘，古籍整理研究学刊，2000年，第1期。

《思凡》与《僧尼会》的来龙去脉，李玫，中国文化报，2000年11月16日。

《唐东都同德寺无名和尚塔铭并序》的发现及其学术价值，杨曾文，佛学研究，2000年，第1期。

敦煌写本《历代法宝记》所见岑参事迹考，张子开，文学遗产，2000年，第6期。

关于《西游记》所包含宗教思想成分的探源，王桂宏，广西大学学报，2000年，第3期。

也谈《西游记》作者对佛教的态度，熊可书，信阳农业高等专科学校学报，2000年，第3期。

今本《西游记》的"密谛"：佛耶？道耶？儒耶？朱迪光，衡阳师范学院学报，2000年，第1期。

关于永明延寿的"四料简"，顾伟康，禅学研究，江苏古籍出版社，2000 年。

居士佛教源流谈，潘桂明，佛教文化，2000 年，第 5 期。

回顾与展望：敦煌变文研究二题，张鸿勋，敦煌研究，2000 年，第 2 期。

杜诗禅诗之轨迹，卢燕平，杜甫研究学刊，2000 年，第 2 期。

实参实悟与元代禅宗美学思潮，皮朝纲，四川师范大学学报，2000 年，第 2 期。

佛经偈颂与中古绝句的得名，李小荣、吴海勇，贵州社会科学，2000 年，第 3 期。

诗与禅：一种文化现象的美学阐释，陈世杰，郑州大学学报，2000 年，第 1 期。

禅诗理事圆融论，吴言生，东南大学学报，2000 年，第 2 期。

禅诗审美境界论，吴言生，陕西师范大学学报，2000 年，第 1 期。

百年敦煌戏曲学研究，黎蔷，敦煌研究，2000 年，第 2 期。

敦煌目连变文与戏曲研究，李重申、陆淑绮，敦煌研究，2000 年，第 3 期。

敦煌藏卷中白话小说的"韵散相间"体式与佛典传译，孙步忠，敦煌研究，2000 年，第 4 期。

沩仰宗禅诗研究，吴言生，淮阴师范学院学报，2000 年，第 2 期。

变文研究述评二题——敦煌变文研究回顾与思考之一，张鸿勋，敦煌研究，2000 年，第 2 期。

论"敦煌学"一词的词源，王冀青，敦煌学辑刊，2000 年，第 2 期。

敦煌文学研究的历史回眸，张锡厚，敦煌研究，2000 年，第 2 期。

略论王安石的佛诗，倪祥保，文学遗产，2000 年，第 2 期。

齐梁诗歌声律论与佛教转读及佛教悉昙，普慧，文史哲，2000 年，第 6 期。

性灵·佛教·山水——南朝文学的新考察，王力坚，海南师范学院学报，2000 年，第 1 期。

突破与超越——试论禅宗思想对中国诗学的影响，胡遂，西北师范大学学报，2000 年，第 1 期。

船山诗学"以神理相取"论的美学阐释，陶水平，人文杂志，2000 年，第 2 期。

魏晋南北朝时的禅法与艺术构思理论，黄鸣奋，文艺理论研究，2000 年，第 1 期。

法眼宗禅诗研究，吴言生，唐都学刊，2000 年，第 2 期。

华严帝网印禅心：论《华严经》华严宗对禅思禅诗的影响，吴言生，人文杂志，2000 年，第 2 期。

中古汉译佛经与小说"发迹变泰"母题：海外意外获宝故事的外来文化触媒，王立，辽宁师范大学学报，2000 年，第 3 期。

溪花与禅意：谈禅宗对中国古典诗歌的影响，焦亚东，中国青年政治学院学报，2000 年，第 3 期。

试论李煜诗词中的佛教文化意蕴，王秀林，湖北大学学报，2000 年，第 3 期。

李煜与佛教，王秀林、刘尊明，文史知识，2000 年，第 3 期。

论佛教哲学与孟郊的诗歌，谢建忠，四川三陕学院学报，2000 年，第 3 期。

浅谈王维山水诗中禅意的风格，吴钱宽，芜湖职业技术学院学报，2000年，第2期。

试论禅宗思想对王维的影响，王沛，运城高等专科学校学报，2000年，第2期。

欲问义心义，遥知空病空：论王维佛理诗文中的般若思想，胡遂，中国文学研究，2000年，第1期。

论王维诗宗教体验与审美体验之融合，胡遂，湖南师范大学学报，2000年，第1期。

试论佛教"象外"之说对唐代山水诗文创作的影响，张英，人文杂志，2000年，第3期。

从《世说新语》看维摩在家居士观念的影响，宁稼雨，南开学报，2000年，第4期。

从阮籍诗文看阮氏信奉或倾向佛教之可能，高华平，运城高等专科学校学报，2000年，第2期。

陶渊明诗文中的儒佛道思想，金周淳，赣南师范学院学报，2000年，第2期。

陶渊明与慧远关系之探测，龚斌，华东师范大学学报，2000年，第4期。

略论王安石的佛诗，倪祥保，文学遗产，2000年，第3期。

论佛教文化影响下古代小说的三大功能，刘书成，社科纵横，2000年，第1期。

佛教的"异类无碍"及小说神变，毛忠贤，宜春师范专科学校学报，2000年，第1期。

20世纪韩愈与佛教关系研究综述，陈曙雯，文史知识，2000年，第2期。

论佛教哲学与苏轼的"人生如梦"思想，谢建忠，西南民族学院学报，2000年，第6期。

苏轼与佛教，何林军，郴州师范专科学校学报，2000年，第1期。

东坡诗的禅缘情结，成宗田，宝鸡文理学院学报，2000年，第1期。

东坡词的"旷"与禅宗，李月英，苏州铁道师范学院学报，2000年，第1期。

简论黄庭坚的禅学修养与诗歌创作，王爱玲，陕西师范大学继续教育学院学报，2000年，第1期。

佛教与唐寅诗歌思想内涵，张春萍，河南师范大学学报，2000年，第2期。

河西走廊三处取经图画与《西游记》故事演变的关系，杨国学，西北师大学报，2000年，第4期。

《西游记》作者不懂佛学么？李安纲，晋阳学刊，2000年，第2期。

论我国旧小说中的地狱和阎王，赵杏根，明清小说研究，2000年，第3期。

浅论中国古典悲剧的大团圆结局：兼论古典悲剧中的因果报应问题，方建斌，殷都学刊，2000年，第4期。

关于佛典翻译文学的研究，孙昌武，文学评论，2000年，第5期。

东晋玄言诗与佛教关系略说，陈道贵，湘潭师范学院学报，2000年，第5期。

齐梁崇佛文人游写佛寺之诗歌，普慧，人文杂志，2000年，第 5 期。

谢灵运诗歌与佛学，蒋雪艳、朱华，山东教育学院学报，2000年，第 4 期。

观想念佛与谢灵运山水诗，李小荣，贵州大学学报，2000 年，第 4 期。

大乘涅槃学与谢灵运的山水诗，普慧，陕西师范大学学报，2000 年，第 4 期。

佛教对唐代山水文学的影响，杨恩成、张英，陕西师范大学学报，2000 年，第 4 期。

禅宗与盛唐山水审美意识的转变，傅绍良，陕西师范大学学报，2000 年，第 4 期。

初盛唐佛教小说与唐传奇的文体发生，韩波、青衿，浙江大学学报，2000 年，第 6 期。

论敦煌僧诗的功利性，汪泛舟，敦煌研究，2000 年，第 4 期。

《冥报记》的古抄本与传承，李铭敬，文献，2000 年，第 3 期。

维摩不二印禅心——论《维摩诘经》对禅思禅诗的影响，吴言生，世界宗教研究，2000 年，第 1 期。

晚明士大夫禅学的典型个案——论袁宏道的禅学思想，易闻晓，社会科学战线，2000 年，第 1 期。

论王维诗歌的禅境，李迎春，河南教育学院学报，2000 年，第 4 期。

试论禅宗理念对王维山水诗创作的影响，郭惠红，湖南社会科学，2000 年，第 5 期。

佛禅美学与刘禹锡的诗学思想，高林广，内蒙古社会科学，

2000 年，第 5 期。

从顿悟到超越：苏轼《答径山琳长老》赏析，薛亚康，名作欣赏，2000 年，第 5 期。

杂剧《西游记》思想内容的时代特色，马冀，内蒙古大学学报，2000 年，第 6 期。

《韩湘子全传》的情节模式与佛传故事渊源辨析，宋珂君，明清小说研究，2000 年，第 3 期。

《西游记》与佛教文化，李安纲，运城高等专科学校学报，2000 年，第 4 期。

《西游记》与佛教文化，方立天，运城高等专科学校学报，2000 年，第 5 期。

韩愈崇佛反佛思想论析，马兰州，天津外语学院学报，2000 年，第 2 期。

佛禅对柳宗元山水诗的影响刍议，王树海、王凤霞，社会科学战线，2000 年，第 1 期。

以俗为雅：禅籍俗语言对宋诗的渗透与启示，周裕锴，四川大学学报，2000 年，第 3 期。

绕路说禅：从禅的诠释到诗的表达，周裕锴，文艺研究，2000 年，第 3 期。

佛教对唐寅诗歌的影响，张春萍，青海师范专科学校学报，2000 年，第 4 期。

妙玉：妙在有欲——红楼脂粉英雄谈之十六，陈心浩、季学原，红楼梦学刊，2000 年，第 4 期。

陶渊明真的未受佛教影响吗？——答龚斌先生质疑，丁永忠，九江师范专科学校学报，2000 年，第 2 期。

《聊斋志异》与宗教（三题），吴九成，蒲松龄研究，2000年，第3、4期。

从《聊斋志异》中的魂灵故事看蒲松龄的中国佛教思想，高梓海，南都学坛，2000年，第5期。

神韵诗学研究百年回顾，王小舒，文史哲，2000年，第6期。

浅析皎然中和之美的辩证思想，卓希惠，阜阳师范学院学报，2000年，第6期。

"夺胎换骨"新释，周裕锴，文史知识，2000年，第9期。

《逃禅诗话》与《围炉诗话》之关系，蒋寅，苏州大学学报，2000年，第3期。

永乐大典本《寒山诗集》论考，钟仕伦，四川大学学报，2000年，第5期。

《冥报记》的古抄本与传承，李铭敬，文献，2000年，第3期。

论杜甫之狂逸与礼佛，孟修祥、董武，湖北民族学院学报，2000年，第3期。

佛禅美学与刘禹锡的诗学思想，高林广，内蒙古社会科学，2000年，第5期。

柳宗元与儒、佛、道，李春平，运城高等专科学院学报，2000年，第5期。

从余靖南华寺诗文看其与禅宗的关系，吴孝斌，韶关大学学报，2000年，第6期。

杂剧《西游记》思想内容的时代特色，马冀，内蒙古大学学报，2000年，第6期。

佛教对唐寅诗歌的影响，张春萍，青海师专学报，2000年，第 4 期。

视野与方法：关于 20 世纪《水浒》文化研究的理性思考，陈瑾，文史知识，2000 年，第 10 期。

超超者的光辉：论《西游记》中的仙佛形象及其佛教渊源，宋珂君，北京科技大学学报，2000 年，第 4 期。

《金瓶梅》天命鬼魂、轮回报应观念与儒佛道思想，刘孝严，东北师范大学学报，2000 年，第 6 期。

佛经文学中女性形象概观，赵杏根，中国文化研究，2000 年冬之卷。

谢灵运诗歌与佛学，蒋雪艳、朱华，山东教育学院学报，2000 年，第 4 期。

观想念佛与谢灵运的山水诗，李小荣，贵州大学学报，2000 年，第 4 期。

从负重生活到艺术生活：佛教与盛唐诗人生活态度，傅绍良，江海学刊，2000 年，第 4 期。

社会关怀与终极关怀的换位与重构：佛教与盛唐诗人生活研究之二，傅绍良，兰州大学学报，2000 年，第 6 期。

变文变相关系论：以变相的创作和用途为中心，李小荣，敦煌研究，2000 年，第 3 期。

黾勉求真，集其大成：评《敦煌变文校注》，王宗祥，敦煌研究，2000 年，第 3 期。

王梵志诗的讽刺意义，杨青，甘肃高等师范专科学校学报，2000 年，第 6 期。

论司空图晚年心态的内在冲突，李菁，厦门大学学报，2000 年，第 4 期。

齐己生卒年考证，邓新跃，益阳师范专科学校学报，2000 年，第 3 期。

从佛教影响看晋宋之际山水审美意识的嬗变——以庐山慧远及其周围为中心，陈道贵，安徽大学学报，2000 年，第 3 期。

慧远与庐山，曹虹，中国典籍与文化，2000 年，第 3 期。

四库全书总目子部释家类、道家类提要补正，周春生，世界宗教研究，2000 年，第 1 期。

对不可言说的言说——禅宗"不立文字"探析，李作勋，贵州社会科学，2000 年，第 2 期。

佛经义疏与讲经文因缘文及变文的关系探讨，尚永琪，社会科学战线，2000 年，第 2 期。

慧超《往五天竺国传》笺释拾遗，张文德，徐州师范大学学报，2000 年，第 1 期。

佛教的般若禅定学说与中国的静观玄鉴理论，祁志祥，云南社会科学，2000 年，第 1 期。

以空破有：论鲁迅周作人胡适的无神论立场，哈迎飞，福州大学学报，2000 年，第 1 期。

以科学代宗教：陈独秀郭沫若瞿秋白的佛教文化观透视，哈迎飞，福建师范大学学报，2000 年，第 1 期。

晚明士夫禅学的典型个案：论袁宏道的禅学思想，易闻晓，社会科学战线，2000 年，第 1 期。

清初高僧梅溪福度及其《语录》，黄万机，贵州文史丛刊，2000 年，第 3 期。

李贽佛学思想初探，纪华传，宗教学研究，2000 年，第 2 期。

神异与中国早期佛教的传播，王公伟，烟台师范学院学报，

2000 年，第 2 期。

佛教"境界"理论与古代文论意境说的形成，马现诚，学术论坛，2000 年，第 4 期。

文化整合与石头宗美学思想的特色，皮朝纲，安徽师范大学学报，2000 年，第 3 期。

实参实悟与元代禅宗美学思潮，皮朝纲，四川师范大学学报，2000 年，第 2 期。

佛教变文与中国戏曲浅探，陶利生，池州师范专科学校学报，2000 年，第 2 期。

佛教对唐寅诗歌的影响，张春萍，青海师范专科学校学报，2000 年，第 4 期。

简论黄庭坚的禅学修养与诗歌创作，王爱玲，陕西师范大学继续教育学院学报，2000 年，第 1 期。

佛教与唐寅诗歌思想内涵，张春萍，河南师范大学学报，2000 年，第 2 期。

论佛教文化影响下的古代小说的三大功能，刘书成，社科纵横，2000 年，第 1 期。

魏晋南北朝时期的禅法与艺术构思理论，黄鸣奋，文艺理论研究，2000 年，第 1 期。

寂处观群动，独立自吟诗：柳宗元在柳创作与佛学融摄，翟鹏玉，柳州师专学报，2000 年，第 1 期。

沩仰宗禅诗研究，吴言生，淮阴师范学院学报，2000 年，第 2 期。

溪花与禅意：谈禅宗对中国古典诗歌的影响，焦亚东，中国青年政治学院学报，2000 年，第 3 期。

法眼、目前和隔与不隔：论王国维诗学的一个禅学渊源，张节末，文艺研究，2000 年，第 3 期。

禅宗的美学智慧：中国美学传统与西方现象学美学，潘知常，南京大学学报，2000 年，第 3 期。

《文心雕龙》与佛教关系简论，黄大宏，西北大学学报，2000 年，第 2 期。

论禅宗对东西方诗歌的影响，薛亮，西北大学学报，2000 年，第 2 期。

佛教理论对中国古代审美认识论之影响，祁志祥，新疆大学学报，2000 年，第 2 期。

试论佛学禅理对尹湛纳希诗论诗作的影响，海日瀚，内蒙古大学学报，2000 年，第 2 期。

谈谈《佛所行赞》的艺术性及其与中国文学的关系，袁书会、仲红卫，玉林师范高等专科学校学报，2000 年，第 2 期。

韩愈崇儒反佛思想论析，马兰州，天津外国语学院学报，2000 年，第 2 期。

中国佛教音乐史考略，王敬宜，云南艺术学院学报，2000 年，第 3 期。

佛教与魏晋南北朝梦文学，夏广兴，贵州文史丛刊，2000 年，第 1 期。

"以禅论画"的基础研究，耿鉴，文艺研究，2000 年，第 5 期。

佛禅美学与刘禹锡的诗学思想，高林广，内蒙古社会科学，2000 年，第 5 期。

《普庵咒》研究，杨春薇，中国音乐学，2000 年，第 4 期。

慧远与"莲社"传说，孙昌武，五台山研究，2000 年，第 3 期。

禅宗审美感悟论——"见山只是山"的禅悟生发机制蠡测，吴言生，学术月刊，2000 年，第 12 期。

禅：生命之境和最高审美之境，李天道，北京大学学报，2000 年，第 6 期。

禅宗美学刍议，缪秋菊，江苏教育学院学报，2000 年增刊。

《佛所行赞》与中国文学，袁书会，吉首大学学报，2000 年，第 3 期。

南禅三偈再释，简德彬，船山学刊，2000 年，第 4 期。

中国北方佛曲"十大韵"，袁静芳，音乐艺术，2000 年，第 4 期。

论寒山与庞居士诗歌中的宗教精神，谭伟，宗教学研究，2000 年，第 4 期。

论支道林理想人格的矛盾，杨柳，宗教学研究，2000 年，第 4 期。

《西游记》的文化研究应该突围而出，李安纲，运城高等专科学校学报，2000 年，第 5 期。

中国宝卷的渊源，车锡伦，扬州大学学报，2000 年，第 5 期。

引诱不成则诬害——东西方小说中两性非正常关系的一种表现，王立，上海师范大学学报，2000 年，第 1 期。

性灵·佛教·山水——南朝文学的新考察，王力坚，湖南师范学院学报，2000 年，第 1 期。

突破与超越——试论禅宗思想对中国诗学的影响，胡遂，西北师范大学学报，2000 年，第 1 期。

船山诗学"以神理相取"论的美学阐释，陶水平，人文杂志，2000 年，第 2 期。

历史与文本的共生互动——以水贼占妻（女）型和万里寻亲型为中心，刘永强，文学遗产，2000 年，第 3 期。

论佛教哲学与孟郊的诗歌，谢建忠，四川三峡学院学报，2000 年，第 3 期。

略论王安石的佛诗，倪祥保，文学遗产，2000 年，第 3 期。

关于达摩和慧可的生平，杨笑天，法音，2000 年，第 5 期。

浅析禅宗语言的"言有所为"现象，疏志强，修辞学习，2000 年，第 4 期。

系统地、多角度地研究中国禅宗文献语言的开拓性之作——评周裕锴《禅宗语言》，张子开，汉字文化，2000 年，第 4 期。

沉潜研究、金针度人——周裕锴先生《禅宗语言》读后，蒋宗福，宗教学研究，2000 年，第 4 期。

回鹘板刻佛本生故事变相，（德）茨默著，桂林、杨富学译，敦煌学辑刊，2000 年，第 1 期。

试论敦煌文学的性质、范围和研究对象，吴格言，敦煌研究，2000 年，第 2 期。

敦煌文学研究的历史回眸，张锡厚，敦煌研究，2000 年，第 2 期。

《西游记》与敦煌学，柴剑虹，敦煌研究，2000 年，第 2 期。

敦煌莫高窟北区洞窟所出多种民族文字文献和回鹘文木活字综述，彭金章、王建军，敦煌研究，2000 年，第 2 期。

论敦煌学一词的词源，王冀青，敦煌学辑刊，2000 年，第 2 期。

中国古代小说研究的新视角：读《民间信仰影响下的古典小说创作》，黎跃进、邓寒梅，衡阳师范学院学报，2000年，第4期。

回顾与反思：敦煌变文研究二题，张鸿勋，敦煌研究，2000年，第2期。

语言与意义——九至十世纪禅思想史的一个侧面，葛兆光，两岸当代禅学论文集（上），南华大学宗教研究中心，2000年。

敦煌变文校读札记，张涌泉，中华文史论丛，第63辑，上海古籍出版社，2000年。

《高丽大藏经》及其文献价值，颜洽茂，中华文史论丛，第63辑，上海古籍出版社，2000年。

海外收藏的中国宝卷，车锡伦，中华文史论丛，第63辑，上海古籍出版社，2000年。

什译《妙法莲华经》里的文学世界，陈允吉、卢宁，中华文史论丛，第64辑，上海古籍出版社，2000年。

试论《庐山远公话》的艺术手法与构思，李昊，新国学，第2辑，巴蜀书社，2000年。

论南宋蜀僧宝昙居简的文学成就，祝尚书，新国学，第2辑，巴蜀书社，2000年。

选官不如选佛——试论唐代后期政治与佛教之消长及其原因，谭伟，新国学，第2辑，巴蜀书社，2000年。

敦煌文献中的佛教礼忏仪，汪娟，新国学，第2辑，巴蜀书社，2000年。

八卷本《搜神记》成书时代新考，潘承玉，文史，第53辑，中华书局，2000年。

试论王梵志诗与寒山诗之异同，（韩）金英镇，宗教学研究，2000 年，第 3 期。

《贤愚经》与文学及壁画的关系，梁丽玲，新国学，第 2 辑，巴蜀书社，2000 年。

关于《禅门秘要诀》——敦煌释氏歌偈写本三种合校，徐俊，庆祝吴其昱先生八秩华诞敦煌学特刊，文津出版社，2000 年。

《祖堂集》"得"字句用法探究：兼论"得"字句的演变，王锦慧，中国学术年刊，第 21 期，2000 年。

《观世音普门品》偈颂的解读——梵汉本对读所见的问题，黄国清，圆光佛学学报，第 5 期，2000 年。

评《敦煌学研究论著目录（1908—1997）》，荣新江，汉学研究通讯，第 19 卷第 4 期，2000 年。

二十世纪敦煌学的回顾与展望——中国大陆篇，郑阿财，汉学研究通讯，第 19 卷第 2 期，2000 年。

《祖堂集》通考——宋代（丽僧）补编（早期佛教禅宗灯录研究之一），梁天锡，能仁学报，第 7 卷，2000 年。

惠洪非"浪子和尚"辨，林伯谦，东吴中文学报，第 6 期，2000 年。

《贤愚经》在敦煌的流传与发展，梁丽玲，中华佛学研究，第 5 期，2000 年。

从儒佛交涉的角度看严羽《沧浪诗话》的诗学观念，萧丽华，台大佛学研究学报，第 5 期，2000 年。

《永嘉证道歌》原作者溯源并歌文比较，陈盛港，中华佛学研究，第 5 期，2000 年。

"一苇渡江"与"喫肉边菜"——两个著名禅宗故事的历史探

究，曹仕邦，中华佛学学报，第 13 期，2000 年。

宋初九僧诗的渊源，宋代文学研究丛刊，2000 年，第 6 期。

天人合一：兴诗中的"道"，萧丽华，"中央"大学人文学报，第 12 期，2000 年；经典诠释传统（三）"文学与道家经典"，喜玛拉雅出版社，2001 年。

从儒佛交涉的角度看严羽《沧浪诗话》的诗学观念，萧丽华，佛学研究中心学报，第 5 期，2000 年。

谈《东度记》小说中的矛盾：从作者试图融合"宗教立意"与"娱乐效果"角度分析，林珊妏，"国家"图书馆馆刊，2000 年，第 2 期。

作为思想史的禅学写作——以汉语语境禅学研究为中心的方法论考察，龚隽，佛学研究中心学报，第 5 期，2000 年。

韩文公与"木居士"，冀仁愚，历史月刊，2000 年。

宋代题"诗意图"诗析论——以题"归去来图"、"憩寂图"、"阳关图"为例，衣若芬，中国文哲研究集刊，第 16 期，2000 年。

A Monk's Literary Education：Dahui's Friendship with Juefan Huihong（一个禅师的文学养成教育——大慧与觉范慧洪的友谊），雷维霖（Miriam Levering），中华佛学学报，第 13 期，2000 年。

Blood Writing in Chinese Buddhism, John Kieschnick, *Journal of the International Association of Buddhist Studies* 23, 2000.

Dahui Zonggao and Zhang Shangying：The Importance of a Scholar in the Education of a Song Chan Master. Miriam Levering, *Journal of Song - Yuan Studies* 30, 2000.

Epigraphy, Buddhist Historiography, and Fighting Monks：The Case of The Shaolin Monastery, Meir Shahar, *Asia Major* 2, 2000.

Eroticism and Buddhism in Han Yongun's Your Silence, Gregory N. Evon, *Korean Studies* 24, 2000.

"Sur les apocryphes bouddhiques chinois"（论中国佛教疑伪经），Kuo，Liying（郭丽英），*Bulletin de l'école Française d'Extrême - Orient*，87：677 - 705，2000.

八十年來中國寒山詩集的整理和研究，羅時進，中國文學報（京都大學），2000 年。

《祖堂集》牛頭法融章疏證——《祖堂集》研究會報告之一，依山賢次、丘山新、小川隆，東洋文化研究所紀要，第 139 期，2000 年。

《祖堂集》鳥巢和尚章と白居易——《祖堂集》研究會報告之二，衣川賢次、小川 隆、松原朗，東洋文化研究所紀要，第 140 期，2000 年 12 月。

初期禪宗史書の研究，柳田聖山集，第 6 期，法藏館，2000 年。

馬祖道一在其故鄉四川什邡的化跡遺韻，張子開，禪文化研究紀要（日本京都禪文化研究所）第 25 期，2000 年。

The *Kasaya* Robe of the Past Buddha Kasyapa in the Miraculous Instruction given to the Vinaya Master Daoxuan（596 - 667）. Shinohara，Koichi. *Chung - hwa Buddhist Journal* 中華佛學學報 13（2000）：299 - 367.

2001 年

项楚《寒山诗注（附拾得诗注）》，徐俊，唐研究，第 7

卷，2001。

《冷斋夜话》日本刊本考论，卞东坡、查雪巾，唐研究，第7卷，2001年。

还《沧浪诗话》以本来面目——《沧浪诗话校释》据"玉屑本"校订献疑，周兴陆，文学遗产，2001年，第3期。

项楚与敦煌学研究，张子开，中国文化，2001年，第Z1期。

鲁迅、尼采与佛教——鲁迅与佛教文化关系论之一，哈迎飞，鲁迅研究月刊，2001年，第1期。

《道行般若经》和"异译"的对比研究，辛岛静志，汉语史研究集刊，巴蜀书社，2001年。

不断拓展古代小说研究的新视野：孙逊教授访谈，孙逊、潘建国，学术月刊，2001年，第3期。

古代通俗小说之源：佛家"论议"、"说话"考，潘承玉，复旦学报，2001年，第1期。

《西游记》与《心经》，王齐洲，学术月刊，2001年，第8期。

跨越时空的沟通——美国当代自然文学作家与中国唐代诗人寒山，程虹，外国文学，2001年，第6期。

敦煌变文与汉语常用词演变研究，陈秀兰，古汉语研究，2001年，第3期。

从语言文字的角度看敦煌文献的价值，张涌泉，中国社会科学，2001年，第2期。

敦煌词叠字与佛教关系浅探，沈荣森，东岳论丛，2001年，第1期。

《大唐三藏取经诗话》的成书时代与方言基础，袁宾，明清小说研究，2001年，第1期。

懊悔与忧惧——沈约的宗教世界，孙昌武，华林，第 1 卷，2001 年。

道元及其《景德传灯录》，杨曾文，南京大学学报，2001 年，第 3 期。

从憨山和王阳明的《大学》解看晚明佛儒交融的内在深度，夏清霞，河南师范大学学报，2001 年，第 6 期。

东晋僧徒的山水诗与谢灵运，周铁项、齐文榜，中州学刊，2001 年，第 1 期。

憨山德清的三教融合论，李霞，安徽史学，2001 年，第 1 期。

欧洲敦煌学研究简述及其论著目录，戴仁著，陈海涛、刘惠琴翻译，敦煌学辑刊，2001 年，第 2 期。

佛教与中国古代文学的关系初探，杨孝容，重庆邮电学院学报，2001 年，第 2 期。

禅宗的诗学话语体系，吴言生，哲学研究，2001 年，第 3 期。

云门宗禅诗研究，吴言生，五台山研究，2001 年，第 1 期。

谈鬼物正像人间：鲁迅与佛教文化关系论之三，哈迎飞，鲁迅研究月刊，2001 年，第 3 期。

清波皓月照禅心：高僧钓鱼诗鉴赏，李旦初，名作欣赏，2001 年，第 4 期。

般若空观印禅心：论《心经》对禅思禅诗的影响，吴言生，人文杂志，2001 年，第 4 期。

五台山清凉寺诗歌，柳青，五台山研究，2001 年，第 2 期。

2000 年敦煌学研究概述，冯培红、王兰平，敦煌学辑刊，2001 年，第 2 期。

禅词综论，翦伯象，内蒙古师范大学学报，2001 年，第 2 期。

论词禅与禅词，蓟伯象，云南师范大学学报，2001 年，第 1 期。

佛教生存观与古代小说梦幻主题，陈庆纪，潍坊高等专科学校学报，2001 年，第 1 期。

略论中国古代小说和戏曲中的因果报应观念，王猛，洛阳师范学院学报，2001 年，第 3 期。

谢灵运与佛教，章沧授，聊城师范学院学报，2001 年，第 1 期。

陶诗佛音笺释（一），丁永忠，重庆教育学院学报，2001 年，第 1 期。

盛唐诗人与僧侣交游的特征及贡献，傅绍良，唐都学刊，2001 年，第 2 期。

中国唐代禅宗诗歌的类型，彭多，西藏民族学院学报，2001 年，第 2 期。

论唐代僧诗的生命意识，余来明，江汉论坛，2001 年，第 3 期。

中国宝卷的渊源，车锡伦，敦煌研究，2001 年，第 2 期。

中国宝卷研究的世纪回顾，车锡伦，东南大学学报，2001 年，第 3 期。

敦煌变文断代研究札记二则，王宗祥，敦煌研究，2001 年，第 1 期。

四川与变文，陆永峰，四川大学学报，2001 年，第 3 期。

论变文的产生，刘玉红，贵州文史丛刊，2001 年，第 1 期。

也谈变文的消亡，袁书会，敦煌研究，2001 年，第 2 期。

论寒山子及其诗作：兼谈僧诗创作的文人化倾向，张海沙，东南大学学报，2001年，第3期。

论《目连变文》的生成与目连戏的流播，李小荣，贵州社会科学，2001年，第3期。

唐代释家经疏中的三国故事，李小荣，福建师范大学学报，2001年，第3期。

论佛经文学作品《智者大药》，赵杏根，中国典籍与文化，2001年，第3期。

论王维诗歌的禅意，邹建达、唐丽娟，云南师范大学学报，2001年，第4期。

杜诗"逃禅"解诂，谭伟，西南民族学院学报，2001年，第4期。

佛教心性论与韩孟诗派创作的主体精神，马现诚，广西民族学院学报，2001年，第1期。

唐代思想家与佛教僧人交往的原因：读刘禹锡送僧诗，刘宝才，西安联合大学学报，2001年，第3期。

诗风慕禅：江西宋代诗歌繁荣的禅学因缘，刘松来，江西师范大学学报，2001年，第2期。

佛家中道思想对苏轼的影响，王渭清，宝鸡文理学院学报，2001年，第2期。

梦幻与真如：苏、黄的禅悦倾向与其诗歌意象之关系，周裕锴，文学遗产，2001年，第3期。

《西游补》的谦与傲，何良昊，武汉大学学报，2001年，第3期。

从"真假猴王"到"鲭鱼世界"：《西游补》寓意浅论，童琼，中国文学研究，2001年，第1期。

从《明悟禅师赶五戒》对《五戒禅师私红莲记》的改写论冯梦龙的艺术成就，胡莲玉，安徽大学学报，2001 年，第 3 期。

《郑板桥与佛教禅宗》序，卞孝萱，文教资料，2001 年，第 2 期。

诗僧芥舟，赵鹏，东南文化，2001 年，第 7 期。

《聊斋志异》中的阎罗世界，刘富伟，蒲松龄研究，2001 年，第 1 期。

一个由"空·色·情"建构的立体世界：论《红楼梦》的总体构思，刘宏，北京大学学报，2001 年，第 2 期。

再论《红楼梦》中的庙庵与僧道及其社会意义，俞润生，红楼梦学刊，2001 年，第 3 期。

身在佛门心系红尘：妙玉情感矛盾透析，穆乃堂，阜阳师范学院学报，2001 年，第 4 期。

黄庭坚诗禅源笺补，龙延，喀什师范学院学报，2001 年，第 4 期。

禅悟与苏词的创造性，吴洪泽，四川大学学报，2001 年，第 6 期。

论《红楼梦》中的尼姑观，张庆民，红楼梦学刊，2001 年，第 1 期。

佛教与杜甫及其晚年心境，刘明华，西南师范大学学报，2001 年，第 5 期。

杜甫《题玄武禅师屋壁》诗题咏处所考，左启，文史杂志，2001 年，第 5 期。

杜甫题壁"蓝池庙"：《题玄武禅师屋壁》所咏景点初探，左启、智勇，杜甫研究学刊，2001 年，第 4 期。

敦煌佛教文学与边塞文学，邵文实，敦煌学辑刊，2001 年，第 2 期。

高丽海印寺海东新开印版《祖堂集》校读札记，张美兰，古汉语研究，2001 年，第 3 期。

艺术性与宗教性的成功结合——佛传《佛所行赞》，孙昌武，觉群·学术论文集，商务印书馆，2001 年。

敦煌变文的整理与研究，杜晓勤，隋唐五代文学研究，北京出版社，2001 年。

古代动物昆虫斗智描写与佛经故事，王立，文史杂志，2001 年，第 6 期。

简论禅宗对王维诗歌的影响，王震坤，唐山师范学院学报，2001 年，第 6 期。

由道入佛亦道亦佛的寒山子，戴诚、沈剑文，黄冈师范学院学报，2001 年，第 5 期。

穷而归隐、寂而皈佛的寒山子，戴诚、沈剑文，淮阴师范学院学报，2001 年，第 5 期。

"斗阋王型"故事的比较研究，顾希佳，宁波大学学报，2001 年，第 3 期。

游仙诗特点及分类，李永平，西安石油学院学报，2001 年，第 4 期。

从陆机《百年歌》到敦煌《九想观》诗，陈自力，敦煌研究，2001 年，第 3 期。

陶渊明与佛教关系新证，王启涛，西南民族学院学报，2001 年，第 10 期。

陶诗佛音笺六例，丁永忠，九江师范专科学校学报，2001 年增刊。

儒、释、道对初唐诗歌的影响，陈炎、李红春，齐鲁学刊，2001 年，第 6 期。

唐代诗僧文化的几个问题，查明昊，皖西学院学报，2001 年，第 4 期。

王梵志生活年代考，徐俊波，敦煌研究，2001 年，第 4 期。

湖湘诗僧齐己与沩仰宗，尹楚彬，湖南大学学报，2001 年，第 4 期。

齐己行年考述，田道英，天津大学学报，2001 年，第 3 期。

贯休诗歌系年，田道英，乐山师范学院学报，2001 年，第 5 期。

佛教与刘长卿的思想和创作，邰林涛，山西大学学报，2001 年，第 6 期。

侠盗伦理的佛道思想渊源：明清小说中侠盗采花禁忌的文学言说，王立，黑龙江社会科学，2001 年，第 6 期。

论龚自珍诗歌创作与佛学的关系，莫林虎，河南师范大学学报，2001 年，第 1 期。

谈《佛本行集经》中的一首偈颂，王秀林，敦煌学辑刊，2001 年，第 2 期。

从《聊斋志异》看蒲松龄宗教观的价值取向，陈庆纪，蒲松龄研究，2001 年，第 2 期。

刘勰与定林寺考，韩品峥，东南文化，2001 年，第 1 期。

宋人"妙悟"与"活参"的诗歌接受理论，邓新华，三峡大学学报，2001 年，第 1 期。

《唐贤三昧集》与诗禅的分合关系，张寅彭，文学遗产，2001

年，第 2 期。

贯休蜀中诗作系年考证，田道英，西南民族学院学报，2001年，第 4 期。

佛教与李煜词，杜鹃，商丘师范学院学报，2001 年，第 1 期。

论寒山子及其诗作：兼谈僧诗创作的文人化倾向，张海沙，东南大学学报，2001 年，第 3 期。

"经论传缁侣，文章遍墨卿"：论灵一诗僧在唐代诗禅文学史上的禅地位及创作，朱学东，湘潭大学学报，2001 年，第 2 期。

《兄常劝弟奉修三宝，弟不敬信，兄得生天缘》校注，李小荣，敦煌研究，2001 年，第 2 期。

论《目连变文》的生成与目连戏的流播，李小荣，贵州社会科学，2001 年，第 3 期。

生命意识的回归与人格精神的重塑：论王维的人生历程及其禅悟诗的美学意蕴，黄明超，渝州大学学报，2001 年，第 3 期。

五台山清凉寺诗歌，柳青，五台山研究，2001 年，第 2 期。

禅词综论，翦伯象，内蒙古大学学报，2001 年，第 2 期。

论词禅与禅词，翦伯象，云南师范大学学报，2001 年，第 2 期。

佛教生存观与古代小说梦幻小说主题，陈庆纪，潍坊高等专科学校学报，2001 年，第 1 期。

佛教哲理和王维山水诗的构境艺术，李占伦，天津师范大学学报，2001 年，第 1 期。

杜甫与禅学，刘卫林，杜甫研究学刊，2001 年，第 1 期。

《北征》与《妙法莲华经》，陈开勇、吴定泫，文史知识，2001 年，第 6 期。

韩诗与密宗"曼荼罗"画，李瑞明，文史杂志，2001 年，第 2 期。

佛教心性论与韩孟诗派创作的主体精神，马现诚，广西民族学院学报，2001 年，第 1 期。

试论柳宗元的"禅理诗"，杨德贵，天中学刊，2001 年，第 4 期。

苏轼《赤壁》词中"酹江月"一词的佛禅意义，张福庆，名作欣赏，2001 年，第 1 期。

试论禅对黄庭坚诗幽默风格的影响，杨秋，暨南学报，2001 年，第 3 期。

京都攻禅事件与公安派的衰变，李圣华，西北师范大学学报，2001 年，第 1 期。

禅悦士风与晚明小品，罗筼筼，文学评论，2001 年，第 1 期。

《园林午梦》、《打哑禅》体制辨正，吕靖波，文学遗产，2001 年，第 3 期。

大悲精神：审美和证道的双重境界：试析《西游记》磨难结局模式，谈啸，运城高等专科学校学报，2001 年，第 7 期。

修心与修命：《西游记》"心性修持观"与王畿"性命合一论"比较，毛晓阳，福州师专学报，2001 年，第 3 期。

神会与妙悟：中国古代文论中的鉴赏心理学范畴，袁济喜，宝鸡文理学院学报，2001 年，第 4 期。

禅境理念与境界话语的建构，熊明，内蒙古社会科学，2001 年，第 4 期。

论"悟"：关于宋代诗学一个范畴的分析——以严羽诗学为中心，程小平，华北电力大学学报，2001 年，第 3 期。

释皎然的诗艺追求管窥，吕瑞荣，学术论坛，2001 年，第 6 期。

"华严诗境"：沈曾植诗学"三关"说的意向，李瑞明，文艺理论研究，2001 年，第 5 期。

佛道与元杂剧的因缘，毛小雨，戏曲研究，第 57 辑，2001 年。

佛教生存观与古代小说梦幻主题，陈庆纪，潍坊高等专科学校学报，2001 年，第 1 期。

佛教故事：中国五朝志怪小说的一个叙事源头，普慧、张进，中国文化研究，2001 年春之卷。

六朝佛教徒对志怪小说兴起的作用，朱恒夫，明清小说研究，2001 年，第 1 期。

南朝民歌《四月歌》所反映的民俗佛教内容研究，陈开勇，吉首大学学报，2001 年，第 2 期。

关于杨衒之和《洛阳伽蓝记》的几个问题，曹道衡，文学遗产，2001 年，第 3 期。

陶渊明与庐山佛教之关系，邓小军，中国文化，2001 年 17、18 期合刊。

牛肃《纪闻》与佛教，夏广兴，上海师范大学学报，2001 年，第 3 期。

四川与变文，陆永峰，四川大学学报，2001 年，第 3 期。

江左诗僧与中唐诗坛，孙昌武，文坛佛影，中华书局，2001 年。

慧远及其庐山教团文学论，曹虹，文学遗产，2001 年，第 6 期。

敦煌本《观音证验赋》与敦煌观音信仰，张鸿勋，纪念敦煌藏经洞发现一百周年国际学术研讨会论文集，辽宁人民出版社，2001 年 5 月。

世外自生观化情，钱志熙，文史知识，2001 年，第 2 期。

金堡其人及《岭海焚余》，王雁秋，泰安师范专科学校学报，2001 年，第 3 期。

罗兰巴特文论中的佛道思想，郭泉，当代外国文学，2001 年，第 12 期。

十六国时代译经中的梵汉对音（韵母部分），施向东，天津大学学报，2001 年，第 11 期。

宗杲看话禅初探，龙先东，南都学坛，2001 年，第 12 期。

憨山德清对禅宗美学的贡献及其学术意义，皮朝纲，华中师范大学学报，2001 年，第 1 期。

佛教故事与傣族《召树屯》故事渊源，郑筱筠，云南社会科学，2001 年，第 2 期。

"竿木随身，逢场作戏"：禅宗仪式中的戏剧因素探析，康保成，中山大学学报，2001 年，第 2 期。

论唐代的胡僧现象及其在小说中的体现，李红，烟台师范学院学报，2001 年，第 2 期。

说龚自珍信佛的成因，乔志强，华夏文化，2001 年，第 2 期。

禅宗语言研究管窥，邢东风，世界宗教文化，2001 年，第 1 期。

五台山清凉寺碑文，李邕，五台山研究，2001 年，第 2 期。

《世说新语》与士族佛学，宁稼雨，人民政协报，2001 年 8 月 14 日。

佛教发展与西游故事之流衍，俞士玲，南京大学学报，2001年，第 3 期。

论《涅槃经》对禅思禅诗的影响，吴言生，世界宗教研究，2001 年，第 3 期。

法海本《坛经》的美学意蕴，王振复，复旦学报，2001 年，第 5 期。

陶渊明与佛教关系新证，王启涛，西南民族学院学报，2001 年，第 1 期。

《释氏疑年录》拾遗，宗舜，世界宗教研究，2001 年，第 4 期。

宋代寺院生活的世俗转型，聂士全，苏州铁道师范学院学报，2001 年，第 4 期。

《诗式》与禅宗，周萌，深圳大学学报，2001 年，第 4 期。

禅与先锋写作，朱斌，成都大学学报，2001 年，第 4 期。

佛教对王骥德戏曲理论的影响，骆兵，文艺理论研究，2001 年，第 5 期。

由道入佛亦道亦佛的寒山子，戴诚、沈剑文，黄冈师范学院学报，2001 年，第 5 期。

《弘一大师年谱》评议，高路明，文教资料，2001 年，第 5 期。

从安世高的背景看早期佛经汉译，孔慧怡，中国翻译，2001 年，第 3 期。

从吴宝秀案看紫柏大师的经世原因，王剑，求是学刊，2001 年，第 3 期。

道原及其《景德传灯录》，杨曾文，南京大学学报，2001 年，第 3 期。

禅门机缘语与中唐的尚奇之风，李壮鹰，北京师范大学学报，2001 年，第 3 期。

清净佛性与本来无一物：惠能"得法偈"一辩，吴强，五台山研究，2001 年，第 3 期。

从宗教祭祀剧"目连戏"看佛教的中国化，廖开顺，东岳论坛，2001 年，第 3 期。

《心师铭》撰者考：《全唐文》订误一则，刘长东、庞礴，宗教学研究，2001 年，第 3 期。

施蛰存与船子和尚，宗璇，新文学史料，2001 年，第 3 期。

略说中国佛教史学文献，陈钟楠，古籍整理研究学刊，2001 年，第 3 期。

禅宗与审美心境，汪献平，阜阳师范学院学报，2001 年，第 3 期。

牛肃《纪闻》与佛教，夏广兴，上海师范大学学报，2001 年，第 3 期。

佛教对汉语词语的影响，黄群，广西梧州师范高等专科学校学报，2001 年，第 3 期。

《西游记》、《心经》关系之略论，李小荣，贵州大学学报，2001 年，第 6 期。

《禅宗美学》，闫月珍，文艺研究，2001 年，第 6 期。

中国佛教与审美之关系初探，刘艳芬，济南大学学报，2001 年，第 6 期。

禅宗语言观及其实践，陆永峰，扬州大学学报，2001 年，第 6 期。

略论惠能的不立文字和不拘一说，洪修平，人文杂志，2001年，第6期。

禅宗美学研究的新天地：评邓绍秋《禅与诗化哲学比较研究》，黄忠顺，甘肃社会科学，2001年，第6期。

妙悟：从佛禅参法到艺术思维，李健，阜阳师范学院学报，2001年，第6期。

近20年禅宗语言研究综述，杜晓莉，西南民族学院学报·2001年文学硕士论坛。

2000年敦煌学研究概述，冯培红、王兰平，敦煌学辑刊，2001年，第2期。

梵语·佛曲·梵呗：南北朝诗歌韵书的源头，普慧，觉群·学术论文集，商务印书馆，2001年。

欧洲敦煌学研究简述及其论著目录，（法）戴仁，敦煌学辑刊，2001年，第2期。

关于初期汉译佛经的新思考，（荷兰）许理和著，顾满林译，汉语史研究集刊，第4辑，巴蜀书社，2001年。

王邦维《大唐西域求法高僧传校注》，Max Deeg，唐研究，第7卷，北京大学出版社，2001年。

菩提达摩石碑碑文并参考资料，小岛岱山，世界宗教研究，2001年，第1期。

论唐代的胡僧现象及其在小说中的体现，李红，烟台师范学院学报，2001年，第2期。

明代小说中主题物的象征性与情节性，沈广仁，上海师范大学学报，2001年，第6期。

论韩愈反佛，陈怀宇，唐研究，第7卷，北京大学出版社，

2001 年。

禅宗对中国文人画之影响，林岚，东方丛刊，第 4 辑，2001 年。

敦煌写本《文子》残卷校证，朱大新，文史，第 57 辑，中华书局，2001 年。

评点校本《观世音应验记》三种，张学锋，文史，第 57 辑，2001 年。

中国古典诗歌中"月"的佛教象征意涵，杨晓玫，中国文化月刊，2001 年，第 4 期。

敦煌六祖坛经读后之管见，潘重规，敦煌坛经新书附册，佛陀教育基金会，2001 年。

苏轼诗中的禅喻，萧丽华，佛学研究中心学报，2001 年，第 5 期。

唐代华亭德诚禅师"拨棹歌"初探，蔡荣婷，第五届唐代文化学术研讨会论文集，丽文文化，2001 年。

东西方文化的对话：史耐德的唐诗译作，钟玲，中外文学，2001 年，第 7 期。

永明延寿传记研究，释智学，法光学坛，2001 年，第 5 期。

大乘菩萨道精神在明末清初的落实与发展，陶乃韩，中华佛学研究，2001 年。

中国古典小说中佛教意识的叙事方法，丁敏，文学与佛经，复文，2001 年。

王梵志诗之整理与研究，朱凤玉、陈庆浩，"二十世纪敦煌学"国际学术研讨会论文集，中正大学、逢甲大学主办，2001 年11 月；新世纪敦煌学论集，巴蜀书社，2003 年。

唐宋人对于"诗僧"一词的指涉及相关问题之反省，彭雅玲，通俗文学与雅正文学第二届全国学术研讨会论文集，"国立"中兴大学中国文学系，2001 年。

惠洪的禅语观及创作观，彭雅玲，"第五届中国诗学"会议论文集，2000 年 10 月。

从《冥报记》到《刘萨诃和尚因缘记》看唐代释氏辅教书的几个特色，张瑞芬，通俗文学与雅正文学第二届全国学术研讨会，台湾"国立"中兴大学中文系主编，2001 年。

敦煌本《历代法宝记·弘忍传》考论，杨富学，佛学研究中心学报，第 6 期，2001 年。

两岸中国佛教文学研究的课题之评介与省思——以诗、禅交涉为中心，林朝成、张高评，成大中文学报，第 9 期，2001 年 8 月。

《祖堂集》续考——宋代高丽僧补编（佛教禅宗早期灯录研究之三），梁天锡，能仁学报，第 8 卷，2001 年。

二十世纪敦煌学的回顾与展望——台湾篇，郑阿财，汉学研究通讯，第 20 卷第 2 期，2001 年。

二十世纪敦煌学的回顾与展望——法国篇，郑阿财，汉学研究通讯，第 20 卷第 3 期，2001 年。

如来佛的手掌心——试论明末耶稣会证道故事里的佛教色彩，李奭学，中国文哲研究集刊，第 19 期，2001 年。

创作与真理——北宋诗僧惠洪的创作观与真理观析论：以"石门文字禅"为讨论中心，彭雅玲，台北师范学院语文集刊，2001 年 6 月。

《三言》故事中佛教死亡思维探索，金求明，中华佛学研究，第 5 期，2001 年。

皎然意境论的内涵与意义——从唯识学的观点分析，彭雅玲，佛学研究中心学报，第 6 期，2001 年。

东坡诗论中的禅喻，萧丽华，佛学研究中心学报，第 6 期，2001 年。

论析元代佛教度脱剧——以佛教"度"与"解脱"概念为诠释观点，李惠绵，佛学研究中心学报，第 6 期，2001 年。

《贤愚经》在敦煌的流传与发展，梁丽玲，中华佛学研究，第 5 期，2001 年。

Behind the Empty Gate：Buddhist Nun – Poets in Late – Ming and Qing China，Beata Grant，in *Cultural Intersections in Later Chinese Buddhism*，ed. Marsha Weidner. Honolulu：University of Hawaii Press，2001.

Evil Parents and Filial Offspring：Some Comments on the Xiangshan Baojuan and Related Texts，Wilt L. Idema，*Studies in Central and East – Asian Religions* 12 – 13，2001 – 2002.

Principles and Poetry，Places and Stories：The Resources of Buddhist Ecology，Donald K. Swearer，*Daedalus* 4，2001.

A Description of "Jiangjing"（Telling Scriptures）Services in Jingjiang，Mark Bender，*Asian Folklore Studies* 1，2001.

Fei Ming's Poetics of Representation：Dream，Fantasy，Illusion，and ālayavijñāna，Haoming Liu，*Modern Chinese Literature and Culture* 2，2001.

Getting at it in a Single Genuine Invocation Tang Anthologies，Buddhist Rhetorical Practices，and Jin Shengtang's（1608 – 1661）

Conception of Poetry, Patricia Sieber, *Monumenta Serica* 49, 2001.

Huang T'ing – Chien's "Incense of Awareness": Poems of Exchange, Poems of Enlightenment, Stuart Sargent, *Journal of the American Oriental Society* 1, 2001.

Tang Sources for the Study of Religious Culture: Problems and Procedures, Glen Dudbridge, *Cahiers d'Extrême – Asie* 12, 2001.

The Nun Who Wouldn't Be: Representation of Female Desire in two Performance Genres of "Si Fan", Andrea S. Goldman, *Late Imperial China* 1, 2001.

禪文獻の研究，柳田聖山集，2001 年，第 2 卷，法藏館。

懶瓚和尚《樂道歌》考——《祖堂集》研究會報告之三，衣川賢次、小川隆、土屋昌明，東洋文化研究所紀要，第 141 冊，2001 年 3 月。

惠洪《石門文字禪》の文學世界，大野修作，書論と中國文學，東京研文出版社，2001 年。

漢譯佛典偈的研究——有韻偈，（日）齊藤隆信，佛教淨土學研究，香川孝雄先生古稀紀念論文集，2001 年。

2002 年

唐临事迹考——两《唐书·唐临传》补正，户崎哲彦，唐研究，第 8 卷，2002 年。

关于慧远著作的流传，牧田谛亮著，曹虹译，古典文献研究，第 5 辑，2002 年。

庞居士在韩、日的影响，谭伟，新国学，第四卷，2002 年

12 月。

戏言浅语道禅趣——苏轼《书焦山纶长老壁》赏析，桑宝靖，世界宗教文化，2002 年，第 1 期。

寒山子研究综述，王早娟，曹溪——禅研究，中国社会科学出版社，2002 年。

《西游记》取经故事的生命意蕴，兰拉城，宝鸡文理学院学报，2002 年，第 1 期。

浅论魏晋玄学对儒释道的影响，王晓毅，浙江社会科学，2002 年，第 5 期。

佛教对中国六朝志怪小说的影响，普慧，复旦学报，2002 年，第 2 期。

两汉魏晋南北朝正史"西域传"所见西域诸国的人种和语言、文字，佘太山，中国史研究，2002 年，第 1 期。

在日本所见到的一部宋僧诗文集——《物初剩语》，许红霞，中国语中国文化，第 2 号，2002 年。

禅与诗的文化阐释，郭秋显，远东通识学报，第 2 卷第 2 期，2002 年。

函可，严迪昌，清诗史，江苏古籍出版社，2002 年。

吕碧城与戒杀护生，白正梅，佛学研究，2002 年，第 1 期。

佛典翻译文学与中国民间文学，李解人，临沂师范学院学报，2002 年，第 5 期。

南宋四明史氏家族与佛教的关系，黄敏枝，宋史研究论文集，国际宋史研究讨论会暨中国宋史研究会第九届年会编刊，河北大学出版社，2002 年。

中国古典戏曲女尼道姑形象面面观，邱瑰华，戏曲研究，2002

年，第 2 期。

赵州和尚、赵州语录与赵州禅，张子开，中国禅学，第 1 辑，中华书局，2002 年。

敦煌写本《佛顶心观世音菩萨大陀罗尼经》研究，敦煌学，第 23 辑，2002 年。

对敦煌俗文学中讲唱文学作品的一些思考，白化文，国学研究，第 9 卷，2002 年。

涅槃：宗教小说的结尾套路及其佛教"修行"寓意，宋珂君，明清小说研究，2002 年，第 3 期。

勾栏：传统文化与佛教文化相互影响的一个范例——对康保成《"瓦舍"、"勾栏"新解》一文的质疑，黄大宏，唐都学刊，2002 年，第 1 期。

略析《宋高僧传》、《景德传灯录》关于部分禅宗人物传记之误失——兼论高僧法如在禅史上的地位，王振国，敦煌学辑刊，2002 年，第 1 期。

论六朝重视声貌辩才的社会风尚——名僧文化与名士文化之比较，何剑平，觉群·学术论文集，商务印书馆，2002 年。

《行路难》与魏晋南北朝的说唱艺术，王小盾，清华大学学报，2002 年，第 6 期。

西域佛教戏剧对中国古代戏剧发展的贡献，郎樱，民族文学研究，2002 年，第 4 期。

"折柳"的历史演变、文化意蕴和宗教情感，戴明玺，北京科技大学学报，2002 年，第 3 期。

中国古代文学中闻音预见母题：兼谈佛经故事对中土想象力的触媒，王立，辽宁师范大学学报，2002 年，第 5 期。

以禅境创构诗之意境，刘艳芬、江雯，山东科技大学学报，2002 年，第 4 期。

在佛门与文场之间：神清《北山录》研究，汪春泓，北京大学学报，2002 年，第 6 期。

《冥报记》的冥判故事与初唐"依律刑"思想，张金桐，社会科学论坛，2002 年，第 12 期。

"诗禅"周繇诸事考：池籍唐才子研究之一，李晖，池州师范专科学校学报，2002 年，第 4 期。

也说"许浑千首湿"，郭宝军，琼州大学学报，2002 年，第 5 期。

贯休与钱镠交往考辨，田道英，乐山师范学院学报，2002 年，第 3 期。

汉晋佛教译经与晋宋民歌的语言，陈开勇、龙延，敦煌学辑刊，2002 年，第 1 期。

玄佛合流和陶渊明的空幻感，周期政，郴州师范专科学校学报，2002 年，第 4 期。

王维的禅修内涵与诗歌创作，罗小东，中国文化研究，2002 年冬之卷。

论王维佛理诗中的象喻，邱瑞祥，贵州大学学报，2002 年，第 6 期。

空灵与寂灭：谈王维晚期诗的佛心禅意，梁凤英，昭通师范专科学校学报，2002 年，第 6 期。

论王维山水田园诗的禅境，安国华，湖北民族学院学报，2002 年，第 3 期。

论王维山水田园诗空灵的意境追求，刘敏，黔南民族师范学院学报，2002 年。

王维的奉佛与山水田园诗创作，王玉英，辽宁师范专科学校学报，2002 年，第 4 期。

释道观与王维山水田园诗，王波，中国矿业大学学报，2002 年，第 4 期。

庐山烟雨浙江潮：从王维三首诗看其一生的禅宗领悟，杨岚，贵州教育学院学报，2002 年，第 6 期。

佛禅与刘禹锡的人情诗性，王树海，社会科学战线，2002 年，第 6 期。

浅谈佛禅对白居易诗歌创作的影响，葛丽英，内蒙古农业大学学报，2002 年，第 4 期。

李商隐佛教思想探讨，马宝民，佳木斯大学学报，2002 年，第 6 期。

诗法效禅：江西宋代诗歌创作方法的禅学化走向，刘松来，江西财经大学学报，2002 年，第 6 期。

要将余事付风骚，已悟玄机窥佛祖：略论江西诗派与南禅之关系，王玉琦，江西财经大学学报，2002 年，第 6 期。

试论王安石晚年禅诗的艺术成就，屠青、毛建军，南都学坛，2002 年，第 6 期。

日僧廓门贯彻《注石门文字禅》评述，陈自力，西南民族学院学报，2002 年，第 10 期。

《楞严经》与黄庭坚：以典故为中心，龙延，中国典籍与文化，2002 年，第 4 期。

山谷诗禅源抉微，龙延、魏少林，唐山师范学院学报，2002 年，第 6 期。

盘古，从"开辟"始祖到佛陀弟子：《开辟衍绎》论片，王学钧，明清小说研究，2002年，第3期。

论《三国演义》的宗教意识，陈彩玲，深圳大学学报，2002年，第5期。

《西游记》孙悟空故事的印度渊源，葛维钧，明清小说研究，2002年，第4期。

《西游记》中的芸芸众生及其佛教文化渊源，宋珂君，北京科技大学学报，2002年，第3期。

《西游记》鬼子母与九子母，李连生，中国典籍与文化，2002年，第4期。

由色生情，后色悟空：《金瓶梅》书名试释，冯文楼，明清小说研究，2002年，第3期。

从《已亥杂诗》看龚自珍的佛学思想，罗丽娅，钦州师范专科学校学报，2002年，第4期。

刘勰的"虚静说"与佛家的禅学，冯国栋，文艺理论研究，2002年，第6期。

浅论"诚斋体"的禅意情趣，陈春霞，运城高等专科学校学报，2002年，第6期。

齐己《白莲集》的诗禅观，崔炼农，中国韵文学刊，2002年，第2期。

诗禅相通说妙悟，石海光，广播电视大学学报，2002年，第4期。

论"妙悟"，高阳，西南民族学院学报，2002年S3期。

禅宗影响下郑板桥的诗歌理论及创作，王侠，焦作师范专科学校学报，2002年，第1期。

说五显灵官与华光天王，贾二强，中国典籍与文化，2002 年，第 3 期。

目连救母故事渊源考略，戴云，江西社会科学，2002 年，第 8 期。

论神魔幻象小说批评，齐鲁青，内蒙古大学学报，2002 年，第 4 期。

佛经文献与古代小说"照影称王"母题，王立，东北师范大学学报，2002 年，第 3 期。

"比武斗智"母题与佛经故事，王立，古典文学知识，2002 年，第 3 期。

汉译佛典偈颂中的文学短章，陈允吉，社会科学战线，2002 年，第 1 期。

禅宗公案颂古的象征体系，吴言生，陕西师范大学学报，2002 年，第 4 期。

《摩诃僧祇律》与《四分律》记述故事之比较，龙延，忻州师范学院学报，2002 年，第 3 期。

"竹林七贤"称名依托佛书说质疑，腾福海，温州师范学院学报，2002 年，第 2 期。

论谢灵运山水诗的佛学意蕴，马晓坤，社会科学战线，2002 年，第 4 期。

陶渊明儒、释、道辩证统一的艺术人格，高华平，华中师范大学学报，2002 年，第 3 期。

唐代僧诗概论，陆永峰，淮阴师范学院学报，2002 年，第 3 期。

唐代文士和诗僧的愤世嫉俗诗，景遐东，湖北师范学院学报，

2002 年，第 1 期。

佛宫南院独游频：唐代诗人游居寺院习尚探颐，李芳民，文学遗产，2002 年，第 3 期。

禅宗思想、哲学、诗歌研究的可喜收获：评价吴言生博士的《禅学三书》，方立天，陕西师范大学学报，2002 年，第 1 期。

儒禅互融与大历诗风，沈文凡，社会科学战线，2002 年，第 3 期。

论唐人小说题材的佛理因素，成曙霞，雁北师范学院学报，2002 年，第 1 期。

论佛教对唐代写梦小说的影响，贺湘丽，零陵师范专科学校学报，2002 年，第 3 期。

唐代小说中的法术僧人与另类僧人，赵杏根，苏州铁道师范学院学报，2002 年，第 2 期。

佛教变文就是唐代的神魔小说，杨青，河西学院学报，2002 年，第 1 期。

浅析禅宗对韦应物的影响，王娟，运城高等专科学校学报，2002 年，第 1 期。

王梵志研究的百年回顾，徐俊波，湖北师范学院学报，2002 年，第 2 期。

论权德舆的儒释道观，王红霞，四川师范大学学报，2002 年，第 2 期。

《降魔变文》研究，黄征，南京师范大学学报，2002 年，第 4 期。

《无能子》刍议，沈新林，中国典籍与文化，2002 年，第 1 期。

《司空表圣诗集》辑佚考述，陶礼天，北京大学学报，2002年，第2期。

敦煌诗歌《释氏歌偈铭丛钞》补校，邓鸥英，敦煌研究，2002年，第2期。

浅谈王维、李商隐诗歌佛学意趣的差异，陆琳，江淮论坛，2002年，第1期。

在人境中追求孤独和寂寞：论王维诗歌的禅意，胡敬君，青海社会科学，2002年，第4期。

禅趣在王维诗中的多纬度展现，王少梅，华夏文化，2002年，第1期。

王维"闲""空"意趣的禅学再确认，傅绍良，文史哲，2002年，第3期。

禅意，诗意般的生命沉思：探析王维山水诗空灵的审美观，潘静，名作欣赏，2002年，第3期。

论王维山水诗中的禅理意蕴，李军，四川师范学院学报，2002年，第2期。

论韩愈儒道互补的精神世界，马奔腾，江苏行政学院学报，2002年，第3期。

论韩愈斥佛与崇佛的功利性，文坚，湖南商学院学报，2002年，第3期。

柳宗元诗文佛学渗透探析，陈琼光，广西社会科学，2002年，第4期。

刘禹锡"事佛而佞"心态探析，龚玉兰，内蒙古社会科学，2002年，第1期。

三学兼修话香山：白居易佛学修养初探，胡遂，湖南大学学报，2002 年，第 3 期。

白居易闲适诗与禅宗人生境界，邓新跃，湘潭师范学院学报，2002 年，第 4 期。

《后山逸诗笺》禅源举隅，龙延，古籍整理研究，2002 年，第 1 期；河西学院学报，2002 年，第 1 期。

北宋诗僧惠洪考，李贵，文学遗产，2002 年，第 3 期。

试论佛禅对苏轼词之影响，迟宝东，海南师范学院学报，2002 年，第 3 期。

从《前赤壁赋》看佛禅思想对苏轼的影响，范学琴，皖西学院学报，2002 年，第 3 期。

黄庭坚禅林交游考略，龙延、陈开勇，重庆师范学院学报，2002 年，第 2 期。

山谷诗注内典发微，龙延、陈开勇，遵义师范学院学报，2002 年，第 1 期。

论黄庭坚诗中的禅意符号，王诃鲁，九江师范专科学校学报，2002 年，第 2 期。

元好问《续夷坚志》与金末元初宗教，李献芳，中国文学研究，2002 年，第 3 期。

论明清小说中的宗教观念，李桂荣，山东社会科学，2002 年，第 4 期。

善书与明清小说中的果报观，段江丽，明清小说研究，2002 年，第 1 期。

须菩提祖师与《西游记》结构义理探究，王新建，西北大学学报，2002 年，第 3 期。

从佛教唯识宗看《西游记》人物形象塑造，蔡相宗、李荣昌，佛教文化，2002 年，第 1 期。

一体真如转落尘，合和四相复修身：《西游记》人物形象塑造的唯识学解读，蔡相宗、李荣昌，运城高等专科学校学报，2002 年，第 2 期。

袁枚诗歌的禅影踪迹，石玲，文史哲，2002 年，第 1 期。

论屈大钧"逃禅"，卜庆安，海南师范学院学报，2002 年，第 2 期。

佛教中"摩登伽女"原型与《聊斋志异·乐仲》篇之渊源探讨，崔蕴华，蒲松龄研究，2002 年，第 2 期。

从《文心雕龙·序志》看儒道思想对刘勰的影响，陈迪冰，咸宁师范专科学校学报，2002 年，第 2 期。

司空图诗论及其诗歌的佛禅内蕴，马现诚，广西民族学院学报，2002 年，第 1 期。

"绕路说禅"与"妙用无体"："不着一字，尽得风流"别解，朱学东，中国文学研究，2002 年，第 1 期。

晚唐五代诗僧齐己的诗学理论探微，朱学东，荆州师范学院学报，2002 年，第 1 期。

打诨是参禅、作诗、作杂剧的媒介，兼论宋代的戏剧思想，胡明伟，南都学坛，2002 年，第 5 期。

严沧浪"妙悟"说别解，张婷婷，解放军艺术学院学报，2002 年，第 2 期。

从南宋闽僧的话头看《沧浪诗话》，刘雅杰，延安大学学报，2002 年，第 2 期。

严羽《沧浪诗话》"以禅喻诗"说新议，伏涤修，徐州教育学院学报，2002 年，第 1 期。

以禅喻诗、莫此亲切：严羽"以禅喻诗"说论争的回顾与再探索，邓国军，上海交通大学学报，2002 年，第 2 期。

佛禅与袁宏道的文学思想，周群，文史哲，2002 年，第 1 期。

《随园诗话》中的儒、道、屈、禅，陈炎、邓东，理论学刊，2002 年，第 4 期。

"诗从肺腑出"：禅宗心性说影响诗歌的一个方面，孙昌武，长江学术，2002 年，第 1 辑。

司空图家世、信仰及著述诸问题综考，陶礼天，中国诗歌研究，2002 年，第 1 辑。

"妙悟说"比较探源：以考察典故"羚羊挂角，无迹可求"为切入点的世界坐标中的比较研究，张思齐，中国诗学，第 7 辑，人民文学出版社，2002 年。

"爱僧不爱紫衣僧"小考，王秀林、张君梅，人文杂志，2002 年，第 6 期。

《杳杳寒山道》——诗僧另类人生的偈语，孙永久，语文天地，2002 年，第 18 期。

论两晋佛教僧侣的文学创作，高华平，华林，中华书局，2002 年。

支遁与晋末玄言、山水诗之变，吴怀东，安徽大学学报，2002 年，第 5 期。

关于慧远著作的流传，牧田谛亮撰，曹虹译，古典文献研究，第 5 辑，江苏古籍出版社，2002 年。

人品、气韵、诗史——惠洪论杜及论诗述评，杨胜宽，杜甫研究学刊，2002 年，第 1 期。

惠洪上元之作考，陈自力，西南民族学院学报，2002 年，第

8 期。

《无文印》之流传及其文献价值，许红霞，北京大学中国古文献研究中心集刊，第 3 辑，北京大学出版社，2002 年。

释澹归与《遍行堂》词，李舜臣，中国韵文学刊，2002 年，第 2 期。

纪念丹霞山别传寺开山 340 周年学术研讨会综述，李舜臣，五台山研究，2002 年，第 2 期。

孤灯独照一相洞开：读张节末《禅宗美学》，祁志祥，浙江社会科学，2002 年，第 1 期。

试述开元三大印度高僧的译经成就，张卫红，中州学刊，2002 年，第 1 期。

论《陀罗尼集经》中的清乐问题，李小荣，法音，2002 年，第 1 期。

禅机与现代汉语，姚玉港，中国图书商报，2002 年 1 月 31 日。

《西游记》与《心经》，李洪武，运城高等专科学校学报，2002 年，第 1 期。

禅宗艺术的类型及其美学价值，邓绍秋，船山学刊，2002 年，第 1 期。

一枝三葩三车一乘：评吴言生博士的《禅学三书》，徐文明，世界宗教研究，2002 年，第 1 期。

佛教与中国美学：兼论中国人的宇宙观自然观艺术观，蒋述卓，广西青年干部学院学报，2002 年，第 2 期。

论唐人小说题材的佛理因素，成曙霞，雁北师范学院学报，2002 年，第 1 期。

佛教对六朝志怪小说的影响，普慧，复旦学报，2002 年，第 2 期。

论禅境与意境，焦幸安，语文学刊，2002 年，第 1 期。

弘一大师考论二题，陈星，绍兴文理学院学报，2002 年，第 2 期。

袁枚批评理学与佛教，王英志，苏州大学学报，2002 年，第 2 期。

略论六世纪前佛教入华的源头路线和语言，陈寒，唐都学刊，2002 年，第 2 期。

论文字禅、看话禅、默照禅与念佛禅，方立天，中国禅学，第 1 辑，中华书局，2002 年。

诗才禅味两相当：话说五台山诗僧群现象，马斗全，五台山研究，2002 年，第 2 期。

汉译佛经诵读方式的来源，伏俊琏，敦煌研究，2002 年，第 2 期。

老庄思想与禅宗，林继平，清华大学学报，2002 年，第 3 期。

从被动式看东汉西域译经者的翻译风格，高列过，西域研究，2002 年，第 2 期。

"干屎橛""柏树子"：禅宗"公案"与"参公案"探赜，陈坚，宗教学研究，2002 年，第 1 期。

从庄严未来佛到布袋和尚：一个佛教中国化的典型，韩秉芬，中国文化研究，2002 夏之卷。

论契嵩的儒释一贯思想，方友金，宗教学研究，2002 年，第 1 期。

中国佛教阐释学研究：佛经的汉译，周裕锴，四川大学学报，

2002 年，第 3 期。

禅学的文本阐释与诗意接受：读《禅学三书》，楼宇烈，哲学研究，2002 年，第 5 期。

佛经文献与古代小说"照影称王"母题，王立，东北师范大学学报，2002 年，第 3 期。

论佛经文学中的菩萨形象，侯传文，东方丛刊，2002 年，第 2 期。

汉译佛典与义山诗，夏广兴，十堰职业技术学院学报，2002 年，第 1 期。

浅谈"妙悟"，王桂宏，沧州师范专科学校学报，2002 年，第 2 期。

中国千年佛经翻译的总结者——赞宁，张松涛，外交学院学报，2002 年，第 2 期。

论佛教对唐代写梦小说的影响，贺湘雨，零陵师范高等专科学校学报，2002 年，第 3 期。

五台山佛教乐舞戏曲文化钩沉，黎蔷，敦煌研究，2002 年，第 2 期。

在佛门前徘徊的韦应物，戴诚、沈剑文，陕西教育学院学报，2002 年，第 1 期。

《高僧传》所见部分东晋南朝巴蜀地区僧人事迹及推论，李文才，河北大学学报，2002 年，第 2 期。

禅宗的"不立文字"语言观，方立天，中国人民大学学报，2002 年，第 1 期。

《夷坚志》与南宋江南密宗信仰，刘黎明，四川师范学院学报，2002 年，第 3 期。

契机契理的生活禅：访柏林寺方丈净慧法师，武占江、刘惠文、袁树平，世界宗教文化，2002 年，第 3 期。

《楞严经》对黄庭坚的影响，杜云、龙延，雁北师范学院学报，2002 年，第 4 期。

地来上谷逃禅易，人近中年弃世难：郁达夫与禅宗文化关系论之一，哈迎飞，海南师范学院学报，2002 年，第 4 期。

契嵩《孝论》思想探析，王秋菊，广西社会科学，2002 年，第 4 期。

佛经翻译中归化与异化，高庆华，绵阳师范高等专科学校学报，2002 年，第 1 期。

佛教的语言观，尹立，宗教学研究，2002 年，第 2 期。

论中国早期以《法华经》为中心的信仰形态（下），圣凯，法音，2002 年，第 8 期。

《楞严经》真伪考辨，龙延，宗教学研究，2002 年，第 2 期。

佛教艺术学引论，彭彤，宗教学研究，2002 年，第 2 期。

略论汉译佛经的思想文化：兼论佛教伦理与湖湘文化的融合，龙国富，湖南行政学院学报，2002 年，第 1 期。

淡中情味：试论弘一大师人生及书艺的美学历程，周文杰、武秀艳，社会科学家，2002 年，第 4 期。

宋元平话中的佛教影响，薛克翘，南亚研究，2002 年，第 1 期。

初唐后 50 年的禅宗白话诗，张子开，五台山研究，2002 年，第 3 期。

禅诗与佛法：在中国天目山 2002 年诗词吟唱会上的演说，释月照，佛教文化，2002 年，第 5 期。

变文与中印文化的交融，刘玉红，华夏文化，2002 年，第 4 期。

学诗浑如学参禅：由作诗到谈禅，麻天祥，世界宗教文化，2002 年，第 4 期。

中国古代佛经的来源及其翻译，李德山、金敏求，古籍整理研究学刊，2002 年，第 6 期。

中国传统诗学话语与佛家话语，刘艳芬，山东教育学院学报，2002 年，第 6 期。

伤乱久嫌文字狱，偷安新学武陵渔：郁达夫与禅宗文化关系论之三，哈迎飞，海南师范学院学报，2002 年，第 6 期。

论苏轼的净土宗信仰，许外芳，法音，2002 年，第 11 期。

性具实相论与天台宗美学思想的特质，皮朝纲，四川师范大学学报，2002 年，第 6 期。

敦煌变文作品校录二种，李小荣，敦煌学辑刊，2002 年，第 2 期。

秦汉魏晋游仙诗史研究的新收获：序张宏《游仙诗的渊源流变论略》，葛晓音，北京大学学报，2002 年，第 5 期。

唐五代小说中昆仑奴现象考述，程国赋，暨南大学学报，2002 年，第 5 期。

论三言的宗教意识，陈彩玲，深圳大学学报，2002 年，第 5 期。

唐代女冠诗人现象略论，安建军、杨敏，天水师范学院学报，2002 年，第 6 期。

空灵与寂灭：谈王维晚期诗的佛心禅意，梁凤英，昭通高等专科学校学报，2002 年，第 6 期。

敦煌写本《六祖坛经》中的题名，张子开，宗教学研究，2002年，第3期。

20世纪的敦煌变文语言研究，陈明娥，敦煌学辑刊，2002年，第1期。

敦煌变文词语校释，陈秀兰，古汉语研究，2002年，第2期。

杜甫与儒、道、释，孙金荣，齐鲁学刊，2002年，第3期。

《思凡》与《孽海记》，蔡敦勇，艺术百家，2002年，第1期。

究竟谁是造物主：《西游记》作者问题综考证论，吴圣昔，明清小说研究，2002年，第4期。

《西游记》与"金丹大道"：关于《西游记》主题的几个关键问题辨析，郭健，华中科技大学学报，2002年，第6期。

骂阎与入冥——胡迪故事研究，李琳，河南师范大学学报，2002年，第2期。

目莲救母故事渊源考略，戴云，江西社会科学，2002年，第8期。

《释氏疑年录》宋代部分补考，李国玲，宗教学研究，2002年，第4期。

从敦煌本共住修道故事看唐代佛教诗歌文体的来源，王小盾，"中国俗文化"国际学术研讨会，四川大学中国俗文化研究所、乐山师范学院主办，2002年6月。

"同经异译"与佛经语言特点管窥，董琨，"汉文佛典语言学"国际学术研讨会，2002年。

论刘禹锡的文学理论与其禅宗思想的关系，龚玉兰，古典文献研究，第5辑，凤凰出版社，2002年。

"啰啰哩"考（外五题），袁宾，中国禅学，第1辑，中华书局，2002年。

王梵志诗的"八难"和"八字"，朱庆之，中国禅学，第1辑，中华书局，2002年。

《祖堂集》语言研究概述，张美兰，中国禅学，第1辑，中华书局，2002年。

禅宗与古典诗歌的关系，孙昌武，中国禅学，第1辑，中华书局，2002年。

禅与诗三题，张晶，中国禅学，第1辑，中华书局，2002年。

禅在红楼第几层——禅、《红楼梦》与中国天道，梁归智，中国禅学，第1辑，中华书局，2002年。

禅思与中国当代诗歌，黎荔，中国禅学，第1辑，中华书局，2002年。

王岱舆的"以儒解回"和利玛窦的"易佛补儒"——论明末中外文化交流史上的两个先驱，张绥，中华文史论丛，第70辑，上海古籍出版社，2002年。

2001年澳门"六祖惠能思想学术研讨会"述评，张子开，新国学，第4辑，巴蜀书社，2002年。

论寒山诗对韩国禅师与文人的影响，（韩）金英镇，宗教学研究，2002年，第4期。

心路历程：《西游记》的根本寓意，（美）刘晓廉著，咸增强译，运城高等专科学校学报，2002年，第6期。

伏牛自在与《三伤歌》——浅谈佛教通俗诗歌的经典化，陆永峰，新国学，第4辑，巴蜀书社，2002年。

中国禅宗白话诗的源头——试论中国禅宗正式确立之前楞伽师们的禅诗，张子开，新国学，第4辑，巴蜀书社，2002年。

从虚词的使用看敦煌本《坛经》的成书时代，陈宝勤，新国学，第4辑，巴蜀书社，2002年。

略析敦煌文献中所见的念佛法门，张子开，新国学，第3辑，巴蜀书社，2002年。

庞居士之遗迹与传说考——兼谈古迹传说与民间文化，谭伟，新国学，第3辑，巴蜀书社，2002年。

《王梵志诗校注》指瑕，齐文榜，文史，第59辑，中华书局，2002年。

宋太祖受禅的佛教谶言与宋初政教关系的重建，刘长东，四川大学学报，2002年，第6期。

禅宗与宋代诗论"味外之味"的审美价值，林湘华，东方人文学志，2002年，第1期。

慧远大师早期生平寻踪，曹虹，普门学报，第8期，2002年3月。

当代台湾旅游文学中的僧侣记游——以圣严法师《寰游自传系列》为探讨，丁敏，佛学研究中心学报，第7辑，2002年。

六朝僧人的文学成就，孙昌武，台湾大学佛学研究中心学报，第7辑，2002年。

敦煌入冥故事文学特色与宗教功能之考察，王祥颖，中正大学中国文学研究所研究生论文集刊，第4期，2002年12月。

惠洪《智证传》研究，林伯谦，东吴中文学报，第8期，2002年。

沪藏《观音证念赋》残卷考辨，陈万成，汉学研究，第20卷第1期，2002年。

明清民间教派宝卷中的小曲，车锡伦，汉学研究，第20卷第

1 期，2002 年。

敦煌残卷《观音证验赋》与永明延寿，王翠玲，成大中文学报，第 10 期，2002 年 10 月。

历代僧道人数考论，白文固，普门学报，第 9 期，2002 年 5 月。

慧皎《高僧传·僧肇传》疑点考释，李明芳，东吴哲学学报，第 7 期，2002 年 12 月。

论袁宏道的佛学思想，周群，中华佛学研究，第 6 期，2002 年 3 月。

晚明密云圆悟禅师之研究，徐一智，史汇，第 6 期，2002 年 8 月。

诗僧曼殊评述，郭青，香港佛教，第 507 期，2002 年 8 月。

论唐代地狱审判的法制意义——以《佛说十王经》为中心，陈登武，法制史研究：中国法制史学会会刊，第 3 期，2002 年 12 月。

佛教与艳诗，陆永峰，中华佛学研究，第 6 期，2002 年 3 月。

禅宗六祖慧能得法偈之探讨，黄博仁，社会科教育学报（竹师），第 5 期，2002 年 6 月。

空行母与藏传佛教上师传记，刘婉俐，佛学研究中心学报，第 7 期，2002 年 7 月。

赵州公案语言的主位推移与问答结构分析，欧阳宜璋，圆光佛学学报，第 7 期，2002 年 12 月。

敦煌写本《九想观》诗歌新探，郑阿财，普门学报，2002 年 11 月；敦煌佛教艺术文化论文集，兰州大学出版社，2002 年。

狮子吼——从陈若曦《慧心莲》考察当代台湾比丘尼弘法利

生志业，蒋美华，彰化师范大学文学院学报，第 1 期，2002 年 11 月。

评介《当代台湾佛教期刊论文目录 1997—1999》（杜洁祥主编），释自衍，全国新书资讯月刊，第 37 期，2002 年 1 月。

近代新竹市高僧斌宗法师行谊略述——诗文、游踪及《年谱简编》，释果玄，竹堑文献，第 24 期，2002 年 7 月。

药地愚者大师之诗学源流与旨要论考——以《中边说》为讨论中心，廖肇亨，佛学研究中心学报，第 7 期，2002 年。

敦煌写本九想观诗歌新探，郑阿财，普门学报，第 12 期，2002 年 11 月。

明末清初丛林论诗风尚探析，廖肇亨，中国文哲研究集刊，第 20 期，2002 年。

晚明僧人山居诗之形式与精神，廖肇亨，明代文学国际学术研讨会，南京师范大学主办，2002 年 11 月。

唐宋时期禅宗渔父词的流行，蔡荣婷，2002 年"佛教研究的传承与创新"学术研讨会论文，现代佛教学会，2002 年。

两岸中国佛教文学研究课题之评介与省思——以诗、禅交涉为中心，张高评、林朝成，普门学报，第 9 期，2002 年。

常建《题破山寺后禅院》诗的禅理与禅趣，张清泉，国文学志，第 6 期，2002 年。

从鲜卑叙记看南朝志怪中异族想像与时代感觉，刘苑如，中国文哲研究集刊，第 20 期，2002 年。

《贤愚经》与石窟艺术，梁丽玲，中华佛学研究，第 6 期，2002 年。

新疆与敦煌石窟中《贤愚经》故事画之比较，梁丽玲，敦煌学，第 18 辑，2002 年。

Han – Shan Fashions a Myth，George Scarbrough，*Poetry* 4，2002.

Illusion，Lie，and Metaphor：The Paradox of Divergence in Early Chinese Poetics，Martin Svensson Ekstroem，*Poetics Today* 2，2002.

"Désirés，raillés，corrigés：les bonzes dévoyés dans le roman en langue vulgaire du XVIe au XVIIe siècle"（十六至十七世纪通俗小说中被欲求、嘲讽、惩治的劣僧），Durand – Dastès，Vincent（戴文琛），*Extrême – Orient*，*Extrême – Occident*，24：94 – 112，2002.

Philologie du bouddhisme chinois：I. Diffusion des su？tra apocryphes. II. Apocryphes manuscrits de Dunhuang et de Nantasudera（中国佛教语文学：I. 伪经的传播 II. 敦煌和日本七寺的伪经写本），Kuo，Liying（郭丽英），*Annuaire de l'école pratique des Hautes études*，*Section sciences historiques et philologiques*，n° 2000 – 2001：359 – 361，2002.

『搜神記』所収の再生記事に関する考察，河野貴美子，日本中国学会報，54：62 – 76，2002。

"明末清初の詩禅交渉研究序説"，廖肇亨，『中国哲学研究』，17：177 – 320，2002。

『済公伝』の戯曲化と済公信仰―連台本戯『済公活仏』をめぐって，山下一夫，『藝文研究』，82：227 – 211，2002。

『平妖伝』四十回本所見仏教故事小考，堀誠，中国文学研究，28：61 – 72，2002。

An Alternative View of the Meditation Tradition in China：Meditation in the Life and Works of Daoxuan（596 – 667）. Chen，

Jinhua. T'oung Pao 88，nos. 4 – 5（2002）: 332 – 95.

在日本所见到的一部宋僧诗文集——《物初剩语》，许红霞，中国语中国文化，第 2 號，日本大学中国学会，2002 年。

2003 年

"转读"试解，赵益，古典文献研究，第 6 辑，2003 年。

从敦煌本共住修道看唐代佛教诗歌文体的来源，王小盾，中国俗文化研究，第 1 辑，巴蜀书社，2003 年。

论"孙悟空"名字的佛教内涵，李洪武，运城学院学报，2003 年，第 6 期。

论苏轼诗歌的佛禅底蕴，曹军，宁波大学学报，2003 年，第 3 期。

也谈《思凡》与《孽海记》，廖奔，艺术百家，2003 年，第 2 期。

王维诗中听禅音，叶春来，丽水师范专科学校学报，2003 年增刊。

论佛教与中国古代壁画，刘曙光，装饰，2003 年，第 10 期。

《祖堂集》的"何"及其语体色彩，王景丹，古汉语研究，2003 年，第 1 期。

敦煌疑伪经与灵验记关系之考察，汉语史学报专辑，第 3 辑，上海教育出版社，2003 年。

浅谈禅宗在越南历史上的传播及其文化影响，张小欣，东南亚，2003 年，第 2 期。

宋代禅宗渔父词研究，周裕锴，中国俗文化研究，第 1 辑，巴蜀书社，2003 年。

挣扎的乐土：关于王维禅意诗艺术，方应天，河南商业高等专科学校学报，2003 年，第 2 期。

从梅花意象看吴藻的逃禅心迹，阮玲，浙江师范大学学报，2003 年增刊。

离别人间事，何关道者情：小议禅与送别诗，郜林涛，五台山研究，2003 年，第 3 期。

观世音信仰与唐代文学创作，夏广兴，上海师范大学学报，2003 年，第 5 期。

从诗歌看唐宋文人染禅的主导审美心态，洪树华，南昌大学学报，2003 年，第 4 期。

试论晚唐山林隐逸诗人，胡遂、饶少平，文学评论，2003 年，第 4 期。

王梵志诗训世化倾向的文化解析，邱瑞祥，贵州师范大学学报，2003 年，第 5 期。

论王维的"绕路说禅"，刘铁峰，湖南社会科学，2003 年，第 5 期。

浣花古刹考略：唐益州正觉寺钩沉，陶喻之，杜甫研究学刊，2003 年，第 4 期。

小流心不竞，云在意俱迟：论杜甫晚年诗的禅宗意趣，邓绍秋，杜甫研究学刊，2003 年，第 3 期。

《祖堂集》语言研究概述，张美兰，《祖堂集》语法研究，商务印书馆，2003 年。

论儒、释、道对《水浒传》人格模式的影响，朱成祥，济宁师范专科学校学报，2003 年，第 4 期。

《西游记》与神魔小说审美规范的确立，陈文新、余来明，东南大学学报，2003 年，第 5 期。

试析唐代娼妓诗与女冠诗的差异，刘宁，中国典籍与文化，2003 年，第 4 期。

冥界游行——从佛典记载到隋唐五代小说，夏广兴，中华文化论坛，2003 年，第 4 期。

王维诗佛辩，雷文学，河北理工学院学报，2003 年，第 4 期。

李商隐与佛教，梁桂芳，贵州大学学报，2003 年，第 5 期。

苏轼、佛印故事在戏曲小说中的流传及演变，胡莲玉，南京师范大学文学院学报，2003 年，第 3 期。

《西游记》与观音信仰，王海树，潍坊学院学报，2003 年，第 5 期。

西游故事系统中的色欲考验，吴光正，明清小说研究，2003 年，第 3 期。

佛、道在《西游记》中的地位——试述《西游记》的宗教意识，黄慧敏，安徽电子信息职业技术学院学报，2003 年，第 4 期。

禅诗意象的特殊点，陈海鹰，广西社会科学，2003 年，第 12 期。

禅悟·诗思·意境，刘艳芳，青海社会科学，2003 年，第 6 期。

初唐诗人的宗教信仰及其诗歌艺术，李洪春，青海师范大学学报，2003 年，第 6 期。

佛门三昧对唐诗的内在影响，宁淑华，求索，2003 年，第 6 期。

一个不应冷落的诗歌流派：从唐诗看沃州禅诗派的流播，朱学东，衡阳师范学院学报，2003 年，第 5 期。

佛教与晚唐咏史诗，胡遂，光明日报，2003 年 12 月 31 日。

王维诗歌的佛禅义理，黄卉，河南教育学院学报，2003 年，第 4 期。

柳宗元的山水游记与禅宗丛林，张官妹，零陵学院学报，2003 年，第 6 期。

从印度到中国——丝绸路上的睒子故事与文学艺术，张鸿勋，天水师范学院学报，2003 年，第 6 期。

惠洪与换骨夺胎法——一桩文学批评史公案的重判，周裕锴，文学遗产，2003 年，第 6 期。

"味外之旨"说——司空图"诗味"说新论，陶礼天，中国文化研究，2003 年冬之卷。

射箭反向母题的佛经文化溯源，王立，辽宁师范大学学报，2003 年，第 6 期。

从接受史的角度蠡测陶渊明与慧远之关系：汤用彤先生《十八高贤传》伪作说补正，李剑锋，九江师专学报，2003 年，第 4 期。

皎然的佛学思想与诗歌创作，邰林涛，山西青年管理干部学院学报，2003 年，第 4 期。

苏轼《蝶恋花·花褪残红青杏小》禅宗思想理析，王燕，河西学院学报，2003 年，第 6 期。

为《沧浪诗话》以禅喻诗一辩，骆礼刚，学术研究，2003 年，第 12 期。

论以禅喻诗与《沧浪诗话》，殷晓燕，楚雄师范学院学报，2003 年，第 6 期。

毒药、诬陷仇人与佛经故事：外来影响与中国文学主题复仇方式描写的变化，王立、郝明，沈阳师范大学学报，2003 年，第1 期。

中国古代冥游母题几种类型及演变过程：兼谈冥间世界对阳世官场腐败的揭露，王立，东南大学学报，2003 年，第 3 期。

论佛教对中国古典诗歌的影响，赵杏根，中国韵文学刊，2003 年，第 1 期。

禅是诗家切玉刀：浅谈禅宗观念对古典诗歌的影响，高艳魁，黑龙江教育学院学报，2003 年，第 3 期。

禅与中国古典山水诗，杨永坤，楚雄师范学院学报，2003 年，第 2 期。

简论"道"与"禅"在中国古代山水诗中的体现，韩振华，西安电子科技大学学报，2003 年，第 1 期。

论玄佛与早期山水禅林诗，孙海洋，湖南大学学报，2003 年，第 2 期。

论词境与禅境，张小红，淮北煤炭师范学院学报，2003 年，第 4 期。

佛经传译与散文文体的得名：以词源学为中心的考察，李小荣，福建师范大学学报，2003 年，第 4 期。

宗教传播与中国小说观念的变化，王青，世界宗教研究，2003 年，第 2 期。

佛教与中国古典小说的"因缘"浅探，曹艳春，天中学刊，2003 年，第 2 期。

试论僧尼道姑情爱在中晚期戏曲小说中的文学表现，王建科，渭南师范学院学报，2003 年，第 1 期。

北魏文学与佛教文化的关系及其对隋唐文学的影响，王勇，雁北师范学院学报，2003 年，第 4 期。

南北朝佛寺题咏诗初探，陈自力，南开学报，2003 年，第 2 期。

唐诗中的僧道衣服词考，徐颂列，浙江教育学院学报，2003 年，第 3 期。

略论元和体通俗诗风与佛禅思想的关系，马现诚，学术论坛，2003 年，第 1 期。

佛禅"自性"与盛唐精神及山水诗形态，王志清，甘肃社会科学，2003 年，第 4 期。

印度文学与唐代传奇：立足于佛典影响的管窥，周密，零陵学院学报，2003 年，第 4 期。

作为生活样态的佛教信仰：论唐代"冥报小说"的文化内涵，孙步忠，临沂师范学院学报，2003 年，第 4 期。

敦煌文献中的白话禅诗，张子开，敦煌学辑刊，2003 年，第 1 期。

敦煌佛教文献中的白话诗，张子开，宗教学研究，2003 年，第 4 期。

释家变文原初意义之推考，李小荣，敦煌研究，2003 年，第 3 期。

试析变文对白话小说的影响，李紫薇，贵州民族学院学报，2003 年，第 3 期。

晚唐五代诗僧著述考，王秀林，文献，2003 年，第 2 期。

法眼慧心话人性：略论贯休征成诗中的人性思想，张敏，阜阳师范学院学报，2003 年，第 3 期。

寒山诗歌用韵研究，钟明立，华南师范大学学报，2003 年，第 2 期。

翻著袜法与寒山体，查明昊，敦煌研究，2003 年，第 3 期。

初论张说与北宗禅，杨洁琛，甘肃社会科学，2003 年，第 2 期。

王梵志出生传奇探源，顾浙秦，西藏民族学院学报，2003 年，第 2 期。

冯燕母题的佛经文献考原：妇女观和侠义情爱观的一个跨文化个案，王立，西南师范大学学报，2003 年，第 3 期。

齐己交游考，田道英，四川师范学院学报，2003 年，第 2 期。

《广异记》中的幽冥情缘，刘楚华，文学遗产，2003 年，第 2 期。

郑谷诗歌的禅宗美学意境，刘衍军，攀枝花学院学报，2003 年，第 3 期。

试论王维的入佛因缘及其对诗歌创作的影响，王金英，天津成人高等学院联合学报，2003 年，第 2 期。

禅境与艺境：论王维的宗教体验与审美体验，尹亦农、杨新民，内蒙古大学学报，2003 年，第 1 期。

论寒山的俗体诗，岳珍，西南师范大学学报，2003 年，第 2 期。

王维的释道思想对其山水田园诗的影响，徐雪梅，内蒙古师范大学学报，2003 年，第 2 期。

禅思画意山水清音：王维山水诗的意境美，郁玉英，萍乡高等专科学校学报，2003 年，第 1 期。

试论王维山水诗中"云"意象的惮悟意蕴，刘铁峰，株洲高等专科学校学报，2003 年，第 3 期。

论僧肇与王维辋川绝句"字字入禅"，董运庭，重庆师范学院学报，2003 年，第 3 期。

论王维《辋川集》所体现的"三教"精神，韦依娜，厦门教育学院学报，2003 年，第 2 期。

论儒道思想对孟浩然思想的影响，宁松夫，襄樊学院学报，2003 年，第 3 期。

试论佛教对孟浩然的影响，宁松夫，鄂州大学学报，2003 年，第 3 期。

黄庭坚论杜甫与寒山子：兼述杜诗中的佛学禅宗意蕴，陈耀东，杜甫研究学刊，2003 年，第 2 期。

试说佛教对韩愈《师说》之影响，易思平，广西社会科学，2003 年，第 8 期。

柳宗元与佛教关系的再思考，赵继红、严寅春，山西师范大学学报，2003 年，第 2 期。

试论柳宗元诗文的禅境美，郑固磐，湘潭大学学报，2003 年，第 1 期。

"贬官禅悦"与柳宗元的诗歌创作，王树海，东北师范大学学报，2003 年，第 4 期。

《江雪》意高远，"飞鸟"寓禅机：论柳宗元《江雪》中的"飞鸟"禅喻，周晓云，甘肃高等师范专科学校学报，2003 年，第 4 期。

刘禹锡与佛教，何剑平，唐都学刊，2003 年，第 3 期。

佛教文化和宋话本，张跃生、魏立艳，宝鸡文理学院学报，2003 年，第 2 期。

论禅宗语言对宋诗语言艺术的影响：从英美新批评理论的角度考察，郭玉生，宁夏社会科学，2003 年，第 1 期。

中国宝卷的形成及其演唱形态，车锡伦，敦煌研究，2003 年，第 2 期。

一个士大夫的进退出处：范成大晚年归居退闲生活与佛道思想，林德龙，同济大学学报，2003 年，第 1 期。

《秦观集编年校注》禅源商补，龙延、王宝刚，安徽大学学报，2003 年，第 5 期。

理学、禅学与欧阳修诗，张文利，中华文化论坛，2003 年，第 2 期。

评王安石晚年禅诗，毛建军，新乡师专学报，2003 年，第 1 期。

苏轼的参禅活动与禅学思想，董雪明、文师华，南昌大学学报，2003 年，第 3 期。

黄庭坚的佛教实践与诗歌创作，陈利娟，新乡师专学报，2003 年，第 1 期。

黄庭坚禅观考略，龙延，社会科学辑刊，2003 年，第 4 期。

山谷词与禅，龙延，中国韵文学刊，2003 年，第 1 期。

文化格局上的守衡态势：对《水浒》宗教"泛泛论"的重新解读与诠释，陈彦廷，浙江师范大学学报，2003 年，第 1 期。

阴暗心理的象征：《西游记》中的妖魔及其佛教文化寓意，宋珂君，北京科技大学学报，2003 年，第 3 期。

孙悟空形象原型及其宗教精神考释，赵雨，运城学院学报，2003 年，第 1 期。

由《西游记》小窥中国佛道信仰的兼容性，李智瑛，上海工艺美术，2003年，第1期。

障蔽的破除与身位的开显：《金瓶梅》宗教伦理话语的剖示与辨析，冯文楼，陕西师范大学继续教育学院学报，2003年，第2期。

《金瓶梅》毒书说诬陷仇人与佛经故事，王立，徐州教育学院学报，2003年，第1期。

"果报"观念和逻辑与"三言"的叙事，向志柱、陈兮，学海，2003年，第2期。

虽作头陀不解禅：清初遗民诗人归庄与佛教，张兵，西北师范大学学报，2003年，第4期。

清代小说《谐铎》与佛教，赵杏根，常熟高等专科学校学报，2003年，第5期。

脱弃陈骸，自标灵彩：谈《聊斋志异》中的果报小说，孙洛中，蒲松龄研究，2003年，第2期。

审美视界中的"色空观"，张岳林，皖西学院学报，2003年，第4期。

论中国佛禅的诗学方向，劳承万，江苏大学学报，2003年，第2期。

诗家语言与佛家语言，刘艳芬，南通师范学院学报，2003年，第1期。

从庄子的意、佛教六根说到晚唐诗论中的意境，王中秋，云南财经学院学报，2003年，第5期。

佛教的顿悟和渐悟之争与刘勰的"唯务折衷"，汪春泓，南开学报，2003年，第3期。

"诵经三千部，曹溪一句亡"：试论《坛经》所蕴涵的诗学思想及其影响，朱学东，云梦学刊，2003 年，第 1 期。

齐己《风骚旨格》的诗学理论架构初探，刘方，浙江树人大学学报，2003 年，第 2 期。

简论佛学对皎然诗学的影响，姜光斗，湖州师范学院学报，2003 年，第 1 期。

略论司空图的"三外"说，王青，中国矿业大学学报，2003 年，第 1 期。

"悟"与宋代诗学：禅宗与中国古代诗学之一，郭玉生，南都学坛，2003 年，第 3 期。

以"禅喻诗"说"妙悟"：浅议禅对《沧浪诗话》的理论贡献，李措吉，青海民族学院学报，2003 年，第 2 期。

反对"以禅喻诗"之评析与诗、禅内在机制再探索，邓国军，天津大学学报，2003 年，第 1 期。

黄庭坚早期禅学源流论考：以典故为中心，龙延，重庆邮电学院学报，2003 年，第 5 期。

元僧诗与僧诗文献研究，杨镰、张颐青，北京工业大学学报，2003 年，第 1 期。

佛学禅宗与金批《西厢记》，孙开东，齐鲁学刊，2003 年，第 1 期。

明季清初滇南诗僧苍雪论略，李舜臣，云南师范大学学报，2003 年，第 1 期。

石濂大汕与澳门禅史补考，姜伯勤，广东社会科学，2003 年，第 2 期。

汉译佛教词语的确立，冯天喻，湖北大学学报，2003 年，第 2 期。

佛家逻辑与论辨，刘宗棠，贵阳师范专科学校学报，2003 年，第 3 期。

一行禅师与正念禅：《一行禅师文集》感言，明尧，法音，2003 年，第 1 期。

"释俗交响"之初阶：中国早期佛教音乐浅识，项阳，文艺研究，2003 年，第 5 期。

善财童子五十三参故事的影响，冯国栋，法音，2003 年，第 8 期。

禅宗中的以牛说法，李洪武，烟台师范学院学报，2003 年，第 3 期。

禅宗语言观初探，欧阳骏鹏，船山学刊，2003 年，第 2 期。

从袁宏道《广庄》看庄禅异同，易闻晓，海南师范学院学报，2003 年，第 3 期。

四川禅僧的叛逆性格，向世山，文史杂志，2003 年，第 5 期。

试论魏源入佛的必然性，刘伟硕，邵阳学院学报，2003 年，第 4 期。

佛陀形象分析，侯传文，南亚研究，2003 年，第 1 期。

认知与误读——宋代儒士佛教思想论略，李承贵，现代哲学，2003 年，第 3 期。

荷花佛教寓意在唐宋的演变，俞香顺，南京师范大学学报，2003 年，第 4 期。

论佛教对日本物语文学思维图式的影响，杨增和，安徽大学学报，2003 年，第 1 期。

《四百赞》：丝绸之路被湮没的佛教赞歌，陈明，南亚研究，2003 年，第 1 期。

论柳宗元的佛教信仰，卢宁，中州学刊，2003 年，第 5 期。

佛教与中国皮影戏的发展，康保成，文艺研究，2003 年，第 5 期。

弘一大师杭州行迹，陈星，杭州师范学院学报，2003 年，第 1 期。

谢灵运《佛影铭并序》禅提观发微，陈道贵，华夏文化，2003 年，第 2 期。

试论藏族文学与藏区寺院的关系，魏强，中央民族大学学报，2003 年，第 4 期。

九华山佛教旅游文化的审美价值，章沧授，安徽大学学报，2003 年，第 2 期。

袁宏道《西方合论》净土思想初探，汪志强，宗教学研究，2003 年，第 2 期。

论中国佛教对意境说的影响，刘艳芬，经济与社会发展，2003 年，第 6 期。

苏轼佛教行事略考，许外方、张君梅，浙江师范大学学报，2003 年，第 3 期。

老子美学与禅宗自然义，黄承贵，安徽大学学报，2003 年，第 4 期。

试论佛经翻译史上的"文""质"之争，杨晓华，内蒙古民族大学学报，2003 年，第 2 期。

《经律异相》所录譬喻类佚经考论，陈洪，淮阴师范学院学报，2003 年，第 3 期。

以儒解佛：柳宗元的佛学思想，张君梅，华南理工大学学报，2003 年，第 1 期。

佛、禅美学二题，陈良运，学术探索，2003 年，第 4 期。

梅尧臣与禅宗，陈利娟，华南理工大学学报，2003 年，第 1 期。

禅门公案的性质、特征与价值，刘方，宗教学研究，2003 年，第 1 期。

意境说与佛家色空观，刘艳芬，济南大学学报，2003 年，第 3 期。

佛教文化与宋话本，张跃生、魏立艳，宝鸡文理学院学报，2003 年，第 2 期。

黄庭坚的佛经阅读与习禅心态，陈利娟，九江师专学报，2003 年，第 1 期。

太虚人生佛教的批判意义，朱寰，陕西师范大学学报，2003 年，第 3 期。

中国宝卷的形成及其演唱形态，车锡伦，敦煌研究，2003 年，第 2 期。

庞居士三偈之禅悟境界，谭伟，宗教学研究，2003 年，第 1 期。

集旧也可以创新：关于《中国佛教经论序跋记集》，黄夏年，世界宗教研究，2003 年，第 1 期。

从不立文字到不离文字——唐代僧诗中的文字观，萧丽华，中国禅学，第 2 辑，中华书局，2003 年。

高王观世音经考，李小荣，敦煌研究，2003 年，第 1 期。

《六度集经》文本的性质与形态，陈洪，徐州师范大学学报，2003 年，第 4 期。

"不立名相"与"非不立名相"：佛教的"中道"语言观，龚晓康，安徽大学学报，2003 年，第 6 期。

批判现实与游戏人生：《西游记》的主义倾向及其佛教文化渊源辨析之二，宋珂君，中华女子学院学报，2003 年，第 5 期。

《维摩诘经讲经文》的撰写时代，何剑平，敦煌研究，2003 年，第 4 期。

莲池大师禅净关系论，刘红梅，安徽大学学报，2003 年，第 6 期。

法显与《法显传》：研究史的考察，王邦维，世界宗教研究，2003 年，第 4 期。

玄而未玄 神而自神：司空图"辨味"说探微，张福勋，集宁师专学报，2003 年，第 3 期。

《西游记》佛经篇目及"多心经"称谓考辨，吴言生，世界宗教研究，2003 年，第 4 期。

《西游记》与观音信仰，王海梅，潍坊学院学报，2003 年，第 5 期。

非离文字语言？非即文字语言——惠洪文字禅理论研究，陈自力，曹溪禅研究（三），中国社会科学出版社，2003 年。

屈大均之友石濂：一位值得关注的清初岭南诗僧，潘承玉，绍兴文理学院学报，2003 年，第 1 期。

石濂大汕和他的诗，李舜臣，中国韵文学刊，2003 年，第 3 期。

儒佛互补：明清易代之际岭南士人的行为特征，吴琦、赵秀丽，中南民族大学学报，2003 年，第 3 期。

毒药、诬陷仇人与佛经故事：外来影响与中国文学主题复仇方式描写的变化，王立、郝明，沈阳师范大学学报，2003 年，第

1 期。

论禅宗语言对宋诗语言艺术的影响：从英美新批评理论的角度考察，郭玉生，宁夏社会科学，2003 年，第 1 期。

雪窦重显禅师及其颂古禅风，法缘，闽南佛学，岳麓书社，2003 年。

翻译佛经语料年代的语言学考察——以《大方便佛报恩经》为例，方一新，古汉语研究，2003 年，第 3 期。

百年敦煌赋研究，伏俊琏，2000 年敦煌学国际学术讨论会文集（历史文化卷下），甘肃民族出版社，2003 年。

《祖堂集》文献与点校，张美兰，中国禅学，第 2 辑，中华书局，2003 年。

《分别功德论》翻译年代初探，方一新，浙江大学学报，2003 年，第 5 期。

《兴起行经》翻译年代初探，方一新，中国语言学报，2003 年，第 11 期。

苏轼抄写佛经动因初探，刘金柱，佛学研究，2003 年，第 1 期。

佛教与中国美学之特质，彭彤，宗教学研究，2003 年，第 4 期。

佛禅思维方式与唐代咏物诗举隅，张宏生，古典文献研究，第 6 辑，凤凰出版社，2003 年。

禅宗语录中"囉囉哩"语探源，徐时仪，中国禅学，第 2 辑，中华书局，2003 年。

唐代的文人与佛教，龚鹏程，中国禅学，第 2 辑，中华书局，2003 年。

现代意境理论的禅趣，黎荔，中国禅学，第 2 辑，中华书局，2003 年。

禅宗美学论纲，皮朝纲，中国禅学，第 2 辑，中华书局，2003 年。

大乘佛教之受容与晋宋山水诗学，萧驰，中华文史论丛，第 72 辑，上海古籍出版社，2003 年。

禅籍口语同义词略说，雷汉卿，中国俗文化研究，第 1 辑，巴蜀书社，2003 年。

敦煌禅宗文献校读札记，蒋宗福，中国俗文化研究，第 1 辑，巴蜀书社，2003 年。

论敦煌佛教歌曲向通俗传播的内容，林仁昱，中国俗文化研究，第 1 辑，巴蜀书社，2003 年。

论密教中的千手观音——以敦煌文献为中心，李小荣，文史，第 63 辑，中华书局，2003 年。

日本侯爵藏前田家藏本《冥报记》斠研，徐俊，文史，第 62 辑，中华书局，2003 年。

南渡士人的佛教因缘与文学创作，钱建状、（美）尹罗兰，浙江大学学报，2003 年，第 3 期。

《玄怪录》所表现的佛教的文学变用，（韩）宋伦美，中国典籍与文化，2003 年，第 4 期。

从历代目录看《寒山诗》的流传，（韩）李钟美，古籍整理研究学刊，2003 年，第 3 期。

古越南禅诗的分派及其标准和特点，（越南）孙士觉，东方丛刊，2003 年，第 4 期。

禅籍的校雠学，衣川贤次，中国俗文化研究，第 1 辑，巴蜀书社，2003 年。

梁启超与佛学，中村哲夫，历史教学问题，第 3 期，2003 年。

敦煌变文研究概述以及新观点，荒见泰史，华林，第 3 卷，2003 年。

敦煌通读字研究刍议，王继如，文史，第 63 辑，中华书局，2003 年。

敦煌卷子辨伪研究，张涌泉，文史，第 65 辑，中华书局，2003 年。

佛教与中国傀儡戏的发展，康保成，民族艺术，2003 年，第 3 期。

敦煌佛教文献中的白话诗，张子开，宗教学研究，2003 年，第 4 期。

黄檗东渡禅僧即非如一的爱国情怀，林观潮，法音，2003 年，第 6 期。

陶渊明的诗歌创作与晋宋佛教之关系，邓小军，普门学报，第 15 辑，2003 年。

传世《寒山诗集》中禅诗作者考辨，贾晋华，中国文哲研究集刊，第 22 期，2003 年。

禅宗公案之经典化的解释——以《碧岩录》为中心，邓克铭，佛学研究中心学报，第 8 期，2003 年。

唐王度《古镜记》之铸镜传说辨析——兼论古镜制妖的思考进路，黄东阳，中国文学研究，第 17 期，2003 年 6 月。

敦煌本《长兴四年中兴殿应圣节讲经文》末尾九首诗性质考辨，杨明璋，汉学研究，第 21 卷第 2 期，2003 年。

神通、妖术和贼髡：论元代文人笔下的番僧形象，沈卫荣，汉学研究，第 21 卷第 2 期，2003 年。

如来清净禅与王维晚期山水小品，萧弛，汉学研究，第 21 卷第 2 期，2003 年。

中国罗汉小说举例——二十四尊得道罗汉传，张火庆，第四届"文学与宗教"研讨会论文集，2003 年。

文学、历史与宗教的交涉——以《东度记》中崔浩灭佛事件为例，刘苑如，第四届通俗与雅正文学研讨会论文集，新文丰出版有限公司，2003 年。

明代词僧释正岩生平事迹考，方志恩，东方人文学志，第 2 卷第 3 期，2003 年 7 月。

论明代佛教孝道观——以《目连救母劝善戏文》为例，王月秀，普门学报，第 18 期，2003 年 11 月。

《宗镜录》与辑佚——以典籍之校补、补阙为中心，王翠玲，成大中文学报，第 11 期，2003 年 11 月。

禅诗可悟而难说——兼谈《八月雪》中传法的一幕，向明，蓝星诗学，第 18 期，2003 年 6 月。

"欲令贤者同其见闻"——论法显《佛国记》的书写与意义，江美华，花莲师范学院学报，第 16 期（综合类），2003 年 6 月。

悟即是道——评一行禅师著《你可以不生气》，游祥洲，新世纪宗教研究，第 1 卷第 3 期，2003 年 3 月。

爱国僧人释熙仲和他的佛教编年史《释氏资鉴》，曹仕邦，中华佛学学报，第 16 期，2003 年 9 月。

中国佛教基本性格的演变，荒木见悟、廖肇亨，古今论衡，第 10 期，2003 年 12 月。

试论《石音夫醒迷功过格》对儒释道三教的看法，萧登福，新世纪宗教研究，第 3 期，2003 年 3 月。

憨山德清的三教一源论，夏清瑕，宗教哲学，第 29 期，2003 年 9 月。

蕅益智旭沟通儒佛的方法论探究，杜保瑞，哲学与文化，第 30 卷第 6 期，2003 年 6 月。

中国故事中的"救母"情节探析——以目连故事、白蛇故事及沉香故事为中心，许惠玟，东海中文学报，第 15 期，2003 年。

乱象中有新生：论明末清初比丘尼之形象与处境，苏美文（Mei－Wen Su），中华技术学院学报，第 27 期，2003 年。

《宗镜录》与辑佚——以典籍之校补、补阙为中心，王翠玲，成大中文学报，第 11 期，2003 年。

"獦獠作佛"公案与东山禅法南传——读敦煌写本《六祖坛经》札记，张新民，中华佛学学报，第 16 期，2003 年。

唐代小说与佛教流传——以《金刚经》为例，林琪桂，辅大中研所学刊，第 13 期，2003 年。

天台山上说诗僧寒山，熊召政，历史月刊，第 191 期，2003 年。

藏传佛教文学中的心智科学与超时空关系，刘婉俐，中外文学，第 31 卷第 10 期，2003 年 3 月。

《金刚经》与《画山水序》，刘道广，普门学报，第 15 期，2003 年。

佛教轮回主体前生记忆的消解暨道教孟婆神造神的几个疑题，刘涤凡，高雄餐旅学报，第 6 期，2003 年。

六朝僧家吟咏佛理的诗作，罗文玲，中华佛学研究，第 7 期，2003 年 3 月。

冲然而淡，備然而远——读皮朝纲《禅宗美学思想的嬗变轨迹》，谭佳，普门学报，第 17 期，2003 年。

略说近现代上海佛教高僧（上），觉醒，香港佛教，第 521期，2003 年。

略说近现代上海佛教高僧（下），觉醒，香港佛教，第 521期，2003 年。

敦煌《金刚经》及其相关文献之题记探讨，释永有，第 2 期，世界宗教学刊。

虚云和尚长时住定经验之探索，释惠敏，中华佛学学报，第 16 期，2003 年。

晚明僧人山居诗论析——以汉月法藏为中心，廖肇亨，第四届通俗文学与雅正文学全国学术研讨会会议论文集，2003 年 12 月。

博奥渺深 奥义回环 —— 荒木见悟教授学问世界管窥，廖肇亨，古今论衡，第 7 期，2003 年。

惠洪其人其书简论，林伯谦，"诗与诗学研究"读书会，"中央"研究院文哲所，2003 年 10 月。

汉译佛典中罗汉形象研究，丁敏，佛教与文学研讨会，台北玄奘学院，2003 年 4 月。

《盂兰盆经》系及其注疏与佛教中国化，郑阿财、姚孟君，"2003 年海峡两岸大学校长会议暨科学技术"学术研讨会，中正大学，2003 年 10 月。

佛经偈颂对东坡诗的影响，萧丽华，第四届通俗文学与雅正文学学术研讨会论文集，中兴大学，2003 年 3 月。

晚明情爱观与佛教交涉刍议——以《金瓶梅》为中心，廖肇亨，"欲掩弥彰"——中国历史文化中的"私"与"情"国际学术研讨会，汉学研究中心，2003 年。

苏轼诗禅合一论对惠洪文字禅的影响，萧丽华，"佛学与文学"学术研讨会，玄奘大学，2003 年 4 月。

敦煌弥陀净土歌曲的文艺表现，林仁昱，第四届通俗文学与雅正文学学术研讨会论文集，中兴大学，2003 年 3 月。

自然与因果——从东晋玄佛之交涉谈起，周大兴，中国文哲研究集刊，第 22 期，2003 年。

第一等偷懒沙门——雪峤圆信与明末清初的禅宗，廖肇亨，东华汉学，第 1 期，2003 年。

苏东坡梦中作诗之探讨，罗宗涛，玄奘人文学报，2003 年。

Buddhist China at the Century's Turn, R. Birnbaum, *China Quarterly* 174, 2003.

The Fruits of Paradox: On the Religious Architecture of the Buddha's Life Story, Jonathan A. Silk, *Journal of the American Academy of Religion* 4, 2003.

"Philologie du bouddhisme chinois: étude critique du sūtra apocryphe: Suūtra du sAsia Major, ādhi pour obtenir le pur salut (Ve siècle)"（中国佛教语文学：五世纪伪经《净度三昧经》研讨），Kuo, Liying（郭丽英），*Annuaire de l'école pratique des Hautes études, Section sciences historiques et philologiques*, n° 2001 – 2002: 421 – 423, 2003.

女性の救拔（すくい）——莆仙目連戯と血盆經，馬建華著、道上知弘譯，言語・文化・コミュニケーション，第 31 号，2003 年。

「盂蘭盆経」から「目連変文」へ—講経と語り物文藝とのあいだ（上），小南一郎，『東方学報』75：81－122，2003。

"中国における『血盆経』類の諸相—中国・日本の『血盆経』信仰に関する比較研究のために"，前川亨，『東洋文化研究所紀要』，142：348－302，2003。

禅宗史の終焉と宝巻の生成—『銷釈金剛科儀』と『香山宝巻』を中心に，前川亨，東洋文化，83：231－265，2003。

Image Makers in Xuanzang's Record of the Western Regions and Daoxuan's Miracle Story Collection. Shinohara, Koichi. *Jainism and Early Buddhism*: *Essays in Honor of Padmabh Jaini*, edited by Olle Qvanström, 609－620. Berkeley, CA: Asian Humanities Press, 2003.

The Story of the Buddha's Begging Bowl: Imagining a Biography and Sacred Places. Shinohara, Koichi. In *Pilgrims and Places*: *Sacred Space and Sacred Biography in Asian Religious Traditions*, edited by Phyllis Granoff and Köichi Shinohara, 68－107. Toronto: University of Toronto Press, 2003.

2004 年

《心经》与《西游记》的关系，梅维恒，唐研究，第 10 卷，2004 年。

唐代中日交流的新史料：《延历僧录》（淡海居士传）校读记，王勇、（日）半田晴久，河南师范大学学报，2004 年，第 2 期。

论《西游记》神佛故事中的儒家伦常意识，吴新化，绍兴文理学院学报，2004 年，第 3 期。

西藏佛教文学与佛教对藏族文学的影响，克珠群佩，西藏文学，2004 年，第 4 期；中华文史论丛，第 76 辑，上海古籍出版社，2004 年。

20 世纪目连戏研究简评，王馗，戏曲研究，2004 年，第 1 期。

从《弥勒会见记》到贯云石——古代回鹘戏剧史上的一个侧面，杨富学、高人雄，甘肃民族研究，2004 年，第 1 期。

回鹘宗教文学稽考，杨富学，西北民族大学学报，2004 年，第 3 期。

从回鹘文《罗摩衍那》看佛教、印度史诗的融摄，杨富学，觉群·学术论文集（第 4 卷），宗教文化出版社，2004 年。

回鹘文《苟居士抄〈金刚经〉灵验记》研究，杨富学，吐鲁番学研究，2004 年，第 2 期。

敦煌须大拏变文残卷研究，陈洪，苏州大学学报，2004 年，第 2 期。

道璨著述版本考，黄锦君，四川图书馆学报，2004 年，第 5 期。

莫高窟北区出土三件珍贵的回鹘文佛经残片研究，张铁山，敦煌研究，2004 年，第 1 期。

试论佛教论争对刘勰折衷方法的影响，高文强，华中科技大学学报，2004 年，第 3 期。

20 年来"佛经文学对中国小说的影响"研究综述，王立、黄燕燕，韶关学院学报，2004 年，第 7 期。

天竺佛教语言及其对中国语言学的影响，普慧，人文杂志，2004 年，第 1 期。

唐代佛教文学与俗曲——以敦煌写本《五更转》、《十二时》

为中心，普门学报，第 20 期，2004 年。

中晚明戏曲中僧尼世俗化现象论析，柯凡，中国戏曲学院学报，2004 年，第 1 期。

敦煌变文写卷的文本属性及其整理中存在的问题，富世平，文献，2004 年，第 3 期。

中国古代文学作品中僧尼形象浅析，于春波，克山师范专科学校学报，2004 年，第 4 期。

《西游记》的佛学意蕴，成晓辉，求索，2004 年，第 6 期。

《西游记》中的般若空观，王海梅，山东电大学报，2004 年，第 2 期。

李纯甫的佛学观念与诗学倾向，张晶，中国诗学研究，安徽师范大学中国诗学研究中心编，上海古籍出版社，2004 年。

赵孟頫的写经与其佛教因缘 ——从仇英的《赵孟頫写经换茶图卷》说起，黄启江，九州学刊，第 4 期，2004 年冬季号。

禅宗与日本五山文学，张文宏，佛山科学技术学院学报，2004 年，第 6 期。

中国古代诗歌的禅宗智能，吴晟，文艺理论研究，2004 年，第 2 期。

《五灯会元》版本与流传，冯国栋，宗教学研究，2004 年，第 4 期。

大慧宗杲"看话禅"的美学贡献，刘方，湖州师范学院学报，2004 年，第 5 期。

因难见巧：宋代留言绝句研究，周裕锴，中国诗学，第 10 辑，人民文学出版社，2004 年。

王维、柳宗元、刘禹锡对慧能禅的总结与推动，普慧，陕西师范大学学报，2004年，第1期。

苏轼诗歌中的禅风禅骨，寇鸿顺，佛教文化，2004年，第3期。

旷达飘逸 物我两忘——论苏轼由儒入道、由道入禅的心路历程，杨建跃，南通纺织职业技术学院学报，2004年，第2期。

《禅月集》结集及其版本流传考，田道英，四川师范大学学报，2004年，第6期。

晚唐禅宗青原系下三、四代的白话诗，张子开，宗教学研究，2004年，第4期。

论敦煌宗教话本《庐山远公话》和《叶静能诗》，萧欣桥，浙江大学学报，2004年，第1期。

沙和尚的骷髅项链——从头颅崇拜到密教仪式，康保成，河南大学学报，2004年，第1期。

佛经科判与初唐文学理论，张伯伟，文学遗产，2004年，第1期。

《心经》与"心猿"，程毅中，文学遗产，2004年，第1期。

从《支遁传》的成书看传奇体制在唐前的确立，凌宏发，上海师范大学学报，2004年，第1期。

敦煌僧人彦熙生平创作考论，王志鹏，敦煌研究，2004年，第1期。

一行三昧禅与王维诗文，胡遂，湖湘论坛，2004年，第1期。

王维亦官亦隐的佛道依据，谭朝炎，宁波大学学报，2004年，第1期。

从《至元辨伪录》到《西游记》，胡小伟，河南大学学报，2004年，第1期。

《西游记》中所见佛教经目考，曹炳建，河南大学学报，2004年，第1期。

佛教三业理论与《聊斋志异》之伦理道德思想，胡遂，湖南大学学报，2004年，第1期。

六朝佛经翻译的文饰倾向及其对文学的影响，辛刚国，宁夏社会科学，2004年，第1期。

《红楼梦》理想世界的宗教背景，刘继保，社会科学辑刊，2004年，第1期。

异域文豪的心灵之约：论《红楼梦》和《复活》的宗教文化情结，宋青香、王敬川，黑龙江教育学院学报，2004年，第1期。

佛教故事群中的女性：以《经律异相》之记载为中心，张煜，新疆大学学报，2004年，第1期。

弥陀净土信仰与谢灵运的山水文学创作，普慧，学术月刊，2004年，第3期。

《弘明集》与魏晋南北朝论辩散文，孙海洋，求索，2004年，第2期。

清静澹泊，闲适自然：谈王维诗歌的禅佛意趣，关群，哈尔滨商业大学学报，2004年，第2期。

柳宗元动物寓言与佛经故事关系初探，刘金柱，内蒙古社会科学，2004年，第2期。

宋代词僧仲殊写景词的艺术特色，李蓉、刘尊明，湖北大学成教学院学报，2004年，第1期。

诗情澎湃的人生：论八指头陀的禅诗，哈期朝鲁，内蒙古民族大学学报，2004年，第1期。

诗论通禅——江西宋代诗论的禅学化走向，刘松来，创作评谭，2004 年，第 2 期。

佛经故事与汉魏六朝仙道小说，何红艳，巢湖学院学报，2004年，第 2 期。

刘长卿及其诗歌的宗教情怀，潘殊闲，西南民族大学学报，2004 年，第 2 期。

试析王维、苏轼禅味诗审美差异及形成原因，王伟，牡丹江大学学报，2004 年，第 1 期。

宋代文人的自我形象与"老病维摩"，张海沙，求索，2004年，第 3 期。

般若中道智慧与苏轼的人格修养，王渭清，贵州文史丛刊，2004 年，第 2 期。

1949 年前敦煌文学研究的若干特点，吴光正，文学遗产，2004 年，第 3 期。

禅籍俗谚管窥，周裕锴，江西社会科学，2004 年，第 2 期。

《列子》中无佛家思想：《列子》非伪书证据之一，管宗昌，大连民族学院学报，2004 年，第 2 期。

简论张说诗歌中的禅思，杨洁琛，东华大学学报，2004 年，第 1 期。

王维奉佛原因新探，查志强，沈阳师范大学学报，2004 年，第 3 期。

"晚闻多妙教，卒践塞前愆"：论杜甫与禅宗，刘铁峰，船山学刊，2004 年，第 1 期。

《永州八记》的禅意，易先根，零陵学院学报，2004 年，第 2 期。

《西游记》的佛教故事，成晓辉，社会科学家，2004 年，第

2 期。

从孙悟空的"齐天大圣"到贾宝玉的"遮天大王",梁归智,南京师范大学文学院学报,2004 年,第 1 期。

二十世纪佛教与六朝文学批评研究述略,高文强,零陵学院学报,2004 年,第 2 期。

慧震还乡与刘勰卒年:与周绍恒先生商榷,朱文民,临沂师范学院学报,2004 年,第 2 期。

中古汉译佛经与古代小说金银变化母题,王立,南开学报,2004 年,第 3 期。

东晋南朝僧侣佛理诗探析,柳倩月、吴寒,社会科学家,2004 年,第 3 期。

试论六朝隋唐的应验类小说,夏广兴,上海师范大学学报,2004 年,第 3 期。

晚唐苦吟诗人的诗心禅思,赵荣蔚,探索与争鸣,2004 年,第 6 期。

佛教禅理对唐代文学精神的浸润,梁霞,青海师范大学学报,2004 年,第 3 期。

敦煌讲唱文学中的佛教文化,钟海波,唐都学刊,2004 年,第 3 期。

释"变"与"变文",俞晓红,上海师范大学学报,2004 年,第 3 期。

论浪仙"苦吟诗"的审美内涵,吴益群,社会科学家,2004 年,第 3 期。

论唐代佛经翻译小说《猛光王传奇》,赵杏根,苏州科技学院学报,2004 年,第 2 期。

齐己《白莲集》与中晚唐诗禅境界，邓新跃、刘杼，湖南科技大学学报，2004 年，第 3 期。

论王维山水诗的禅趣美，成晓辉，船山学刊，2004 年，第 2 期。

李白与佛教——印度文化，彭建华，福建师范大学学报，2004 年，第 3 期。

韩诗佛辨：兼论韩愈诗歌之于唐宋诗风变迁的过渡意义，王树海，吉林大学学报，2004 年，第 3 期。

《樵歌》与禅，刘晓珍，广西社会科学，2004 年，第 6 期。

黄庭坚"心"意象中的儒与禅，昝红霞，江苏社会科学，2004 年，第 3 期。

论禅宗思维方式对中国传统诗学美学的影响，刘艳芳，船山学刊，2004 年，第 2 期。

《二郎宝卷》与小说《西游记》关系考，陈宏，甘肃社会科学，2004 年，第 2 期。

孙悟空别称之宗教性内涵初探，陈宏，南开学报，2004 年，第 2 期。

浅论贯休《山居诗二十四首》，黄艳红，乐山师范学院学报，2004 年，第 4 期。

王昌龄禅诗中的美学境界，邵颖涛，乐山师范学院学报，2004 年，第 6 期。

略论寒山的生年辩异与身世，张天健，成都大学学报，2004 年，第 3 期。

《西游记》宗教描写的艺术转换，周小兵，新疆大学学报，2004 年，第 3 期。

猪八戒艺术形象的审美价值及佛学寓意，张松叶，西安石油大学学报，2004 年，第 4 期。

王维诗的禅意，张美云，北京科技大学学报，2004 年，第 2 期。

喧静两皆禅：王维山水诗禅境一解，王稚平，牡丹江大学学报，2004 年，第 5 期。

苏轼与禅宗，胡中柱，上海金融学院学报，2004 年，第 5 期。

中国古代诗歌的禅宗智慧，吴晟，文艺理论研究，2004 年，第 4 期。

《祖堂集》诗韵考，韩维善，甘肃高师学报，2004 年，第 3 期。

禅化的"云"：王维诗中的云意象摭谈，刘铁峰，重庆三峡学院学报，2004 年，第 4 期。

宋元明"疯僧戏秦"故事流变研究，李琳，沈阳师范大学学报，2004 年，第 4 期。

古代相思病母题的佛经文献溯源，王立，古典文学知识，2004 年，第 4 期。

佛教对中国古典诗歌发展的积极影响，武谊嘉，成都大学学报，2004 年，第 3 期。

六朝僧侣：文化交流的特殊使者，刘跃进，中国社会科学，2004 年，第 5 期。

《二十四诗品》的禅学思想探微，刘国贞，山东教育学院学报，2004 年，第 2 期。

敦煌变文与唐传奇婚恋题材中女性题材形象之比较，张富春，求索，2004 年，第 8 期。

论敦煌变文叙事体制的渊源与衍变，俞晓红，湛江师范学院学报，2004 年，第 4 期。

浅谈佛教禅宗对王维山水诗创作的影响，刘学娟，广州社会主义学院学报，2004 年，第 3 期。

"何立入冥"故事流变研究，李琳，渤海大学学报，2004 年，第 5 期。

寒山禅诗的思想及流传，徐立新，台州学院学报，2004 年，第 2 期。

宋代僧人与词，刘晓珍，古典文学知识，2004 年，第 5 期。

论宋代文言小说中的果报题材，余丹，安徽教育学院学报，2004 年，第 4 期。

苏轼禅诗代表作误读的个案研究，许外芳、廖向东，新疆大学学报，2004 年，第 3 期。

中国古代果报小说的叙事分析，刘勇，创作评谭，2004 年，第 6 期。

儒、道、释思想对王勃的影响，刘勇，商洛师范专科学校学报，2004 年，第 4 期。

佛禅意趣与苏轼词风，段永强，西安教育学院学报，2004 年，第 2 期。

《聊斋志异》佛教思想浅探：兼论蒲松龄创作的主观命意，秦玮鸿，河池学院学报，2004 年，第 5 期。

观世音信仰与妙善的传说——兼及我国最早的宝卷《香山宝卷》的诞生，韩秉方，世界宗教研究，2004 年，第 1 期。

杜甫诗论与佛禅宗风，朱学东，杜甫研究学刊，2004 年，第 3 期。

说"白龙马"，彭新竹，湖南第一师范学报，2004 年，第 4 期。

论贾岛与唐末清苦诗风，邓立勋，船山学刊，2004 年，第 4 期。

试论王维的佛禅观，徐雪梅，广播电视大学学报，2004 年，第 4 期。

柳宗元诗文中的佛禅意趣，汤军，江淮论坛，2004 年，第 6 期。

来来往往一首诗，禅俗两不离：论释惠洪及其诗歌创作，孙海洋，湖南大学学报，2004 年，第 6 期。

玄言诗中的佛陀之音：论支遁为玄言诗创制虚幻境界，胡大雷，东方丛刊，2004 年，第 4 期。

敦煌小说作品题注，杜祺，甘肃社会科学，2004 年，第 6 期。

敦煌话本小说叙事模式的定型，王璐，西安联合大学学报，2004 年，第 4 期。

《庐山远公话》的虚构及其意义，梁银林，西南民族学院学报，2004 年，第 11 期。

近二十年《四声猿》研究述评，杨翠琴，语文学刊，2004 年，第 6 期。

五台山诗中的淡泊与高远之气，王晋华，五台山研究，2004 年，第 2 期。

刘勰与定林寺，孙蓉蓉，文史知识，2004 年，第 12 期。

江西旅游文学与佛道文化，陈小芒，江淮论坛，2004 年，第 5 期。

禅宗与词的主体化走向，刘晓珍，北京教育学院学报，2004

年，第 3 期。

试论禅宗与山水词，刘晓珍，韶关学院学报，2004 年，第 10 期。

五台山诗中的澹泊与高远之气，王晋华，五台山研究，2004 年，第 2 期。

《生经》故事的持久魅力：佛经故事札记之一，刘守华，华中师范大学学报，2004 年，第 6 期。

论佛教与魏晋六朝文学，屈桂梅，南阳师范学院学报，2004 年，第 10 期。

《洛阳伽蓝记》的社会史价值，曹强，芜湖师范专科学校学报，2004 年，第 4 期。

谢灵运山水诗的般若理趣，尹邦志，学术月刊，2004 年，第 9 期。

唐代文人的"统合"三教思潮，孙昌武，哈尔滨工业大学学报，2004 年，第 6 期。

论唐代外来文化激活感性思维，江云珉、金丹元，云南社会科学，2004 年，第 6 期。

禅宗思想与盛唐诗歌的"唯在兴趣"，胡遂，光明日报，2004 年 12 月 31 日。

晚唐苦吟诗人的诗心禅思，唐黎标，福建宗教，2004 年，第 5 期。

唐人的"后院"：从唐诗中的"药"看唐人生活与创作，尚永亮、萧波，华中师范大学学报，2004 年，第 5 期。

中国古代早期白话小说探析：以《叶净能诗》为中心，袁书会，西藏民族学院学报，2004 年，第 5 期。

《双恩记》补校，黄建宁，敦煌研究，2004 年，第 6 期。

读《太子成道经》三题，胥洪泉，西南师范大学学报，2004 年，第 6 期。

敦煌写卷 P. 2555《白云歌》再探，王志鹏，敦煌研究，2004 年，第 6 期。

论唐五代白话小说的释家时空观，俞晓红，郧阳师范专科学校学报，2004 年，第 5 期。

论敦煌文学的内容及分类，杨雄，学术论坛，2004 年，第 6 期。

敦煌藏卷目连题材作品论疏，俞晓红，云南艺术学院学报，2004 年，第 3 期。

论敦煌变文叙事体制的渊源与衍变，俞晓红，湛江师范学院学报，2004 年，第 4 期。

敦煌变文与唐传奇婚恋题材中女性形象之比较，张富春，求索，2004 年，第 8 期。

读《太子成道经》三题，胥洪泉，西南师范大学学报，2004 年，第 6 期。

儒、释、道、释思想对王勃的影响，刘勇，商洛师范专科学校学报，2004 年，第 4 期。

中国的寒山与美国的《冷山》，子规，文史杂志，2004 年，第 6 期。

《禅月集》结集及其版本流传考，田道英，四川师范大学学报，2004 年，第 6 期。

贯休的诗集《西岳集》考，田道英，西南民族大学学报，2004 年，第 9 期。

从王维与李白看儒释道三家对唐代诗歌创作的影响，侯劼，西安教育学院学报，2004 年，第 2 期。

浅析禅宗对文学语言的影响：以王维诗中"空"的使用为例，张春泉，哈尔滨工业大学学报，2004 年，第 5 期。

论王维的禅意诗，哈嘉莹，山东社会科学，2004 年，第 12 期。

试论王维的佛禅观，徐雪梅，广播电视大学学报，2004 年，第 4 期。

王维"空山"类意象及其禅意诗境，刘守文，吕梁高等专科学校学报，2004 年，第 2 期。

青莲居士谪仙人金粟如来是后身：论诗仙李白的佛缘及其禅思禅趣，朱学东，云梦学刊，2004 年，第 6 期。

李白剔骨葬友的宗教原因，李小荣，福建师范大学学报，2004 年，第 5 期。

楚骚中的梵音：柳宗元佛理诗辨析，邱瑞祥，贵州大学学报，2004 年，第 6 期。

柳宗元诗文中的佛禅意趣，汤军，江淮论坛，2004 年，第 6 期。

柳宗元在柳州与和尚的交往，蓝天强，柳州师范专科学校学报，2004 年，第 4 期。

禅心与宋诗之"淡"管窥，姜丹，昆明师范专科学校学报，2004 年，第 3 期。

"规模东坡，而借润山谷"：论北宋诗僧惠洪的诗歌，成明明，求索，2004 年，第 9 期。

佛禅意趣与苏轼词风，段永强，西安教育学院学报，2004 年，第 2 期。

论瞎堂诗，李福标，中国文学研究，2004 年，第 4 期。

天然和尚集外诗拾遗，谢晖，学术研究，2004 年，第 9 期。

"贬霸王"故事与城隍信仰，刘玉红，明清小说研究，2004 年，第 4 期。

玄奘取经与《西游记》"遗迹"现象透视，杨国学、朱瑜章，河西学院学报，2004 年，第 6 期。

五台山与《西游记》，崔玉卿，五台山研究，2004 年，第 3 期。

《西游补》——儒释的双重奏，雷振华，零陵学院学报，2004 年，第 6 期。

"团圆"与"因果"：论《五色石》与《八洞天》中的"补天"之道，王韬，明清小说研究，2004 年，第 4 期。

石濂大仙和他的诗，李舜臣，中国韵文学刊，2004 年，第 3 期。

《醒世姻缘传》神道设教的民间性策略，付丽，学习与探索，2004 年，第 6 期。

《聊斋志异》佛教思想浅探：兼论蒲松龄创作的主观命意，秦玮鸿，河池学院学报，2004 年，第 5 期。

《聊斋志异》因果报应思想的剖析与评判，蔡相宗、蔡斌，蒲松龄研究，2004 年，第 3 期。

华严宗"一多"哲理对《红楼梦》创作的影响，朱引玉，南都学坛，2004 年，第 5 期。

《好了歌注》两译文对比评析：兼谈译者的主体性，刘灵巧，西安外国语学院学报，2004 年，第 4 期。

诗悟与禅悟：论禅宗思维方式对中国传统诗学美学的影响，刘艳芬，北京工业大学学报，2004 年，第 2 期。

北宋惠洪及其《禅林僧宝传》，杨曾文，江西师范大学学报，2004 年，第 1 期。

苏轼与杭州诗僧诗文酬唱及其相互影响，范春芽，南昌大学学报，2004 年，第 2 期。

惠洪五考，陈自力，世界宗教研究，2004 年，第 4 期。

中土佛经翻译的主要方式，俞晓红，海南大学学报，2004 年，第 1 期。

论佛经传译中的文化取向，俞晓红，温州师范学院学报，2004 年，第 1 期。

佛教与戏曲表演身段，康保成，民族艺术，2004 年，第 1 期。

博爱天下 铺道人间：我心中的隆莲法师，陈沫吾，文史知识，2004 年，第 2 期。

试论敦煌佛教愿文的类型，陈晓红，敦煌学辑刊，2004 年，第 1 期。

僧肇佛学的美学底蕴，雷小鹏、王巧玲，西南民族大学学报，2004 年，第 5 期。

佛门"牛喻"探源，龙延、陈开勇，五邑大学学报，2004 年，第 2 期。

佛教审美理念与文学，朱堂锦，曲靖师范学院学报，2004 年，第 2 期。

论弘一大师的信仰特质及其渊源，陈永革，杭州师范学院学报，2004 年，第 3 期。

三昧：佛教审美感悟的主要形式，朱堂锦，曲靖师范学院学报，2004 年，第 1 期。

禽兽义感母题的跨文化溯源：佛经文献中野生动物故事的教谕意义，王立、史璞，烟台师范学院学报，2004 年，第 2 期。

论宋代文字禅的形成，顾海建，中华文化论坛，2004 年，第 2 期。

《旧杂譬喻经》研究，陈洪，中国矿业大学学报，2004 年，第 2 期。

敦煌须大拏变文残卷研究，陈洪，苏州大学学报，2004 年，第 2 期。

目连故事中国化的文化意义，李小荣，盐城师范学院学报，2004 年，第 2 期。

柳宗元统合儒释思想新论，杜寒风，中国文化研究，2004 年夏之卷。

一部鲜为人知的日本人宋僧巡礼记：戒觉《渡宋记》解题并校录，王勇、半田晴久，文献，2004 年，第 3 期。

柳宗元的佛教戒律与孝道说，杜寒风，柳州师范专科学校学报，2004 年，第 2 期。

王安石与佛教，张煜，聊城大学学报，2004 年，第 1 期。

明代佛教与明末四大高僧，华方田，佛教文化，2004 年，第 3 期。

魏晋士人与佛教及佛教艺术中国化浅说，刘波，解放军艺术学院学报，2004 年，第 1 期。

《高僧传》的史料、语料价值及重新校理与研究，董志翘，东南大学学报，2004 年，第 4 期。

述石印明万历刻本《观世音感应灵课》，辛德勇，中国典籍与文化，2004 年，第 3 期。

论禅悟的审美心理意涵，赵国乾，许昌学院学报，2004 年，第 4 期。

佛经翻译与中国本土的需求，张道振，中州学刊，2004 年，第 5 期。

唐代佛曲表演形态蠡测，王定勇，淮北职业技术学院学报，2004 年，第 3 期。

《洛阳伽蓝记》作者姓氏生平考略，金大珍，图书与情报，2004 年，第 4 期。

观音信仰与妙善的传说：兼及我国最早一部宝卷《香山宝卷》的诞生，韩秉方，世界宗教研究，2004 年，第 2 期。

日藏稀见汉籍《中兴禅林风月集》及其文献价值，张如安、傅璇琮，文献，2004 年，第 4 期。

俄藏敦煌写本唐义净和尚《西方记》残卷研究，郑炳林，兰州大学学报，2004 年，第 6 期。

佛教与中国小说，方珊，世界宗教文化，2004 年，第 3 期。

《禅林宝训》五种古注本述评，蒋九愚，世界宗教研究，2004 年，第 3 期。

《心经》般若美学意蕴论辨，赵建军，复旦学报，2004 年，第 5 期。

《阿鼻地狱变文》校注，李小荣，敦煌研究，2004 年，第 5 期。

唐代的《金刚经》信仰，杜正乾，敦煌研究，2004 年，第 5 期。

试论意境妙悟理论的本土传统与佛学因子，李世新，河北大学学报，2004 年，第 4 期。

丰子恺的人格特征和佛教文化，张胜璋，福建宗教，2004 年，第 5 期。

惠洪四考，陈自力，世界宗教研究，2004 年，第 4 期。

贾宝玉与佛教观念，朱昆槐，佛教文化，2004 年，第 6 期。

禅境与诗境：异质同构，马奔腾，东方丛刊，2004 年，第 4 期。

论晚明居士佛学的思想特质及其效应：兼论晚明"狂禅"现象，陈永革，世界宗教研究，2004 年，第 4 期。

简论慧皎《高僧传》的学术价值，周海平，常熟高专学报，2004 年，第 5 期。

起承转合的阿弥陀佛：《佛之颂》浅析，张红，世界宗教文化，2004 年，第 4 期。

拈花微笑：古代印度《百喻经》与民间故事的比较阅读，张鸿勋，天水师范学院学报，2004 年，第 6 期。

《高僧传合集》与宋夏金时期西北的佛教，李清凌，西藏大学学报，2004 年，第 4 期。

禅宗的譬喻，张胜珍，五台山研究，2004 年，第 4 期。

"寂灭为乐"：论佛教的美本质观，祁志祥，东方丛刊，2004 年，第 4 期。

李贽与袁宏道佛学思想的对比研究，张岱，首都师范大学学报，2004 年，第 6 期。

惠洪文字禅的特点，李小艳，忻州师范学院学报，2004 年，第 6 期。

清初贵州禅宗大师黔灵赤松和尚评传（下），王路平，贵阳师范专科学校学报，2004 年，第 3 期。

晚唐五代诗僧的"吟癖"及其成因，王秀林，首都师范大学学报，2004 年，第 5 期。

日本僧戒觉与宋代中国——以《渡宋记》为中心的考察，郭万平，人文杂志，2004 年，第 4 期。

宝昙的生平及著作考述，许红霞，北京大学中国古文献研究中心集刊，北京大学出版社，2004 年。

清初丹霞山别传寺诗僧简述，钟东，岭南文史，2004 年，第 1 期。

何须待零落，然后始知空——法眼文益的一首禅偈，张胜珍，世界宗教文化，2004 年，第 1 期。

历来宋代诗僧及诗歌整理研究概况，许红霞，"古籍整理"研讨会，韩国东国大学举办，2004 年 11 月。

元代石屋清珙的茶禅一味论，希勤，"2006 年潮州中韩白云—石屋禅文化"学术研讨会，2006 年。

亡灵忆往：唐宋传奇的一种历史观照方式（上）（下），李剑国、韩瑞亚，南开学报，2004 年，第 3、4 期。

范晔与佛教，福井重雅、曹虹，古典文献研究，第 7 辑，凤凰出版社，2004 年。

"蔬笋气"、"酸馅气"与古代僧诗批评，李舜臣，中国诗学，第 10 辑，人民文学出版社，2004 年。

东坡的佛教文学，黄学明，中国诗学，第 10 辑，人民文学出版社，2004 年。

晚唐时期中国禅宗南岳系的白话诗，张勇，中国禅学，第 3 辑，中华书局，2004 年。

齐己生卒年辨疑，余才林，中华文史论丛，第 75 辑，上海古籍出版社，2004 年。

佛经音义所引《说文》考探，徐时仪，中华文史论丛，第 74 辑，上海古籍出版社，2004 年。

目连始末，寥奔，中华文史论丛，第 74 辑，上海古籍出版社，2004 年。

宋初诗歌与禅宗，（韩）任元彬，复旦学报，2004 年，第 2 期。

法门寺地宫题记考释，李斌城，唐研究，第 10 卷，北京大学出版社，2004 年。

宝志诗歌作品真伪及创作年代考辨，何剑平，中国俗文化研究，第 2 辑，巴蜀书社，2004 年。

清初曹洞宗丹霞法系初探，仇江，广东佛教，2004 年，第 4 期；悲智传响——海云寺与别传寺历史文化研讨会论文集，中国海关出版社，2006 年。

在《太平广记》感应类故事里孝思想的佛教含义考察，（韩）宋伦美，韩国佛教学，第 36 号，2004 年。

佛教传入后志怪叙事性格的变化，（韩）安正燻，复旦学报，2004 年，第 1 期。

舍利信仰和僧传——为了有助于理解《禅林僧宝传》，西胁常记，中国禅学，第 3 辑，中华书局，2004 年。

宋代禅宗史的特色——以宋代灯史的系谱为线索，石井修道，中国禅学，第 3 辑，中华书局，2004 年。

试论变文与宝卷之关系，陆永峰，中国俗文化研究，第 2 辑巴蜀书社，2004 年。

法藏敦煌《毛诗音》"又音"考，许建平，中国俗文化研究，第 2 辑，巴蜀书社，2004 年。

《祖堂集》校记，谭伟，中国俗文化研究，第 2 辑，巴蜀书社，2004 年。

试论印度佛教的说法方式，张子开，中国俗文化研究，第 2 辑，巴蜀书社，2004 年。

敦煌曲子词与河西本土文化，汤涒，中国俗文化研究，第 2 辑，巴蜀书社，2004 年。

新的视野、新的开拓——读王昆吾先生《从敦煌学到域外汉文学》，龚泽军，中国俗文化研究，第 2 辑，巴蜀书社，2004 年。

慈济"善书"的形成分析，卢蕙馨，新世纪宗教研究，第 4 期，2004 年。

宋代学僧释净端及其《渔家傲》四阕探研，方志恩，东方人文学志，第 3 卷第 2 期，2004 年 6 月。

从历代目录看《拾得诗》之版本及其流传情况，方志恩，东方人文学志，3 卷 4 期，2004 年 12 月。

王梵志、寒山与庞蕴——论唐代佛教白话诗的特色，朱凤玉，唐代文学与宗教，香港中华书局，2004 年。

惠洪诗禅的"春"意象——兼为浪子和尚辩诬，萧丽华、吴静宜，佛学研究中心学报，第 9 期，2004 年。

众生入佛国，神灵降人间：《冥祥记》的空间欲望诠释，刘苑如，政大中文学报，第 2 期，2004 年。

《东度记》研究——由"愿"与"度"展开的诠释观点，刘苑如，中国文哲研究集刊，第 24 期，2004 年。

南宋中日僧人（诗僧）的交流及影响，许红霞，实践大学中国文学与通识教育两岸学术研讨会论文集，台湾实践大学，2004年7月。

隐元禅师与黄檗文化的东传，徐兴庆，台大日本语文研究，第6期，2004年。

缘情而绮靡？——艳词绮句的禅诗认识分析，王志楣，玄奘人文学报，第4期，2005年。

慧洪觉范在明代——宋代禅学在晚明的书写、衍异与反响，廖肇亨，中研院史语所集刊，2004年12月。

淫词艳曲与佛教：从《西厢记》相关版本看明末清初戏曲的佛教诠释，廖肇亨，经典转化与明清文学，"中央"研究院中国文哲研究所，2004年11月。

僧人说梦——晚明丛林梦论试析，廖肇亨，"中国文学与宗教"国际学术研讨会"中央"研究院中国文哲研究所，2004年12月。

看画禅：南宋文人"以禅解画"之思想内涵，衣若芬，"中国中世文学"国际学术研究会论文，2004年。

东坡诗的般若譬喻，萧丽华，"圣传与诗禅——中国文学与宗教"国际研讨会，"中央"研究院文哲研究所，2004年12月。

平安朝汉诗人与唐诗，兴膳宏著，蔡毅译，台大日本语文研究，第6期，2004年。

失落家园的人：隐元禅师诗歌中的两种声音，廖肇亨，第三届日本汉学国际学术研讨会，台大中文系，台大东亚文明研究中心，"中研院"文哲所，2004年10月。

药地生死观探析——以《东西均》与《药地炮庄》为讨论中心，廖肇亨，明清文学与思想中的主体性与社会——学术思想篇，

2004 年 12 月。

佛教中的济公形象与定位，许文笔，研究与动态，2004 年，第 10 期。

从"以庄解佛"到"以佛解庄"，苏美文，中华技术学院学报，第 30 期，2004 年。

泗州大圣僧伽传奇新论——宋代佛教居士与僧伽崇拜，黄启江，台大佛学研究，第 9 期，2004 年 7 月；佛教研究中心学报，2004 年。

释迦牟尼佛传记的神话性格分析，李坤寅，中华佛学研究，第 8 期，2004 年 3 月。

《长老尼偈》的修辞叙事——兼以对照《长老偈》，李玉珍，台大佛学研究，第 9 期，2004 年 7 月。

宗教性关怀与形象——台湾当代散文的观音书写，林淑媛，光武国文学报，第 1 期，2004 年 6 月。

佛典别生经考察——以唐代及其之前的佛典目录为范围，王文颜第 2 期，政大中文学报，2004 年 12 月。

石室《心经》音写抄本校释初稿之一，万金川，佛学研究中心学报，第 9 期，2004 年。

全宋诗禅僧诗偈颂赞之考察，罗宗涛，玄奘佛学研究，第 1 期，2004 年。

明本禅师嗣法弟子与元代云南禅宗，纪华传，新世纪宗教研究，第 3 卷第 2 期，2004 年 12 月。

神圣的书写——写经的宗教与审美蕲向，林庆文，光武国文学报，第 1 期，2004 年 6 月。

诗僧苍雪，孙昌武，普门学报，第 20 期，2004 年 3 月。

《五灯会元》、《碧岩集》、《景德传灯录》中所见的被字句分析，张美兰，韩国佛教学结集大会，2004 年。

梁武帝《立神明成佛义记》——形神之争的终结于向佛性思想的转向，谢柏如，汉学研究，第 22 卷第 2 期，2004 年。

历代紫阁诗与终南山紫阁寺的发展，黄运喜，玄奘佛学研究，第 1 期，2004 年。

木庵禅师诗歌中的日本图像——以富士山与僧侣像赞为中心，廖肇亨，中国文哲研究集刊，第 24 期，2004 年。

禅宗语言态度的转变对宗门修行方式的影响，黄敬家，宗教哲学，第 31 期，2004 年。

智慧的女性形象——禅门灯录中禅婆与禅师的对话，黄敬家，佛学研究中心学报，第 9 期，2004 年。

北京故宫藏敦煌本《慈善孝子报恩成道经》考，郑阿财，敦煌学，第 25 辑，2004 年。

敦煌莫高窟九色鹿王本生故事画析探，谢慧暹，光武国文学报，2004 年。

唐代长安寺院的壁画与画家，魏严坚，人文社会学报，2004 年。

陈若曦佛教小说中女性生命情境之探讨：以《慧心莲》、《重返桃花源》为中心，丁敏，光武通识学报，2004 年 第 1 期。

潘重规先生敦煌文学研究成果与方法之考察，朱凤玉、郑阿财，敦煌学，第 29 辑，2004 年。

菩萨精神的实践——试从锺惺募疏文观察晚明募疏文类的蓬勃现象，吴惠珍，光武国文学报，2004 年。

Leaving for the Rising Sun：The Historical Background of Yinyuan

Longqi's Migration to Japan in 1654, Jiang Wu, *Asia Major* 2, 2004.

Narrative and Historicity in the Buddhist Biographies of Early Medieval China: The Case of Kumārajīva, Yang Lu, *Asia Major* 17, 2004.

Night Out (Han – Shan at Eighty – Two), George Scarbrough, *The Virginia Quarterly Review* 4, 2004.

On a Five – Colored Cloud: The Songs of Mount Wutai, Mary Anne Cartelli, *Journal of the American Oriental Society* 4, 2004.

The Chant of the Pure and the Music of the Popular: Conceptual Transformations in Contemporary Chinese Buddhist Chants, Pi – yen Chen, *Asian Music* 2, 2004.

The Eminent Monk: Buddhist Ideals in Medieval Chinese Hagiography (review), John R. Mcrae, *China Review International* 1, 2004.

L'interminable leçon d'un bonze de papier: Bodhidharma comme héraut confucéen dans un roman didactique du XVIIe siècle （一个纸造和尚的无完说教——达摩和尚作为儒教伦理宣传者的 17 世纪教化小说《东度记》）, Durand – Dastès, Vincent （戴文琛）, in Catherine Despeux & Christine Nguyen – Tri, eds, *Education et instruction en Chine* 3: *aux marges de l'orthodoxie*, Paris, Louvain: Peeters, pp. 125—143, 2004.

Trois galipettes de Ji – le – Fou: voyages littéraires d'un moine excentrique chinois, de Hangzhou aux steppes mongoles et au pon, XVIe – XXe siècles （济颠的三个筋斗——十六至二十世纪一位中国奇僧的文学之旅：从杭州到蒙古草原到日本）, Durand – Dastès,

Vincent（戴文琛），in Daniel Struve，ed.，*Autour de Saikaku*，*Le roman en Chine et au Journal Asiatique*，*pon aux XVIIème et XVIIIème siècles*，Paris：Les Indes Savantes，pp. 69—F94，2004.

敦煌文献に見られる『目連変文』の新資料—北京八七一九号文書について"，荒見泰史『東方宗教』，103：61—F77，2004。

敦煌文献中《目连变文》的新资料 – 关于北京八七一九号文书，荒見泰史，东方宗教，103，2004。

「盂蘭盆経」から「目連変文」へ—講経と語り物文藝との間（下），小南一郎，東方学報，76：1—F84，2004。

牛肅『紀聞』について –「呉保安」を中心に，溝部良惠，中唐文学会報，11：56—F94，2004。

A Discourse on Image Worship in Seventh Century China. Shinohara，Koichi. In *Images in Asian Religions：Texts and Contexts*，edited by Phyllis Granoff and Koichi Shinohara，203 – 206. Vancouver：UBC Press，2004.

2005 年

寒山、拾得佚诗考释，陈耀东，中国典籍与文化论丛，第 8 辑，北京大学出版社，2005 年。

关于所谓的《仓央嘉措秘传》，贾拉森，内蒙古大学学报，2005 年，第 1 期。

佛教音乐欣赏，凌海成，中国宗教，2005 年，第 1 期。

从疑问句看《大方便佛报恩经》的翻译年代，方一新，语言研究，2005 年，第 3 期。

回转与高飞——从《南华长老题名记》探讨苏轼对儒、佛理论的会通，王郦玉，社会科学家，2005年增刊。

和刻本稀见中国元代僧人诗集叙录，杨铸，中国典籍与文化论丛，第8辑，北京大学出版社，2005年。

《大正藏》断句首创与致误条陈——以《出曜经》为例，朱惠仙，江西社会科学，2005年，第5期。

寒山、拾得诗，刘坚，近代汉语读本，上海教育出版社，2005年。

妥协与变形——从"误译"现象看传统翻译批评模式的理论缺陷，胡安江，四川外语学院学报，2005年，第3期。

文本旅行与翻译变异——论加里·斯奈德对寒山诗的创造性"误读"，胡安江，解放军外国语学院学报，2005年，第6期。

台湾地区敦煌文学研究之考察与展望，朱凤玉，敦煌吐鲁番研究，第7卷，中华书局，2005年。

中国古代佛经目录概述，张岩，世界宗教文化，2005年，第1期。

《续比丘尼传》初探，张煜，法音，2005年，第1期。

贯休官职考，王秀林，中国典籍与文化，2005年，第1期。

蛇鼠、藏宝、掘宝秘诀与佛经故事：中国古代掘宝母题动植物功能的跨文化探源，王立，苏州科技学院学报，2005年，第1期。

日本寒山题材绘画创作及其渊源，罗时进，文艺研究，2005年，第3期。

佛教对中古文人思想观念的影响，普慧，文学遗产，2005年，第5期。

《大乘方等陀罗尼经并诸经内四众忏悔发愿文》整理研究，林世田，敦煌学国际学术研讨会论文集，国家图书馆善本特藏部编，北京图书馆出版社，2005 年。

关于汉译佛经文学——兼评《佛经的文学性解读》，石海军，国外文学，2005 年，第 4 期。

敦煌出土回鹘文《大乘无量寿经》残页研究，张铁山，民族语文，2005 年，第 5 期。

元杂剧与佛教，陈洪，文学评论，2005 年，第 6 期。

佛经故事传译与中国民间故事的演变，刘守华，外国文学研究，2005 年，第 3 期。

从"慧鸟本生"到"狮子与大雁"——印度佛本生故事影响维吾尔民间文学之一例，王继平、杨富学，民族文学研究，2005 年，第 3 期。

古代柳文学的民俗化内蕴及佛经文化渊源，刘卫英，东北师范大学学报，2005 年，第 2 期。

张九成佛教观论析——兼论佛教中国化的路径及特点，李承贵，中山大学学报，2005 年，第 5 期。

柳宗元的净土宗、天台宗教派观，杜寒风，湖南科技学院学报，2005 年，第 3 期。

中国古典诗歌中哲理与禅意的相融相通性，王文明，青海民族学院学报，2005 年，第 3 期。

佛教心性论对诗歌创作的影响，郜林涛，安徽大学学报，2005 年，第 4 期。

禅宗公案以诗证禅刍议，郜林涛，晋阳学刊，2005 年，第 3 期。

20 世纪 90 年代唐宋词研究的文化视角，张幼良，贵州社会科学，2005 年，第 4 期。

南岳寺庙散文论，张齐政，船山学刊，2005 年，第 1 期。

中国古代小说中"化形为蛇"情节的佛教源流探考，项裕荣，浙江大学学报，2005 年，第 5 期。

玄学与禅宗生态审美观，邓绍秋，中国文学研究，2005 年，第 3 期。

陈郡谢氏的佛教信仰与文学，周昌梅，华中师范大学学报，2005 年，第 3 期。

东晋诗僧现象解读，李谟润，广西民族学院学报，2005 年，第 1 期。

永明体的产生与佛教转读关系再探讨，吴相洲，文艺研究，2005 年，第 3 期。

佛经叙事对中古志怪小说文体特征的渗入与冲击，张二平，天水师范学院学报，2005 年，第 3 期。

东晋南朝佛教对琅邪王氏文学创作的影响，李书萍，太原师范学院学报，2005 年，第 1 期。

谢灵运与慧远交游考论，姜剑云，太原师范学院学报，2005 年，第 2 期。

陶渊明诗所受佛经影响，李秀花，上饶师范学院学报，2005 年，第 1 期。

唐代隐士与佛教徒对庄子的接受，张爱民，红河学院学报，2005 年，第 1 期。

《坛经》三十六对法与唐代禅意诗的形成，魏鸿雁，殷都学刊，2005 年，第 1 期。

大历江南诗人的佛学情缘，郜林涛，唐都学刊，2005 年，第 3 期。

西域风光和壁画对唐人边塞诗与变文的影响，邓乔彬，新疆师范大学学报，2005 年，第 1 期。

唐诗与佛寺，刘小平，寻根，2005 年，第 2 期。

唐五代白话小说的佛传题材论源，俞晓红，河西学院学报，2005 年，第 1 期。

佛教与隋唐五代小说中之"镜像"：以小说中"镜显善恶"题材为中心，夏广兴，暨南学报，2005 年，第 2 期。

玄奘西行对唐代小说创作的影响，王青，西域研究，2005 年，第 1 期。

试论佛教对唐传奇的影响：以《游仙窟》、《枕中记》、《霍小玉传》为参照的思考，周晴，济宁师范专科学校学报，2005 年，第 1 期。

敦煌报恩经变与变文《双恩记》残卷，简佩琦，敦煌学辑刊，2005 年，第 1 期。

1949 年前敦煌文学的收集、著录和整理，吴光正、曹金钟，学术交流，2005 年，第 1 期。

唐代佛曲程式初探，王定勇，绥化学院学报，2005 年，第 1 期。

寒山和寒山诗的传奇历程，崔小敬，文史知识，2005 年，第 6 期。

朝鲜本系统《寒山诗》版本源流考，李钟美，文献，2005 年，第 1 期。

李贺神鬼诗的哲理思考，侯智芳，黑龙江教育学院学报，2005

年，第 1 期。

元稹的宦海浮沉与禅心消长，何剑平，四川大学学报，2005 年，第 1 期。

元稹自叙艳诗的佛学渊源及形成机制，孙鸿亮，人文杂志，2005 年，第 3 期。

论许浑诗中的佛教"四苦"之叹，胡遂，河北大学学报，2005 年，第 2 期。

二十年贾岛研究述评，张震英，广西师范学院学报，2005 年，第 1 期。

李煜词与佛教信仰，许程明，韩山师范学院学报，2005 年，第 1 期。

王梵志诗集叙录，齐文榜，河南大学学报，2005 年，第 4 期。

在文人诗和民歌之外：浅说王梵志诗的边缘性，姜玉芳，西南民族大学学报，2005 年，第 3 期。

寒山的身份与通俗诗叙述角色转换，罗时进，江海学刊，2005 年，第 2 期。

论儒释互渗的贯休诗，徐志华，湖南科技学院学报，2005 年，第 7 期。

佛天艺海同此风月：王维与弘一法师之殊同洞微，蔡靖芳，吉林广播电视大学学报，2005 年，第 2 期。

浅析王维李白之诗对禅宗与道家"空灵之美"追求的差异，朱惠玲，琼州大学学报，2005 年，第 1 期。

浅谈禅学对王维山水诗的影响，张文，湖南大众传媒职业技术学院学报，2005 年，第 3 期。

王维的儒道情怀、佛性智慧与山水诗创作，张银堂，齐鲁学刊，2005 年，第 4 期。

佛禅与杜甫的思想关系探析，于俊利，乐山师范学院学报，2005 年，第 4 期。

李白释家题材作品略论，李小荣，文学遗产，2005 年，第 2 期。

论柳宗元山水诗的复与变：兼及佛教对其审美理念的影响，卢宁，南阳师范学院学报，2005 年，第 2 期。

读《巽公院五咏》——兼论柳宗元的佛教信仰，王国安，湖南科技学院学报，2005 年，第 3 期。

白居易的人生态度及与儒道佛的交融，马现诚，学术论坛，2005 年，第 1 期。

三教融摄与宋代士人的处世心态及文学表现，张玉璞，孔子研究，2005 年，第 2 期。

向来枉费推移力，今日水中自在行：宋诗中禅的理趣，麻天祥，郑州大学学报，2005 年，第 4 期。

论晏殊思想性格中的儒释道结构特征，王丽洁，海南师范学院学报，2005 年，第 2 期。

北宋诗僧惠洪研究，成明明，河北大学学报，2005 年，第 1 期。

诗中有画：六根互用与出位之思——略论《楞严经》对宋人审美观念的影响，周裕锴，四川大学学报，2005 年，第 4 期。

《冷斋夜话》与江西诗派，成明明，云南社会科学，2005 年，第 1 期。

散作人间万窍风：浅谈禅宗对苏轼的影响，徐雪梅，前沿，2005 年，第 6 期。

苏轼与道潜交谊述论，杨胜宽，乐山师范学院学报，2005 年，第 3 期。

试论苏轼宗教观念的价值取向，张丽华，语文学刊，2005 年，第 3 期。

佛教"水观"与苏轼诗，梁银林，西南民族大学学报，2005 年，第 3 期。

苏词与姜张词禅意清境比较，刘晓珍，山东师范大学学报，2005 年，第 3 期。

苏轼《琴诗》的佛禅解读，梁银林，文史杂志，2005 年，第 1 期。

苏轼诗文创作与佛经譬喻：兼论《日喻》之佛典渊源，李最欣，甘肃社会科学，2005 年，第 3 期。

元代僧诗现象平议，邓绍基，中国社会科学院研究生院学报，2005 年，第 3 期。

试论佛教对元好问的影响，李正民、刘贵琥，民族文学研究，2005 年，第 3 期。

澹归词略论，陈永正，岭南文史，2005 年，第 1 期。

从水浒戏到《水浒传》的戒色主题，涂秀虹，福建论坛，2005 年，第 8 期。

《西游记》对佛教四大部洲方位的改造，张祝平，南通大学学报，2005 年，第 1 期。

试论《西游记》的佛学主题，成晓辉，社会科学家，2005 年，第 2 期。

以谪世为中心的《西游记》结构，张顺，湖北广播电视大学学报，2005 年，第 1 期。

从唐太宗游地府和三打白骨精说起：论《西游记》中的生死，彭建华、朱世业，长春师范学院学报，2005 年，第 1 期。

从孙悟空西游看《西游记》对佛教四大部洲方位的改造，张祝平，淮海工学院学报，2005 年，第 1 期。

孙悟空形象的宗教文化意蕴，梁联强，广西师范学院学报，2005 年，第 2 期。

沙僧、大流沙与西域宗教的想象，夏敏，明清小说研究，2005 年，第 1 期。

试论《金瓶梅》的佛教主题，成晓辉，求索，2005 年，第 5 期。

《金瓶梅》的佛教精神，成晓辉，甘肃社会科学，2005 年，第 2 期。

论佛教对《月明和尚度柳翠》的影响，代顺丽，漳州师范学院学报，2005 年，第 2 期。

雍容、有益人心、儒道佛整合：《阅微草堂笔记》之三层解读，蒋小平，中国文学研究，2005 年，第 1 期。

魏源山水诗与佛教美学，詹志和，中国文学研究，2005 年，第 3 期。

佛教影响与魏晋时期美学精神转型，詹志和，文艺研究，2005 年，第 7 期。

《空空幻》的否定意识与文化内涵，周华南、吴建国，中国文学研究，2005 年，第 2 期。

清代"诗佛"吴嵩梁评述，徐国华，中文自学指导，2005 年，第 1 期。

试论罗辰的禅趣诗，罗瑛、袁芸，湖南文理学院学报，2005

年，第 2 期。

"情人身上特征"母题与个人隐私权：《聊斋志异·霍生》的佛经故事溯源，王立、孙忠权，沈阳师范大学学报，2005 年，第 1 期。

宝黛之恋的佛学解读，宋珂君，红楼梦学刊，2005 年，第 3 期。

试析惜春皈依佛门的心路历程，张莺，甘肃广播电视大学学报，2005 年，第 1 期。

试用庄禅思想解读《红楼梦》，黄毓任，西南民族大学学报，2005 年，第 1 期。

《红楼梦》文本结构中的佛家隐意，刘衍青，固原师范专科学校学报，2005 年，第 1 期。

思想情味：从《红楼梦》的"色空观"看古代小说的一种戏剧化的思想表达方式，张岳林、吴承林，皖西学院学报，2005 年，第 1 期。

佛典汉译及汉译佛教哲学对中国古代诗学的影响，普惠，文艺研究，2005 年，第 3 期。

从"神感说"探讨古代文论的"神思说"，袁济喜，厦门大学学报，2005 年，第 1 期。

禅宗与唐宋诗话美学，马燕，青海师范专科学校学报，2005 年，第 3 期。

刘勰《文心雕龙》和佛教思想的关系，张少康、笠征，北京大学学报，2005 年，第 4 期。

"妙悟"与唐、宋诗学，芮宏明，文艺理论研究，2005 年，第 1 期。

云门宗风与晚唐五代诗论，张海沙，学术研究，2005 年，第 2 期。

经天纬地物：晚唐五代诗僧的"尊诗观"，王秀林、刘国民，求索，2005 年，第 2 期。

禅宗心学对唐宋诗学的影响，周春宇，甘肃社会科学，2005 年，第 2 期。

皎然《诗式》与盛唐诗学思想，张海明，文学评论，2005 年，第 2 期。

皎然《诗式》与中国诗学之转型，许连军，湖南文理学院学报，2005 年，第 3 期。

皎然的诗境与禅境，郜林涛，重庆社会科学，2005 年，第 8 期。

皎然取境说浅论，高东洋，潍坊学院学报，2005 年，第 3 期。

皎然诗境说的辩证思想探析，时凤玲，保定师范专科学校学报，2005 年，第 3 期。

皎然与禅，袁向彤，烟台师范学院学报，2005 年，第 1 期。

黄庭坚"以剧喻诗"辨析，吴晟，文学遗产，2005 年，第 3 期。

徘徊于庙堂与禅境之间：试论杨万里诗学的矛盾统一性，彭维锋，天中学刊，2005 年，第 3 期。

"童心说"的禅学渊源，戴峰，湖北教育学院学报，2005 年，第 3 期。

论禅庄对李贽"童心说"的影响，戴峰，云南社会科学，2005 年，第 4 期。

唯识宗、禅宗对"境界"理论的构建作用，柳倩月，学术交流，2005 年，第 4 期。

近二十年文言梦幻小说及相关研究综述，张桂琴、王立，齐鲁学刊，2005 年，第 2 期。

《聊斋志异》与佛教文化研究述评，朱祺、王恒展，2005 年，第 1 期。

荷花意象和佛道关系的融合，俞香顺，内蒙古大学学报，2005 年，第 6 期。

论佛教文学对中国文学观念世界的影响，俞晓红，东方丛刊，2005 年，第 2 期。

娼妓、渔妇、观音菩萨：试论鱼篮观音形象的形成与衍变，周秋良、康保成，江西社会科学，2005 年，第 10 期。

佛教现观论对诗歌意境理论的影响，李建春，济宁师范专科学校学报，2005 年，第 4 期。

居士佛教与居士词论略，东方乔，文学遗产，2005 年，第 6 期。

论北魏后期儒释道三教的发展及其对文学的影响，金前文，渝西学院学报，2005 年，第 6 期。

涅槃、维摩、"四依"与六朝文学思想的嬗变，许云和，首都师范大学学报，2005 年，第 4 期。

人生忽如寄，玄佛净心灵：玄佛合流下的玄言诗探微，赵恒，宜宾学院学报，2005 年增刊。

魏晋南北朝时期佛经翻译对中国古典诗歌的影响，马红军、卢颖，四川外语学院学报，2005 年，第 6 期。

释氏辅教之书：六朝志怪小说的叙事新风，刘慧卿，西南民族大学学报，2005 年，第 10 期。

谢灵运与慧严、慧观，姜剑云，河北大学学报，2005 年，第 6 期。

论谢灵运与佛教的关系，王永波、王辉斌，贵州社会科学，2005 年，第 6 期。

论《世说新语》中的支道林形象，曾小霞，沧州师范专科学校学报，2005 年，第 4 期。

支遁与东晋士人交往初论：以《世说新语》为中心，倪晋波，兰州学刊，2005 年，第 6 期。

论《洛阳伽蓝记·庭山赋》的另一种趣味，孟光全，内江师范学院学报，2005 年增刊。

《全晋文》载《昙无竭菩萨赞》作者新证，李谟润，洛阳大学学报，2005 年，第 3 期。

陶渊明《闲情赋》之"十愿"受到佛教影响质疑：对《陶诗佛音辨》的一点质疑，盛敏慧，九江学院学报，2005 年，第 1 期。

北宗禅与大历诗歌创作，邰林涛，五台山研究，2005 年，第 4 期。

诗为禅客添花锦，禅是诗家切玉刀：略论禅与唐诗发展，曲景毅，乐山师范学院学报，2005 年，第 8 期。

唐宋文人对佛道思想的"实用心态"及其对词的影响，张再林，温州师范学院学报，2005 年，第 3 期。

从对立到融合：唐五代小说中的佛道关系，王剑，西安电子科技大学学报，2005 年，第 4 期。

《敦煌诗集残卷辑考》辑误，张锡厚，社会科学辑刊，2005 年，第 5 期。

敦煌本《庐山远公话》补校，钱汝平，图书馆杂志，2005 年，第 11 期。

变文研究的成就与不足，富世平，南华大学学报，2005 年，第 2 期。

敦煌变文的名与实，李明，北京工业大学学报，2005 年，第 3 期。

论敦煌讲唱文学对我国通俗小说的影响，钟海波，唐都学刊，2005 年，第 5 期。

论敦煌说唱文学的叙事艺术，单芳，敦煌研究，2005 年，第 6 期。

他生缘会此生休：试论元稹诗歌与佛教，赵渺渺，长春工业大学学报，2005 年，第 3 期。

大历十才子与方外隐逸诗人之隐逸诗比较，张声怡，湛江海洋大学学报，2005 年，第 5 期。

宗教革命与诗学观念的革新：《坛经》的诗美学意义，张海沙、马茂军，文学评论，2005 年，第 5 期。

论古代对王维与佛禅之研究，高慎涛、冯阳，天中学刊，2005 年，第 6 期。

浅谈佛教对王维诗歌创作的影响，季晓冬、鑫鑫，沈阳教育学院学报，2005 年，第 4 期。

闲云自起落，悠然禅者心：王维《终南别业》赏析，桑宝靖，世界宗教文化，2005 年，第 4 期。

论王维山水田园诗中的禅意，黎文丽、傅绍良，唐都学刊，2005 年，第 6 期。

纯粹看与纯粹听：论王维山水诗的意境美学及其禅学诗学史背景，张节末，文艺理论研究，2005 年，第 5 期。

论王维山水诗的禅意与画意，李智仁，湖南大众传媒职业技术学院学报，2005 年，第 6 期。

杜甫与佛教，孙昌武，东方论坛，2005 年，第 4 期。

柳宗元佛教思想对其诗文创作的影响，王洪臣，湖南科技学院学报，2005 年，第 9 期。

白居易闲适诗中的佛教意境，毛妍君，中国道教，2005 年，第 6 期。

德洪《临济四喝》考，陈开勇，河池学院学报，2005 年，第 3 期。

惠洪与黄庭坚的交游及对其诗法的传释，邱美琼、胡建次，河池学院学报，2005 年，第 3 期。

简论东篱散曲的佛家意蕴，邵之茜、荆之隆，西安电子科技大学学报，2005 年，第 3 期。

试论禅宗对王安石晚年诗风转变的影响，林青，福建宗教，2005 年，第 5 期。

苏轼黄州佛禅"功业"述论，梁银林，西南民族大学学报，2005 年，第 10 期。

试析苏东坡的出入世思想及其散文创作，施肃中，福建省社会主义学院学报，2005 年，第 3 期。

大报恩寺与李昌祺的佛教情结及其对《剪灯余话》的影响，乔光辉，东南文化，2005 年，第 3 期。

论《水浒传》中鲁智深僧人形象的继承与创新，陈玉勤，南昌大学学报，2005 年，第 3 期。

藏传密教与《西游记》：蔡铁鹰《西游记成书研究》续论，胡小伟，淮阴师范学院学报，2005 年，第 4 期。

谈《西游记》中的佛学意味，张婧、郭岩，白城师范学院学报，2005年，第4期。

冯梦龙《三言》中僧尼题材的"轮回"模式及"情色"，孙媚，龙岩学院学报，2005年，第4期。

清初僧诗的故国情怀，杨旭辉，盐城师范学院学报，2005年，第3期。

清代白话公案小说大量表现鬼神因素目的初探，王湘华，乌鲁木齐成人教育学院学报，2005年，第2期。

论《野叟曝言》的反佛老思想，孙开东，青岛大学师范学院学报，2005年，第2期。

文心与佛心——沈起凤《谐铎》的中枢，胡丽娜，湖北大学学报，2005年，第6期。

因果报应的柔性化：谈《狭路逢》，刘勇强，文史知识，2005年，第12期。

亦儒亦佛的率真个性：试论孙悟空个性的儒佛因素，范义臣、林伦才，重庆工学院学报，2005年，第12期。

《西游记》"火烧禅堂"故事的材料来源，郝润华，明清小说研究，2005年，第4期。

《金瓶梅》毒书复仇说、诬陷仇人与佛经故事，王立，古典文学知识，2005年，第6期。

论《考城隍》本文层次的典型特征，蔡相宗、吉立田，蒲松龄研究，2005年，第3期。

"世难容"与"世能容"的空门女弟子：妙玉与妙常人物形象比较，鲍开恺，江苏教育学院学报，2005年，第5期。

《好了歌》及其注的话语语境之文化阐释，刘衍青，固原师范专科学校学报，2005 年，第 5 期。

由"以禅入诗"、"以禅喻诗"到"妙悟之说"：中国古代诗歌创作批评史上一次创造双赢的沟通，张迎春，琼州大学学报，2005 年，第 4 期。

儒释道文化与中国古典文论中的直觉思维，周玲，山东教育学院学报，2005 年，第 4 期。

论萧统文学批评折衷意识的佛学背景，高文强，武汉理工大学学报，2005 年，第 5 期。

唐代"三教互补"强化了艺术思维中的感应性，金丹元、江云岷，云南民族大学学报，2005 年，第 6 期。

皎然《诗式》对鲍照的接受及原因探析，罗春兰，江西社会科学，2005 年，第 5 期。

皎然《诗式》研究述评及未来构思，许连军，湖南师范大学学报，2005 年，第 6 期。

如壶公瓢中，自有天地日月：皎然"自然风流"诗美观念管窥，郭太安，聊城大学学报，2005 年，第 6 期。

"吴中诗风"与皎然"三格四品"说，丁彩云，湖州师范学院学报，2005 年，第 5 期。

论严羽的"妙悟"说，曾娅先，徐州师范学院学报，2005 年，第 1 期。

从《遍行堂集》看僧澹归的诗文批评，李福标，中国韵文学刊，2005 年，第 3 期。

论禅诗的禅疗及其心理保健意义，李迎春，河南教育学院学报，2005 年，第 4 期。

元稹的宦海沉浮与禅心消长，何剑平，四川大学学报，2005

年，第 1 期。

宋僧人与唐科举，查明昊，西南交通大学学报，2005 年，第 5 期。

晓莹生平事迹初探，许红霞，北大中国古文献研究中心集刊，第 5 辑，北京大学出版社，2005 年。

"蔬笋气"意义面面观，许红霞，中国典籍与文化，2005 年，第 4 期。

《全宋诗》所收禅僧诗校读，朱刚，卿云集续编，上海古籍出版社，2005 年。

元代的"诗禅三隐"，陈得芝，禅学研究，第 1 辑，1992 年；蒙元史研究丛稿，人民出版社，2005 年。

元代僧诗现象平议，邓绍基，中国社会科学院研究生学报，2005 年，第 3 期。

石屋清珙禅师及其山居诗，刘文彬，广东佛教，2005 年，第 2 期。

石屋清珙的禅茶思想，朱敏，农业考古，2005 年，第 4 期。

和刻本稀见中国元代僧人诗集叙录，杨铸，中国典籍与文化论丛，第 8 辑，北京大学出版社，2005 年。

王夫之与金堡澹归关系考论，李舜臣，船山学刊，2005 年，第 1 期。

《海云禅藻集·海云文献辑略》叙录，钟东，广东佛教，2005 年，第 3 期。

和光同尘中的骯髒气骨——澹归《遍行堂集》的民族思想平议，潘承玉、吴承学，南京师范大学学报，2005 年，第 3 期。

紫柏大师的"文字禅"理论及其实践，戴继诚，船山学刊，

2005 年，第 2 期。

《高僧传》弘法起信考，孔祥军，南京晓庄学院学报，2005年，第 3 期。

佛经传译中的跨文化交流模式，蒋述卓、周兴杰，文艺研究，2005 年，第 7 期。

严羽诗禅理论与宗杲禅学，魏静，天津大学学报，2005 年，第 1 期。

榆林窟第 19 窟目连变相与《目连变文》，于向东，敦煌学辑刊，2005 年，第 1 期。

汉代佛经翻译风格刍议，林威，青岛大学师范学院学报，2005年，第 2 期。

相思病母题与中古汉译佛经溯源，王立，南亚研究，2005 年，第 1 期。

记忆神话以及历史的消失——以北齐僧稠禅师的资料为例，葛兆光，东岳论丛，2005 年，第 4 期。

释契嵩的论尊僧与僧籍，聂士全，法音，2005 年，第 5 期。

俄藏黑城出土写本《景德传灯录》年代考，马格侠，敦煌学辑刊，2005 年，第 2 期。

也谈《法句经》的偈颂及其文学性，黄先炳，中国韵文学刊，2005 年，第 2 期。

从梁武帝的《孝思赋》看中国佛教与儒家伦理的融合，王玮，西北民族大学学报，2005 年，第 4 期。

中国古代佛经译场对后世翻译活动的影响，谢冰，淮南师范学院学报，2005 年，第 4 期。

佛教"地狱巡游"故事母题的形成及其文化意蕴，范军，华侨大学学报，2005 年，第 3 期。

从《西游记》看佛教对女性信仰问题的态度，宋珂君，中华女子学院学报，2005 年，第 5 期。

从俗讲到说话：俗讲发展史略述，袁书会，西藏民族学院学报，2005 年，第 5 期。

心为文字之性：永明延寿判教原则的语言哲学分析，吴忠伟，江苏社会科学，2005 年，第 5 期。

东晋出家士族考，徐清祥，世界宗教研究，2005 年，第 3 期。

慧远研究三题，张育英，世界宗教研究，2005 年，第 2 期。

论北宋诗僧道潜，成明明，宗教学研究，2005 年，第 1 期。

要知在欲是行禅，火聚荷花颜色鲜——宋代僧侣狎妓纳室风气及其原因剖析，陈自力，新国学，第 5 辑，巴蜀书社，2005 年。

天然和尚塔墓访寻记，仇江，岭南文史，2005 年，第 2 期；悲智传响——海云寺与别传寺历史文化研讨会论文集，中国海关出版社，2006 年。

南岳寺庙散文论，张齐政，船山学刊，2005 年，第 1 期。

论中国古代小说象征及其现代影响，施军，西南民族大学学报，2005 年，第 1 期。

对艳情小说中僧尼、道士"性化"现象的宗教阐释，杨毅，福建师范大学学报，2005 年，第 1 期。

陶渊明诗所受佛经影响，李秀花，上饶师范学院学报，2005 年，第 1 期。

玄奘西行对唐代小说创作的影响，王青，西域研究，2005 年，第 1 期。

王梵志、寒山佛理劝善诗的异同，朱炯远，上海大学学报，

2005 年，第 1 期。

论白居易的人生态度及与儒道佛的交融，马现诚，学术论坛，2005 年，第 1 期。

论宋释惠洪的"好为绮语"，陈自力，文学遗产，2005 年，第 2 期。

桃花庵里桃花仙：风流才子唐伯虎的前世今生，慧远，书屋，2005 年，第 2 期。

以谪世为中心的《西游记》结构，张顺，湖北广播电视大学学报，2005 年，第 1 期。

《聊斋志异》与佛教文化研究述评，朱祺、王恒展，蒲松龄研究，2005 年，第 1 期。

小议刘勰《文心雕龙》对郭璞的评论，张和群，福建省社会主义学院学报，2005 年，第 1 期。

永明体的产生与佛经转读关系再探讨，吴相洲，文艺研究，2005 年，第 3 期。

南宋诗僧诗文集在日本的刊刻流传情况及其资料价值——兼论加强域外汉籍研究的重要性，许红霞，"中国古典文献学及中国学术的总体发展"国际学术研讨会，华东师范大学，2005 年 11 月。

《景德传灯录》以诗明禅，冯国栋，中国禅学，第 5 辑，中国社会科学出版社，2005 年。

以诗入禅的三种形式，高慎涛，中国禅学，第 4 辑，中华书局，2005 年。

惠洪"文字禅"及对后世的影响，吴静宜，中国禅学，第 4 辑，中华书局，2005 年。

《祖堂集》校读散记，詹绪左、何继军，中国禅学，第 4 辑，中华书局，2005 年。

《五灯会元》校读札记，阚绪良，中国禅学，第 4 辑，中华书局，2005 年。

中唐禅风与皎然诗境观，萧驰，中华文史论丛，第 79 辑，上海古籍出版社，2005 年。

从"寺"自"官寺"义向"佛寺"义的演化看佛教在中国的传播与发展，陈宝勤，新国学，第 5 辑，2005 年。

魏晋南北朝文与汉文佛典对"恐惧"义的选择，陈秀兰，新国学，第 5 辑，2005 年。

《续高僧传》管见——以兴圣寺本为中心，藤善真澄撰，刘建英、韩升译，域外汉籍研究集刊，第 1 辑，中华书局，2005 年。

百首观音灵签之签题析论——以艋舺龙山寺为例，汪娟，中国俗文化研究，第 3 辑，巴蜀书社，2005 年。

"马郎妇"事典考论——兼谈观音形象的女性化，陆永峰，中国俗文化研究，第 3 辑，巴蜀书社，2005 年。

大藏经与禅录之入藏，柳田聖山，中国禅学，第 4 辑，中华书局，2005 年。

盂兰盆文献所反映的中土民间信仰若干概念的变化，土屋太佑，新国学，第 5 辑，巴蜀书社，2005 年。

汉译佛经偈颂的程式，孙尚勇，中国俗文化研究，第 3 辑，巴蜀书社，2005 年。

李白与佛教——印度文化，彭建华，中国俗文化研究，第 3 辑，巴蜀书社，2005 年。

从《景德传灯录》看禅宗语言的文学性，冯国栋，中国俗文化研究，第 3 辑，巴蜀书社，2005 年。

国清寺本系统《寒山诗》版本源流考，（韩）李钟美，中国俗文化研究，第 3 辑，巴蜀书社，2005 年。

对萨尔吉《傅大士研究》书评的回应，张子开，中国俗文化研究，第 3 辑，巴蜀书社，2005 年。

敦煌遗书斯 566 号与经折装，方广錩，文史，第 70 辑，中华书局，2005 年。

牛僧孺《玄怪录》的定数论考察，（韩）宋伦美，中国典籍与文化，2005 年，第 1 期。

空海在唐作诗考，蔡毅，域外汉籍研究集刊，第 1 辑，中华书局，2005 年。

敦煌书仪误校示例，张小艳，文史，第 71 辑，中华书局，2005 年。

从《笑林广记》中的淫僧色尼考察大众的狂禅精神，赵修霈，新世纪宗教研究，第 4 期，2005 年。

敦煌禅宗歌诗《行路难》综论，郑阿财，文学新钥，第 3 期，2005 年。

六朝志怪小说中的报应观，王岫林，国文天地，第 20 卷第 10 期，2005 年 3 月。

六朝观世音信仰之原理及其特征：以三种《观世音应验记》为探索，黄东阳，新世纪宗教研究，第 3 卷第 4 期，2005 年 6 月。

从佛经到志怪——以六朝观世音应验故事为例，魏晋六朝学术研讨会论文集，2005 年 9 月。

敦煌劝善类白话诗歌初探，朱凤玉，敦煌学，第 26 辑，2005 年 12 月；第七届唐代文化学术研讨会会议论文，台北大学人文学院、中国唐代学会，2005 年。

佛教文史五考，林伯谦，新世纪宗教研究，第 3 卷第 4 期，2005 年。

禅学与禅文化的人间性，释圣严，人生，第 256 期，2005 年。

佛教与回鹘讲唱文学，杨富学，普门学报，第 26 期，2005 年。

回鹘文《忏悔灭罪金光明经冥报传》研究，杨富学，敦煌学，南华大学敦煌学研究中心编印，第 26 期，2005 年。

唐宋佛教史传中的禅师想像——比较僧传与灯录有关禅师的书写，龚隽，台大佛学研究中心学报，第 10 期，2005 年。

参访名师——南宋求法日僧与江浙佛教丛林，黄启江，台大佛学研究中心学报，第 10 期，2005 年。

《传灯玉英集》卷十四补阙和研究——宋士大夫王随删节《景德传灯录》之探讨，黄绎勋，中华佛学学报，第 18 期，2005 年。

汉译阿含广律中佛陀成道历程"禅定与神通"的叙事分析，丁敏，政大中文学报，第 3 期，2005 年。

当代在台湾弘法的河南高僧，于凌波，中原文献，第 37 卷第 3 期，2005 年 7 月。

不立文字の文学，山藤夏郎，南台应用日语学报，第 5 期，2005 年。

洪州禅与中晚唐诗坛，林永焕，普门学报，第 30 期，2005 年 11 月。

初期佛教的种姓系谱学——佛教对"种姓起源神话"的考察与改写，吕凯文，华梵人文学报，第 4 期，2005 年 1 月。

《金刚经》的梦幻诗学，李霖生，玄奘人文学报，第 4 期，

2005 年 2 月。

禅宗与审美体验——禅宗美学的探索（上），林朝成，国文天地，第 20 卷第 8 期，2005 年 1 月。

禅宗与审美体验——禅宗美学的探索（下），林朝成，国文天地，第 20 卷第 9 期，2005 年 2 月。

回归与蜕变——禅宗《十牛图》意识进化历程研究，林绣亭，亲民学报，第 11 期，2005 年。

敦煌禅宗歌诗《行路难》综论，郑阿财，文学新钥，第 3 期，2005 年。

禅宗公案与民间故事，金荣华，玄奘人文学报，第 4 期，2005 年。

印顺法师对佛教传说的理解与运用，侯坤宏，"国史馆"学术集刊，第 6 期，2005 年。

智海老和尚访谈纪录，侯坤宏、高明芳、赖淑卿、杨璟惠，"国史"馆馆刊，第 39 期，2005 年。

丰原慈龙寺常露法师访谈录，侯坤宏、高明芳、赖淑卿访问，杨璟惠纪录，国史馆馆刊，第 38 期，2005 年。

宋代士大夫与佛教，张煜，普门学报，第 30 期，2005 年。

论《撰集百缘经》的授记故事，梁丽玲，文学新编，第 3 期，2005 年。

弘一大师图论（9）：弘一大师在青岛湛山寺，陈星，普门学报，第 29 期，2005 年。

庞蕴居士之研究，陈丽贞，人文及管理学报，第 2 期，2005 年。

达观禅师与汤显祖，陈采玉，有凤初鸣年刊，第 1 期，

2005 年。

《十牛图颂》之禅学诠释——佛教阐释学一章，熊琬，玄奘人文学报，第 4 期，2005 年。

《西游记》与《天路历程》中之心灵之旅：一个禅学阐释，蒋昆宏，新世纪宗教研究，第 4 卷第 1 期，2005 年 9 月。

论庞蕴的禅宗美学风格与实践，郑昭明，云汉学刊，第 12 期，2005 年。

虚云和尚禅法与禅修慧命之当代融通，赖贤宗，宗教与民俗医疗学报，第 1 期，2005 年。

汉魏六朝中阴身思想研究，罗因，台大中文学报，第 23 期，2005 年。

禅宗语言文字观之探讨——"不立文字"与"不离不弃文字"，钟文伶，问学，第 8 期，2005 年 6 月。

宋代道教医疗——以洪迈《夷坚志》为主之研究，庄宏谊，辅仁宗教研究，第 12 期，2005 年。

佛教文学的文本叙事分析，丁敏，新世纪宗教研究，2005 年，第 3 卷第 4 期。

"于阗国"传说与龟兹壁画，王建林，海潮音，第 86 卷第 6 期，2005 年 6 月。

中古汉译佛经偈颂体式研究，孙尚勇，普门学报，第 27 期，2005 年 5 月。

吐鲁番文书所见佛教二三事，林聪明，玄奘人文学报，第 4 期，2005 年 2 月。

台湾近代（1895—1945）佛教史研究之再检讨，江灿腾，台大佛学研究，第 10 期，2005 年 7 月。

王门二溪与佛教思想之交涉，罗永吉，鹅湖月刊，第 365 期，2005 年 11 月。

李商隐诗与佛教的关系——禅、华严、李义山，林美清，玄奘人文学报，第 4 期，2005 年 2 月。

宗教信仰与梦文化——明清之际天主教与佛教的比较探索，夏伯嘉，"中央"研究院历史语言研究所集刊，2005 年 6 月。

重读细论《冥报记》——以文辅教？藉教劝世?，张火庆，兴大中文学报，第 17 期，2005 年。

骷髅幻戏——中国文学与图象中的生命意识，衣若芬，中国文哲研究集刊，第 26 期，2005 年。

《南雁圣传仙姑宝卷》的发现及其概貌，徐宏图，中国文哲研究通讯，第 15 卷第 2 期，2005 年 6 月。

回鹘文《忏悔灭罪光明经冥报传》研究，杨富学，敦煌学，第 26 期，2005 年。

佛教与回鹘讲唱文学，杨富学，普门学报，2005 年，第 26 期。

康保成《中国古代戏剧形态与佛教》，廖肇亨，"中央"研究院文哲研究集刊，第 26 卷，2005 年。

女性禅师的道影——由"写真与名言"探析祇园禅师之形象，苏美文，佛学研究中心学报，第 10 期，2005 年。

《洛阳伽蓝记》中灵异故事类型之探析，陈佩玲，东方人文学志，2005 年，第 3 期。

大慧宗杲论禅悟，荒木见悟、廖肇亨，中国文哲研究通讯，第 15 卷第 4 期，2005 年。

淫辞艳曲与佛教：从《西厢记》相关文本论清初戏曲美学的

佛教诠释，廖肇亨，中国文哲研究集刊，第 26 期，2005 年。

隐元禅师诗歌中的两种声音：以晚年诗作为中心，廖肇亨，日本汉学研究续探：文学篇，华东师范大学出版社，2005 年 8 月。

尽大地是一戏场——觉浪道盛的剧场禅探析，廖肇亨，"中国古代文艺思想"国际学术讨论会，淡江大学中文系、首都师范大学中文系，2005 年 8 月。

《沧浪诗话》与明清诗学论争：以"法、悟"关系为中心，廖肇亨，"中国近世文学"国际学术研讨会，"国立"成功大学文学院主办，2005 年 10 月。

僧人说梦：明清丛林梦论思想探析，廖肇亨，"明代文学与文化"国际学术研讨会，复旦大学中国古代文学中心、首都师范大学中文系主办，2005 年 8 月。

佛教文学网路建构的现在与未来，萧丽华，"佛学数位资源之应用与趋势"研讨会，台湾大学主办，2005 年 9 月。

唐宋佛教史传中的禅师想象——比较僧传与灯录有关禅师传的书写，龚隽，台大佛学研究，第 10 期，2005 年。

敦煌莫高窟北区 B157 窟出土回鹘文《阿毗达摩俱舍论实义疏》残叶研究，阿依达尔·米尔卡马力，京都大学言语学研究，2005 年。

大法会集，譬喻演说——故宫宋本《大集譬喻王经》试析，胡进杉，故宫文物月刊，第 262 期，2005 年。

论《撰集百缘经》的授记故事，梁丽玲，玄奘人文学报，2005 年。

全宋诗禅僧诗偈颂赞之考察，罗宗涛，玄奘人文学报，第 4 期，2005 年。

Seeing with the Mind's Eye: The Eastern Jin Discourse of Visualization and Imagination, Tian Xiaofei, *Asia Major*, third series, Vol. 18, No. 2 (2005), pp. 67 – 102, 2005.

Illusion and Illumination: A New Poetics of Seeing in Liang Dynasty Court Literature, Tain Xiaofei, *Harvard Journal of Asiatic Studies*, Vol. 65, No. 1 (Jun. , 2005), pp. 7 – 56, 2005.

Three language – related methods in early Chinese chan buddhist, Desheng Zong, *Philosophy East and West* 4, 2005.

True Matters Concealed: Utopia, Desire, and Enlightenment in Honglou meng, Mark S. Ferrara, *An Interdisciplinary Critical Journal* 4, 2005.

Zen language in our time: the case of Pojo chinul's Huatou meditation, Jin Y. Park, *Philosophy east and west* 1, 2005.

Ascendant Peace in the Four Seas: Tributary Drama and the Macartney Mission of 1973, Ye Xiaoqing, *Late Imperial China* 2, 2005.

Baochang: Sixth – Century Biographer of Buddhist Monks and Nuns? Tom De Rauw, *Journal of the American Oriental Society* 2, 2005.

Inventing Hui – neng, the Sixth Patriarch: Hagiography and Biography in Early Ch'an, John Jorgensen, *Sinica Leidensia* 68, 2005.

The "Latter Days of the Law" Ideology among Chinese Pure Land Buddhist Proponents: The Case of Tao – ch'o and Ching – ying Hui – yüan, Kenneth K. Tanaka, *The Eastern Buddhis* 1/2, 2005.

The Center Cannot Hold: Ambiguous Narrative Voices in Wu's The

Journey to the West and Conrad's Heart of Darkness, Lidan Lin, *The Comparatist* 29, 2005.

北宗「五方便」と神会「五更転」——唐代前期禅宗の民衆教化，中鉢雅量，東方宗教，106：35—54，2005。

聖者観の二系統—六朝隋唐仏教史鳥瞰の一試論，船山徹，麥谷邦夫編，『三教交渉論叢』京都大学人文科学研究所，2005。

中国民間演劇の現状—紹興の蓮花落・鸚哥班・宝巻を中心に，磯部祐子，高岡短期大学紀要，20：221—234，2005。

『冥報記』韋慶植説話の成立，三田明弘，日本女子大学紀要・人間社会学部，16：157—166，2005。

蘇東坡の信仰，宇佐美文理，麥谷邦夫編『三教交渉論叢』，京都大学人文科学研究所）623—651，2005。

2006 年

菩提树与革命僧：清末民初僧人与革命之探讨，苏美文，新世纪宗教研究，第 4 卷第 3 期，2006 年。

佛家"专注"故事的注意力向度分析，丁敏，新世纪宗教研究，2006 年，第 2 期。

佛经《梵志吐壶》故事基型的演变：秘密情人的空间叙事，丁敏，新世纪宗教研究，2006 年，第 4 卷第 1 期。

《大唐西域记》中的人物形象，简圣宗，浙江树人大学学报，2006 年，第 2 期。

三教论衡的历史发展，周勋初，古典文献研究，第 9 辑，2006 年。

从比丘尼律看两晋南北朝时期比丘尼的信仰与生活：以梁释宝唱撰《比丘尼传》为中心，李传军，徐州师范大学学报，2006年，第1期。

降蛇：佛道相争的叙事策略，吴真，民族艺术，2006年，第1期。

明代"西天僧"考略，杜常顺，世界宗教研究，2006年，第1期。

佛教题材的世俗改写与历史文本的人性解读——论施蛰存佛教题材小说创作，卢洪涛，文艺理论研究，2006年，第6期。

《五卷书》与东方民间故事，薛克翘，北京大学学报，2006年，第4期。

澹归作品遭禁毁考论，刘娟，岭南文史，2006年，第4期。

吴嵩梁《石溪舫诗话》述评，徐国华，东华理工学院学报，2006年，第1期。

《永乐大典》中的《寒山诗集》——兼述丰干诗的真伪、优劣、分章，陈耀东，唐代文学研究，第11辑，广西师范大学出版社，2006年。

美国诗人加里·斯奈德与中国文学，毛明，当代文坛，2006年，第5期。

佛教"苦谛"与杜荀鹤诗的身世之叹，胡遂，湖南师范大学学报，2006年，第4期。

梵汉对勘与中古译经语法研究，遇笑容，汉语史学报，第6辑，上海教育出版社，2006年。

主持人语：关于佛教与中国文学研究的感想，孙昌武，东方丛刊，2006年，第3期。

敦煌吐鲁番出土回鹘文愿文研究，杨富学，敦煌研究，2006年，第 2 期。

怀风藻：日本汉诗发轫的标志，肖瑞峰，浙江大学学报，2006年，第 6 期。

回鹘文佛教徒礼忏文研究，杨富学，觉群佛学，宗教文化出版社，2006 年。

试说翻译佛经新词新义的产生理据，王云路，语言研究，2006年，第 2 期。

敦煌莫高窟北区石窟出土《梁朝傅大士颂〈金刚经〉》残叶研究，阿依达尔·米尔卡马力，新疆大学学报，2006 年，第 3 期。

佛教东渐对诗歌声病观念及规则的影响，高文强，宗教学研究，2006 年，第 3 期。

论"三言""二拍"中的尼冠形象及其审美价值，陈曦，社会科学家，2006 年增刊。

读《敦煌变文校注》札记三则，刘传鸿，中国语文，2006 年，第 2 期。

从"赤壁"诗文看苏轼的儒、佛、道思想，刘波，延安教育学院学报，2006 年，第 2 期。

佛教与江南文化轴心期，孙勇才，河南师范大学学报，2006年，第 5 期。

敦煌文献中的佛教劝善诗，朱凤玉，周绍良先生纪念文集，北京图书馆出版社，2006 年。

苏轼与佛禅，杨小莉，咸阳师范学院学报，2006 年，第 5 期。

目连救母故事的情节类型及其生长机制，陈泳超，江苏行政学院学报，2006 年，第 5 期。

汉译佛经对中国古典诗歌的影响，吕超，柳州师范专科学校学报，2006 年，第 3 期。

浅析儒、佛、道思想的融合对苏轼"寓意于物"论的影响，李亚静，青海师范专科学校学报，2006 年，第 S1 期。

中国古小说与佛教因果观念，项裕荣、朱苏权，广东技术师范学院学报，2006 年，第 3 期。

佛教与魏晋南北朝文学的创新，高华平，光明日报，2006 年 2 月 24 日。

从东晋玄言诗看佛玄之迹，杨合林，湖南师范大学学报，2006 年，第 5 期。

《金刚般若经集验记》文献学价值探析，简梅青，安大史学，第二辑，安徽大学出版社，2006 年。

佛教与南北朝赋，侯立兵，湖南文理学院学报，2006 年，第 5 期。

中古墓碑文的文学化进程，王伟萍，辽宁师范大学学报，2006 年，第 5 期。

论谢灵运山水诗对慧远佛教美学思想的创造性发展，蔡彦峰，南京师范大学文学院学报，2006 年，第 3 期。

从《世说新语》看宗教与文学的互动和影响，张蕊青，苏州大学学报，2006 年，第 5 期。

《洛阳伽蓝记》中的庶民群像，孟光全，内江师范学院学报，2006 年，第 1 期。

一个佛经故事的传译与蜕化：也说《善财与悦意》和《诺桑王子》，刘守华，民族文学研究，2006 年，第 4 期。

陶渊明与佛教关系体现的文化意蕴，王灵均，九江学院学报，

2006 年，第 4 期。

陶渊明及其诗歌中的佛教色彩，王春华，福建宗教，2006 年，第 6 期。

敦煌佛教歌辞的形成及其调名特征，王志鹏，淮阴师范学院学报，2006 年，第 5 期。

论变文是俗讲的书录本，俞晓红，温州师范学院学报，2006 年，第 4 期。

论禅学思想对唐诗和日本俳句的影响，李占稳，衡水学院学报，2006 年，第 4 期。

唐代诗僧七家诗文别集提要，赵荣蔚，图书馆论坛，2006 年，第 6 期。

敦煌卷子 S.6171 "降诞宫中" 一首本事考，董艳秋，重庆工学院学报，2006 年 12 期。

论敦煌本《佛说孝顺子修行成佛经》的文学成就，束景南、郝永，西安电子科技大学学报，2006 年，第 6 期。

敦煌变文《庐山远公话》校注拾遗，李建军，兰州学刊，2006 年，第 8 期。

论贾岛诗歌的 "僧衲气"，张震英，文学遗产，2006 年，第 6 期。

贾岛为僧及还俗时间地点考，白爱平，唐都学刊，2006 年，第 3 期。

"衲子" 未得衲子心，欲矫 "浮艳" 落 "苦癣"：贾岛出入佛门的尘俗遭际及其诗风的成型，王树海、柳东林，吉林大学学报，2006 年，第 4 期。

温庭筠禅思想论析，杨遇春，暨南学报，2006 年，第 5 期。

"十字架"上的李煜：关于后主悲剧宗教意义的比较研究，熊开发，中国比较文学，2006 年，第 3 期。

寒山：重构中的传说影像，崔小敬，文学遗产，2006 年，第 5 期。

王梵志诗中关于饮食、博戏的世俗生活，王璐，安阳师范学院学报，2006 年，第 6 期。

正史书之不当，补文献之不及：论王梵志诗的史料价值，卢其美，佛山科技学院学报，2006 年，第 6 期。

王梵志诗《危身不自在》之"脆风坏"应为"脆瓦坏"，景盛轩，文献，2006 年，第 4 期。

略论王梵志诗翻着袜法创作特点，李振中，商丘师范学院学报，2006 年，第 6 期。

齐已诗歌的楚文化特质，严春华，名作欣赏，2006 年，第 10 期。

佛禅意蕴与"亦足涤烦"的刘德仁诗，胡遂，文学遗产，2006 年，第 6 期。

"醒世诗"考辨，张子开，东方丛刊，2006 年，第 3 期。

唐代有意识的口述历史著作范本：《冥报记》，何锡光，重庆三峡学院学报，2006 年，第 6 期。

王维山水田园诗的禅意和回归主题，雒海宁，青海民族研究，2006 年，第 4 期。

20 世纪王维佛禅研究述评，高慎涛，天中学刊，2006 年，第 4 期。

道宗佛影儒骨中的李白，赵志丽，沧桑，2006 年，第 6 期。

杜甫的佛缘禅路与禅意诗境，周星，江苏广播电视大学学报，

2006 年，第 4 期。

浅析韩愈的佛教观对他诗歌创作的影响，张勇，现代语文，2006 年，第 8 期。

柳宗元与天台宗的关系及其对山水诗创作的影响，何方形，台州学院学报，2006 年，第 5 期。

由柳宗元诗文看他对佛教接受的心路历程，董灵超，柳州师专学报，2006 年，第 3 期。

论柳宗元的佛教天台宗信仰，王国安，东方丛刊，2006 年，第 3 期。

也谈柳宗元与禅宗南宗——与普慧先生商榷，王国安，湖南科技学院学报，2006 年，第 3 期。

柳宗元会通儒佛的交往模式及文化意义论，翟鹏玉，广西民族大学学报，2006 年，第 6 期。

法眼看世界：佛禅观照方式对北宋后期艺术观念的影响，周裕锴，文学遗产，2006 年，第 5 期。

宋初僧人对北宋文学革新的认识与回应：以释智圆和释契嵩为中心的考察，魏鸿雁，青海民族研究，2006 年，第 4 期。

北宋诗僧道潜生平事迹考略，高慎涛，宁夏大学学报，2006 年，第 4 期。

北宋诗僧道潜及其诗歌风格，高慎涛，中国韵文学刊，2006 年，第 3 期。

"流风回雪"与"风雪为舌"：试论庐山僧人祖可与善权的诗，张明华，五台山研究，2006 年，第 3 期。

论王安石的晚年禅诗，霍松林、张小丽，兰州大学学报，2006 年，第 6 期。

浅谈禅宗对苏轼文学创作的影响，阎月珏，戏剧文学，2006年，第11期。

辛弃疾词中的佛学意蕴，曾艳红，理论界，2006年，第12期。

稼轩词与禅，刘晓珍，东方丛刊，2006年，第3期。

元末释道诗人与释道诗初探，彭茵，南京社会科学，2006年，第10期。

诗僧姚广孝简论，解芳，文学评论，2006年，第5期。

《石灰吟》：从僧偈到名诗：兼谈《石灰吟》的作者问题，史洪权，文学遗产，2006年，第5期。

《鱼儿佛》的佛学意蕴，吴建国、傅相龙，山西大学学报，2006年，第1期。

《水浒传》与佛教，张煜，明清小说研究，2006年，第4期。

谈儒释道的融合在《西游记》中的体现，陈贺、李灏，衡水学院学报，2006年，第4期。

《西游记》中"法宝"等若干意象的原型研究，黄凌云，海南大学学报，2006年，第4期。

一卷经能值几何？张国凤，文史知识，2006年，第11期。

论《西游记》中的顿悟与渐悟，杨齐、杨剑，名作欣赏，2006年，第10期。

《西游记》中所载佛教经目并非录自《少室山房笔丛》：与吴言生商榷，曹炳建，明清小说研究，2006年，第3期。

试论"三言"中冯梦龙对释道的不同态度，严红彦，南宁师范专科学校学报，2006年，第4期。

逃禅绣佛长斋里，避世佳人锦瑟旁：论王士禄的"逃"情结，马大勇，泰山学院学报，2006 年，第 5 期。

论纳兰性德对佛学的感悟及在创作中的体现，刘萱，满族研究，2006 年，第 3 期。

《聊斋志异》中的善恶报应作品散论，郑春元，蒲松龄研究，2006 年，第 3 期。

从"执"到"悟"：论《红楼梦》中贾宝玉人生历程所蕴涵的佛学思想，刘茜，西南交通大学学报，2006 年，第 6 期。

"情本"与"情空"：《红楼梦》诸艳的宗教修养与宝玉出家的对比性研究，宋珂君，北京科技大学学报，2006 年，第 3 期。

《红楼梦》中癫僧、跛道度人考，王旭东，南京师范大学文学院学报，2006 年，第 4 期。

论六朝佛学对中国文论精神的升华，袁济喜，学术月刊，2006 年，第 9 期。

论佛学对《文心雕龙》的影响，赵耀锋，青海师范大学学报，2006 年，第 6 期。

论刘勰及其《文心雕龙》的佛教神学思想，普慧，文艺研究，2006 年，第 10 期。

梁武帝与钟嵘《诗品》，邬国平，文艺研究，2006 年，第 10 期。

论皎然诗歌诗论的"高"的诗学美学观，温新瑞，新余高等专科学校学报，2006 年，第 4 期。

20 世纪国内严羽研究述评（下），任先大，甘肃社会科学，2006 年，第 6 期。

妙悟与体道：中国古代"妙悟"鉴赏说的哲学基础与历史演变，唐德胜，广州大学学报，2006 年，第 9 期。

论诗可论禅：严羽"以禅喻诗"方法论辨析，柳倩月，南昌大学学报，2006年，第5期。

《四库全书总目》中的诗僧别集批评，李舜臣、欧阳江琳，武汉大学学报，2006年，第5期。

读《佛经文学与古代小说母题比较研究》，侯忠义，光明日报，2006年11月3日。

考镜源流抉微阐幽：《佛教与隋唐五代小说》评介，李小荣，东方丛刊，2006年，第4期。

论晚唐诗僧的"苦吟"之风，杨昇，江西科技师范学院学报，2006年，第1期。

五七字中苦，百千年后清——齐己诗之思"苦"、格"清"及理论成就，田玉芳，社科纵横，2006年，第1期。

佛理入诗，趣味盎然：支遁诗歌中的佛理及其理趣，张振龙，名作欣赏，2006年，第3期。

论杨歧、黄龙两宗绮语与禅思，高慎涛，宗教学研究，2006年，第3期。

岭南诗僧别集《瞎堂诗集》及其流传经过，李福标，图书馆论坛，2006年，第1期。

明末清初岭南诗僧群综论，李舜臣，第四届明代文学与文化国际学术研讨会论文集，浙江大学出版社，2006年。

《广东释道著述考》与海云系佛教文献研究，杨权，图书馆论坛，2006年，第3期。

论诗僧函昰的山水诗，时志明，韶关学院学报，2006年，第2期。

法缘与俗缘的反复纠葛：金堡澹归逃禅历程考论，李舜臣，宗教学研究，2006 年，第 4 期。

岭南明遗民僧函可"私携逆书"案述析，杨权，学术研究，2006 年，第 2 期。

梵本《唯识三十颂》汉译问题试解，巫白慧，法音，2006 年，第 2 期。

论东晋士族的玄学信仰和佛教信仰，徐清祥，陕西师范大学学报，2006 年，第 1 期。

《景德传灯录》宋元刊本叙录，冯国栋，文献，2006 年，第 1 期。

《如意宝卷》解析——清代天地门教经卷的重要发现，濮文起，文史哲，2006 年，第 1 期。

《法华经》的譬喻艺术，龚贤，衡阳师范学院学报，2006 年，第 1 期。

佛教类学《释氏六帖》价值浅窥，钱汝平，图书馆理论与实践，2006 年，第 2 期。

袁宗道与晚明禅宗和净土宗，赵伟，东方论坛，2006 年，第 2 期。

"前世为僧"与唐宋佛教因果观的变迁：以苏轼为中心，戴长江、刘金柱，河北师范大学学报，2006 年，第 3 期。

禅宗与古典诗歌意境，刘晓慧，中国宗教，2006 年，第 6 期。

"九九缺一"母题的南亚佛教文化溯源，王立，南亚研究，2006 年，第 1 期。

隋唐儒士排佛思想探微——以著名排佛文献为例，奚刘琴，学习与实践，2006 年，第 7 期。

唐释神清《北山录》刍议，杜正乾，烟台师范学院学报，

2006 年，第 2 期。

紫柏大师与冯梦祯，戴继诚，唐都学刊，2006 年，第 4 期。

禅宗的元语言哲学思想及其意义，周昌乐，宗教学研究，2006 年，第 2 期。

禅宗公案的形成和公案禅的起源，土屋太祐，社会科学研究，2006 年，第 5 期。

敦煌佛教劝化音乐文学略说，李小荣，东方丛刊，2006 年，第 3 期。

敦煌写卷中佛教偈颂歌赞的性质及其内容，王志鹏，敦煌研究，2006 年，第 5 期。

谈谈变文中的业报轮回思想：以《目连变文》为中心，袁书会，西藏民族学院学报，2006 年，第 5 期。

《历代法宝记》所见达摩祖衣传承考辨，王书庆、杨富学，敦煌学辑刊，2006 年，第 3 期。

佛经词语研究现状综述，江傲霜，绥化学院学报，2006 年，第 5 期。

《传法宝记》的作者及其禅学思想，王书庆、杨富学，敦煌研究，2006 年，第 5 期。

《宋高僧传·译经篇》所涉译学问题初探，刘状、江智利，四川外语学院学报，2006 年，第 6 期。

佛教类学《释氏六帖》价值浅窥，钱汝平，图书馆理论与实践，2006 年，第 2 期。

袁宗道与晚明禅宗和净土宗，赵伟，东方论坛，2006 年，第 2 期。

禅宗与古典诗歌意境，刘晓慧，中国宗教，2006 年，第 6 期。

禅宗的"空"与意境"空灵"的内在关联性，马峰，新疆艺术学院学报，2006 年，第 4 期。

北宋临济宗杨岐派的公案禅，土屋太祐，中国哲学史，2006 年，第 3 期。

禅宗与中国士大夫个体生命的觉醒，汀子，怀化学院学报，2006 年，第 7 期。

黔东梵净山临济禅宗灯系考述，王路平，贵州社会科学，2006 年，第 6 期。

纳兰性德与佛教，姚崇实，承德民族师范专科学校学报，2006 年，第 4 期。

佛性论之于南北朝的美学观念，张晶，中国文化研究，2006 年，第 4 期。

概论宋代混融三教的文字禅，麻天祥、段淑云，武汉大学学报，2006 年，第 6 期。

唯识、禅思与意境说的产生与发展，牛延锋，辽宁师范大学学报，2006 年，第 6 期。

南朝士人群体与佛教关系演化之特征，高文强，武汉大学学报，2006 年，第 6 期。

人间佛教的百年回顾与反思：以太虚、印顺和星云为中心，何建明，世界宗教研究，2006 年，第 4 期。

对转读和唱导的再认识，王志远，世界宗教研究，2006 年，第 4 期。

"种植速长"母题的佛经故事渊源，王立，贵州社会科学，2006 年，第 1 期。

佛经文学的叙述者，陈开勇，河池学院学报，2006 年，第

1 期。

月境与禅境，赵丽，齐齐哈尔大学学报，2006 年，第 1 期。

魏晋至隋唐时期几个佛教故事的历史化，王青，南京师范大学文学院学报，2006 年，第 2 期。

试论儒道思想对中国古代悼亡诗的影响，孙宗美，广播电视大学学报，2006 年，第 2 期。

玄言、佛言：从玄言诗与佛理诗的关系看玄言诗的界定：从《资治通鉴》中的两段话谈起，白盛友，兰州学刊，2006 年，第 5 期。

佛经文学与六朝小说支解复形母题，刘惠卿，求索，2006 年，第 4 期。

谢灵运与佛教人物的交往考，王辉斌，襄樊学院学报，2006 年，第 3 期。

文士、将军、皇帝、佛教徒：梁武帝萧衍的社会角色及文学人格新说，李中华、杨晓东，武汉大学学报，2006 年，第 2 期。

信仰与史实的统一：慧皎《高僧传》叙事分析，刘湘兰，中山大学学报，2006 年，第 3 期。

禅宗兴起与陶诗在齐梁中声誉倍增因缘考，王一军，齐鲁学刊，2006 年，第 4 期。

儒道禅思想与唐桃花诗的审美情趣，赵红、张仁汉，浙江学刊，2006 年，第 4 期。

20 世纪敦煌变文的发现与研究，莎日娜，国际关系学院学报，2006 年，第 2 期。

敦煌变文叙事形式叙略，俞晓红，洛阳师范学院学报，2006 年，第 1 期。

从寺院讲唱到俗讲、转变，俞晓红，河南教育学院学报，2006年，第1期。

王勃《释迦佛赋》乃丁暐仁作考，詹航伦，文学遗产，2006年，第1期。

权德舆诗歌创作与马祖洪州禅，胡遂、熊英，湖南大学学报，2006年，第4期。

唐传奇《离魂记》在日本禅林中的接受，周以量，北京大学学报，2006年，第1期。

日本知恩院藏《冥报记》古写本的传承与著录考略：兼谈台湾故宫博物院所藏杨守敬旧持本，李铭敬，文献，2006年，第2期。

"高远空灵"背后的"幽寂悲凉"：寒山诗歌艺术特色浅议，欧阳慧娟，钦州师范专科学校学报，2006年，第2期。

纯粹的诗人词客的美学契合：王维与张炎的禅缘，苏爱梅，烟台师范学院学报，2006年，第1期。

王维诗禅意中的"庄心"，李学珍，天津电视大学学报，2006年，第1期。

论王维的禅宗思想及其诗歌的禅宗意象，孙金荣，齐鲁学刊，2006年，第3期。

诗禅合一：试论王维诗歌的静境美，牛彦飞，石家庄职业技术学院学报，2006年，第1期。

王维山水诗中的禅意，夏洁露、闻学军，浙江万里学院学报，2006年，第4期。

论柳宗元的佛教天台宗信仰，王国安，东方丛刊，2006年，第3期。

试论白居易佛禅思想个体价值观，曹军，齐齐哈尔师范专科学校学报，2006 年，第 1 期。

论宋代文人的山水禅诗，严铭，成都教育学院学报，2006 年，第 2 期。

禅宗与词的通俗化走向，刘晓珍，甘肃社会科学，2006 年，第 4 期。

论宋词中的佛理渗透，周秀荣，海南师范学院学报，2006 年，第 1 期。

惠洪《林间录》与宋代禅林轶事小说，郑群辉，中文自学指导，2006 年，第 3 期。

论杨万里咏园诗的禅学意趣，胡建升、文师华，南昌大学学报，2006 年，第 1 期。

北宋释契嵩的生平及文论，邱小毛，玉林师范学院学报，2006 年，第 1 期。

北宋词人僧仲殊考，方星移、王兆鹏，长江学术，2006 年，第 2 期。

杨无咎及《逃禅词》考辨，高莹、张子建，石家庄学院学报，2006 年，第 1 期。

《景德传灯录》宋元刊本叙录，冯国栋，文献，2006 年，第 1 期。

禅宗与芗林居士及其词，刘晓珍，天府新论，2006 年，第 3 期。

试论禅修对苏轼词境之影响，周君敏，现代语文，2006 年，第 4 期。

苏轼与《维摩经》，梁银林，文学遗产，2006 年，第 1 期。

苏轼《琴诗》与佛经譬喻，张君梅，惠州学院学报，2006 年，第 4 期。

元代文人与来华日僧交往初探：以元人冯子振《与无隐元晦诗》为例，江静，文献，2006 年，第 3 期。

一生几许伤心事，不向空门何处消：明清才女的皈依佛道之风，乔玉钰，古典文学知识，2006 年，第 2 期。

佛教与袁宗道的文学革新，赵伟、薛希洪，青岛大学师范学院学报，2006 年，第 1 期。

天然和尚函昰与"函"字辈诸人的交往，韦盛年，佛山科技学院学报，2006 年，第 1 期。

诸恶莫作，众善奉行：论朱有燉杂剧中的儒释合流现象，雷蕾，甘肃社会科学，2006 年，第 3 期。

《禅真逸史》对话性的初步探索，刘汝山、乔文，中国海洋大学学报，2006 年，第 3 期。

鲁达立地成佛的意象解说：兼评宋江的"有为"人生，王灵芝，青海社会科学，2006 年，第 2 期。

说"一藏之数"，杜贵晨，南都学坛，2006 年，第 1 期。

再论元代河西僧人杨琏真加，陈高华，中华文史论丛，第 82 辑，上海古籍出版社，2006 年。

宝志十一面观音信仰与相关故事产生时间新议，李静，新国学，第 6 辑，巴蜀书社，2006 年。

王卫明《大圣慈寺画史丛考——唐、五代、宋时期西蜀佛教美术发展探源》，王静，唐研究，第 12 卷，北京大学出版社，2006 年。

论前期五山文学对杜诗的接受和嬗变，尚永亮，中华文史论丛，第 84 辑，2006 年。

刘萨诃信仰解读——关于中古民间佛教信仰的一点探索，尚丽新，东方丛刊，2006 年，第 3 期。

宋代士大夫佛学的道德品格初探，张培锋，东方丛刊，2006 年，第 3 期。

孙悟空"籍贯""故里"考论：兼说泰山为《西游记》写"三界"的地理背景，杜贵晨，东岳论丛，2006 年，第 3 期。

张掖大佛寺取经壁画主题应是《西游记》的衍生物，蔡铁鹰，西北师范大学学报，2006 年，第 2 期。

东坡诗中的佛经意象，萧丽华，佛教传统与当代文化，方立天、学愚主编，中华书局，2006 年 12 月。

《金瓶梅》所描写的佛教文艺——宣卷，杨子华，郧阳师范专科学校学报，2006 年，第 2 期。

玉皇庙、永福寺在《金瓶梅》中的作用及其宗教文化因缘，施晔，上海师范大学学报，2006 年，第 3 期。

从宗教关怀看三言小说传达出的宗教理念，张丽荣，牡丹江大学学报，2006 年，第 8 期。

论《聊斋志异》的禅学层次，叶天山，天水师范学院学报，2006 年，第 1 期。

《聊斋志异》中的善恶报应作品散论，郑春元，蒲松龄研究，2006 年，第 2 期。

宝玉与佛陀，沈少容，红楼梦学刊，2006 年，第 2 期。

论林黛玉、薛宝钗的宗教意义，王红相，西安石油大学学报，2006 年，第 1 期。

《红楼梦》诗词的佛禅意趣，李成文，中国宗教，2006 年，第

4 期。

从苏曼殊的小说看情僧之"情"，黎小冰，湛江海洋大学学报，2006 年，第 2 期。

禅宗语录中之"聻"，（美）杨联陞，中国语文札记，中国人民大学出版社，2006 年。

《撰集百缘经》的译出年代考证——出本充代博士的研究简介，辛岛静志，汉语史学报，第 6 辑，上海教育出版社，2006 年。

凉州番禾县瑞像故事及造型，肥田路美著，牛源译，敦煌学辑刊，2006 年，第 2 期。

中国国家图书馆藏敦煌写本背景 8407（鸟 16）"众经要集金藏论"校录，荒见泰史，西北出土文献研究，2006 年，第 3 号。

日本汉诗史上的空海，兴膳宏撰，左江译，傅江校，域外汉籍研究集刊，第 2 辑，中华书局，2006 年。

岭南诗人倪鸿诗歌中的佛学意蕴，王先岳，惠州学院学报，2006 年，第 1 期。

从禅宗"妙悟"发展轨迹看"意境"说，邱巧，内江师范学院学报，2006 年，第 3 期。

试论话本小说中因果结构的演变历程与审美优劣，项裕荣，广州大学学报，2006 年，第 7 期。

佛学东渐对诗歌声病观念及规则的影响，高文强，长江学术，2006 年，第 2 期。

僧祐之学与《文心雕龙》，李最欣、冯国栋，西南民族大学学报，2006 年，第 1 期。

刘勰与南京钟山上定林寺，彭荷成，吉林师范大学学报，2006 年，第 2 期。

论严羽的妙悟说，强东红、陈春莉，西安电子科技大学学报，2006 年，第 1 期。

纵横任我、生意活泼：罗汝芳对"狂禅"的整合与改造，童伟，扬州大学学报，2006 年，第 2 期。

清代词学与佛义禅理，孙克强，中山大学学报，2006 年，第 1 期。

一山一宁与日本"五山文学"，王连胜，浙江国际海运职业技术学院学报，2006 年，第 4 期。

论《祖庭事苑》之成书、版本与体例——以卷一之《云门录》为中心，黄绎勋，佛学研究中心学报，第 12 期，2006 年。

回鹘文佛教譬喻故事及其特色——以回鹘文《折吒王的故事》为例，杨富学，普门学报，第 36 期，2006 年。

汉译大小乘佛典中"神足飞行"的空间故事，丁敏，佛学研究中心学报，第 12 期，2006 年。

汉译佛典《阿含经》神通故事中阿难的叙事视角试探，丁敏，佛学研究中心学报，第 11 期，2006 年。

汉译佛典阿含、广律中"前世今生"故事的叙事主题与模式，丁敏，文与哲，第 8 期，2006 年。

印度七日住胎论及其在汉医的一个表现（上），李勤璞，"中央"研究院历史语言研究所集刊，第 77 卷第 3 期，2006 年。

印度七日住胎论及其在汉医的一个表现（下），李勤璞，"中央"研究院历史语言研究所集刊，第 77 卷第 4 期，2006 年。

《集南山礼赞》之研究，汪娟，佛学研究中心学报，第 11 期，2006 年。

从大历、贞元年间的文化背景看梁肃的维摩诘信仰，何剑平，佛学研究中心学报，第 11 期，2006 年。

失宠的偶像——二十世纪八〇年代以来日本的佛教研究及其困境，何燕生，普门学报，第 36 期，2006 年。

天台宗与茶禅的关系，吴静宜，台北大学中文学报，第 1 期，2006 年。

《出曜经》动物譬喻研究，梁丽玲，文学新钥，第 4 期，2006 年。

析论《百喻经》篇数与序分之问题，洪梅珍，国文学报，第 5 期，2006 年。

曼殊上人的僧人行履，凌俊夫，海潮音，第 87 卷，2006 年，第 4 期。

论法主公与《西游记平话》，徐晓望，历史月刊，第 226 期，2006 年。

明复法师行谊，马永涛提供，中原文献，第 38 卷第 4 期，2006 年。

庐山慧远的两个面向——从《庐山略记》与《游石门诗序》谈起，刘苑如，汉学研究，第 24 卷第 1 期，2006 年。

李白与北宗禅，刘卫林，新亚学报，第 1 期，2006 年。

敦煌本《妙法莲华经讲经文》探析——以《药王菩萨本事品》为例，刘静宜，正修通识教育学报，第 3 期，2006 年。

中国僧侣游方传统的建立及其改变，蒋义斌，中国文哲研究通讯，第 16 卷第 4 期，2006 年。

时代巨变下的政治和尚新类型：从义学沙门到中共开国元勋的巨赞法师（1908—1984）其僧侣生涯变革之探讨，蔡美瑞，北台通识学报，第 2 期，2006 年。

中国佛学发现的偶然性——试论竺道生、谢灵运的佛学思想，陶玉璞，东华汉学，第 4 期，2006 年。

中国史传论赞与赞宁《宋高僧传》的系、通，黄敬家，中国学术年刊，第 28 期，2006 年。

回鹘文佛传故事研究——以 Mainz131（TⅡY37）《佛陀传》为中心，杨富学，中华佛学研究，第 10 期，2006 年。

孤山智圆《金刚錍显性录》中的山外主张——色不具三千，杨惠南，中华佛学学报，第 19 期，2006 年。

广钦老和尚对于戒律与出家的看法，释明霭，慧炬，第 505、506 期，2006 年。

石壁传奥——高僧补叙之一，释智学，正观，第 39 期，2006 年。

东坡诗的《圆觉》意象与思想，萧丽华，佛学研究中心学报，第 11 期，2006 年。

论明宪宗崇奉藏传佛教，何孝荣，成大历史学报，第 30 期，2006 年。

《高僧传》的西域空间论述——以地理叙述为依据，王美秀，汉学研究集刊，第 2 期，2006 年。

信息时代的阿含研究——以《阿含辞典》数字化研究为例，杜正民、周邦信、释法源，中华佛学学报，第 19 期，2006 年。

中国佛学发展的偶然性——试论竺道生、谢灵运的佛学思想，陶玉璞，东华汉学，第 4 期，2006 年。

敦煌《大目乾连冥间救母变文》与但丁《神曲·地狱篇》中的地狱结构与宗教意义——以罪与罚为中心的探讨，李映瑾，应华学报，第 1 期，2006 年。

从《大唐西域记》看七世纪之西域，刘学铫，中国边政，第167 期，2006 年。

唐代十一面观音图像与信仰，颜娟英，台大佛学研究，第 11 期，2006 年。

形见与冥报：六朝志怪中鬼怪叙述的讽喻——一个"导异为常"模式的考察，刘苑如，中国文哲研究集刊，第 29 期，2006 年。

禅学对唐代诗歌美学的影响，邱湘云，兴大人文学报，第 37 期，2006 年。

评萧驰著《佛法与诗境》，萧丽华，中国文哲研究集刊，第 29 期，2006 年。

《香山宝卷》与佛教的中国化，韩秉芳，宗教哲学，第 36 期，2006 年。

譬喻与诠释——从《法华经》的譬喻看牟宗三先生的天台诠释，谢大宁，台北大学中文学报，第 1 期，2006 年。

曼殊悲情世界析论，简秀娥，岭东学报，第 20 期，2006 年。

天台宗对观音灵验记的诠释——以智者大师的《观音义疏》为根据，释大参，成大宗教与文化学报，第 7 期，2006 年。

《妙英宝卷》与《香山宝卷》叙事之比较——兼论宝卷取材世俗化的文学价值，陈桂香，东方人文学志，第 4 期，2006 年。

天台宗的观音感应论——以智者大师的《观音玄义》为中心，释大参，宗教哲学，第 38 期，2006 年。

《钱塘湖隐济颠禅师语录》的内容及其语言特色，张忠良，高餐通识教育学刊，第 3 期，2006 年。

郭庵《十牛图》之禅悟实践分图解析，吴建明，人文与社会学报，第 1 卷第 8 期，2006 年 7 月。

关于禅宗牧牛图的两个问题——从《增一阿含经·牧牛品》说起，李志夫，中华佛学学报，第 19 期，2006 年。

从模糊美学看西王母神话演化历程，陈昭昭，国文学报，第 4 期，2006 年。

云冈石窟题材内容和造型风格的源流探索——以佛传本生因缘故事为例，胡文和，中华佛学学报，第 19 期，2006 年。

《鼓山音》的"想象"：战后台湾本土佛教音乐文化与其僧众群体意识之构建，高雅俐，台湾音乐研究，第 2 期，2006 年。

明应王殿《忠都秀》戏曲壁画再探，连蔚勤，东吴中文研究集刊，第 13 期，2006 年。

重读《净土宗三经》与《画山水序》——试论净土、禅观与山水画、山水诗，黄景进，中国文哲研究通讯，第 16 卷第 4 期，2006 年。

敦煌写卷《黄仕强传》入冥故事之源流与蕴义探究，郑柏彰，国文学报，第 5 期，2006 年。

试论《般若波罗蜜多心经》的跨语际实践，廖桂兰，台大佛学研究，第 12 期，2006 年。

当代文字禅的实践者：明复法师的文艺理念，萧丽华，"佛教史与佛教艺术：明复法师圆寂一週年纪念"研讨会，"中华民国"现代佛教学会、觉风佛教艺术文化基金会、"国立"台北大学中文系，2006 年 5 月。

中日茶禅的美学渊源，萧丽华，法鼓人文学报，2006 年，第 12 期。

后设诗歌：唐代论诗诗与文学阅读，杨玉成，淡江中文学报，

2006 年，第 14 期。

论中古高僧的外学与身分建构的关联——以《高僧传》为依据，王美秀，汉学研究集刊，第 3 期，2006 年。

北宋时期禅宗诗偈的风貌，蔡荣婷，花大中文学报，第 1 期，2006 年。

《宋史·艺文志》释氏别集、总集考，冯国栋，中华佛学研究，2006 年。

敦煌文献中圆鉴大师作品考论，郑阿财，文学新钥，第 4 期，2006 年。

Performing the Visual：The Practice of Buddhist Wall Painting in China and Central Asia，Fraser Sarah Elizabeth，*History of Religions* 2，2006.

The Politics of a Reviving Buddhist Temple：State，Association，and Religion in Southeast China，Y. Ashiwa，D. Wank，*The Journal of Asian Studies* 65，2006.

From Suffering the Heat to Enjoying the Cool：Remarks on Wang Wei as a Buddhist Poet，Olga Lomová，*Studies in Chinese Language and Culture：Festschrift in Honour of Christoph Harbsmeier on the Occasion of His* 60*th Birthday*，2006.

Remembering When：The Uses of Nostalgia in the Poetry of Bai Juyi and Yuan Zhen，Anna M. Shields，*Harvard Journal of Asiatic Studies* 66，2006.

The Scholarly Contributions of Professor Victor H. Mair：A Retrospective Survey，Daniel Boucher，Neil Schmid and Tansen Sen，*Asia Major* 1/2，2006.

Domesticity and the Dharma: Portraits of Buddhist Laywomen in Sung China, Mark Halperin, *T'oung Pao* 1/3, 2006.

Written in Flames: Self – Immolation in Sixth – Century Sichuan, James A. Benn, *T'oung Pao* 4/5, 2006.

About Two Rocks in the Buddha's Life Story, Monika Zin, *East and West* 4, 2006.

Communication Across Space and Time: Contemporary American Nature Writers and the Ancient Chinese Poet Han – shan, Hong Cheng, *Interdisciplinary Studies in Literature and Environment* 1, 2006.

Huineng, Subhūti, and Monkey's Religion in "Xiyou ji", Ping Shao, *The Journal of Asian Studies* 4, 2006.

『九蓮宝巻』の成立について，浅井紀，『東海大学紀要』文学部，86：1 – 17，2006 年。

鬼討債説話の成立と展開—我が子が債鬼であることの発見，福田素子『東京大学中国語中国文学研究室紀要』，9：23 – 47，2006 年。

唐代の喫茶文化史における詩僧皎然の茶詩，蘇明明，日本中国学会報，58：48—62，2006 年。

2007 年

Tales of the Lotus Sūtra, Donald S. Lopez, *In Buddhism in Practice: Abridged Edition*, Princeton: Princeton University Press, 2007.

中古西北佛教戒律学考述：以梁、唐、宋《高僧传》为中心，介永强，敦煌学辑刊，2007年，第2期。

疏文的接受美学：矩矱森然，攒花簇锦：再论中国文学东传的中介"日本临济僧"，石观海、孙旸，长江学术，2007年，第4期。

唐代的诗僧与僧诗，高华平，闽南佛学，2007年，第5期。

《全宋诗》所收僧诗致误原因探析，许红霞，中华文史论丛，2007年，第4期。

仓央嘉措道歌与禅宗香艳诗偈对比欣赏，汤绍波，西北民族大学学报，2007年，第3期。

日本入宋僧南浦绍明与宋僧诗集《一帆风》，陈捷，中国典籍与文化论丛，第9辑，北京大学出版社，2007年。

从中古佛典看"自己"的形成，朱冠明，中国语文，2007年，第5期。

清初岭南诗僧结社考论，李舜臣，人文论丛，2005年卷，武汉大学出版社，2007年。

《贤愚经》与中国民间故事，刘守华，民族文学研究，2007年，第4期。

疑伪经对佛教思想的继承与超越，张淼，北方论丛，2007年，第5期。

《六度集经》与中国民间故事，刘守华，外国文学研究，2007年，第3期。

敦煌变文中的称谓词"阿婆"综论，郑阿财，浙江大学学报，2007年，第3期。

论美学"空"范畴的产生、内涵及意义，宋国栋，中国文学研究，2007年，第1期。

敦煌净土歌赞《归去来》探析，郑阿财，敦煌学辑刊，2007年，第4期。

《全唐文》误收南宋人所作《长芦崇福寺僧堂上梁文》考，路成文，文献，2007年，第4期。

论严羽《沧浪诗话》之辨体批评，任竞泽，北方论丛，2007年，第4期。

大慧宗杲与韩驹交游考述，王敏，人海灯，2007年，第3期。

永夜寄岑寂，清言涤心胸——论唐释皎然的诗学美学观，李显卿、温新瑞，南通航运职业技术学院学报，2007年，第2期。

慧心灵性 明达深邃：苏轼诗歌的佛禅底蕴浅析，宋亮，吉林广播电视大学学报，2007年，第1期。

苏轼前后《赤壁赋》的佛道倾向，李德斌，安阳师范学院学报，2007年，第6期。

从东坡词看苏轼贬谪时期的佛老心态，王红升，社会科学论坛，2007年，第4期。

对"佛教文学"研究范围的一点看法，张兵，郑州大学学报，2007年，第4期。

佛经因果叙事与中国小说思维，何清清，重庆三峡学院学报，2007年，第2期。

佛教虚幻空间与小说想象力，王光容，重庆三峡学院学报，2007年，第2期。

日本近百年来中国古典文学研究历程及相关特征，陈友冰，汕头大学学报，2007年，第3期。

佛教月意象意蕴及其与诗学的相互影响，刘艳芬，西北师范大学学报，2007年，第4期。

禅与诗：略论中国古代的诗性思维与禅宗的关系，刘梅，沙洋高等专科学校学报，2007 年，第 2 期。

从禅意的"云"到禅意的"屋"：禅宗山居诗中的两个意象的分析，祁伟、周裕锴，文学遗产，2007 年，第 3 期。

中国古代农禅诗初探，罗小奎，农业考古，2007 年，第 3 期。

因果报应思想与中国古代小说的道德化主题，白艳玲，现代语文，2007 年，第 4 期。

试论话本小说中因果模式的盛行、局限与消退，项裕荣，湖南社会科学，2007 年，第 3 期。

20 世纪"佛教与中国小说"研究论要：以著作类研究为主的学术简史，项裕荣，华南农业大学学报，2007 年，第 2 期。

论神秘感影响下的神怪小说的创作心理和接受心理，朱占青，江西社会科学，2007 年，第 4 期。

汉译佛典四阿含中神通故事的叙事分析：以叙述者、叙事视角、受叙者为主，丁敏，暨南学报，2007 年，第 2 期。

佛教"镜"意象意蕴及其对六朝诗学的影响，刘艳芬，青海社会科学，2007 年，第 4 期。

魏晋南北朝时期佛教浸润下的中国诗歌的变革，李红梅，潍坊学院学报，2007 年，第 1 期。

论佛教对梁代宫体诗的影响，吴从祥，绥化学院学报，2007 年，第 2 期。

佛教因果观与六朝至初唐志怪小说，何清清，西南农业大学学报，2007 年，第 2 期。

佛经文学与六朝小说感应征验母题：以《观世音经》的盛行为考察中心，刘惠卿，湛江师范学院学报，2007 年，第 2 期。

谢灵运与"头陀僧"昙隆交游考，姜剑云，江西师范大学学报，2007 年，第 1 期。

佛经文学与六朝"世说体"小说创作，刘惠卿，求索，2007 年，第 3 期。

《杂宝藏经》与中国民间故事：佛经故事研究之二，刘守华，西北民族研究，2007 年，第 2 期。

20 世纪大陆研究陶渊明与佛教关系成果概述，谢淑芳，九江学院学报，2007 年，第 1 期。

论净土思想对《桃花源记并诗》之影响，柏俊才，武汉科技大学学报，2007 年，第 3 期。

佛老思想对唐代文人审美情趣的影响，杨柳，船山学刊，2007 年，第 3 期。

任运随缘、大钓不钓：中晚唐钓鱼诗词的佛禅意趣，冯淑然、姜剑云，南都学坛，2007 年，第 2 期。

唐代佛道二教对侠义小说的影响，尹丽丽，徐州工程学院学报，2007 年，第 1 期。

唐代释僧小说的文化观照，崔际银，山西大学学报，2007 年，第 1 期。

浅探唐人小说的因果报应模式，许晓燕，合肥学院学报，2007 年，第 2 期。

唐人小说中的摩尼宝珠，李艳茹，广播电视大学学报，2007 年，第 2 期。

唐代小说中的阎罗王：印度地狱神的中国化，范军，华侨大学学报，2007 年，第 1 期。

从唐代道教小说看唐代的佛道之争，徐辉，哈尔滨学院学报，

2007 年，第 1 期。

敦煌李陵变文的考原，钟书林，西北大学学报，2007 年，第 2 期。

敦煌卷子 S. 6171 中"文王"考，董艳秋，鞍山师范学院学报，2007 年，第 1 期。

变文说唱的交流机制，陈颖姮，湛江师范学院学报，2007 年，第 4 期。

国内近十五年来唐代墓志之文学研究综述，刘城，广西教育学院学报，2007 年，第 3 期。

"赵倚楼""一笛风"与禅宗语言：由杜牧等人对语言艺术的追求看经典语汇的形成，查屏球，文学遗产，2007 年，第 4 期。

贾岛诗风与佛禅思想，柳东林、王树海，古籍整理研究学刊，2007 年，第 4 期。

佛教意识对李煜诗词的影响，徐志华，内蒙古电大学刊，2007 年，第 5 期。

寒山诗里的马祖与石头，小川隆、胡晓明、陈蕾，华东师范大学学报，2007 年，第 4 期。

论寒山诗歌中的宗教与文化精神，胡遂、欧阳慧娟，求索，2007 年，第 5 期。

试论王梵志诗生死观特点，李振中，名作欣赏，2007 年，第 7 期。

王梵志诗语言俗中有雅现象举隅，李振中，现代语文，2007 年，第 1 期。

论王梵志"翻着袜法"，梁德林，广西师范大学学报，2007 年，第 1 期。

"翻着袜"的启示：介绍王梵志的一首诗，孙民，文史知识，2007年，第1期。

贯休诗的世俗化特征，刘炳辰，南都学坛，2007年，第3期。

从《冥报记》看初唐"依律慎刑"思想，张金桐、刘雪梅，武汉大学社会科学学报，2007年，第3期。

《玄怪录》中的宗教主题及艺术特色，王光容，西南农业大学学报，2007年，第1期。

佛教禅宗对王维山水诗的影响浅谈，宁雯，绍兴文理学院学报，2007年，第1期。

浅论王维山水诗的禅意与画意，霍建蔚，青海师范专科学校学报，2007年，第4期。

王维后期诗歌中的"空"，李国栋，现代语文，2007年25期。

在此岸与彼岸间徘徊：探王维"佛心儒性"的隐逸心理，黄绮彦，湖北教育学院学报，2007年，第6期。

斟词酌句摩诘意，切思巧译现禅机：探寻王维诗意禅境的最佳传译，许婆、金秀敏，延边大学学报，2007年，第4期。

禅境与诗境：浅论禅宗对王维诗的影响，戴婕，江西青年职业学院学报，2007年，第1期。

论"禅宗"对王维的影响，高春燕，佳木斯大学学报，2007年，第4期。

王维的禅境与意境理论，杨矗，文艺理论研究，2007年，第3期。

深幽超尘，诗中有道：王维《过香积寺》赏析，王莉，古典文学知识，2007年，第3期。

禅境、诗境、玄境：浅析王维孟浩然山水田园诗歌之异同，伍立君、杨璠，现代语文，2007 年，第 22 期。

杜诗"逃禅"一词议，王晓敏，重庆工学院学报，2007 年，第 8 期。

杜甫漂泊西南时期的佛教思想与山水诗创作，刘宝，江淮论坛，2007 年，第 4 期。

韩愈与佛学，毕宝魁、任树民，辽宁大学学报，2007 年，第 1 期。

佛门演绎的故事：韩愈、欧阳修与佛教，戴长江、刘金柱，河北学刊，2007 年，第 1 期。

援儒入佛，以佛疗伤：论柳宗元习佛的动因与目的，叶志衡，南京师范大学学报，2007 年，第 1 期。

从柳宗元与张志和的渔父诗看儒道美学思想的异趣，舒克斌，船山学刊，2007 年，第 2 期。

柳宗元诗歌对佛禅理念的阐释：以《渔翁》《禅堂》两诗为中心考察，彭建兵，黔西南民族师范高等专科学校学报，2007 年，第 1 期。

论佛禅思想对白居易旷达乐天思想的影响，张树峰，语文学刊，2007 年，第 1 期。

佛教影响下的宋朝诗歌之创新，李红梅，无锡商业职业技术学院学报，2007 年，第 1 期。

北宋诗僧道潜，高慎涛，古典文学知识，2007 年，第 2 期。

论宋代僧人的艳词创作：以仲殊为主要考察对象，郑群辉，宁夏大学学报，2007 年，第 3 期。

刘辰翁词作的遗民心态与佛道思想，顾宝林，江西社会科学，2007 年，第 1 期。

论苏辙的禅悦诗，黄俊燊，漳州师范学院学报，2007 年，第 1 期。

论佛老思想对苏轼词的影响，孙雪梅，周口师范学院学报，2007 年，第 1 期。

随心入禅境，旷达对人生：禅宗对苏轼创作的影响，黎小冰，成都大学学报，2007 年，第 4 期。

怎一个"杂理"字了得：苏轼尊儒好道杂禅论，杨子怡，黄冈师范学院学报，2007 年，第 2 期。

苏轼禅理诗生成的文化背景，李向明，求索，2007 年，第 1 期。

"不二法门"与"拈花一笑"：白居易与苏轼禅诗比较，魏鸿雁，名作欣赏，2007 年，第 9 期。

脱胎换骨，点铁成金：黄庭坚的诗学成就和理论渊源，徐海梅，南方论刊，2007 年，第 1 期。

有情无情：佛道渗透下的沉沦与超越，洪涛，内蒙古社会科学，2007 年，第 1 期。

《西游记》对佛道典籍的袭用现象，郭健，求索，2007 年，第 1 期。

经乃修行之总经，佛配自己之元神：《西游记》中的佛教现象透视，郭健，社会科学家，2007 年，第 1 期。

紫柏大师与汤显祖，戴继诚，浙江社会科学，2007 年，第 2 期。

风月里谈因果：明清艳情小说因果报应观念中的性别伦理，李明军，江汉大学学报，2007 年，第 4 期。

从《醒世姻缘传》看明清佛道文化的财色化，朱旭，现代语文，2007 年 16 期。

儒念根深、释道并用：清初诗人宋琬思想解析，朱玲玲，滨州学院学报，2007 年，第 1 期。

以罪得诗诗愈奇：记清代流人诗僧函可及《千山诗集》，姜念思，东北史地，2007 年，第 4 期。

浅议《聊斋志异》三教合一的天道观，尹祚鹏，蒲松龄研究，2007 年，第 1 期。

身在佛门，心系红尘：妙玉情感论，穆乃堂，红楼梦学刊，2007 年，第 4 期。

龚自珍学佛对其思想与文学的影响，邹进先，北方论丛，2007 年，第 4 期。

佛教生态思想与中国古代作家的生态审美取向，马现诚，广西民族大学学报，2007 年，第 1 期。

试论佛教文化对意境理论的影响，车永强，学术研究，2007 年，第 5 期。

论佛教对传统形神观念的改造及六朝诗学中的重神观念，陈建农，兰州学刊，2007 年，第 4 期。

佛教二谛思想与宫体文学理论，刘林魁，咸阳师范学院学报，2007 年，第 1 期。

《二十四诗品》的佛禅内蕴，荆子娟，沧桑，2007 年，第 4 期。

诗境禅心：司空图《二十四诗品》中的禅与境，张树业、马二杰，山东高等教育，2007 年，第 2 期。

禅宗悟论"自得"观与宋代诗学"自得"范畴的建构，欧宗启，广西社会科学，2007 年，第 5 期。

20 世纪中西严羽研究述略，任先大，湖南社会科学，2007 年，第 2 期。

论"禅悟"对杨万里诗歌创作的影响，颜斌，黔南民族师范学院学报，2007 年，第 2 期。

诗法禅化超越之路：江西派诗学特征刍议，肖开莲、许劲松，乐山师范学院学报，2007 年，第 7 期。

西域文化、文学与中原文化：评《评西域文化影响下的中古小说》，刘振伟，西域研究，2007 年，第 2 期。

佛经与李贽思想之启蒙，许建平，河北学刊，2007 年，第 4 期。

五言佛偈传译与东晋南朝五言诗，龚贤，集美大学学报，2007 年，第 3 期。

王维诗与儒释道，郑德开，楚雄师范学院学报，2007 年，第 8 期。

元杂剧佛禅义理刍议，曹国荣，社科纵横，2007 年，第 8 期。

明清小说神授法宝模式及其印度文化渊源，刘卫英，华南师范大学学报，2007 年，第 4 期。

《西游记》的佛学阐释，谢氏映风，东南学术，2007 年，第 5 期。

论"三言"佛教神话的故事类型，高明，内江师范学院学报，2007 年，第 5 期。

论情教思想与对佛教的态度：从冯梦龙的《醒世恒言》说起，李向平、许嘉，成都大学学报，2007 年，第 5 期。

试议《聊斋志异》一书中的几个佛经问题，李渝刚，蒲松龄研究，2007 年，第 3 期。

《儒林外史》的宗教叙事与士风描写，吴光正，黑龙江社会科学，2007年，第5期。

末世生存的灵魂悲歌：《红楼梦》"色""情""空"哲学意蕴探微，徐徽，甘肃政法成人教育学院学报，2007年，第4期。

龚自珍的文学思想与佛学，陈必欢，安康学院学报，2007年，第5期。

从《外国道人》到《鹅笼书生》——论佛经故事向志怪小说的叙事范式转型，王耘，中国文学研究，2007年，第4期。

从《维摩诘经》看佛教对六朝志怪文学之影响，李璐，理论月刊，2007年，第1期。

中古志怪小说中的佛教故事与外来文化摭谈，张二平，牡丹江大学学报，2007年，第6期。

魏晋南北朝僧诗的历史文化价值，胡克夫，河北学刊，2007年，第5期。

北朝佛教造像记的文学意义，张鹏，西南交通大学学报，2007年，第5期。

论皎然"五格"品诗及其唐诗观，许连军，中国文学研究，2007年，第4期。

宋代僧词作者考略，高慎涛，宁夏社会科学，2007年，第6期。

经呗新声与永明时期的诗歌变革，王小盾、金溪，文学遗产，2007年，第6期。

绝妙寒山道——寒山诗在法国的传布与接受，胡安江，中国比较文学，2007年，第4期。

敦煌变文程式化创编所带来的文本缺陷问题，富世平，文学遗产，2007 年，第 6 期。

王安石与高僧真净克文，刘洋、王文华，北京化工大学学报，2007 年，第 4 期。

佛教文献与中国古代文学的关系，高华平，江汉论坛，2007 年，第 8 期。

"笔记"或"小说"中的唐五代禅宗史料，张子开，江汉论坛，2007 年，第 8 期。

谈佛教文化的输入对中古小说创作的影响，王青，江汉论坛，2007 年，第 8 期。

观世音名号与六朝志怪小说，吴勇，江汉论坛，2007 年，第 8 期。

《法华经》一乘妙法的譬喻结构及其审美特征，王丽洁，江汉论坛，2007 年，第 8 期。

论佛教的世俗化对南朝文学的影响，柏俊才，广州大学学报，2007 年，第 7 期。

试论佛学对声律论形成的影响，赵文，宁夏社会科学，2007 年，第 5 期。

从多元系统理论看佛经翻译对魏晋文学的影响，喻杭，九江学院学报，2007 年，第 4 期。

净土观想与谢灵运山水意象及意境之关系略谈，李小荣、张志鹏，社会科学研究，2007 年，第 5 期。

皎然诗论与佛教的中道观，张晶，文学遗产，2007 年，第 6 期。

宋词中的佛因禅缘，张玉璞，齐鲁学刊，2007 年，第 5 期。

六朝佛教对诗人文学观的影响，刘艳芬，社会科学家，2007

年，第 6 期。

谢灵运的山水诗与佛学因缘，张二平，五台山研究，2007 年，第 4 期。

再论韩愈排佛及其与僧人交往的诗文，冯念华、邵宗艳，周口师范学院学报，2007 年，第 6 期。

以《全宋词》为例看宋代僧人词的接受，郑璜，莆田学院学报，2007 年，第 4 期。

论儒、道、释文化对《牡丹亭》艺术境界的建构，杨玉军，呼伦贝尔学院学报，2007 年，第 5 期。

钱谦益与憨山德清的一段思想因缘，陈洪、王红蕾，郑州大学学报，2007 年，第 6 期。

皎然诗家中道观浅谈，金永辉，沧州师范专科学校学报，2007 年，第 4 期。

世外云木秀，独鹤自往还：皎然诗歌中"独"的审美意象及其文化意味，温新瑞，北京航空航天大学学报，2007 年，第 3 期。

出入古典与现代审美间的浪漫绝句：苏曼殊诗论，黄轶，福建论坛，2007 年，第 12 期。

神道设教：明清章回小说叙事的民族传统，吴光正，文艺研究，2007 年，第 12 期。

唐五代诗僧文学研究综述，查明昊，湖南城市学院学报，2007 年，第 6 期。

浅谈柳宗元对中国佛教之接受，佟博，怀化学院学报，2007 年，第 12 期。

从元好问看宗教与文学的互动关系，刘丹、宋国庆，长春工业大学学报，2007 年，第 4 期。

明清艳情小说因果报应观念中的性别伦理，李明军，唐山师范学院学报，2007年，第6期。

再论唐代的人神恋小说，关四平，沈阳师范大学学报，2007年，第6期。

王维崇佛原因综论，王辉斌，忻州师范学院学报，2007年，第6期。

荆公诗法与佛禅思维，张煜，中国诗学，第12辑，人民文学出版社，2007年。

郑板桥与儒释道，郑德开，楚雄师范学院学报，2007年，第12期。

唐代的诗僧与僧诗，高华平，闽南佛学，2007年，第1期。

中国佛教文学的概念、研究现状及其走向，高华平，郑州大学学报，2007年，第4期。

两晋文人与诗僧佚诗存目考，李谟润，百色学院学报，2007年，第5期。

居简交游考，许红霞，北大中国古文献研究中心集刊，第6辑，北京大学出版社，2007年。

宋末诗僧道璨生平及亲情作品初探，黄锦君，天府新论，2007年，第4期。

石屋清珙及禅法研究，蒋九愚，池州师范专科学校学报，2007年，第2期。

广东番禺雷峰山海云寺金石辑录，钟东，悲智传响——海云寺与别传寺历史文化研讨会论文集，中国海关出版社，2007年。

作为明遗民精神领袖的函昰禅师，杨权，悲智传响——海云寺与别传寺历史文化研讨会论文集，中国海关出版社，2007年。

天然老人梅雪诗单刻本的文献价值，李福标，文献，2007 年，第 1 期。

宋末诗僧道璨与士大夫郊游考略，黄锦君，佛教研究，2007 年，第 1 期。

金堡澹归及其诗文，李舜臣，纪念丹霞山别传寺文化研讨会论文集，中国海关出版社，2007 年。

清初遗民诗僧现象的历史文化解读，白海雄，苏州教育学院学报，2007 年增刊。

遁世方知闲里趣，耽诗不碍静中禅——浅议清初武夷山诗僧，邹义煜，南平师范专科学校学报，2007 年，第 1 期。

《高僧传》序录所论四本书考，刘飚，中国文化研究，2007 年，第 1 期。

东汉汉译佛经考论，史光辉，阜阳师范学院学报，2007 年，第 1 期。

《法苑珠林》撰者"玄恽"之称非为避唐太宗讳考，吴福秀，中国文化研究，2007 年，第 1 期。

《法苑珠林校注》匡补，董志翘，古籍整理研究学刊，2007 年，第 2 期。

试析禅宗修辞的非语言方式，疏志强，湛江师范学院学报，2007 年，第 2 期。

三种南朝佛寺志书的编印源流及比较，许廷长，江苏地方志，2007 年，第 3 期。

宋代僧人省亲作品的佛学观念初探，张培锋，世界宗教研究，2007 年，第 1 期。

中国佛经翻译和西方《圣经》翻译的启示，王军，西北民族大学学报，2007 年，第 2 期。

佛经经录编撰及其对汉译佛经传播的作用，陈文英，河南师范大学学报，2007 年，第 3 期。

支娄迦谶是汉地最初传译大乘经典的著名译师，肖雨，五台山研究，2007 年，第 1 期。

入大鱼大蛇腹生还故事的佛经文化渊源，王立，南亚研究，2007 年，第 1 期。

P. 3804 咸通七年愿文与张议潮入京前夕的庆寺法会，杨宝玉、吴丽娱，南京师范大学学报，2007 年，第 4 期。

佛教故事"延州妇人"在宋元佛教史著中的书写，刘方，宗教学研究，2007 年，第 2 期。

方外交与元代寺观饮酒风习，刘印民，徐州师范大学学报，2007 年，第 4 期。

汉译佛经中的偈颂与赞颂简要辨析，陈明，南亚研究，2007 年，第 2 期。

通往彼岸的桥梁：论刘勰与佛学，潘玲，沧桑，2007 年，第 4 期。

文本话语与行为规范：西藏宗教人物传记的史学史意义，孙林，史学史研究，2007 年，第 4 期。

论《坛经》禅学的美学蕴涵与美学特质，潘永辉，求索，2007 年，第 10 期。

敦煌《付法藏传》与禅宗祖师信仰，马格侠，敦煌学辑刊，2007 年，第 3 期。

佛经汉译与佛教文化传播之历史考察，陈文英，华南师范大学学报，2007 年，第 4 期。

《妙法莲华经》与民间信仰中的文殊菩萨，任远，宗教学研究，2007 年，第 4 期。

禅宗本体与严羽"以禅喻诗"，周和军，宗教学研究，2007 年，第 3 期。

简论韩愈、柳宗元与佛学的关系，任树民，宗教学研究，2007 年，第 4 期。

《现代僧伽》杂志述评，房奕，宗教学研究，2007 年，第 4 期。

北磵居简著作的编纂流传及与日本禅僧的密切关系，许红霞，"禅文化与和谐世界"国际学术研讨会，北京大学举办，2007 年 8 月。

试论唐代敦煌《金刚经》信仰世俗化的发展：以讲经文、灵验记为中心，许绢惠，敦煌学辑刊，2007 年，第 4 期。

敦煌 P.2133V《妙法莲华经讲经文》之内容与思想，释大参，敦煌学辑刊，2007 年，第 4 期。

日本入宋僧南浦绍明与宋僧诗集《一帆风》，陈捷，中国典籍与文化论丛，第 9 辑，北京大学出版社，2007 年。

明清诗学论争中的严羽："诗法"与"妙悟"的多棱折射，廖肇亨，中国诗学，第 12 辑，人民文学出版社，2007 年。

从援儒证佛到出佛归儒——抗日战争期间废名思想的转变，谢锡文，齐鲁学刊，2007 年，第 6 期。

地藏菩萨诞日的产生时代及其相关宗教民俗活动论述，尹富，中华文史论丛，第 85 辑，上海古籍出版社，2007 年。

西夏佛经翻译的用字特点与译经时代的判定，孙伯君，中华文史论丛，第 85 辑，上海古籍出版社，2007 年。

《全宋诗》所收僧诗致误原因探析，许红霞，中华文史论丛，第88辑，上海古籍出版社，2007年。

《中兴禅林风月集》考论，卞东波，域外汉籍研究集刊，第3辑，中华书局，2007年。

从十二时兽到十二精魅：南北朝隋唐佛教文献中的十二生肖，陈怀宇，唐研究，第13辑，北京大学出版社，2007年。

近体诗律的梵文来源（上下），梅维恒、梅祖麟著，谭树林、钟凌学译，国际汉学，2007年，第2期。

明清比丘尼与闺阁女性的生活、写作比较，张煜，东方丛刊，2007年，第4期。

唐代佛教诗人，保尔·雅各布，法国汉学家论中国文学：古典诗词，钱林森编，外语教学与研究出版社，2007年。

禅与中国诗歌，保尔·戴密微，法国汉学家论中国文学：古典诗词，钱林森编，外语教学与研究出版社，2007年。

Burning for the Buddha：Self – Immolation in Chinese Buddhism，James A. Benn，陈怀宇，唐研究，第13辑，北京大学出版社，2007年。

寒山诗在日本的传布与接受，区鉷、胡安江，外国文学研究，2007年，第3期。

佛教音乐"契"之含义及相关问题探析，李小荣，中国俗文化研究，第4辑，巴蜀书社，2007年。

《涅槃经》无量功德的宣化与信仰，郭迎春，中国俗文化研究，第4辑，巴蜀书社，2007年。

字纸崇拜、舍经入寺与敦煌变文写卷的生成，王于飞，中国俗文化研究，第4辑，巴蜀书社，2007年。

明季词僧释正岩及其《豁堂老人诗余》研究，何广棪，中国俗文化研究，第 4 辑，巴蜀书社，2007 年。

《〈观世音应验记三种〉校注》读后，陆永峰，中国俗文化研究，第 4 辑，巴蜀书社，2007 年。

东晋释道安对佛经辨伪学之开创及其成就与影响，何广棪，佛教文献与佛教文学研究专刊，2007 年。

《藏文典籍目录》初探，黄英杰，佛教文献与佛教文学研究专刊，2007 年。

《大唐东京大敬爱寺一切经论目序》研究及注释，松果，佛教文献与佛教文学研究专刊，2007 年。

《思益经》在汉译佛典地位的探讨，释法缘，佛教文献与佛教文学研究专刊，2007 年。

东晋高僧支昙谛及其赋研究，何广棪，佛教文献与佛教文学研究专刊，2007 年。

两宋僧人词述评——兼论宋僧词于佛教宣传上之贡献，何广棪，佛教文献与佛教文学研究专刊，2007 年。

寒山子其人其诗，吕真观，佛教文献与佛教文学研究专刊，2007 年。

惠洪言情词考辨，释慧铎，佛教文献与佛教文学研究专刊，2007 年。

清代禅宗"牧牛"佚录新探：以明复法师编《禅门逸书》为讨论重点，林孟蓉，佛教文献与佛教文学研究专刊，2007 年。

宋代士人的手写佛经（下），黄启江，九州学林，第 15 期，2007 年。

试析圣严法师之公案解读，徐慧媛，问学集，第 14 期，

2007 年。

《法苑珠林·敬法篇》感应缘研究，梁丽玲，玄奘佛学研究，第 6 期，2007 年。

《千佛名经》衍生之登科典故析论，汪娟，玄奘佛学研究，第 6 期，2007 年。

南北朝时期内典《宋史·孝义传》与佛教的影响，黄亭悼，新北大史学，第 5 期，2007 年。

女性与佛性的对话——试论简媜佛教散文书写意旨，黄文成，通识研究集刊，第 12 期，2007 年。

晚明佛教"孝道观"探析——以《梵网经》注释为中心，徐圣心，思与言，第 4 期，2007 年。

论颜之推的佛教信仰与身分建构的关联——以《颜氏家训·归心篇》为依据，王美秀，中正大学中文学术年刊，第 9 期，2007 年。

东晋居士刘遗民综考，纪志昌，台大中文学报，第 27 期，2007 年。

圣典与传译——六朝道教经典中的"翻译"，谢世维，中国文哲研究集刊，第 31 期，2007 年。

论雷有声在《目连救母》中的重要性，谢卉君，台艺戏剧学刊，第 3 期，2007 年。

试析《冥报记》与唐临之冥报观，林祯祥，东吴中文研究集刊，第 14 期，2007 年。

从庄禅合流的角度看东坡诗的舟船意象，萧丽华，宋代文学之会通与流变，张高评主编，新文丰出版有限公司，2007 年 3 月。

苏轼诗中的华严世界，萧丽华，台湾学术新视野·中国文学之部（一），黄俊吉主编，五南出版社，2007 年。

台湾北、东、中、南四个道场民间佛教宣传譬喻研究，谢易真，慈济技术学院学报，第 10 期，2007 年。

论达摩像的演变——以达摩传记为例，邢东风，普门学报，第 37 期，2007 年。

圣俗之间——《圣传与诗禅：中国文学与宗教研究论集》导言〔二〕，廖肇亨，中国文哲研究通讯，第 17 卷第 2 期，2007 年。

独往性幽与《蛰声诗集》：兼探黄檗宗的复明运动，廖肇亨，中国文哲研究通讯，第 17 卷第 4 期，2007 年。

天崩地解与儒佛之争：明清之际逃禅遗民价值系统的冲突与融合，廖肇亨，人文中心学报，第 13 期，2007 年。

佛教传记文学研究方法的构建——从叙事的角度解读高僧传记，黄敬家，世界宗教学刊，第 10 期，2007 年。

试论皎然饮茶诗在茶禅发展史上的地位，萧丽华，"佛教在地化"学术研讨会，蒙古国立大学，2007 年 7 月。

唐代僧人饮茶诗研究，萧丽华，"新材料·新问题·新潮流：第八届唐代文化"国际学术研讨会，2007 年 11 月；台大文史哲学报，第 71 期，2009 年。

中国佛教文学史建构方法刍议，萧丽华，"佛教与人文学方法"学术研讨会，南华大学宗教学研究所、现代佛教学会，2007 年 12 月。

王琰与生活佛教——从《冥祥记》谈中古宗教信仰与传记资料等相关问题，刘苑如，圣传与诗禅——中国文学与宗教国际研讨会，"中央"研究院中国文哲研究所，2007 年 1 月。

不见到洞见：明清诗禅论述的传承与开新，廖肇亨，第十届美学国际研讨会，淡江大学中文系，2007 年 6 月。

"以忠孝作佛事"：明清之际佛门节义观探析，廖肇亨，"明清文学思想中的情、理、欲"国际学术研讨会，"中央"研究院中国文哲研究所，2007 年 11 月。

"中道法界"：药地华严禅思想研究，廖肇亨，"方以智及其时代"国际学术研讨会，"中央"研究院中国文哲研究所，2007 年 9 月。

唐白话诗派研究述略——以王梵志、寒山、庞蕴为考察对象，方志恩，东方人文学志，第 1 期，2007 年。

构建神圣者传奇——从《释氏源流》到《圣迹图》的传奇孕生图像发展过程，凌玉萱，议艺份子，第 9 期，2007 年 5 月。

桂林南溪山现存李渤、李涉诗文石刻考，户崎哲彦，国文学报，第 42 期，2007 年。

修辞与修辞的超越：以废名一九三〇年代诗作为例，赖贤宗，成大中文学报，第 19 期，2007 年。

《地藏菩萨本愿寺》主题思想析论——兼论东年的佛学思想，傅楠梓，新世纪宗教研究，2007 年，第 5 卷第 4 期。

唐代诗僧皎然饮茶诗的茶禅原理，萧丽华，佛学与科学，第 8 卷第 2 期，2007 年。

独往性幽与《蛰声诗集》：兼探黄檗宗与复明运动之关涉，廖肇亨，中国文哲研究通讯，第 17 卷第 4 期，2007 年。

圣传的叙述与诠释——《圣传与诗禅：中国文学与宗教研究论集》导言（一），李丰楙、刘苑如，中国文哲研究通讯，第 17 卷第 2 期，2007 年。

题名、辑佚与复原——《玄中记》的异世界构想，刘苑如，中国文哲研究集刊，第 31 期，2007 年。

从佛经、变文到戏剧对目连救母故事之探讨，郑玉鹏，大同大学通识教育年报，第 3 期，2007 年。

佛光人间卫视观音经典剧场的叙事分析与宗教意义，林淑媛，台北大学中文学报，第 3 期，2007 年。

敦煌伯·2305 号《妙法莲华经讲经文》的讲经体例与思想特色，黄国清，新世纪宗教研究，第 5 卷第 3 期，2007 年。

佛经《毘奈耶杂事》中之智童巧女故事及其流传，金荣华，中国文化大学中文学报，2007 年。

禅宗启悟文学的典范与创意——以《景德传灯录》为观察核心，蔡荣婷，花大中文学报，第 2 期，2007 年。

东晋居士刘遗民综考，纪志昌，台大中文学报，2007 年。

Reconsideration of the Origin of the Yongming Style and Its Relationship to the Translation of Buddhist Sutras, Xiangzhou Wu, *Frontiers of Literary Studies in China* 1, 2007.

Sahajaśrī: A Fourteenth – Century Indian Buddhist Missionary to China, Kuan Guang, *Religions of South Asia* 1, 2007.

Lay Models of Engagement with Chan Teachings and Practices among the Literati in Mid – Tang, Mario Poceski, *Journal of Chinese Religions* 35, 2007.

Inventing Hui – neng, the Sixth Patriarch: Hagiography and Biography in Early Ch'an (review), John R. Mvrae, *China Review International* 1, 2007.

A Pliable Life: Facts and Fiction about the Figure of the Chinese

Meditation Master Wolun, Carmen Meinert, *Oriens Extremus* 46, 2007.

Encountering Evil: Ghosts and Demonic Forces in the Lives of the Song Elite, Liao Hsien – huei, *Journal of Song – Yuan Studies* 37, 2007.

Exemplary Lives: Form and Function in Pure Land Sacred Biography, Michael Bathgate, *Japanese Journal of Religious Studies* 2, 2007.

『龍華経』の成立についての一考察，浅井紀，『山根幸夫教授追悼記念論叢 – 明代中国の歴史的位相』下巻，汲古書院，2007。

中国近世における目連伝承の展開，小南一郎，中国宗教文献研究，京都大学人文科学研究所編，臨川書店，355 – 374，2007年。

『冥報記』と岑文本，三田明弘，日本女子大学紀要・人間社会学部，18：129 – 138，2007年。

善書の文脈，大澤顕浩，『山根幸夫教授追悼記念論叢・明代中国の歴史的位相』下巻，汲古書院，287 – 316，2007年。

The Moment of Death in Daoxuan's Vinaya Commentary. Shinohara, Koichi. In *The Buddhist Dead: Practices, Discourses, Representations*, edited by Bryan J. Cuevas and Jacqueline I. Stone, 105 – 133. Honolulu: University of Hawai'i Press, 2007.

2008 年

续论"泰山治鬼"说与中国冥府的形成与演变，栾保群，新国学，第 7 卷，2008 年 6 月。

唐释彦悰与隋释彦琮考辨，李普文，宗教学研究，2008 年，第 2 期。

开掘儒佛关系研究的新领域：评李承贵教授新著《儒士视野中的佛教——宋代儒士佛教观研究》，黄诚，江南大学学报，2008 年，第 1 期。

寒山诗的返程之旅及其在港台地区的传布与接受，胡安江，载：寒山寺文化论坛论文集 2008 年，上海古籍出版社，2009 年。

《坛经》思想与中国艺术的关系，尚荣，宁夏社会科学，2008 年，第 1 期。

从"老子化胡说"看汉魏六朝佛教徒的老子观，刘玲娣，武汉大学学报，2008 年，第 1 期。

无净与圆融：《维摩诘经》的核心义理及其对宗教对话的贡献，刘朝霞，西南民族大学学报，2008 年，第 4 期。

禅宗直指法门实践中的寒山与拾得，聂士全，中华文化论坛，2008 年，第 1 期。

论苏轼对佛禅思想的扬弃，杨继红，长春师范学院学报，2008 年，第 9 期。

生态诗人斯奈德对中国古代自然观与生态观的释读，毛明，求索，2008 年，第 7 期。

佛经《苍鹭运鱼》对中国民间故事的影响，梁丽玲，民间文学年刊，2008 年，第 2 期。

《太平广记》中的唐代女性精怪与外来民族文化——以佛教文化为中心，张美娟、曹刚华，黑龙江民族丛刊，2008 年，第 1 期。

《大慧语录》的编辑与版本系统，哈磊，西南民族学院学报，

2008 年，第 9 期。

须大拿与悉达——唐代俗讲的新倾向及其影响，陈开勇，敦煌学辑刊，2008 年，第 2 期。

从印度走进中国——敦煌变文中的帝释，项楚，四川大学学报，2008 年，第 1 期。

古印本寒山诗版本系统考，李钟美，寒山子暨和合文化国际学术研讨会论文汇编，浙江天台，2008 年 5 月。

寒山与美国诗歌作品（1980—2007 年），钟玲，学术论坛，2008 年，第 7 期。

百年佛教疑伪经研究略述——以经录为中心的考察，张淼，敦煌学辑刊，2008 年，第 1 期。

从译名演变看疑、佚佛经的翻译年代，方一新，历史语言学研究，第 1 辑，商务印书馆，2008 年。

新发现贯休《罗汉图》研究，杨新，文物，2008 年，第 5 期。

宗杲佛学思想及其对士大夫禅学的影响，刘海燕，安徽史学，2008 年，第 4 期。

不息于济世 超然于庄禅——浅析苏轼的文化人格，刘刚，长春理工大学学报（高教版），2008 年，第 3 期。

中唐诗境说与天台宗的关系，刘卫林，中国诗歌研究动态，第 4 辑，古诗卷，学苑出版社，2008 年。

诗与修道——论佛教对中唐以后中国诗观念的一种深刻影响，中国诗歌研究动态，第 4 辑，学苑出版社，2008 年。

从敦煌联章歌辞看佛教对民间歌唱体式的吸收与发展，王志鹏，中国诗歌研究动态，第 4 辑，古诗卷，学苑出版社，2008 年。

谢灵运对涅槃佛性的认识与诗文创作，姜剑云、王岩峻，中国诗歌研究动态，第 4 辑，学苑出版社，2008 年。

略论大历诗僧的诗歌创作及与文人的交往，邰林涛，名作欣赏，2008 年，第 2 期。

惠洪文字禅的理论与实践及其对后世的影响，周裕锴，北京大学学报，2008 年，第 4 期。

风景即诗与观者入画——关于宋人对待自然、艺术与自我之关系的讨论，周裕锴，文学遗产，2008 年，第 1 期。

试论佛经翻译对中国古代文学创作的影响，裘禾敏，中共浙江省委党校学报，2008 年，第 1 期。

苏曼殊文本的自叙性及文学转型意义，黄轶，郑州大学学报，2008 年，第 1 期。

《世说新语》与佛教，普慧，西北大学学报，2008 年，第 1 期。

论儒释道三教在孟浩然思想中的圆融统一，时兰花，柳州师范专科学校学报，2008 年，第 1 期。

论佛教对柳宗元贬谪后文学创作的影响，王国军，柳州师范专科学校学报，2008 年，第 1 期。

佛教文化对包公文学的影响，李永平，陕西师范大学学报，2008 年，第 1 期。

论皎然《诗式》的理论体系，许连军、陈伯海，江汉论坛，2008 年，第 1 期。

略论宋代"活法"理论的嬗变，任宪国，济宁学院学报，2008 年，第 1 期。

齐梁宫体诗与《维摩诘经》，龚贤，陇东学院学报，2008 年，第 1 期。

《维摩诘经》与中古山水诗观物方式的演进，孙尚勇，西北大学学报，2008年，第2期。

论释氏讲唱与中古小说的关系：以释氏辅教之书的兴起为中心，张二平，社会科学家，2008年，第1期。

佛教宇宙观和生命时间观与南朝志怪小说，龚贤，江西财经大学学报，2008年，第1期。

六朝小说中的鬼魅题材与"泰山治鬼"传说，王涛，语文学刊，2008年，第1期。

洪州禅与大历江南诗人的诗歌创作，郜林涛，太原师范学院学报，2008年，第1期。

佛光里的生命咀嚼：试论佛禅对柳宗元游记散文的影响，刘立杰、王晓春，学习与探索，2008年，第1期。

论李商隐诗中的佛教"四苦"之叹，叶英俊，绥化学院学报，2008年，第1期。

试论禅理浸染的仲殊词，吴艳峰，语文学刊，2008年，第1期。

孙悟空形象的佛学意蕴，程建，陇东学院学报，2008年，第1期。

论《冤魂志》与儒释之关系，吴娟，承德民族师范专科学校学报，2008年，第1期。

略论支遁的佛理玄言诗，张君梅，文学遗产，2008年，第2期。

汉译佛典与唐代入冥故事，夏广兴、王伶，上海师范大学学报，2008年，第2期。

舍经入寺与敦煌变文的文学性，王于飞，文学评论，2008年，第 2 期。

南宋遗民词人的佛教因缘与词之创作，丁楹，重庆职业技术学院学报，2008 年，第 1 期。

佛禅与元祐词坛，彭国忠，华东师范大学学报，2008 年，第 1 期。

《昙花记》的叙事及其演出，刘易，兰州学刊，2008 年，第 3 期。

情欲与宗教、礼教较量的浪漫传奇：《玉簪记》略论，曾芳，漳州师范学院学报，2008 年，第 1 期。

佛教与宋代文学：严羽"以禅喻诗"说的诗学意义，刘艳芬，辽宁师范大学学报，2008 年，第 2 期。

圆通与飞动：严羽"以禅喻诗"的诗学话语特性，刘琼，中南民族大学学报，2008 年，第 2 期。

论皎然《诗式》的诗人批评，许连军，武汉大学学报，2008 年，第 2 期。

禅悟中的诗性智慧，王柯平，东方丛刊，2008 年，第 1 期。

诗与禅的似与异，刘士林，西北大学学报，2008 年，第 3 期。

中国古代果报小说研究综述，杨宗红，阿坝师范专科学校学报，2008 年，第 1 期。

佛道思想与江淹生命意识，张淼、何应敏，青海社会科学，2008 年，第 2 期。

状记实警 玄中透真：《洛阳伽蓝记》之"释"教观，方宜，沙洋师范专科学校学报，2008 年，第 2 期。

唐人笔下的胡僧形象及胡僧的诗歌创作，查明昊，中国典籍与文化，2008 年，第 2 期。

王梵志诗的底层生活经验，马建东，敦煌研究，2008 年，第 2 期。

诗画交融中的"空"与"静"：论王维绘画中的禅境，韦晓娟，名作欣赏，2008 年，第 5 期。

诗画、禅观、人生：王维山水诗生存智慧探微，刘秀峰，温州大学学报，2008 年，第 3 期。

再论李白及其"佛教信仰"，陈方，绵阳师范学院学报，2008 年，第 1 期。

试论禅宗对杜甫的影响，刘素军，沧桑，2008 年，第 2 期。

佛藏中的宋代文学史料：以南宋宗晓所编《四明尊者教行录》为例，卞东波，古典文献研究，第 11 辑，凤凰出版社，2008 年。

南宋遗民词中的佛教文化阐释，丁楹，内蒙古师范大学学报，2008 年，第 2 期。

浅析禅宗思想对苏词创作的影响，蔡薇，湖南工业职业技术学院学报，2008 年，第 2 期。

20 世纪 80 年代以来"佛教与《西游记》的关系"研究综述，杨峰，明清小说研究，2008 年，第 1 期。

浅论甄士隐柳湘莲与宝玉出世的关系，王晓莉，新余高等专科学校学报，2008 年，第 1 期。

佛教理论对古典诗歌意境理论的影响，李建春、李艳丽，济宁学院学报，2008 年，第 2 期。

汉魏神怪小说的宗教形态述论，刘敏，四川师范大学学报，2008 年，第 3 期。

浅析佛经翻译理论对中国古典诗词创作意境的影响，万兵，牡丹江师范学院学报，2008 年，第 5 期。

高山仰止，行云如水：领略中国古代禅诗的诗学境界，蔡秀敏、崔长国，安康学院学报，2008年，第1期。

从文学角度试析唐代牡丹与佛寺文化，张会，南都学坛，2008年，第3期。

唐五代敦煌僧诗群体研究，查明昊，晋阳学刊，2008年，第3期。

谁知竹西路 歌吹是扬州：读杜牧《题扬州禅智寺》，张梅，文史知识，2008年，第6期。

佛禅隐逸思想对许浑仕途及其创作的影响，梁必彪，武夷学院学报，2008年，第1期。

王维诗中的"空"观思想，李发亮，商丘职业技术学院学报，2008年，第3期。

禅意画境注真情：王维后期诗风浅探，刘春哲、张晓静，现代语文，2008年，第13期。

唐代诗人李白的佛缘，郭建伟，西藏民族学院学报，2008年，第3期。

刘长卿与柳宗元的天台宗佛缘，赵君生，南昌高等专科学校学报，2008年，第2期。

"何人知此义，唯有净名翁"：白居易对大乘佛教思想的选择，邹婷，苏州大学学报，2008年，第3期。

白居易的中隐思想，许保松，语文学刊，2008年，第4期。

神圣空间中的凡俗故事：元杂剧《留鞋记》中相国寺背景探究，耿艳丽，开封教育学院学报，2008年，第1期。

晚明"狂禅"考，张永刚，长江师范学院学报，2008年，第3期。

明清之际话本小说家的宗教情怀，杨宗红，天中学刊，2008年，第3期。

"色"与"空"：明清艳情小说中的宗教观念和世俗生活伦理，李明军，临沂师范学院学报，2008年，第2期。

清初遗民诗僧之兴亡诗论略，白海雄，井冈山学院学报，2008年，第3期。

《红楼梦》"一僧一道"考论，王平，红楼梦学刊，2008年，第3期。

论禅宗对古代"意境"理论生成的完形作用，吕向文，辽宁大学学报，2008年，第3期。

图画崇拜与画中人母题的佛经渊源及仙话意蕴，王立，南开学报，2008年，第3期。

佛教与中国文学之关系研究的新创获：读龚贤先生《佛典与南朝文学》，周远成，湖南科技学院学报，2008年，第6期。

试论唐前观音灵验故事及其叙事特征，曾小霞，绥化学院学报，2008年，第3期。

论僧人撰述与《文选》的传播，李小荣、侯艳，福州大学学报，2008年，第3期。

"梁武帝崇佛亡国"说的历史回顾及后世小说的反动，钱汝平，绍兴文理学院学报，2008年，第3期。

梁武帝诗文所受汉译佛经影响，李秀花，西南交通大学学报，2008年，第3期。

宋之问的佛道诗歌略论，张海鹏，宗教学研究，2008年，第2期。

《全敦煌诗》的重大贡献及其所提出的一些问题，颜廷亮，敦煌研究，2008 年，第 3 期。

《全敦煌诗》与张锡厚先生，伏俊琏，敦煌研究，2008 年，第 3 期。

从王梵志诗看初盛唐时期民间的地狱观，钱光胜，西南交通大学学报，2008 年，第 3 期。

王维诗歌的画意与禅趣，丁桂英，江西科技师范学院学报，2008 年，第 1 期。

论王维的佛教诗，王辉斌，三峡大学学报，2008 年，第 3 期。

禅趣、画意、乐感三位一体：王维的诗歌特色赏析，田笑霞，佳木斯大学学报，2008 年，第 2 期。

论杜甫儒道释思想的消长，鲁克兵，玉溪师范学院学报，2008 年，第 5 期。

论佛教对白居易等人诗歌创作的影响，宋斐飞，许昌师范学院学报，2008 年，第 3 期。

简论传统报应观的特点：以《夷坚志》为例，朱文广，商洛学院学报，2008 年，第 3 期。

晚明"狂禅"运动与公安派的兴衰，张永刚，昆明理工大学学报，2008 年，第 4 期。

晚明狂禅思潮的治世思想和文学，赵伟、刘黎红，青岛大学师范学院学报，2008 年，第 2 期。

华光变身火神考：明代小说《南游记》源流初探，侯会，明清小说研究，2008 年，第 2 期。

佛性与魔性："三言""二拍"中的僧尼现象探析，刘欢萍，枣庄学院学报，2008 年，第 3 期。

赞体的演变及其所受佛经影响探讨，高华平，文史哲，2008

年，第 4 期。

中古语言文学观及审美意识发展的佛禅理路，孙旭辉，学术月刊，2008 年，第 6 期。

《笑林》与佛经故事，孟稚，乐山师范学院学报，2008 年，第 6 期。

儒释融合中的宋代士人与诗僧，李德斌，名作欣赏，2008 年，第 7 期。

论朱熹的山林诗与禅情结，周静，宗教学研究，2008 年，第 2 期。

天历二年中日禅僧舟中唱和诗辑考，江静，文献，2008 年，第 3 期。

鲁智深的佛性人生，常楠，文史知识，2008 年，第 8 期。

《聊斋志异》果报故事解读，黄洽，鲁东大学学报，2008 年，第 4 期。

刘熙载诗歌中的儒释道思想，刘彦辉，东南大学学报，2008 年增刊。

分论皎然的"境"与"意"，赵欣，求索，2008 年，第 6 期。

佛经与中国早期白话小说关系研究——以《欢喜国王缘》为中心，袁书会、仲红卫，西藏民族学院学报，2008 年，第 5 期。

儒道释视野下的盛唐山水诗，刘之杰，江西社会科学，2008 年，第 8 期。

敦煌本《祭驴文》发微，张鸿勋、张臻，敦煌研究，2008 年，第 4 期。

论俗讲变文对章回小说文体之影响，刘晓军，敦煌研究，2008 年，第 4 期。

敦煌变文中的程式及其意义，富世平，敦煌研究，2008 年，第 4 期。

浅析王维山水诗的禅意特征，祁生贵，青海师范大学学报，2008 年，第 4 期。

从"叹老"到"喜老"：试析白居易的生命意识及其与佛教的关系，邹婷，海南师范大学学报，2008 年，第 3 期。

话本小说与禅宗下火文，项裕荣，浙江学刊，2008 年，第 4 期。

明清小说蛇毒无意中疗毒母题与佛经故事，王立，上海大学学报，2008 年，第 4 期。

宗教情怀的形象倾诉：《西游记》作者笔下的唐僧形象新论，陈弦章，龙岩学院学报，2008 年，第 4 期。

论佛教思想对古代文论中的"虚实"范畴的影响，邓心强、梁黎丽，武汉科技大学学报，2008 年，第 4 期。

儒道释与山水田园诗的自然美观念，韦兆国，广西教育学院学报，2008 年，第 3 期。

因果报应思想与中国古代小说中的常见结构模式，白艳玲，江西科技师范学院学报，2008 年，第 4 期。

早期汉译佛经对于六朝小说的影响，吴洪生，乐山师范学院学报，2008 年，第 9 期。

试析"释氏辅教之书"与其叙事类型，曾小霞，洛阳理工学院学报，2008 年，第 2 期。

浅论《高僧传》之论赞，方梅，名作欣赏，2008 年，第 10 期。

敦煌变文新论，李明，咸宁学院学报，2008 年，第 2 期。

贯休北上考略，黄彦弘，邵阳学院学报，2008 年，第 4 期。

王维诗歌空观探析，李发亮，无锡商业职业技术学院学报，2008 年，第 4 期。

韩愈与大颠交游性质辨析，邝永辉，内蒙古电大学刊，2008 年，第 10 期。

三教融合与北宋迁谪文人的自适情怀，曹瑞娟，开封大学学报，2008 年，第 2 期。

略论宋元话本志怪题材的类型及其时代特征，马圣玉，现代语文，2008 年，第 8 期。

试析禅宗语境中的严羽诗学，程小平，北京化工大学学报，2008 年，第 3 期。

佛教与宫体诗关系新探，归青，学术月刊，2008 年，第 7 期。

中国古代文学对佛教的接受形态及其效应，钟友循，湖南城市学院学报，2008 年，第 4 期。

晋宋之际士人新变文化心态的佛学背景，高文强，武汉理工大学学报，2008 年，第 4 期。

适意自我的探求：试析佛教对六朝诗人生存智慧的影响，刘艳芬，济南大学学报，2008 年，第 5 期。

文字禅与宋诗的以俗为雅，邱志诚、黄俊棚，江汉大学学报，2008 年，第 5 期。

严羽诗学入神说试析，程小平，阜阳师范学院学报，2008 年，第 4 期。

试论严羽诗学的审美意味，马静，学术交流，2008 年，第 9 期。

浅析唐代禅诗中的"水月"意象，邓婷，山西青年管理干部学院学报，2008 年，第 4 期。

佛经与韩愈诗文的用词反复之关系，鲁克兵，玉溪师范学院学报，2008 年，第 9 期。

诗人不彻底的佛学思想与其人生回忆的交融：《锦瑟》思想主旨之我见，唐程燕、张学松，广东海洋大学学报，2008 年，第 5 期。

"无我之境"的道、释文化阐述，孙雁冰，广东技术师范学院学报，2008 年，第 8 期。

"文字禅"名实研究，陈志平，暨南学报，2008 年，第 6 期。

唐初高僧慧休记德文考释，张固也，文献，2008 年，第 4 期。

论汉译佛经长篇故事之体制对唐代叙事文学发展的作用，李秀花，东南大学学报，2008 年，第 A2 期。

禅宗影响下的杨万里诗论，李利霞，文史博览，2008 年，第 11 期。

宋代禅林轶事小说的叙事特色及文化成因，郑群辉，社会科学，2008 年，第 9 期。

禅悦三生事空切，卧看秋水浸山烟：试论姜夔的佛禅思想，黄阳华，百色学院学报，2008 年，第 5 期。

儒道释的结晶与升华，论苏轼旷达的人格境界，申明秀，名作欣赏，2008 年，第 11 期。

黄庭坚艳情词的佛禅观照，彭国忠，深圳大学学报，2008 年，第 6 期。

一部关于元朝大都上都和运河的真实记录：读初元刊《楚石大师北游诗》，鲍翔麟，世界宗教文化，2008 年，第 4 期。

论禅宗对大历诗风的影响，毛德胜，许昌学院学报，2008 年，第 6 期。

《聊斋志异》中梦幻小说的宗教意蕴探析，张规琴、王惠丹，长春工业大学学报，2008 年，第 3 期。

"白玉遭泥"考：兼谈妙玉与高僧传的关系，高日晖、洪雁，明清小说研究，2008 年，第 4 期。

儒道释三教对唐代女性审美趣味的影响，高珊珊，河南广播电视大学学报，2008 年，第 4 期。

试论《目连救母变文》与《格萨尔》"地狱救妻"、"地狱救母"的关系，钱光胜，西藏研究，2008 年，第 5 期。

论魏晋南北朝志怪小说的怪诞之美，夏云，南昌高等专科学校学报，2008 年，第 6 期。

王维所过香积寺只能在长安："汝州风穴寺"说质疑，王向辉，社会科学评论，2008 年，第 4 期。

未能割妻小、卜宅近前峰：论杜甫诗歌的道释意蕴，申明秀，新余高等专科学校学报，2008 年，第 6 期。

宋代词学批评中的佛禅话语，彭国忠，文艺理论研究，2008 年，第 6 期。

《金瓶梅》俗语中的佛教意识，任连明、林源，辽东学院学报，2008 年，第 6 期。

山水鼻祖谢灵运的佛学因缘，宿雷、刘湖清，潍坊学院学报，2008 年，第 5 期。

论佛教对唐代传奇小说的影响，韩达，河南科技大学学报，2008 年，第 6 期。

论明代浙江曲家的佛教情结及思想渊源，聂付生，浙江工商大学学报，2008 年，第 5 期。

《醒世姻缘传》中的僧尼形象研究，刘欣丽、秦跃宇，阜阳师范学院学报，2008年，第5期。

《金瓶梅词话》中尼姑宣卷活动本事来源地考察，董再琴、李豫，北京化工大学学报，2008年，第4期。

快意恩仇：《聊斋志异》果报故事的审美情感及特征，虞卓娅，浙江海洋学院学报，2008年，第3期。

论支遁清谈：以《世说新语》为中心，张二平，内江师范学院学报，2008年，第1期。

僧诗之"蔬笋气"与"酸馅气"，高慎涛，古典文学知识，2008年，第1期。

论方以智"粤难"的性质——兼论曾灿为大汕所作《石濂上人诗序》的文献价值，姜伯勤，中山大学学报，2008年，第6期。

法句赞歌：印度早期佛教经律中的赞颂辨析，湛如，法音，2008年，第5期。

"心"的传播：《碧岩录》公案"顿悟"策略探，李志峰，中国文化研究，2008年夏之卷。

禅宗文本的语言学阐释，王景丹，云南社会科学，2008年，第4期。

《六祖坛经》的"机锋"研究，王子宜，社会科学论坛，2008年，第6期。

初传汉译佛经的叙事逻辑分析，何秋瑛，重庆三峡学院学报，2008年，第4期。

唐僧三个徒弟名字的佛学含义，李洪武，运城学院学报，2008年，第3期。

《金刚经》的叙述方式和修行次第及其意义，李海峰，五台山研究，2008 年，第 3 期。

什译《妙法莲华经》故事艺术探析，高人雄，新疆社会科学，2008 年，第 5 期。

梁武帝萧衍的佛学思想及宗教实行，陈伟娜，江南大学学报，2008 年，第 4 期。

从"神识"说论刘勰的佛教思想，朱光磊，福建宗教，2008 年，第 4 期。

九、十世纪的通俗讲经和敦煌，荒见泰史，敦煌学辑刊，2008 年，第 1 期。

敦煌本"庄严文"初探——唐代佛教仪式上的表白对敦煌变文的影响，荒见泰史，文献，2008 年，第 2 期。

一个民间故事的全球传播与变异：佛经《毘奈耶杂事》中 AT566 及其相关类型试探，金荣华，湖北民族学院学报，2008 年，第 4 期。

佛藏中的宋代文学史料——以南宋宗晓所编《四明尊者教行录》为例，卞东波，古典文献研究，第 11 辑，2008 年。

天依阿那演婆海神传说及其意义述略，于向东，东南亚纵横，2008 年，第 10 期。

佛教发展道路的自我调适：宋代儒士佛教观之于佛教之积极效应，李承贵，中山大学学报，2008 年，第 5 期。

《高僧传》中有关定林寺记载的考述，孙蓉蓉，中国文化研究，2008 年冬之卷。

《封神演义》与密宗，刘彦彦，宁夏党校学报，2008 年，第 6 期。

试论姜夔的佛禅思想意趣，黄阳华，西北民族大学学报，2008

年，第 6 期。

论江藩的佛学品格与慕世情结，聂帅，洛阳师范学院学报，2008 年，第 6 期。

从词语的角度看《撰集百缘经》的译者及成书年代，季琴，中国典籍与文化，2008 年，第 1 期。

《洛阳伽蓝记》与汉晋辞赋传统，曹虹，古典文献研究，第 11 辑，凤凰出版社，2008 年。

宋代佛教徒所谓欧阳修"敬明教服圆通"之说辨正，严杰，古典文献研究，第 11 辑，凤凰出版社，2008 年。

宋雕"崇宁藏""毗卢藏"残卷考，沈乃文，中华文史论丛，第 91 辑，上海古籍出版社，2008 年。

释僧祐《经呗导师集》考论，孙尚勇，中华文史论丛，第 91 辑，上海古籍出版社，2008 年。

敦煌佛教歌辞作者考辨二题，李小荣，新国学，第 8 辑，巴蜀书社，2008 年。

廓门贯彻《注石门文字禅》谫论，张伯伟，域外汉籍研究集刊，第 4 辑，中华书局，2008 年。

唐代华亭德诚禅师《拨棹歌》所呈现的意涵，蔡荣婷，新国学，第 7 辑，巴蜀书社，2008 年。

还"虚云"一个本来面目：他的年纪与事迹新论，王见川，圆光佛学学报，第 13 期，2008 年 6 月。

《佛教相关博硕士论文提要汇编（2000—2006）》读后，林庆彰，佛教图书馆馆刊，第 47 期，2008 年 6 月。

六朝佛教灵验记之宗教文学特质研究，施志谚，中正大学中国文学研究所论文集刊，第 10 期，2008 年 5 月。

来果禅师的禅风——纪念来果禅师圆寂四十周年，妙湛，普门学报，第46期，2008年7月。

《法华经》譬喻文学对心灵治疗之研究——以"三车火宅喻"为例，南荣学报，复刊第11期，2008年6月。

《维摩诘经》中世尊与维摩诘之主从关系探究，许宗兴，成大宗教与文化学报，第10期，2008年6月。

评 Stephen F. Teiser（太史文），Reinventing the Wheel：Paintings of Rebirth in Medieval Buddhist Temples（温故知新：中古佛寺的轮回图），陈怀宇，汉学研究，第26卷第3期，2008年9月。

僧史家赞宁对高僧遗身争议的诠释，黄敬家，玄奘人文学报，第8期，2008年7月。

地藏十王图初探，杨秀丽，"国立"历史博物馆馆刊，第18卷第8期，2008年8月。

接统灵岩十三叶·莲花一瓣分台中——台中市佛教莲社，佛教图书馆馆刊，第48期，2008年12月。

明末清初佛教忠义观论析——以福建地区为例，廖肇亨，宗教哲学，第45期，2008年9月。

试论佛教艺术对中国神话题材的融摄——以莫高窟249、第285窟为中心，刘惠萍，成大中文学报，第23期（增刊），2008年11月。

弘扬佛学需要语体文，澄真，普门学报，第48期，2008年11月。

浅探佛经翻译对文学用语的影响——从王维的佛理诗歌看佛教对文学的浸润，罗文玲，普门学报，第44期，2008年3月。

概述《佛教相关博硕士论文提要汇编》之编制，释自正，佛教图书馆馆刊，第 47 期，2008 年 6 月。

近二十年来台湾地区佛教工具书编辑概况，释自衍，佛教图书馆馆刊，第 47 期，2008 年 6 月。

"牧牛禅"的省思，李开济，哲学与文化，第 414 期，2008 年 11 月。

清代四川地区的十王信仰——庙画《十殿阎王图》解读，吴加进，历史文物，第 175 期，2008 年。

中国中世忏悔思想的开展——以郗超、萧子良、智顗为讨论中心，中屿隆藏、廖肇亨，中国文哲研究通讯，第 18 卷第 2 期，2008 年。

林献堂的佛教因缘与佛教思想之研究，王振勋，朝阳人文社会学刊，第 6 卷第 2 期，2008 年 12 月。

从敦煌斋愿文献看佛教的在地化因应，王三庆，成大中文学报，第 21 期，2008 年。

谢灵运在佛法上之建树及其山水诗的禅意理趣，陈怡良，汉学研究，第 26 卷第 4 期，2008 年 12 月。

中国文学中的地藏故事，尹富，兴大中文学报，第 23 期，2008 年。

汉译佛典中耶输陀罗现世故事之研究，郑晓娟，世新中文研究集刊，第 4 期，2008 年。

《今昔物语集》里龙的故事与中国文学，陈明姿，台大日本语文研究，第 15 期，2008 年。

白居易与弥陀净土，黎活仁，兴大中文学报，第 23 期，2008 年。

药地愚者禅学思想蠡探：从《众艺五明》到《俱镕一味》，廖肇亨，中国文哲研究集刊，第 33 期，2008 年。

沈德潜诗学的现代性意义（The modernity significance of Shen De Qian's Poetry Esthetics），萧丽华，韩国学论集，第 43 辑，2008 年。

唐代僧人诗格的文学意义，萧丽华，"第十四届唐代文学研究"国际研讨会，中国唐代学会，2008 年。

法藏 P. 2807 敦煌佛教讲经文献之考论，郑阿财，"敦煌汉藏佛教艺术与文化学术"研讨会，中国敦煌吐鲁番学会、兰州大学敦煌学研究所主办，2008 年。

王维辋川诗的空间书写，萧丽华，"天、自然与空间"学术研讨会，台大中文系与日本岛根大学合办，2008 年 9 月。

从忏悔到救度："沉沦、忏悔与救度：中国文化的忏悔书写"专辑导言，廖肇亨，中国文哲研究通讯，第 18 卷第 2 期，2008 年。

《沧浪诗话》中的诗禅观，丁孝明，正修通识教育学报，2008 年。

感动、感应与感通、冥通：经、文创典与圣人、文人的译写，李丰楙，长庚人文社会学报，2008 年。

论《宋高僧传》之阙录——自柳宗元释教碑铭说起，林伯谦，东吴中文学报，2008 年，第 16 期。

论敦煌文学与文士的以文为戏书写传统，杨明璋，敦煌学，第 34 辑，2008 年。

袁桷及其藏书始末探论，陈炜舜，台湾清华学报，2008 年。

The Linji Lu and the Creation of Chan Orthodoxy：The Development of Chan's Records of Sayings Literature，Welter Albert，

Religious Studies Review 3，2008.

Ritual Music in a North China Village：The Continuing Confucian and Buddhist Heritage. （ Book review ）， Peter Chang， *Ethnomusicology*， *Spring – Summer* 52， 2008.

Out of the Cloister：Literati Perspectives on Buddhism in Sung China， 960 – 1279 （review）， Koichi Shinohara， *Journal of Song – Yuan studies* 38， 2008.

Personal Salvation and Filial Piety：Two Precious Scroll Narratives of Guanyin and Her Acolytes Translated by Wilt L. Idena （review）， Daniel L. Overmyer， *Journal of Chinese religions* 36， 2008.

The Synesthesia of Sinitic Esthetics and Its Indic Resonances， Victor H. Mair， *Chinese Literature：Essays， Articles， Reviews* 30， 2008.

1928 – 2008：Buddhism and the European Understanding of China， T. H. Barrett. Erik Zürcher， *The China Quarterly* 196， 2008.

六朝・唐代小説中の転生復讐譚 – 討債鬼故事の出現まで，福田素子，東方学，115：37 – 54，2008。

唐代詩僧と六朝僧，傍島史奈，日本中国学会報，60：57 – 71，2008。

2009 年

元杂剧中僧道形象的类型分析，杨宁，语文学刊，2009 年，第 1 期。

信仰与信实的统一：《慈恩传》的叙事分析，史素昭，湘潭师范学院学报，2009 年，第 3 期。

《大宋僧史略》与《宋高僧传》成书时间考，金建锋，中国典籍与文化，2009 年，第 3 期。

成鹫"通海"辨，杨权，学术研究，2009 年，第 2 期。

传世《寒山诗集》中禅诗作者考辨，贾晋华，寒山子暨和合文化国际研讨会论文集，浙江省社会科学联合会编，浙江大学出版社，2009 年。

佛教唱导与六朝宣佛小说的产生，刘惠琴，浙江社会科学，2009 年，第 11 期。

汉译佛经故事的类型追踪，刘守华，中国电力教育，2009 年，第 1 期。

坚守民族本位，走向宗教诗学，吴光正，武汉大学学报，2009 年，第 3 期。

被诗与禅搭救的出水青莲：记王微与谭元春、许誉卿，王鹤，书屋，2009 年，第 9 期。

论《红楼梦》所蕴涵的大乘佛教思想，杨志贤，红楼梦学刊，2009 年，第 1 期。

论禅宗之美与禅诗之美，康锦屏、张盛如，北京教育学院学报，2009 年，第 1 期。

魏晋南北朝时期的蓬莱仙话与佛教志怪，李大伟、薛莹，东岳论丛，2009 年，第 2 期。

钓鱼诗的禅境：浅析船子和尚的一首禅诗，周金标，名作欣赏，2009 年，第 2 期。

南宋遗民词中的佛教文化意蕴再探，丁楹，肇庆学院学报，2009 年，第 1 期。

《西游记》"心猿"考论，陈洪，南开学报，2009 年，第 1 期。

空海的思想意识与《文镜秘府论》，卢盛江，文学评论，2009年，第 1 期。

文化苦旅：论儒释道在《中国文学史》教材中的体现，申明秀，红河学院学报，2009 年，第 1 期。

水与佛及禅诗意境，李德民，学术交流，2009 年，第 2 期。

明月禅心两相辉：咏月诗与禅，王早娟，中国宗教，2009 年，第 3 期。

由玄幻到奇幻：《庄子》《法华经》幻想思维比较研究，李琳、韩云波，重庆三峡学院学报，2009 年，第 2 期。

论唱导文的发展演进：兼论六朝唱导文是话本产生的来源之一，吴福秀，华中师范大学学报，2009 年，第 2 期。

《说郛》本《洛阳伽蓝记》的版本价值，吴晶，南京师范大学文学院学报，2009 年，第 1 期。

唐代文人寄居寺院习尚补说，王栋梁，北京大学学报，2009年，第 2 期。

唐宋文人对《法华经》的接受与运用，张海沙，东南大学学报，2009 年，第 2 期。

论唐代士僧交游的政治动因，王栋梁、纪倩倩，甘肃社会科学，2009 年，第 2 期。

文化遭遇与异族想象：唐代文学中的天竺僧形象，葛桂录、易永谊，浙江工商大学学报，2009 年，第 2 期。

唐五代宫廷诗僧群体诗风的流变，查明昊，安庆师范学院学报，2009 年，第 1 期。

敦煌文学中的死而复生故事及其内涵，王晶波，甘肃社会科学，2009 年，第 2 期。

贾岛五律与佛教戒律的类比之误：以宇文所安的晚唐诗研究为例，陈小亮，浙江学刊，2009 年，第 2 期。

从般若看诗禅境界：以王维、道济诗为例，潘永辉，湛江师范学院学报，2009 年，第 1 期。

儒禅互补与杜甫的精神世界，王贞，大连大学学报，2009 年，第 2 期。

柳宗元的弥陀净土信仰，郭莲花，柳州师范专科学校学报，2009 年，第 1 期。

禅宗与北宋艺术精神，陈俊堂，山西大同大学学报，2009 年，第 1 期。

欧阳修十年困守时期诗歌与其佛老思想，查金萍，合肥学院学报，2009 年，第 2 期。

20 世纪以来清初岭南诗僧群研究综述，李舜臣，淮阴师范学院学报，2009 年，第 1 期。

《醋葫芦》游冥情节与明清"妒妇题材"小说的疗妒手段，郑红翠，北方论丛，2009 年，第 2 期。

《水浒传》中的神秘信奉及其佛道来源，王立、刘莹莹，烟台大学学报，2009 年，第 1 期。

试论鲁智深缘何成佛作祖，范正群，长春师范学院学报，2009 年，第 2 期。

从唐僧的钵盂看《西游记》的般若空观，李洪武，中央民族大学学报，2009 年，第 2 期。

访唐何求，计程何谋，原位何由？杨扬，东南大学学报，2009 年，第 2 期。

从三言二拍看佛道对世俗社会的影响，姜良存，齐鲁学刊，2009 年，第 2 期。

"三言"僧尼形象的审美分析，牛玥，西南农业大学学报，2009 年，第 4 期。

"三言二拍"中僧尼形象分析，刘向群，合肥学院学报，2009 年，第 2 期。

生态诗人加里·斯奈德研究述评，毛明，湘潭大学学报，2009 年，第 6 期。

《红楼梦》中几类尼姑形象简析，沈卓，中国电力教育，2009 年，第 S1 期。

一僧一道一术士：明清小说超情节人物的叙事学意义，刘勇强，文学遗产，2009 年，第 2 期。

禅宗对桐城派之影响初探，沈志富、陈东，巢湖学院学报，2009 年，第 1 期。

试析六朝诗学"韵"范畴的佛教影响因子，刘艳芬，内蒙古社会科学，2009 年，第 2 期。

佛境文心：试论佛教对钱谦益文学思想的影响，师雅惠，中国社会科学院研究生院学报，2009 年，第 2 期。

日僧空海对中国美学的独特贡献，陈望衡，襄樊学院学报，2009 年，第 3 期。

二十世纪八十年代以来佛禅诗研究综述，霍贵高，集宁师范专科学校学报，2009 年，第 1 期。

中国古代游冥故事的分布及类型特征探析，郑红翠，学术交流，2009 年，第 3 期。

晚唐五代诗僧群体的文学理论，查明昊、卢佑诚，吉林师范大学学报，2009 年，第 2 期。

敦煌愿文研究述要，黄征，艺术百家，2009 年，第 2 期。

《全宋诗》僧诗补佚（一），冯国栋，古籍整理研究学刊，2009 年，第 2 期。

苏轼诗词禅学思想及人生观，陈希，沈阳工业大学学报，2009 年，第 2 期。

"二拍"与梅鼎祚的《青泥莲花记》，徐永斌，明清小说研究，2009 年，第 1 期。

西游取经故事的主旨演变与玄奘身世安排的嬗变，伏涤修，烟台大学学报，2009 年，第 2 期。

苏轼诗《百步洪》中的禅学意涵，刘永杰，经营管理者，2009 年，第 15 期。

东坡词佛禅风神略论，沈剑博，四川职业技术学院学报，2009 年，第 1 期。

相似的神统，不同的幻像：《西游记》与《封神演义》宗教思想的比较，房春草，明清小说研究，2009 年，第 1 期。

《文心雕龙》与佛学关系再探，陶礼天，陕西师范大学学报，2009 年，第 1 期。

异端与信仰：从《太平广记》异僧小说看佛教文化，曾礼军、刘秋根，井冈山学院学报，2009 年，第 1 期。

论未曾有经文体及其影响，李小荣，武汉大学学报，2009 年，第 3 期。

魏晋隋唐文士佛学修养论略，俞晓红，河南教育学院学报，2009 年，第 3 期。

佛教兴盛对隋代诗歌的影响，于英丽，滨州学院学报，2009

年，第 2 期。

墓志新辑唐代挽歌考论，胡可先，浙江大学学报，2009 年，第 3 期。

晚唐诗人镜湖处士方干传略，吴在庆，宁夏师范学院学报，2009 年，第 1 期。

浅析王梵志诗歌的价值，邓后生，现代语文，2009 年，第 13 期。

佛教禅宗与李白诗风，贺建飞，长沙大学学报，2009 年，第 3 期。

柳宗元的诗文与佛教，丁三省，信阳师范学院学报，2009 年，第 3 期。

老大嫁作商人妇 脱却红妆入空门：女尼谷虚生平考述及其与祁氏家族女性交游探析，李贵莲，社会科学论坛，2009 年，第 5 期。

话本小说与禅宗预言偈：从《水浒传》中的预言偈说起，项裕荣，四川大学学报，2009 年，第 3 期。

如来清净禅对皎然诗歌的影响，徐涛，滨州学院学报，2009 年，第 2 期。

谢灵运的佛学因缘，李大伟，安徽广播电视大学学报，2009 年，第 2 期。

论儒、释、道美学思想对唐代诗歌创作的影响，宋文翠，鲁东大学学报，2009 年，第 3 期。

由禅悦到逃禅：唐代后期诗风的人工气息，柳东林、王树海，古籍整理研究学刊，2009 年，第 3 期。

唐代贬谪诗文的佛教思想初探，周如月，辽宁工程技术大学学报，2009 年，第 4 期。

敦煌文研究综述，夏向军，现代语文，2009 年，第 6 期。

论孟浩然与佛教及其佛教诗：兼与王维的同类诗比较，王辉斌，江汉论坛，2009 年，第 4 期。

浅析王安石禅诗中的色彩运用，金凤玉，西安文理学院学报，2009 年，第 3 期。

一蓑烟雨任平生：浅谈禅宗对苏轼人生态度的影响，杨昭昭，湖南第一师范学报，2009 年，第 3 期。

苏东坡"以诗为词"的佛禅背景，邵静，兰州学刊，2009 年，第 6 期。

《全元文》补目 160 篇，刘洪强，古籍整理研究学刊，2009 年，第 3 期。

明清小说"以一化多"母题的佛经文献来源，王立，南亚研究，2009 年，第 2 期。

唐五代僧人诗格选诗的统计分析，周萌，许昌学院学报，2009 年，第 6 期。

论魏晋南北朝隋本土诗文对汉译佛经之容摄，李秀花，文学评论，2009 年，第 4 期。

永明体的产生与佛经转读关系新探，龚贤，盐城师范学院学报，2009 年，第 3 期。

从《六祖坛经》看不立文字，陈燕，名作欣赏，2009 年，第 7 期。

启功、曾毅公旧藏《敦煌变文集》稿本述略，刘波、萨仁高娃，艺术百家，2009 年，第 4 期。

柳宗元《龙安海禅师碑》所记禅宗法统释证，程羽黑，社会科学，2009 年，第 7 期。

苏轼诗风及其"禅喜"旨趣辨证，王树海、宫波，北方论丛，2009 年，第 4 期。

从《西游记》中道士形象看崇佛抑道思想，张春玲，长春师范学院学报，2009 年，第 4 期。

《金瓶梅词话》的宗教描写与作者的艺术构思，吴光正，武汉大学学报，2009 年，第 4 期。

皎然《诗议》考，卢盛江，南开学报，2009 年，第 4 期。

山谷一生思想转变过程及评估：兼论他与禅门的往来及思想在禅门中的穿梭，张兆勇、马波，阜阳师范学院学报，2009 年，第 4 期。

儒道释三种基质自然观之比较：以陶潜王维杨万里为例，于东新，名作欣赏，2009 年，第 8 期。

《清初人选清初诗汇考》原录序跋补阙，刘和文，江西师范大学学报，2009 年，第 3 期。

"事事无碍"、"文字禅"与释惠洪的诗风，潘建伟，中国文学研究，2009 年，第 3 期。

儒道会通与陶渊明的思想特征，邓福舜，黑龙江社会科学，2009 年，第 4 期。

论《伍子胥变文》中的儒佛交融，黎聪，语文学刊，2009 年，第 8 期。

从"空"字诗再看王维的佛禅思想，田猛，哈尔滨学院学报，2009 年，第 8 期。

杜甫与赞上人交游在同谷考，蒋副全，前沿，2009 年，第 7 期。

北宋诗僧地域宗派分布的不平衡及原因分析，高慎涛，前沿，2009 年，第 8 期。

"静"的同与异：儒释道思想对晚明小品的影响分析，王晓光，湖南大学学报，2009 年，第 4 期。

论《西游记》心猿的哲学意蕴，郭雪莲，现代语文，2009 年，第 22 期。

三言僧尼形象的审美分析，牛玥，西南农业大学学报，2009 年，第 4 期。

论李叔同诗词的"旧风格"与"新意境"，林长红，洛阳师范学院学报，2009 年，第 4 期。

苏曼殊：《娑罗海滨遁迹记》的创作者，丁富生，南通大学学报，2009 年，第 4 期。

苏轼佛禅诗的审美意蕴，刘伟，青岛大学师范学院学报，2009 年，第 4 期。

从《心经》在《西游记》成书过程中的地位变迁看小说意蕴的转换，胡胜、赵毓龙，社会科学辑刊，2009 年，第 5 期。

寒山子形象在中美两国之嬗变略疏，杨锋兵、唐圣，汕头大学学报，2009 年，第 4 期。

以禅喻词说，高慎涛，古典文学知识，2009 年，第 5 期。

语录体形成刍议，张子开，武汉大学学报，2009 年，第 5 期。

《洛阳伽蓝记》体例质疑，吴晶，文学遗产，2009 年，第 5 期。

《头陀寺碑文》的佛理及其表达策略，李乃龙，钦州学院学报，2009 年，第 2 期。

唐五代诗人习禅与僧人习诗，谭伟，武汉大学学报，2009 年，第 5 期。

敦煌佛教歌辞的特征及其影响，王志鹏，兰州学刊，2009 年，第 9 期。

刘长卿与佛教相关事迹考，何剑平，武汉大学学报，2009 年，第 5 期。

王安石晚年禅诗中的超然之境，庄国瑞，江南大学学报，2009 年，第 4 期。

《大唐三藏取经诗话》到《西游记》中救赎主题的发展与演变，杨光熙，浙江社会科学，2009 年，第 9 期。

《聊斋志异·霍生》的佛经故事溯源，王立，山西师范大学学报，2009 年，第 5 期。

禅诗的"归家"之思，余虹，社会科学研究，2009 年，第 5 期。

冥使错勾及"具魂法""重生药"母题研究，王立，东疆学刊，2009 年，第 4 期。

试论南北朝颂赞文，刘涛，韩山师范学院学报，2009 年，第 2 期。

六朝佛教盛行对诗的影响分析，张泽伟，通化师范学院学报，2009 年，第 9 期。

《洛阳伽蓝记》的作者及创作年代辩证，王建国，江汉论坛，2009 年，第 10 期。

论江总的佛教信仰及其文学表现，钟翠红，甘肃联合大学学报，2009 年，第 4 期。

统合儒释的文化贯通：柳宗元与佛教论略，翟满桂，湖南文理学院学报，2009 年，第 5 期。

北宋禅境词略论，周瑶，乐山师范学院学报，2009 年，第9 期。

南宋遗民词中的佛教文化阐释，丁楹，内蒙古师范大学学报，2009 年，第 4 期。

禅心如日丽天：《船居寓意》中之船子和尚，陈燕，名作欣赏，2009 年，第 11 期。

简论汉译佛典之"譬喻"文体，李小荣，福建师范大学学报，2009 年，第 5 期。

试析佛教"神"范畴对六朝诗学的影响，刘艳芬，青海社会科学，2009 年，第 5 期。

会昌前后僧俗关系的变化与文学之"转变"，曹胜高，济南大学学报，2009 年，第 6 期。

唐人赠空海送别诗，王勇，文献，2009 年，第 4 期。

敦煌文学的程式化特征及其来源，孙尚勇，西南石油大学学报，2009 年，第 5 期。

"寒山热"在美国，杨明辉，新乡学院学报，2009 年，第6 期。

柳宗元的佛教律学观，张勇，湖南科技学院学报，2009 年，第 11 期。

王维山水诗与松尾芭蕉俳句之比较：以禅道思想影响为中心，周建萍，徐州工程学院学报，2009 年，第 6 期。

南宋禅僧诗集《一帆风》版本关系蠡测：兼向陈捷女史请教，侯体健，中国典籍与文化，2009 年，第 4 期。

元肇生平及著作考述，许红霞，北京大学中国古文献研究中心集刊，第 8 辑，2009 年。

论《西游记》故事的图像传播，孔庆茂，江西社会科学，2009 年，第 10 期。

论《西游记杂剧》和"唐僧取经瓷枕"创作时代先后，杨光熙，明清小说研究，2009 年，第 3 期。

试论佛教对六朝诗学"味"范畴的影响作用，刘艳芬，社会科学辑刊，2009 年，第 6 期。

经学章句与佛经科判及汉魏六朝文学理论，孙尚勇，西北大学学报，2009 年，第 3 期。

佛教与《文心雕龙》关系问题研究述略，甘生统，湖州师范学院学报，2009 年，第 5 期。

从语法角度看敦煌本《搜神记》与变文年代的区别，张薇薇，阜阳师范学院学报，2009 年，第 3 期。

陶诗中的儒道释，孙哲慧，新乡学院学报，2009 年，第 3 期。

宗教哲学影响下的晚唐诗歌，李红春，中国文化研究，2009 年，第 4 期。

佛教寺院与唐代小说传播之关系，李艳茹，内蒙古大学学报，2009 年，第 6 期。

唐僧怀素《秋风》诗释疑，谭洁，文学遗产，2009 年，第 6 期。

唐代佛学诗序的文化意蕴，张红运，江汉论坛，2009 年，第 12 期。

唐代诗僧皎然对茶道美学的贡献，朱海燕、王秀萍，刘仲华，湖南农业大学学报，2009 年，第 5 期。

禅意与担忧：王维《辋川集》论析，方晓峰，新乡学院学报，2009 年，第 5 期。

黄庭坚对传统诗歌意象的禅意化演进：以"月"、"松"、"竹"为例，孙海燕，文学遗产，2009 年，第 6 期。

佛禅话语与金代诗学，刘达科，社会科学战线，2009 年，第 12 期。

从佛经的时间观看《聊斋志异》叙事时间构建，房艳艳，浙江海洋学院学报，2009 年，第 3 期。

"禅悟"对中国古典诗歌创作范式的审美观照，张鹏飞，合肥学院学报，2009 年，第 6 期。

竹林寺传说的演变：文言小说史中佛教传说的儒道化现象研究，项裕荣，学术研究，2009 年，第 12 期。

浅议释道儒对《文心雕龙》创作思想的影响，廖志斌，南昌高等专科学校学报，2009 年，第 6 期。

从"直寻"到"妙悟"的理论背景分析，马荣江，南京理工大学学报，2009 年，第 6 期。

唐传奇中佛教寺庙物象探析，葛玉根，现代语文，第 31 期，2009 年。

论宋代语录体对文学的影响，任竞泽，文学遗产，2009 年，第 6 期。

佛禅与辽金文人，刘达科，江苏大学学报，2009 年，第 6 期。

因果报应传统与《阅微草堂笔记》，弓元元，宝鸡文理学院学报，2009 年，第 6 期。

略论寒山诗主题的三个层次，邓海霞，武警学院学报，2009 年，第 11 期。

辛弃疾与佛教，程继红，浙江海洋学院学报，2009 年，第 4 期。

辽金诗文话语与佛禅，刘达科，晋中学院学报，2009 年，第 6 期。

"转头"间的禅悟：辛词的禅意与理趣，滕琪、车泰来，宗教学研究，2009 年，第 4 期。

此心安处是吾乡——浅谈佛禅对苏轼词的创作及审美风格的影响，刘渝霞，名作欣赏，2009 年，第 23 期。

唐代诗僧与唐僧诗述略（上），胡大浚，兰州交通大学学报，2009 年，第 5 期。

由南宋诗僧诗文集看和刻本汉籍的价值，许红霞，日本大学《中国语中国文化》第六号，2009 年。

诗僧道潜与士大夫交游考述，刘涛，作家，2009 年，第 14 期。

唐宋间以诗入禅的三种形态，高慎涛，江汉论坛，2009 年，第 4 期。

二十世纪以来有关清初岭南诗僧研究综述，李舜臣，淮阴师范学院学报，2009 年，第 1 期。

从宋代士大夫禅学看宋代佛教的社会化发展，魏建中，经济与社会发展，2009 年，第 1 期。

由《智觉禅师自行录》看永明延寿的僧范形象与融合特色，黄公元，浙江学刊，2009 年，第 1 期。

妙喻之中见根本：佛经翻译译论新议，阮红梅、高然，首都师范大学学报，2009 年，第 3 期。

关于"四声"与佛经转读关系的研究综述，谭洁，河北大学学报，2009 年，第 3 期。

审美与伦理的双重超越：《坛经》机锋探析，谭苑芳，广州大学学报，2009年，第4期。

《法苑珠林校注》拾零，王东，郑州大学学报，2009年，第4期。

汉文佛教文献学体系构思，冯国栋，世界宗教研究，2009年，第2期。

未曾遗忘的顿悟成佛论之先行者：试议竺道生与谢灵运的佛学思想交汇，王雷、杨静，西藏民族学院学报，2009年，第3期。

"心是幻法"与"自见其性"：黄庭坚对佛教般若思想的吸收及其禅观实践，孙海燕，中国文化研究，2009年，第2期。

东晋南朝时期西来高僧与浙东佛教：读慧皎《高僧传》，姚培锋、齐陈俊，敦煌研究，2009年，第2期。

道安佛经翻译与注疏略述，邓宏烈，西藏民族学院学报，2009年，第4期。

佛教莲花意象及其在六朝诗赋中的意义嬗变，刘艳芬，济南大学学报，2009年，第5期。

试析佛教"神"范畴对六朝诗学的影响，刘艳芬，青海社会科学，2009年，第5期。

《五台山赞》与《维摩诘经》的讲习者，何剑平，西南民族大学学报，2009年，第8期。

诗僧道潜生平稽考，刘涛，宗教学研究，2009年，第3期。

梁扬都庄严寺沙门释宝唱生平及著作考略，许云和，宗教学研究，2009年，第3期。

杜甫诗的佛教慈悲精神，袁宏愚，福建宗教，2009年，第5期。

浅谈佛教受戒文，张春梅，世界宗教文化，2009年，第4期。

谢灵运与《大乘涅槃经》的改治，姜剑云、王岩峻，晋阳学刊，2009 年，第 4 期。

关于《搜神记》中佛教内容的质疑，严耀中，中华文史论丛，第 95 辑，上海古籍出版社，2009 年。

《洛阳伽蓝记校笺》志疑一则，阐绪良，中华文史论丛，第 95 辑，上海古籍出版社，2009 年。

贝叶与写经——唐代长安的寺院图书馆，王翔，唐研究，第 15 卷，北京大学出版社，2009 年。

刘淑芬《中古的佛教与社会》，张总，唐研究，第 15 卷，北京大学出版社，2009 年。

大足石刻与傅大士，杨雄，中国俗文化研究，第 5 辑，巴蜀书社，2009 年。

唐五代"五道将军"信仰之发展——以敦煌文献图像为核心，郑阿财，中国俗文化研究，第 5 辑，巴蜀书社，2009 年。

《王梵志诗校注》斟补，武建宇，中国俗文化研究，第 5 辑，巴蜀书社，2009 年。

唐五代佛寺的发展及近年来的研究状况——兼评李芳民《唐五代佛寺辑考》，沈文凡、杨妹美，中国俗文化研究，第 5 辑，巴蜀书社，2009 年。

中国佛教文学中祖师形象的演变——以道安、慧能和孙悟空为中心，陆扬，文史，第 89 辑，中华书局，2009 年。

当代韩国寒山子研究的现状和展望，朴永焕，寒山子暨和合文化国际研讨会论文集，浙江大学出版社，2009 年。

西夏佛典中的翻译史料，邓如萍、聂鸿音译，中华文史论丛，第 95 辑，上海古籍出版社，2009 年。

《法华经》的文献学研究——观音的语义解释，辛岛静志，中华文史论丛，第 95 辑，上海古籍出版社，2009 年。

长安：礼仪之都——以圆仁《入唐求法巡礼行记》为素材，妹尾达彦，唐研究，第 15 卷，北京大学出版社，2009 年。

陶渊明的宗教信仰及相关问题，范子烨，文史，第 88 辑，中华书局，2009 年。

唐代"景僧"释义，林悟殊、殷小平，文史，第 86 辑，中华书局，2009 年。

跋敦煌莫高窟所出北魏太和十一年刺绣发愿文，罗新，文史，第 89 辑，中华书局，2009 年。

敦煌本《大云经疏》新论——以武则天称帝为中心，金滢坤、刘永海，文史，第 89 辑，中华书局，2009 年。

纪昀《阅微草堂笔记》对清初灵异传闻之理论组构与批评法式，黄东阳，新世纪宗教研究，2009 年，第 1 期。

颠狂的真相——《济公全传》所呈显济公"狂行劝喻"之思维模式及其社会意义，黄东阳，新世纪宗教研究，第 2 期，2009 年。

中国救母型故事与目连救母故事研究，吴安清，玄奘人文学报，第 9 期，2009 年。

方以智的禅学思想，邓克铭，汉学研究，第 2 期，2009 年。

佛典《野干两舌》与中国民间故事的流传，梁丽玲，民间文学年刊，2009 年，第 2 期增刊（2008 年民俗暨民间文学国际学术研讨会专号）。

琼浦曼陀罗：中国诗人在长崎，周裕锴，空间与文化场域：空间移动之文化诠释，"国家"图书馆，2009 年。

浅论寒山诗中透显的佛学思想，吴斐甄，国文天地，第 25 卷第 2 期，2009 年 7 月。

早期僧家史籍所反映的佛教社会形象，林美伶，有凤初鸣年刊，第 4 期，2009 年 9 月。

试论"钵"在佛教典籍中的衍生功能——以《杂宝藏经》为起点，北港农工学报，第 1 期，2009 年 2 月。

苏轼参访寺院之因缘，施淑婷，新竹教育大学人文社会学报，第 2 卷第 1 期，2009 年 3 月。

梦即佛法——彻庸周理《云山梦语摘要》研究，徐圣心，台大佛学研究，第 18 期，2009 年 12 月。

《法显传》的法显旅行概要，许明银，中国边政，第 177 期，2009 年 3 月。

从明代僧人著述观察佛教与民间信仰的关系——以禅宗本的《归元直指集》为观察重点，陈玉女，亚洲研究，第 58 期，2009 年 2 月。

佛教文学史上之一大问题——《大唐西域记》之译与撰，贺昌群，普门学报，第 54 期，2009 年 11 月。

《三言》中宣传佛教教义的故事，黄绚亲，东方人文学志，第 8 卷第 3 期，2009 年 9 月。

重绘生命地图——圣僧刘萨荷形象的多重书写，刘苑如，中国文哲研究集刊，第 34 期，2009 年。

王润华《王维诗学》书评，萧丽华，汉学研究，第 12 期，2009 年。

由宗教立场谈几首寒山诗，蔡念生，普门学报，第 49 期，2009 年。

音调未定的现代性——巨赞法师的"新佛教"叙事，宣方，玄奘佛学研究，第 12 期，2009 年。

佛经"雁衔龟"故事在中国的传播与影响，梁丽玲，台北教育大学语文集刊，第 15 期，2009 年。

明蕅益大师著述系年，谢成豪，东吴中文在线学术论文，第 5 期，2009 年。

倓虚大师年谱——以《影尘回忆录》为探究中心，谢成豪，东吴中文在线学术论文，第 5 期，2009 年。

汉译佛典"删繁"——以鸠摩罗什《妙法莲华经·序品第一》为例，赖信川，北商学报，第 16 期，2009 年。

敦煌通俗话本——《庐山远公话》中的民间文学特质浅析，杜皖琪，真理大学人文学报，第 7 期，2009 年。

虚云和尚禅法的当代诠释，赖贤宗，新世纪宗教研究，第 8 卷第 2 期，2009 年 12 月。

佛教东来对中国文学之影响，谢无量，普门学报，第 49 期，2009 年。

谈敦煌变文《庐山远公话》的佛教思想，罗庆云，远东通识学报，第 3 卷第 1 期，2009 年 1 月。

明代佛传图图像初探——以崇善寺《释迦世尊应化示迹图》、多福寺佛传壁画、觉苑寺佛壁画及《释氏源流》为例，苏玫瑄，议艺份子，第 13 期，2009 年。

从《战争游戏》、《死亡代言人》与《明日灭亡》的生命救赎及宗教关怀论析科幻小说的深层意义，郑锭坚，华梵人文学报，第 11 期，2009 年。

敦煌变文之讲唱、抄写与听者、读者问题之探讨，朱凤玉，文化视域的融合——第九届唐代文化国际学术研讨会，唐代学会，台湾大学，2009 年 9 月。

从原生态论敦煌变文写本的抄写者与阅读者，朱凤玉，"敦煌学：第二个百年的研究视角与问题"国际学术研讨会，俄罗斯科学院东方文献研究所，2009 年 9 月。

近世东亚汉文书写的影响与接受：以禅宗与白话小说为例，廖肇亨，"中国文学史上的影响与接受"国际研讨会，中国社科院文学所、南阳师范学院，2009 年 11 月。

圣境与生死流转：普陀山在日本五山汉诗中文化意象的嬗变，廖肇亨，"东亚文化意象的形塑与转变：十一至十七世纪"国际学术讨论会，"中央"研究院历史语言研究所，2009 年 9 月。

普陀山在东亚文化意象的嬗变，廖肇亨，"佛教与东亚思想传统"国际学术研讨会，广州中山大学佛学研究中心，2009 年 9 月。

禅观与诗境——禅修体验对唐代诗人创作方法的启发，黄敬家，新竹教育大学学报，2009 年，第 1 期。

越南丁、黎、李三朝诗僧与唐宋诗僧文学自觉之比较，萧丽华，"越南儒学"国际学术研讨会（越南河内），"中央"研究院中国文哲研究所、越南社科院哲学研究所，2009 年 6 月。

明代佛传图图像初探——以崇善寺《释迦世尊应化示迹图》、多福寺佛传壁画、觉苑寺佛传壁画及《释氏源流》为例，苏玫瑄，2009 年，第 13 期。

唐代渔父词与韩国汉诗渔父词的比较，萧丽华，The 6th International Conference of the Institude of Performative Humanities：The Horizon of East China Poetry and Sijo，韩国首尔汉阳大学，2009 年 8 月。

外游、内观到游观:《游观——作为身体技艺的中古文学与宗教》导论，刘苑如，中国文哲研究通讯，第 19 卷 4 期，2009 年。

敦煌莫高窟悉达太子降魔佛画故事析探，谢慧暹，北台湾科技学院通识学报，2009 年。

彭绍升《阿弥陀经约论》释义，谢成豪，宗教哲学，2009 年。

《文心雕龙》"赞曰"的渊源，林伯谦，东吴中文学报，2009 年。

中国僧传对传统史传叙事方法的运用——以《宋高僧传》为例，黄敬家，台北大学中文学报，第 6 期，2009 年。

搬演神圣:以玄奘取经行故事为中心，刘琼云，戏剧研究，2009 年。

论"张坚固、李定度"的形成、发展与民俗意涵——以买地券、衣物疏为考察对象，郑阿财，民间文学年刊，2009 年。

China: Buddhist Trails of China Enchant and Enlighten. (Travel narrative), Graham Simmons, *Travel Age West* 44, 2009.

The Chan Master as Illusionist: Zhongfeng Mingben's Huanzhu Jiaxun, Natasha Heller, *Harvard Journal of Asiatic Studies*, v. 69, n2, 2009.

Eminent Nuns: Women Chan Masters of Seventeenth – Century China (review), Yuet Keung Lo, *Journal of chines religions* 37, 2009.

Liu, Life as Form: How Biomimesis Encountered Buddhism in Lu Xun, Lydia H., *The Journal of Asian Studies* 1, 2009.

The Buddhist Medicine King in Literary Context: Reconsidering an Early Medieval Example of Indian Influence on Chinese Medicine and

Surgery，B. Pierce Salguero，*History of Religions* 3，2009.

The Linji Lu and the Creation of Chan Orthodoxy：The Development of Chan's Records of Sayings Literature（review），Albert Welter，*Journal of Chinese Religions* 37，2009.

The Nature of the Verses of the Kā ś yapaparivarta，Jonathan A. Silk，*Bulletin of the Asia Institute* 23，2009.

Who Has the Last Word in Chan? Transmission，Secrecy and Reading During the Northern Song Dynasty，Juhn Y. Ahn，*Journal of Chinese Religions* 37，2009.

A Textual History of Liu Yiqing's "You ming lu"，Zhenjun Zhang，Oriens Extremus 48，2009.

Production et dissémination de textes bouddhiques，traductions et apocryphes（佛教文本的制作与流布——译本和伪经），Les rites bouddhiques（佛教仪轨），Hureau，Sylvie（何玉惟），in John LAGERWEY，ed.，*Religion et société en Chine ancienne et médiévale*，Paris：Editions du Cerf，p. 429－458，493－529，2009.

晚明文人の忏悔思想の再检讨，——袁中道の「心律」を中心として——，廖肇亨，日本中国学会报，第61期，2009年。

白蛇伝と宋代の杭州，小南一郎，中国近世文芸論—農村祭祀から都市芸能へ，田仲一成、小南一郎、斯波義信編，東洋文庫，191－212，2009。

李昌齢『楽善録』について—南宋期の善書に関する一考察，水越知，東方宗教，113：66－84，2009。

2010 年

顾盼自雄，仰面长啸：清初释大汕（1637—1705）《行迹图》及其题辞探论，毛文芳，（台湾）清华学报，第 40 卷第 4 期，2010 年。

王安石《楞严经解》十卷辑佚，张煜，古典文献研究，第 13 辑，2010 年。

《碧岩录》杂考（二十三）——第三十二则"定上座伫立"，小川隆著，李瑄译，新国学，第 8 卷，2010 年 12 月。

百年爬梳 百年开掘：《王梵志诗集》散佚整理与辑集研究回眸，齐文榜，汉语言文学研究，2010 年，第 2 期。

《高僧传》关于死亡哲学及美学描述，耿朝晖，青海师范大学学报，2010 年，第 5 期。

西晋"八达"之游所见名僧与名士之交往：兼论中古佛教《放光经》的译传及影响，吴中明，社会科学研究，2010 年，第 4 期。

明初中日关系管窥——宋濂与日僧交往二三事，任萍，人物往来与东亚交流，光明日报出版社，2010 年。

中土新创普贤信仰文献叙录，张子开，江西师范大学学报，2010 年，第 6 期。

颂赞类文体，吴承学、刘湘兰，古典文学知识，2010 年，第 1 期。

《菩萨本缘经》撰集者和译者之考辨，颜洽茂、熊娟，浙江大学学报，2010 年，第 5 期。

"观化"与"阅世"——黄庭坚在佛禅思想影响下形成的独特观物方式，孙海燕，中国诗歌研究动态，2010 年。

从词语替换看一卷本《杂譬喻经》的翻译年代，方一新、高列过，语言学论丛，第 41 辑，商务印书馆，2010 年。

《百喻经》与《世说新语》词汇比较研究，汪维辉，汉语史学报，第 10 辑，上海教育出版社，2010 年。

《古尊宿语录》偈颂用韵考，丁治民，古汉语研究，2010 年，第 3 期。

日藏宋元禅僧墨迹综考，江静，甘肃社会科学，2010 年，第 5 期。

痴绝道冲与南宋的禅文化，黄启江，九州学林，2010 年冬季号。

苏轼禅意诗审美内涵抉要，肖占鹏、刘伟，南开学报，2010 年，第 5 期。

略论禅理对苏轼诗歌的影响，周建刚，淮阴工学院学报，2010 年，第 4 期。

对皎然《诗式》"中序"的文化解读，甘生统，名作欣赏，2010 年，第 4 期。

也谈柳宗元山水诗中的佛教意蕴，张晓宏，语文学刊，2010 年，第 3 期。

释氏眼中的柳宗元，张勇，中国典籍与文化，2010 年，第 2 期。

唐代崇道风尚对《长恨歌》创作的影响，艾瑛，文史博览，2010 年，第 1 期。

论李商隐无题诗中的儒释道意象，孙金荣，山东社会科学，

2010 年，第 4 期。

以诗证佛：王维的佛学"莲"诗论略，潘静，河北大学学报，2010 年，第 2 期。

论严羽美学思想对神韵论的影响，杨万里，邢台学院学报，2010 年，第 1 期。

皎然"诗教"说暨《诗式》创作动机考论，甘生统，阴山学刊，2010 年，第 2 期。

文学与仪式的关系——以先秦文学和敦煌文学为中心，伏俊琏，中国文化研究，2010 年，第 4 期。

佛禅诗话五则，张培锋，博览群书，2010 年，第 9 期。

佛教文学中的隐元诗偈，林观潮，文学与文化，2010 年，第 3 期。

敦煌变相与变文研究述评，于向东，艺术百家，2010 年，第 5 期。

唐代宗教对李白与李商隐诗歌创作影响的对比研究，陈洪清，名作欣赏，2010 年，第 8 期。

慧萼东传《白氏文集》及普陀洛迦开山考，陈羽中，浙江大学学报，2010 年，第 5 期。

皎然"明作用"释解，王世海，殷都学刊，2010 年，第 3 期。

《水浒传》与说参请，项裕荣，湖南社会科学，2010 年，第 4 期。

世本《西游记》宗教性话语的建构与解读，冯大建，南开学报，2010 年，第 5 期。

论禅与古典诗歌的融合，朱俊海，名作欣赏，2010 年，第 10 期。

浅议"粉骷髅"，于硕，河北经贸大学学报，2010年，第3期。

论因果报应观念对魏晋南北朝志怪小说的影响，付震震，安康学院学报，2010年，第4期。

支遁生平事迹及影响，吕斌，安徽广播电视大学学报，2010年，第3期。

应制诗：妥协策略下的政治文本——以梁及唐访寺应制诗中佛教因素的消长为观照点，程建虎，西北大学学报，2010年，第5期。

论佛教对于隐逸的超越意义：以晚唐诗人为例，胡遂、肖圣陶，湖湘论坛，2010年，第5期。

略论禅宗美学对唐诗的影响，曹颖，华北水利水电学院学报，2010年，第4期。

试论佛禅思想对王维山水田园诗创作的积极影响，杨晓慧，宝鸡文理学院学报，2010年，第4期。

宋代文人以禅自释的心性论略：以悟道诗词为例，王丽萍、严铭，成都大学学报，2010年，第5期。

随缘红尘是禅境，自适本性皆好诗：论苏轼禅理诗创作的特点，李向明，南京师范大学文学院学报，2010年，第3期。

元代诗僧的地域分布、宗派构成及其对僧诗创作的影响，李舜臣、欧阳江琳，武汉大学学报，2010年，第5期。

明末清初拟话本小说中的善恶报应与吏治思想，杨宗红、蒲日材，贺州学院学报，2010年，第3期。

《红楼梦》的净土美学，司马云杰，美与时代，2010年，第10期。

东来西去的宗教文化：杨译《红楼梦》宗教文化概念的认知翻译策略，俞森林、凌冰，红楼梦学刊，2010 年，第 6 期。

试论《搜神记》中的佛教神话：兼论中国佛教神话的兴起与发展，阎德亮，中州学刊，2010 年，第 6 期。

《洛阳伽蓝记》对先秦两汉史传传统的继承与发展，赵莉，中州学刊，2010 年，第 6 期。

浅议佛教文化对唐诗发展的影响，王春燕，常州大学学报，2010 年，第 4 期。

试论唐代佛禅山水诗的审美境界，赵国乾，名作欣赏，2010 年，第 11 期。

论元缜的宗教信仰及其人生意趣，段承校，江苏教育学院学报，2010 年，第 9 期。

晚唐禅宗的传播与诗歌发展的转向：以晚唐诗人刘得仁为例，吴怀东、李军，山西大学学报，2010 年，第 5 期。

浅论寒山诗中的月意象，王燕飞，河北青年管理干部学院学报，2010 年，第 6 期。

韦应物情向佛禅的心理探析，严铭，前沿，2010 年，第 20 期。

略论禅理对苏轼诗歌的影响，周建刚，淮阴工学院学报，2010 年，第 4 期。

陈师道"换骨说"发微，张振谦，海南大学学报，2010 年，第 5 期。

论金朝咏寺酬僧诗，张琴，太原师范学院学报，2010 年，第 5 期。

金末诗僧性英考论，王树林，南通大学学报，2010 年，第

5 期。

《水浒传》侠女复仇与佛经故事母题，王立、刘畅，山西大学学报，2010 年，第 5 期。

八大山人与禅宗，胡迎建，江西科技师范学院学报，2010 年，第 5 期。

阳羡词僧弘伦及其创作探略，余卫星，怀化学院学报，2010 年，第 10 期。

佛教与中国月宫传说的丰富，孙文起，许昌学院学报，2010 年，第 6 期。

从天台智者"一念三千"到王昌龄"意境"说，赵平，浙江师范大学学报，2010 年，第 6 期。

佛禅与五代的诗风变易，王树海、刘春明，北华大学学报，2010 年，第 6 期。

大历诗人禅悦原因探析，毛德胜，长江学术，2010 年，第 4 期。

唐代"入冥"题材小说与冥界观念的演变，邵颖涛，江汉论坛，2010 年，第 11 期。

浅析洪州禅"无心"境界对白居易诗歌"无事"情思的影响，陈猛，牡丹江大学学报，2010 年，第 11 期。

论苏轼词的禅思与禅境，易水霞、金建锋，江西教育学院学报，2010 年，第 5 期。

论佛禅质素和晚明文学演进之思想脉络，杨遇春、王娟侠，江汉论坛，2010 年，第 11 期。

论佛教文化对明清小说叙事模式的影响，杨明贵，四川文理学院学报，2010 年，第 6 期。

《红楼梦》与净土美学（中），司马云杰，美与时代，2010年，第11期。

南朝萧齐诗僧释宝月研究，包得义，青年文学家，2010年，第2期。

论元代诗僧的世俗化，韦德强，长沙铁道学院学报，2010年，第1期。

论《洛阳伽蓝记》的多维时空观，王柳芳，洛阳理工学院学报，2010年，第1期。

优美的山水，幽眇的禅意：谈谈禅宗对柳宗元诗歌创作的影响，孙晓琴，语文学刊，2010年，第1期。

苏轼诗与《楞严经》，梁银林，社会科学研究，2010年，第1期。

敦煌小说整理研究百年：回顾与思考，张涌泉、窦怀永，文学遗产，2010年，第1期。

评高华平《凡俗与神圣——佛道文化视野下的汉唐之间的文学》评介，陈龙、普慧，中国文化研究，2010年，第1期。

佛学、神仙与隐逸：六朝时期的庐山诗，王柳芳、孙伟，南昌大学学报，2010年，第1期。

《拾遗记》佛学影响探源，王兴芬，甘肃社会科学，2010年，第1期。

从"链式占有"到"诸法无我"：六朝小说《阳羡书生》的结构修正与佛理解读，施畅，现代语文，2010年，第1期。

《洛阳伽蓝记》概说，吴晶，古典文学知识，2010年，第2期。

论寒山诗的俗与雅，王太阁，中州学刊，2010年，第1期。

《唐僧弘秀集》版本考，陈斐，南都学刊，2010年，第1期。

苏轼和陶而不和柳的佛教原因探析，吴增辉，浙江学刊，2010年，第1期。

明清小说中的喷火兽母题佛经来源及其异国情调，刘卫英，东疆学刊，2010年，第1期。

佛经文学与六朝小说三生缘母题，刘惠卿，重庆工学院学报，2010年，第1期。

孤山智圆生平及著述考，孙立平、袁九生，浙江学刊，2010年，第1期。

略论大乘佛教的"二觉"观念在《西游记》中的体现，李鑫，怀化学院学报，2010年，第1期。

《聊斋志异》岑啬鬼故事及其佛经文学渊源，王立、胡瑜，黑龙江社会科学，2010年，第1期。

梁启超对"小说支配人道"的佛学阐释，姜荣刚，华南理工大学学报，2010年，第1期。

评陈洪《结缘：文学与宗教》，刘彦彦，文学评论，2010年，第2期。

论沈约的佛教思想及其创作，杨满仁，北方论丛，2010年，第2期。

佛教背景下的王梵志诗歌，马晓妮，社会科学论坛，2010年，第1期。

智者的悟语：论苏轼禅意诗的当代价值，肖占鹏、刘伟，天津大学学报，2010年，第2期。

因果轮回观念与明清长篇小说，付震震，滨州学院学报，2010年，第1期。

王国维《红楼梦评论》的佛家底蕴，钟明奇，安徽大学学报，2010 年，第 2 期。

清末民初中国的佛教文学与启蒙思潮，谭桂林，中国社会科学，2010 年，第 3 期。

佛经文学与六朝仙道类小说创作，刘惠卿，西南民族大学学报，2010 年，第 4 期。

柳宗元：唐代三教融合思潮中的儒家代表，张勇，孔子研究，2010 年，第 3 期。

佛教对岑参诗歌创作的影响，邵颖涛，广播电视大学学报，2010 年，第 2 期。

寒山诗歌中的悲剧意识，杨秀兰，名作欣赏，2010 年，第 6 期。

《沧浪诗话》的隐喻系统和诗学旨趣新论，周裕锴，文学遗产，2010 年，第 2 期。

句法与意蕴并重：禅宗语言观对黄庭坚的影响，孙海燕，学术界，2010 年，第 5 期。

佛禅与金朝文学的艺术表现，刘达科，太原师范学院学报，2010 年，第 2 期。

从"二拍"中僧侣敛财看社会发展，王立、潘林，辽东学院学报，2010 年，第 3 期。

《聊斋志异·夜叉国》的佛经渊源及中外民族融合内蕴，王立、胡瑜，大连理工大学学报，2010 年，第 1 期。

论佛教与古代汉文学思想，普慧，文艺研究，2010 年，第 6 期。

禅门直觉与诗歌意境的神韵，马奔腾，湖南文理学院学报，

2010 年，第 3 期。

理趣符老庄，风神类谈客：论魏晋之际的士僧交往与融合，王战睿，安康学院学报，2010 年，第 3 期。

唐代长安佛寺诗美学风格发展蠡测，王早娟，社会科学论坛，2010 年，第 10 期。

走进上元年间的杜甫——探杜诗的佛道思想，杨映红，长江师范学院学报，2010 年，第 3 期。

郑谷诗坛爱惹僧，诗无僧字格还卑，崔霞，广州大学学报，2010 年，第 4 期。

简论寒山诗对王梵志诗的继承和发展，侯佳，商丘师范学院学报，2010 年，第 5 期。

东坡诗法与佛禅，张煜，中国比较文学，2010 年，第 2 期。

试论佛教文化对《聊斋志异》人物塑造的影响，李军锋，安康学院学报，2010 年，第 3 期。

敦煌音写本《心经序》与玄奘取经故事的演化，张石川，文史哲，2010 年，第 4 期。

吐壶故事的空间与欲望结构，张中、李秉星，南京师范大学文学院学报，2010 年，第 2 期。

百年爬梳，百年开掘：《王梵志诗集》散佚整理与辑集研究回眸，齐文榜，汉语言文学研究，2010 年，第 2 期。

论张祜佛类诗中的咏史倾向，张嘉伟，河北经贸大学学报，2010 年，第 2 期。

"夺胎"与"转生"的信仰：关于惠洪首创作诗"夺胎法"思想渊源旁证的考察，周裕锴，成都理工大学学报，2010 年，第 2 期。

《沧浪诗话》"妙悟"与"诗法"的矛盾及其解析，詹萍萍，理论界，2010年，第7期。

皎然"诗教"说考论，甘生统、董保华，广西社会科学，2010年，第6期。

欧阳修晚年皈依释老辨，卢晓辉，名作欣赏，2010年，第7期。

黄庭坚禅悦诗风的诗学意义，王树海、宫波，东北师范大学学报，2010年，第4期。

惠洪词补辑十四首，何忠盛，古籍整理研究学刊，2010年，第3期。

王骥德曲学与佛教中道观，甘生统，青海师范大学学报，2010年，第3期。

苏轼与《金刚经》，张海沙、赵文斌，中国文学研究，2010年，第2期。

论苏轼"以禅解陶"，程磊，乐山师范学院学报，2010年，第6期。

《洛阳造像记》的文学价值，贺玉萍，中州学刊，2010年，第4期。

《全唐诗》佛寺小考，李谟润，河南师范大学学报，2010年，第4期。

论敦煌话本《唐太宗入冥记》与南通童子十三部半民间说唱，高国藩、高原乐，文化遗产，2010年，第3期。

王维山水田园诗中的佛光禅影，由婧涵，绥化学院学报，2010年，第4期。

试论初唐通俗派诗人王梵志思想的三个特点，陈远贵，语文学刊，2010 年，第 7 期。

山僧尽相似 应念苦吟人：诗人喻凫的诗歌创作，马国云，常州工学院学报，2010 年，第 3 期。

论皎然《诗式》中的自然观和苦思过程的统一，周璐璐，许昌学院学报，2010 年，第 4 期。

论宋代僧诗中的偈颂赞，杨东甫，广西师范学院学报，2010 年，第 3 期。

陈允吉先生的佛教文学研究：以《佛教与中国文学论稿》为中心，李小荣，武汉大学学报，2010 年，第 4 期。

屈大均、潘耒与石濂交往关系考论，吴超，东方论坛，2010 年，第 3 期。

从《翛园集》到《橛庵草》——论担当诗歌艺术和文学观的发展，孙秋克，云南民族大学学报，2010 年，第 4 期。

论释道安对其"五失本"翻译原则的态度，刘长庆，中南民族大学学报，2010 年，第 1 期。

关于解脱游戏的思考：读《维摩诘所说经》札记，李音祚，北京师范大学学报，2010 年，第 3 期。

"诗法禅机，悟同而道别"——谢榛与佛教，赵伟，文学遗产，2010 年，第 2 期。

元杂剧中的寺庙，毛湛玉，邢台学院学报，2010 年，第 2 期。

《洛阳伽蓝记》与北魏洛阳的佛教文化，王建国，文史知识，2010 年，第 6 期。

《法苑珠林校注》补正，王东，宗教学研究，2010 年，第 2 期。

寒山题材绘画创作及演变，崔小敬，宗教学研究，2010 年，第 3 期。

印度早期佛教经律中的赞颂辨析，湛如，文学与文化，2010年，第 1 期。

佛教譬喻理论研究，刘正平，宗教学研究，2010 年，第 1 期。

论东晋南朝时期陈郡谢氏的佛教信仰及影响，聂葛明、姚培锋，浙江社会科学，2010 年，第 6 期。

《佛说无量寿经》偈颂赏析与各文本之比较，张新杰，法音，2010 年，第 8 期。

《菩萨本缘经》撰集者和译者之考辨，颜洽茂、熊娟，浙江大学学报，2010 年，第 5 期。

唐代宫廷佛经出版考略：以敦煌写卷《妙法莲华经》为例，钱蓉、周蓓，江汉论坛，2010 年，第 5 期。

王安石与佛教关系新论，熊凯，南昌大学学报，2010 年，第 4 期。

两篇佛教檄魔文作者考，刘林魁，敦煌研究，2010 年，第 2 期。

再论高僧法显的生卒年和籍贯及其时代背景，王勇红，五台山研究，2010 年，第 3 期。

从明末四大高僧看永明延寿对晚明佛教的深刻影响，黄公元，世界宗教研究，2010 年，第 5 期。

印度佛教创世神话的源流——以汉译佛经与西域写本为中心，陈明，外国文学评论，2010 年，第 4 期。

《清凉三传》与文殊信仰，杜瑞平，中国文化研究，2010 年，第 4 期。

对汉译阿含佛教经典关于宇宙和人生三个判断的探析，王珍，中央社会主义学院学报，2010 年，第 6 期。

破解佛教与中国文学的"大事因缘"，陈友康，世界宗教文化，2010 年，第 6 期。

"相公禅"禅悟的渊源及勘验，罗凌，宗教学研究，2010 年，第 4 期。

仓央嘉措诗作的佛学思想及传承浅析，王艳茹，陕西教育学院学报，2010 年，第 4 期。

南宋禅史上的"默照禅公案"探究，张云江，宗教学研究，2010 年增刊。

"婆子说禅"与女子佛性意识的觉醒：从禅宗语录看唐代女性"成佛作祖"的宗教形象及其历史意涵，黄诚，学海，2010 年，第 6 期。

佛教在中国文化里的适宜方式：评《宋代士大夫佛学与文学》，邵晓峰，中国图书评论，2010 年，第 11 期。

鸠摩罗什《小品般若波罗蜜经》的特色句法例说，张幼军，古汉语研究，2010 年，第 4 期。

钱谦益《大佛顶首楞严经疏解蒙钞》考论，王红蕾，世界宗教研究，2010 年，第 1 期。

佛经故事与哈萨克民间故事，刘守华，西北民族研究，2010 年，第 1 期。

中国最早的无量寿经变：读支道林《阿弥陀佛像赞并序》有感，陈明、施萍婷，敦煌研究，2010 年，第 1 期。

支道林《阿弥陀佛像赞并序》注释，施萍婷，敦煌研究，2010 年，第 1 期。

支遁在魏晋玄学与般若学交融中的学术史意义，张源旺，南通大学学报，2010 年，第 1 期。

支遁原籍辨析，张建丽、李书吉，晋阳学刊，2010 年，第 1 期。

《逍遥游》向郭义与支遁义勘会，刘梁剑，华东师范大学学报，2010 年，第 3 期。

支遁生平事迹及影响，吕斌，安徽广播电视大学学报，2010 年，第 3 期。

"明至人之心"：支遁的庄子逍遥义，叶蓓卿，古代文学理论研究，2010 年，第 2 期。

支遁卒年新说之商榷，单鹏，求索，2010 年，第 8 期。

支遁对郭象"逍遥义"的批评与承继，邓联合，福建论坛，2010 年，第 5 期。

浅析向、郭《逍遥义》与支遁《逍遥论》，沈邦兵，文教资料，2010 年，第 10 期。

庐山慧远的山水文学创作，龚斌，殷都学刊，2010 年，第 3 期。

慧远佛学思想的内在矛盾与展开，府建明，学海，2010 年，第 6 期。

两种文化视域中的慧远形象差异及其成因，张舟、王昊，合肥工业大学学报，2010 年，第 5 期。

慧远对佛教因果报应论中国化的贡献，马恺征，重庆教育学院学报，2010 年，第 5 期。

慧远的"因果报应"论新诠，郭淑新，安徽师范大学学报，2010 年，第 5 期。

慧远冥神绝境之涅槃学说，单正齐，江淮论坛，2010 年，第

5 期。

从慧远鸠摩罗什之争看晋宋之际中国佛学思潮的转向，张风雷，中国人民大学学报，2010 年，第 3 期。

庐山慧远的戒律观及其实践，屈大成，世界宗教研究，2010 年，第 3 期。

论皎然推崇谢灵运的主要原因，李永章，丝绸之路，2010 年，第 16 期。

对皎然《诗式》"中序"的文化解读，甘生统，名作欣赏，2010 年，第 11 期。

浅析皎然诗论中的自然观，张丹卉，文学界，2010 年，第 8 期。

皎然"诗教"说考论，甘生统，董宝华，广西社会科学，2010 年，第 6 期。

皎然文学思想的变化，卢盛江，兰州大学学报，2010 年，第 6 期。

皎然诗论的划时代意义，孙学堂，兰州大学学报，2010 年，第 6 期。

论皎然《诗式》中自然观和苦思过程的统一，周璐璐，许昌学院学报，2010 年，第 4 期。

论皎然"风流自然"诗学观及其意义，赵国乾，西南民族大学学报，2010 年，第 3 期。

皎然"明作用"释解，王世海，殷都学刊，2010 年，第 3 期。

皎然"诗教"说暨《诗式》创作动机考论，甘生统，阴山学刊，2010 年，第 2 期。

皎然建安文学观新论，甘生统，北方论丛，2010 年，第 2 期。

皎然《诗式》对曹植诗的批评，杨贵环，古代文学理论研究，2010 年，第 1 期。

皎然论情境——"诗情缘境发"主旨辨正，闫月珍，人文杂志，2010 年，第 1 期。

王梵志诗"阿你"释义商兑：兼论王梵志诗异文整理之不足，曹翔，中华文化论坛，2010 年，第 1 期。

佛教背景下的王梵志诗歌，马晓妮，社会科学论坛，2010 年，第 1 期。

浅析王梵志的人口思想，郝静，法制与社会，2010 年，第 16 期。

王梵志诗"aa 型重叠词"音韵风格略探，赵咏宽，国文经纬，2010 年，第 6 期。

王重民《敦煌古籍叙录》著录特点：兼谈敦煌出土《王梵志诗》整理情况，宗岩，哈尔滨职业技术学院学报，2010 年，第 2 期。

唐代寒山诗的诗体特征及其传布影响，罗时进，江西师范大学学报，2010 年，第 5 期。

简论寒山诗对王梵志诗的继承和发展，侯佳，商丘师范学院学报，2010 年，第 5 期。

寒山在日本的经典化及其影响，甘正芳，江苏技术师范学院学报，2010 年，第 4 期。

寒山诗被"垮掉的一代"所接受之原因探赜：以加里·斯奈德英译本为例，杨锋兵、孙雪雷，社会科学论坛，2010 年，第 3 期。

论加里·斯奈德与寒山的文化共鸣，罗坚，湖南城市学院学报，2010 年，第 1 期。

论寒山诗的俗与雅，王太阁，中州学刊，2010 年，第 1 期。

论寒山诗在美国的接受与影响——阐释学视角下的文化误读个案分析，刘亚杰、田华静，文学与艺术，2010 年，第 3 期。

寒山诗用韵考，马智忠、王勃，唐山师范学院学报，2010 年，第 3 期。

从加里·斯奈德选译的寒山诗看意识形态与诗学对翻译的操纵，杨晓琼，长春理工大学学报，2010 年，第 4 期。

读寒山诗，何香久，厦门文学，2010 年，第 10 期。

寒山《人生在尘蒙》与卡夫卡《变形记》意蕴解读，杨秀兰，山花，2010 年，第 6 期。

寒山诗中的月意象，王燕飞，河北青年管理干部学院学报，2010 年，第 6 期。

王梵志、寒山诗中的女性形象比较，杨秀兰，山花，2010 年，第 22 期。

寒山诗歌中的悲剧意识，杨秀兰，名作欣赏，2010 年，第 17 期。

试论寒山诗中的风人体，杨秀兰，长城，2010 年，第 12 期。

齐己山水诗的艺术特征，周介民，湖南城市学院学报，2010 年，第 6 期。

我竟胡为者 唠唠但爱吟：论贯休献给王建的诗歌，王定璋，文史，2010 年，第 1 期。

论贯休诗歌内容，范灿，才智，2010 年，第 1 期。

宋初僧人释智圆山水诗研究，袁九生，新西部（下半月），2010 年，第 9 期。

忏悔与自讼：孤山智圆的身心技术与宋初儒佛思想的整合，吴忠伟，华东师范大学学报，2010 年，第 2 期。

释德清和释性通二人的庄学思想及其比较，黄红兵，乐山师范学院学报，2010 年，第 3 期。

紫柏大师与云栖大师，戴继诚，法音，2010 年，第 11 期。

融会禅教律指归净土——蕅益大师思想最终归趣，王智勇，宜春学院学报，2010 年，第 5 期。

晚明佛学与儒典解经——以智旭的《四书蕅益解》为中心，龚隽，哲学门，2010 年，第 2 期。

禅易圆融，儒佛化一：智旭《周易禅解》新论，徐恩栓，宗教学研究，2010 年，第 1 期。

禅机与禅物：八指头陀禅诗意象论，王娟，青年文学家，2010 年，第 17 期。

现代文学作品中的李叔同形象：以夏丏尊、丰子恺、叶圣陶散文为例，赵萍、刘浪，绵阳师范学院学报，2010 年，第 1 期。

同情之默然 心性之体会：论李叔同的传记写作，贾国宝、杨方，兰州学刊，2010 年，第 1 期。

风景、记忆与身份认同——论钱邦芑隐居他山，周丹丹，遵义师范学院学报，2010 年，第 4 期。

五山僧绝海中津与日本中世禅林文学，任萍，日本研究，2010 年，第 4 期。

从《住西湖白云禅院》一诗看苏曼殊的禅佛色彩，周珊红，青年文学家，2010 年，第 7 期。

曼殊诗的心性透视，吴正荣，山花，2010 年，第 3 期。

旧诗园里的空华佛事：漫话曼殊上人诗歌中的佛学情怀，雨篁，佛教文化，2010年，第2期。

虚云和尚诗歌之"茶禅"生命意识考究，吴正荣、冯天春，时代文学，2010年，第5期。

庞蕴与中国居士佛教美学，皮朝纲，四川师范大学学报，2010年，第6期。

佛教檄魔文的文体价值，刘林魁，山西师范大学学报，2010年，第5期。

从杜荀鹤诗看其佛禅情结，李政，合肥学院学报，2010年，第2期。

试谈美学家宗白华的佛学交缘，蔺熙民，青年文学家，2010年，第21期。

王安石与《维摩诘经》，刘洋，北京化工大学学报，2010年，第4期。

王安石与佛禅，徐文明，雨花，2010年，第2期。

佛道文化体验与瞿秋白文艺思想，傅修海，徐州工程学院学报，2010年，第3期。

论佛教对于隐逸的超越意义：以晚唐诗人为例，胡遂、肖圣陶，湖湘论坛，2010年，第5期。

"空无"与"虚化"：论白居易对佛道观照方式的理解及运用，左志南、代永正，成都理工大学学报，2010年，第2期。

浪漫陶诗与魏晋佛教（下），丁永忠，重庆文理学院学报，2010年，第2期。

《严氏纠谬》诗禅论平议，周群，文艺研究，2010年，第2期。

"一心开二门"与王维诗的两极情怀，吴正荣，绵阳师范学院学报，2010 年，第 9 期。

唐代长安佛寺诗美学风格发展蠡测，王早娟，社会科学论坛，2010 年，第 10 期。

我心素已闲、清川澹如此：从王维对闲适的吟咏看"无念""无相""无住"的禅宗思想，胡遂、曹梦晶，湖湘论坛，2010 年，第 1 期。

论文学与宗教的超越性：以中国诗禅的圆融之境为例，成鸿，科海故事博览：科教创新，2010 年，第 11 期。

现代禅诗的特点解析，李春华、杨林、林潇静，名作欣赏，2010 年，第 8 期。

诗禅互动的审美效应：论洛夫的禅诗，叶橹，诗探索，2010 年，第 5 期。

王小妮诗歌与禅文化的深层联系，李俏梅，广州大学学报，2010 年，第 3 期。

王维与杜甫交游及其对杜甫禅诗的影响，鲁克兵，杜甫研究学刊，2010 年，第 3 期。

论土家诗人田九龄诗歌的道风禅韵，杨宗红、李莉，湖北民族学院学报，2010 年，第 3 期。

大历诗人"悦禅"原因探析，毛德胜，长江学术，2010 年，第 4 期。

在情与禅之间：略论饶公宗颐的词学思想，徐晋如，阜阳师范学院学报，2010 年，第 4 期。

谈王维山水诗中的禅，谢慧明，安徽文学，2010 年，第 5 期。

宋代文人以禅自释的心性论略：以悟道诗词为例，王丽萍、严铭，成都大学学报，2010 年，第 5 期。

吏禅双隐的统一对王维诗的影响，褚雪峰，魅力中国，2010年，第 6 期。

"镂肌涤骨"的方干诗与佛思禅蕴，王黎黎，佛教文化，2010年，第 6 期。

王维山水田园诗的禅美境界初探，孙峻岚，文学界，2010 年，第 6 期。

酒之韵与禅之慧在苏轼诗词中的映照，张美云、王秀玲，时代文学，2010 年，第 4 期。

浅议"禅"对《沧浪诗话》的诗学影响，李安飞，三门峡职业技术学院学报，2010 年，第 3 期。

敏树如相山水禅诗的文化意蕴，张嘉林，名作欣赏，2010 年，第 3 期。

谈曾几"茶禅一体"的诗学精神，徐方斌，语文学刊，2010年，第 3 期。

浅论王昌龄之禅诗，石庆国，安阳师范学院学报，2010 年，第 4 期。

中国现代禅诗之"禅性"解读，李春华、杨林，广东海洋大学学报，2010 年，第 2 期。

《禅诗百首》意象话语浅析，石蓬勃、高献红，大家，2010年，第 11 期。

浅论王维诗与禅，刘晓波、刘诗明，西江月，2010 年，第 2 期。

云舒云卷 人格飞升：由《终南别业》浅说禅诗中"云"的意象，付冰，黑河学刊，2010 年，第 9 期。

李奎报与白居易之禅诗比较，文慧，世界文学评论，2010 年，第 2 期。

诗禅三昧，自然清远：浅析王士祯"神韵说"的审美理想，赵理直，学理论，2010 年，第 24 期。

山谷诗法与佛禅，张煜，古代文学理论研究，2010 年，第 1 期。

于"垮掉派"诗歌见东方佛禅品质，迟欣、乔艳丽，北京航空航天大学学报，2010 年，第 6 期。

佛禅与金诗中的闲适野逸意识，刘达科，山西大同大学学报，2010 年，第 6 期。

金诗中的佛禅情趣，刘达科，运城学院学报，2010 年，第 6 期。

佛禅与五代的诗风变易，王树海、刘春明，北华大学学报，2010 年，第 6 期。

废名三十年代诗歌佛禅意蕴赏析，刘娜，剑南文学，2010 年，第 10 期。

试论唐代佛禅山水诗的审美境界，赵国乾，名作欣赏，2010 年，第 32 期。

佛禅语言诗性化考辨："诗俏禅门"再认，王树海、刘春明，吉林大学学报，2010 年，第 4 期。

孟浩然涉佛诗中佛教词语诠释，唐明生，文学教育，2010 年，第 19 期。

以诗证佛：王维的佛学"莲"诗论略，潘静，河北大学学报，2010 年，第 2 期。

论七言佛偈传译与东晋南朝七言诗，龚贤，衡阳师范学院学报，2010 年，第 1 期。

"诗佛"王维的佛诗艺术简析，袁延兵，科技信息，2010 年，第 2 期。

佛禅诗话十则（上），张培锋，书品，2010 年，第 4 期。

佛禅诗话十则（下），张培锋，书品，2010 年，第 5 期。

试论佛禅思想对王维山水田园诗创作的积极影响，杨晓慧，宝鸡文理学院学报，2010 年，第 4 期。

论禅宗语录之"弄丑"——兼说戏剧角色"丑"的得名，李小荣，福州大学学报，2010 年，第 4 期。

论魏晋六朝散文的主体空幻意识，吴正荣，山花，2010 年，第 5 期。

论中国古代小说因果轮回的实质，吴正荣，长城，2010 年，第 4 期。

佛经文学与六朝小说三生缘母题，刘惠卿，重庆工学院学报，2010 年，第 1 期。

佛经文学与六朝仙道类小说创作，刘惠卿，西南民族大学学报，2010 年，第 4 期。

佛道两教与中国戏曲关系浅探，耿妍，文教资料，2010 年，第 31 期。

试论《好了歌》的佛道观念及其文学表达，杨莉、周丁力，作家，2010 年，第 18 期。

《封神演义》看似崇道、实则敬佛，李建武，明清小说研究，2010 年，第 3 期。

世俗佛曲：从《白夜》看佛教思想对贾平凹的影响，王建军，四川教育学院学报，2010 年，第 7 期。

《世说新语》佛道观念试论，孙翀，首都师范大学学报，2010

年，第 1 期。

佛典譬喻经与中国民间故事，刘守华，文化遗产，2010 年，第 3 期。

王骥德曲学与佛教中道观，甘生统，青海师范大学学报，2010 年，第 3 期。

论佛禅质素和晚明文学演进之思想脉络，杨遇青、王娟侠，江汉论坛，2010 年，第 11 期。

辽金文学中的佛禅话语，刘达科，忻州师范学院学报，2010 年，第 1 期。

《西游记》"悟空求法"与《坛经》"惠能求道"的情节比较研究，吴正荣，赤峰学院学报，2010 年，第 11 期。

济世与修心：北宋文人的寺院书写，赵德坤、周裕锴，文艺研究，2010 年，第 8 期。

佛禅与金朝文学的艺术表现，刘达科，太原师范学院学报，2010 年，第 2 期。

"佛教与文学"小札，陈武，读书，2010 年，第 3 期。

回鹘佛教文学研究的开创之作：读杨富学著《印度宗教文化与回鹘民间文学》，李小荣，吐鲁番学研究，2010 年，第 2 期。

中国佛教文学中祖师形象的演变：以道安、慧能和孙悟空为中心，陆扬，人大复印报刊资料：宗教，2010 年，第 2 期。

唐代长安佛教传播的社会文化心理，王早娟，社会科学战线，2010 年，第 4 期。

马祖语录以及禅语录的创作，马里奥·泊塞斯基撰，沈海燕译，中国哲学史，2010 年，第 2 期。

高僧能解南华意：憨山德清的《庄子内篇注》，韩焕忠，五台山研究，2010 年，第 2 期。

《碧岩录》杂考（二十三）——第三十二则"定上座伫立"，小川隆、李瑄，新国学，第 8 辑，巴蜀书社，2010 年。

清末民初中国的佛教文学与启蒙思潮，谭桂林，中国社会科学，2010 年，第 3 期。

唐代长安佛教文化的大众接受心理分析，王早娟，民办教育研究，2010 年，第 2 期。

一部融汇众长、研究深入的力作：《中国佛教文化史》读后，张培锋，书品，2010 年，第 6 期。

临济宗居简系法脉传承考述，任宜敏，江西社会科学，2010 年，第 10 期。

《水浒传》侠女复仇与佛经故事母题，王立、刘畅，水浒争鸣，第 12 辑，2010 年。

《聊斋志异》中动物报恩故事的佛经文溯源，王立，中国古代社会与思想文化研究论集，第 4 辑，2010 年。

7—8 世纪唐代的佛经翻译和新罗学僧，郭磊，韩国研究，第 10 辑，2010 年。

关于崔致远《法藏和尚传》流传的几个问题，金程宇，域外汉籍研究集刊，第 6 辑，中华书局，2010 年。

山上忆良的著述与敦煌愿文，王小林，域外汉籍研究集刊，第 6 辑，中华书局，2010 年。

新出唐志与中古龙门净土崇拜的文化生态——以萧元礼墓志记事为缘起，张乃翥，唐研究，第 16 卷，北京大学出版社，2010 年。

敦煌变文中的"听"和"说"，富世平，中国俗文化研究，第

6 辑，巴蜀书社，2010 年。

《撰集百缘经》词语札记二则，陈秀兰，中国俗文化研究，第 6 辑，巴蜀书社，2010 年。

《一切经音义》三种引《国语》例辨正，郭万青，中国俗文化研究，第 6 辑，巴蜀书社，2010 年。

杨衒之形象在中国佛教史中的演变，龙升，中国俗文化研究，第 6 辑，巴蜀书社，2010 年。

佛经中的"谤佛"故事与大足"谤佛不孝"石刻：兼说变文、变相与戏剧之关系，康保成，文史，第 91 辑，中华书局，2010 年。

敦煌写本重文号研究，张涌泉，文史，第 91 辑，中华书局，2010 年。

洪州禅文献考辨，贾晋华，文史，第 92 辑，中华书局，2010 年。

今释澹归之文艺观与诗词创作析论，廖肇亨，武汉大学学报，2010 年，第 6 期。

晚明清初华严学南方系地志书写义蕴蠡探，廖肇亨，中国典籍与文化国际学术研讨会，耶鲁大学东亚研究中心、北京大学中国语言文学系、中国古文献研究中心主办，2010 年 3 月。

经典、图像与文学：敦煌"须大拏本生"叙事图像与文学的互文研究，"庆贺饶宗颐先生九五华诞敦煌学"国际学术研讨会，"中央"文史研究馆敦煌研究院、香港大学学术馆主办，2010 年 8 月。

唐宋僧人的茶禅美学，萧丽华，"物质文化与人文传统"学术研讨会，台大与成大合办，2010 年。

禅宗公案中的人文精神，萧丽华，"跨文化视野中的人文精神"研讨会，台大高等研究院主办，2010 年 7 月 15 日；跨文化视野中的人文精神——儒、佛、耶、犹的观点与对话刍议，林鸿信主编，台大出版中心，2011 年 10 月。

九世纪中国诗格对日本诗歌的影响——以空海和尚《文镜祕府论》及其诗作为核心的观察，萧丽华，"日中文化交流跨领域研究"国际学术研讨会，日本长崎大学主办，2010 年 4 月。

唐代观音文学的他界书写，萧丽华，"中外宗教与文学里的他界书写"国际学术会议，香港中文大学文化及宗教研究系主办，2010 年 12 月。

从《清凉圣境》到《金陵怀古》：从尚诗风习侧探晚明清初华严学南方系之精神图景，廖肇亨，中国文哲研究集刊，第 37 期，2010 年。

憨山大师《老子解》之道论研究，高龄芬，兴大中文学报，第 27 期，2010 年。

佛教经典中的睡眠观，陈识仁，早期中国史研究，第 2 卷第 2 期，2010 年 12 月。

"神异"：佛教中土化过程的考察面向，丁敏，政大中文学报，第 14 期，2010 年。

晚明僧俗往来书信中的对话课题——心事·家事·官场事，陈玉女，玄奘佛学研究，第 14 期，2010 年。

《二十世纪台湾佛教文化史研究》导论，江灿腾，弘誓双月刊，第 105 期，2010 年。

情欲魔女、罗汉圣者——摩登伽女的形象探论，苏美文，汉学研究，第 28 卷第 1 期，2010 年 3 月。

"佛为阿那律穿针"故事的叙事模式——奚淞《穿针》及梁寒衣《穿过长夜的针孔》与古典佛经的比较，陈书渝，师大学报（语言与文学类），第 55 卷第 2 期，2010 年 9 月。

《白水湖春梦》中"禅净书写"之探讨，释大愚，应华学报，第 8 期，2010 年。

论明复法师目连救母剧本的创作意图，林淑媛，北台湾科技学院通识学报，第 6 期，2010 年。

汉译佛典中的莲华色尼文学故事类型考述，普慧、赵欣，政大中文学报，第 14 期，2010 年。

八指头陀诗中的入世情怀与禅悟意境，黄敬家，成大中文学报，第 29 期，2010 年。

幻化之影：唐代狂僧垂迹的形象及其意涵，黄敬家，台大佛学研究，第 20 期，2010 年。

陆游诗文中的哲学思想，简彦姈，中国文化大学中文学报，第 21 期，2010 年。

全唐五代僧人诗格的诗学意义，萧丽华，台大佛学研究，第 20 期，2010 年。

记忆、身体、空间：论丁云鹏《三教图》之文化意涵，邱伟云，新世纪宗教研究，第 9 卷第 2 期，2010 年 12 月。

贯休《山居诗》探析，赖昭淳，东方人文学志，第 9 卷第 4 期，2010 年。

禅宗公案中的人文主义精神，萧丽华，佛学与科学，第 11 卷第 2 期，2010 年。

百姓日用与福德双全："近世东亚出版文化视野下的宗教实践与通俗伦理"专辑导言，廖肇亨，中国文哲研究通讯，第 27 卷第

4 期，2010 年。

出山与入山：李白庐山诗的精神底蕴，萧丽华，台大中文学报，第 33 期，2010 年。

论王维诗歌中理性观照的人格特质与表现模式，欧丽娟，台大中文学报，第 32 期，2010 年。

早期佛教经典"口传性"与"民间性"考察——以《经集》（Sutta – nipāta）为论述对象，顾敏耀，长庚人文社会学报，第 3 卷第 2 期，2010 年。

世变与佛教——论萧丽红《白水湖春梦》的宗教救赎，陈昭利，万能学报，第 32 期，2010 年。

《全宋诗》临终偈颂之研究，姬天予，玄奘人文学报，2010 年。

Humanistic Buddhism and Buddhist Nuns in Taiwan，于君方，民俗曲艺，第 168 期，2010 年。

Buddhism：A Modern Perspective，Weinstein Stanley，*Journal of Chinese Philosophy* 1，2010.

The Origin of Human Nature：A Zen Buddhist Looks at Evolution-By Albert Low.（Book review），Adam Hood，*Reviews in Religion and Theology* 17，2010.

Exhibition Review：Buddhist Sculpture from China：Selections from the Xi'an Beilin Museum，Fifth through Ninth Centuries，China Institute Gallery，New York City（2007）. A. F. Howard，Rob Linrothe，Amy Mcnair，*Archives of Asian Art* 60，2010.

Constructionism and culture in research：Understandings of the fourth Buddhist Festival，Wutaishan，China，Ryan，Gu，*Tourism*

Management 31, 2010.

Family Space: Buddhist Materiality and Ancestral Fashioning in Mogao Cave 231, Winston Kyan, *The Art Bulletin* 92, 2010.

Eminent Nuns: Women Chan Masters of Seventeenth – Century China (review), Ann Waltner, *Harvard journal of Asiatic studies* 1, 2010.

Going with the Flow: Embracing the "Tao" of China's "Jiangnan Sizhu", Kim Chow – Morris, *Asian Music* 2, 2010.

Judge Bao and the Rule of Law: Eight Ballad Stories from the Period 1250 – 1450, Robert E. Hegel, *China review international* 2, 2010.

Of similes and metaphors in Buddhist philosophical literature: poetic semblance through mythic allusion, Ulrich Timme Kragh, *Bulletin of the School of Oriental and African Studies* 3, 2010.

Poetry and Chan 'Gong'an': From Xuedou Chongxian (980 – 1052) to Wumen Huikai (1183 – 1260), Ding – hwa Hsieh, *Journal of Song – Yuan studies* 40, 2010.

Past Lives: Entering the Buddhist Imagination. Storytelling, Rafe Martin, *Self*, *Society* 3, 2010.

Poetry and Chan 'Gong'an': From Xuedou Chongxian (980— 1052) to Wumen Huikai (1183—1260), Ding – hwa Hsieh, *Journal of Song – Yuan Studies* 40, 2010.

The Buddhist Re – interpretation of the Legends Surrounding King Mu of Zhou, Thomas Jülch, *Journal of the American Oriental Society* 4, 2010.

The People and the Dao: New Studies in Chinese Religions in

Honour of Daniel L. Overmyer（review），H. Swindall，*China Review International* 4，2010.

The People and the Dao：New Studies in Chinese Religions in Honour of Daniel L. Overmyer ed. Philip Clart，Paul Crowe（review），Thomas Dubois，*Journal of Chinese Religions* 38，2010.

Xuanzang's Helpers From Turfan：Some Notes Based on Mediaeval Chinese Manuscripts，Ding Wang，*Acta Orientalia Academiae Scientiarum Hungaricae* 3，2010.

A Flock of Ghosts Bursting Forth and Scattering：Healing Narratives in a Sixth Century Chinese Buddhist Hagiography，C. Pierce Salguero，*East Asian Science，Technology，and Medicine* 32，2010.

Buddhist Reflections on Life and Death：A Personal Memoir，Alan Pope，in *Final Acts：Death，Dying，and the Choices We Make*，Nan Bauer – maglin and Donna Perry，Rutgers University Press，2010.

Narrative Structure and the Problem of Chaper Nine in the Xiyouji，Anthony C. Yu，*Comparative Journeys：Essays on Literature and Religion East and West*，Columbia University Press，2010.

Religion and Literature in China：the "Obscure Way" of the Journey to the West，Anthony C. Yu，*Comparative Journeys：Essays on Literature and Religion East and West*，Columbia University Press，2010.

Monks，Bandits，Lovers and immortals：Eleven Early Chinese Plays，Stephen H. West and Wilt L. Idema，Cambridge：Hackett Publishing Company，2010.

Durand – Dastès，Vincent（戴文琛）"Maître Ji ou la sagesse du

fou"（济公，狂人的智），in Claude Weill, ed. , La Pensée asiatique, Paris：CNRS éditions, pp. 165 – 167, 2010.

唐代渔父词与韩国渔父词之比较（당대어부사와한국어부사의비교' "수행인문학" 제 40 집제 1 호）萧丽华，遂行人文学，第 40 辑，2010 年 11 月。

舜子変文類写本の書き換え状況から見た五代講唱文学の展開，荒見泰史，『アジア社会文化研究』，11：12 – 36，2010。

清初刊教派系宝巻二種の原典と解題—『普覆週流五十三参宝巻』と『姚秦三蔵西天取清解論』，磯部彰，仙台，東北大学東北アジア研究センター，2010。

高熲を巡る説話と言説—『冥報記』前史，三田明弘，『日本女子大学紀要・人間社会学部』，21：142 – 133，2010。

『幽明録』・『宣験記』から『冥祥記』へ—六朝仏教志怪の展開，佐野誠子，和光大学『表現学部紀要』，11：1 – 16，2010。

講経文の上演に関する一考察 – P. 二四一八《仏説父母恩重経講経文》の分析を中心に，橘千早，『日本中国学会報』，62：133 – 149，2010。

The All – gathering Mandala initiation ceremony in Atigupta's Collected *Dharani* Scriptures：Reconstructing the Evolution of Esoteric Buddhist Ritual. Shinohara, Koichi. *Journal Asiatique* 298, no. 2（2010）：389 – 420.

2011 年

京都高山寺明恵上人高辨与宋代佛教说话，磯部彰，国际汉学研究通讯，2011 年，第 2 期。

《中兴禅林风月集》续考，朱刚，国际汉学研究通讯，2011 年，第 4 期。

近十年以来国内藏戏研究述评，李宜，西藏民族学院学报，2011 年，第 1 期。

专重于现世——曹禺戏剧与佛教文化，吴新平，戏剧文学，2011 年，第 4 期。

从《高僧传》看汉僧之出家受具及其律制问题，屈大成，宗教学研究，2011 年，第 4 期。

紫柏大师的文殊道场情怀，海波，五台山研究，2011 年，第 4 期。

敦煌佛教文献传播与佛教文学发展之考察——以《金藏论》《法苑珠林》《诸经要集》等为核心，郑阿财，郑阿财敦煌佛教文献与文学研究，上海古籍出版社，2011 年。

论澹归的书法艺术，王若枫，肖红，韶关学院学报，2011 年，第 9 期。

"以自己为准的"——论南宋诗僧释居简的诗歌创作主张，覃卫媛，传承，2011 年，第 21 期。

高格灵鸟的盛世悲音——论清代吴嵩梁诗之"鹤"意象，周芳，中国石油大学学报，2011 年，第 3 期。

清代"诗佛"吴嵩梁诗学观摭谈，李华、徐国华，新闻爱好者，2011 年，第 2 期。

南宋僧人释居简的辞赋创作，常先甫，重庆文理学院学报，2011 年，第 1 期。

现代佛教期刊与新文学运动，谭桂林，文学评论，2011 年，第 4 期。

宋初僧人释智圆咏物诗研究，袁九生，现代物业（中旬刊），2011 年，第 12 期。

论儒释道"三教合流"的类型，李四龙，北京大学学报，2011 年，第 2 期。

《宣室志》中的佛学渊源探析，陈洪、赵纪斌，文艺评论，2011 年，第 2 期。

心学异化与宗教世俗化的文学反映——中晚明小说中的另类僧尼形象论析，张婵，西南农业大学学报，2011 年，第 8 期。

近三十年来佛教与文学关系研究综述，陈薪羽、赵小琪，黑龙江社会科学，2011 年，第 1 期。

"拈花微笑"与"不二法门"：从《大智度论》看佛教的语言智慧，杨航，中国宗教，2011 年，第 2 期。

仙境与性灵：九华山佛教与诗歌的境界追求，施保国，华夏文化，2011 年，第 1 期。

中国佛教美学的历史巡礼，祁志祥，文艺理论研究，2011 年，第 1 期。

道安之佛经翻译及翻译思想考述，俞森林，宗教学研究，2011 年，第 1 期。

汉译佛经故事的类型追踪，刘守华，西北民族研究，2011 年，第 1 期。

论正、俗字的语境差异：以魏晋南北朝译经语料为基础的考察，卢巧琴、樊旭敏，西南交通大学学报，2011 年，第 2 期。

支遁《逍遥论》内容辨正与创作时间考，戴丽琴，文献，2011 年，第 1 期。

东晋的玄学新义及其对玄言诗的影响，郭晨光，河南教育学院学报，2011 年，第 2 期。

论支遁诗文对汉译佛经之容摄，李秀花，西南交通大学学报，2011 年，第 5 期。

玄言诗的产生、发展和流变：读《支遁诗文译释》（代跋），王德震，青岛大学学报，2011 年，第 4 期。

支遁的逍遥审美思想及其对中国山水诗的影响，晏斌、周晓华，兰州学刊，2011 年，第 4 期。

纠结与错位：慧远与《庐山远公话》析，胡胜，广东技术师范学院学报，2011 年，第 11 期。

慧远"形象本体"之学与山水诗学的形成和发展，蔡彦峰，文艺理论研究，2011 年，第 3 期。

慧远护教论辩探析，欧阳镇，宜春学院学报，2011 年，第 11 期。

试析慧远"因果报应"论中的儒道思想资源，颜冬梅，北京电力高等专科学校学报，2011 年，第 8 期。

东晋慧远"念佛三昧"禅法论析，霍贵高，九江学院学报，2011 年，第 4 期。

"法性"、"法身"与"神"：庐山慧远"法性"思想析论，解兴华，世界宗教研究，2011 年，第 2 期。

从东晋慧远、唐代惠能到民国印光：铸就中国佛教儒释双美互成品格的三座丰碑，李明，五台山研究，2011 年，第 1 期。

法显与庐山慧远：以《法显传》为中心，李辉，佛学研究，2011 年，第 1 期。

皎然对属论研究，卢盛江，中文学术前沿，2011 年，第 2 期。

皎然"作用"说考论，甘生统，青海师范大学学报，2011 年，第 2 期。

皎然诗歌批评标准和诗歌分类标准的矛盾性和统一性，李艇，漯河职业技术学院学报，2011 年，第 1 期。

浅析钟嵘"自然英旨"与皎然"风流自然"的异同，邓莉，湖北师范学院学报，2011 年，第 1 期。

诗僧皎然"情"论，张勇，浙江学刊，2011 年，第 1 期。

浅析皎然《诗式》中的"情"与"性"，余翔，电影评介，2011 年，第 2 期。

中唐联唱诗风与皎然诗学，甘生统，文艺评论，2011 年，第 4 期。

道教文化与皎然茶诗，贾静，中国道教，2011 年，第 4 期。

皎然、司空图诗歌意境理论胜说，李莹、李金坤，云梦学刊，2011 年，第 3 期。

试论诗僧皎然的身份意识，温永明，湖州师范学院学报，2011 年，第 3 期。

茶禅一味向心涯：皎然《饮茶歌》中的禅味，京华闲人，佛教文化，2011 年，第 2 期。

浅论皎然"意境"说，石静，剑南文学，2011 年，第 12 期。

皎然的"中和"，陈海峰，魅力中国，2011 年，第 12 期。

王昌龄与皎然诗论中自然观之比较，朱楠，金山，2011 年，第 11 期。

皎然与牛头禅，温永明，安庆师范学院学报，2011 年，第 11 期。

21 世纪初皎然研究综述，余翔、林国良，贵州社会科学，

2011 年，第 10 期。

1949 年以来王梵志诗研究综述，张琪，剑南文学，2011 年，第 8 期。

试论王梵志诗中的孝道观，李盼，甘肃联合大学学报，2011 年，第 6 期。

王梵志及其诗歌的性质献疑，王志鹏，敦煌研究，2011 年，第 5 期。

从"翻着袜"观照王梵志世俗诗歌，王霞，安徽文学，2011 年，第 4 期。

论王梵志劝世诗中的"实虚"矛盾，敖依昌、赵宁，东岳论丛，2011 年，第 3 期。

王梵志诗"法忍抄本"辨，李树亮，求索，2011 年，第 3 期。

王梵志诗"不善广平王"校注商兑，曹翔，湖北大学成人教育学院学报，2011 年，第 2 期。

飞鸿踏雪泥 诗风慕禅意——从接受美学视角看苏轼诗词翻译中禅境的再现，戴玉霞，外语教学，2011 年，第 5 期。

"民间文本"中僧尼形象之法文化解读——以明清小说为中心，李文军，太原理工大学学报，2011 年，第 1 期。

随所住处恒安乐——浅析苏轼词作中的禅意，尹欣欣，鸡西大学学报，2011 年，第 5 期。

日藏宋元禅林赠与日僧墨迹考，江静，文献，2011 年，第 3 期。

东坡诗中之禅影，陈才智，乐山师范学院学报，2011 年，第 1 期。

论苏轼词中的庄禅思想——以《定风波》为例，张袁月，乐山师范学院学报，2011 年，第 3 期。

禅境与诗境：王维、苏轼禅味诗审美差异及其文化意义，王伟，苏州科技学院学报，2011 年，第 3 期。

从苏轼的禅诗词看其禅思想的发展，康国军，语文教学通讯·D 刊（学术刊），2011 年，第 2 期。

禅解赤壁——从赤壁词赋中看苏轼的禅宗思想，陈宁，文山学院学报，2011 年，第 2 期。

从禅悦倾向探究苏轼诗文豁达之根源，郭青，名作欣赏，2011 年，第 12 期。

王安石、苏轼的拟寒山诗看宋诗的佛教底色及其演进，夏帅波，文教资料，2011 年，第 36 期。

接受与再接受的向度偏移：从寒山到史奈德再到"新禅诗"，魏鸿雁，名作欣赏，2011 年，第 17 期。

寒山诗之"禅"析，杨丽华，求索，2011 年，第 12 期。

寒山禅意诗歌的翻译初探，刘昆，天中学刊，2011 年，第 6 期。

论寒山诗风清幽悲苦之成因，王建芳，沧桑，2011 年，第 4 期。

寒山诗在法国的传播及其意义，蒋向艳，华东师范大学学报，2011 年，第 4 期。

寒山诗中的佛禅意韵，王早娟，安康学院学报，2011 年，第 3 期。

论诗僧寒山子笔下的女性，邹明军，四川理工学院学报，2011 年，第 2 期。

从变异学的角度看寒山诗在中美的接受差异，赵渭绒，中外文化与文论，2011 年，第 2 期。

重读台湾佛教学者陈慧剑《寒山子研究》，罗时进，古典文学知识，2011 年，第 1 期。

施奈德翻译的寒山诗对寒山文化身份的限制与重构，李望华，温州职业技术学院学报，2011 年，第 1 期。

唐代诗僧齐己的诗歌及其思想研究，刘雯雯，琼州学院学报，2011 年，第 3 期。

佛禅语境中齐己"十势"内涵探析，魏学宝，中国文化研究，2011 年，第 1 期。

憨山先生笔下"鸡"的意象，鲁玲，大众文艺，2011 年，第 9 期。

憨山大师由五台山至崂山的奇缘和悟道境界，景扶明、景安颂，五台山研究，2011 年，第 3 期。

"大学"即"觉心"：论智旭对《大学》的解读，欧阳小建，湖北经济学院学报，2011 年，第 8 期。

蕅益禅师的"茶饭"说，李广德，农业考古，2011 年，第 5 期。

流人函可，李仲元，中华诗词，2011 年，第 4 期。

八指头陀对贾岛诗歌艺术风格之继承，吴章燕、王晚霞，文学界，2011 年，第 9 期。

八指头陀诗歌中的梅意象，王晚霞、吴章燕，贵州大学学报，2011 年，第 5 期。

一代诗僧八指头陀探秘，吴昕孺，中国工人，2011 年，第 12 期。

无尽奇珍供世眼 一轮明月耀天心：读弘一法师致李圆净手札，

吴浩然，收藏，2011 年，第 10 期。

明月清空共虚怀：理学家马一浮和弘一法师的师友情，谭特立，佛教文化，2011 年，第 6 期。

元代诗僧释英考论，李舜臣、胡园，文艺评论，2011 年，第 2 期。

元代诗僧评价之我见，王君莉，西北师范大学学报，2011 年，第 2 期。

诗僧的淡出与学僧的凸显：论近代僧人文学创作主体的更替，贾国宝，中国文学研究，2011 年，第 2 期。

元代中后期诗僧地域分布考述，韦德强，百色学院学报，2011 年，第 1 期。

圆悟克勤的《碧岩录》与文字禅的泛滥，麻天祥，西南民族大学学报，2011 年，第 1 期。

清末民初革命诗僧黄宗仰的人生轨迹：读沈潜《出世入世间：黄宗仰传论》，何建明，东吴学术，2011 年，第 2 期。

论晚唐五代诗僧的俗世情怀，左硕丰，长春教育学院学报，2011 年，第 12 期。

诗僧三杰与现代人不期而遇，燕怡、马宏，时代人物，2011 年，第 10 期。

辽代高僧海山思孝著作考，冯国栋、李辉，西夏学，2011 年，第 2 期。

唐代诗僧广宣诗名论析，王早娟，求索，2011 年，第 8 期。

浅谈诗僧担当书画的简淡特色，蒋新南，剑南文学，2011 年，第 8 期。

从《谷响集》看诗僧善住交往文人及创作，张艳，华南理工大学学报，2011 年，第 5 期。

论吕碧城佛学思想，魏远征，安庆师范学院学报，2011 年，第 6 期。

不使"芳尘委绝"：佛志《古清凉传》的文学内蕴探微，游晴林，名作欣赏，2011 年，第 8 期。

论僧传中的神异现象：以《高僧传》和《比丘尼传》为例，刘飖，中国文化研究，2011 年，第 2 期。

《高僧传》中僧人佛徒称谓探讨，许卫东，中州学刊，2011 年，第 4 期。

试论禅宗语言比较研究的价值：以词汇研究为例，雷汉卿，语言科学，2011 年，第 5 期。

试论禅籍方俗词的甄别：兼论汉语方俗词的甄别，雷汉卿，古汉语研究，2011 年，第 3 期。

一生几许矛盾事，不向空门何处销：浅论王维的矛盾心理及向佛动因，康亚伟，大家，2011 年，第 8 期。

钱起心向佛禅的情由探析，严铭，兰州学刊，2011 年，第 5 期。

论佛教空观理论对张说及其诗歌的影响，张海沙，文学遗产，2011 年，第 3 期。

唐代文人与《维摩诘经》，张海沙，文学评论，2011 年，第 1 期。

归有光与佛教因缘考释，夏金华，南京晓庄学院学报，2011 年，第 4 期。

苏东坡与佛印，吴言生，经典阅读（中学版），2011 年，第 10 期。

论苏轼儒、道、佛的真率人生，润玖杰，青年文学家，2011年，第18期。

东晋文士的佛理论与其论辩艺术，杨朝蕾，濮阳职业技术学院学报，2011年，第4期。

张祐与佛道，刘佩德，绥化学院学报，2011年，第4期。

欧阳修与佛禅关系简述：读《中国禅学思想史》札记，张兆勇，前沿，2011年，第11期。

酒肆与淫舍：李白维摩信仰中的取舍问题，李小荣，黑龙江社会科学，2011年，第1期。

张九龄与唐代儒家文论的佛道特色，赵彩花，中国文学研究，2011年，第2期。

虽处三教融摄之境，未易儒士本然情怀：读张勇博士新著《柳宗元儒佛道三教观研究》，李玉用、窦道阳，湖南科技学院学报，2011年，第1期。

匍匐尘世净尘埃：贾平凹与林清玄散文中的"佛禅"意识比较，姜祥男，大众文艺，2011年，第15期。

妙悟"与"活参"：佛禅思想影响下的诗学解释学原则，邓新华，中国文化研究，2011年，第4期。

论韦应物的诗歌创作与《楞伽经》之关系，何剑平，文学遗产，2011年，第2期。

贾岛佛教诗研究二题，李小荣，湖南科技学院学报，2011年，第9期。

空灵妙悟说禅诗，任遂虎，写作，2011年，第1期。

超语言与禅诗，路永照，兰州学刊，2011年，第8期。

从敦煌佛教歌辞看唐宋诗歌创作思想的转变，王志鹏，兰州学刊，2011 年，第 11 期。

佛道思想与诗歌文学的交融，程仁君，现代语文，2011 年，第 7 期。

论清代女诗人的佛道之风及其文学影响，程君，北京理工大学学报，2011 年，第 3 期。

儒佛世界中的柳宗元及其诗，江汉情，东京文学，2011 年，第 8 期。

柳宗元诗歌佛学渊源探析，陈洪、赵纪彬，北方论丛，2011 年，第 2 期。

佛教音乐对唐代长安诗歌创作的影响，王早娟，东北师范大学学报，2011 年，第 4 期。

理一分殊，诗禅互彰：论王维山水诗中的诗意与禅意，李本红、吴宗琴，青海社会科学，2011 年，第 2 期。

论汉语诗学传统中诗禅互喻的异质相融属性，李志凌，文教资料，2011 年，第 25 期。

佛禅诗话五则，张培锋，古典文学知识，2011 年，第 1 期。

金诗中的佛禅意蕴，刘达科，齐鲁学刊，2011 年，第 1 期。

车延高的诗与禅，陈曦，中国诗歌，2011 年，第 10 期。

浅论刘禹锡的诗与禅，刘炳临，剑南文学，2011 年，第 9 期。

诗禅共与生：论诗与禅之交错，妙悟、张红梅，剑南文学，2011 年，第 8 期。

解读秦观诗歌：以佛禅诗歌为例，田泳锦，名作欣赏，2011 年，第 8 期。

浅谈柳宗元谪居后诗文中的佛禅意趣，赖子烨，青年文学家，2011 年，第 14 期。

诗为禅客添花锦，禅是诗家切玉刀：浅议"诗禅交融"，周俊，东京文学，2011年，第7期。

中国诗禅文化的现代传承，李春华，求索，2011年，第7期。

对清代诗禅互通现象的关照，卢萌、陈萱，文学界，2011年，第2期。

略论《宣室志》中的佛教故事，陈洪、赵纪彬，南京师范大学文学院学报，2011年，第2期。

西游佛踪：《西游记》的佛学内蕴七题（上），张培锋，文史知识，2011年，第8期。

西游佛踪：《西游记》的佛学内蕴七题（下），张培锋，文史知识，2011年，第9期。

论《金瓶梅》与《红楼梦》宗教书写的效用差异，陈国学、夏永华，云南师范大学学报，2011年，第4期。

韩愈《师说》儒佛道三教思想交融探微，易思平，社科纵横，2011年，第7期。

唐传奇中的儒、道、佛思想：从唐传奇文本看叙述者的意图，江守义，安徽农业大学学报，2011年，第5期。

佛魔观与李卓吾小说批评，曾晓娟，明清小说研究，2011年，第4期。

《西游记》中的神佛世界，兰拉成，作家，2011年，第18期。

形成期之宝卷与佛教之忏法、俗讲和"变文"，车锡伦，民族文学研究，2011年，第1期。

写经书法、佛禅思想与中国文化精神，庄伟杰，艺术广角，2011年，第1期。

"六根互用"与宋代文人的生活、审美及文学表现：兼论其对

"通感"的影响，周裕锴，中国社会科学，2011 年，第 6 期。

《宗教与文学》中佛教与文学关系研究，李耀威，文学教育，2011 年，第 8 期。

近十年（2000—2009）六朝佛教与文学批评研究述评，高文强，武汉大学学报，2011 年，第 4 期。

早期中国佛法与文学里的"真实"观念，孙昌武，文学遗产，2011 年，第 4 期。

汉传佛教的语言观及其对变文文体生成的影响，李小荣，河南师范大学学报，2011 年，第 6 期。

拴索·傀儡·锁骨：关于一个独特词汇的宗教寓意的考察，周裕锴，宗教学研究，2011 年，第 3 期。

金朝"孔门禅"及其文学体现，刘达科，太原师范学院学报，2011 年，第 1 期。

拓展金文学研究疆域的思考：从《佛禅与金朝文学》谈起，周惠泉，社会科学战线，2011 年，第 6 期。

金朝文学研究的重要创获：《佛禅与金朝文学》评介，姜剑云，辽东学院学报，2011 年，第 6 期。

孙昌武教授与佛教文化研究：以《中国佛教文化史》《禅思与诗情》为中心，张培锋，武汉大学学报，2011 年，第 4 期。

禅宗与中国文化，葛兆光，紫光阁，2011 年，第 10 期。

王梵志诗注释商兑二则，曹翔，中国语文，2011 年，第 5 期。

《冷斋夜话》日本刊本考论，卞东波、查雪巾，域外汉籍研究集刊，第 7 辑，中华书局，2011 年。

《祖堂集》俗语汇例释，温振兴，中国禅学，第 5 卷，中国社会科学出版社，2011 年。

《祖堂集》校释失误举隅，詹绪左、何继军，中国禅学，第 5 卷，中国社会科学出版社，2011 年。

《五灯会元》之版本与校勘之诸问题研究，纪赟、黄俊铨，中国禅学，第 5 辑，中国社会科学出版社，2011 年。

《古尊宿语录》校读札记，詹绪左、石秀双，中国禅学，第 5 卷，中国社会科学出版社，2011 年。

元代诗僧石屋清珙及其山居诗，李舜臣、何云丽，中国禅学，第 5 卷，中国社会科学出版社，2011 年。

《禅门日诵》中的"华严字母"考述，周广荣，中国禅学，第 5 卷，中国社会科学出版社，2011 年。

中国禅宗绘画及流派研究，叶伟夫、叶芃，中国禅学，第 5 卷，中国社会科学出版社，2011 年。

紫柏大师与憨山大师，戴继诚，中国禅学，第 5 卷，中国社会科学出版社，2011 年。

读《宋僧惠洪行履著述编年总案》，朱刚，中华文史论丛，2011 年，第 1 期。

敦煌文献定名研究，张涌泉、丁小明，中华文史论丛，2011 年，第 2 期。

《楞伽师资记》的文本传统，伯兰特·佛雷，中国禅学，第 5 卷，中国社会科学出版社，2011 年。

马祖语录以及禅语录的创作，马里奥·泊塞斯基，中国禅学，第 5 卷，中国社会科学出版社，2011 年。

大慧和居士：关于死亡的禅学开示，米里姆·雷夫琳，中国禅学，第 5 卷，中国社会科学出版社，2011 年。

敦煌发现的吐蕃禅文献研究——领域及其前景的一个评论，

上山大峻，中国禅学，第 5 卷，中国社会科学出版社，2011 年。

南朝梁大僧正无慧念，赵灿鹏，中华文史论丛，2011 年，第 2 期。

白衣观音与送子观音——观音信仰本土化演进的个案观察，姚崇新，唐研究，第 17 辑，北京大学出版社，2011 年。

古灵宝经与《大方广佛华严经》等佛经关系考释，王承文，文史，2011 年，第 3 期。

义净译经中的印度神名翻译：文化认知与词语选择，陈明，文史，2011 年，第 3 期。

古佚佛教经录考辨，冯国栋，文史，2011 年，第 3 期。

智旭《周易禅解》的天台禅观思想，释正持，弘光人文社会学报（台中），第 14 期，2011 年。

对话与辩证——圣严法师的旅行书写与法显《佛国记》之比较研究，王美秀，圣严研究，第 2 辑，2011 年。

唐朝僧侣往来安南的传法活动研究，萧丽华，中正大学中文学术年刊，第 12 期，2011 年。

空行母悲歌——女性在藏传佛教的角色与命运，蔡志成、张火庆，正觉学报，第 5 期，2011 年 12 月。

《华严经·初发心功德品》的佛教文学思维，熊琬，华严学报，第 1 期，2011 年 4 月。

晚明以来僧人名号及谱系研究，张雪松，玄奘佛学研究，第 15 期，2011 年。

论吴敬梓《儒林外史》的僧人描写与宗教理路，李昭鸿，华梵人文学报，第 16 期，2011 年。

论圣严法师旅行书写中的古典特质与古今对映，王美秀，汉学研究集刊，第 12 期，2011 年。

《高僧传》中前世今生"毕宿对"的叙事模式与意涵，丁敏，中正大学中文学术年刊，第 18 期，2011 年。

宋代《禅林宝训》的丛林论探讨，许文笔，新世纪宗教研究，第 10 卷第 2 期，2011 年 12 月。

《法华经》的象征思想蠡测，释彻入，哲学与文化，第 38 卷第 12 期，2011 年 12 月。

从《爱莲说》"出淤泥而不染"一语论周敦颐援佛入儒之文学转化，萧玫，宗教哲学，第 56 期，2011 年。

《杂宝藏经》叙事策略初探，徐祯苓，北台湾科技学院通识学报，第 7 期，2011 年。

探讨印顺法师的生平与思想——以《印顺法师年谱》、《真实与方便：印顺思想研究》为例，侯坤宏，法印学报，第 1 期，2011 年。

黄庭坚与寒山诗关系考，陈英杰，台大中文学报，第 34 期，2011 年。

傅大士禅法中的忏悔实践，白濬晖（白金铣），玄奘佛学研究，第 16 期，2011 年。

《中国佛教文学史》建构方法刍议，萧丽华，文学典范的建立与转化研究论文集，台湾学生书局，2011 年 3 月。

圣境与生死流转：日本五山汉诗中普陀山文化意象的嬗变，石守谦、廖肇亨主编，东亚文化意象的形塑，2011 年 1 月。

《祖唐集》死亡书写研究——以佛陀与西土祖师为核心，蔡荣婷，东华汉学，第 14 期，2011 年。

道宣律祖乘愿归来——见月读体，廖肇亨，人生，第 339 期，

2011 年。

从习惯域探析廓庵《十牛图颂》，林绣亭，习惯领域期刊，第 1 期，2011 年。

小说戏曲也说法——明清遗民佛教代言人觉浪道圣（下），廖肇亨，人生，第 337 期，2011 年。

事来方见英雄骨——晚明文字禅教主紫柏真可，廖肇亨，人生，第 340 期，2011 年。

峭似高峰冷似水——你所不知道的云栖袾宏，廖肇亨，人生，第 338 期，2011 年。

明清之际曹洞宗寿昌派在东亚的流衍传布：石濂大汕《海外纪事》一书世界图像的再省思，廖肇亨，"明史认识与近代中国历史走向"国际学术讨论会，香港理工大学中国文化学系、香港珠海学院亚洲研究中心主办，2011 年 4 月。

明清佛教在顺化：石濂大汕《海外纪事》一书中世界观的再省思，廖肇亨，"匡越国僧与越南佛教在早期独立纪元的概况"国际学术讨论会，越南佛学学院、国家大学主办，2011 年 3 月。

百川倒流：日本临济五山禅林海洋论述义蕴试诠，廖肇亨，首届河北赵州禅·临济禅·生活禅学术论，河北省社会科学院、河北省民族宗教厅、河北省佛教协会主办，2011 年 5 月。

安南与唐朝僧侣往来的传法活动研究，萧丽华，"匡越国僧与越南佛教在早期独立纪元的概况"国际学术讨论会，越南佛学学院、国家大学主办，2011 年 3 月。

东坡诗的声音世界，萧丽华，第三届"宋代学术"国际研讨会，台湾嘉义大学主办，2011 年 6 月。

从物境到意境：皎然诗论在情景交融模式上的推进，萧丽华，

"中国古典诗学新境界"学术研讨会，台湾东海大学主办，2011 年11 月。

《净土圣贤录》的梦研究，傅楠梓，玄奘佛学研究，第 3 期，2011 年。

《红楼梦》创伤叙事的解构与疗愈，林素玟，国文学志，第 22 期，2011 年。

以现代佛教文学为中高级华语读本的教材教法设计——运用佛教数位资源於内容取向华语教学法之词汇教学设计，王晴薇，台湾华语文教学，第 10 期，2011 年。

欢喜心，游戏笔：李渔"游戏神通"的理念内涵与精神内蕴，高美华，中正大学中文学术年刊，第 18 期，2011 年。

阳明后学与禅师的交往及其涵义，黄文树，玄奘佛学研究，第 16 期，2011 年。

书评：《一昧禅与江湖诗——南宋文学僧与禅文化的蜕变》，萧丽华，中国文哲研究集刊，第 39 期，2011 年。

东皋心越之琴道及其自创琴歌研究，李美燕，艺术评论，第 21 期，2011 年。

唐朝僧侣往来安南的传法活动之研究，萧丽华，中正大学中文学术年刊，第 18 期，2011 年。

禅诗禅思，觉妙宗明，禅天下，2011 年。

利益算计下的崇奉——由《夷坚志》考述南宋五通信仰之生成及内容，黄东阳，新世纪宗教研究，2011 年。

《华严经入法界品》里的人间女性：一个文学视角的多元解读，蔡淑慧，华严学报，2011 年。

Introduction：Social Implications of the Buddhist Revival in China，

Vincent Ji, Z. Goossaert, and V. Ji Zhe, *Social Compass* 58, 2011.

Buddhist Literature and Progressive Thinking in Late Qing and Early Republican China, Guilin Tan, *Frontiers of Literary Studies in China* 5, 2011.

Temples and Clerics in Honglou meng, Yiqun Zhou, *Harvard Journal of Asiatic Studies* 71, 2011.

A Daoist Immortal Among Zen Monks: Chen Tuan, Yinyuan Longqi, Emperor Reigen and the ōbaku Text, "Tōzuihen", James Baskind, *The Eastern Buddhis* 1, 2011.

Blue Sky White Mountains: Tibetan Poetry in English. Indian Literature, Bhuchung D. Sonam, *Indian Literature* 5, 2011.

Creating Huayan Lineage: Miraculous Stories About the "Avatamsaka – sūtra", Imre Hamar, *Oriens Extremus* 50, 2011.

Formation and Fabrication in the History and Historiography of Chan Buddhism, James Robson, *Harvard journal of Asiatic studies* 2, 2011.

Gendering Buddhism: The Miaoshan Legend Reconsidered, Sherin Wing, *Journal of Feminist Studies in Religion* 1, 2011.

Han Shan, Dharma Bums, and Charles Frazier's Cold Mountain, Ling Chung, *Comparative Literature Studies* 4, 2011.

Monks, Bandits, Lovers and Immortals: Eleven Early Chinese Plays (review), Kim Moonkyong, *Journal of Song – Yuan studies* 41, 2011.

Review: Formation and Fabrication in the History and Historiography of Chan Buddhism, James Robson, *Harvard Journal of Asiatic Studies* 2, 2011.

Scripture – telling （jiangjing） in the Zhangjiagang Area and the History of Chinese Storytelling, Rostislav Berezkin, *Asia Major* 1, 2011.

The Linji Lu and the Creation of Chan Orthodoxy: The Development of Chan's Records of Sayings Literature （review）, Mario Poceski, *Philosophy East&West* 2, 2011.

Why Has the Rhinoceros Come from the West? An Excursus into the Religious, Literary, and Environmental History of the Tang Dynasty, Natasha Heller, *Journal of the American Oriental Society* 3, 2011.

Zhu Xi's Choice, Historical Criticism and Influence—An Analysis of Zhu Xi's Relationship with Confucianism and Buddhism, Weixiang Ding and Deyuan Huang, *Frontiers of Philosophy in China* 4, 2011.

白居易の文学と白氏文集の成立 – 廬山から東アジアへ, 陳翀, 勉誠出版, 2011。

中国江南における宣巻の上演状況, 藤野真子,『中国農村の民間藝能—太湖流域社会史口述記録集 2』, 佐藤仁史等編, 汲古書院, 19 – 36, 2011。

冥府の判官像に関する一考察—『夷堅甲志』巻一「孫九鼎」と『冥祥記』「王胡」との比較を中心に, 福田知可志,『中国学志』, 26: 25 – 43, 2011。

『夷堅志』版本・研究目録（2011 年 10 月）, 福田知可志,『中国学志』, 26: 33 – 64, 2011。

雑劇『崔府君断冤家債主』と討債鬼故事, 福田素子,『東方学』, 121: 68 – 84, 2011。

香山宝巻—観世音菩薩の中国的生涯, 小南一郎,『桃の会論集五集』，西王母桃の会編，朋友書店，101－114，2011。

楊家将「五郎為僧」故事に関する一考察，松浦智子，『日本アジア研究』，8：95－109，2011。

呉江宣巻のテクストについて—朱火生氏の宝巻を中心に，緒方賢一，『中国農村の民間藝能—太湖流域社会史口述記録集2』，佐藤仁史等編，東京，汲古書院，37－52，2011年。

江南農村における宣巻と民俗・生活—藝人とクライアントの関係に着目して，佐藤仁史『中国農村の民間藝能—太湖流域社会史口述記録集2』，佐藤仁史等編，東京，汲古書院），53－74，2011。

Appeasement and Atonement in the Mahadanas, the Hindu "Great Gifts". Geslani, Marko. *Journal Asiatique* 299, no. 1（2011）：133－192.

2012 年

元代杂剧中"说参请"的源流与影响，庆振轩，甘肃社会科学，2012 年，第 2 期。

宋之问《浣纱篇赠陆上人》与唐代社会文化，何剑平，新国学，第 9 卷，2012 年 6 月。

《续高僧传》文化语词札记，李明龙，南昌航空大学学报，2012 年，第 1 期。

回鹘文《玄奘传》第十章七叶释读，洪勇明，中央民族大学学报，2012 年，第 5 期。

"唱导"辩章，鲁立智，宗教学研究，2012 年，第 1 期。

中国古代小说以"物"写"人"传统的形成与发展：以"紧箍儿"、"胡僧药"与"冷香丸"为例，杜贵晨，河北学刊，2012年，第3期。

唐代《道僧格》复原研究，张径真，世界宗教文化，2012年，第2期。

安世高的江南行迹：早期神僧事迹的叙事与传承，魏斌，武汉大学学报，2012年，第4期。

鸠摩罗什与《阿耨达经》：兼谈鸠摩罗什从小乘到大乘的发展理路，黄夏年，龟兹学研究，第4辑，新疆人民出版社，2012年。

宗教文学史：宗教徒创作的文学史，吴光正，武汉大学学报，2012年，第2期。

清代"金堡"狱案对韶关文化的影响，刘丽英，岭南文史，2012年，第4期。

北碉居简书画美学思想略论，皮朝纲，四川省干部函授学院学报，2012年，第4期。

金堡与逃禅——"以佛菩萨之心为心"，吴增礼、皮璐璐，湖南大学学报，2012年，第2期。

佛禅思想与梁实秋散文创作，景秀明、卢丽莎，浙江师范大学学报，2012年，第3期。

李叔同人生转向的价值探析，朱兴和，上海交通大学学报，2012年，第3期。

谈汉魏六朝译经语料引用时的几个问题，卢巧琴，西南交通大学学报，2012年，第3期。

略论《百喻经》之四字格，赵纪彬、陈洪，名作欣赏，2012年，第5期。

佛藏文学史料札记四则，李小荣，古典文学知识，2012 年，第 2 期。

《生经》譬喻故事源流初探，卓迎燕，陕西社会科学论丛，2012 年，第 2 期。

汉译佛典文学研究的回顾与展望，李小荣，武汉大学学报，2012 年，第 2 期。

玄佛兼备 名士风范：论两晋名士化的高僧支道林，曾小霞，名作欣赏，2012 年，第 11 期。

诸法实相与无性法性：从《大乘大义章》看鸠摩罗什对庐山慧远本体论思路的批判，覃江，宗教学研究，2012 年，第 2 期。

东晋名僧慧远、僧肇佛理论说文探析，赵厚均，中国古代散文研究论丛，2012 年，第 1 期。

简论毗昙学对慧远论体文之影响，杨朝蕾，中央民族大学学报，2012 年，第 2 期。

《皎然集》版本源流考，周燕，大家，2012 年，第 8 期。

皎然诗论的"负的方法"，温永明，洛阳师范学院学报，2012 年，第 7 期。

道家文化与皎然诗学，甘生统，青海师范大学学报，2012 年，第 4 期。

论皎然"游戏"为诗，温永明，阜阳师范学院学报，2012 年，第 3 期。

中道自然的渐行渐远：以皎然"至丽而自然"说为中心，李佳，合肥师范学院学报，2012 年，第 2 期。

论茶与唐代诗僧皎然的人生情怀，施由明，农业考古，2012 年，第 2 期。

皎然《诗式》及对司空图诗论的影响，高娃，内蒙古电大学刊，2012 年，第 1 期。

皎然《诗式》"作用"与唐五代诗格的"磨炼"理论，李江峰，中国文学研究，2012 年，第 1 期。

王梵志诗中的逆向思维，赵彩娟、刘艳红，作家，2012 年，第 24 期。

论王梵志诗歌的规训与教化，宫臻祥，文学界，2012 年，第 10 期。

王梵志诗疑难词语考释，刘湘兰，现代语文，2012 年，第 6 期。

王梵志诗释义辨正一则，赵川兵，励耘学刊，2012 年，第 2 期。

试析王梵志、寒山诗中生死观的异同，郎远生，时代报告，2012 年，第 1 期。

王梵志诗佛教典故补注，李小荣，敦煌研究，2012 年，第 1 期。

从寒山诗歌看佛教的财富观，邵之茜，五台山研究，2012 年，第 4 期。

后殖民翻译视阈下寒山子文化身份重构：史耐德英译寒山诗评析，廖治华，安徽职业技术学院学报，2012 年，第 3 期。

寒山佛理诗的生命意识，张淼，五台山研究，2012 年，第 3 期。

接受美学视角下译者的创造性叛逆：以美国寒山热为个案，佳佳、徐玉娟，河北联合大学学报，2012 年，第 2 期。

"垮掉一代"的反叛与精神突围：解读《达摩流浪者》中的寒

山，王欣、乔卉娴，唐都学刊，2012 年，第 1 期。

寒山诗歌在欧美"垮掉的一代"中受欢迎的根本原因，姬振亭，文教资料，2012 年，第 1 期。

《寒山子诗集》早期刊本源流钩沉，刘玉才，北京大学学报，2012 年，第 6 期。

斯奈德的无我论与寒山物我合一的思想共鸣，李波阳、彭井、郭世红，杭州电子科技大学学报，2012 年，第 4 期。

隐逸禅僧寒山："垮掉一代"的东方精神偶像，吴涛，北方文学，2012 年，第 6 期。

汉诗诗人情怀与《寒山拾得》创作，郑文全，日语学习与研究，2012 年，第 4 期。

寒山诗歌的生命意识探析，周阔，群文天地，2012 年，第 23 期。

接受美学视角下加里·斯奈德寒山诗英译本创造性叛逆现象成因研究，黄佳燕、李波阳，湖北广播电视大学学报，2012 年，第 12 期。

论加里·斯奈德的生态创作理念与寒山诗艺术风格的共鸣，彭井，剑南文学，2012 年，第 11 期。

寒山诗与佛经偈颂，江莺华，楚雄师范学院学报，2012 年，第 11 期。

文本进化假说：寒山诗歌翻译的文本进化，张格，太原城市职业技术学院学报，2012 年，第 9 期。

试论晚唐诗僧齐己诗歌的艺术特色，杨亭亭，文教资料，2012 年，第 1 期。

诗僧齐己及其论诗诗，朱大银，淮阴师范学院学报，2012 年，第 5 期。

林凡与齐己的诗缘，叶梦，文艺生活，2012 年，第 4 期。

诗僧齐己与湘茶，徐午苗，湖南城市学院学报，2012 年，第 2 期。

诗僧贯休，曾国富，五台山研究，2012 年，第 1 期。

浅论北宋诗僧惠洪的诗歌创作方法，范昕，社科纵横，2012 年，第 11 期。

惠洪的文字禅与句法论，郭庆财，徐州师范大学学报，2012 年，第 5 期。

惠洪文字禅对紫柏真可文字禅之影响，张慧远，长江大学学报，2012 年，第 5 期。

惠洪、张商英对临济宗正统地位的塑造及影响，李熙，中华文化论坛，2012 年，第 3 期。

身本缁徒 好为绮语：论北宋诗僧惠洪其人其词，陶友珍，河北广播电视大学学报，2012 年，第 3 期。

欲立蜻蜓不自由：道潜《临平道中》赏析，陶文鹏，文史知识，2012 年，第 10 期。

论释道潜的人格与诗格，戴小丽，现代语文，2012 年，第 6 期。

试析苏轼禅诗的理趣美，孙艳秋，商丘师范学院学报，2012 年，第 11 期。

《太平广记》中龙的特殊性及其佛教渊源，秦琼，濮阳职业技术学院学报，2012 年，第 6 期。

情真动人 一念成痴——浅析《思凡》中尼姑色空的形象，郭露葳，文学界，2012 年，第 12 期。

苏轼与云门宗禅僧尺牍考辨，朱刚，国学学刊，2012 年，第 2 期。

浅析苏轼诗中的禅趣，岳之渊，文学界，2012 年，第 2 期。

"九僧"生卒年限及群体形成考，王传龙，文学遗产，2012 年，第 4 期。

浅析德清的佛学思想，黄陆希，青年文学家，2012 年，第 13 期。

憨山德清：圆融化一的佛道观，孙宇男，中国宗教，2012 年，第 9 期。

明朝大悲咒：记明末高僧紫柏，熊召政，紫禁城，2012 年，第 2 期。

德清与智旭对《中庸》的诠释，洪燕妮，世界宗教研究，2012 年，第 4 期。

藉儒家之言说佛家之理——论智旭对《大学》的佛学化解读，欧阳小建、陈坚，理论学刊，2012 年，第 3 期。

一个政治和尚的情感世界：明末清初博罗籍高僧函可诗刍议，杨子怡，广东技术师范学院学报，2012 年，第 8 期。

前身多半是梅花：八指头陀咏梅诗的意境，陈望衡，书屋，2012 年，第 1 期。

"我虽学佛未忘世"：论八指头陀的佛教诗歌创作，谭桂林，武陵学刊，2012 年，第 3 期。

心朋六代续禅缘，李源田，书屋，2012 年，第 5 期。

悠悠传唱为哪般：李叔同《送别》诗性探源，田淑晶，名作欣赏，2012 年，第 32 期。

李叔同的慈悲心，唐宝民，晚报文萃，2012 年，第 22 期。

浅论李叔同文学作品中的情与佛，陈松，剑南文学，2012 年，第 12 期。

李叔同与弘一法师，张礼，躬耕，2012 年，第 12 期。

论李叔同的女性关怀意识，陈江红，洛阳师范学院学报，2012 年，第 7 期。

民国成立时的第一首赞歌：读李叔同《满江红》词，郭长海，文史知识，2012 年，第 2 期。

弘一法师诗词曲歌联的情怀与艺术：纪念弘一法师（1880—1942）圆寂七十周年，黄济华，华中人文论丛，2012 年，第 2 期。

论"革命和尚"宗仰的佛教文学创作，谭桂林，南京师范大学文学院学报，2012 年，第 4 期。

佛教楚山绍琦禅诗分析，文豪，前沿，2012 年，第 14 期。

诗僧苏曼殊与茶，郑毅，农业考古，2012 年，第 2 期。

元代中后期诗僧创作题材论，韦德强，长江大学学报，2012 年，第 1 期。

元代诗僧出家原因考略，韦德强，时代文学，2012 年，第 4 期。

早期日本五山禅林的中国文艺接受管窥：以诗僧天岸慧广《送笔》诗为例，王辉，兰州学刊，2012 年，第 3 期。

元代中后期诗僧交游考论，韦德强，时代文学，2012 年，第 3 期。

元代诗僧天隐圆至考论，李舜臣，哈尔滨工业大学学报，2012 年，第 3 期。

释大䜣诗歌交游考略，韦德强，小说评论，2012 年第 A1 期。

诗情禅意著华章：记爱国诗僧兼书法家释印安法师，甘荃，今日科苑，2012 年，第 10 期。

宋初天台宗僧诗刍论，张艮，河南师范大学学报，2012 年，第 6 期。

灵心圆映三江月 诗情禅趣五色云——记促进海峡两岸交流的爱国诗僧释印安禅师，张琼，海峡科技与产业，2012 年，第 8 期。

论吕碧城的佛学贡献及其佛教文学创作，谭桂林，人文杂志，2012 年，第 1 期。

桂伯华遗诗考论，谭桂林，江汉论坛，2012 年，第 12 期。

禅籍俗成语浅论，雷汉卿，语文研究，2012 年，第 1 期。

禅宗语录中的李白形象，李小荣，安徽大学学报，2012 年，第 2 期。

论诗、偈的异同及偈颂的诗化，张昌红，河南师范大学学报，2012 年，第 6 期。

佛教橄魔文的宗教文化价值，刘林魁，佛教研究，2012 年，第 2 期。

论南宗兴盛之因缘及王维与神会之交往，胡遂、胡果雄，求索，2012 年，第 7 期。

诗意禅心：以小说《桥》为例浅谈废名创作与佛禅的结合，吕智超，剑南文学，2012 年，第 5 期。

朱熹与佛禅五题，胡迎建，宜春学院学报，2012 年，第 10 期。

浪迹心灵之涯：僧肇《肇论》与苏轼蜀学间的传承与呼应，张兆勇，淮北职业技术学院学报，2012 年，第 3 期。

山水寄禅意：王维诗的生态意蕴，王早娟，中国宗教，2012 年，第 6 期。

苏东坡论禅与诗，黄春，文史杂志，2012 年，第 1 期。

关于现代禅诗审美的几个问题，李春华，文艺争鸣，2012 年，第 2 期。

现代禅诗与象征主义诗歌相似性比较，欧茂，宁波广播电视大学学报，2012 年，第 3 期。

"即色游玄"对谢灵运山水审美之影响，熊红菊、刘运好，北方论丛，2012 年，第 6 期。

诗境何人到 禅心又过诗：刘商佛禅诗探奥，王增学，名作欣赏（中旬刊），2012 年，第 7 期。

从符号修辞学论禅诗之现代如何可能，孙金燕，华文文学，2012 年，第 5 期。

漫谈白居易禅诗中的佛教生死观，李嘉宇，青春岁月，2012 年，第 22 期。

《全唐诗》中"兰若"的传统内涵及佛禅意蕴，沈娜，华北水利水电学院学报，2012 年，第 4 期。

宋诗话中佛禅话头及其喻意（一）：范温《潜溪诗眼》禅语之分析，周裕锴，河南师范大学学报，2012 年，第 6 期。

历史上的同时同名现象：读王维《谒璇上人并序》，何剑平，古典文学知识，2012 年，第 2 期。

论韦应物诗歌的佛禅韵味，王树海、曲成艳，社会科学战线，2012 年，第 9 期。

佛禅思想与韦应物山水诗意境，丁红丽，浙江学刊，2012 年，第 5 期。

论黎简对佛道思想的接纳和吸收：兼论黎简诗歌多风格并存艺术特征成因，潘霞，理论界，2012 年，第 3 期。

佛禅诗话四则，本刊编辑部，古典文学知识，2012 年，第 5 期。

"道衍终为未了僧"——吴梅村与佛禅的关系及对其诗歌的影响，韩升，苏州教育学院学报，2012 年，第 4 期。

浅析唐代田园山水诗中的佛缘禅意，李平，成功，2012 年，第 22 期。

覃子豪的现代诗与佛道思想，陈学芬，开封教育学院学报，2012 年，第 2 期。

静穆与洒脱：论黄庭坚对佛禅"静观"的融摄与其诗歌创作之关系，左志南，中国石油大学学报，2012 年，第 1 期。

杜诗"雨""月""珠"佛禅意象辨析，张轶男、王树海，华夏文化论坛，2012 年，第 2 期。

独坐幽篁里：阐析归依体验与"诗佛"王维的诗歌创作，田志梅，安徽文学，2012 年，第 6 期。

金朝文人佛理禅机诗解读，刘达科，辽东学院学报，2012 年，第 1 期。

论唐代的佛境风物诗，王辉斌，吉林师范大学学报，2012 年，第 1 期。

论隋炀帝诗文中的佛事、佛理与佛情，郑周，贵州社会科学，2012 年，第 8 期。

潇洒东坡：浅谈苏轼《定风波》词的佛道哲学，苏志红，朱浴铭，剑南文学，2012 年，第 7 期。

古诗词英译中的诗禅文化内涵重构，刘筱华、朱谷强，岁月（下半月），2012 年，第 7 期。

浅析《沧浪诗话》的诗禅理论，罗甜甜，东京文学，2012 年，第 5 期。

王维禅诗禅画对后世文论的贡献，方志宏，信阳农业高等专科学校学报，2012 年，第 4 期。

"渔父家风"与江西诗派，伍晓蔓，文学遗产，2012 年，第 4 期。

从山寺志书所载王安石佚诗说起，冯国栋，社会科学战线，2012 年，第 8 期。

《红楼梦》中的禅语、禅诗与禅境，赵德坤，红楼梦学刊，2012 年，第 4 期。

《聊斋志异》里的佛禅层次，曹淑媛，蒲松龄研究，2012 年，第 1 期。

佛经文学与六朝小说修佛考验母题，刘惠卿，陕西理工学院学报，2012 年，第 4 期。

金庸武侠小说儒、道、佛创作思想的衍变融合，傅强，湖北文理学院学报，2012 年，第 6 期。

《玉禅师》佛缘探微，王彦明，四川戏剧，2012 年，第 6 期。

革命、佛道思想与虚无：从《健儿语》《自杀》透视程善之小说创作主体，黄诚，扬州大学学报，2012 年，第 2 期。

从《西游记》紫金红葫芦看佛、道思想的不同，刘琼，湖北职业技术学院学报，2012 年，第 2 期。

明代中后期小说中"尼庵命案型故事"研究，郭辉，文学与文化，2012 年，第 4 期。

佛、道的对立与统一：简析《红楼梦》的宗教文化，庞莉芹，开封教育学院学报，2012 年，第 2 期。

佛道与人生：论丰子恺散文的禅味，张艳丽，郑州航空工业管理学院学报，2012 年，第 1 期。

《红楼梦》的佛道主题与酒文化的深层关系，刘韶军，宜宾学院学报，2012 年，第 1 期。

论佛经对中国文学的影响：以《佛说盂兰盆经》对《宝莲灯》的影响为例，江琼芳，文艺生活，2012 年，第 10 期。

岭南佛禅文化琐言，林有能，韶关学院学报，2012 年，第 3 期。

"双拟"句式及其在中晚唐佛禅语境中的运用，段双喜，文学遗产，2012 年，第 3 期。

梁武帝《会三教诗》及其三教会通思想考论，刘林魁，古籍整理研究学刊，2012 年，第 5 期。

疑伪经与中国古代文学关系之检讨，李小荣，哈尔滨工业大学学报，2012 年，第 6 期。

论佛学影响六朝文学的三个维度，高文强，哈尔滨工业大学学报，2012 年，第 6 期。

佛教思想与文学性灵说，普慧，文学评论，2012 年，第 2 期。

试论中国古典文学的佛禅观照，柳旭，名作欣赏，2012 年，第 29 期。

佛教文学的中国民间进程：从"高姑舀海"入手，李传江，文艺评论，2012 年，第 12 期。

扩大中国文学版图 建构中国佛教诗学：《中国佛教文学史》编撰刍议，吴光正，哈尔滨工业大学学报，2012 年，第 3 期。

中国宗教文学史研究，吴光正，哈尔滨工业大学学报，2012 年，第 3 期。

辽金元佛教文学史研究刍论，李舜臣，武汉大学学报，2012

年，第 2 期。

20 世纪中国文学界之佛教文学研究，戴莹莹，学术论坛，2012 年，第 10 期。

日本中国佛教文学研究叙述，荒见泰史、桂弘，武汉大学学报，2012 年，第 6 期。

隋唐五代佛教文学研究之回顾与思考，张子开、李慧，哈尔滨工业大学学报，2012 年，第 3 期。

魏晋南北朝佛教文学之差异性，高文强，武汉大学学报，2012 年，第 2 期。

宋代佛教文学的基本情况和若干思考，张培锋，武汉大学学报，2012 年，第 2 期。

佛教与东方文化，侯传文，东方论坛（青岛大学学报），2012 年，第 6 期。

《心经》疑伪问题再研究，纪赟，福严佛学研究，2012 年，第 7 期。

鸟衔华落碧岩前——《碧岩录》作者圆悟克勤禅师佛学诠释学实践探微，金易明，中国禅学，第 6 卷，大象出版社，2012 年。

圜悟克勤"文字禅"诠释方式探微，魏建中，中国禅学，第 6 卷，大象出版社，2012 年。

宋代峨眉高僧祖觉禅师与《华严经》，陈靖华，中国禅学，第 6 卷，大象出版社，2012 年。

宋代峨眉山高僧别峰宝印禅师行年及交游考，万里，中国禅学，第 6 卷，大象出版社，2012 年。

宝卷印本形制流变考述，张灵、孙逊，中华文史论丛，第 106 辑，上海古籍出版社，2012 年。

敦煌遗书《佛性经》残片考，曹凌，中华文史论丛，第 106 辑，上海古籍出版社，2012 年。

华梵兼举，即文会贯——从佛典翻译的一种独特解释看佛道关系及所表现之文化心理，张培锋，中华文史论丛，第 107 辑，上海古籍出版社，2012 年。

也说鱼篮观音的来历，袁啸波，中华文史论丛，第 107 辑，上海古籍出版社，2012 年。

元代的僧诗：中峰明本的僧风与诗作，孙昌武，中华文史论丛，第 108 辑，上海古籍出版社，2012 年。

密宗流传四川的重要文献——唐侯圭《东山观音记》略释，黄阳兴，新国学，第 9 辑，巴蜀书社，2012 年。

支遁"即色空"义探微，伍晓蔓，新国学，第 9 辑，巴蜀书社，2012 年。

敦煌写卷《庐山远公话》校异，谭庄，中国俗文化研究，第 7 辑，巴蜀书社，2012 年。

赵孟頫书《圆觉经》考论，左鹏，中国俗文化研究，第 7 辑，巴蜀书社，2012 年。

民俗宗教中的土地崇拜——以青海河湟地区《地母经》为考查中心，许四辈，中国俗文化研究，第 7 辑，巴蜀书社，2012 年。

譬喻师与佛典中譬喻的运用，王邦维，文史，第 3 辑，中华书局，2012 年。

谁是六祖？——重读《唐中岳沙门释法如禅师行状》，葛兆光，文史，第 3 辑，中华书局，2012 年。

说法晨回天子诏——大觉普济国师玉琳通琇，廖肇亨，人生，第 352 期，2012 年。

十州三岛沙门码头总舵主——岭南高僧石濂大汕越南弘法，廖肇亨，人生，第 341 期，2012 年。

突出大好山——曹洞宗寿昌派开山祖师无明慧经，廖肇亨，人生，第 349 期，2012 年。

禅机诗学，总一参悟——诗僧第一的苍雪读彻，廖肇亨，人生，第 344 期，2012 年。

果熟香飘在日东——江户学琴之祖东皋心越，廖肇亨，人生，第 346 期，2012 年。

目前何地不均平——临济宗三峰派开山祖师汉月法藏，廖肇亨，人生，第 342 期，2012 年。

一卷残经且自劢——八不道人蕅益智旭，廖肇亨，人生，第 350 期，2012 年。

家山到处归——融会百家的憨山德清，廖肇亨，人生，第 343 期，2012 年。

好携一滴洒辽东——辽东禅学之祖祖心函可，廖肇亨，人生，第 345 期，2012 年。

不妨腰膝软如泥——晚明曹洞宗云门系湛然圆澄，廖肇亨，人生，第 348 期，2012 年。

南朝民众的佛教地狱信仰研究，张雪松，辅仁宗教研究，第 24 期，2012 年 3 月。

《法苑珠林·慈悲篇》的佛教身体观念，三田明弘，日本语日本文学，第 38 期，2012 年。

台湾文学与佛教关系的系谱——从口传文学、古典文学到现代文学，顾敏耀，华梵人文学报，第 18 期，2012 年。

唐太宗传的佛教思想研究，游娟镫，韩国学报，第 23 期，

2012 年。

热闹场中 度化有缘：从明末清初佛教中人戏曲创作观点看戏佛融通的可能性及其创作规范，林智莉，国文学报，第 52 期，2012 年。

印顺法师自传书写特色及内涵，李芝莹，玄奘佛学研究，第 18 期，2012 年。

人性的寓言——明末艳情小说《僧尼孽海》对僧尼持守色戒之诠解，黄东阳，汉学研究，第 30 卷 3 期，2012 年 9 月。

苏东坡禅意诗特质与《维摩诘经》关系研究，林文钦，高雄师范大学国文学报，第 15 期，2012 年。

佛经"不识影"故事的传播与发展，梁丽玲，玄奘佛学研究，第 18 期，2012 年。

"不识镜中人"故事研究，陈妙如，中国文化大学中文学报，第 24 期，2012 年。

"燃灯佛授记"本生叙事与图像之互文性研究——以汉译佛典故事和西北印、中亚与云冈石窟造像为例，李幸玲，政大中文学报，第 17 期，2012 年。

自我、空间与文化主体的流动/认同——以女词人吕碧城（1883—1943）的散文为范围，罗秀美，兴大中文学报，第 32 期，2012 年。

从六朝三本观音应验记看观音信仰入华的调适情况，徐一智，成大历史学报，第 43 期，2012 年。

明末清初净土思想对戏曲的影响——以《归元镜》为探讨，林智莉，戏剧学刊，第 16 期，2012 年。

汉译佛典莲华色比丘尼叙事探析——以《四分律》、《五分律》、《毗奈耶》为例，廖宣惠，中华佛学研究，2012 年。

《目连救母变文》之地狱形象研究，邱靖宜，环球科技人文学刊，2012 年。

吴其昱先生论著目录，郑阿财、朱凤玉、李燕晖、荣新江、刘波、岑咏芳，敦煌学，第 37 辑，2012 年。

我所认识的吴其昱先生，郑阿财，敦煌学，第 37 辑，2012 年。

论《西游记》及其续书的创作背景及渊源（上），翁小芬，东海大学图书馆馆讯，2012 年。

《后西游记》之寓意及其写作艺术论析，翁小芬，修平人文社会学报，2012 年。

梁寒衣散文的审美世界，张俐雯，止善，第 12 期，2012 年。

本生故事的善财童子对于亚洲文艺影响之初探：兼谈中国此类造像艺术未发展之成因，陈俊吉，书画艺术学刊，第 13 期，2012 年。

论六朝佛经"译场"的学术价值——翻译方式与语言学发展的关系，毕书径，问学集，2012 年。

法眼文益悟道历程及其史传文献意义考，黄绎勋，台大佛学研究，2012 年。

魏晋南北朝佛教讲经仪轨制度研究，张雪松，辅仁宗教研究，2012 年。

《祖堂集》死亡书写研究——以东土祖师为核心，蔡荣婷，玄奘佛学研究，第 18 期，2012 年。

无垢居士的《论语》偈颂——张九成《〈论语〉绝句一百首》浅析，韩焕忠，华冈哲学学报，2012 年。

神圣的戏仿——试论《豆棚闲话》中的喜剧人物，陈怡安，兴大人文学报，2012 年。

论敦煌文学中的善惠故事——以 S. 3050V、S. 4480V、S. 3096 为主，杨明璋，敦煌学，第 37 辑，2012 年。

耶律楚材的三教思想，罗因，东吴中文学报，2012 年。

皎然与司空图诗论之异同浅探——从神韵诗说建立之观点，简淑慧，万能学报，第 34 期，2012 年。

Buddhist Charities and China's Social Policy: An Opportunity for Alternate Civility? A. Laliberté, *Archives De Sciences Sociales des Religions* 57, 2012.

Beyond Perfection: The Rhetoric of Chán Poetry in Wǎng Wéi's Wǎng Stream Collection, Halvor Eifring, *Zen Buddhist Rhetoric in China, Korea, and Japan*, 2012.

"My Tomb Will Be Opened in Eight Hundred Years": A New Way of Seeing the Afterlife in Six Dynasties China, Jie Shi, *Harvard Journal of Asiatic Studies* 72, 2012.

Religious Repertoires and Contestation: A Case Study Based on Buddhist Miracle Tales, Robert Ford Campany, *History of Religions* 2, 2012.

Eminent Nuns: Women Chan Masters of Seventeenth – Century China by Grant (Reviwe), Shi Zhiru, *History of Religions* 3, 2012.

A Masterpiece of Dissemblance: A New Perspective on "Xiyouji", Vincent Yang, *Monumenta Serica* 60, 2012.

Anointing Phrases and Narrative Power: A Tang Buddhist Poetics of Incantation, Paul Copp, *History of Religions* 2, 2012.

Eminent Nuns: Women Chan Masters of Seventeenth – Century China by Beata Grant (review), Michael Saso, *China review international* 4, 2012.

Review: Chinese Buddhist Chant, Reviewed Work (s): Fan Bai: Chinese Buddhist Monastic Chants. (Recent Researches in the Oral Traditions of Music, 8) by Pi – Yen Chen, Hwee – San Tan, *Notes*, Vol. 68, No. 3, pp. 673 – 676, 2012.

Deqing's Dreams: Signs in a Reinterpretation of His Autobiography, Lynn A. Struve, *Journal of Chinese Religions* 40, 2012.

Empty Dreams and Other Omissions: Liu Xie's Wenxin diaolong Preface, Antje Richter, *Asia Major* 1, 2012.

Gary snyder: translator and cultural mediator between china and the world, Robin Chen – Hsing Tsai, *Comparative Literature Studies* 4, 2012.

Religious Repertoires and Contestation: A Case Study Based on Buddhist Miracle Tales, Robert Ford Campany, *History of Religions* 2, 2012.

Signs from the Unseen Realm: Buddhist Miracle Tales from Early Medieval China (Review), Xiaohuan Zhao, *China Review International* 2, 2012.

Résumé des conférences des années 2009—2010 et 2010—2011 Bouddhisme chinois. Ⅰ. Recherches sur le Fayuan zayuan yuanshi ji de Sengyou (445 – 518), première anthologie de rites bouddhiques. Ⅱ. Lecture de biographies de moines des Six Dynasties (2009—2010 年度和 2010 – 2011 年度学术报告提要 中国佛教：Ⅰ. 第一部佛教仪式

集——僧祐（445 –518）《法苑雜緣原始集》研究 Ⅱ. 六朝时期僧
人传记阅读），Hureau，Sylvie（何玉惟），*Annuaire de l'école pratique des hautes études*，*Section des sciences religieuses*，n° 119：35 – 44，2012.

Escape from Blood Pond Hell：The Tales of Mulian and Woman Huang by Beata Grant，Wilt L. Idema，Review by：Chün – fang Yü，*The Journal of Asian Studies*，Vol. 71，No. 4，pp. 1106 – 1108，2012.

2013 年

中日古代鬼魂观及其在传统戏剧上的表现——以元杂剧与日本能乐为中心的比较研究，赵晓寰，国际汉学研究通讯，2013 年，第 7 期。

《文镜秘府论》古钞六卷本补证——以日本中世佛教文献为线索，陈翀，国际汉学研究通讯，2013 年，第 8 期。

《蜀中广记》与蜀地僧传，国威，四川佛教，2013 年，第 3 期。

从莫高窟 61 窟《维摩诘经》看经变画和讲经文的体制，王小盾，从敦煌学到域外汉文献研究，商务印书馆，2013 年。

澹归今释与韶州知府李复修关系考——以《徧行堂集·李复修序》为视点，廖铭德，佛山科学技术学院学报，2013 年，第 5 期。

论澹归与丹霞山佛教禅宗文化旅游深度开发，余志勇，韶关学院学报，2013 年，第 7 期。

澹归今释书画美学思想的现代诠释，皮朝纲，西南民族大学学报，2013 年，第 5 期。

澹归在丹霞山别传寺营建发展中的重大贡献——以《徧行堂集》为视角，李明山，韶关学院学报，2013 年，第 3 期。

推重"句法"，"翻案"创新：（宋）释惠洪《石门文字禅》修辞研究，鄢文龙，宜春学院学报，2013 年，第 1 期。

"画中有话，平中见奇"：王梵志诗诗风新探（二），刘传启，大众文艺，2013 年，第 15 期。

皎然《诗式》版本源流考论，付定裕，兰台世界，2013 年，第 20 期。

走向圣智的清寂：《般若无知论》对"寄言出意"玄言方法的突破，张兆勇，长江学术，2013 年，第 3 期。

论汉魏六朝译经文体建构的方法，卢巧琴、徐秋儿，兰州教育学院学报，2013 年，第 3 期。

汉魏六朝译经文体研究的语言学意义，徐秋儿、卢巧琴，长江大学学报，2013 年，第 3 期。

支遁"理中之谈"及其诗学意义，刘运好、王友群，安徽师范大学学报，2013 年，第 2 期。

支遁诗文援《易》解佛探幽，吴章燕，阴山学刊，2013 年，第 5 期。

玄言佛理交融：从支遁诗看东晋诗歌之新变，张富春，北方论丛，2013 年，第 5 期。

《支遁集》六种版本考述，袁子微，广西师范大学学报，2013 年，第 6 期。

慧远与山水诗的发展，赵翔，兰州学刊，2013 年，第 5 期。

慧远的弥陀净土思想观和慧远与印光的比较观，黄家章，学术论坛, 2013 年, 第 12 期。

《大乘大义章》中慧远法身思想探析, 张凯, 五台山研究, 2013 年, 第 4 期。

竺道生与慧远佛教思想的差异, 高璐, 宗教学研究, 2013 年, 第 3 期。

慧远佛学思想略论, 欧阳镇, 池州学院学报, 2013 年, 第 1 期。

有大功于释氏, 犹孔门之孟子: 浅谈调和佛教与名教的高僧慧远, 李淑芳, 山西档案, 2013 年, 第 1 期。

浅析慧远大师"轮回主体我"的建立, 宏正, 佛学研究, 2013 年, 第 1 期。

皎然书画美学观解读, 皮朝纲, 绵阳师范学院学报, 2013 年, 第 10 期。

诗僧皎然在湖州的两处草堂, 丁国强, 前进论坛, 2013 年, 第 7 期。

皎然诗论对王维诗歌接受史的意义和作用, 李本红, 中州学刊, 2013 年, 第 6 期。

皎然诗文集成书及其书名考, 高华平、成亚林, 江汉论坛, 2013 年, 第 6 期。

论皎然的诗学理论"作用"说, 孙振涛、兰继华, 柳州师范专科学校学报, 2013 年, 第 6 期。

类书编撰与皎然诗学, 甘生统, 江海学刊, 2013 年, 第 5 期。

从皎然集明刻本看明代对唐人文集的编辑出版, 成亚林, 出版发行研究, 2013 年, 第 3 期。

论皎然自然观和取境说的统一, 唐小燕, 长春工程学院学报,

2013 年，第 3 期。

皎然诗学研究的又一部力作：评甘生统《皎然诗学渊源考论》，张剑，青海师范大学学报，2013 年，第 3 期。

皎然《诗式》的理论矛盾与理论创见，付定裕，文艺评论，2013 年，第 2 期。

再论皎然三偷说对黄庭坚诗法的启示，许清云，中国韵文学刊，2013 年，第 1 期。

初唐诗人王梵志和他的白话诗，胡月义，文化月刊（下旬刊），2013 年，第 9 期。

王梵志独特的"翻着袜法"，刘艳红，大众文艺，2013 年，第 7 期。

王梵志诗释义辨正一则，赵川兵，汉字文化，2013 年，第 6 期。

敦煌文献中的颜色词研究：以敦煌变文、敦煌歌辞、王梵志诗为例，赵晓驰，桂林航天工业学院学报，2013 年，第 3 期。

敦煌写卷王梵志诗校释札记，曹翔，图书馆理论与实践，2013 年，第 3 期。

不同来源出处"王梵志"诗语言比较研究，卢巧琴、方梅，东北师范大学学报，2013 年，第 3 期。

"王梵志"诗作的归属分类及其语言学依据，方梅、卢巧琴，兰州学刊，2013 年，第 3 期。

王梵志诗题旨探略，钟继彬，现代语文（学术综合），2013 年，第 3 期。

敦煌一卷本《王梵志诗》儒释相谐的教化特点论析，王金娥，甘肃社会科学，2013 年，第 2 期。

论"王梵志"诗对唐代白话诗歌语言的影响，方梅、徐秋儿，长春工业大学学报，2013 年，第 2 期。

王梵志研究三题，李小荣，湖南科技学院学报，2013 年，第 2 期。

王梵志诗歌异调通押现象辨析，李斐，汉语史学报，2013 年，第 1 期。

从《好了歌》看王梵志诗歌的文化意蕴及历史传统，王志鹏，中国古代小说戏剧研究，2013 年，第 1 期。

略论寒山诗之和诗的价值取向和审美趣味，江莺华，楚雄师范学院学报，2013 年，第 8 期。

寒山子生存年代及人物原型考，王跃，五台山研究，2013 年，第 2 期。

寒山子作为异国形象的生成：以《达摩流浪汉》为中心，李宏伟，中国青年政治学院学报，2013 年，第 4 期。

寒山诗在日本：试析寒山诗在中日两国境遇悬殊的原因，赵静宜，安阳工学院学报，2013 年，第 3 期。

寒山诗境三维论，鞠俊，文教资料，2013 年，第 31 期。

从《寒山诗》的翻译看比尔·波特的禅学思想，雷天宇，华章，2013 年，第 27 期。

齐己与郑谷交往考，廖祖耀，宜春学院学报，2013 年，第 7 期。

诗僧齐己与沩仰宗，罗蓓，池州学院学报，2013 年，第 5 期。

近三十年齐己研究述评，罗蓓，黄冈师范学院学报，2013 年，第 5 期。

《齐己诗集校注》中几个人物辩证，杨建宏，长沙大学学报，

2013 年，第 4 期。

诗僧齐己咏物诗创作模式的诗学意义，胡玉兰，重庆科技学院学报，2013 年，第 3 期。

不见来香社，相思绕白莲：论晚唐五代诗僧齐己的"白莲社"情结，胡玉兰，湖北第二师范学院学报，2013 年，第 3 期。

论晚唐五代诗僧齐己咏物诗的诗学意义，胡玉兰，长春师范学院学报，2013 年，第 1 期。

论唐僧贯休诗的思想意义，季三华，课程教育研究，2013 年，第 18 期。

贯休诗歌动物意象分析，贾骄阳，文艺生活（文海艺苑），2013 年，第 8 期。

诗书画三绝的唐代高僧贯休，演静，炎黄纵横，2013 年，第 8 期。

李益、贯休：唱响时代挽歌，泗水圣徒，读者欣赏，2013 年，第 7 期。

古籍注释中涉及佛教内容的问题：以《贯休歌诗系年笺注》为例，孙昌武，书品，2013 年，第 1 期。

诗僧贯休研究综述，崔宝峰，山西师范大学学报，2013 年，第 S1 期。

论孤山智圆的生死观，陈维，思想战线，2013 年，第 S1 期。

惠洪、祖琇关于承古"三玄"的论争，李熙，宗教学研究，2013 年，第 1 期。

僧惟凤籍贯考，彭佳，剑南文学，2013 年，第 9 期。

九僧的佛学观念与诗歌创作，周固成，绥化学院学报，2013 年，第 11 期。

憨山德清论庄子的道、真宰与成心，邓克铭，鹅湖学志，2013年，第50期。

憨山交游考之一：僧人法师，王焰安，韶关学院学报，2013年，第11期。

明末高僧憨山德清的母子之情，复彩、岳帅，佛教文化，2013年，第3期。

缪希雍与明末高僧紫柏尊者，李健、梁飞、张卫，中华医史杂志，2013年，第4期。

智旭唯识思想的和合印迹，肖泓玥、许潇，商丘师范学院学报，2013年，第10期。

三教合流视域下的智旭易学之形上学发微，张韶宇，贵州社会科学，2013年，第6期。

智旭佛化易学的圆融之境，张韶宇，周易研究，2013年，第3期。

清代文字狱受害第一人：诗僧函可，文畅，鸭绿江，2013年，第11期。

函可咏千山诗歌评析，胡吉星，鞍山师范学院学报，2013年，第1期。

函可研究综述，胡晓婷，剑南文学（经典教苑），2013年，第1期。

且把光彩留后人：漫谈传记体文献剧《弘一法师》剧本的艺术创作，包峰，戏剧之家，2013年，第11期。

李叔同诗词的"旧风格"与"新意境"，肖菲，开封教育学院学报，2013年，第8期。

晚唐荆门诗僧尚颜诗歌的美学风格，崔静，荆楚学刊，2013

年，第 5 期。

绝海中津《蕉坚稿》中的汉诗之研究，任萍，浙江外国语学院学报，2013 年，第 3 期。

论宋代诗僧诗话的内容特征，胡玉兰，黑河学刊，2013 年，第 4 期。

佛性与现代性的渗透与融合：论太虚法师诗文创作中的新文化影响，谭桂林，文学评论，2013 年，第 3 期。

永明诗僧康宝月及其诗歌考论，包得义，求索，2013 年，第 1 期。

20 世纪以来僧诗文献研究综述，李舜臣，文学遗产，2013 年，第 5 期。

论释大欣“雄杰”诗风与雅集关系，韦德强，语文建设，2013 年，第 8 期。

稀见五山版宋元诗僧文集五种叙录，卞东波，文献，2013 年，第 3 期。

虚云和尚诗偈考论，谭桂林，中国文学研究，2013 年，第 1 期。

南宋两浙诗僧的地域分布研究，沈冬梅，剑南文学，2013 年，第 10 期。

诗僧灵一文学交游考论，郁婷婷，北方文学（中旬刊），2013 年，第 10 期。

大慧宗杲禅师颂古创作研究，张培锋，哈尔滨工业大学学报，2013 年，第 4 期。

南朝诗僧与乐府民歌创作，包得义、何剑平，福建论坛，2013 年，第 6 期。

时境差异中的心灵沟通：仓央嘉措与王维的禅诗比较，高欢欢，青年文学家，2013 年，第 18 期。

元代临济宗高僧中峰明本与日本幻住派，纪华传，佛学研究，2013 年，第 1 期。

论《禅林僧宝传》撰述体例与南宋禅僧传的关系，李熙，兰州学刊，2013 年，第 2 期。

文以载道声气相求：巨赞的佛教文学观，麻天祥，哈尔滨工业大学学报，2013 年，第 4 期。

从叙事文学角度看宋代佛教史书中的灵异故事，张培锋，贵州社会科学，2013 年，第 6 期。

论大乘佛教"以音声为佛事"的观念：佛教吟诵的理论基础研究，张培锋，文学与文化，2013 年，第 4 期。

南北朝佛教唱导的底本，何剑平、周欣，西南民族大学报，2013 年，第 9 期。

《禅宗颂古联珠通集》叙录，张昌红，新世纪图书馆，2013 年，第 1 期。

加里·斯奈德对佛禅文化的变异性解读与运用，罗坚，中国文学研究，2013 年，第 2 期。

宋代文人与《般若心经》，张海沙，暨南学报，2013 年，第 7 期。

论佛禅对苏轼文学观念的影响，陈真一，剑南文学，2013 年，第 3 期。

明清传奇中女尼女道角色特点探微，王华旭，江苏教育学院学报，2013 年，第 1 期。

中国明清古典小说中的僧侣形象，李曦，浙江旅游职业学院学报，2013 年，第 2 期。

赵州禅师与《十二时歌》，宋翔，名作欣赏，2013 年，第 5 期。

好诗消永夜，佳处辄参禅——论苏轼禅诗的美学智慧，刘天骄，名作欣赏，2013 年，第 27 期。

和合理论观照下的苏轼禅诗英译研究，戴玉霞、樊凡，外语教学，2013 年，第 3 期。

论苏轼禅偈及其对禅宗思想的接受，张硕、赵德高，平顶山学院学报，2013 年，第 6 期。

士大夫居士张九成的佛禅观，郑翔高，湖南大学学报，2013 年，第 4 期。

陆游与松源崇岳交游简考，麻天祥，中国政法大学学报，2013 年，第 5 期。

苏轼与佛印交游考，喻世华，江苏大学学报，2013 年，第 4 期。

晚明文士与《楞严经》，周群，江海学刊，2013 年，第 6 期。

佛教感悟与白马湖作家群的"人生艺术化"倾向，竺建新，名作欣赏（中旬），2013 年，第 17 期。

诗性智慧与虚静之心的结合：评贾平凹的佛理禅蕴与玄学精神，胡蓉，剑南文学，2013 年，第 7 期。

韦应物一生思想演变及刺滁时与佛道交流简论，张兆勇，重庆文理学院学报，2013 年，第 4 期。

金代文学家王寂文学创作的佛禅意蕴，孙宏哲，求索，2013 年，第 3 期。

略论佛禅意识对周作人小品文的影响，孔庆蓓，名作欣赏，

2013 年，第 29 期。

儒、道、佛思想对苏轼人生的影响，王建，青年文学家，2013年，第 35 期。

元末士人的佛道情缘及其文化意蕴，展龙，华夏文化论坛，2013 年，第 1 期。

李商隐入世情怀与佛道思想关系辨析，廖先怀，剑南文学，2013 年，第 4 期。

政治、宗教与文学：阎朝隐《鹦鹉猫儿篇》发覆，李小荣，福建师范大学学报，2013 年，第 5 期。

诗禅融合对语言艺术化的促进作用，陈琛，文艺争鸣，2013年，第 6 期。

从唐诗看浮云意象的佛禅意味，刘艳芬，社会科学辑刊，2013年，第 3 期。

诗歌吟诵的活化石：论中国佛教梵呗、读诵与古代诗歌吟诵的关系，张培锋，南开学报，2013 年，第 3 期。

从苏轼词"梦"的意象来看佛禅思想之影响，刘秀，名作欣赏，2013 年，第 5 期。

浅析王维诗中的佛禅思想，鲁捷，科海故事博览，2013 年，第 12 期。

论苏轼词的佛禅精神，王树海、赵宏，学习与探索，2013 年，第 11 期。

佛与道的隐逸灵境——王维诗歌胜境赏析，王玉洁，北方文学（下旬刊），2013 年，第 5 期。

顾太清咏莲词中的佛、道因素，万春香，濮阳职业技术学院学报，2013 年，第 3 期。

论白居易诗歌创作思想由儒向佛的蜕变，陈婧，阜阳师范学院学报，2013 年，第 2 期。

浅析秦观词中佛道思想，徐玮，神州，2013 年，第 35 期。

浅析秦观诗歌的佛禅情怀，刘秀娟，广州广播电视大学学报，2013 年，第 2 期。

佛道思想对白居易闲适诗的影响，覃俏丽，剑南文学，2013 年，第 9 期。

浅探龚自珍词的佛禅情结，陈草原，牡丹江教育学院学报，2013 年，第 5 期。

白居易诗中之数字与佛禅思想，邹婷，泰山学院学报，2013 年，第 5 期。

禅而无禅便是诗，诗而无诗禅俨然：读孙昌武先生的《禅思与诗情》，高冲，周口师范学院学报，2013 年，第 4 期。

一个"现代"女性的"诗经"：从容的"现代女性心灵禅诗"，霍俊明，创作与评论，2013 年，第 16 期。

"现代禅诗"流派命名的不确定性分析，徐保华，芒种，2013 年，第 14 期。

禅诗中的"水之道"：从原型的角度考察，唐希鹏，中华文化论坛，2013 年，第 12 期。

东晋佛隐诗创作述略，高智，成都理工大学学报，2013 年，第 5 期。

禅诗是条情丝，它牵着你我：读《镜中之花——中外现代禅诗精选》，王学海，绿风，2013 年，第 5 期。

禅诗中的"留白"艺术，韩宝江，现代语文，2013 年，第 5 期。

现代禅诗：当代诗写突围之可能——以《洛夫禅诗》作例的考察，董迎春，华文文学，2013 年，第 4 期。

禅境与禅理：王维、苏轼禅诗之简略比较，吴龚川，四川职业技术学院学报，2013 年，第 3 期。

唐代文人禅诗禅意论：孤静·空灵·冲淡，张翠，浙江树人大学学报，2013 年，第 2 期。

关于现代心灵禅诗，从容，中国诗歌，2013 年，第 2 期。

杜甫禅诗与大乘义学思想，张轶男，西南大学学报，2013 年，第 1 期。

佛禅义理与《红楼梦》中的"真假"观念，王冉冉，古代文学理论研究，2013 年，第 2 期。

佛禅思想对唐代梦魂类小说的影响，丁红丽，学习月刊，2013 年，第 22 期。

以美解脱：《红楼梦评论》的"佛味"与王国维美学之思的症候，许宏香、杜卫，文艺理论研究，2013 年，第 5 期。

《西游记》中的佛、道关系解读，陈明吾、吴宏波，湖北科技学院学报，2013 年，第 5 期。

佛教对中古论说文的沾溉与影响，王京州，西南石油大学学报，2013 年，第 5 期。

《西游记》尊佛贬道思想倾向形成的原因，雷晓雯，吉林画报，2013 年，第 1 期。

佛教与三言二拍的文体构成，姜良存，齐鲁学刊，2013 年，第 4 期。

试论脂批者对佛学的复杂态度，甘生统，红楼梦学刊，2013 年，第 5 期。

论元杂剧中的佛教剧，郑传寅，武汉大学学报，2013 年，第 1 期。

韩愈《杂说》（其四）与佛典"智马"故事，李小荣，古典文学知识，2013 年，第 4 期。

从段成式《酉阳杂俎》看唐代佛道争锋，杨田春，黄冈师范学院学报，2013 年，第 4 期。

《西游记》的佛、道态度，吴健峰，科教导刊，2013 年，第 25 期。

20 世纪"佛教与古代文学"研究述评，何坤翁、吴光正，世界宗教研究，2013 年，第 3 期。

佛学东渐与宋齐文学观念的雅俗嬗变，高文强，文艺研究，2013 年，第 6 期。

佛教与魏晋南北朝文学的契合，王琳，魅力中国，2013 年，第 29 期。

"宗教实践与文学创作"开栏弁言，吴光正，贵州社会科学，2013 年，第 6 期。

六朝佛教文学与佛教图像关系，高尚学，文艺评论，2013 年，第 10 期。

藏传佛教文学论略，索南才让、张安礼，江西师范大学学报，2013 年，第 5 期。

西夏文《圆心镜》考，（俄罗斯）索罗宁，中国禅学，第 7 卷，大象出版社，2013 年。

敦煌本《佛说十王经》与唱导——从十王经类的改写情况来探讨民间信仰的变迁，荒见泰史，中国俗文化研究，第 8 辑，巴蜀书社，2013 年。

"五四"后中国佛教文学思想的现代转型，谭桂林，中国社会科学，2013 年，第 4 期。

《中国佛教文学研究》述评，何剑平、刘林魁，西北大学学报 2013 年，第 3 期。

佛教实践、佛教语言与佛教文学创作，吴光正，学术交流，2013 年，第 2 期。

佛教文学研究的视野与方法，周广荣，书品，2013 年，第 2 期。

"佛教文学"之内涵辨，戴莹莹，中国宗教，2013 年，第 1 期。

明代佛教文学史研究刍议，李舜臣，学术交流，2013 年，第 2 期。

公案的必要阐释，李圣华，中国诗学，第 17 辑，人民文学出版社，2013 年。

"即心即佛"和"平常心是道"——马祖公案刍议，吕春瑾，中国禅学，第 7 辑，大象出版社，2013 年。

禅宗北宗义福、普寂禅师关系考——《宋高僧传·义福传》笺证，张培锋，中国禅学，第 7 辑，大象出版社，2013 年。

大修行人还落因果也无——百丈禅师"野狐禅公案"义理探析，张云江，中国禅学，第 7 辑，大象出版社，2013 年。

叶县归省禅师生平事迹略论，徐文明，中国禅学，第 7 卷，大象出版社，2013 年。

试论苏辙晚年的佛禅思想，达亮，中国禅学，第 7 卷，大象出版社，2013 年。

金朝遗僧善柔考略——《以奉圣州法云寺柔和尚塔铭》为中

心，崔红芬，中国禅学，第 7 卷，大象出版社，2013 年。

元朝著名僧人政治家刘秉忠的佛门渊源，叶宪允、吴平，中国禅学，第 7 卷，大象出版社，2013 年。

唐代禅宗美学思想略探，祁志祥，中国禅学，第 7 卷，大象出版社，2013 年。

道元禅师生平考，（日本）何燕生，中国禅学，第 7 卷，大象出版社，2013 年。

古籍注释中涉及佛教内容的问题——以胡大浚《贯休歌诗系年笺注》为例，孙昌武，中国禅学，第 7 卷，大象出版社，2013 年。

读《滞空与迷性的对治：〈万善同归集〉研究》，黄夏年，中国禅学，第 7 卷，大象出版社，2013 年。

历史中的小说和小说中的历史——说宗教和文学两种不同语境中的"秘密大喜乐禅定"，沈卫荣，中华文史论丛，第 109 辑，上海古籍出版社，2013 年。

宋代禅僧诗整理与研究的重要收获——读《宋代禅僧诗辑考》，金程宇，中华文史论丛，第 109 辑，上海古籍出版社，2013 年。

梁武帝与僧团素食改革——解读《断酒肉文》，陈志速，中华文史论丛，第 111 辑，上海古籍出版社，2013 年。

"细柳新蒲为谁缘"——清初禅门诗界一桩公案的考索，杨旭辉，中华文史论丛，第 111 辑，上海古籍出版社，2013 年。

四部日本古写本佛经音义述评，梁晓虹，域外汉籍研究集刊，第 9 辑，中华书局，2013 年。

山川何处异乾坤：入元日僧雪村友梅及其《岷峨集》析论，

黄郁晴，域外汉籍研究集刊，第 9 辑，中华书局，2013 年。

元僧清拙正澄渡日前交游诗歌初探，沈雅文，域外汉籍研究集刊，第 9 辑，中华书局，2013 年。

敦煌写本羽 326 号残卷叙录，张涌泉，中国俗文化研究，第 8 辑，巴蜀书社，2013 年。

汉译佛典"S，N 是"句的"是"表示判断——以梵、汉本《撰集百缘经》《金光明经》《维摩诘经》《妙法莲华经》的对勘为例，陈秀兰，中国俗文化研究，第 8 辑，巴蜀书社，2013 年。

从《白马宝卷》与《大富宝卷》的差异看南北民间信仰的积淀和演变，尚丽新，中国俗文化研究，第 8 辑，巴蜀书社，2013 年。

佛经字词札记六则，曾良、李伟大，文史，2013 年，第 1 辑，中华书局。

鱼山梵呗传说考辨，金溪、王小盾，文史，2013 年，第 1 辑，中华书局。

读 1431 年木刻版畏吾体蒙古文佛经序与跋：兼论古蒙古语语音向近代语音的过渡，乌云毕力格，蒙古史研究，第 11 辑，2013 年。

论元末顾瑛"三教合一"视域中的玉山雅集，吴新雷，人文中国学报，第 19 期，香港浸会大学《人文中国学报》编辑委员会编，上海古籍出版社，2013 年。

皎然《诗式》对王昌龄《诗格》的传承与创新，许清云，静宜中文学报，第 3 期，2013 年。

证悟与转化：试论憨山大师之修行历程与自我转化，曾琼瑶，华梵人文学报，第 20 期，2013 年。

皎然双虚实对研究，卢盛江，台湾师范大学学报，2013 年，第 1 期。

论张居正的禅学思想及其佛教政策的意义，傅秋涛，玄奘佛学研究，第 19 期，2013 年 3 月。

浅论苏轼谪惠、儋诗之佛理思想，杨景琦，康大学报，第 3 卷，2013 年 12 月。

论唐君毅对儒佛的贯通之道，高柏园，哲学与文化，第 40 卷 8 期，2013 年 8 月。

《今昔物语集》中的牛的故事与中国文学——以宿业畜生类型故事为中心，陈明姿，台大日本语文研究，第 26 期，2013 年 12 月。

憨山德清"解脱"书写中的禅观与意境——以《梦游集》为中心，曾琼瑶，成大中文学报，第 43 期，2013 年 12 月。

神遇：论《律相感通传》中前世今生的跨界书写，刘苑如，清华学报，第 43 卷第 1 期，2013 年 3 月。

敦煌写本《圆明论》与《阿摩罗识》初探——以傅图 188106 号为中心，黄青萍，"中央"研究院历史语言研究所集刊，第 84 本第 2 分，2013 年 6 月。

明代帝王与观音信仰——以永乐与万历朝编纂的两本观音经典为例，徐一智，东吴历史学报，第 29 期，2013 年。

诸家禅僧诠释曹洞宗《宝镜三昧》十六字偈之检讨——兼论觉浪道盛的特殊宗论及其三教，蔡振丰，汉学研究，第 31 卷第 4 期，2013 年 12 月。

唐宋禅宗法嗣名号之整理研究与数字化建档，汪娟、黄青萍，古典文献与民俗艺术集刊，第 2 期，2013 年。

公堂面面观：论"公案"空间之文化意义，蔡娉婷，艺见学刊，第 5 期，2013 年。

寒山通俗诗"AA 型重叠词"音韵风格探析，释正持，弘光人文社会学报，第 16 期，2013 年。

《大般涅槃经卷十九、卷二十》阿阇世王故事探析，陈美，艺见学刊，第 5 期，2013 年。

《世说新语》中支遁形象析论，杜承书，东吴中文线上学术论文，第 23 期，2013 年。

燕山一片云——清初北方南苑女禅子雍成如，廖肇亨，人生，第 360 期，2013 年。

晚明佛门解《庄》的发展脉络——从释德清到释性通之师承考辨为例，李懿纯，书目季刊，第 47 期，2013 年。

山岳与修行：弘法大师山居诗研究，萧丽华，台大佛学研究，第 25 期，2013 年。

当代台湾佛教文学研究的诠释建构者群像及其相关论述，丁敏，世界宗教文化，2013 年，第 3 期。

元代佛典《佛说目连救母经》向《目连宝卷》与闽北目连戏的文学性演变，田仲一成，人文中国学报，第 19 期，香港浸会大学《人文中国学报》编辑委员会编，上海古籍出版社，2013 年。

台湾佛教修行现象——从陈若曦的佛教小说《慧心莲》说起，陈昭利，万能学报，第 35 期，2013 年。

从宋代（10—13 世纪）禅师拟寒山诗论"寒山体"的内涵转变，黄敬家，成大中文学报，第 42 期，2013 年。

经典、文学与图像——十王信仰中"五道转轮王"来源与形象之考察，郑阿财，敦煌学，第 38 辑，2013 年。

评杨宝玉著《敦煌本佛教灵验记校注并研究》、郑阿财著《见证与宣传——敦煌佛教灵验记研究》，中钵雅量，敦煌学，第 38 辑，2013 年。

关于"唱导"的歧义，汪娟，成大中文学报，2013 年。

韩国敦煌文学研究的回顾与展望，金贤珠，敦煌学，第 38 辑，2013 年。

Zhongfeng Mingben and the Case of the Disappearing Laywomen，贺耐娴（Natasha Heller）中华佛学学报，2013 年。

奇幻真如：试论吴彬的居士身份与其画风，陈韵如，中正汉学研究，2013 年。

Genre Classifications of Chinese Popular Religious Literature：Pao – Chüan，Nadeau Randall L.，*Journal of Chinese Religions* 1，2013.

On the Veneration of the Four Sacred Buddhist Mountains in China，S. Kai，*The Eastern Buddhist* 44，2013.

Correction marks in the Dunhuang manuscripts，Imre Galambos，*Warring States Period to the* 20*th Century*，Budapest：ELTE Institute of East Asian Studies，2013.

Was the Platform Sūtra always a Sūtra? Studies in the textual features of the platform scripture manuscripts from Dūnhuáng，Christoph Anderl，*Warring States Period to the* 20*th Century*，Budapest：ELTE Institute of East Asian Studies，2013.

Signs from the Unseen Realm：Buddhist Miracle Tales from Early Medieval China（review），Sing – chen Lydia Chiang，*Journal of Chinese religions* 1，2013.

The Earliest Known Edition of " The Precious Scroll of Incense Mountain" and the Connections Between Precious Scrolls and Buddhist Preaching, Rostislav Berezkin and Boris L. Riftin, *T'oung Pao* 4/ 5, 2013.

Xuanzang about Avalokitesvara, Jibin, and Madhy Antika, C. Willemen, *Annals of the Bhandarkar Oriental Research Institute* 94, 2013.

Zen Masters (review), Roy Starrs, *Journal of Japanese Studies* 39:1, 2013.

A Mongolian Source on the Manchu Manipulation of Mongolian Buddhism in the Seventeenth Century: The Biography of the Second Neichi Toyin, Uranchimeg Ujeed, *Inner Asia* 2, 2013.

Buddhist Monsters in the Chinese Manichaean "Hymnscroll" and the Guanyin Chapter of the "Lotus Sutra", Gábor Kósa, *The Eastern Buddhist* 1, 2013.

Death in a Cave: Meditation, Deathbed Ritual, and Skeletal Imagery at Tape Shotor, Eric M. Greene, *Artibus Asiae* 2, 2013.

From Demonic to Karmic Retribution: Changing Concepts of "Bao" in Early Mediaeval China as Seen in the "You Ming Lu", Zhenjun Zhang, *Acta Orientalia Academiae Scientiarum Hungaricae* 3, 2013.

Hureau, Sylvie (何玉惟). Résumé des conférences de l'année 2011—2012 Bouddhisme chinois. I. Recherches sur le Fayuan zayuan yuanshi ji de Sengyou (445—518), première anthologie de rites bouddhiques (suite). II. Lecture de biographies de moines des Six

Dynasties（suite）［2011—2012 年度学术报告提要 中国佛教：I. 第一部佛教仪式集——僧祐（445—518）《法苑杂缘原始集》研究（续）II. 六朝时期僧人传记阅读（续）］，*Annuaire de l'école pratique des hautes études，Section des sciences religieuses，n° 120：9 - 16，2013*。

『祖堂集』の基礎方言，衣川賢次，『東洋文化研究所紀要』，164：165 - 230，2013。

紹興の小目連『太平宝巻』，松家裕子，『桃の会論集六集』，西王母桃の会編，京都，朋友書店，197 - 214，2013。

2014 年

北宋对外交往机制的另一面——以《参天台五台山记》的记载为线索，朱溢，域外汉籍研究集刊，第 9 辑，2014 年。

日本藏《镡津文集》版本及其文献价值，定源（王招国），域外汉籍研究集刊，第 9 辑，2014 年。

日藏宋代诗僧文集的价值及其整理与研究——读许红霞辑著《珍本宋集五种：日藏宋僧诗文集整理研究》，卞东波，古典文献研究，第 17 辑上卷，2014 年。

佛陀跋陀罗"被摈"始末考——《高僧传》的书写与中古佛教僧团的社会、政治境遇，刘学军，古典文献研究，第 17 辑上卷，2014 年。

走入传奇——新刊唐代墓志与《冥报记》"豆卢氏"条的解读，雷闻，唐研究，第 18 辑，2014 年。

赖声川的戏剧创作与佛教救赎之路，张涟，戏剧之家，2014

年，第 13 期。

佛教题材戏剧对佛教理念的矛盾态度——以《度柳翠》和《玉禅师》为例，王翠，浙江树人大学学报，2014 年，第 6 期。

"度脱"杂剧及其宗元倾向，姜丽华，文艺评论，2014 年，第 4 期。

明清道教与传奇戏曲研究，李艳，戏剧（中央戏剧学院学报），2014 年，第 2 期。

戏曲中的吕洞宾图像研究，陈杉，四川戏剧，2014 年，第 4 期。

《南柯记》的情节结构与思想表达，王建军、许建中，南京师范大学学报，2014 年，第 5 期。

敦煌佛教文学理念的建构与研究面向，郑阿财，敦煌吐鲁番研究，第 14 卷，上海古籍出版社，2014 年。

试论魏晋南北朝志怪小说中的"死而复生"故事及其相关的"死之阈限"问题，（日本）中村友香，新国学，第 10 卷，2014 年 10 月。

唐末五代禅僧出家考：以《禅林僧宝传》为例，付金才，石家庄学院学报，2014 年，第 5 期。

古小说"释氏辅教之书"叙事范式探究，阳清，兰州学刊，2014 年，第 11 期。

中古时期佛教高僧与猛虎之间的互动：以清代许培荣之宝志笺注为切入点，徐隆、胡永辉，南京晓庄学院学报，2014 年，第 1 期。

平易叙事与哲学的真实：星云大师《合掌人生》真实性的构建，陈星宇，哈尔滨工业大学学报，2014 年，第 6 期。

关于慧皎生卒年及《高僧传》问世时间等问题：纪念慧皎大师圆寂 1460 周年，杨笑天，佛学研究，2014 年，第 3 期。

《镜花缘》佛经母题溯源三题，王立、王莉莉，东南大学学报，2014 年，第 5 期。

佛教哲学之基本问题与鲁迅思想的内在结构，张松、张慧，东岳论丛，2014 年，第 10 期。

赞体新变：佛教题材及五言诗赞之开拓——以东晋名僧支遁诗文为例，张富春，当代文坛，2014 年，第 1 期。

论道潜诗的世俗化倾向，卜德灵，怀化学院学报，2014 年，第 7 期。

佛教经咒翻译的实践与启示，周广荣，世界宗教研究，2014 年，第 4 期。

论支遁诗文之玄学化佛菩萨及高僧，张富春，求索，2014 年，第 6 期。

支遁诗文辑本考，张富春，清华大学学报，2014 年，第 4 期。

东晋时期慧远高僧释游之旅，史丹丹，兰台世界（下旬），2014 年，第 3 期。

陶渊明和慧远师徒关系辨析，杨立群，榆林学院学报，2014 年，第 3 期。

论南宋灵隐寺慧远禅师的禅学及其修行，徐仪明，宜春学院学报，2014 年，第 11 期。

从《沙门不敬王者论》看慧远对佛教中国化之重大影响，郭婷，金田，2014 年，第 9 期。

慧远与东晋礼学，张焕君，五台山研究，2014 年，第 3 期。

浅谈慧远的弥陀净土信仰，张魏魏，中国佛学，2014 年，第

2 期。

论唐人皎然对谢灵运的评价，张丹，中国校外教育，2014 年，第 27 期。

中国佛教文学：研究对象·内在理路·评价标准，李舜臣，学术交流，2014 年，第 8 期。

浅析皎然《诗式》对中唐创作的影响，张彤，科技资讯，2014 年，第 14 期。

论皎然《诗式》推崇谢灵运的由来，刘姝，神州，2014 年，第 11 期。

皎然与剡茗：兼说传花饮茗，金向银，中国茶叶，2014 年，第 8 期。

皎然生平及诗学著作考略，陈海峰，今日湖北（中旬刊），2014 年，第 7 期。

从皎然诗学理论看"中唐—北宋"诗歌转型，丁玲，许昌学院学报，2014 年，第 4 期。

雅俗之辩：小议皎然诗学思想，刘赢，北方文学（下旬刊），2014 年，第 3 期。

皎然"作用"说再释，文爽，中国韵文学刊，2014 年，第 1 期。

试论初唐通俗派诗人王梵志思想的三个特点，陈远贵，名作欣赏，2014 年，第 29 期。

王梵志诗中的儒家思想，于思阳，青年文学家，2014 年，第 18 期。

《王梵志诗》中女性题材诗歌的整理，张娜，语文学刊，2014 年，第 17 期。

关于王梵志生平的研究，李慧慧，神州，2014 年，第 17 期。

《王梵志诗》女性题材诗歌研究综述，张娜，黑龙江史志，2014 年，第 13 期。

《王梵志诗》中女道士、尼姑形象的塑造及其成因，张娜，语文教学通讯（学术刊），2014 年，第 8 期。

《王梵志诗校注》商兑，郜同麟，敦煌研究，2014 年，第 6 期。

从王梵志诗看唐初的民间信仰文化，杨万里，文化学刊，2014 年，第 1 期。

中国题材"寒山拾得"在日本近代文学中的表现，周婷婷，牡丹江教育学院学报，2014 年，第 12 期。

浅析"垮掉的一代"对寒山诗的解构：以加里·斯奈德英译本与《达摩流浪者》为例，贺可熙，名作欣赏·文学研究（下旬），2014 年，第 8 期。

唐代诗僧别集传播考：以寒山诗集为考察中心，梁明，金田，2014 年，第 12 期。

寒山诗歌中的心理健康思想，杨秀兰，长城，2014 年，第 8 期。

生命危机与佛禅感悟：论寒山诗中关于"生死"问题的灵性追寻，于阿丽，中北大学学报，2014 年，第 6 期。

唐代诗僧寒山对日本私小说创作的影响，崔耀琦、李方媛，青年文学家，2014 年，第 33 期。

寒山诗歌中的死亡意识，杨秀兰，长城，2014 年，第 6 期。

雍正与《寒山子诗序》，张士欢，青年与社会，2014 年，第 5 期。

"禅僧"与"诗人": 寒山的自我镜像和他者印象, 谢海林, 兰州文理学院学报, 2014 年, 第 3 期。

从寒山诗看诗歌的可译性, 陈甜甜, 北方文学（中旬刊）, 2014 年, 第 3 期。

论齐己诗的气骨, 黄瑞梅, 钦州学院学报, 2014 年, 第 7 期。

论诗僧齐己与《早梅》一诗的矛盾性, 佘军, 钦州学院学报, 2014 年, 第 6 期。

浅论贯休江南山居诗的发展和衍变, 厉霞, 青春岁月, 2014 年, 第 15 期。

晚唐浙江高僧贯休江西活动述略, 梁琼、王春根, 宜春学院学报, 2014 年, 第 11 期。

贯休真迹寻访记, 本刊编辑部, 民间故事选刊（下）, 2014 年, 第 10 期。

诗僧贯休之诗论, 朱大银, 安康学院学报, 2014 年, 第 3 期。

宋初僧人释智圆咏史诗研究, 袁九生, 开封教育学院学报, 2014 年, 第 11 期。

试论宋初方外诗人学白及其诗作: 以释智圆、朱贞白、种放为例, 汪国林, 兰州文理学院学报, 2014 年, 第 5 期。

论智圆对《中庸》的诠释, 张培高, 宗教学研究, 2014 年, 第 3 期。

写其貌　传其神: 孤山智圆谱系思想及其与浙学的关系, 郭敏飞, 浙江社会科学, 2014 年, 第 12 期。

论孤山智圆的鬼神祭祀观, 代玉民, 山东科技大学学报, 2014 年, 第 5 期。

谈贺铸与惠洪的同名作《青玉案》, 王辰, 文学教育, 2014

年，第 9 期。

惠洪《冷斋夜话》和《天厨禁脔》称引唐五代诗僧作品及行迹考辨，周萌，深圳大学学报，2014 年，第 5 期。

惠洪禅林笔记《林间录》及其文献价值，郑骥，法音，2014 年，第 5 期。

典范与传统：惠洪与中日禅林的"潇湘八景"书写，周裕锴，四川大学学报，2014 年，第 1 期。

北宋诗僧道潜研究综述，卜德灵，齐齐哈尔大学学报，2014 年，第 3 期。

宋初九僧宗派考，张艮，暨南学报，2014 年，第 3 期。

从高僧到大师：憨山德清的崂山生涯，何孝荣，江西社会科学，2014 年，第 10 期。

理不迁、物不迁与心不迁：憨山德清对僧肇"物不迁"义旨的诠释，洪燕妮，法音，2014 年，第 5 期。

憨山大师交游考之二：与官宦贵戚（上），王焰安，韶关学院学报，2014 年，第 3 期。

憨山大师交游考之二：与官宦贵戚（下），王焰安，韶关学院学报，2014 年，第 5 期。

憨山《庄子内篇注》成书时间辩疑，师瑞，五台山研究，2014 年，第 4 期。

论憨山德清的庄子学，李大华，学术研究，2014 年，第 4 期。

论释德清老学研究的思想特色，王闯，商丘师范学院学报，2014 年，第 11 期。

憨山德清"道"与"心"概念的统一，王双林，理论界，2014 年，第 4 期。

明末三教融合思潮之原因再剖析：以憨山德清注解三教经典为例，王双林，理论界，2014 年，第 2 期。

憨山大师的判教思想论略，王双林，河北师范大学学报，2014 年，第 2 期。

"援儒入佛"：释家智旭"颜子之传"重塑道统观的尝试，李勇刚、潘建雷，新视野，2014 年，第 4 期。

智旭禅论疏释，张韶宇，宗教学研究，2014 年，第 3 期。

从函可的《千山诗集》看民族融合对文学发展的影响，张杰、李成，名作欣赏（中旬），2014 年，第 6 期。

明清之际诗僧函可对杜甫的接受与新变，孙宇男、张景明，学术交流，2014 年，第 3 期。

清末湖湘诗僧八指头陀结社考论，何湘，长沙大学学报，2014 年，第 6 期。

"高士莲花还结社"中的创作与传播：以清末诗僧八指头陀为例，何湘，古典文学知识，2014 年，第 3 期。

李叔同诗词艺术风格初探，肖菲，科技展望，2014 年，第 20 期。

李叔同歌词研究综述，卢倩，中国现代文学研究丛刊，2014 年，第 7 期。

李叔同的"纪情"，汤小小，才智，2014 年，第 4 期。

清丽典雅 音律和谐：李叔同韵文语体风格分析，洪丽娟，白城师范学院学报，2014 年，第 4 期。

从入世到出世的大跨度转身：李叔同的生命意识与文化心态略探，俞祖华、俞梦晨，鲁东大学学报，2014 年，第 1 期。

华枝春满 天心月圆：弘一法师出世、谢世的文学品性辨正，王树海、肖菲，吉林大学学报，2014年，第5期。

彻底聪明便大哀：兼及弘一法师，秦燕春，书屋，2014年，第6期。

弘一法师与印光法师之交往，王晚霞，长春师范学院学报，2014年，第4期。

弘一法师诗文的艺术风格，王晚霞，长春工业大学学报，2014年，第2期。

《无声息的歌唱》与星云的宗教革新意识，吴光正、冯妍菲，学术交流，2014年，第8期。

《释迦牟尼佛传》与星云大师的宗教情怀，孙丽娟、吴光正，哈尔滨工业大学学报，2014年，第6期。

日藏宋代诗僧文集的价值及其整理与研究：读许红霞辑著《珍本宋集五种：日藏宋僧诗文集整理研究》，卞东波，古典文献研究，第17辑，凤凰出版社，2014年。

东晋僧诗论，叶霞，北方文学（下旬），2014年，第8期。

诗僧惠休的诗歌创作及其影响，王树平、包得义，山东社会科学，2014年，第1期。

从《儵园集》到《橛庵草》：明清滇僧担当诗文中的佛学思想管窥，翟艳春，中国佛学，2014年，第2期。

宋代诗僧文莹研究，成明明，齐鲁学刊，2014年，第3期。

日本诗僧绝海中津的多元文化身份研究，任萍，浙江外国语学院学报，2014年，第4期。

论诗僧灵一与江南茶文化，郁婷婷，青年文学家，2014年，第20期。

在宗教与世俗之间：灵一诗歌特点，郁婷婷，安徽文学，2014

年，第 2 期。

宋末元初诗禅互通观念：以释英《白云集》为中心，范蒙，青年作家，2014 年，第 16 期。

万物妙用入眼来：《江湖风月集》禅诗品赏，张培锋，文史知识，2014 年，第 9 期。

释良琦与玉山雅集考论，李舜臣，江西社会科学，2014 年，第 8 期。

《雪窦显和尚颂古百则》的禅诗特色，贾素慧，名作欣赏，2014 年，第 28 期。

山林栖居与山水情趣：中印佛教山居诗比较，侯传文，东方论坛，2014 年，第 6 期。

近二十年元代僧诗研究综述，韦德强，百色学院学报，2014 年，第 6 期。

谈谈玄奘对梵语声明学的译介与弘扬，周广荣，世界宗教文化，2014 年，第 5 期。

人间佛教与学僧文学创作的入世转向，贾国宝，哈尔滨工业大学学报，2014 年，第 6 期。

诗人贾岛与诗僧无本，胡大浚，中国典籍与文化，2014 年，第 3 期。

孙中山与诗僧黄宗仰，周文杰，钟山风雨，2014 年，第 2 期。

宋代天台宗僧诗辑佚 77 首，张艮，古籍整理研究学刊，2014 年，第 6 期。

中国古代诗僧与僧诗的审美解读，高琼，当代教研论丛，2014 年，第 1 期。

诗僧来复在元末多族士人圈中的活动考论，刘嘉伟，五台山研究，2014 年，第 3 期。

立传弘法，佛在人间：星云大师《释迦牟尼佛传》中"人间佛教"思想的体现，王一帆，哈尔滨工业大学学报，2014 年，第 3 期。

《僧世说》成书年代考：鲁迅《中国小说史略》辨误一则，林宪亮，图书馆杂志，2014 年，第 10 期。

论宋代禅僧传中普通僧侣的形象塑造，李熙，中华文化论坛，2014 年，第 1 期。

禅诗与禅思：论僧诗的范围、分类及审美取向，张昌红，郑州大学学报，2014 年，第 5 期。

涉佛文体与佛教仪式：以像赞与疏文为例，冯国栋，浙江学刊，2014 年，第 3 期。

从"借诗说禅"看禅宗诗学理论的独特风貌，皮朝纲，中华文化论坛，2014 年，第 12 期。

唐声诗与佛曲关系问题新论，杨贺，文学遗产，2014 年，第 5 期。

唐"佛曲声诗"概念界说，杨贺，浙江学刊，2014 年，第 1 期。

禅宗公案、颂古隐喻系统初探，张昌红，宗教学研究，2014 年，第 2 期。

王寂二行部志中佛教史料举隅，刘达科，江苏大学学报，2014 年，第 6 期。

近代俗语词研究与禅宗文献整理漫议，雷汉卿，燕赵学术，2014 年，第 1 期。

试论儒生欧阳行周的佛道情结，郑亚芳，福建论坛，2014 年，第 4 期。

论韩愈眼中的佛道文学，杨朗，北京大学学报，2014 年，第 2 期。

张九成与大慧宗杲的交游，郑翔高，原道，2014 年，第 1 期。

杨万里的创作与禅宗渊源，祝曾姿、张培锋，北方文学（中旬刊），2014 年，第 4 期。

谈范成大未仕时期佛儒思想的纠结，穆延柯，魅力中国，2014 年，第 7 期。

佛道思想对郁达夫、戴望舒和施蛰存的影响，竺建新，中国现代文学研究丛刊，2014 年，第 12 期。

北宋释子与陶渊明，成明明，安徽大学学报，2014 年，第 5 期。

明末清初遗民遁佛现象初探，张华，学海，2014 年，第 3 期。

论王维玄佛结合的人生哲学及与艺术的关系，钱志熙，北京大学学报，2014 年，第 6 期。

以佛救心：苏东坡与禅学的辩证延伸，刘红星，重庆三峡学院学报，2014 年，第 6 期。

从长安到辋川：诗佛王维的身踪心迹，钱淑萍，信阳师范学院学报，2014 年，第 4 期。

范成大致仕时期佛家思想的回归，穆延柯，北方文学（中旬刊），2014 年，第 8 期。

论李煜兼好道佛的文学思想，李珺平，青海社会科学，2014 年，第 3 期。

"第一要义"与"以禅喻诗"坦途：《沧浪诗话》提纲，张兆勇、张彩云，阜阳师范学院学报，2014 年，第 4 期。

现代汉诗中的新禅诗创作：以包容冰的新禅诗创作为例，王觅，三明学院学报，2014 年，第 3 期。

论禅与诗，李学永，吉林广播电视大学学报，2014 年，第 3 期。

论禅宗心性论与唐代文人禅诗，张锦辉，内蒙古大学学报，2014 年，第 2 期。

禅宗心性论要旨及其在唐代文人禅诗中的表现，张锦辉，苑丽丽，东方论坛，2014 年，第 1 期。

王维山水诗中的佛道思想，章笑晨，科技视界，2014 年，第 20 期。

新禅诗：20 世纪末蓓蕾初绽，碧青，诗潮，2014 年，第 9 期。

佛禅事典与苏轼诗，梁银林，贵州社会科学，2014 年，第 3 期。

禅学与文学意趣的会通——"游戏三昧"与苏轼诗歌，陈星宇，江西师范大学学报，2014 年，第 3 期。

中国诗的儒学精神和中国画的佛道品格：评钱钟书《中国诗与中国》，曹学琴，鄂州大学学报，2014 年，第 8 期。

云山雾雨黔中气，亦道亦佛亦文章：余家驹诗歌初探，黄瑜华，毕节学院学报，2014 年，第 10 期。

浅谈王维诗歌与佛禅——从空、静、独论摩诘诗的佛趣，刘晓莉，心事，2014 年，第 6 期。

论苏轼诗歌创作与佛禅关系的三次转折，木斋、李明华，江西师范大学学报，2014 年，第 3 期。

论佛禅思想对东坡词创作的影响，林文贤，速读，2014 年，第 2 期。

论宗白华一首小诗的佛禅精神，张希玲，艺术教育，2014 年，第 2 期。

借佛禅妙悟安顿现实人生：论苏轼诗词与佛禅智慧，王晓晓，文教资料，2014 年，第 24 期。

苏轼谐趣词中的佛禅，李恒、王春丽，文学教育，2014 年，第 5 期。

超越与拘囿：佛禅对王维晚期诗歌创作的影响，李丽，牡丹江大学学报，2014 年，第 7 期。

佛禅思想对韦应物诗歌的影响，谭琼，前沿，2014 年，第 20 期。

"无我"诗境中的佛禅生态智慧，金虹、敖练，中北大学学报，2014 年，第 5 期。

北京木刻本《格斯尔》与佛传关系论，斯钦巴图，民族艺术，2014 年，第 5 期。

金代文学家王寂的禅诗及其佛家情结论析，张怀宇，文艺争鸣，2014 年，第 8 期。

《诗格》视域中王昌龄禅诗管窥，赵彩娟、黄静，芒种，2014 年，第 5 期。

从禅、诗交涉的角度谈禅宗对李白诗歌的渗透，杜文婕，前沿，2014 年，第 17 期。

皮日休送圆载归日本诗解读，周裕锴，古典文学知识，2014 年，第 1 期。

浅论中国古典美学中的诗禅相融，柯星怡，南方论刊，2014 年，第 9 期。

论南北朝时期僧团与诗歌声律论及吟诵发展关系，张培峰、孙可，贵州社会科学，2014 年，第 3 期。

《沧浪诗话·诗评》与僧士合流下"缘情"文学的发展，唐星、高人雄，四川职业技术学院学报，2014 年，第 5 期。

孟浩然《春晓》在禅林的传播，李小荣，古典文学知识，2014 年，第 2 期。

柳宗元《江雪》禅林传播接受谈片，李小荣，湖南科技学院学报，2014 年，第 1 期。

唐诗中的佛寺园林之美，王早娟，中国宗教，2014 年，第 10 期。

论《沧浪诗话》诗禅关系中的"悟"，何卓琳，云南社会主义学院学报，2014 年，第 3 期。

宗教与文学之间：愿文、僧传及志怪中的往生想象，陈星宇，哈尔滨工业大学学报，2014 年，第 2 期。

《太平广记》异僧小说的"三重"叙事，曾礼军，辽东学院学报，2014 年，第 1 期。

《太平广记》中胡僧形象的群体特征与宗教意义，曾礼军，赤峰学院学报，2014 年，第 4 期。

《金瓶梅词话》中功能型人物僧、道、术士的叙事学意义，秦晓梅，许昌学院学报，2014 年，第 3 期。

论佛道思想在《大宋宣和遗事》中的作用，程海涛，山西广播电视大学学报，2014 年，第 4 期。

《西游记》与儒、佛、道的文化渊源，杨淑珍，短篇小说（原创版），2014 年，第 26 期。

酒添英雄胆 佛驻禅客心：浅析《水浒传》中鲁智深诗词，武海敬，名作欣赏，2014 年，第 24 期。

悲情的儒、道、佛出路：论《红楼梦》首回神话主宰人物的寓意，何跞，长春理工大学学报，2014 年，第 8 期。

汤显祖《南柯记》佛理禅趣探论，魏远征，安庆师范学院学报，2014 年，第 6 期。

明代小说中佛道之争的文化价值，徐薇，学习月刊，2014 年，第 6 期。

佛禅"本心"范畴与《红楼梦》中通灵宝玉的象征意蕴，王冉冉，明清小说研究，2014 年，第 4 期。

温婉纡曲：韩愈佛道散文的特色，蔺熙民，青年文学家，2014 年，第 14 期。

废名小说画梦与纪实中的佛禅意蕴，刘秀贤，延安职业技术学院学报，2014 年，第 6 期。

《笠翁十种曲》"神佛相助"情节探析，黄冬颖，福建教育学院学报，2014 年，第 10 期。

新编粤剧《目连救母》中佛、儒孝道观的矛盾与融合，徐俊颖，河池学院学报，2014 年，第 3 期。

澹归与韶州知府赵霖吉、马元交往考——兼"李复修其人"补遗，廖铭德、张晓虎，韶关学院学报，2014 年，第 11 期。

亦僧亦道，自成一体：解读《红楼梦》中的一僧一道，乐诗朦，文教资料，2014 年，第 36 期。

化用人间佛教的智慧：评余一鸣的"佛旨中篇三部曲"，贺绍俊，小说评论，2014 年，第 3 期。

梦了为觉、情了为佛：从文本对照角度解读《南柯梦》意旨，王锦源，戏剧之家，2014 年，第 3 期。

盂兰盆之意——自恣日的"饭钵"，辛岛静志、裘云青，中华文史论丛，第 114 辑，上海古籍出版社，2014 年，第 2 期。

《祖堂集》的基础方言，衣川贤次，新国学，第 10 辑，巴蜀书社，2014 年。

《海天游踪》与佛光山的宗教性格，吴光正，2014 星云大师人间佛教理论实践研究，佛光文化事业有限公司，2014 年。

从冯惟敏及其剧作《僧尼共犯》看晚明曲家嘲佛之风，邓斯博，南京航空航天大学学报，2014 年，第 1 期。

禅宗语录与唐传奇：以《离魂记》《柳毅传》为中心，李小荣，东南学术，2014 年，第 2 期。

从敦煌文献论灵验故事在唱导活动中的运用，郑阿财，敦煌研究，2014 年，第 3 期。

1980 年代以来佛禅与金代文学研究回顾与思考，孙宏哲，古籍整理研究学刊，2014 年，第 4 期。

五台山佛教与文学，糜人华，文学教育，2014 年，第 4 期。

南朝佛教传播概况及其对文学的影响，胡大伟，兰州教育学院学报，2014 年，第 7 期。

论中国佛教文学史编撰的原则，李小荣，学术交流，2014 年，第 8 期。

关于"中华宗教诗学"概念的提出及思考，张兆勇、李群喜，淮北职业技术学院学报，2014 年，第 1 期。

宋代佛儒思想的碰撞，穆延柯，戏剧之家，2014 年，第 4 期。

"五四"后中国佛教文学思想的现代转型，廖天擎，中外企业家，2014 年，第 18 期。

民国视野与现代文学研究的新路径：民国佛教文学对现代中国文学史重构的意义，谭桂林，江汉论坛，2014 年，第 6 期。

见机而耐性，妙悟生光明："妙悟"说在中国佛教文学中的发展历程，董德英，河南科技大学学报，2014 年，第 5 期。

敦煌本《八阳经》残卷缀合研究，张涌泉、罗慕君，中华文史论丛，第 114 辑，上海古籍出版社，2014 年。

西夏遗存文献所见藏传佛教的传承世系，孙伯君，中华文史论丛，第 115 辑，上海古籍出版社，2014 年。

空海《文笔肝心钞》之编纂意图及佚文考，陈翀，域外汉籍研究集刊，第 10 辑，中华书局，2014 年。

日藏禅宗墨迹研究综述，国威，域外汉籍研究集刊，第 10 辑，中华书局，2014 年。

敦煌争讼文学与东亚汉文小说之发展——以《燕子赋》、《鹩鹊判词》、《鹊与乌相讼文》等为例，朱凤玉，中国俗文化研究，第 9 辑，巴蜀书社，2014 年。

馈赠与象征：论敦煌讲唱文学中的礼物，杨明璋，中国俗文化研究，第 9 辑，巴蜀书社，2014 年。

敦煌本《观音经》注释的"雅俗"风格与渊源，释大参，中国俗文化研究，第 9 辑，巴蜀书社，2014 年。

《南岳十八高僧传》考，罗宁、武丽霞，中国俗文化研究，第 9 辑，巴蜀书社，2014 年。

《大般若经字抄》与汉字研究，梁晓虹，中国俗文化研究，第 9 辑，巴蜀书社，2014 年。

大足石刻文献俗字考探，邬宗玲，中国俗文化研究，第 9 辑，巴蜀书社，2014 年。

理解与误读：禅宗文献在俄罗斯，刘亚丁，中国俗文化研究，第 9 辑，巴蜀书社，2014 年。

论敦煌文献对中国佛教文学研究的拓展与面向，郑阿财，长江学术，2014 年，第 4 期。

佛教与唐宋文化，向丹、刘新华，当代教育理论与实践，2014 年，第 7 期。

圣严法师旅行书写中的历史特质研究，王美秀，圣严研究，第 5 辑，法鼓文化，2014 年。

欲识玄玄公案，黄粱未熟以前：从《谷响集》看明季滇僧彻庸周理的思想渊源与精神境界，廖肇亨，法鼓佛学学报，第 14 期，2014 年。

从模因论看禅门诗句的发展与传播——以《景德传灯录》为中心，高婉瑜，师大学报（语言与文学类），2014 年。

再议《中国佛教文学史》的建构，萧丽华，台大佛学研究，第 28 期，2014 年。

从《达摩祖师传》探讨佛教"动态式"伦理观——由佛教菩提道次第的角度出发，杨翼风，慈济技术学院学报，第 23 期，2014 年。

试论佛教劝善书的道德教化思想——以《目连宝卷》、《自知录》为例，苏哲仪，岭东通识教育研究学刊，第 5 卷 4 期，2014 年。

《俄藏黑水城文献》"亡牛偈"考释，蔡荣婷，高田时雄教授退休纪念东方学研究论集（中文分册），株式会社临川书店，2014 年。

去来皆是道，此别不销魂——论刘禹锡送僧诗的佛教意象，洪素贞，慈济大学人文社会科学学刊，第 15 期，2014 年。

禅公案的精神及禅画艺术表现的差异性，栾兴美，书画艺术学刊，第 16 期，2014 年。

末法佛教的守护者——湛然圆澄《鱼儿佛》中观音信仰之研究，徐一智，台湾师范大学历史学报，第 52 期，2014 年。

晚明义学僧一雨通润及其稀见著作考述，简凯廷，台大佛学研究，第 28 期，2014 年。

敦煌《降魔变文》与经变壁画之分析，杨佳蓉，育达科大学报，第 37 期，2014 年。

移动的圣山：中日五台山信仰的跨域交流，林韵柔，东亚文明研究学刊，第 11 卷第 2 期，2014 年。

儒宗别传——方以智的庄禅一致论，邢益海，鹅湖月刊，第 472 期，2014 年。

唐代渔父词与日本《经国集》十三首"渔歌"之比较，萧丽华，台大东亚文化研究，第 2 期，2014 年。

地狱版权——叶德辉印经因缘考，刘苑如，清华中文学报，第 11 期，2014 年。

劝善文本的符号欲望：从《目连救母劝善戏文》"罗卜描容"谈起，张�文，玄奘佛学研究，第 22 期，2014 年。

《百喻经》类型故事研究，陈妙如，中国文化大学中文学报，2014 年。

从"解构"策略探讨陈若曦《重返桃花源》的意涵，陈昭利，万能学报，第 36 期，2014 年。

法披河西—北凉姑臧佛经译场考论，萧世友，翻译学研究集刊，2014 年。

寒山及其诗在宋代禅林的回响：以禅师的引用为中心，黄敬家，东吴中文学报，第 28 期，2014 年。

佛经"弃老国"故事研究，陈美，艺见学刊，2014年。

禅门散圣与文殊化身：寒山形象在宋代禅林中的转化及其意涵，黄敬家，第44卷第3期，2014年。

聂道真之译经研究，释永东，新世纪宗教研究，2014年。

静观人间墨妙，弥畅物外禅机：试论太虚法师、赵朴初诗词中的"人间"意涵，陈炜舜，华人文化研究，第2卷第2期，2014年。

The Use of Miracles in Baochang's 宝唱 'Biqiuni zhuan' 比丘尼传 – Research on the Expression of Ganying 感应，谢薇娜（Severina Balabanova），清华中文学报，2014年。

Pathways to unravelling the past：Conservation of silk borders of Buddhist paintings from China，Japan，Korea，and the Himalayas，J. Walker，*Studies in Conservation* 59，2014.

The Imagery of Emptiness in the Poetry of Wang Wei（699 – 761），Rafal Stepien，*Interdisciplinary Literary Studies* 2，2014.

The Journey to the West by Anthony C. Yu（review），Robert E. Hegel，*Journal of Chinese religions* 1，2014.

The Precious Scroll on Bodhisattva Guanshiyin From Jingjiang，and Confucian Morality，Rostislav Berezkin and Victor H. Mair，*Journal of Chinese Religions* 1，2014.

The Imagery of Emptiness in the Poetry of Wang Wei（699 – 761），Rafal Stepien，*Interdisciplinary Literary Studies* 2，2014.

A Textual Research on the Tangut Ballad Yuqie Yewugeng，Nie Hongyin，*Central Asiatic Journal* 57，2014.

Challenging the Reigning Emperor for Success：Hanshan Deqing

（1546 – 1623） and Late Ming Court Politics， Dewei Zhang， *Journal of the American Oriental Society* 2， 2014．

Empty Stone Caves and Celestial Palaces： Embedding the Transcendent in the Tibetan Landscape in Godrakpa's ' Songs of Realization'， Jennifer Divall， *The Tibet Journal* 2， 2014．

The Role of the Heart Sutra in The Dream of the Red Chamber， Karl – Heinz Pohl，， *European Journal of Sinology* 5， 2014．

"Résumé des conférences de l'année 2012—2013 Bouddhisme chinois． Ⅰ．Recherches sur le Fayuan zayuan yuanshi ji de Sengyou （445 – 518）， première anthologie de rites bouddhiques （suite） Ⅱ ． Lecture de biographies de moines des Six Dynasties （suite）" ［2012—2013 年度学术报告提要 中国佛教： Ⅰ．第一部佛教仪式集——僧祐 （445 – 518）《法苑杂缘原始集》 研究 （续） Ⅱ．六朝时期僧人传记阅读 （续）］， Hureau， Sylvie （何玉惟）， *Annuaire de l'école pratique des hautes études，Section des sciences religieuses*， n° 121： 53 – 60， 2014。

Karma as a Narrative Device in Ouyi's Autobiography， Beverley Foulks Mcguire， in *Living Karma： The Religious Practices of Ouyi Zhixu*， Columbia University Press， 2014．

Escape from Blood Pond Hell： The Tales of Mulian and Woman Huang by Beata Grant， Wilt L. Idema， Review by： Megan Bryson， *Chinese Literature： Essays， Articles， Reviews （ CLEAR ）*， Vol. 36， pp. 205 – 207， 2014．

蘇庵主人『帰蓮夢』における「白蓮教」，千賀由佳『日本中国学会報』，66： 173 – 187， 2014。

2015 年

遣唐使的长安体验与日本上代汉诗的转型——以《怀风藻》为中心，郭雪妮，域外汉籍研究集刊，第 11 辑，2015 年。

空海撰三卷本《文镜秘府论》之选编经纬及原本形态考，陈翀，域外汉籍研究集刊，第 11 辑，2015 年。

南宋送别诗集《一帆风》成书考，衣川贤次，金程宇，域外汉籍研究集刊，第 11 辑，2015 年。

《参天台五台山记》校点商榷，姚尧，域外汉籍研究集刊，第 11 辑，2015 年。

《注石门文字禅》标点献疑，陆会琼，周裕锴，域外汉籍研究集刊，第 11 辑，2015 年。

续藏经本《名僧传抄》録文疏失举正，定源（王招国），古典文献研究，18 辑上卷，2015 年。

画出猴王：崇祯本《西游补》插图研究，何谷理撰，傅松洁译，国际汉学研究通讯，2015 年，第 12 期。

梵剧《龙喜记》的宗教倾向——佛陀、湿婆和蛇崇拜的杂糅，张远，外国文学研究，2015 年，第 3 期。

当代大陆佛教小说中的救赎意识——以《袈裟尘缘》和《双手合十》为例，张雪梅，唐都学刊，2015 年，第 3 期。

释明本《梅花百咏》考辨，罗鹭，新国学，第 11 卷，2015 年 6 月。

玄释融合与中国古代文化之成熟：以名士与名僧交往为中心的探讨，刘建华，贵州社会科学，2015 年，第 6 期。

从僧传与小说关系角度看《坛经》中的惠能传，王芳，哈尔滨工业大学学报，2015 年，第 3 期。

唐宋禅宗文学婆子形象之比较研究，Zhang, Chao（张超），佛教思想与当代应用，上册，学愚编，宗教文化出版社，2015 年。

"水月之喻"与"物不迁论"——谈苏轼《赤壁赋》的禅佛思想，贾峰，语文建设，2015 年，第 7 期。

澹归《列朝诗集传序》发微，周松芳，哈尔滨工业大学学报，2015 年，第 3 期。

浅论苏轼与禅，李开慧，戏剧之家，2015 年，第 16 期。

宗教学视角下解读佛传史诗《佛所行赞》的神话特征，伊家慧，前沿，2015 年，第 1 期。

《胜鬘经》的美学意蕴，张慧远，湖北民族大学学报，2015 年，第 1 期。

禅宗诗学著述的历史地位：兼论中国美学文献学学科建设，皮朝纲，西南民族大学学报，2015 年，第 1 期。

论皎然诗歌中"钟磬"意象蕴涵的诗意与禅趣，肖文荣，大众文艺，2015 年，第 2 期。

王梵志诗的生命意识及哲学思考，巨虹，甘肃理论学刊，2015 年，第 1 期。

寒山诗在日本的文化接受与经典化路径：以三首寒山诗的日文注本为例，费勇、辛暨梅，浙江工商大学学报，2015 年，第 2 期。

晓来枝上千般语，应共桃花诉旧心：齐己《早莺》赏析，黄瑞梅，兰州教育学院学报，2015 年，第 2 期。

紫柏大师晚节与万历间佛教的生存空间，王启元，世界宗教研究，2015 年，第 1 期。

蕅益对《论语》的佛学解读，唐明贵，世界宗教文化，2015 年，第 1 期。

晚清湖湘诗僧寄禅的诗歌交游考，李文兴，沈阳师范大学学报，2015 年，第 2 期。

李叔同《送别》的多重意蕴，张东艳，文学教育，2015 年，第 2 期。

一声长啸出红尘，我自谈笑超死生：遗民诗人钱邦芑的诗心，周雪根，北方论丛，2015 年，第 2 期。

大错和尚钱邦芑禅诗探幽，孙建芳，洛阳师范学院学报，2015 年，第 1 期。

地域视境下的唐代敦煌诗僧群体及其创作，周梦梦，时代文学，2015 年，第 1 期。

赵朴初诗词中的"人间佛教"思想新探：以《无尽意斋诗词选》为中心，伊家慧，文化学刊，2015 年，第 2 期。

从中晚唐诗僧涉道诗看当时道教对禅宗的影响，王飞朋，中华文化论坛，2015 年，第 2 期。

魏晋南北朝僧人诗歌风貌综论，包得义、王树平，黑龙江史志，2015 年，第 5 期。

诗僧来复见心生平及文学创作考述，朱家英、张晴晴，山西师范大学学报，2015 年，第 1 期。

南朝佛教忏悔文考论，王飞朋，三峡论坛·三峡文学·理论版，2015 年，第 1 期。

净土为归：宋代两篇和陶《归去来辞》，张培锋，文史知识，2015 年，第 1 期。

论王红公的生态哲学与佛禅思想，耿纪永，同济大学学报，2015 年，第 11 期。

袁枚与吴镇的后期交往及论争考辨：兼及乾嘉文坛的诗学理论和儒佛信仰之争，杨齐，北京社会科学，2015 年，第 2 期。

超越与纠缠：王维、李商隐的禅诗诗境之比较，杨智，作家，2015 年，第 6 期。

欲求世外无心地 一扫胸中累劫尘：苏辙佛禅诗歌探析，彭俊楠，法音，2015 年，第 3 期。

梵文、佛典与韩愈诗歌的佛禅韵味，张幼军，北方论丛，2015 年，第 2 期。

论东晋佛教诗之类型及其嬗变，刘运好，文学遗产，2015 年，第 1 期。

《水浒传》中的佛教诗偈，李娜、国威，社会科学论坛，2015 年，第 2 期。

浅析《聊斋志异》中的寺、僧与佛教思想，高强，现代语文，2015 年，第 1 期。

论唐"佛曲戏剧"概念及其成因，杨贺，学术交流，2015 年，第 3 期。

容与堂《水浒传》评点所见"佛"字浅析，王强，内江师范学院学报，2015 年，第 3 期。

论佛教教义在《西游记》中的体现，顾慧童，湖北职业技术学院学报，2015 年，第 4 期。

敦煌写本《斋琬文》的文体实质及编纂体例，张慕华，暨南学报，2015 年，第 12 期。

试论《三国志平话》的佛道色彩，罗勇，语文教学通讯·D

刊学术刊，2015年，第12期。

浅谈异僧形象缘起及其塑造特色，齐丽丽，辽宁师范专科学校学报，2015年，第6期。

"诗佛"精神世界探赜，龙珍华，江汉论坛，2015年，第12期。

佛教对先秦至唐五代哀悼诗的影响，温瑜，文艺评论，2015年，第12期。

佛教对"悼祭"文学的影响——以"自悼"为例，韩林，安阳师范学院学报，2015年，第6期。

诗为禅客添花锦、禅为诗家切玉刀——佛教与中国传统诗歌，钟晓燕，天水行政学院学报，2015年，第6期。

普陀山历代诗歌简论，贾敏、黄昊，浙江海洋学院学报，2015年，第6期。

依道点石 借佛扬波——《金瓶梅》超情节人物分析，贺佳欢，山西农业大学学报，2015年，第12期。

性水澄清、心珠自现——论云栖袾宏的文学思想与创作，曹磊，贵州社会科学，2015年，第12期。

云栖袾宏诗学观初探，何清、王益，中华文化论坛，2015年，第11期。

《酉阳杂俎》中的佛教文化叙事，魏晓虹、苗贤君，古籍整理研究学刊，2015年，第6期。

《红楼梦》体现的民俗化佛教思想，刘红妹，牡丹江大学学报，2015年，第11期。

从唐笔记小说看唐代帝王干预下佛寺的兴废，徐婷，重庆三峡学院学报，2015年，第6期。

敦煌释门诗偈内容综论，王志鹏，兰州学刊，2015 年，第 11 期。

苏轼与佛学——以其咏妻妾诗文为主，林雪云，乐山师范学院学报，2015 年，第 11 期。

论《至玄安乐经》的文学语境，张瑞梅、邱永旭，乐山师范学院学报，2015 年，第 11 期。

论《醒世姻缘传》的佛教文化叙事，刘会凤，商丘师范学院学报，2015 年，第 11 期。

刘孝绰诗歌意象与佛教思想，甘爱燕，安庆师范学院学报，2015 年，第 5 期。

佛教僧侣的幻术展示——古典小说与幻术之五，王青，古典文学知识，2015 年，第 6 期。

论释赞宁《宋高僧传》的文学性，金建锋，名作欣赏，2015 年，第 32 期。

《鉴诫录》及其中表现的佛教思想，陈蕾，池州学院学报，2015 年，第 5 期。

由空灵到空寂——南朝佛寺题咏诗的艺术特色，伍令，黑河学院学报，2015 年，第 5 期。

刘勰与《弘明集》的编纂，刘玉叶，河南广播电视大学学报，2015 年，第 3 期。

论佛教与中国古典小说立意、取材及创作技法的特质呈现，张荷、赵立敏、詹王镇，兰州学刊，2015 年，第 10 期。

论唐代入蜀文人与巴蜀佛寺之关系——以唐代梓州慧义寺相关诗文为例，伍联群，绵阳师范学院学报，2015 年，第 10 期。

21 世纪中国宗教文学研究动向之一——新世纪中国宗教文学

史研究综述，王一帆，文艺评论，2015 年，第 10 期。

谢灵运出守永嘉时期"摅泄"其"心素"的佛老思想，孙习阳，西藏民族大学学报，2015 年，第 5 期。

"滋味"说与佛教：基于对新材料的考查，徐世民，江西社会科学，2015 年，第 10 期。

佛禅老庄思想与郭祥正诗歌创作，杨宏、季军，兰台世界，2015 年，第 28 期。

论宋徽宗的崇道与北宋后期诗坛的崇陶现象，卢晓辉，南京政治学院学报，2015 年，第 5 期。

孤独的探索与前进——民国佛教小说创作及理论初探，刘志权，南京师范大学学报，2015 年，第 5 期。

三教通融与元代禅宗僧人刘秉忠诗词的文化意蕴，任红敏，法音，2015 年，第 9 期。

试论《世说新语》中的支遁形象，张富春，河南师范大学学报，2015 年，第 5 期。

佛教传播与傣族贝叶文学经典解读，黄方方、陈孟云，云南社会科学，2015 年，第 5 期。

南朝士大夫的佛教信仰与文学书写——以江淹为考察中心，何剑平，四川大学学报，2015 年，第 5 期。

早期佛典翻译中的"文质论"文艺思想，朱研、普慧，四川大学学报，2015 年，第 5 期。

佛教传播对唐传奇小说通俗化的影响研究，邵美玲，牡丹江教育学院学报，2015 年，第 9 期。

论魏晋南北朝隋文章对汉译佛经因果报应思想之容摄，李秀花、常昭，江南大学学报，2015 年，第 5 期。

体大思精、系乎实证——《图像与文本——汉唐佛经叙事文学之传播研究》书后析，王彦明，钦州学院学报，2015 年，第 9 期。

论晋唐佛教小说生成的三种场所，李小荣，福建师范大学学报，2015 年，第 5 期。

果报与救赎：佛教入冥故事及其演化，王晶波，敦煌学辑刊，2015 年，第 3 期。

虚云和尚的文学创作与佛教使命，祁伟，哈尔滨工业大学学报，2015 年，第 5 期。

佛教中国化对古代小说发展的影响，黄艳燕，文化学刊，2015 年，第 9 期。

新见敦煌变文写本叙录，张涌泉，文学遗产，2015 年，第 5 期。

本真激情中的诗僧与历史本质中的人——析释大汕《斗蟋蟀赋》，陈真君、熊孝群，清远职业技术学院学报，2015 年，第 5 期。

清代佛教文学的文献情况与文学史编写的体例问题——《清代佛教文学史》编撰笔谈，鲁小俊，哈尔滨工业大学学报，2015 年，第 5 期。

人间佛教与赵朴初佛教文学略论，王彦明，哈尔滨工业大学学报，2015 年，第 5 期。

明清闽粤赣客家府志"仙释"的客家文学性质，王水香，赣南师范学院学报，2015 年，第 5 期。

《中国宗教文学史》导论，吴光正，学术交流，2015 年，第 9 期。

《西游记》中的禅宗元素，吴学书、吴鑫鹏，淮海工学院学报，2015 年，第 8 期。

"一僧一道"与"亦僧亦道"——论四大名著中的僧道形象，袁劲，湖北工业职业技术学院学报，2015 年，第 4 期。

试论刘克庄佛禅思想对其文学和学术的影响，何谦、刘敏，中华文化论坛，2015 年，第 8 期。

北魏佛教与《洛阳伽蓝记》，袁洪流，贵州民族大学学报，2015 年，第 4 期。

王国维悲剧思想与悲情意识探源——论《红楼梦评论》对西学、佛学和老庄思想的熔铸，沈永英，岭南师范学院学报，2015 年，第 4 期。

《三国志平话》中的平民意识与佛道色彩，罗勇，郧阳师范高等专科学校学报，2015 年，第 4 期。

在圣俗之间：傣族贝叶文学的发展与文学价值，黄方方、陈孟云，学术探索，2015 年，第 8 期。

论文彦博的佛教诗创作，申利，河南财政税务高等专科学校学报，2015 年，第 4 期。

敦煌文学与儒学关系述论，周淑萍，敦煌研究，2015 年，第 4 期。

论《聊斋志异》与佛教文化，胡海艳，淮北职业技术学院学报，2015 年，第 4 期。

论苏曼殊、汪曾祺创作的不同审美风格——《断鸿零雁记》、《受戒》中"和尚恋爱"问题的深度探究，冯姣姣，吕梁学院学报，2015 年，第 4 期。

论佛偈对六朝传统诗歌体裁的影响，张昌红，文艺评论，2015

年，第 8 期。

论《高僧传》对《西游记》的影响，南君，宁夏师范学院学报，2015 年，第 4 期。

敦煌歌辞《百岁篇》研究综述，崔怡，宁夏师范学院学报，2015 年，第 4 期。

道情、宝卷中的韩愈故事及其对相关地方戏曲的影响，卞良君，学术论坛，2015 年，第 8 期。

《西游记》中的两个"五祖"辨识，李洪武，淮海工学院学报，2015 年，第 7 期。

宝卷与青海嘛呢经流变的关系，李言统、刘永红，青海社会科学，2015 年，第 4 期。

绍兴宣卷的思想内容与文本结构，钟小安、钟雯，绍兴文理学院学报，2015 年，第 4 期。

敦煌诗歌中王梵志诗"趣"意谈，刘璇，安徽文学（下半月），2015 年，第 7 期。

宋代禅门偈赞的分类与主要题材，张培锋、孙可，江西师范大学学报，2015 年，第 4 期。

星云大师人间诗学思想要义述略，高文强，江西师范大学学报，2015 年，第 4 期。

《九云记》所涉"三教一体论"思想析辩，唐述壮，牡丹江大学学报，2015 年，第 7 期。

佛家思想和史学观念共同作用下的《搜神记》，郭家嵘，牡丹江大学学报，2015 年，第 7 期。

清初遗民诗僧的诗歌创作研究，汪君，美与时代，2015 年，第 7 期。

般若"色空"观视阈下的谢灵运山水诗，李真真，重庆三峡学院学报，2015 年，第 4 期。

阮籍与佛教关系新探——由阮籍、谢鲲"非礼"邻女事谈起，高华平、朱佩弦，江汉论坛，2015 年，第 7 期。

论敦煌唐五代诗歌文献的民族史意义，王树森，文学遗产，2015 年，第 4 期。

《老残游记·二集》泰山尼姑逸云的情爱思想探略，刘春芳，边疆经济与文化，2015 年，第 7 期。

物境、禅境、诗境的和谐圆融——浅论王维《辋川集》三位一体的佛学观照，黄丽青，长沙大学学报，2015 年，第 4 期。

论"空"在唐代文人禅诗中的表现及蕴含，张锦辉，新疆大学学报，2015 年，第 4 期。

世俗的体认——《西游记》如来佛祖形象论，刘玲、孙玉红，大庆师范学院学报，2015 年，第 4 期。

谢榛佛道心境的比较，鲁茜，南都学坛，2015 年，第 4 期。

试论《水浒传》中的文人信仰模式——从鲁智深与五座寺庙的结缘说起，宋珂君，北京科技大学学报，2015 年，第 3 期。

儒道释合流的前夜：从《世说新语》看东晋清谈与佛学的关系，范子烨，学术交流，2015 年，第 7 期。

浅谈苏轼与佛，马莉，才智，2015 年，第 19 期。

佛典、话本与《西游记》关系揭橥——以白龙马形象为例，刘冠君、车瑞，东岳论丛，2015 年，第 7 期。

佛教对苏词的影响，关茂，忻州师范学院学报，2015 年，第 3 期。

《西游记》：以佛理支撑人物塑造，李龙富、肖小梅，文学教育，2015 年，第 6 期。

涅槃佛性论对谢灵运诗文创作的影响，吴章燕，钦州学院学报，2015 年，第 6 期。

高原女神的节制歌吟——神佛文化影响下的新时期藏族女作家汉语书写，倪金艳，昌吉学院学报，2015 年，第 3 期。

鲍照诗赋与佛学的关系，陈思材、吴章燕，湖南科技学院学报，2015 年，第 6 期。

近 30 年来唐五代诗僧研究综述，景遐东、刘云飞，湖北师范学院学报，2015 年，第 3 期。

论唐代文人对《法华经》的接受，张锦辉，海南大学学报，2015 年，第 3 期。

徐渭杂剧《玉禅师翠乡一梦》的佛教因素探析，姚亚男，山西师大学报，2015 年，第 S1 期。

王安石禅诗的美学价值，刘洋，郑州大学学报，2015 年，第 3 期。

敦煌 P. 3619 卷一首有关凉州瑞像诗歌的考释，王志鹏，石河子大学学报，2015 年，第 3 期。

论禅宗对中国现代派诗歌的影响，王雅平，湖南科技大学学报，2015 年，第 3 期。

曹雪芹与佛禅的"自他不二"思想，王冉冉，曹雪芹研究，2015 年，第 2 期。

明初方外诗坛生态论考——以明太祖与诗文僧的关系为中心，李舜臣，哈尔滨工业大学学报，2015 年，第 3 期。

韩驹的佛禅思想与诗学实践，方新蓉，哈尔滨工业大学学报，2015 年，第 3 期。

论"境"作为中国古代诗学概念的含义——从该词的梵汉翻译问题入手，查正贤，文艺研究，2015 年，第 5 期。

孟浩然诗笔下的鹿门山与寺、僧，唐星、高人雄，兰州文理学院学报，2015 年，第 3 期。

《世说新语》的佛教观及其局限性，刘桂鑫，名作欣赏，2015 年，第 14 期。

唐末荒寒诗风及其佛禅气息，王树海、李文兴，东南学术，2015 年，第 3 期。

论颜之推儒释道思想的矛盾，万紫燕，牡丹江大学学报，2015 年，第 4 期。

二十一世纪苏轼创作与佛教思想研究综述，符梦强，广西职业技术学院学报，2015 年，第 2 期。

王维诗歌意象的精神内涵：儒释道思想交融的自然流露，尹天梅，安徽冶金科技职业学院学报，2015 年，第 2 期。

佛国广济与吴承恩写《西游记》之谜，朱志勇、干海波，淮海工学院学报，2015 年，第 3 期。

含禅意的咏月诗与传统的咏月诗之比较，孙宇男，三峡论坛三峡文学（理论版），2015 年，第 2 期。

佛禅"色空不二"思想在《红楼梦》中的吸收与转化，王冉冉，文艺理论研究，2015 年，第 2 期。

杜诗禅境论，张轶男，西南大学学报，2015 年，第 2 期。

解读秦观——以佛禅诗歌为例，邓亚楠，西昌学院学报，2015 年，第 1 期。

佛学影响与苏轼的情爱观，张雪梅，浙江万里学院学报，2015 年，第 2 期。

唐诗中的维摩诘意象，萧丽华，武汉大学学报，2015 年，第 2 期。

佛教山居诗探源，祁伟，武汉大学学报，2015 年，第 2 期。

从《全唐诗》看唐代古琴的佛道因缘，邓婷，名作欣赏，2015 年，第 8 期。

论唐小说女侠形象塑造中的佛道文化渗透，方娟，长江师范学院学报，2015 年，第 1 期。

厉鹗佛寺诗中的山僧心态，袁静兰，遵义师范学院学报，2015 年，第 1 期。

乐府诗中的佛教词汇研究，马宏蕾，淮北职业技术学院学报，2015 年，第 1 期。

寺观空间的文学意蕴——以"三言二拍"为例，蒲日材、杨宗红，文艺评论，2015 年，第 2 期。

孟浩然诗中的鹿门山寺与山僧，高人雄，阅江学刊，2015 年，第 1 期。

论皎然诗歌中"钟磬"意象蕴涵的诗意与禅趣，肖文荣，大众文艺，2015 年，第 2 期。

译经、讲经、俗讲与中国早期白话小说，李时人，复旦学报，2015 年，第 1 期。

马致远曲作中的佛学意蕴，方新蓉，西华师范大学学报，2015 年，第 1 期。

临济宗禅学隐喻系统下的《沧浪诗话》"第一义"，康庄，唐山学院学报，2015 年，第 1 期。

试论王维山水诗中的禅趣和禅意，杨紫薇，鸡西大学学报，2015 年，第 1 期。

从敦煌变文到河西宝卷——河西宝卷的渊源与发展，李贵生，青海民族大学学报，2015 年，第 1 期。

佛经故事与河湟口传文学，蒲生华，青海师范大学学报，2015 年，第 1 期。

佛经故事对中国古典戏曲创作的影响，谭婷婷，枣庄学院学报，2015 年，第 1 期。

论诗僧皎然禅修历程对诗境的影响，杨芬霞，西安文理学院学报，2015 年，第 6 期。

从《禅月集》看晚唐诗僧贯休的诗学体系，胡玉兰，理论观察，2015 年，第 12 期。

历史文化语境视域下的天水"唐僧晒经"遗迹传说及其文化意蕴，张惠强，天水师范学院学报，2015 年，第 6 期。

论齐己的遗民意识，郑建军、覃琳琳，广西政法管理干部学院学报，2015 年，第 6 期。

《聊斋志异》中僧道故事的奇趣与哲理，吴旭莹、卞良君，广州广播电视大学学报，2015 年，第 5 期。

清代狄家将题材小说中的宗教叙事，张艳君，齐齐哈尔大学学报，2015 年，第 10 期。

"宫体诗"与佛教关系新证，徐世民，文艺评论，2015 年，第 10 期。

贯休《禅月集》版本源流及补遗考述，曹丽芳，盐城师范学院学报，2015 年，第 5 期。

元杂剧中僧道形象世俗化原因初探，刘媛媛，艺术教育，2015 年，第 10 期。

论《西游记》与《五灯会元》之关系——兼谈对待《西游

记》中宗教文本应持的态度，许中荣，唐山学院学报，2015 年，第 5 期。

敦煌文人窦良骥生平考述，朱利华、伏俊琏，敦煌学辑刊，2015 年，第 3 期。

论笔记对历史的认同与解构——以宋僧笔记为例，窦琪玥、乔杭媛、黄紫钰，赤子（上中旬），2015 年，第 18 期。

半儒半僧、亦诗亦禅——贾岛诗歌中的用世之心与隐逸之情，于巧，湖北文理学院学报，2015 年，第 9 期。

唐诗中的"寒山"意象，贺莉，西安文理学院学报，2015 年，第 4 期。

明末清初诗僧担当和尚的休闲美学，章辉、杨增艳，楚雄师范学院学报，2015 年，第 8 期。

汪泛舟著《敦煌诗解读》出版，汪正一，敦煌研究，2015 年，第 4 期。

"僧诗无蔬笋气"的禅学意义，张艳，名作欣赏，2015 年，第 23 期。

唐代僧人诗异文校释——以《才调集》为中心，郭殿忱，法音，2015 年，第 6 期。

齐己《白莲集》中所见之诗歌流布载体，朱大银，安康学院学报，2015 年，第 3 期。

魏晋僧人的生存智慧和人格追求——以《世说新语》为例，贾名党，绥化学院学报，2015 年，第 6 期。

贯休《山居诗》之情感意蕴，李志辉，绥化学院学报，2015 年，第 6 期。

贯休、齐己与石霜庆诸——禅宗灯史上的一桩公案，胡大浚，湖南大学学报，2015 年，第 3 期。

论寒山子与白居易"禅诗"的差异，聂广桥，山东社会科学，2015 年 S1 期。

天一阁藏明冯舒钞本昼上人集考述，周慧惠，收藏家，2015 年，第 4 期。

晓来枝上千般语、应共桃花诉旧心——齐己《早莺》赏析，陈莹，齐齐哈尔师范高等专科学校学报，2015 年，第 2 期。

《全唐诗》齐己诗校勘八则，周衡，江海学刊，2015 年，第 1 期。

云屋善住诗论的话语创新与审美内涵，王益、何清，中华文化论坛，2015 年，第 12 期。

张耒与苏辙赠别诗中的禅性表达，杨威，东北农业大学学报，2015 年，第 6 期。

洪州禅观照下的白居易及其创作，吴樱，贵州师范学院学报，2015 年，第 11 期。

禅宗茶诗浅析，宋小静，牡丹江大学学报，2015 年，第 11 期。

诗感与禅境，徐萍，戏剧之家，2015 年，第 22 期。

张商英《续清凉传》禅诗研究，杜瑞平，名作欣赏，2015 年，第 32 期。

论辛弃疾诗歌创作的禅机灵趣，吴晟、张莹洁，上饶师范学院学报，2015 年，第 5 期。

论严羽对"禅"的审美认同——以《沧浪诗话》为例，蔡荣湘、王扬真，柳州师范专科学校学报，2015 年，第 4 期。

浅析严羽《沧浪诗话》"以禅喻诗"的审美动因，张倩倩，鸡西大学学报，2015 年，第 7 期。

欲来观世间 犹如梦中事——《红楼梦》中的禅与文字禅，宋珂君，红楼梦学刊，2015 年，第 4 期。

禅、道的知识学与金圣叹的文章结构论，刘浩，江苏师范大学学报，2015 年，第 4 期。

浅析寒山诗中的寒山意象，贺莉，名作欣赏，2015 年，第 18 期。

杜甫《饮中八仙歌》中"逃禅"一词辨义，王朝华，宁夏大学学报，2015 年，第 3 期。

宗教语境对唐宋时期李贺评价的影响，何蕾，新疆大学学报，2015 年，第 3 期。

论南宋"以禅喻诗"视域中诗学旨趣的嬗变，李栋辉，兰州学刊，2015 年，第 3 期。

禅门颂古诗评论及其对禅宗诗学的重要贡献，皮朝纲，美与时代（下），2015 年，第 2 期。

唐宋诗禅交融现象成因探析，刘艳芬、吴广昊，济南大学学报，2015 年，第 1 期。

中古佛典序跋句式的趋同性，赵纪彬，世界宗教文化，2015 年，第 1 期。

神变、变相与变文——再论变文称名问题，刘正平，世界宗教文化，2015 年，第 2 期。

《佛说皇极结果宝卷》考论，隋爱国，世界宗教文化，2015 年，第 2 期。

《西游记》故事与目连救母渊源新证，谢健，世界宗教文化，2015 年，第 3 期。

佛教须达拏太子本生故事与其道教版本，道教研究论集，（美）柏夷著，孙齐等译，秦国帅等校，中西书局，2015 年。

浅论苏轼与禅，李开慧，戏剧之家，2015 年，第 16 期。

情僧的侧影，伍垚，四川文学，2015 年，第 8 期。

论王维玄佛结合的人生哲学及与艺术的关系，钱志熙，北京大学学报，2015 年，第 4 期。

柳宗元与佛教，孙昌武，文学遗产，2015 年，第 9 期。

作为插词的敦煌诗，戴莹莹，四川师范大学学报，2015 年，第 4 期。

河西宝卷说唱结构嬗变的历史层次及其特征，李贵生、王明博，社会科学战线，2015 年，第 11 期。

敦煌文献《破魔变》创作、抄写时间新考，张芷萱，绵阳师范学院学报，2015 年，第 9 期。

韩愈以"辟佛"立论性情观的建构与困境，王昌昊，齐齐哈尔大学学报，2015 年，第 11 期。

敦煌文献目连变文写本叙考，罗皓月，绵阳师范学院学报，2015 年，第 9 期。

《维摩诘经》对苏轼的影响，杨瑰瑰，黄冈职业技术学院学报，2015 年，第 4 期。

佛教童话的文化意蕴和人文关怀，刘海燕，福建师范大学学报，2015 年，第 5 期。

虚云和尚的文学创作与佛教使命，祁伟，哈尔滨工业大学学报，2015 年，第 5 期。

人间佛教与赵朴初佛教文学略论，王彦明，哈尔滨工业大学学报，2015 年，第 5 期。

西藏分裂割据时期藏传佛教文学论略，索南才让、张安礼，哈尔滨工业大学学报，2015 年，第 5 期。

宗教实践与近现代中国宗教文学研究（笔谈），吴光正，哈尔滨工业大学学报，2015 年，第 5 期。

明代释家别集考略，李舜臣，学术交流，2015 年，第 5 期。

敦煌说唱文本中的插词，戴莹莹，社会科学研究，2015 年，第 5 期。

禅宗、身体美学与王维的诗及其翻译，李庆本，中国文化研究，2015 年，第 3 期。

佛陀“相好”与六朝男性审美形象女性化，张海、徐世民，文艺研究，2015 年，第 10 期。

佛教文学文类学初探，侯传文，东方论坛，2015 年，第 6 期。

《羌族释比经典》中创世神话的宗教学解读，陈建新、刘汉文，西南科技大学学报，2015 年，第 2 期。

制度化宗教与民俗宗教——以羌族民间故事文本解读为例，张曦，云南民族大学学报，2015 年，第 3 期。

我自遁寒岩 快活长歌笑——浅谈寒山其人其诗，林晖，台州学院学报，2015 年，第 2 期。

敦煌词文同卷杂抄现象解读，韩洪波，西部学刊，2015 年，第 11 期。

过渡与衔接：《洛阳伽蓝记》小说价值分析，赵莉，宁夏社会科学，2015 年，第 1 期。

《金光明经》文学特质析论——以特殊意象之寓涵为阐述对象，唐述壮、魏刚，大庆师范学院学报，2015 年，第 2 期。

查慎行与禅宗，李圣华，古典文学知识，2015 年，第 2 期。

唐代寺观钟铭书写及其文学政治意蕴，蒋金坤，齐鲁学刊，2015 年，第 1 期。

女性"他者"地位在敦煌变文中的具体呈现，李梦圆，中华女子学院学报，2015 年，第 1 期。

《维摩诘经》思想对东晋士人的影响——以《世说新语》为中心，姜广振，文艺评论，2015 年，第 2 期。

佛经文学视野中的唐宋诗学——评《佛教五经与唐宋诗学》，张振谦，暨南学报，2015 年，第 3 期。

敦煌写卷 S.2702《净名经集解》卷背诸内容之关联性分析，冷江山，敦煌研究，2015 年，第 2 期。

藏传佛教传记文学《至尊宗喀巴大师传》研究——以两种汉译本为视角，朱萍、杨学义，淮海工学院学报，2015 年，第 3 期。

泰戈尔与苏轼诗歌宗教思想比较分析，卢迪，长春大学学报，2015 年，第 1 期。

臧琳《经义杂记》初探，唐田恬，中国典籍与文化，2015 年，第 2 期。

论佛教募缘疏的文学性，鲁立智，三峡论坛三峡文学（理论版），2015 年，第 2 期。

论李宗易的心、禅世界，杨威、王宇宏，黑龙江社会科学，2015 年，第 3 期。

从《坛经》看慧能的性格及后世对他的神化，万璟，林区教学，2015 年，第 6 期。

敦煌写卷 P.2555 以"落蕃汉人"为题材的 60 首诗作文本分析，马骁、马兰州，内蒙古民族大学学报，2015 年，第 2 期。

晚明文人佛寺旅游风盛述论，陈晖莉，江南大学学报，2015

年，第 2 期。

韩愈辟佛的三种形态，崔海东，淮海工学院学报，2015 年，第 5 期。

龙场悟道后阳明禅诗之新变，侯丹，五台山研究，2015 年，第 2 期。

晚明的禅悦士风与审美心态的变化，李玉芝，中华文化论坛，2015 年，第 6 期。

佛学理趣与南朝文章，刘涛，文艺评论，2015 年，第 4 期。

《敦煌诗集残卷辑考》校读随札，段观宋，东莞理工学院学报，2015 年，第 4 期。

"敦煌曲子词"文学性质探析，韩波，文艺评论，2015 年，第 4 期。

敦煌佚名组诗六十首的地域特征及文学情思，王志鹏，西夏研究，2015 年，第 3 期。

敦煌写卷北图 7677V《方言诗一首》试解，赵家栋，敦煌研究，2015 年，第 4 期。

惠洪《冷斋夜话》中的"意趣"，张晓梅，阿坝师范高等专科学校学报，2015 年，第 2 期。

汉译"论"部佛典文学特色之检讨，李小荣，石河子大学学报，2015 年，第 4 期。

续藏经本《名僧传抄》录文疏失举正，定源，古典文献研究，第 18 辑，凤凰出版社，2015 年。

汤惠休：古典诗僧的典范，李舜臣，中国诗学，第 19 辑，人民文学出版社，2015 年。

明初诗僧季潭宗泐文集的版本及其作品在日本的流传，卞东波，中华文史论丛，第 117 辑，上海古籍出版社，2015 年。

道宣《续高僧传》之传叙，朱东润，中华文史论丛，第 117 辑，上海古籍出版社，2015 年。

武状元郑维城与女尼灵源本事，周清澍，中华文史论丛，第 120 辑，上海古籍出版社，2015 年。

赵州从谂《十二时歌》中的"漏逗"，祁伟，新国学，第 11 辑，巴蜀书社，2015 年。

苏轼与临济宗禅僧尺牍考辨，朱刚，新国学，第 11 辑，巴蜀书社，2015 年。

宋代禅林"活句"说研究，李熙，新国学，第 12 辑，巴蜀书社，2015 年。

明末清初唯识学在杭州的传衍——以绍觉广承法系为主的考察，简凯廷，新国学，第 11 辑，巴蜀书社，2015 年。

中世书写的官文书体共同平台——拟体俳谐文与佛教伐魔文书、道教笺表之互证，林晓光，新国学，第 12 辑，巴蜀书社，2015 年。

论袁宏道的悟修转变，杨焕，新国学，第 12 辑，巴蜀书社，2015 年。

南朝佛教与乌伤地方——从四通梁陈碑刻谈起，魏斌，文史，第 112 辑，中华书局，2015 年。

汉译佛典中的"坏（杯）船"、"坏（杯）舟"——兼谈"杯度"、"一苇渡江"传说之由来，董志翘，文史，第 112 辑，中华书局，2015 年。

义净的律典翻译及其流传——以敦煌西域出土写卷为中心，陈明，文史，第 112 辑，中华书局，2015 年。

从五台山到七宝台：高僧感德与武周时期的政治宣传，孙英刚，唐研究，第 21 辑，北京大学出版社，2015 年。

唐代白话诗中的地狱世界——以王梵志、寒山、拾得、庞居士诗为中心，陈龙，中国俗文化研究，第 11 辑，巴蜀书社，2015 年。

从药师赞文考察药师信仰与中华孝道之关系，谭洁，中国俗文化研究，第 11 辑，巴蜀书社，2015 年。

古代僧传中年龄称谓词汇释——以三部《高僧传》为中心，包得义，中国俗文化研究，第 11 辑，巴蜀书社，2015 年。

古籍整理如何出精深之作——以校证两种《弘明集》整理本为例，葛云波，文艺研究，2015 年，第 8 期。

地藏菩萨"临终前后"救度之研究——以《地藏菩萨本愿经》为主，陈冠甄（释坚元），中国俗文化研究，第 10 辑，巴蜀书社，2015 年。

敦煌本《佛说阿弥陀经》残卷缀合研究——以中、俄、法三国馆藏为中心，张涌泉、陈琳，中国俗文化研究，第 10 辑，巴蜀书社，2015 年。

敦煌写本《大智度论》残卷缀合研究，张磊、郭晓燕，中国俗文化研究，第 10 辑，巴蜀书社，2015 年。

身份与策略：宋代文人的佛教经藏书写，赵军伟，古代文学理论研究，第 41 辑，华东师范大学出版社，2015 年 12 月。

即非如一在京都：晚明清初黄檗宗僧人的异国佛教艺术巡礼，廖肇亨，新国学，第 12 辑，巴蜀书社，2015 年。

变相与变文关系论争平议，郑阿财，新国学，第 12 辑，巴蜀书社，2015 年。

从敦煌文献看日用字书在东亚汉字文化圈的容受——以越南《指南玉音解义》为考察中心，郑阿财，中国俗文化研究，第10辑，巴蜀书社，2015年。

神奇静默的万丈光芒：《金光明经》与护国佛教，廖肇亨，人生，第377期，2015年。

古代东亚佛教仪式中所见的山王，郭珮君，中华佛学研究，第16期，2015年。

文学与药：佛教譬喻文学《百喻经》之现代诠释，许若菱，中极学刊，第9期，2015年。

论剧场歌仔戏之佛教题材的呈现——以《慈悲三昧水忏》为例，熊九山，戏曲研究通讯，第10期，2015年。

唐代长安比丘尼的形象塑造与社会活动：以墓志为主的探讨，张梅雅，新世纪宗教研究，第13卷第3期，2015年。

略论《西游记》与佛经故事的关系及写作笔法，陈妙如，中国文化大学中文学报，第31期，2015年。

魏源的佛学思想，黄文树，白沙历史地理学报，第16期，2015年。

敦煌文献S.381：佛经译师鸠摩罗什别传考论，萧世友，翻译学研究集刊，第19辑，2015年。

丁福保之藏书及其古籍整理之成就，赵飞鹏，"国家"图书馆馆刊，2015年，第2期。

敦煌隋唐时期的维摩诘经变作品试析及其所反映的文化意义，潘亮文，佛光学报，第1卷第2期，2015年。

台湾敦煌学研究发展历程与展望，郑阿财，敦煌学，第31辑，2015年。

萧萧现代禅诗中的禅趣析论，陈政彦，当代诗学，第 10 期，2015 年。

《弘明集》、《广弘明集》所见道教思想之变迁，李龢书，早期中国史研究，第 7 卷第 1 期，2015 年。

圣严法师旅行书写中的禅学与禅修，王美秀，圣严研究，第 6 辑，2015 年。

释德清《老子道德经解》与《庄子内篇注》互文诠释方法析论，沈明谦，中国学术年刊，第 37 卷第 2 期，2015 年。

《弘明集·檄太山文》考论，林伯谦，师范大学学报：语言与文学类，第 60 卷第 1 期，2015 年。

宋代禅僧画赞中杨柳观音之形象，陈昭伶，法印学报，第 5 期，2015 年。

越南宝山奇香教派及其传衍——以"四恩孝义"为探讨核心，钟云莺，民俗曲艺，第 190 期，2015 年。

《维摩诘经》支谦译本的点校——兼论该一经本的译者归属及其底本语言，万金川，佛光学报，第 1 卷第 2 期，2015 年。

苏曼殊文学作品中的佛教思想，潘启聪，台大佛学研究，第 30 期，2015 年。

慧业通来不碍尘——从苍雪读彻《南来堂诗集》看晚明清初贤首宗南方系的发展历程，廖肇亨，中国文哲研究集刊，第 46 期，2015 年。

别即是圆——从跨文化交流省思汉传佛教的历史轨迹，廖肇亨，求法与弘法：汉传佛教的跨文化交流国际研讨会论文集，法鼓文化出版社，2015 年。

人间佛教的弘法与利生：借镜《维摩诘经》的论析，尤惠贞，

"汉传佛教研究的过去现在未来"会议论文集，佛光大学佛教研究中心，2015年4月。

从《观音经持验记》看明代居士的观音信仰，徐一智，成大历史学报，第49期，2015年。

有关石头系的禅，石井修道，"汉传佛教研究的过去现在未来"会议论文集，佛光大学佛教研究中心，2015年4月。

忏云法师生平与志业略考，朱文光，"汉传佛教研究的过去现在未来"会议论文集，佛光大学佛教研究中心，2015年4月。

和禅师考，陈金华，"汉传佛教研究的过去现在未来"会议论文集，佛光大学佛教研究中心，2015年4月。

作为"知识"的近代中国佛学之书写——以民国时期佛学概论与通史为例，龚隽，"汉传佛教研究的过去现在未来"会议论文集，佛光大学佛教研究中心，2015年4月。

宋元禅林中寒山等"四睡"意象的形成及其赞颂的游戏禅机，黄敬家，淡江中文学报，第33期，2015年。

汉译《大庄严论经》修辞技巧之研究，释慧洁，第二十六届全国佛学论文联合发表会华梵大学主办，2015年9月。

弥勒菩萨法门略说——以《大方广佛华严经·入法界品》为主，释耀溪，第二十六届全国佛学论文联合发表会，华梵大学主办，2015年9月。

南宋思溪版の过去现在未来，落合俊典，"汉传佛教研究的过去现在未来"会议论文集，佛光大学佛教研究中心，2015年4月。

神圣与苦难——论姜贵《花落莲成》的主题与情节，陈昭利，万能学报，第37期，2015年。

唐代前期的宫廷诗与佛教——以七世纪东亚的视角出发，李志鸿，台大东亚文化研究，第 3 期，2015 年。

《维摩诘所说经》的梵本及汉译本的戏剧文学结构，普慧，佛光学报，新 1 卷第 2 期，2015 年。

New Texts in the "Scripture Telling" of Shanghu, Changshu City, Jiangsu province：With the Texts Composed by Yu Dingjun as an Example（论当代中国江苏省常热市尚湖镇"讲经宣卷"中出现的"新编文本"现象：以余鼎君"讲经"为例），白若思（Rostislav Berezkin），戏曲学报，第 12 期，2015 年。

台湾王维研究单篇论文成果述评（1949—2013），吴姗姗，何淑苹，书目季刊，第 49 卷第 2 期，2015 年。

汉译《维摩诘经》文献回顾及其与中国文学的关系，萧丽华，佛光学报，新 1 卷第 2 期，2015 年。

文学与佛学的融合：吕碧城晚年思想考论——以香港时期为中心，黄小蓉，中国文学学报，2015 年。

唐代敦煌在地作品中的场域记忆及其特征，林雪铃，国文学志，2015 年。

台湾敦煌学研究的发展历程与展望，郑阿财，敦煌学，第 31 辑，2015 年。

中古汉译佛经和敦煌变文中由"於"引出的宾语小句，梁银峰，清华中文学报，2015 年。

声色一场：从施叔青习佛经验读《行过洛津》和《风前尘埃》中的身体，李欣伦，台湾学志，2015 年。

遗身高僧僧崖传记研究，池丽梅，佛光学报，2015 年。

历代僧传"感通梦"的书写与特色，梁丽玲，台大佛学研究，第 30 期，2015 年。

人间佛教传灯录·茗山学案，邓子美，佛光学报，2015 年。

Monks, Rulers, and Literati: The Political Ascendancy of Chan Buddhism, Welter Albert, *Middle Way* 4, 2015.

Building a Sacred Mountain: The Buddhist Architecture of China's Mount Wutai, Lin Wei – Cheng, *Choice Reviews Online* 52, 2015.

On the Origin of Chinese Tonal Prosody: Argumentation from a Case Study of ShenYue's Poems, Hongming Zhang, *The Journal of Chinese Literature and Culture* 2: 2, 2015.

Religious Women and Modern Men: Intersections of Gender and Ethnicity in the Tale of Woman Huang, *Megan Bryson*, *Signs* 3, 2015.

Toward a Modern Buddhist Hagiography: Telling the Life of Hsing Yun in Popular Media, Jack Meng – Tat Chia, *Asian Ethnology* 1, 2015.

Wordless Texts, Empty Hands The Metaphysics and Materiality of Scriptures in Journey to the West, Andrew Hui, *Harvard journal of Asiatic studies* 1, 2015.

Portrayals of Chan Buddhism in the Literature of Internal Alchemy, Joshua Capitanio, *Journal of Chinese Religions* 2, 2015.

Baogong as King Yama in the Literature and Religious Worship of Late – Imperial China, Noga Ganany, *Asia Major* 2, 2015.

Conspiracy's Truth: The Zen of Narrative Cunning in the Platform Sutra, Alan Cole, *Asia Major* 1, 2015.

Résumé des conférences de l'année 2013—2014 Bouddhisme chinois. Ⅰ. Recherches sur le Fayuan zayuan yuanshi ji de Sengyou (445—518), première anthologie de rites bouddhiques (suite) Ⅱ

. Lecture de biographies de moines des Six Dynasties（suite）（2013—2014 年度学术报告提要 中国佛教：Ⅰ. 第一部佛教仪式集——僧祐（445—518）《法苑雜緣原始集》研究（续）Ⅱ. 六朝时期僧人传记阅读（续）），Hureau，Sylvie（何玉惟），Annuaire de l'école pratique des hautes études，Section des sciences religieuses，n° 122：57 – 65，2015。

Collecting Saints' Stories，James T. Palmer，in *Early Medieval Hagiography*，Leads：Arc Humanities Press，2015.

"Aperçu sur les biji ou les miscellanées du bouddhisme Chan"（禅宗笔记文学蠡测），Zhang，Chao（张超），*Études chinoises* 34 – 1：105 – 132，2015.

六朝僧侶故事探求—志怪と僧伝のあいだ，佐野誠子，名古屋大学中国語学文学論集 29：21 – 43，2015。

戦後日本における「白居易と仏教」の研究"，下定雅弘，白居易研究年報 16：247 – 278，2015。

2016 年

斋供仪式文献《意旨了然集》，侯冲，古典文献研究，第 19 辑上卷，2016 年。

五山禅僧的苏诗别解——以《四河入海》为例，蔡毅，域外汉籍研究集刊，第 14 辑，2016 年。

《高丽大觉国师文集》点校指瑕，张戬、吴侃民，域外汉籍研究集刊，第 14 辑，2016 年。

施蛰存佛教小说《黄心大师》创作始末，黄艺红，佛学研究，

2016 年。

诗性精神视阈中的诗禅关系论——读张勇《贝叶与杨花——中国禅学的诗性精神》，叶当前，安徽师范大学学报，2016 年，第 6 期。

余嘉锡《四库提要辨证·神僧传》考证辨析，元文广、靳利翠，西安石油大学学报，2016 年，第 1 期。

唐代神僧万回考论，崔小敬，宗教学研究，2016 年，第 3 期。

《大唐西域求法高僧传》探微，冯相磊，兰台世界，2016 年，第 2A 期。

"诗心何以传，所证自同禅"：唐代著名诗僧齐己大师，演静，炎黄纵横，2016 年，第 2 期。

南宋高僧佛智端裕生平略考，李辉，国际社会科学杂志，2016 年，第 3 期。

东晋南朝比丘尼自主性社会活动及影响因素探析：以《比丘尼传》为中心，白春霞，管子学刊，2016 年，第 2 期。

《虎丘十咏》诗跋形成及东传日本考，江静、许语，文献，2016 年，第 5 期。

竺法济《高逸沙门传》索隐，阳清，文献，2016 年，第 1 期。

明僧释明河《补续高僧传》成书考，金建锋，南昌师范学院学报，2016 年，第 2 期。

论佛教四谛学说对李煜诗词创作的影响，王文婷、高明扬，南昌教育学院学报，2016 年，第 6 期。

澹归今释"菩萨遍行"的禅观思想及其实践，何子文，韶关学院学报，2016 年，第 11 期。

澹归禅师丹霞山建寺因缘考，李福标，韶关学院学报，2016

年，第 3 期。

从《聊斋志异》看蒲松龄的崇佛思想，杨士钦，淄博师范专科学校学报，2016 年，第 4 期。

记佚存东瀛的两部宋代骈体文选——兼谈日本禅林四六与宋代骈文之关联，金程宇，文学研究，2016 年辑刊。

佛教影响下的魏晋隋唐本土动物变形故事的新变，张瑞芳，渭南师范学院学报，2016 年，第 23 期。

试论志怪小说中的道德批判艺术——以《梵志吐壶》到《鹅笼书生》的情节演变为例，朱增力，齐鲁师范学院学报，2016 年，第 6 期。

藏传佛教"众生平等"与传统女权主义"男女平等"之比较——以藏族《格萨尔》为例，伦珠旺姆、黄敏，青海社会科学，2016 年，第 6 期。

佛经与《太平广记》地狱故事叙述之关系，延炤妗，中华文化论坛，2016 年，第 11 期。

《一月千潭——第五届弘一大师研究国际学术会议论文集》评介，陈安琪，美育学刊，2016 年，第 6 期。

从韩愈诗看其对佛教之态度，郑济洲，大众文艺，2016 年，第 21 期。

反思与重构——回鹘文《弥勒会见记》文学价值刍议，郑玲，宁夏社会科学，2016 年，第 6 期。

《维摩诘经》与《红楼梦》之艺术建构，杨贺，红楼梦学刊，2016 年，第 6 期。

妙玉与佛教三题，林宪亮，红楼梦学刊，2016 年，第 6 期。

论唐代文人禅诗莲意象的美学特色，张锦辉，烟台大学学报，

2016 年，第 6 期。

中国现代文学中的佛教人物形象塑造，任传印，哈尔滨工业大学学报，2016 年，第 6 期。

从三个诗学命题看苏东坡文论的佛教背景，高云鹏，西华大学学报，2016 年，第 6 期。

《七步诗》生成流播过程中的佛教因素，李小荣，古典文学知识，2016 年，第 6 期。

陆羽《茶经》中的三位佛教人物茶事考，舒曼，农业考古，2016 年，第 5 期。

《红楼梦》中的民众佛教信仰，赵伟，东方论坛，2016 年，第 5 期。

《红楼梦》女性人物塑造的宗教哲学因素，司马云杰，东方论坛，2016 年，第 5 期。

鸠摩罗什论"空观"的遮诠双遣方式对王维诗文的影响——以《维摩诘所说经》为主要分析对象，屈玉丽，重庆师范大学学报，2016 年，第 5 期。

《红楼梦》中的佛教三界空间，戴昕萌，安徽文学，2016 年，第 10 期。

论《红楼梦》中女性悲剧与佛教的关系，褚国香，广东技术师范学院学报，2016 年，第 10 期。

佛道元素在渔父诗中的美学效果——以柳宗元的《江雪》和《渔翁》为例，汲翔，名作欣赏，2016 年，第 30 期。

民间信仰的流变和文化融合——以河湟宝卷与嘛呢经为例，商文娇，青海社会科学，2016 年，第 5 期。

《苏知县罗衫再合》中的佛教思想，苏丹，濮阳职业技术学院学报，2016 年，第 5 期。

民国高僧大德与白话佛教文学，任传印，江南大学学报，2016年，第 5 期。

"有诗为证"的佛教渊源——也谈古代白话小说韵散结合文体的成因，卞清波，江南大学学报，2016 年，第 5 期。

西夏佛教灵验记探微——以黑水城出土《高王观世音经》为例，赵阳，敦煌学辑刊，2016 年，第 3 期。

元代宗教与元代文坛格局，任红敏，殷都学刊，2016 年，第3 期。

《太平广记》中的"狂僧"形象探究，鲍静怡，九江学院学报，2016 年，第 3 期。

《水浒传》中的儒释道思想探究，时丽琼、魏刚，山西广播电视大学学报，2016 年，第 3 期。

《红楼梦》中的佛教意蕴，赵伟，北京教育学院学报，2016年，第 4 期。

宋濂佛门交游研究，贾素慧，昆明学院学报，2016 年，第4 期。

《红楼梦》佛学解读——浅谈贾宝玉出家，贾素慧，牡丹江大学学报，2016 年，第 8 期。

佛教与魏晋六朝鬼故事，金官布、刘生良，华侨大学学报，2016 年，第 4 期。

中国传统社会的儒道释同功性——以《西游记》为例，王巳龙，开封教育学院学报，2016 年，第 8 期。

论鸠摩罗什译经中的情节设置与王维涉佛诗文的构思，屈玉丽，北华大学学报，2016 年，第 4 期。

遨游于文学、历史、宗教之间，张培锋，中国图书评论，2016年，第 8 期。

佛教与谢灵运的山水诗，任仲夷，戏剧之家，2016 年，第 15 期。

佛学语境下的李白诗歌创作，杜群智，文学教育，2016 年，第 8 期。

柳宗元山水文学中的天台宗意蕴，范洪杰，湖南科技学院学报，2016 年，第 8 期。

中国现代佛教文学研究的回顾与展望，贾国宝，贵州社会科学，2016 年，第 8 期。

《大唐三藏取经诗话》中法师形象变异及原因分析，朱萍、李畅，淮海工学院学报，2016 年，第 7 期。

早期敦煌佛教歌辞研究史，郑骥、伏俊琏，西华师范大学学报，2016 年，第 4 期。

洛阳圣善寺对白居易的影响，焦尤杰，天水师范学院学报，2016 年，第 4 期。

唐代咏洛阳诗中关于宗教文化方面的诗篇研究，杨艾明，漯河职业技术学院学报，2016 年，第 4 期。

梁武帝"舍道事佛"的时间、原因及其他，柏俊才，文学遗产，2016 年，第 4 期。

论王维诗歌中的佛性观——以《胡居士卧病遗米因赠》为例，刘丹丹，湖北函授大学学报，2016 年，第 13 期。

宗炳与谢灵运：从佛学到山水美学，张晶，江西社会科学，2016 年，第 7 期。

"狂禅"的辨疑——论鲁智深的超宗教形象定位，张艳，明清小说研究，2016 年，第 3 期。

柳宗元《乘桴说》与《天爵论》述义——兼论柳宗元"统合儒释"的复杂性，范洪杰，三峡大学学报，2016 年，第 4 期。

唐僧的九环锡杖，臧青，文史杂志，2016 年，第 4 期。

活句别趣 饶有诗意，周裕锴，古典文学知识，2016 年，第 4 期。

《水浒传》与宋元佛教，潘守皎、王莹，菏泽学院学报，2016 年，第 3 期。

"禅净合流"与晚明文人结社，杨化强，殷都学刊，2016 年，第 2 期。

六朝释子创作艳情诗的佛学观照，许云和，文艺研究，2016 年，第 6 期。

唐代僧人碑志书写与儒释互动，徐俪成，文艺研究，2016 年，第 6 期。

《聊斋志异·乐仲》的禅学渊源探讨，赵艺懋，昆明冶金高等专科学校学报，2016 年，第 2 期。

《游园惊梦》中的平行技巧及其佛教思想，陈盈，河北北方学院学报，2016 年，第 3 期。

《夷坚志》所见宋代僧道的另一面（下），刘树友，渭南师范学院学报，2016 年，第 11 期。

宋代轶事类诗话中的佛与僧，张培锋，杭州师范大学学报，2016 年，第 3 期。

憨山德清居留肇庆地区诗文述略，康庄，肇庆学院学报，2016 年，第 3 期。

佛道审美观照下的唐代山水诗审美意境，何丽丽、李维，边疆经济与文化，2016 年，第 5 期。

名号、谶记、仪相、袈裟：马祖道一与 8—13 世纪的禅史书写，李熙，贵州社会科学，2016 年，第 8 期。

"芙蓉出水"与"错彩镂金"——关于汤惠休与颜延之的一段公案，许云和，文学遗产，2016 年，第 3 期。

佛教对魏晋南北朝志怪小说冥界观念的影响，金官布，青海师范大学学报，2016 年，第 3 期。

论明代中晚期支遁诗文之接受，张富春，河南师范大学学报，2016 年，第 3 期。

敦煌变文域外影响研究综述，徐磊，文学教育（上），2016 年，第 5 期。

佛教与初唐小说探说大纲，吴玥瑶，文学教育（上），2016 年，第 5 期。

佛法大意知何似？应似春来草自青，周裕锴，古典文学知识，2016 年，第 3 期。

论宋代儒宗欧阳修诗歌中的佛禅因缘，李晶晶，成都大学学报，2016 年，第 2 期。

敦煌变文"神通"考，张芷萱，绵阳师范学院学报，2016 年，第 4 期。

唐代佛禅背景下"意境"理论的嬗变——以王昌龄为中心，丁红丽，西南政法大学学报，2016 年，第 2 期。

论《玉石观音像唱和诗》的创作特征及其文化意义，张明华，民族文学研究，2016 年，第 2 期。

论《涅槃经》对梁武帝诗文创作的影响，吴章燕，湖南科技学院学报，2016 年，第 4 期。

唐宋文学作品中的日本僧侣形象，方言，名作欣赏，2016 年，第 11 期。

佛教音乐对唐代诗词音韵的影响，林媛媛，文艺争鸣，2016 年，第 3 期。

论丝路河西宝卷的文化形态、文体特征与文化价值，程国君，甘肃社会科学，2016 年，第 2 期。

试论元代的宗教观念对剧作家杂剧创作的影响，邓楠，戏剧之家，2016 年，第 6 期。

唐五代文言小说中的讽佛类小说概述，项波，鸡西大学学报，2016 年，第 3 期。

宗教实践与净慧长老的文学创作，吴光正，哈尔滨工业大学学报，2016 年，第 2 期。

论佛禅诗对宋代理学诗的影响，王利民，国学学刊，2016 年，第 1 期。

论王安石佛禅诗中的佛禅思想，史俊杰，九江学院学报，2016 年，第 1 期。

论鸠摩罗什译经对王维的影响，屈玉丽，青海师范大学学报，2016 年，第 2 期。

论佛家"因缘果报"观在《红楼梦》中的运用，姚会涛，青海师范大学学报，2016 年，第 2 期。

清代诗歌中的西南佛教名山黔灵山，杨锋兵、张国勇，兰台世界，2016 年，第 6 期。

梵呗新论，张子开，杜甫研究学刊，2016 年，第 1 期。

天竺僧——《太平广记》中的他者形象，易永谊，求索，2016 年，第 2 期。

叶燮诗学与佛学的关联，石昭，兰州学刊，2016 年，第 2 期。

禅宗与文学的交融——论行端的禅诗，张锦辉，东方论坛，2016 年，第 1 期。

佛陀本怀、中国经验与全球视域——佛教文学百年回顾与展望，任传印，世界宗教文化，2016 年，第 1 期。

西夏佛教文学作品的特点与价值，赵阳，甘肃社会科学，2016 年，第 1 期。

儒家工夫视域下杜甫晚年的崇佛转向，崔海东，武夷学院学报，2016 年，第 1 期。

《高僧传》对于《世说新语》的捃拾与展开，阳清，理论月刊，2016 年，第 1 期。

从苏曼殊的名号"玄瑛"说起——论曼殊诗的水意象，郭婉玲，常州工学院学报，2016 年，第 6 期。

宋初僧人释智圆与古文运动，袁九生，文化学刊，2016 年，第 12 期。

《西游记》中唐僧真实形象研究，周晨晨、常爽，文学教育（上），2016 年，第 12 期。

漫谈小说中破色戒的僧尼形象，蔡莹，名作欣赏，2016 年，第 35 期。

虚中融实——清代笔记小说中少林功夫与少林僧徒的文学想象，安汝杰，西南交通大学学报，2016 年，第 6 期。

论寒山子及其诗歌在宋代之遗响，阮堂明，苏州科技学院学报，2016 年，第 6 期。

遗民诗僧函可与清初诗坛，邱林山，西北师范大学学报，2016 年，第 6 期。

墨迹与心迹:《日藏宋元禅僧墨迹选编》断想——写本例话之五,王晓平,古典文学知识,2016 年,第 6 期。

从西湖到富士山:明清之际黄檗宗僧独立性易地景书写之文化义蕴,廖肇亨,中国文化,2016 年,第 2 期。

宋初僧人释智圆交游考,袁九生,开封教育学院学报,2016 年,第 10 期。

《三言·月明和尚度柳翠》本事考补——再谈"度柳翠"故事的生成及其与《法僧投胎》之比较,项裕荣,明清小说研究,2016 年,第 4 期。

五山诗人对苏轼诗歌语典借鉴特点及其反映出的美学倾向,王志钢,文化学刊,2016 年,第 9 期。

贫僧的"云水僧"之称,星云大师,台声,2016 年,第 18 期。

论唐代诗僧的生活场域及其诗学意义,石润宏,唐山学院学报,2016 年,第 5 期。

《二拍》中僧尼形象探究,段新颖,现代语文,2016 年,第 8 期。

上清珠:佛道文化汇流的文学趣例——兼论与玉龙子故事之异同,李小荣,浙江大学学报,2016 年,第 4 期。

元好问的僧道碑铭文略论,赵彩娟、吴扬,辽宁师范专科学校学报,2016 年,第 3 期。

异域想象与文人观念:论晚明清初通俗小说中胡僧形象的色情化,薛英杰,中国海洋大学学报,2016 年,第 1 期。

从王维作品看抒情方式在禅诗中的体现,蔡丽平,现代语文,2016 年,第 12 期。

王维山水诗歌中"空、静、闲"的禅宗意境，林静，名作欣赏，2016 年，第 36 期。

王维诗画"禅意美"的艺术成就，张丹，山西档案，2016 年，第 6 期。

王维山水田园诗作的审美特征及其禅宗境界，张静、吴正鑫、赵伯飞，西安电子科技大学学报，2016 年，第 6 期。

庐山清赏与东坡禅悟，张爱东，吉林师范大学学报，2016 年，第 6 期。

此心安处是吾乡——苏轼流寓文学及其禅学审视，赵德坤，乐山师范学院学报，2016 年，第 11 期。

明清禅宗之小说证禅举隅，李小荣，福州大学学报，2016 年，第 6 期。

论唐代文人禅诗对《金刚经》的接受和升华，张锦辉，文学与文化，2016 年，第 4 期。

论秦观词中的佛禅思想，庞海东，名作欣赏，2016 年，第 32 期。

李开先古体诗及《诗禅》所见古入声韵状况研究，黎新第，古汉语研究，2016 年，第 4 期。

圆活与尚趣——佛禅与苏轼诗歌的美学风格刍议，王渭清，乐山师范学院学报，2016 年，第 10 期。

苏轼被贬时期的佛禅思想，弓芊，现代语文，2016 年，第 10 期。

从汤显祖在抚州正觉寺的活动看儒禅相融，万斌生，东华理工大学学报，2016 年，第 3 期。

论《西厢记》惠明形象之禅趣，孙爱玲，咸阳师范学院学报，

2016 年，第 5 期。

张九龄与禅宗，赵彩花，韶关学院学报，2016 年，第 9 期。

逃禅考，张贤明，宿州学院学报，2016 年，第 9 期。

论黄庭坚书法作品及诗歌中禅意的表达，刘亚娇，大众文艺，2016 年，第 16 期。

诗心禅境了相依：禅宗诗学内容研究，皮朝纲、潘国好，中国文艺评论，2016 年，第 8 期。

廓庵禅师《十牛图颂》解读，李存周，岭南师范学院学报，2016 年，第 4 期。

僧诗中的"春"意象分析，王嘉宁，甘肃广播电视大学学报，2016 年，第 4 期。

禅宗思想与晚唐咏物诗创作，王见楠，学术交流，2016 年，第 8 期。

惠洪茶诗与茶禅，金杰，名作欣赏，2016 年，第 23 期。

晚唐五代诗僧齐己的诗学思想，胡玉兰，甘肃社会科学，2016 年，第 4 期。

黄庭坚《渔家傲》中的禅宗公案，李志军，中国书法，2016 年 14 期。

宋元禅宗十二时歌的书写方式与宗教意图，祁伟，学术交流，2016 年，第 7 期。

禅思与诗情的交汇——论中唐诗僧皎然的禅学思想与诗学观，于阿丽，中北大学学报，2016 年，第 3 期。

王维"诗佛"辨——从儒释道思想出发的考察，谭亚南，大众文艺，2016 年，第 12 期。

黄庭坚诗文中的净土思想，黄文翰，南昌教育学院学报，2016

年，第 3 期。

"儒释融摄"视野下的宋僧"上梁文"书写，纪雪娟，首都师范大学学报，2016 年，第 3 期。

严羽妙悟说的诗禅学缘探微，王苑，重庆师范大学学报，2016 年，第 3 期。

从现量境、日常境看王阳明诗歌的禅宗美学境界，侯丹，石河子大学学报，2016 年，第 3 期。

探究"以禅喻诗"的巨大影响力，梅璐，文学教育（上），2016 年，第 6 期。

寒山诗日本古注本的阐释特色与学术价值，卞东波，南京大学学报，2016 年，第 3 期。

宋代湖南诗僧地域、宗派分布与存诗类型分析，彭敏，湖南大学学报，2016 年，第 3 期。

《坛经》心性哲学与中国性灵文学，李曙豪，肇庆学院学报，2016 年，第 3 期。

中晚唐书僧尚奇求变风气下的诗书互动，刘磊，济南大学学报，2016 年，第 3 期。

论王维诗歌艺术与儒释道思想的非本质联系，焦健，长沙大学学报，2016 年，第 3 期。

试论《石门文字禅》中景画诗禅之交融，周裕锴，文学遗产，2016 年，第 3 期。

张中行《禅外说禅》著语商兑，李艳琴，名作欣赏，2016 年，第 15 期。

禅趣的美学建构——王维《辋川集》意境论析，张自华，名作欣赏，2016 年，第 15 期。

朱熹诗佛禅情结诗性视界探微，邱蔚华，东南学术，2016 年，第 3 期。

冲突与超脱——试论李商隐诗歌佛理禅意的多元性，王玉姝、王树海，东疆学刊，2016 年，第 2 期。

茶味与禅意，语默此皆清——论唐代文人禅茶诗化的高远意境，舒曼，农业考古，2016 年，第 2 期。

浅谈寒山诗中狗的意象，郝中宁，文学教育（上），2016 年，第 4 期。

诗禅差异与"以禅喻诗"合法性，刘维邦，美与时代（下），2016 年，第 3 期。

唐宋诗之禅变——以咏雪诗为例，孙宇男，哈尔滨工业大学学报，2016 年，第 2 期。

灵枢观——张耒诗文圆融儒、道的心学体悟，王树海、林媛媛，黑龙江社会科学，2016 年，第 2 期。

刘秉忠《藏春集》中的禅宗思想，宋晓念，大连民族大学学报，2016 年，第 2 期。

贾岛与僧侣赠答诗的主题倾向，于巧，广州广播电视大学学报，2016 年，第 1 期。

"似诗"与"自寻出路"——明末清初海云诗僧的诗学理论及其对诗禅理论的发展，陈恩维，中国文学研究，2016 年，第 1 期。

唐代福建地区的诗僧与僧诗，晁成林，中国韵文学刊，2016 年，第 1 期。

唐音缭绕在禅林——论唐诗名篇在丛林的传播与接受，李小荣，文学遗产，2016 年，第 1 期。

空灵蕴藉，涵泳不尽——王维禅诗精赏，周裕锴，古典文学知识，2016 年，第 1 期。

日僧成寻在宋追寻先人足迹考，王丽萍，浙江社会科学，2016 年，第 12 期。

中国中古《维摩经》诠释史略论，龚隽，华东师范大学学报，2016 年，第 6 期。

从《高僧传》看早期佛音汉化及其对佛经翻译的影响，蒋哲杰，语言与翻译，2016 年，第 4 期。

日僧圆仁不得入台州辨析，马国云，厦门广播电视大学学报，2016 年，第 4 期。

佛装与佛化——中古时期泗州僧伽信仰与图像的在地化，郑式，中国国家博物馆馆刊，2016 年，第 12 期。

蜀地佛教神通与文人禅：宋元图像中的竹杖渊源，施錡，民族艺术，2016 年，第 6 期。

《维摩诘经》中文殊的来去之辨，杨祖荣，五台山研究，2016 年，第 4 期。

《历代三宝纪》三题，陈志远，文献，2016 年，第 5 期。

论泗州时期苏轼的诗心佛缘，李静、董宏钰，学术交流，2016 年，第 12 期。

禅宗诗意栖居生存方式的生态意义，王博识、陈红兵，南京林业大学学报，2016 年，第 4 期。

清净之音：佛教音乐漫谈，李美群、胡远慧，中国宗教，2016 年，第 11 期。

藏传佛教学衔的设定探微，丹曲、于丽萍，西藏民族大学学报，2016 年，第 6 期。

行至印度中途的《悉达多》，常蕾，外国文学动态研究，2016

年，第 6 期。

唐代茶诗创作简论，彭丹，太原学院学报，2016 年，第 6 期。

论当阳玉泉寺铁塔地宫铭文对弘景禅师研究的补史意义，高继习，世界宗教研究，2016 年，第 6 期。

佛教早期目录学的发展——《综理众经目录》和《出三藏记集》对目录学术语的不同诠释，王鹰，世界宗教研究，2016 年，第 6 期。

莫高窟第 12 窟"索义辩出行图"研究，李金娟，敦煌学辑刊，2016 年，第 3 期。

克孜尔石窟第 38、100 窟"誓愿"、"授记"题材探讨，杨波，敦煌学辑刊，2016 年，第 3 期。

"时"、"地"、"人"——敦煌莫高窟开窟因缘述略，柴剑虹，敦煌研究，2016 年，第 6 期。

敦煌莫高窟：见证佛教的荣光与世界文化遗产，释法宝、王平先，敦煌研究，2016 年，第 6 期。

敦煌西千佛洞未编号洞窟清理简报，王建军、张小刚、刘永增，敦煌研究，2016 年，第 6 期。

现存最早编年体佛教通史《隆兴佛教编年通论》价值略述，郭琳，中国典籍与文化，2016 年，第 4 期。

曹洞宗鼎湖僧释在犙和尚之生平、禅风与成就，李曙豪，韶关学院学报，2016 年，第 11 期。

佛典所见北地傅氏家族高僧考略，丁峰山，宁夏大学学报，2016 年，第 6 期。

地方史志与净土教——谢灵运《庐山法师碑》的"杜撰"与"浮现"，陈志远，魏晋南北朝隋唐史资料，2016 年，第 2 期。

敦煌佛教唱导小考，喻民军、湛如，文学与文化，2016 年，第 4 期。

晚明诗文僧蕴璞如愚考论，李舜臣，石河子大学学报，2016 年，第 3 期。

论汉译佛典文学对中古汉语文学的影响，普慧，文艺研究，2016 年，第 11 期。

"文外之旨"：从佛学到诗学的意义转换，刘运好，文学评论，2016 年，第 5 期。

从敦煌曲子词看中古民间祷祝活动，蒋勤俭、钱勇，文化遗产，2016 年，第 5 期。

《星流发愿文》与归义军初期时势研究，赵玉平、李沁，中州学刊，2016 年，第 9 期。

王梵志诗歌中的奇趣与真情，李广欣，名作欣赏，2016 年，第 10 期。

《大唐三藏取经诗话》成书年代再探讨，江亚丽，湖北科技学院学报，2016 年，第 8 期。

论民国白话佛教文学的意义创构——以民国佛教期刊为中心，任传印，武陵学刊，2016 年，第 4 期。

《云居山志》僧俗交游诗考论，熊超，地方文化研究，2016 年，第 3 期。

吴伟业与佛禅关系论，汪文丽，南阳理工学院学报，2016 年，第 5 期。

"狂禅"的辨疑——论鲁智深的超宗教形象定位，张艳，明清小说研究，2016 年，第 3 期。

回鹘诗歌对回鹘文佛经偈颂的诗化影响，张巧云，民族文学研究，2016 年，第 3 期。

鸠摩罗什偈颂翻译和创作对王维诗文的影响，屈玉丽，华南农业大学学报，2016 年，第 5 期。

"俗讲"与西汉故事简《妄稽》《神乌赋》的传播，廖群，民俗研究，2016 年，第 6 期。

敦煌诗苑之奇葩——敦煌文献中的《送远还通达》初探，张新朋，敦煌研究，2016 年，第 5 期。

敦煌本《庐山远公话》摸象记，钱汝平、夏首磊，绍兴文理学院学报，2016 年，第 6 期。

项楚先生与敦煌俗文学研究，王永波，文学评论，2016 年，第 6 期。

俄藏与中国藏两种西夏文曲辞《五更转》之探讨，徐希平、彭超，民族文学研究，2016 年，第 6 期。

敦煌文献《须大拏太子度男女背》"父言"补校与释读，冯和一，成都大学学报，2016 年，第 6 期。

《洛阳伽蓝记》中空间书写的人文意蕴，曹仪敏，宁波教育学院学报，2016 年，第 5 期。

早期敦煌变文序跋与现代俗文学研究范式的建立，王雅静、孙逊，文艺理论研究，2016 年，第 6 期。

《长阿含经》中的譬喻、故事及其他，张煜，暨南学报，2016 年，第 12 期。

论朝鲜王朝学者李圭景的佛学与诗学，詹杭伦，安徽师范大学学报，2016 年，第 1 期。

儒佛道的融通——从碑志看唐代之文化精神，谢志勇，宜春学院学报，2016 年，第 2 期。

唐代咏终南山佛寺诗中的文化意蕴，荣小措，唐都学刊，2016年，第2期。

清醒的佛教宣扬者——戚继光，王丽华，淮北职业技术学院学报，2016年，第2期。

明代中后期宗教通俗文学的意图叙事分析，王昊，厦门大学学报，2016年，第2期。

清代《红楼梦》评点论"一僧一道"，何红梅，齐鲁师范学院学报，2016年，第2期。

唐朝三教合流的实用互补性研究，陈宁波，郧阳师范高等专科学校学报，2016年，第1期。

寒山诗二首赏析，黄全彦，古典文学知识，2016年，第1期。

甘肃地区"唐僧取经图"与《西游记》，霍志军，明清小说研究，2016年，第2期。

从"目连救母变文"文本入手细析儒道释孝观的体现，张秦源，甘肃广播电视大学学报，2016年，第2期。

敦煌文学在中国文学地图中的地位和作用，霍志军，甘肃广播电视大学学报，2016年，第2期。

论皎然与陈子昂的诗学分歧——兼论皎然批评陈子昂的原因，甘生统，求是学刊，2016年，第3期。

色界魔境：晚明淫僧故事中文人的空间想象和欲望表达，薛英杰，明清小说研究，2016年，第2期。

神佛安排范式下的中国历史演义小说创作探微——以《说岳全传》中岳飞悲剧的必然性为例，熊尧，梧州学院学报，2016年，第1期。

皎然《诗式》中的风格论，于艳军、王则远，齐齐哈尔大学学报，2016 年，第 5 期。

敦煌歌辞《五更转》研究综述，伏俊琏、徐会贞，乐山师范学院学报，2016 年，第 1 期。

论天台山文化对唐宋词创作的影响，姚惠兰，学术界，2016 年，第 5 期。

释家与老庄思想对谭元春创作的影响，何佶颖，无锡职业技术学院学报，2016 年，第 3 期。

英藏敦煌 S. 555 号文书档案叙录与系年，侯成成、于亚龙，兰台世界，2016 年，第 12 期。

日僧中岩圆月的萨都剌记述考，毛建雷，佳木斯大学学报，2016 年，第 3 期。

黄永武先生与敦煌学及其敦煌唐诗研究之成就，郑阿财，敦煌研究，2016 年，第 3 期。

僧齐己《白莲集》版本考，周小艳，文献，2016 年，第 4 期。

儒释诗学观视域中的苏黄墨竹诗，王苑，临沂大学学报，2016 年，第 4 期。

敦煌文学《儿郎伟》校勘释例，姬慧，敦煌学辑刊，2016 年，第 2 期。

《洛阳伽蓝记》的文学价值，顾农，江苏第二师范学院学报，2016 年，第 5 期。

《别赋》：人间爱别离苦的佛学观照，饶峻妮、许云和，贵州社会科学，2016 年，第 8 期。

儒道融合视域下辛弃疾词的多元特质，刘师健，湖南第一师范学院学报，2016 年，第 3 期。

惠洪与日本五山禅林的文字禅思想，曹逸梅，中国诗学，第

20 辑，人民文学出版社，2016 年。

论魏晋佛学与诗学之关系，刘运好，中国诗学，第 21 辑，人民文学出版社，2016 年。

从经录到僧传：《高僧传》之编纂成书及学术背景考察，刘学军，中华文史论丛，第 122 辑，第 2 期，上海古籍出版社，2016 年。

从宋前史料看《宋高僧传》中的"实录"观念，李熙，新国学，第 13 辑，巴蜀书社，2016 年。

九僧诗名两宋流传辨析，张艮，新国学，第 13 辑，巴蜀书社，2016 年。

王安石诗歌佛禅观照方式运用的现象学解读，左志南，新国学，第 13 辑，巴蜀书社，2016 年。

论蜀僧宝昙、居简诗歌创作与苏轼之关系——南宋临济宗文学僧诗学"典范"的考察，张硕，新国学，第 13 辑，巴蜀书社，2016 年。

南宋的"小佛事"四六——以石溪心月《语录》《杂录》为中心，王汝娟，新国学，第 13 辑，巴蜀书社，2016 年。

《楞严经疏解蒙钞》考论，王彦明，新国学，第 13 辑，巴蜀书社，2016 年。

日本汉籍所见中国律宗史料及其价值，国威，域外汉籍研究集刊，第 13 辑，中华书局，2016 年。

中古佛教的"三圣化导说"——以七寺所藏《清净法行经》为中心，刘屹，唐研究，第 22 辑，北京大学出版社，2016 年。

英藏未定名敦煌《金刚经》残片续缀，罗慕君、张涌泉，唐研究，第 22 辑，北京大学出版社，2016 年。

国图藏敦煌本《大般若经》缀合补遗举例，徐浩，唐研究，第 22 辑，北京大学出版社，2016 年。

敦煌本《心经》残卷缀合研究，张磊、陈虹妙，唐研究，第 22 辑，北京大学出版社，2016 年。

张继《剡县法台寺灌顶坛诗》之解读，李小荣，中国俗文化研究，第 12 辑，巴蜀书社，2016 年。

不一样的孟姜女故事——《销释孟姜忠烈贞节贤良宝卷》解读，尚丽新，中国俗文化研究，第 12 辑，巴蜀书社，2016 年。

海印三昧——《华严经》海洋符号解读，稂荻、李娜，中国俗文化研究，第 12 辑，巴蜀书社，2016 年。

浅论观音信仰与儒家"孝"之结合——以孝女故事《沈清传》为中心，朴钟茂，中国俗文化研究，第 12 辑，巴蜀书社，2016 年。

唐杭州大慈寰中禅师考略，杨化强，中国俗文化研究，第 12 辑，巴蜀书社，2016 年。

敦煌写本北宋《重修开元寺行廊功德碑并序》习书考，田卫卫，文史，第 114 辑，中华书局，2016 年。

佛教初传于阗研究——以《日藏经·护塔品》为中心，文史，第 117 辑，中华书局，2016 年。

从单注到合注：中古丝绸之路上《注维摩诘经》写本研究，郑阿财，唐研究，第 22 辑，北京大学出版社，2016 年。

王琰《冥祥记》生命见解中的"博识"论述，黄东阳，东吴中文学报，第 31 期，2016 年 5 月。

观音与海洋——明代东南沿海的观音信仰，陈玉女，人间佛教学报艺文，第 2 期，2016 年 3 月。

云水不住——晓云法师的比丘尼形象样式，李玉珍，玄奘佛学研究，第 25 期，2016 年 3 月。

在桂叶与菩提之间——论夐虹诗风的转向及其生命历程，陈静宜，健行学报，第 36 卷第 1 期，2016 年 1 月。

弘扬净土：吕碧城（1883—1943）女居士学佛历程的梦境书写，张晏菁，新世纪宗教研究，第 15 卷第 2 期，2016 年 12 月。

宝宁寺水陆画中无榜题诸佛尊名考证，陈俊吉，书画艺术学刊，第 21 期，2016 年 12 月。

唐代五台山巡礼道考述，林韵柔，白沙历史地理学报，第 17 期，2016 年 12 月。

神圣与亵渎：《西游记》谐谑书写下的宗教观，王雪卿，台北大学中文学报，第 19 期，2016 年 3 月。

从"从戎不投笔记"到"超越高峰"——圣严法师的宗教书写与"寰游自传"的文体意识，吴光正，圣严研究，第 8 辑，2016 年 6 月。

郑之珍《目连救母劝善戏文》之语言特色——从文学性、剧场性论之，林立仁，通识教育学报，第 4 期，2016 年 12 月。

宋代禅门文献中的散圣及其游戏形象的精神渊源，黄敬家，东华汉学，第 23 期，2016 年。

东皋心越诗文中的航海信仰——以天妃信仰和五岳真形图的在日流传为中心，赖思好，中国文哲研究通讯，2016 年，第 1 期。

星云大师《往事百语——皆大欢喜》书中的生命教育，杜保瑞，"人间佛教与生命教育"国际学术研讨会，佛光山人间佛教研究院、南华大学人间佛教研究与推广中心、南华大学生命教育研究中心主办，2016 年 5 月。

禅诗鸿雁、燕子、莺鸟意象探析：兼论三者于汉文佛典之使用概况，郭锦鸿，中国文化研究所学报，第62期，2016年。

上党佛教寺院剧场研究，王潞伟，戏剧学刊，第24期，2016年。

从"一行三昧"看苏轼的居士形象，萧丽华，台大中文学报，第54期，2016年。

解冤释结：《于少保萃忠全传》的宗教解读——兼论中国宗教与文学中的解冤传统，刘苑如，人文中国学报，第23期，2016年。

东亚文学与宗教中的冤与结——代导论，刘苑如，中国文哲研究通讯，第26卷第2期，2016年。

宋代禅门颂古诗的发展及语言特色，黄敬家，师范大学学报，第61卷第1期，2016年。

金代李纯甫《鸣道集说》佛学思想试探，江良健，有凤初鸣年刊，2016年。

仙乡淹留故事的时空转化——以《搜神后记》为探讨对象，黄诗晴，有凤初鸣年刊，2016年。

试论《地藏经·见闻利益品》长行重颂的互文情况，陈炜舜，华人文化研究，第4卷第2期，2016年。

高丽时期的《维摩诘经》接受：以李奎报禅诗为中心，朴永焕，佛光学报，新第2卷第2期，2016年。

杏雨书屋《敦煌秘笈》所见《维摩诘经》及其相关文献，郑阿财，佛光学报，2016年。

《列子》与佛经，周大兴，中国文哲研究通讯，2016年。

《杂阿含》的整编——印顺有关原始佛经结集的研究，屈大成，新亚学报，2016 年。

从"一行三昧"看苏轼的居士形象，萧丽华，台大中文学报，2016 年。

色幻悟道与平等新生：溥绪《摩登伽女曲本》与泰戈尔《昌达尔姑娘歌舞剧》人物形象及主题寓意研究，苏美文，玄奘佛学研究，2016 年。

Reflections on the Buddhist Mummification in China, H. Shen, *Universitas – Monthly Review of Philosophy and Culture* 43，2016.

Building a Sacred Mountain：The Buddhist Architecture of China's Mount Wutai, B. Faure, *Toung Pao* 102，2016.

Review：Conceiving the Indian Buddhist Patriarchs in China, Hans-Rudolf Kantor, *China Review International*，Vol. 23，No. 1，2016.

Review：Conceiving the Indian Buddhist Patriarchs in China, R. Overbey, *Journal of Chinese Religions* 44，2016.

Living Karma：The Religious Practices of Ouyi Zhixu by Beverly Foulks Mcguire（review），Beata Grant, *Journal of Chinese religons* 1，2016.

Modern Chinese religion I：Song – Liao – Jin – Yuan（960 – 1368 AD）ed. by John Lagerwey and Pierre Marsone（review），Barend Ter Haar, *Journal of Song – Yuan studies* 45，2016.

Oedipal God：The Chinese Nezha and HisIndian Origins（review），Megan Bryson, *Journal of Chinese religions* 22，2016.

Spreading Buddha's Word in East Asia：The Formation and Transformation of the Chinese Buddhist Canon（Review），Elizabeth

Morrison, *China Review International* 4, 2016.

The Making of Transcultural Lyricism in Su Manshu's Fiction, Jane Qian Liu, *Modern Chinese Literature and Culture* 2, 2016.

The Records of Mazu and the Making of Classical Chan Literature by Mario Poceski (review), Pei – Ying Lin, *Journal of Chinese religions* 2, 2016.

Buddhist Tales of Lü Dongbin, Joshua Capitanio, *T'oung Pao* 102, 2016.

Catching Shadows: Wang Fuzhi's (1619 – 1692) Lyrics and Poetics, Yingzhi Zhao, *Chinese Literature: Essays, Articles, Reviews (Clear)* 38, 2016.

Collating the Chinese Texts for a Bilingual Edition of David Hawkes's Translation of, "The Story of the Stone", Shenyu Fan, *Chinese Literature: Essays, Articles, Reviews (Clear)* 38, 2016.

"Rencontres hérétiques dans les monastères de Kaifeng: le bouddhisme tantrique vu par le roman en langue vulgaire des Ming et des Qing" (开封佛寺中的异端相会——明清通俗小说中的密教), Durand – Dastès, Vincent (戴文琛), in Vincent Durand – Dastès, ed., *Empreintes du tantrisme en Chine et en Asie orientale: imaginaires, rituels, influences*, Leuven: Peeters, pp. 27 – 62, 2016.

"Le renouveau des études sino – tantriques, 1990 – 2010" (汉传密教研究新动向, 1990—2010), Durand – Dastès, Vincent (戴文琛), in Vincent Durand – Dastès, ed., *Empreintes du tantrisme en Chine et en Asie orientale: imaginaires, rituels, influences*, Leuven: Peeters, p. 271 – 280, 2016.

"Résumé des conférences de l'année 2014—2015 Bouddhisme chinois. Ⅰ. Recherches sur le Fayuan zayuan yuanshi ji de Sengyou（445 – 518）, première anthologie de rites bouddhiques（suite：le contenu des juan 4 et 5）Ⅱ. Lecture de biographies de moines des Six Dynasties（suite du juan 12 du Gaoseng zhuan：les maîtres qui récitèrent abondAsia Major, ment les écritures）"（2014—2015 年度学术报告提要 中国佛教：Ⅰ. 第一部佛教仪式集——僧祐（445？518）《法苑雜縁原始集》研究（续：第四、五卷内容）Ⅱ. 六朝时期僧人传记阅读（《高僧传》第十二卷"诵经"续）），Hureau, Sylvie（何玉惟）, *Annuaire de l'école pratique des hautes études*, *Section des sciences religieuses*, n° 123：33 – 42, 2016。

From Cultural Ghosts to Literary Ghosts – Humanisation of Chinese Ghosts in Chinese Zhiguai, Maria Fleischhack and Elmar Schenkel, in *Ghosts – or the（Nearly）Invisible：Spectral Phenomena in Literature and the Media*, Peter Lang AG, 2016.

李商隠の詩歌と仏教—時空認識と典故表現について、加固理一郎，『中国文化』74：67 – 79, 2016。

『惜穀宝卷』について—咸豊期—宝卷における文学と宗教，松家裕子，『桃の会論集七集』西王母桃の会編，京都，朋友書店，59 – 104, 2016。

2017 年

习凿齿《与释道安书》考释——兼论日本古抄本《高僧传》卷五异文现象，武绍卫，域外汉籍研究集刊，第 15 辑，2017 年。

论日本古写经中的《广弘明集》——以卷二十二和卷三十为中心，河上麻由子，域外汉籍研究集刊，第15辑，2017年。

五山版《佛祖历代通载》考述，杨志飞，域外汉籍研究集刊，第15辑，2017年。

印度佛教神话研究的追本溯源之作——陈明《印度佛教神话：书写与流传》评介，李小荣，中国俗文化研究，第14辑，2017年。

敦煌诗歌校注札记，张福通，古典文献研究，第19辑下卷，2017年。

日藏南宋圭堂居士《佛法大明录》文献价值考述，金程宇，古典文献研究，第19辑下卷，2017年。

斋供科仪所载取经故事与平话系统《西游记》关系考，左怡兵，古典文献研究，第19辑上卷，2017年。

首都博物馆藏《佛说如来八相成道经讲经文》考，段真子，唐研究，第22辑，2017年。

中国古代宗教题材戏剧分类述评，曲劲竹、赵玉霞，延边教育学院学报，2017年，第4期。

石濂大汕赴越南弘法探析——基于《海外纪事》的考察，孙少飞，世界宗教文化，2017年，第4期。

杜诗在日本五山禅林文学中的典范地位的形成——以杜诗阅读与阐释为中心，曹逸梅，新国学，第14卷，2017年4月。

禅宗语录中"漏逗"的几种用法，祁伟，新国学，第15卷，2017年12月。

《聊斋志异》的"食秽"故事与道教母题，董恬，新国学，第15卷，2017年12月。

六朝的转经与梵呗，陈志远，佛学研究，2017 年，第 2 期。

关于"中华文化走出去"的思考：以《寒山诗》在美国的译介为例，刘珊，中国宗教，2017 年，第 8 期。

五代北宋时期禅宗的特殊嗣法——以《禅林僧宝传》为中心，葛洲子，佛学研究，2017 年，第 2 期。

觉浪道盛禅学思想新探——以"天地"为中心的考察，孙国柱，佛学研究，2017 年，第 2 期。

早期幽州佛教研究札记四则，尤李，佛学研究，2017 年，第 2 期。

敦煌古写本《降魔变文》与释迦牟尼身世之谜——兼论美国汉学家 Victor Mair 的跨文化研究，洪涛，国际中国文学研究丛刊，2017 年，第 1 期。

亮阿阇梨兼意《香要抄》与古籍整理研究——以佛典为中心，梁晓虹，国际中国文学研究丛刊，2017 年，第 1 期。

镜中映射出的心——西行咏中的"镜"与佛道，荒木优也、勾艳军，国际中国文学研究丛刊，2017 年，第 1 期。

禅籍"漏逗"考论，雷汉卿、李家傲，励耘语言学刊，2017 年，第 2 期。

敦煌文献与佛经异文研究释例，谭翠，古籍研究，2017 年，第 2 期。

王阳明的佛禅思想与诗歌创作，王镱苏，泰州学术，2017 年，第 1 期。

佛传与僧传——中印佛教传记文学比较研究，侯传文，东方论坛，2017 年，第 6 期。

诗禅"妙悟"的相合相离，董德英，东方论坛，2017 年，第

6 期。

略论中国"古典禅"与《维摩经》，龚隽，杭州师范大学学报，2017 年，第 6 期。

从"贾岛现象"透视晚唐佛禅山水诗"苦谛"主题，丁红丽，邵阳学院学报，2017 年，第 6 期。

佛家生命智慧与中土生死观念，刘春明、王树海、王永丹，文艺争鸣，2017 年，第 12 期。

道释思想对山水画影响刍议，曾智焕，新疆艺术学院学报，2017 年，第 4 期。

对儒、道、佛中国语境之考量——读韦伯的《儒教与道教》，王玉，阿坝师范学院学报，2017 年，第 4 期。

唐、宋时期"渡水僧"图像探析，张凯，美术观察，2017 年，第 12 期。

大慧宗杲禅法对"禅净合流"的影响探析，耿静波，兰台世界，2017 年，第 24 期。

论《人间词话》中"人生三境界"的禅学意味，赵泓，湖北工业大学学报，2017 年，第 6 期。

道佛经典中的语言观比较研究，刘雅倩、张丽娟，中州学刊，2017 年，第 12 期。

傅奕《高识传》考论，刘林魁，宗教学研究，2017 年，第 4 期。

论苏曼殊的禅诗，张勇，宁波广播电视大学学报，2017 年，第 4 期。

一行禅师与越南佛教的国际化，杨健，世界宗教文化，2017 年，第 6 期。

敦煌写本《圆明论》录校与研究，韩传强，敦煌研究，2017年，第 6 期。

论禅学与宋元文人画的思想关联，江澜，文艺研究，2017年，第 12 期。

论阳明诗歌艺术美的三个向度，尚荣，福建论坛，2017年，第 12 期。

神道教、禅门佛教及儒学思想文化观照下的武士道精神内核，张璟，才智，2017 年，第 34 期。

宝珠崇拜与佛道文化——还珠楼主小说的一个神秘文化渊源，刘卫英、李亚佛，学术交流，2017 年，第 12 期。

元末明初诗僧释妙声考论，高军，文教资料，2017 年，第 Z1 期。

浪子和尚的俗艳情怀，刘林奇，文教资料，2017 年，第 Z1 期。

佛典目录的特点及成就初探，郝婧、罗毅峰，文教资料，2017 年，第 Z1 期。

唐代佛香流通研究，刘红艳、温翠芳，文学教育，2017 年，第 12 期。

竹禅和尚蒙难真相考，曾友和，普陀学刊，2017 年，第 3 期。

佛道《受生经》的比较研究（下），姜守诚，老子学刊，2017 年，第 2 期。

西夏文《经律异相》中的佛、俗时间概念，杨志高，西夏学，2017 年，第 1 期。

西夏文《圣胜相顶尊母成就法》考释，段玉泉，西夏学，2017 年，第 2 期。

莫高窟第 245 窟主尊定名考，张世奇、郭秀文，西夏学，2017年，第 2 期。

酒泉文殊山万佛洞西夏四角天王图像初探，李甜，西夏学，2017 年，第 2 期。

禅与唐宋诗学，张晶，中华读书报，2017 年 11 月 29 日。

从舍浊求净到浊净双遣——论禅宗禅法思想之演进，汪韶军，中南大学学报，2017 年，第 6 期。

"荆楚二梅"对晚明禅风的推动，吴福秀，湖北师范大学学报，2017 年，第 6 期。

大理国写经《诸佛菩萨金刚等启请》与唐代不空所传经轨的比较研究，黄璜，古籍整理研究学刊，2017 年，第 6 期。

宗泽诗歌论略，张谦，濮阳职业技术学院学报，2017 年，第 6 期。

三通北魏佛道造像碑的误读与重释，罗宏才，南京艺术学院学报，2017 年，第 6 期。

《格斯尔》降妖救妻故事变体与佛传关系考述，斯钦巴图，西北民族研究，2017 年，第 4 期。

俄藏西夏文《佛说瞻婆比丘经》残卷考，麻晓芳，西夏研究，2017 年，第 4 期。

西夏文《过去庄严劫千佛名经》发愿文之西北方音及相关问题，崔红芬，宁夏社会科学，2017 年，第 6 期。

寒山诗的佛理禅趣——以"月"意象为研究对象，史可悦，大众文艺，2017 年，第 21 期。

论佛教造像衣纹造型特征，丁杰，收藏家，2017 年，第 11 期。

敦煌壁画中椅子图式的汉化与发展，邵晓峰，民族艺术，2017年，第5期。

从公文写作角度剖析韩愈《论佛骨表》，陈玥，现代语文，2017年，第11期。

文心雕筑佛性空间，汉传龙纹草原风格——通过《文心雕龙》的佛学性品析包头汉传佛教建筑，辛思颖、白胤，中外建筑，2017年，第11期。

北石窟寺165窟七佛造像艺术特色，董文强，文物鉴定与鉴赏，2017年，第11期。

山谷诗在日本五山禅林的流传与阅读——以万里集九《帐中香》为例，绿川英树，新宋学，2017年，第1期。

台州与日僧最澄学佛传茶，竺秉君，农业考古，2017年，第5期。

皎然与陆羽：诗茶结缘的禅意人生，李广德，农业考古，2017年，第5期。

诗情·禅意·哲理——王维《辛夷坞》主旨探微，程朝晖，黄冈职业技术学院学报，2017年，第5期。

高僧隐元东瀛开宗的现代启示——刍议黄檗宗东传日本的条件，李铭佳，法音，2017年，第10期。

王昶的禅学之嗜与"吏隐"心态，武云清，西北师范大学学报，2017年，第6期。

禅僧橘洲宝昙嗣法身份辨析，何宇，安徽文学，2017年，第10期。

盛唐士人的道德自觉与禅传播的关系，季爱民，世界宗教研究，2017年，第5期。

元代禅僧明极楚俊茶诗《山居》解读，孙峰，中国茶叶，2017 年，第 10 期。

"苏化的面目"：苏轼以佛禅和陶，秦蓁，乐山师范学院学报，2017 年，第 10 期。

汉译佛经故事神通类型与话语功能研究，王红，甘肃广播电视大学学报，2017 年，第 5 期。

徐渭释家类诗歌略论，王彦明，贵州工程应用技术学院学报，2017 年，第 5 期。

文心与佛心——论星云大师的传记文学，吴章燕，贵州工程应用技术学院学报，2017 年，第 5 期。

敦煌金光明寺与世俗社会的关系，陈大为、陈卿，敦煌研究，2017 年，第 5 期。

红螺寺僧史小考，邢东风，北京社会科学，2017 年，第 10 期。

巴蜀石窟五十三佛图像考察，邓新航，中国美术研究，2017 年，第 3 期。

《弘明集校笺》商补，朱春雨，南京师范大学文学院学报，2017 年，第 3 期。

刍议中古佛典序跋的文献价值，赵纪彬，图书馆理论与实践，2017 年，第 9 期。

日常生活史视野下隋唐时期的佛道融合——以僧人与道士为中心的考察，于志刚，宁夏大学学报，2017 年，第 5 期。

宋初诗僧释智圆西湖诗考论，宋雪玲，浙江树人大学学报，2017 年，第 5 期。

加里·斯奈德生态诗歌的佛禅解读，曾俊秀，焦作师范高等专科学校学报，2017 年，第 3 期。

宋代禅师禅法语录管窥，耿静波，中国社会科学报，2017 年 9 月 26 日。

姚广孝对程朱排佛论的回应，许潇，福建师范大学学报，2017 年，第 5 期。

汉文佛典：谱写汉字研究新篇章，郑贤章，湖南师范大学学报，2017 年，第 5 期。

《五灯会元》讲记：雪峰义存（下），张文江，上海文化，2017 年，第 9 期。

从敦煌本《佛说孝顺子修行成佛经》到《金牛宝卷》，王晶波，敦煌学辑刊，2017 年，第 3 期。

石头希迁与禅宗解缚公案之探究，黄凯，中山大学研究生学刊，2017 年，第 3 期。

日僧无著道忠《虚堂录犁耕》俗语词训释平议，王长林，域外汉籍研究集刊，第 16 辑，2017 年。

棋茶一味可通禅——从陆游的棋诗、茶诗看中国古代文人的生存方式与审美趣味，盛敏、刘仲华，湘潭大学学报，2017 年，第 5 期。

钱钟书的佛典笔记及其修辞比较研究，张治，中山大学学报，2017 年，第 5 期。

中古佛典序跋讲说方式的譬喻性，赵纪彬，唐都学刊，2017 年，第 5 期。

聚云吹万禅系研究，段玉明，宗教学研究，2017 年，第 3 期。

日僧源信求决知礼相关史实考释，张凯，宗教学研究，2017 年，第 3 期。

蜀僧大休与《大休上人遗著》探析，董粉和，宗教学研究，2017 年，第 3 期。

弥勒：作为慈氏菩萨的人间情怀——评王雪梅《弥勒信仰研究》，王大伟，宗教学研究，2017 年，第 3 期。

初唐佛典异文类例，王绍峰，湖州师范学院学报，2017 年，第 9 期。

晚明画家宋旭的山水及佛画，王敏庆，荣宝斋，2017 年，第 9 期。

畏兀儿诗僧儒鲁山与元代江南诗坛，王亚伟，民族文学研究，2017 年，第 5 期。

《洛阳伽蓝记》的政治文化省思，杨柳，青海师范大学学报，2017 年，第 5 期。

新见圣历二年《佛说佛顶尊胜陀罗尼经》幢的文献价值，李淑，文献，2017 年，第 5 期。

法显《佛国记》中的苦难叙事，阳清，山西师范大学学报，2017 年，第 5 期。

朝市与佛境：钟鼓之声佛教意蕴的生成及发展，吴冠文，东南学术，2017 年，第 5 期。

净土像化与慧远诗文创作之"境界三阶"，陈方，东南学术，2017 年，第 5 期。

记四体合璧《七佛塔碑》，朱志美、萨仁高娃，文津学志，2017 年，第 1 期。

另一种视角看禅与诗学——评张勇《贝叶与杨花——中国禅学的诗性精神》，潘务正，中国诗学研究，2017 年，第 1 期。

浅析禅意景观的"色"与"空"，徐双、李鹏波，山东林业科技，2017 年，第 4 期。

苏东坡禅宗理念与禅诗辨析，吴洪激，黄冈职业技术学院学报，2017 年，第 4 期。

论王维禅诗之三境，夏新秀，黄冈职业技术学院学报，2017 年，第 4 期。

儒道佛哲学视域下的《文心雕龙》研究述论，朱文民，语文学刊，2017 年，第 4 期。

《普庵家宝》笺注释义及其禅学思想探析，杨永俊，宜春学院学报，2017 年，第 8 期。

北宋亲佛士大夫家庭研究，徐爽，地方文化研究，2017 年，第 4 期。

北朝浴佛图像研究，马继东，贵州大学学报，2017 年，第 4 期。

南朝的总集编纂与文学观念之辨——兼论《文选》与《弘明集》的选录理念，刘玉叶，郑州轻工业学院学报，2017 年，第 4 期。

禅宗语用之道的终极解密，李满，南昌师范学院学报，2017 年，第 4 期。

从"解脱"嗅《〈红楼梦〉评论》中的"佛味"，韩玲玲，名作欣赏，2017 年，第 23 期。

蕅益智旭大师的忏悔思想，贺志韧，中国佛学，2017 年，第 2 期。

净影慧远佛性思想研究，智清，中国佛学，2017 年，第 2 期。

偈文体源流和形态，张海鸥、李琼艳，新疆大学学报，2017 年，第 4 期。

试论苏轼诗词中的禅思与禅趣，官方，韶关学院学报，2017年，第7期。

天津地区的经忏佛乐，阎续，大众文艺，2017年，第13期。

从佛典语境看苏轼的佛教居士形象，萧丽华，长江学术，2017年，第3期。

论言意之辨在佛学领域的显现，潘龙凤，名作欣赏，2017年，第20期。

柳宗元与佛教，董名杰，书屋，2017年，第7期。

《明僧弘秀集》疑难字考，温志权、詹绪左，汉语史研究集刊，2017年，第1期。

加里·斯奈德神话长诗中的"寒山—禅—生态"命题研究，谭琼琳，英美文学研究论丛，2017年，第1期。

宋代诗画中的禅趣探颐，王松梅，美与时代，2017年，第6期。

舍利的失窃、仿制及与禅门公案之因缘，夏金华，哲学分析，2017年，第3期。

麦积山石窟弥勒像教思想探析——兼谈丝绸之路弥勒信仰造像，项一峰，法音，2017年，第6期。

唐初五台山佛光寺的政治空间与宗教构建，任思捷，建筑学报，2017年，第6期。

论宋代的禅茶诗，江朝辉、王正刚，美食研究，2017年，第2期。

论艺术家如何去蔽——借禅宗佛的世界谈去蔽，钱文杰，美与时代，2017年，第6期。

炳灵寺第70窟无量寿经变辨识，贺延军，西藏研究，2017

年，第 3 期。

中国传统文化与儒道佛，徐小跃，中国文化报，2017 年 6 月 6 日。

莫高窟第 220 窟甬道南壁宝冠佛像浅析，张小刚，丝绸之路研究集刊，2017 年，第 1 期。

唐代茶诗的文化特质再认识，曹向华，福建茶叶，2017 年，第 5 期。

三教圆融视域下唐代文人价值观的变迁，房瑞丽，孔子研究，2017 年，第 3 期。

《比丘尼传校注》异文考辨，丁庆刚，青海师范大学学报，2017 年，第 3 期。

八大山人与禅学，刘墨，荣宝斋，2017 年，第 5 期。

禅意绘画中的禅宗美学观，易阳，民族艺术研究，2017 年，第 2 期。

诗僧可朋：其人及其诗，彭华，蜀学，2017 年，第 1 期。

试析隋代弥勒信众起事的时代背景，胡鹏，海南热带海洋学院学报，2017 年，第 6 期。

三祖天然禅寺与丹霞天然禅师，王政芳，黄冈职业技术学院学报，2017 年，第 2 期。

五祖法演及其门下"三佛"与"吃茶去"觅踪，舒曼，农业考古，2017 年，第 2 期。

绝海中津《山居十五首次禅月韵》考辨，高兵兵，日语学习与研究，2017 年，第 2 期。

北宗禅文献梳理及研究，韩传强，中国社会科学报，2017 年 4 月 18 日。

禅籍疑难词语考四则，詹绪左、周正，古汉语研究，2017 年，第 2 期。

论石濂大汕自画像及其画学渊源——以《行迹图》为中心的研讨，谷卿，世界宗教文化，2017 年，第 2 期。

1657 年隐元禅师付即非源流手迹考释，马旭明，世界宗教文化，2017 年，第 2 期。

敦煌本《秀禅师劝善文》考释，杨富学、张田芳，世界宗教文化，2017 年，第 2 期。

论方孝孺的辟佛思想及其动因，金紫微，浙江社会科学，2017 年，第 4 期。

论我国古代佛典译道的知识谱系，华满元，外国语文研究，2017 年，第 2 期。

山水有禅音——论髡残之禅学画理，魏云飞，荣宝斋，2017 年，第 4 期。

佛道《受生经》的比较研究（上），姜守诚，老子学刊，2017 年，第 1 期。

元叟行端禅师思想浅析，陈明波，五台山研究，2017 年，第 1 期。

"以禅喻诗"：从"喻"字说起——严羽《沧浪诗话》"妙悟说"述评，张军强，阜阳职业技术学院学报，2017 年，第 1 期。

唐末五代禅僧明招德谦相关史料及偈颂辑考，金程宇，域外汉籍研究集刊，第 15 辑，2017 年。

中国佛教经塔写本流变考，陈亚建，南京艺术学院学报，2017 年，第 2 期。

偈颂与赞歌——中印佛教歌诗初探，侯传文，东方论坛，2017

年，第 1 期。

清末琴僧牧村史料钩沉，严晓星，湖南科技学院学报，2017年，第 3 期。

佛曲《四季莲华乐》研究，袁静芳，中央音乐学院学报，2017 年，第 1 期。

敦煌莫高窟第 390 窟绘塑题材初探，王惠民，敦煌研究，2017年，第 1 期。

唐僧皎然研究综述，张国勇，中国佛学，2017 年，第 1 期。

赞宁的生平及其所处时代的社会环境和思想背景，圣圆，中国佛学，2017 年，第 1 期。

厌离、转身与授记——以女身成佛为中心，程群，浙江学刊，2017 年，第 1 期。

明代宁夏佛教考述，仇王军，宁夏社会科学，2017 年，第1 期。

禅学研究的新收获——评《云门宗源流述略》，郑平，韶关学院学报，2017 年，第 1 期。

"渔父词"的休闲意蕴，徐峰，文艺评论，2017 年，第 1 期。

神圣信仰与经典权力——论佛教经典信仰的形成及其功能，杨剑霄，江海学刊，2017 年，第 1 期。

五山汉诗中的禅意，马蕙颖，日语学习与研究，2017 年，第1 期。

弘赞在犙生平与著作述略，郑兴中，肇庆学院学报，2017 年，第 1 期。

大梅法常二偈之流传轨迹，陈尚君，古典文学知识，2017 年，第 1 期。

《水浒传》与禅宗丛林制度，项裕荣，文史哲，2017 年，第 4 期。

宋释居简生平与《北礀文集》版本考述，纪雪娟，宋史研究论丛，2017 年，第 1 期。

吴嵩梁题画诗风貌初探，秦芳，世界文学评论，2017 年，第 2 期。

吴嵩梁著述考略，秦芳、陈饴媛，枣庄学院学报，2017 年，第 4 期。

慧思禅师与南岳立寺——以慧思"神仙方术"为中心，陈安民，南华大学学报，2017 年，第 4 期。

重返净土——从丁云鹏《白马驮经图》看晚明佛教世俗化，高山，荣宝斋，2017 年，第 8 期。

莲心禅韵，唐宋禅诗中的莲文化，刘芳，中国宗教，2017 年，第 8 期。

再谈敦煌写卷 P. 2001 号：学术史与《大唐西域求法高僧传》的书名，王邦维，清华大学学报，2017 年，第 5 期。

以音声为佛事——禅门音乐审美化生存方式，皮朝纲，西南民族大学学报，2017 年，第 3 期。

唯以老庄说老庄——从《集古今佛道论衡》看唐初高僧对老庄的理解，韩焕忠，商丘师范学院学报，2017 年，第 8 期。

儒体佛用：阳明心学美学对禅宗美学思想的融摄，刘继平，贵阳学院学报，2017 年，第 4 期。

中古佛典序跋的人物传志价值刍论，赵纪彬，学术探索，2017 年，第 8 期。

汉文佛典数据库建设刍议，辛睿龙，编辑之友，2017 年，第

8 期。

从儒佛之辨看阳明心学的真精神，刘立夫、熊敏秀，湖南大学学报，2017 年，第 4 期。

中古佛律文献语言研究现状述评，鲁杰，内江师范学院学报，2017 年，第 7 期。

毛滂佛禅诗简论，张鹏飞，濮阳职业技术学院学报，2017 年，第 4 期。

佛心禅境：高僧隐元的墨迹用印，马旭明，中国宗教，2017 年，第 7 期。

儒佛兼融的阳明诗文，周笃文，中国韵文学刊，2017 年，第 3 期。

沈宜修的诗情禅意与生命嬗变，戴菁，北方论丛，2017 年，第 4 期。

王维《木兰柴》佛理阐微，曹阳，名作欣赏，2017 年，第 21 期。

从佛禅术语看《沧浪诗话·诗辨》的"诗道"体系，李大西，创新，2017 年，第 4 期。

苏轼与佛禅研究百年述评，吴光正，社会科学研究，2017 年，第 4 期。

楚石梵琦的禅净双修与《西斋净土诗》创作，吴光正，社会科学战线，2017 年，第 5 期。

中国古代佛教史家对梁武帝"崇佛亡国"说的驳斥与再解释，郭琳，五台山研究，2017 年，第 2 期。

真幻流转：《聊斋志异》的壁间世界及佛道之思，王一雯，蒲松龄研究，2017 年，第 2 期。

残荷禅韵的文化解读与美学观照，余安安，中华文化论坛，2017 年，第 6 期。

东汉佛典中的原始佛教音乐，汤仕普，四川戏剧，2017 年，第 6 期。

宋代禅僧临终偈中的般若观，王嘉宁，湖南广播电视大学学报，2017 年，第 2 期。

禅桨荡漾心灵歌——苏轼耽禅原因考略，刘伟，平顶山学院学报，2017 年，第 3 期。

佛教初入中国时的佛道关系，马伯乐、胡锐，宗教学研究，2017 年，第 2 期。

苏轼佛教思想研究——从苏轼三教作品看宋代士大夫的思想特色，陆雪卉，宗教学研究，2017 年，第 2 期。

敦煌文献四种疑似《佛本行集经》讲经文考辨，刘秋兰，绵阳师范学院学报，2017 年，第 6 期。

哲学的美学化：魏晋玄佛互融对传统人格美学的影响，李杰，人文杂志，2017 年，第 6 期。

论王维诗歌的禅，解文政，北方文学，2017 年，第 5 期。

宗派与社群：清初逃禅的宗教文化解读——以复社逃禅群体为切入点，刘敬、陈洪，南开学报，2017 年，第 3 期。

俄藏黑水城《佛说大乘圣无量寿王经》及相关问题考略，崔红芬，宁夏社会科学，2017 年，第 3 期。

红楼佛花水芙蓉，乔孝冬，曹雪芹研究，2017 年，第 2 期。

借景寓意 缘境观空——辨析文人画与禅画之异同，邓绍秋，西南民族大学学报，2017 年，第 5 期。

佛典"焰"类词研究，曾昭聪，武陵学刊，2017 年，第 3 期。

仕宦、生活与佛道：史浩思想探析，李超，宁波大学学报，2017年，第3期。

从"万历本"到"崇祯本"：《金瓶梅》佛眼叙事初探，李沙，安徽文学（下半月），2017年，第4期。

敦煌莫高窟第76窟八塔变佛传图像源流探讨，陈清香，敦煌研究，2017年，第2期。

《春秋》纪事与中古佛诞诸说，刘林魁，世界宗教研究，2017年，第2期。

周敦颐与佛教，万里，湖南科技学院学报，2017年，第4期。

苏轼的佛禅因缘与般若智慧，周裕锴，中华文化论坛，2017年，第3期。

明清黔中文士之佛教因缘及涉佛诗文内涵探赜，杨锋兵，中华文化论坛，2017年，第3期。

严佛调是翻译文殊经典的第一位中国僧人，印顺，五台山研究，2017年，第1期。

佛解《中庸》之肇端：释智圆的《中庸子传》，王继侠，湖南社会科学，2017年，第2期。

我国传统论赞文体的源流及其与敦煌佛赞之异同，王志鹏，兰州学刊，2017年，第3期。

杜甫涉佛诗歧解辨证三题，陈道贵，杜甫研究学刊，2017年，第1期。

王维禅画的文艺理论研究，方志宏，信阳农林学院学报，2017年，第1期。

敦煌本《佛说大乘稻芉经》及其注疏残卷缀合研究，张涌泉、刘明，浙江师范大学学报，2017年，第2期。

苏轼黄州时期的佛禅精神与思想变迁，陆雪卉，乐山师范学院学报，2017 年，第 3 期。

从家乡走向远方的唐代诗僧寒山——加里·斯奈德英译寒山诗歌问题探析，乔莉萍、刘思佳，黑龙江社会科学，2017 年，第 2 期。

曹植私制鱼山梵呗如何成为中国佛乐的标本，崔炼农，西南民族大学学报，2017 年，第 3 期。

疑情与顿悟——高峰原妙的禅学思想，刘钊，大庆师范学院学报，2017 年，第 2 期。

袁枚诗歌的佛学好尚，黄文翰，运城学院学报，2017 年，第 1 期。

浅析王维山水诗中的禅意，薄晓婧，名作欣赏，2017 年，第 8 期。

浅论王维诗白描手法与禅境的塑造，王希萌，名作欣赏，2017 年，第 8 期。

佛乐传播与国家在场——以瑜伽焰口仪轨音乐为例，胡晓东，民族艺术，2017 年，第 1 期。

从《桂林风土记》看唐代桂林民众对佛道二教的接受，殷祝胜，广西民族研究，2017 年，第 1 期。

隋前汉译佛典中的观音形象及其在中土文学中的表现，王早娟，宝鸡文理学院学报，2017 年，第 1 期。

宋代马远《三教图》儒佛道始祖像评说，安国楼、刘娜，世界宗教研究，2017 年，第 1 期。

从《武林纪游十首》看魏源早期涉佛心态，蒋玉兰，现代语文，2017 年，第 2 期。

论司空图的佛教爱好及背景——从"储善之佑"说谈起，李珺平，青海社会科学，2017年，第1期。

《观无量寿经》考（上），福原隆善，释象本，法音，2017年，第1期。

简论意境与禅境之别及其绞缠——兼答杨矗诸君，顾祖钊，文艺理论研究，2017年，第1期。

论王维禅诗的美感特质，张锦辉，海南大学学报，2017年，第1期。

《坛经》译介对越南陈朝禅学思想的影响——以陈太宗为例，阮友贤，人文杂志，2017年，第1期。

浅析苏轼之"顺物自然"诗禅艺术，张杰，兰州文理学院学报，2017年，第1期。

人性即佛性，烦恼即菩提——《无风之树》中的"暖玉"与《续玄怪录》中的"锁骨菩萨"形象比较，闫敏，名作欣赏，2017年，第2期。

论禅宗语言交际的终极合作，陈伟英，浙江大学学报，2017年，第2期。

东晋南朝的《小品》般若信仰——以《世说新语》与《冥祥记》为中心，何剑平、郑勇，南开学报，2017年，第3期。

禅宗交际行为特点初探——以《景德传灯录》为例，陈家春，中华文化论坛，2017年，第7期。

禅宗文献中杨亿形象的变迁，李瞳，学术研究，2017年，第4期。

程颢、程颐理学思想与佛教关系阐微，耿静波，山西师范大学学报，2017年，第2期。

《五灯会元》中的"出队"并非"出队列",邱震强,华夏文化,2017年,第2期。

宋本《释氏六帖》所引《宝林传》考,钱汝平,温州大学学报,2017年,第4期。

《五灯会元》马鸣尊者偈训诂,邱震强、柳盏,湘南学院学报,2017年,第1期。

僧伽生平和僧伽信仰考,孙应杰,世界宗教研究,2017年,第1期。

宋初"九僧"诗人群体形成辨,朱新亮,宁波大学学报,2017年,第1期。

佛教家僧渊源考述,左金众,河南工业大学学报,2017年,第4期。

唐代佛门药僧之考证,李熙灿、赵小军、谢虹、谢雨露,科教文汇(上旬刊),2017年,第2期。

论明清贵州僧诗的特色,杨锋兵,中南民族大学学报,2017年,第3期。

《红楼梦》中尼僧道士形象论析,孟庆茹,北华大学学报,2017年,第1期。

中古西域僧传的文学倾向考察,何雪利、阳清,百色学院学报,2017年,第3期。

入唐求法僧最澄和圆仁对日本禅宗的影响,师敏,五台山研究,2017年,第2期。

释僧祐《胡汉译经文字音义同异记》,黄小芃,中华文化论坛,2017年,第8期。

论东晋僧诗的特殊性,王蒙,焦作大学学报,2017年,第

1 期。

诗僧齐己生平诸问题之考释，胡大浚，兰州学刊，2017 年，第 8 期。

"僧伽大师与佛教中国化"学术研讨会综述，杨健，世界宗教研究，2017 年，第 3 期。

唐诗僧寒山生卒年考证，任志良，邢台学院学报，2017 年，第 2 期。

相映成趣的颠僧与疯神——济公故事与"惹事者"故事的对比分析，石松，湖北师范大学学报，2017 年，第 1 期。

"平生宗释复宗儒"：宋僧智圆的认同危机与身份确认——以《中庸子传》之分析为核心，苏畅，史林，2017 年，第 2 期。

西方汉学家中国古典文化情结的宗教式投射——论高罗佩《大唐狄公案》中的僧侣形象塑造，王凡，扬州大学学报，2017 年，第 3 期。

司空图的《为惠确化募雕刻律疏》与唐代后期佛教典籍的印制规模，辛德勇，中原文化研究，2017 年，第 3 期。

敦煌遗书《毗尼心》与莫高窟 196 窟比较研究，圣凯，西南民族大学学报，2017 年，第 7 期。

明末清初滇南高僧苍雪诗歌整理与研究论略，乔立智、郑少会，西南石油大学学报，2017 年，第 2 期。

虚云大师诗歌创作特征析论，党晓龙，五台山研究，2017 年，第 2 期。

唐僧家世传说的源头探析，李洪甫，淮海工学院学报，2017 年，第 2 期。

关于唐僧身世情节研究的补证，张瑞敏，河北北方学院学报，

2017 年，第 1 期。

吐蕃高僧益西央考辨，华青道尔杰，青海民族研究，2017 年，第 1 期。

吐蕃高僧吴法成生平三题，徐键，敦煌学辑刊，2017 年，第 1 期。

《药师经》真伪问题新论，王飞朋，四川大学学报，2017 年，第 1 期。

惠觉禅师碑再考，余国江，北方文物，2017 年，第 1 期。

论释明河《补续高僧传》的叙事特点，金建锋，宜春学院学报，2017 年，第 4 期。

雪村友梅汉诗与中国文化的关联——以《岷峨集》为中心，高贝，日语学习与研究，2017 年，第 2 期。

贯休研究综述，顾盼盼，美与时代（中），2017 年，第 7 期。

论明本禅师的组诗创作及影响，李正春，苏州科技大学学报，2017 年，第 1 期。

中道与诗法——中国诗学的审美感悟之五，张晶，北京大学学报，2017 年，第 3 期。

八指头陀的孝悌之思，韩焕忠，湖北工程学院学报，2017 年，第 2 期。

有关"释道安"的文献记载辨正——以《世说新语》及刘孝标注为对象，王荣国、林友德，西南民族大学学报，2017 年，第 5 期。

南宋五山禅林的公共交往与四六书写：以疏文为中心的考察，戴路，中南大学学报，2017 年，第 3 期。

英藏 S. 2014《七夕诗并序》释读，冯和一，汉语言文学研究，

2017 年，第 1 期。

支遁集成书及版本考论，刘明，图书馆研究与工作，2017 年，第 8 期。

《大慈灵和尚觉灵神道碑》碑文考释，燕飞，文物世界，2017 年，第 2 期。

融会空有——《坛经》对《金刚经》思想的继承和发挥，彭焱姝、宋霞，衡阳师范学院学报，2017 年，第 1 期。

"东亚文献与文学中的佛教世界国际学术研讨会"召开，杨刚、陈宪良，文学遗产，2017 年，第 2 期。

六朝佛教行记文献十种叙录，阳清、刘静，大学图书馆学报，2017 年，第 1 期。

佛法与诗的相遇：从北京法源寺丁香诗会说起，于潇，中国宗教，2017 年，第 4 期。

《长阿含经》中的佛教音乐美学思想，史一良，人民音乐，2017 年，第 3 期。

袁宏道诗文辑佚及佛教文献的利用，李瑄，浙江学刊，2017 年，第 8 期。

禅苑绽新葩：禅宗音乐美学探讨的理论问题，皮朝纲，绵阳师范学院学报，2017 年，第 7 期。

《道行般若经》译本考释，方广锠，宗教学研究，2017 年，第 2 期。

敦煌文学写卷同抄文献关联之纸张因素，冷江山，古代文学特色文献研究，2017 年，第 8 期。

温庭筠儒释道思想探析，陈丽荣，名作欣赏，2017 年，第 2 期。

近百年敦煌文学整理研究综述，张广财，湖北社会科学，2017年，第1期。

弘一法师佛法行持的诗词灵光，王树海、肖菲，东北师范大学学报，2017年，第1期。

敦煌变文的叙事时空，程洁，保定学院学报，2017年，第1期。

论《洛阳伽蓝记》的艺术之美，邢培顺，聊城大学学报，2017年，第2期。

禅风熏染下白居易、贾岛诗歌创作的不同及原因，蔡星灿，九江学院学报，2017年，第1期。

佛化植物及其咏物诗词的文本解读，李小荣、陈致远，福建师范大学学报，2017年，第2期。

解读敦煌文献 B464：67 之回鹘文诗歌，皮特·茨默、王平先，敦煌研究，2017年，第1期。

论敦煌变文骈句的个性与功能，许松、程兴丽，敦煌研究，2017年，第1期。

《西游记》中宗教因素的再审视，岳玫、张新科，社科纵横，2017年，第3期。

论释皎然的诗歌意象观念，贺孝恩，红河学院学报，2017年，第2期。

佛寺山门在北宋诗歌中的意境与意蕴，贾晓峰，天中学刊，2017年，第3期。

"真心观"：晚明高僧憨山德清的文艺观，曹磊，贵州文史丛刊，2017年，第4期。

"真心观"：晚明一种独特的文艺理念——以"明末四高僧"

为中心，曹磊，浙江师范大学学报，2017年，第6期。

佛教"鼻观"与两宋以来的咏物诗词，李小荣、李苇杭，东南学术，2017年，第3期。

敦煌本《珠英集·帝京篇》作者考实，王素，敦煌研究，2017年，第1期。

佛印东坡交往故事流变及其文化意蕴，曹甘，天中学刊，2017年，第1期。

敦煌写本《启颜录》研究综述，王俊侨，甘肃广播电视大学学报，2017年，第2期。

论鸠摩罗什译经中的文学想象对王维诗文创作的影响，屈玉丽，新疆社会科学（汉文版），2017年，第2期。

论"马王"的密宗起源：马头明王与中国的马祭，夏维明著，王全武译，中国俗文化研究，第14辑，巴蜀书社，2017年。

龟兹壁画中的唐僧——森木塞姆第46窟供养人之个案研究，庆昭蓉获、原裕敏，唐研究，第23辑，北京大学出版社，2017年。

论王维诗文对鸠摩罗什译经"譬喻"的运用，屈玉丽，海南大学学报，2017年，第3期。

百年《洛阳伽蓝记》研究述要，赵莉，郑州师范教育，2017年，第1期。

以禅论杜——傅山文学批评实践举隅，肖艳平，中国文学研究，2017年，第2期。

诗意与禅境的"双关"——贾岛《送无可上人》诗意发微，刘学军，中国诗学，第24辑，人民文学出版社，2017年。

唐代玄奘的圣化，刘淑芬，中华文史论丛，第125辑，上海古籍出版社，2017 年。

作为讲唱文本的敦煌俗赋：以《韩朋赋》为中心，王治田，新国学，第 15 辑，巴蜀书社，2017 年。

隋唐法书屏风考——从莫高窟 220 窟维摩诘经变谈起，史睿，唐研究，第 23 辑，北京大学出版社，2017 年。

《秋胡小说》校注，《敦煌变文全集》课题组，张涌泉，中国俗文化研究，第 13 辑，巴蜀书社，2017 年。

《维摩诘经讲经文（八）》校注，《敦煌变文全集》课题组，何剑平，中国俗文化研究，第 13 辑，巴蜀书社，2017 年。

敦煌文献 S.1497、S.6923、P.4785 "罗睺一心成圣果" 补校与佛教 "孝顺" 思想再阐释，冯和一，中国俗文化研究，第 13 辑，巴蜀书社，2017 年。

宗教总藏与宗教竞争：佛教灵验记研究，康若柏著，陈星宇译，中国俗文化研究，第 13 辑，巴蜀书社，2017 年。

中国的割股奉亲：丝绸之路的舶来品？南恺时、刘朔、普慧、申丽霞，中国俗文化研究，第 13 辑，巴蜀书社，2017 年。

汉梵合璧双音短语词汇化，陈宝勤，中国俗文化研究，第 13 辑，巴蜀书社，2017 年。

《佛说如来八相成道经变文》校注，《敦煌变文全集》课题组，张小艳，中国俗文化研究，第 14 辑，巴蜀书社，2017 年。

《晏子赋》校注，《敦煌变文全集》课题组，罗鹭，中国俗文化研究，第 14 辑，巴蜀书社，2017 年。

《摩诃僧祇律》中的环保思想与文学故事，张煜，中国俗文化研究，第 14 辑，巴蜀书社，2017 年。

敦煌写本《隋净影寺沙门惠远和尚因缘记》研究，郑阿财，敦煌研究，2017 年，第 1 期。

东亚文献与敦煌文学中的佛教无常世界——以九想观诗为中心，郑阿财，中国俗文化研究，第 14 辑，巴蜀书社，2017 年。

《敦煌佛教文学》之学与思，吴旭东，文学教育，2017 年，第 9A 期。

评谭桂林《现代中国佛教文学史稿》，彭继媛，中国现代文学研究丛刊，2017 年，第 6 期。

《赴火蛾赋》意象源流论，董儒，湖南大众传媒职业技术学院学报，2017 年，第 3 期。

海外中国美术史研究的新界面：评《中国视觉文化中的身体与面容》，孙博，艺术设计研究，2017 年，第 4 期。

佛教文献与文学，张旭，国际学术动态，2017 年，第 5 期。

南齐文惠太子萧长懋文辑考，李猛，中国典籍与文化，2017 年，第 2 期。

《西游记》与"目连戏"渊源辨，胡胜，社会科学战线，2017 年，第 7 期。

孙绰《名德沙门题目》考述，阳清，文学遗产，2017 年，第 6 期。

写本学视阈下的敦煌文学生产与传播：以佛教歌辞《十二时·普劝四众依教修行》为例，郑骥、瞿萍，云南师范大学学报，2017 年，第 5 期。

唐朝佛教行记文学的时代趋向，阳清，云南师范大学学报，2017 年，第 4 期。

藏传佛教的生态内涵：以郭雪波的生态小说为例，丁燕，贵州民族研究，2017 年，第 2 期。

晚明山左公氏昆仲的诗学观及其创作取向，王小舒、袁鳞，苏州大学学报，2017 年，第 6 期。

叙事视域下金代塔铭中的高僧角色，孙宏哲，内蒙古民族大学学报，2017 年，第 3 期。

敦煌写本残卷《慧超往五天竺国传》中的五言诗：兼论中世佛教行记的情感抒写及其诗笔，阳清，清华大学学报，2017 年，第 4 期。

论李煜诗词中的佛教意识，姚子奇，合肥师范学院学报，2017 年，第 5 期。

王昌龄以"意"为中心的创作论及其唯识学渊源，蔡宗齐，复旦学报，2017 年，第 4 期。

论李殷相现代时调与佛教思想的交融，吴延华、禹尚烈，东疆学刊，2017 年，第 2 期。

佛教譬喻影响中国文学举例，赵伟，东方论坛，2017 年，第 6 期。

汉传佛教中的鬼子母形象衍变考述，夏广兴、鲍静怡，兰州大学学报，2017 年，第 5 期。

论敦煌变文中韵文英译的散体化：《目连救母》三译本之比较研究，肖志兵，东方翻译，2017 年，第 2 期。

鲁迅佛理观刍议，翟星宇，名作欣赏·中旬，2017 年，第 9 期。

日本文学中泰山书写的思想建构，寇淑婷，山东社会科学，2017 年，第 2 期。

苏轼《琴诗》之再探讨，张煜，江苏师范大学学报，2017 年，第 1 期。

《诗人主客图》儒、佛因素探源，孙武军，宝鸡文理学院学报，2017 年，第 5 期。

慧远形神论及其对南朝文论的启导，刘玉叶，中北大学学报，2017 年，第 4 期。

藏族高僧传记文学的价值探析：以土观·洛桑却吉尼玛所著三部高僧传为例，徐长菊，西藏大学学报，2017 年，第 2 期。

《全辽金文》补遗八则，吕冠南，江苏大学学报，2017 年，第 5 期。

《北方民间宝卷研究》述评，何江涛，宗教学研究，2017 年，第 2 期。

弘一法师（李叔同）歌词的三重境界，李晶，科学·经济·社会，2017 年，第 4 期。

晁说之与佛教僧人交游考，吕继北，咸阳师范学院学报，2017 年，第 5 期。

康巴文学的自然书写及溯源探析，张云和，四川民族学院学报，2017 年，第 1 期。

论韦应物音声论的佛教背景及理论内涵，李丽，文学教育，2017 年，第 7C 期。

苏曼殊与佛教，郭战涛，温州大学学报，2017 年，第 4 期。

佛教诗学研究刍议，侯传文、董德英，北方工业大学学报，2017 年，第 6 期。

从"辅教之书"到文化档案：五台山佛教历史文化典籍述略，朱丽、叶玮琪，长治学院学报，2017 年，第 6 期。

品而不论：试论《二十四诗品》的论诗特色，李建中、熊均，湖北民族学院学报，2017 年，第 1 期。

浅析卫拉特蒙古史诗《格斯尔》中的藏传佛教文化思想，朱晶晶、司静静、于志浩，塔里木大学学报，2017 年，第 3 期。

傣族创世史诗《巴塔麻嘎捧尚罗》：文本形态与演述传统，屈永仙，西北民族研究，2017 年，第 1 期。

《世说新语》与《幽明录》中的佛教对读，张文昌，四川职业技术学院学报，2017 年，第 6 期。

探东方主义视野下的中国佛教形象：以《利玛窦中国札记》中的佛教形象为例，唐斌，武汉大学研究生学报，2017 年，第 1 期。

《长江中游佛教造像记》释文校读札记，吴继刚，西华师范大学学报，2017 年，第 6 期。

《龙藏寺碑》的文学意义，安亚静，中国书法，2017 年，第 4B 期。

佛教楹联：以文字事，入般若门，杨旸，中国宗教，2017 年，第 9 期。

出处：道教还是佛教：浅析《南柯太守传》与《南柯记》结局之异同，杭蕾、丁海华，文教资料，2017 年，第 26 期。

简论北魏平城时代的佛教传播及其译经活动，秦敏、张忠堂，山西大同大学学报，2017 年，第 4 期。

妙善传说新探，汪保忠，文化遗产，2017 年，第 6 期。

唐宋禅宗语录体的文体特征和多元包容性，刘振英，贵州工程应用技术学院学报，2017 年，第 5 期。

从《四声猿》看徐渭杂剧创作的批判思想，程遥，名作欣赏·中旬，2017 年，第 10 期。

再论《庄子》中的佛教文化因子，李其霞，学术交流，2017

年，第 1 期。

浅析魏晋南北朝时期的佛教与美学，袁媛，名作欣赏·下旬，2017 年，第 7 期。

苏轼寺院碑文书写探析，赵德坤，宜宾学院学报，2017 年，第 4 期。

贤觉帝师传经考，聂鸿音，中华文史论丛，2017 年，第 2 期。

空为果论：佛教美学的构造前提，王耘，文艺理论研究，2017 年，第 1 期。

《儒林外史》中"出家人"与明清佛徒的纷异，王日根，吉林师范大学学报，2017 年，第 3 期。

试论元代佛教寺院的地域分布：基于元、明《一统志》和地方志的考察，尹雁，中国历史地理论丛，2017 年，第 4 期。

"金莲"审美的印度渊源，张同胜，西部学刊，2017 年，第 6 期。

明代永乐佛教歌曲在朝鲜半岛的流播考，徐利华、刘崇德，兰州学刊，2017 年，第 3 期。

中唐审美风尚变迁与佛教心性论之关联，汤凌云，云梦学刊，2017 年，第 4 期。

叶圣陶集外演讲词与《学僧天地》，凌孟华，新文学史料，2017 年，第 2 期。

15—16 世纪初明朝宫廷中通俗佛教故事的图像：绘画、文本和表演的交织，白若思、韩艺丹，史林，2017 年，第 4 期。

华严典籍的早期传译，王富宜，世界宗教研究，2017 年，第 6 期。

汉译佛典中罗睺罗诞生故事研究，薛芸秀，世界宗教文化，

2017 年，第 4 期。

世谛文字中的华严楼阁：论苏轼文与《华严经》之关系，周游，天府新论，2017 年，第 6 期。

论何承天之反佛思想，姜剑云、孙耀庆，理论月刊，2017 年，第 7 期。

口头传统在回鹘文译经中的回归，张巧云，民族文学研究，2017 年，第 4 期。

《补续高僧传》撰者释明河生平事迹考述，金建锋，古籍整理研究学刊，2017 年，第 6 期。

同经异译佛典称谓比较研究：以《正法华经》和《妙法莲华经》为例，鞠彩萍，法音，2017 年，第 12 期。

回鹘文《玄奘传》研究综述，姚淑艳，语文学刊，2017 年，第 1 期。

禅宗"镜喻"的美学意蕴探赜，王婧，哈尔滨工业大学学报，2017 年，第 6 期。

郁达夫与屠格涅夫作品宗教精神比较论略，周冰、付伶莉，西南科技大学学报，2017 年，第 5 期。

从"解脱"嗅《〈红楼梦〉评论》中的"佛味"，韩玲玲，名作欣赏·中旬，2017 年，第 8 期。

宋人记录中的神灵故事论析：以《睽车志》为例，虞尧、徐红，江苏第二师范学院学报，2017 年，第 10 期。

经坊与宗教文献的流刊：兼论玛瑙经房、慧空经房，刘正平，杭州师范大学学报，2017 年，第 5 期。

苏轼"空故纳万境"与般若空观，周燕明，理论月刊，2017 年，第 6 期。

"经""像""诗"的双向互动：观看之道与唐五代释家绘塑类诗歌的文本解读，李小荣，学术研究，2017 年，第 2 期。

《续高僧传》成书考，包得义、苏东来，中华文化论坛，2017 年，第 11 期。

论"象外之谈"及其美学意义，陈玲、刘运好，苏州大学学报，2017 年，第 2 期。

从都城变迁看北朝审美观念的融合，席格，郑州大学学报，2017 年，第 6 期。

"美感"在瞬间生成：王维禅诗悟"空"的具身体验，安汝杰，河北师范大学学报，2017 年，第 5 期。

不确定之美：论文字禅的诗意与连续性，邓绍秋，贵州文史丛刊，2017 年，第 4 期。

画禅与诗禅（上）：论董其昌与传统文学观念的关系，舒士俊，国画家，2017 年，第 1 期。

清代前中期严羽"以禅喻诗"说之争：基于钱谦益、王士祯、李重华的考察，党晓龙，哈尔滨工业大学学报，2017 年，第 3 期。

严羽的诗学批评方法及其原因：以辨体与以禅喻诗为中心，关鹏飞，扬州大学学报，2017 年，第 1 期。

论阳明及后学的诗禅互动与儒佛交融，侯丹，贵州工程应用技术学院学报，2017 年，第 5 期。

严羽"妙悟"说的双重意蕴，王海龙，文艺评论，2017 年，第 2 期。

从严羽《沧浪诗话》"妙悟"说论诗人主体性，孟凡萧、殷学明，哈尔滨学院学报，2017 年，第 7 期。

诗与禅之间的秘密信道：高旭旺长诗《河之书》阅读随感，

汪剑钊，星星，2017 年，第 5B 期。

凡俗中的"禅思"：慕白诗歌论，董迎春、思小云，南京理工大学学报，2017 年，第 4 期。

一代禅僧之诗：读本师慧公《经窗禅韵》，陈明心，禅，2017 年，第 2 期。

隋唐时期侠儒佛道的此消彼长及其对隋唐审美风尚的影响，杜道明，中国文化研究，2017 年，第 3 期。

古典诗歌的翻译审美再现：以王维《辛夷坞》为例，张卿，名作欣赏·中旬，2017 年，第 9 期。

吴梅村佚作与明清文学研究中佛教文献的利用，李瑄，文献，2017 年，第 6 期。

论清代蒙古诗人和瑛《易简斋诗钞》的理学底蕴，马涛，民族文学研究，2017 年，第 2 期。

诗书两畅，自在禅心：论破山禅师诗歌与书法的圆融之境，程秉洲，中国书法，2017 年，第 8B 期。

临济宗与"无声诗"：博物学视域下的《观音·猿·鹤图》寻义，施錡，南京艺术学院学报，2017 年，第 3 期。

朱耷还俗后的艺术心理结构解析，孔涛，山东理工大学学报，2017 年，第 5 期。

人生如"卧雪"：王维"雪蕉"原意重辩，施錡，艺术探索，2017 年，第 1 期。

清初诗人高珩屡仕屡归心态探析，马瑜理，山东理工大学学报，2017 年，第 5 期。

论"静观"与"唐宋互参"之间的理论渊源：从苏轼到查慎行，张金明，燕山大学学报，2017 年，第 5 期。

敦煌因缘与佛教戏剧关系述考，喻忠杰，敦煌学辑刊，2017年，第1期。

复眼中观：佛教哲学与赖声川戏剧思维的生成，林婷，戏剧艺术，2017年，第4期。

元杂剧中结拜情节的艺术功能及其文化内涵，卫俪，内蒙古民族大学学报，2017年，第1期。

师承渊薮与佛教手印：梅兰芳戏曲手势的两大源流，俞丽伟，上海戏剧，2017年，第12期。

中国古代佛教小说圣愚形象探究，徐笑一，东北师范大学学报，2017年，第2期。

论陈若曦佛教小说的人道主义底蕴，申明秀，华文文学，2017年，第4期。

张恨水小说创作中的佛教影响，董胜，南京师范大学文学院学报，2017年，第2期。

论林语堂小说中的佛教文化观照，张惠莉，绥化学院学报，2017年，第9期。

六朝灵验类小说名义界定及其理论阐释，谷文彬，中南大学学报，2017年，第6期。

对"恶女谤比丘"类型故事的源与流的初步考察：以《警世通言·陈可常端阳仙化》为中心，卞梦薇，浙江师范大学学报，2017年，第2期。

星云大师的小说真实观，王杨，贵州文史丛刊，2017年，第3期。

宿命与救赎：从《接骨师之女》死亡意象看谭恩美的宗教思想，钟珍萍，安徽理工大学学报，2017年，第2期。

宋元商业性演出与说唱文学体式的演进，昌庆志，兰州学刊，2017年，第10期。

新时期神秘小说中的时间存在形式，刘嘉任，文艺争鸣，2017年，第1期。

"缘"：从印度到中国：一类文体的变迁，范晶晶，中国比较文学，2017年，第2期。

《命命鸟》：新青年反抗父权的宗教哲学误读，杨红军，东岳论丛，2017年，第4期。

明清小说中的动物伦理思想：以《醒世姻缘传》为例，冯尔才、周景勇，南京林业大学学报，2017年，第4期。

人生哲理的文学摹写：论李怀荪长篇小说《湘西秘史》的生死叙事，倪金艳，三峡论坛，2017年，第3期。

唐宋市制、寺院功能的演变与古代白话小说的发展，张伦，四川大学学报，2017年，第5期。

故事·知识·观念：百回本《西游记》的文本层次，朱刚，复旦学报，2017年，第1期。

《聊斋》丛脞录：说《罗祖》与《金和尚》，赵伯陶，蒲松龄研究，2017年，第3期。

世界文学史的轴心时刻：《哈姆雷特》、《堂吉诃德》与《西游记》中的"故事套故事"，（美）齐奥科斯基、吴冠文，复旦学报，2017年，第2期。

地藏诞日习俗的诗歌书写：佛教节日习俗文学书写之一例，尹富，社会科学战线，2017年，第7期。

始于诗，止于法：简析星云大师诗论特色，陈舒楠，贵州文史丛刊，2017年，第3期。

盛唐山水田园诗的悲剧蕴涵，雒海宁，青海社会科学，2017年，第4期。

《藏海诗话》创作范畴论：兼论宋代诗学中"以禅喻诗"风气的形成，孙可，山西师范大学学报，2017年，第4期。

论南朝诗歌的写"影"风气，周喜存、刘燕歌，中国文学研究，2017年，第2期。

试论温庭筠诗歌的思想及其对"儒释道"三教合一的建构作用，张林，名作欣赏·中旬，2017年，第6期。

魏晋南北朝诗歌中的"竹"意象及其诗学意义，马奔腾、李馨芳，云南社会科学，2017年，第2期。

浅析藏族文学作品的人文性，多杰仁青，名作欣赏·中旬，2017年，第6期。

永明声律论发生的双重因素，白崇，求索，2017年，第4期。

刘禹锡诗歌创作和诗歌理论成因，王玉彪、孙东明，辽宁工程技术大学学报，2017年，第1期。

佛教道教对唐代文学的影响，张欲晓，中国宗教，2017年，第11期。

罗隐诗的命运主题及在晚唐五代的接受，何蕾，贵州大学学报，2017年，第4期。

《维摩诘经》与唐代士大夫的精神世界，杨金茹，安庆师范大学学报，2017年，第4期。

论杜甫诗歌的大乘悲怀与家国观念，张轶男，西南大学学报，2017年，第5期。

"呗歌""喉啭"：佛教咏经梵呗与汉唐歌演新声，陈文革，中央音乐学院学报，2017年，第2期。

目连戏：佛教中国化的艺术表达，姜子闻，中国宗教，2017年，第 12 期。

中国传统文化视域中戏曲与宗教的融合与排斥，芦柳源，山西大学学报，2017 年，第 6 期。

也说藏戏的起源、分类及艺术特征，王磊，四川戏剧，2017年，第 11 期。

佛曲《四季莲民乐》研究，袁静芳，中央音乐学院学报，2017 年，第 1 期。

《十遗记》中谶纬现象阶段性特征分析，贺倩，合肥学院学报，2017 年，第 4 期。

《西游记》小说之前的观音书写：以"玄奘西行"题材为中心，周秋良，中南大学学报，2017 年，第 5 期。

作为小说的《坛经》，汤达，文学自由谈，2017 年，第 3 期。

贾岛诗歌的佛教意识，张玉荣，新丝路，2017 年，第 11C 期。

佛教文学中的生态视野初探，迟旭，四川文理学院学报，2017 年，第 1 期。

槟榔与佛教——以汉文文献为主的探讨，林富士，"中央"研究院历史语言研究所集刊，第 88 本第 3 分，2017 年 9 月。

台湾战后佛教文学《玉琳国师》之研究，妙愿法师，人间佛教学报，2017 年，第 7 期。

王维"诗"意与"禅"境探析，郭基泰，华人文化研究，第 5 卷第 1 期，2017 年 6 月。

《高僧传·神异》中的西域高僧，金兆鸿，中国边政，第 210 期，2017 年 6 月。

朱熹排佛思维下的儒理建构，钟永兴，哲学与文化，第 44 卷第 4 期，2017 年 4 月。

宋元善书与戏曲教化，孙敏智，华人文化研究，第 5 卷第 1 期，2017 年 6 月。

梁漱溟出入儒佛的生命轨迹，黄文树，台大佛学研究，第 33 期，2017 年 6 月。

论黄庭坚与黄龙派诸子之交游及其与佛门相关之翰墨，陈昭坤，兴大人文学报，第 58 期，2017 年。

儒佛老庄，皆吾之用——王阳明心学兼及三教同源的一些思考，李玮皓，鹅湖学志，第 58 期，2017 年 6 月。

末劫解救——从观音救劫善书探讨观音信仰之民间化，李世伟，新世纪宗教研究，第 16 卷第 2 期，2017 年 12 月。

莲生叙事：比较宗教象征研究，吴有能，台大佛学研究，第 33 期，2017 年 6 月。

浅议《维摩诘经》的戏剧艺术特点，普慧，佛光学报，新第 3 卷第 2 期，2017 年。

斌宗法师及其《云水诗草》探讨，黄鹤仁，东吴中文线上学术论文，第 39 期，2017 年。

黄檗宗与江户中期僧诗论析：以僧诗选集为进路的考察，廖肇亨，国文学报，第 62 期，2017 年。

清初汉僧国师憨璞性聪初探，廖肇亨，中国文哲研究通讯，第 27 卷第 4 期，2017 年。

试析张爱玲小说《心经》，林颖芝，东吴中文线上学术论文，2017 年。

空海汉诗文集《性灵集》所收《九想诗》探论——诗歌的圣典化，龚岚，中华佛学研究，2017 年。

泗州僧伽和尚神异传说研究——以敦煌文献为中心的讨论，杨明璋，中国学术年刊，2017年。

宗教人物传记的写作策略：《高僧传》的神圣修辞学，黄自鸿，人文中国学报，第24期，2017年。

《济公宝卷》源流考，张桂琼，华人文化研究，2017年。

Highland Inscriptions in Buddhist China, Raoul Birnbaum, *T'oung Pao* 103, 2017.

Many Faces of Mulian: The Precious Scrolls of Late Imperial China by Rostislav Berezkin (review), Daniel L. Overmyer, *China review international* 2, 2017.

On Cold Mountain: A Buddhist Reading of the Hanshan Poems by Paul Rouzer (review), Christopher Byrne, *Journal of Chinese religions* 2, 2017.

Returning Empty – Handed: Reading the Yifanfeng Corpus as Buddhist Parting Poetry, Jason Protass, *The Journal of Chinese Literature and Culture* 42, 2017.

Review Essay: "Authentic"—Rehabilitating Two Chan Buddhist Masters Neglected in Zen Studies, T. Griffith Foulk, *Harvard journal of Asiatic studies* 2, 2017.

Sinitic Buddhist Narratives of Wonders: Are There Miracles in Buddhism? Chiew Hui Ho, *Philosophy East & West* 4, 2017.

The Past Lives of Su Shi: Stories of Truth and Adaptation, Zhu Gang and Zhao Huijun and Xiao Rao, *Journal of Chinese Literature and Culture* 2, 2017.

A monk and a nun commit a sin together: Feng Weimin's play and its three transformations，Antonio Lfggieri，*Asian theatre journal* 2，2017.

Bodhidharma Outside Chan Literature：Immortal，Inner Alchemist，and Emissary from the tetrnal Realm，Stephen Eskildsen，*Journal of Chinese Religions* 2，2017.

"Chan Miscellanea and the Shaping of the Religious Lineage of Chinese Buddhism under the Song"（禅林笔记和宋代中国佛教法系建构），Zhang，Chao（张超），*Journal of the International College for Postgraduate Buddhist Studies*（国际仏教学大学院大学研究纪要）21：1－40，2017.

Crime，Violence，and Ghosts in the Lin'an Stories in Yijian zhi，Joseph S. C. Lam，Shuen－fu Lin，Christian de Pee，Martin Powers，in *Senses of the City*：*Perceptions of Hangzhou and Southern Song China*，1127－1279，The Chinese University of Hong Kong Press，2017.

「降魔変文」の物語としての面白さを構筑する要素について－语りに见られる修辞技巧を中心に－，吉田文子，语文与国际研究，2017 年。

2018 年

唐代道宣与他的佛教感通世界，王大伟，华东师大学报，2018 年，第 2 期。

比较视野下的佛教文学研究——评侯传文等《中印佛教文学比较研究》，王鹤琴，中国俗文化研究，第 15 辑，2018 年。

论禅宗语录之词作，李小荣，中国俗文化研究，第 15 辑，

2018 年。

评《〈广弘明集〉研究》，石英，中国俗文化研究，第 15 辑，2018 年。

反思、重释与建构——评李小荣《晋唐佛教文学史》，刘雯、孙尚勇，中国俗文化研究，第 15 辑，2018 年。

论蒙古族佛教文学中的“年阿”体流派，树林，中国俗文化研究，第 15 辑，2018 年。

安南本《香山宝卷》与日藏乾隆本《香山宝卷》的版本差异，严艳，域外汉籍研究集刊，第 16 辑，2018 年。

日本古写经《高僧传》之文本系统——以兴圣寺本爲中心，定源（王招国），域外汉籍研究集刊，第 16 辑，2018 年。

《蒲室集》版本及其在日本的流传，车才良，域外汉籍研究集刊，第 16 辑，2018 年。

《太平广记》存录六朝志怪文本演变研究——以葛洪《神仙传》为例，胡文娣，古典文献研究，第 21 辑下卷，2018 年。

空间想象认同：《高僧传》对于太武灭佛事件的书写与建构，刘学军，新国学，第 16 卷，2018 年 6 月。

文本的流动——苏黄诗歌中的长松书写，毛雨寒，新国学，第 16 卷，2018 年 6 月

西游先声：论唐宋图史中玄奘“求法行僧”形象的确立，郑骥，明清小说研究，2018 年，第 2 期。

明末清初僧诗研究综述，吴光正、党晓龙，贵州社会科学，2018 年，第 1 期。

佛传“降魔成道”的文本与图像流变，张薇，中国美术研究，2018 年，第 4 期。

《神通游戏》与后期佛教神话，侯传文，东方论坛，2018年，第6期。

孙悟空人性与佛性的对立统一，张丽、王军涛，运城学院学报，2018年，第5期。

清初名僧智朴考论，高帆，中北大学学报，2018年，第6期。

从泰山羊氏家族女性奉佛事迹看东晋南北朝士族门风的演变，周玉茹，佛学研究，2018年，第2期。

《楞严经》心境论与宋代文艺思想，曹磊，理论月刊，2018年，第1期。

论僧格培养、丛林教育与现代佛学教育的结合，杨维中，佛学研究，2018年，第2期。

禅籍词语研究：以《祖堂集》为主要考察对象，詹绪左，佛学研究，2018年，第2期。

论明末清初诗僧担当的艺术观，孙宇男，艺术学界，2018年，第2期。

儒佛汇通中的本体与功夫——"四句教"与禅，刘光育，王学研究，2018年，第2期。

从女神、女妖形象分析、比较古希腊和儒道佛文化女性观差异——以《奥德赛》和《西游记》为例，汤琼，英美文学研究论丛，2018年，第2期。

苏轼《次韵定慧钦长老见寄八首》是否可看作拟寒山诗，祁伟，中国苏轼研究，2018年，第2期。

简析苏轼佛道交游诗文中的归隐意象，司聘，中国苏轼研究，2018年，第2期。

辽南画僧喜禅其人其画——大连博物馆藏喜禅墨竹图赏析，

武艳飞，城市历史文化研究，2018 年，第 1 期。

北宋后期的政治变动与陈瓘晚年由儒而佛的思想嬗变，吴增辉，河北科技大学学报，2018 年，第 4 期。

禅茶文化与茶室环境艺术设计研究，侯晓宇，福建茶叶，2018 年，第 12 期。

茶禅一味——论日本茶道中的禅意世界，金兰兰，福建茶叶，2018 年，第 12 期。

释家神异与儒家话语：中古《五行志》的佛教书写，游自勇，首都师范大学学报，2018 年，第 6 期。

苏轼诗文中"山水""梦"意象蕴含的佛理禅意初窥，朱怡，文教资料，2018 年，第 36 期。

略论北朝的佛教音乐——以民族融合为视角，黄崑威，法音，2018 年，第 12 期。

自利利他 同趣佛道——弘一大师书法赏析，李莉娟，法音，2018 年，第 12 期。

诗僧皎然是如何"偷师"李白的，杨芬霞，西部学刊，2018 年，第 12 期。

质若璞玉 佛意在心——略论谢其云的绘画艺术，叶原、陶懿，美术观察，2018 年，第 12 期。

元代诗僧楚石梵琦的草原之旅及其诗歌创作，王双梅，殷都学刊，2018 年，第 4 期。

唐代江夏异僧如晓及其灵泉寺，涂明星，武汉冶金管理干部学院学报，2018 年，第 4 期。

宋辽时期的佛道儒融合，刘伃妮，艺海，2018 年，第 12 期。

从"贫僧""贫道"名称的变化看中国佛道关系的演变，栗艳，学术探索，2018 年，第 12 期。

十二药叉信仰的组成及其中国化形态，谢志斌，宗教学研究，2018 年，第 4 期。

山西大同华严寺佛传故事南国比武，侯慧明，世界宗教文化，2018 年，第 6 期。

山西部分寺庙佛传故事图像，侯慧明，世界宗教文化，2018 年，第 6 期。

弥勒文化及其全球共享价值，魏道儒，世界宗教文化，2018 年，第 6 期。

论禅、道与《二十四诗品》"诗性精神空间"，吴诗，湖南工业职业技术学院学报，2018 年，第 6 期。

有书无法 以书悟禅——弘一大师的艺术及作品收藏价值，朱浩云，东方收藏，2018 年，第 22 期。

唐代诗僧贯休诗歌的日本古注本——海门元旷《禅月大师山居诗略注》考论，卞东波，南京大学学报，2018 年，第 6 期。

敦煌歌辞疑难词"掇头"等校释，王洋河、谭伟，宁夏大学学报，2018 年，第 6 期。

日本僧人《世说新语》注考论——江户学问僧之一侧面，张伯伟，岭南学报，2018 年，第 1 期。

刘孝标《世说新语注》征引僧人别传述微——兼论僧人别传在中世僧传文献中的学术地位，阳清，现代传记研究，2018 年，第 2 期。

华岩圣可对《老子》的佛学解读，韩焕忠，老子学刊，2018 年，第 2 期。

俄藏黑水城《大方广佛华严经音》残片再考，辛睿龙，中国文字研究，2018 年，第 2 期。

法洪：北齐时期来华传教的天竺僧人，杨爱国，形象史学，2018 年，第 1 期。

《景德传灯录》中所记禅宗史前传说考，姚彬彬、刘青，文化发展论丛，2018 年，第 2 期。

赵孟頫行书《楞严经三阿难赞佛偈》卷鉴藏及相关问题考，任文岭，美术学报，2018 年，第 6 期。

僧传与经录所见大乘戒经的早期传译，周湘、雁翔，宜春学院学报，2018 年，第 11 期。

论苏轼在黄州时期的禅因佛缘，孙宇男，地域文化研究，2018 年，第 6 期。

给侍僧：西游故事中沙和尚形象来源新探，杜治伟，西华师范大学学报，2018 年，第 6 期。

民间传说中的"儒""释""道"——论"西湖传说"的中国传统文化之美，刘超，中国民族博览，2018 年，第 11 期。

元明时期栖岩禅寺小考，薛野，文物世界，2018 年，第 6 期。

论金代偈颂诗的诗法与禅机，孙宏哲，内蒙古民族大学学报，2018 年，第 6 期。

王维诗歌中的禅美学——以《辛夷坞》为例，姬佳宇，晋城职业技术学院学报，2018 年，第 6 期。

《葛藤语笺》的版本与体例，王闰吉，丽水学院学报，2018 年，第 6 期。

试论荣西、道元著作对《禅苑清规》的参鉴——兼论南宋禅林清规的越海东传，刘恒武、庞超，宁波大学学报，2018 年，第 6 期。

宋代茶诗的禅文化意蕴，晁成林，福建茶叶，2018 年，第 11 期。

杜荀鹤佛禅诗艺术风格探论，冷艳，古籍整理研究学刊，2018 年，第 6 期。

清代诗坛上的两位"诗佛"，周芳，古典文学知识，2018 年，第 6 期。

僧传字词札记，王李夕子、曾良，文史，2018 年，第 4 期。

论杨廷筠的辟佛之举与僧界的回应，周黄琴，基督教思想评论，第 23 辑，2018 年。

日本镰仓末期"茶禅一味"之考辨——以《大鉴清规》为解读文本，郊汀洁，农业考古，2018 年，第 5 期。

王阳明佛老思想下的文学理念与创作（1479—1508 年），靳超，荆楚理工学院学报，2018 年，第 5 期。

宋元时期丛林清规下的禅僧日常生活，赵世金、马振颖，法音，2018 年，第 10 期。

试论黄龙禅宗的历史地位与功绩，戴逢红，法音，2018 年，第 10 期。

禅文化与佛教题材纪录片表现形式的融合，侯乃宁、康玉茜、张茜，戏剧之家，2018 年，第 30 期。

魏晋哲学对"言语"之反思——以王弼和僧肇为例，包蕾，哲学分析，2018 年，第 5 期。

五山文学中的山茶诗与山茶画，范维伟，日语学习与研究，2018 年，第 5 期。

明《大洲居士题赞法门寺痴僧诗》刻石考，毛小东，中国书法，2018 年，第 20 期。

敦煌佛曲的抒情特质，霍明宇，人文天下，2018 年，第 20 期。

宋代天台宗大师慈云遵式的佛籍目录学成就考述，牛卫东，台州学院学报，2018 年，第 5 期。

大通智胜佛与十六王子艺术表现再述，张总，敦煌研究，2018 年，第 5 期。

卫宗武诗文中的佛道思想探究，刘丽莎，柳州职业技术学院学报，2018 年，第 5 期。

明代佛教政策研究，张德伟，世界宗教研究，2018 年，第 5 期。

僧传文学视域下元代塔铭文的高僧角色，唐值瀚，德州学院学报，2018 年，第 5 期。

现存汉唐西域佛剧的文本考述，汤德伟、高人雄，四川职业技术学院学报，2018 年，第 5 期。

苏轼文学作品中的儒道释思想解读，王立强，语文建设，2018 年，第 29 期。

日僧圆仁入唐说话流变考，郭雪妮，理论月刊，2018 年，第 10 期。

胡朝佛风：十六国时期鎏金佛像艺术的发展，张帆，美术研究，2018 年，第 5 期。

佛国遗珍——云南省博物馆藏大理国观音造像赏析，熊燕，文物天地，2018 年，第 10 期。

汉译《杂阿含》地名考，屈大成，中国佛学，2018 年，第 2 期。

日本杏雨书屋藏羽 271《义记》的三宝思想，张凯，中国佛学，2018 年，第 2 期。

大足北山佛湾石窟分期研究，张媛媛、黎方银，大足学刊，2018 年，第 1 期。

重庆大足宝顶山小佛湾大藏塔录文与研究，方广锠，大足学刊，2018 年，第 1 期。

般若、坐禅与道元对"娑婆世界大宋国"临济宗的批判，李熙，中华文化论坛，2018 年，第 9 期。

敦煌佛曲《散花乐》研究，代宏，西安音乐学院学报，2018 年，第 3 期。

汉传佛教僧人"释"姓缘由探究，李蓉，法音，2018 年，第 9 期。

新罗僧侣与洪州禅，王霞，赤峰学院学报，2018 年，第 9 期。

苏轼转世故事的异域回响：日本五山禅僧对文人僧化典故的引用及误解，张淘，四川大学学报，2018 年，第 5 期。

与佛同观——佛光寺中佛的空间与人的空间，张斌，建筑学报，2018 年，第 9 期。

试论中古目录类佛典及其序跋，赵纪彬，西北民族大学学报，2018 年，第 5 期。

道、佛与中古诗歌的"尘"意，陈斯怀，国学学刊，2018 年，第 3 期。

皇帝之梦与佛典东译——关于早期汉译佛经的译者权问题，张瀚墨，国学学刊，2018 年，第 3 期。

宋代诗僧祖可诗论，钱芳，学语文，2018 年，第 5 期。

佛典疑难俗字补考，萧旭，汉字汉语研究，2018 年，第 3 期。

禅籍俗成语的三个来源，雷汉卿，语言文字周报，2018 年 9

月 19 日。

胡宏"儒佛之辨"今辨，熊敏秀、汤凌云，湖湘论坛，2018年，第 5 期。

论晚唐诗僧贯休的涉佛诗及其意义，胡玉兰，太原师范学院学报，2018 年，第 5 期。

中锡交换留学僧始末，王锋，宗教学研究，2018 年，第 3 期。

试论惠能的心性价值观，牟永生，宁夏社会科学，2018 年，第 5 期。

敦煌变文疑难字词辨释，张小艳、冯豆，敦煌学辑刊，2018年，第 3 期。

Φ223《十吉祥》与《佛说阿弥陀经》讲经文，杨明璋，敦煌学辑刊，2018 年，第 3 期。

旅顺博物馆所藏"佛说救护身命经"考，孟彦弘，文献，2018 年，第 5 期。

唐宋佛教入冥故事中的排佛士大夫角色变迁，范英杰、姬慧，榆林学院学报，2018 年，第 5 期。

论敦煌本《佛说十王经》图卷与目连变文、目连图卷之间的互文性，马丽娜，浙江学刊，2018 年，第 5 期。

陆游、刘仪凤与安岳卧佛院，汪毅，文史杂志，2018 年，第 5 期。

唐沙门释道世生平考述，王侃，唐史论丛，第 27 辑（第二十七辑），2018 年。

明初诗僧廷俊的文学创作，赵伟，北京教育学院学报，2018 年，第 4 期。

《红楼梦》中的心病佛药医，刘桐，大众文艺，2018 年，第

16 期。

唐释道世平生著述考略，王侃，图书馆理论与实践，2018 年，第 8 期。

宋词中的佛禅思想，孔德洁，合肥学院学报，2018 年，第 4 期。

从《世说新语》看魏晋时期名士名僧之交游，杨瑞楠，常州工学院学报，2018 年，第 4 期。

论禅宗"两般病"思想之意涵，丁建华，中国文化研究，2018 年，第 3 期。

明季艺僧担当诗书画成就综论，章辉，浙江艺术职业学院学报，2018 年，第 3 期。

从《惊梦》看《牡丹亭》所反映的禅学思想，黎凤来，戏友，2018 年，第 4 期。

明释宗泐乐府诗刍论，李玉栓，安庆师范大学学报，2018 年，第 4 期。

邺下净土信仰及相关遗存，何利群，中原文物，2018 年，第 4 期。

苏轼诗词意境中的禅意表达和精神体现，刘冬梅、王淑梅、刘鸿达，哈尔滨学院学报，2018 年，第 8 期。

从唐宋佛教交游故事看儒释汇流——以排佛士大夫为中心，范英杰，甘肃广播电视大学学报，2018 年，第 4 期。

刘宋僧俗文人交往考论，陈虹岩，文艺评论，2018 年，第 4 期。

宋代僧人的赋创作，张培锋，贵州文史丛刊，2018 年，第 3 期。

明初寓滇日僧诗歌研究，李艳萍，贵州文史丛刊，2018 年，第 3 期。

互鉴调适、多元通和——读牟钟鉴先生新著《儒道佛三教关系简明通史》，答小群，世界宗教研究，2018 年，第 4 期。

敦煌文献 S. 2165 号《思大和尚坐禅铭》论衡，习罡华、王晓云，世界宗教文化，2018 年，第 4 期。

《六世班禅洛桑班丹益西传》的史料价值，米玛次仁，西藏研究，2018 年，第 4 期。

苏曼殊：亦僧亦俗的独行者，王惠梅，中国社会科学报，2018 年 8 月 14 日。

试述般若佛母形象的历史演变，刘钊，收藏家，2018 年，第 8 期。

竺法维及其《佛国记》探赜，阳清，学术论坛，2018 年，第 3 期。

关于八思巴文字印释读的几点体会，孙家潭，中国书法，2018 年，第 15 期。

柳宗元佛禅思想与主体意识探析，王玉姝，天中学刊，2018 年，第 4 期。

唐初抑佛政策之定型与巩固——基于贞观十一至十六年间几个佛教事件的考察，李猛，文史，2018 年，第 3 期。

霞浦钞本诗偈《下生赞》再解读——兼说《摩尼光佛》非唐宋摩尼经，林悟殊，文史，2018 年，第 3 期。

宋诗僧北磵居简故庐考，张仁康，蜀学，2018 年，第 1 期。

晚明儒者融会佛道二家的学术范例——论焦竑兼摄耿定向与李贽之学的思想特色，袁光仪，诸子学刊，2018 年，第 1 期。

"诸佛语言,九事所摄"——从《杂阿含经》看原始佛学之核心内容,心举,普陀学刊,2018 年,第 1 期。

明末清初云南地区逃禅现象略探,现了,普陀学刊,2018 年,第 1 期。

焚身与燃臂——敦煌《法华经变·药王菩萨本事品》及其反映的供佛观,张元林,佛学研究,2018 年,第 1 期。

《高王经》的起源——从"佛说观世音经"到"佛说高王经",池丽梅,佛学研究,2018 年,第 1 期。

晚明四大师之禅净关系论,熊江宁,佛学研究,2018 年,第 1 期。

以禅解庄、以儒解庄——方以智"庄子为尧孔真孤"之说,韩焕忠,西南民族大学学报,2018 年,第 9 期。

苏轼与佛缘,李岩,中学语文教学参考,2018 年,第 21 期。

"援道入佛"与"援佛诠道":从"清静"与"清净"观念看道佛思想的相互融摄,郑长青,怀化学院学报,2018 年,第 7 期。

宋本《释氏六帖》所引《大唐西域求法高僧传》考,钱汝平,绍兴文理学院学报,2018 年,第 4 期。

天台宗僧诗创作传统考论,张艮,中南大学学报,2018 年,第 4 期。

禅宗公案传播的传播者论,魏军,宜春学院学报,2018 年,第 7 期。

别生经:一种特殊的佛经文献——以中古佛经目录为中心的考察,王飞朋,大学图书馆学报,2018 年,第 4 期。

禅与白居易,李存周,盐城师范学院学报,2018 年,第 4 期。

新罗名僧慧超的《往五天竺国传》研究,杨昭全,东疆学刊,

2018 年，第 3 期。

浅析董其昌山水画中的禅学意象，李光娟，艺术评鉴，2018 年，第 13 期。

诗僧齐己及其诗歌创作方法略论，杨建宏，长沙大学学报，2018 年，第 4 期。

《弟吴宗教源流》译注——菩提发心至十二如来事业前六个部分的内容，弟吴贤者、阿贵，青藏高原论坛，2018 年，第 3 期。

经录与文本：《法灭尽经》类佛经的文献学考察，刘屹，文献，2018 年，第 4 期。

儒释道三教的杂糅——重解《西游记》，张婧，白城师范学院学报，2018 年，第 7 期。

试论王维禅诗创作的存在与虚无，左文强，名作欣赏，2018 年，第 20 期。

《佛所行赞》：古代汉语最长的叙事诗（下），孙昌武，古典文学知识，2018 年，第 4 期。

谈谈儒释道思想在初中古诗文教学中的融合与渗透，刘丽梅，语文月刊，2018 年，第 7 期。

释智猛及其《游行外国传》钩沉，吕蔚、阳清，华夏文化论坛，2018 年，第 1 期。

论苏轼对宋僧惠洪海南时期创作的影响——流放时期惠洪的活动空间与自我认同及其处境书写，张硕，中国苏轼研究，2018 年，第 1 期。

佛道教"叹骷髅"文本渊源新探，吴真，道教学刊，2018 年，第 2 期。

明末清初江南的诱僧现象——以情欲为中心的考察，曹瑞冬，文学人类学研究，2018年，第1期。

探究清初高僧髡残绘画艺术及影响，胡社文，大众文艺，2018年，第12期。

入宋日僧寂照、成寻的实像与虚像——以"飞钵受斋传"与"粉坛祈雨传"为中心，龚凯歌，邵阳学院学报，2018年，第3期。

论《金瓶梅》中僧道在民间丧葬俗仪中的介入，张巧，河南理工大学学报，2018年，第3期。

晚唐五代诗僧齐己的诗禅思想考论，骆志方，山西档案，2018年，第3期。

敦煌文书中"使客""客僧"考释，魏睿骜、陈红静，天水师范学院学报，2018年，第3期。

论五台山在宋朝与日本交往中的地位——以日僧成寻参访五台山为中心探讨，雷铭，法音，2018年，第6期。

论儒、释、道精神在唐代西域的传播，王聪延，兵团党校学报，2018年，第3期。

《全宋诗》之唐庚、释德洪、王庭珪诗重出考辨，陈小辉，阴山学刊，2018年，第3期。

"观自在"——儒道佛思想对人之存在的美学规定，韩书堂，中国石油大学学报，2018年，第3期。

敦煌文书中"使客""客僧"考释，魏睿骜，邯郸学院学报，2018年，第3期。

图像与观看：藏族家庭佛堂图像的人类学考察，葛俊芳，宗教学研究，2018年，第2期。

《毗陵藏》所见印本概录及版刻述略，邓影、尹恒，宗教学研究，2018 年，第 2 期。

《佛国禅师文殊指南图赞》考论，董华锋、张媛媛，宗教学研究，2018 年，第 2 期。

怀素南宗禅师身份的补证，杨秀发，艺术工作，2018 年，第 3 期。

近 20 年来宋词与佛道关系研究综述，张琛，沧州师范学院学报，2018 年，第 2 期。

明代万历年间崂山海印寺地产的佛道之争——一项法律人类学和历史人类学之研究，周琳、杜靖，地方文化研究，2018 年，第 3 期。

敦煌本《摩诃僧祇律》残卷缀合研究，张涌泉、刘丹，敦煌学辑刊，2018 年，第 2 期。

中古时期的道教文本与佛、道互动，李福、崔晓姣，道家文化研究，2018 年，第 1 期。

佛道交涉的历史剧目——浅谈僧肇、鸠摩罗什《老子》注，张雪松、何松蔚，道家文化研究，2018 年，第 1 期。

燕赵诗僧贾岛创作的禅意与艺韵研究，余安安，语文教学之友，2018 年，第 6 期。

《禅宗文献语言论考》序，徐时仪，语言文字周报，2018 年 6 月 6 日。

敦煌莫高窟五百强盗成佛故事画再研究，顾淑彦，丝绸之路研究集刊，2018 年，第 1 期。

敦煌建筑画卷中的大唐长安影像——以慈恩寺大雁塔为例，王雨，丝绸之路研究集刊，2018 年，第 1 期。

竹禅和尚生平行迹实考，曾友和、夏娱，长江文明，2018 年，第 2 期。

唐代士大夫反佛分析，杨金茹，乾陵文化研究，2018 年，第 1 期。

儒释道三教与梁代文学的深层关联——以梁武帝改制吴歌西曲为中心，孙尚勇，聊城大学学报，2018 年，第 3 期。

禅与诗之交涉，陈云君，中国文化，2018 年，第 1 期。

两个遗民典范：释大错与王船山，王兴国，船山学刊，2018 年，第 3 期。

"异僧"与"异境"——试析唐代人眼中的新罗僧及新罗形象，刘啸虎，宁夏大学学报，2018 年，第 3 期。

不是风幡正是心，岭外别传挹清芬——评李舜臣《岭外别传：清初岭南诗僧群研究》，姚蓉、王天觉，探求，2018 年，第 3 期。

论《聊斋志异》中的僧道形象，郗韬，内江师范学院学报，2018 年，第 5 期。

《宋史·艺文志》子部释氏类书目考辨，罗凌，三峡论坛，2018 年，第 3 期。

儒佛道三教关系研究的方法与实践——洪修平教授访谈录，张勇、洪修平，孔子研究，2018 年，第 3 期。

从乐府看儒释道三教融合共生，孙尚勇，四川大学学报，2018 年，第 3 期。

从佛教论议文献看南北朝的儒释道三教融合，何剑平，四川大学学报，2018 年，第 3 期。

儒释道三教融合共生与道教的自我调适，黄勇，四川大学学报，2018 年，第 3 期。

《文选注》佛典的引用与李善的佛教修养，徐沛楠，南京晓庄学院学报，2018 年，第 3 期。

中国古代"狂僧"形象的东渐——以智藏传、增贺传为例，田云明，外国文学评论，2018 年，第 2 期。

《新译大方广佛华严经音义私记》引小学书考，邵天松，常熟理工学院学报，2018 年，第 3 期。

敦煌遗书 P. 4660 邈真赞专集与悟真的都僧统之路，钟书林，兰州学刊，2018 年，第 5 期。

西夏佛典疑伪经研究综述，蔡莉，西夏研究，2018 年，第 2 期。

净土变相图像渊源诸说，张建宇，艺术探索，2018 年，第 3 期。

佛道思想影响下的飞天、飞仙及天人图像初探，孙立婷，大众文艺，2018 年，第 9 期。

《法显传》与《大唐西域记》中的佛教石窟，胡子琦，文学与文化，2018 年，第 2 期。

"看话头"禅法的特质探析，耿静波，社科纵横，2018 年，第 5 期。

《全宋诗》所收僧诗重出考辨，陈小辉，宁波大学学报，2018 年，第 3 期。

元人释大䜣诗歌主题探析，李明红，名作欣赏，2018 年，第 15 期。

《佛所行赞》：古代汉语最长的叙事诗（上），孙昌武，古典文学知识，2018 年，第 3 期。

乱世飘零几一梦——"四僧"在遗民逃禅活动中的分类，何东亚，爱尚美术，2018 年，第 3 期。

《大唐西域记》与"海上罗刹女国",司聃,中国青年报,2018年5月4日。

高丽太古普愚的临济嗣法及其看话禅思想,李海涛,世界哲学,2018年,第3期。

佛道基因与高允诗赋的文学定位,赵逵夫、王峥,河北学刊,2018年,第3期。

佛国净土与因果——以《维摩诘经·佛国品》的注疏诠释为中心,杨祖荣,宗教研究,2018年,第2期。

《景德传灯录》中的因果问答,张琴,宗教研究,2018年,第2期。

禅境与诗境的审美联系,卫柔羽,南昌教育学院学报,2018年,第2期。

《胜鬘经》与南朝佛教,张文良,西南民族大学学报,2018年,第5期。

论马祖道一的禅法思想,李存周、陈燕,中华文化论坛,2018年,第4期。

论"佛茶文化"与"禅茶文化"之关系,舒曼、鲍丽丽,农业考古,2018年,第2期。

大正藏《佛说如来兴显经》异文例析,王晞萌,遵义师范学院学报,2018年,第2期。

惠能悟道偈之禅学思想阐释,李满,宜春学院学报,2018年,第4期。

《儒林外史》中僧人群像的世俗化特征,张雨潮,宁波教育学院学报,2018年,第2期。

汉译佛典中舍利弗与释迦牟尼佛的前世因缘,王倩,绵阳师范学院学报，2018 年，第 4 期。

《祖堂集》释词三则，金克中，语言研究，2018 年，第 2 期。

宋本《释氏六帖》所引《续高僧传》考，钱汝平，江西科技师范大学学报，2018 年，第 2 期。

张问陶中进士至白莲教战乱前的释道思想（续前），郑家治、李咏梅，四川职业技术学院学报，2018 年，第 2 期。

刍议澹归今释的民族气节，曹广涛、王东，韶关学院学报，2018 年，第 4 期。

浅析韦应物诗中的禅意化意象——以钟、水、月意象为例，卢小妹，文教资料，2018 年，第 10 期。

以耶释佛——剖析李提摩太翻译的佛教典论——以《西游记》和《大乘起信论》的英译本为例，曾伟城、蒋维金，英语广场，2018 年，第 4 期。

禅籍词语考辨四则，雷汉卿、李家傲，中国语言文学研究，2018 年，第 1 期。

《聊斋志异·番僧》之灵甃和尚事迹考，高强，蒲松龄研究，2018 年，第 1 期。

"明末四僧"的绘画技法浅析，邵永康，大众文艺，2018 年，第 6 期。

佛教经论中对"尧舜"诸贤之述评，侯慧明，地域文化研究，2018 年，第 2 期。

法显《佛国记》的海外译介及英译史探究，郑建宁，法音，2018 年，第 3 期。

梁楷遗风 海内孤品——解读元代因陀罗《四祖传法图》，吴韧之，东方收藏，2018 年，第 5 期。

《五灯会元》拘留孙佛偈研究，邱震强、李芳，五台山研究，2018 年，第 1 期。

穿梭于红尘佛国：清初地方合作者的道德困境及其解脱——以李象坤之《菊庵集选》为中心，李世众，学术月刊，2018 年，第 3 期。

释惠洪海南流寓心态变迁，曹艳贞、张学松，学术研究，2018 年，第 3 期。

西夏文《药师琉璃光七佛本愿功德经》的草书译本，麻晓芳，宁夏社会科学，2018 年，第 2 期。

智旭佛易哲学思想研究述论，麦砢项宇，山西大学学报，2018 年，第 2 期。

探究佛教对宋代绘画的影响，郭璐，美与时代，2018 年，第 3 期。

敦煌文书 P. 2642《释门文范》释录，杜海、郑炳林，敦煌学辑刊，2018 年，第 1 期。

论元代文人画"简"的独特性——兼与南宋院体画、禅僧画的比较，江澜，艺术百家，2018 年，第 2 期。

日僧无著道忠禅宗俗语词训释方法考，王长林，域外汉籍研究集刊，第 17 辑，2018 年。

宋代禅籍《人天宝鉴》的域外流传与整理，国威，域外汉籍研究集刊，第 17 辑，2018 年。

无可：晚唐书僧之冠——《寂照和上碑》欣赏，陈根远，书法，2018 年，第 3 期。

《佛国记》所载弥勒信仰考论，夏德美，东方论坛，2018 年，第 1 期。

敦煌文献注译与阐释中的语言学问题——以《敦煌邈真赞释译》为例，龚泽军、张嘉楠，社科纵横，2018 年，第 3 期。

唐五代皇帝诞节三教讲论僧人考，刘林魁，唐史论丛，2018 年，第 1 期。

元代中后期色目文人的儒化、释化与道化，王吉祥，忻州师范学院学报，2018 年，第 1 期。

宋初九僧生卒年限订补及其他，张艮，萍乡学院学报，2018 年，第 1 期。

山水画面美 禅宗思想浓——王维《山居秋暝》的佛性思想，王旗，中学语文教学参考，2018 年，第 6 期。

《全宋诗》之释鼎需、范成大、杨万里诗重出考辨，陈小辉，重庆师范大学学报，2018 年，第 1 期。

明末以降文人画发展与禅宗思想之影响，杨江波，美术观察，2018 年，第 2 期。

近代琴僧释大休及其琴学传承，章华英，中央音乐学院学报，2018 年，第 1 期。

《红楼梦》儒道佛易理接受关系分析，刘秀玲、李君，佳木斯大学社会科学学报，2018 年，第 1 期。

敦煌古藏文 PT.1286 号文书释读之勘正，曾丽容，西藏研究，2018 年，第 1 期。

"大千世界"与"洞天福地"——佛、道教神灵世界的宗教意蕴之比较，冯川，世界宗教文化，2018 年，第 1 期。

《无量寿经》经名探微，常蕾，世界宗教文化，2018 年，第 1 期。

藏译本《佛说大乘庄严寶王经》略述，才让项毛，四川民族学院学报，2018 年，第 1 期。

郭子章《豫章诗话》中的佛道意识，邱美琼、刘雨婷，贵州文史丛刊，2018 年，第 1 期。

《杜诗续翠抄》与五山禅僧的杜诗研究，刘芳亮，国际中国文学研究丛刊，2018 年，第 1 期。

岭南僧诗的清辉与绝唱——鼎湖诗僧成鹫诗歌初论，李曙豪，肇庆学院学报，2018 年，第 1 期。

试论清初"四僧"绘画艺术中改革创新之时代精神，沈名杰，戏剧之家，2018 年，第 3 期。

《大云寺弥勒重阁碑》研究，崔亚男，美术学报，2018 年，第 1 期。

宋代士大夫与禅师交往阐微，耿静波，中国社会科学报，2018 年 1 月 16 日。

九僧诗派的世俗化探究，丁友芳，绵阳师范学院学报，2018 年，第 1 期。

唐宋时期释玄觉《证道歌》的版本与传播——以敦煌文献、碑刻资料为中心，侯成成，中国典籍与文化，2018 年，第 1 期。

可洪《〈广弘明集〉音义》误释举例，辛睿龙，中国典籍与文化，2018 年，第 1 期。

禅宗文献字词札记，王长林，古汉语研究，2018 年，第 1 期。

儒释道文化与中国画的形成与发展的关系，张建国，中国民族博览，2018 年，第 1 期。

《酉阳杂俎》于唐代佛道之争的现实反映与态度，刘瑛莹，名作欣赏，2018 年，第 2 期。

宋代院体画中的诗意与禅机，温颜，名作欣赏，2018 年，第

2 期。

试论中古佛典序跋对佛典意旨的阐释，赵纪彬，理论月刊，2018 年，第 1 期。

论禅门书记职事与文学创作的关系——以居简及其周围书记僧为例，王宏芹，四川师范大学学报，2018 年，第 1 期。

敦煌本回鹘文《说心性经》为禅学原著说，杨富学、张田芳，西南民族大学学报，2018 年，第 1 期。

滤选与摄取：五山禅僧的《庄子》受容研究，张三妮，河南理工大学学报，2018 年，第 1 期。

辩才元净与北宋"文字禅"，张艮，赣南师范大学学报，2018 年，第 1 期。

20 世纪以来唐佛教音乐与文学关系研究概述，杨贺，文教资料，2018 年，第 26 期。

《性灵集》疑难词语考释，王晓平，日语学习与研究，2018 年，第 1 期。

觉悟叙事：杜甫纪行诗的佛教解读，田晓菲，上海师范大学学报，2018 年，第 1 期。

印度史诗《摩诃婆罗多》与佛教、中国文学之关系，张煜，复旦学报，2018 年，第 5 期。

佛教文学研究五题，普慧，宝鸡文理学院学报，2018 年，第 4 期。

佛教文学的三个层次与三重境界，张培锋，文史知识，2018 年，第 6 期。

日本佛教说话文学中的《金刚经》灵异记，刘九令，东北亚外语研究，2018 年，第 3 期。

写本原生态及文本视野下的敦煌高僧赞，郑阿财，敦煌学辑刊，2018 年，第 2 期。

寻回现代文学版图中"释"的失落：评谭桂林《现代中国佛教文学史稿》，杨姿，中国文学研究，2018 年，第 1 期。

跨越的支点与立场：评《跨学科视域中的比较文学》，何明星，中国比较文学，2018 年，第 3 期。

东南亚南传上座部佛教文化圈的古典文学，寸雪涛，学术探索，2018 年，第 1 期。

鲁迅文学对佛教的批判与汲取，刘晓娟，安徽文学，2018 年，第 8B 期。

梁简文帝萧纲《唱导文》系年考，阚可心，文化学刊，2018 年，第 5 期。

试论戒律譬喻的特点：以动物譬喻为中心，金大伟，法音，2018 年，第 8 期。

作为典籍符号的图像叙事：克孜尔菱格画与讲唱文学，栾睿，石河子大学学报，2018 年，第 2 期。

中日文学中的锁骨菩萨形象，董璐、刘芳亮，名作欣赏·下旬，2018 年，第 3 期。

文化诗学之路的宽广前程：蒋述卓教授访谈录，蒋述卓、宋音希，当代文坛，2018 年，第 6 期。

许地山文学作品中佛教色彩的异化，史荣帅，名作欣赏·中旬，2018 年，第 7 期。

佛经动物叙事对中国人兽对话型叙事的影响，元文广，中国比较文学，2018 年，第 3 期。

"圆照"：从佛教术语到诗学概念，钟仕伦，文学遗产，2018

年，第 2 期。

论唐代文人对佛教思想的接受，霍建波、李领弟，延安大学学报，2018 年，第 5 期。

"敦煌俗讲"的活态呈现与学理关系的意义生成：兼谈凉州贤孝与佛教俗讲的渊源问题，祁明芳，甘肃社会科学，2018 年，第 4 期。

唐代文化的兼容并包略谈：以《唐故卧龙寺黄叶和尚墓志铭》为中心，袁书会，西藏民族大学学报，2018 年，第 5 期。

柳宗元《宥蝮蛇文》与刘禹锡《救沈志》的对读，范洪杰，中国典籍与文化，2018 年，第 2 期。

《西游补》中的佛教思想体现，郑苏皖，安徽文学，2018 年，第 8B 期。

论赵朴初诗词中的佛学思想，何娜，中山大学研究生学刊，2018 年，第 3 期。

敦煌遗书 P.3770 悟真文集与悟真早期成长，钟书林，三峡大学学报，2018 年，第 1 期。

论晚明文坛"性情"风潮与佛教之关联，柳旭，长春师范大学学报，2018 年，第 11 期。

敦煌变文中佛教称谓语的语言特色，谢燕琳，语文学刊，2018 年，第 1 期。

佛教神话研究的精审之作：评陈明著《印度佛教神话：书写与流传》，王萱，世界宗教研究，2018 年，第 2 期。

论毛晋的佛教情缘，金建锋，宜春学院学报，2018 年，第 1 期。

颜之推的处世哲学与美学思想，席格，中国文学研究，2018

年，第 1 期。

维摩诘变相与讲经文及通俗佛经注疏之关系新证：以莫高窟第 9 号窟的阿难乞乳图的榜题为中心，何剑平，宝鸡文理学院学报，2018 年，第 3 期。

论佛教对唐传奇的影响，樊伟峻、訾瑞芳，集宁师范学院学报，2018 年，第 5 期。

言－象－意：中国文化与美学中的独特话语，张法，文艺理论研究，2018 年，第 6 期。

敦煌文学文献同卷内容的相互关联，冷江山，甘肃社会科学，2018 年，第 1 期。

儒释道三教与梁代文学的深层关联：以梁武帝改制吴歌西曲为中心，孙尚勇，聊城大学学报，2018 年，第 3 期。

论六朝隋唐神仙小说的叙事时空，程丽芳，河南师范大学学报，2018 年，第 5 期。

《经律异相》异文的整理与研究，刘晓兴，南京师范大学文学院学报，2018 年，第 1 期。

徽墨与晚明社会生活：以《方氏墨谱》与《程氏墨苑》为中心，许哲娜，江西社会科学，2018 年，第 6 期。

佛教音乐：从印度到中国的转变佛教音乐，赵月，中国宗教，2018 年，第 5 期。

佛传图幡与敦煌俗文学，秋山光、林保尧，艺术家，2018 年，第 8 期。

敦煌遗书 P. 4660 邈真赞专集与悟真的都僧统之路，钟书林，兰州学刊，2018 年，第 5 期。

佛教类书与所出原经深加工平行语料库建设与研究：以《经

律异相》《法苑珠林》为样本，王晓玉、赵家栋，南京师范大学文学院学报，2018 年，第 2 期。

简论回鹘文佛教和摩尼教文献中部分术语的翻译，阿卜拉江·玉苏普，民族翻译，2018 年，第 3 期。

刘宋僧俗文人交往考论，陈虹岩，文艺评论，2018 年，第 4 期。

儒释兼容：论沈约的佛教信仰与儒家思想之关系，何良五、陈璐，湖州师范学院学报，2018 年，第 1 期。

现存汉唐西域佛剧的文本考述，汤德伟、高人雄，四川职业技术学院学报，2018 年，第 5 期。

杀生放生、洞天福地母题与佛道地理之关系，杨宗红，临沂大学学报，2018 年，第 3 期。

浅析曹禺戏剧创作中的宗教意识，冀岩，安徽文学，2018 年，第 11B 期。

朝闻基督夜礼佛：史铁生散文中的宗教意识，韩莹，大众文艺，2018 年，第 18 期。

杜甫佛教思想研判：以杜甫游佛寺诗为视角，郑超，成都理工大学学报，2018 年，第 1 期。

浅论《红楼梦》中的佛教善生思想：以平儿为例，杨芳，遵义师范学院学报，2018 年，第 4 期。

《红楼梦》中的心病佛药医，刘桐，大众文艺，2018 年，第 16 期。

思想启迪·智性叙事：论鲁迅与江南佛学之关联，竺建新，杭州师范大学学报，2018 年，第 1 期。

汪曾祺小说中的僧人形象探析，李雪梅，芒种，2018 年，第

4B 期。

汉晋佛经翻译中"出经"含义考释，张振龙、匡永亮，世界宗教研究，2018 年，第 2 期。

佛教因明学对《文心雕龙》的影响探论，刘业超，长江学术，2018 年，第 3 期。

孙悟空的"紧箍"成因新论，全平，运城学院学报，2018 年，第 5 期。

郭子章《豫章诗话》中的佛道意识，邱美琼、刘雨婷，贵州文史丛刊，2018 年，第 1 期。

日僧圆仁入唐说话流变考，郭雪妮，理论月刊，2018 年，第 10 期。

僧人笔下的僧人：《徒然草》中所见僧人形象简析，段霞，文学教育，2018 年，第 8A 期。

佛教文化对李煜诗词的影响，熊天怡，文学教育，2018 年，第 1C 期。

问道叩玄篇，妙唱发幽情：论何光顺《玄响寻踪：魏晋玄言诗研究》的玄言诗学建构，王利锁，河南教育学院学报，2018 年，第 4 期。

陶渊明的隐居与沈约的郊居：超越的两种形式，何良五、杨青，河北广播电视大学学报，2018 年，第 1 期。

拈花一笑说桃夭：从桃花意象之开拓看灵云悟道偈的诗学意义，李向阳，中国韵文学刊，2018 年，第 1 期。

唐代诗学对唐代南岳佛教诗歌创作的影响，全华凌、岳可欣，南华大学学报，2018 年，第 5 期。

《神通游戏》与后期佛教神话，侯传文，东方论坛，2018 年，第 6 期。

《坛经》所记惠能故事中的中国神话元素，仲红卫，韶关学院学报，2018 年，第 4 期。

中国当代《诗镜论》研究述评，树林，民族文学研究，2018 年，第 2 期。

唐宋佛教入冥故事中的排佛士大夫角色变迁，范英杰、姬慧，榆林学院学报，2018 年，第 5 期。

佛教譬喻"二鼠侵藤"在古代欧亚的文本源流（上），陈明，世界宗教研究，2018 年，第 6 期。

孤魂考：道教与中土佛教幽科中一种类型化幽灵的生成，许蔚，中华文史论丛，2018 年，第 4 期。

图像与文本的相互阐发：论《护生画集》的文本"互读"，范晓利，兰州学刊，2018 年，第 4 期。

徐陵的诗文创作与佛教经论，何剑平，文学遗产，2018 年，第 5 期。

古代文人的放生诗赏析，邹相，嘉定佛教，2018 年，第 5 期。

周颙与宋齐佛教：以钟山隐舍与草堂寺为中心，王荣国、王智兰，西南民族大学学报，2018 年，第 6 期。

王世贞佛学思想研究，崔颖，宗教学研究，2018 年，第 1 期。

《什法师诔》的史学价值与文学意义，程对山，河西学院学报，2018 年，第 4 期。

道、佛与中古诗歌的"尘"意，陈斯怀，国学学刊，2018 年，第 3 期。

从误解到皈依——徐訏文学宗教观的转变，佟金丹，辽东学院学报，2018 年，第 6 期。

中华本《弘明集》疏误考论，朱春雨，湖南科技大学学报，2018 年，第 3 期。

高僧伏虎传说的叙事结构分析及文化意义解读：以镇江虎跑泉传说为例，杨紫琳，名作欣赏·下旬，2018 年，第 7 期。

《坛经》的动静观及文论意义，朱晓聪，贵州文史丛刊，2018 年，第 4 期。

关于"目连戏"恢复状况的感想与思考：从调腔目连戏《目连拜佛》说起，林宇，戏剧文学，2018 年，第 11 期。

试论《格萨尔·英雄诞生篇》情节结构的演变特点，李连荣，西藏研究，2018 年，第 1 期。

竺法维及其《佛国记》探赜，阳清，学术论坛，2018 年，第 3 期。

论审美幻相的理论特质，汤凌云，北京大学学报，2018 年，第 5 期。

"真心"思想与李纲的文艺观，曹磊，北京社会科学，2018 年，第 2 期。

佛陀的归来：史铁生的文学与"宗教"，陈朗，当代作家评论，2018 年，第 1 期。

巧把音声作佛事：唐代佛教舞蹈浅议，李卓，中国宗教，2018 年，第 4 期。

永乐宫重阳殿重阳画传地狱思想的可能影响因素分析，白娴棠，宗教学研究，2018 年，第 3 期。

唐佛曲与古典戏剧之起源，杨贺，甘肃理论学刊，2018 年，第 3 期。

学者写作叩问文化传统及其可能性：论徐兆寿新长篇《鸠摩

罗什》，刘艳，南方文坛，2018 年，第 3 期。

佛教精神与曾志平的小说创作，巫洁莹，文学教育，2018 年，第 10C 期。

基于叙事学的佛经与道教《灵宝经》的对比研究：以叙述者为中心，王皓月，世界宗教文化，2018 年，第 6 期。

关于"目连戏"恢复状况的感想与思考：从调腔目连戏《目连拜佛》说起，林宇，戏剧文学，2018 年，第 11 期。

语境与路径："印度戏剧输入说"考论及其学术史意义，浦晗，民俗研究，2018 年，第 2 期。

天台宗僧诗创作传统考论，张艮，中南大学学报，2018 年，第 4 期。

现存汉唐西域佛剧的文本考述，汤德伟、高人雄，四川职业技术学院学报，2018 年，第 5 期。

论白居易诗的白发书写及其情感内蕴，李舒宽，山西大学师范学院学报，2018 年，第 6 期。

论金代偈颂诗的诗法与禅机，孙宏哲，内蒙古民族大学学报，2018 年，第 6 期。

论禅、道与《二十四诗品》"诗性精神空间"，吴诗，湖南工业职业技术学院学报，2018 年，第 6 期。

明初寓滇日僧诗歌研究，李艳萍，贵州文史丛刊，2018 年，第 3 期。

黄庭坚涉茶诗中的生活雅趣，雷徽，中国韵文学刊，2018 年，第 2 期。

禅宗"机锋"与钟惺诗的标新，李瑄，中山大学学报，2018 年，第 2 期。

论金代偈颂诗的诗法与禅机，孙宏哲，内蒙古民族大学学报，2018 年，第 6 期。

韩愈诗歌的怪奇审美取向，景遐东、吴珉，湖北师范大学学报，2018 年，第 4 期。

文同的佛道因缘及诗文创作探微，武玉秀、宫臻祥，陕西理工大学学报，2018 年，第 5 期。

神话、历史、审美与天下观念：《水经注》地理文化意蕴探析，王允亮，兰州学刊，2018 年，第 9 期。

汉译佛经与汉语词"思想"的来源及其演变，葛平平，辽东学院学报，2018 年，第 3 期。

论魏晋时期的士僧合流：以《世说新语》为中心，李远，贵州文史丛刊，2018 年，第 1 期。

顾恺之画维摩诘事考略，陈铮，文艺研究，2018 年，第 11 期。

《楞严经》心境论与宋代文艺思想，曹磊，理论月刊，2018 年，第 1 期。

再思"美育代宗教"：在 20 世纪早期美学与佛学关系中的一个考察，杨光，郑州大学学报，2018 年，第 2 期。

谢灵运对《维摩诘经》的接受研究，杨瑰瑰，江汉论坛，2018 年，第 11 期。

杜荀鹤佛禅诗艺术风格探论，冷艳，古籍整理研究学刊，2018 年，第 6 期。

涉江采芙蓉：论席慕蓉的佛缘诗情，霍佩，新丝路，2018 年，第 1C 期。

试论王维禅诗创作的存在与虚无，左文强，名作欣赏·中旬，

2018 年，第 7 期。

诗言智：星云大师的核心诗学观，高文强、王婧，贵州文史丛刊，2018 年，第 1 期。

晚唐五代诗僧齐己的诗禅思想考论，骆志方，山西档案，2018 年，第 3 期。

晚明四大师之禅净关系论，熊江宁，佛学研究，2018 年，第 1 期。

论苏轼在黄州时期的禅因佛缘，孙宇男，地域文化研究，2018 年，第 6 期。

沈约"四声说"与转读、悉昙关系的再探讨，何良五，成都理工大学学报，2018 年，第 4 期。

论敦煌文献中的丑妇形象与丑妇观，邵文实，西南民族大学学报，2018 年，第 3 期。

《肇论》中的"心物关系"论及其美学发微，贾光佐，汉语言文学研究，2018 年，第 3 期。

论苏轼在黄州时期的禅因佛缘，孙宇男，地域文化研究，2018 年，第 6 期。

王维《辛夷坞》与禅宗唯心净土思想，王廷法，集美大学学报，2018 年，第 3 期。

释惠洪海南流寓心态变迁，曹艳贞、张学松，学术研究，2018 年，第 3 期。

以疏淡之笔写清逸之诗：论倪瓒诗、书作法的互通性联系，庞晓菲，江南大学学报，2018 年，第 3 期。

《极玄集》版本、源流及相关问题考论，韩宁，古籍整理研究学刊，2018 年，第 6 期。

禅韵雪溪幻姚禼：清初高崟映题刻的地方性遐想，朱和双、卜其明，楚雄师范学院学报，2018 年，第 1 期。

惠洪《筠溪集》源流考：兼论《石仓宋诗选》对作品的删改，许红霞，文学遗产，2018 年，第 2 期。

辽代契丹族文学研究述评，花兴，内蒙古民族大学学报，2018 年，第 5 期。

元白重逢诗综论，胡宇露，名作欣赏·中旬，2018 年，第 3 期。

刍议藏族古代文艺美学思想的双重性，张学海，西藏民族大学学报，2018 年，第 2 期。

《全宋诗》补遗 50 首：以佛寺志为中心，杨玉锋，黑龙江史志，2018 年，第 1 期。

皎然"游戏"之心影响下的中晚唐佛寺戏题诗，罗婉宁，河北北方学院学报，2018 年，第 6 期。

元人释大䜣诗歌主题探析，李明红，名作欣赏·下旬，2018 年，第 5 期。

丝路交流与戏曲形态的生成、蜕变，陈文革，中国音乐学，2018 年，第 2 期。

语境与路径："印度戏剧输入说"考论及其学术史意义，浦晗，民俗研究，2018 年，第 2 期。

藏戏，曹娅丽、邸莎若拉，民族艺术，2018 年，第 1 期。

论"景泰十才子"诗歌中的江南禅意，殷飞，名作欣赏·下旬，2018 年，第 10 期。

唐代般若与文学意象、意境之美学融摄，赵建军，河北学刊，2018 年，第 1 期。

论华严宗对唐人诗歌创作的影响，桑宝靖，宝鸡文理学院学报，2018 年，第 4 期。

本土观音成道经变中的大乘精神：以明代观音题材小说和壁书为例，喻静，中国文化，2018 年，第 2 期。

汪曾祺小说中的僧尼形象，高鹏程，安徽文学，2018 年，第 6B 期。

南京佛教诗歌历史发展及其当代传承，尚荣，东南大学学报，2018 年，第 5 期。

近七十年来杜甫与佛教关系研究综述，刘雯，杜甫研究学刊，2018 年，第 3 期。

从齐梁诗歌佛教意象探佛教对南朝诗歌创作的影响，段朋飞，宜春学院学报，2018 年，第 4 期。

禅宗"机锋"与钟惺诗的标新，李瑄，中山大学学报，2018 年，第 2 期。

论阿来生态写作的审美特征：以《山珍三部曲》为例，周晓艳，西藏民族大学学报，2018 年，第 6 期。

星云法师弘法文学作品的特色：以《老二哲学》为例，张子开，贵州文史丛刊，2018 年，第 2 期。

破戒的高僧：徐兆寿与施蛰存笔下不同的鸠摩罗什，王韬，兰州文理学院学报，2018 年，第 6 期。

《六度集经》与中韩民间故事和小说，李官福、权辉，北京联合大学学报，2018 年，第 3 期。

浅论白先勇小说中的佛家意蕴，王冰，名作欣赏·中旬，2018 年，第 8 期。

陶渊明对苏轼、李奎报佛教诗影响的比较研究，李燕，华人文化研究，第 6 卷第 1 期，2018 年 6 月。

韩国《东文选》中的佛教愿文初探，李映瑾，兴大人文学报，第 60 期，2018 年 3 月。

论佛教文化对于中国戏曲形成之影响，孙玫，夏荆山艺术论衡，2018 年，第 5 期。

菩提树在佛教意象之研究——以印度菩提伽耶为中心，简秀娥，岭东通识教育研究学刊，第 7 卷 3 期，2018 年 2 月。

宗教/爱情书写传统的互文与个人才能的新衍——以施叔青《度越》为讨论对象，杨雅儒，台大中文学报，第 60 期，2018 年 3 月。

开山宗长与圣严法师"寰游自传"的角色意识，吴光正，圣严研究，第 10 辑，2018 年 5 月。

苏轼咏茶诗及其茶禅研究——以唐代咏茶诗为映衬的观察，萧丽华，东吴中文学报，2018 年，第 35 期。

凝视与再现：天台山记中的宗教文化记忆与行旅书写，林韵柔，东华汉学，2018 年，第 27 期。

唐宋佛教居士形象的两个人物——王维与苏轼，萧丽华，佛光学报，2018 年。

皎然诗歌的诠释困境与消解方法探讨，李燕欣，有凤初鸣年刊，第 14 期，2018 年。

释清顺与苏轼寄景纾见考，郭靖文，东吴中文研究集刊，第 24 期，2018 年。

王维山水诗中的禅宗思想探析，吕昇阳，南台人文社会学报，2018 年。

《太子须大拏经讲经文》考述——以 ДX. 285 等六残片与

BD. 8006 号为中心，计晓云，敦煌学，第 43 辑，2018 年。

满文本《维摩经·佛国品》偈颂之翻译研究——兼与蒙古文本比较，林士铉，佛光学报，2018 年。

故事情节多元解读与创造力激发——以苏轼《僧圆泽传》为例，顾敏耀，远东通识学报，第 12 卷第 2 期，2018 年。

My Beautiful Face, the Enemy of Dharma Practice, Kati Fitzgerald, *Asian Ethnology* 1/2, 2018.

Buddhist Historiography：A tale of Deception in a Seminal Late Ming Buddhist Letter, Jennifer Eichman, *Journal of Chinese Religions* 2, 2018.

Ancestral deliverance and puppet performance：Mulian rescues his mother and Bima goes to heaven, I Nyoman Sedana, Kathy Foley, *Asian theatre journal* 1, 2018.

On 10 Chan-Buddhism images in the poetry of Du Fu, Zhang. Studies in *Chinese Religions* Volume 4, Issue 3, pp. 318 – 340, 2018.

越境する詩人の群れ－明極楚俊. 竺仙梵僊. 天岸慧広の東行の経路を辿って－，山藤夏郎，淡江日本论丛，第 38 辑，2018 年。

2019 年

《释氏六帖》的编刻与回传——以日本东福寺藏宋本为中心，周浩，域外汉籍研究集刊，第 18 辑，2019 年。

日藏南宋禅僧梵琮《率庵外集》诗歌整理，许红霞，域外汉籍研究集刊，第 18 辑，2019 年。

日藏宋僧率庵梵琮著作及其价值考述——以《率庵外集》为中心，许红霞，域外汉籍研究集刊，第 19 辑，2019 年。

早期宝卷版本中的插图（15—16 世纪）及"看图讲故事"的理论问题，白若思，形象史学，2019 年。

《大灌顶经》"我说灌顶章句义"篇七言赞初探，李秀花，中国俗文化研究，第 16 辑，2019 年。

从竺昙猷传记看佛教融摄中国本土文化的三个面向，王鹤琴，世界宗教文化，2019 年，第 4 期。

论藏文高僧传的记史特征——以土观·洛桑却吉尼玛所著僧传为例，徐长菊，青藏高原论坛，2019 年，第 2 期。

中晚唐江左诗僧群体的台、律双弘现象及其成因，李华伟，佛学研究，2019 年，第 2 期。

《续高僧传》在僧传撰著历史上的地位，王绍峰，湖州师范学院学报，2019 年，第 1 期。

略论梁《高僧传》的编撰、版本及史料价值，张雪松，国学学刊，2019 年，第 2 期。

玄奘东归与达摩西归的文学书写及其宗教意蕴——以"摩顶松""只履西归"为例，李小荣，石河子大学学报，2019 年，第 1 期。

"佛化新青年"与五四新文学运动，谭桂林，社会科学辑刊，2019 年，第 4 期。

近十八年国内五台山佛教文学研究综述，苏鑫慧，忻州师范学院学报，2019 年，第 6 期。

论建国初期佛教文学的发展——以《现代佛学》为中心，王彦明、于素祥，法音，2019 年，第 9 期。

中国汉传佛教文学思想史研究论纲：从东晋到晚清，李小荣、杨遇青，东南学术，2019 年，第 1 期。

宋元之际回鹘崇佛文学述论，王红梅，河西学院学报，2019 年，第 1 期。

李小荣《晋唐佛教文学史》评介，王廷法，宗教学研究，2019 年，第 2 期。

中印佛教文学比较研究的若干问题——侯传文教授访谈录，张叉、侯传文，燕山大学学报，2019 年，第 4 期。

《红楼梦》佛教文化用语英译探析——以霍克思译本为例，朱天发、吴艾玲，常州工学院学报，2019 年，第 6 期。

抗战时期重庆汉藏教理院社会活动纪实——记庚辰重九缙云登高诗会，李仲良，佛学研究，2019 年，第 1 期。

《迦陵诗词稿》中佛禅意蕴的三个层次，崔淼，中国韵文学刊，2019 年，第 3 期。

哪吒：从佛典中蜕变出的悖伦"英雄"，陈洪，文学与文化，2019 年，第 4 期。

敦煌写卷中佛教灵验记的文学表现，王志鹏，石河子大学学报，2019 年，第 5 期。

彭绍升及其佛学诗文创作，张培锋、聂旭，哈尔滨工业大学学报，2019 年，第 2 期。

北朝墓志文学中的佛教信仰，杨柳，天水师范学院学报，2019 年，第 1 期。

地狱诗篇之彼岸救赎与此岸抵抗——论 T. S. 艾略特《荒原》与鲁迅《死火》对佛教"火"意象之改写，杨深林、邱晶，湖北工程学院学报，2019 年，第 1 期。

"变文"辨析，徐志啸，学术研究，2019 年，第 8 期。

论明清小说中的《金刚经》书写，杨程远，文学与文化，2019 年，第 1 期。

净土修行实践与谢灵运的诗文创作，王帅，法音，2019 年，第 8 期。

《楞严经》与竟陵派文学思想的指归，李瑄，文艺研究，2019 年，第 8 期。

唐代佛教铭文《优婆夷阿刘造石浮图铭》辑考，姜复宁、周琦玥，法音，2019 年，第 6 期。

东晋玄言诗：玄释融合的文学表达，薛婷，中国宗教，2019 年，第 7 期。

晚明居士佛教研究的意义与前景，李瑄，中国社会科学院研究生院学报，2019 年，第 1 期。

民族传说与宗教叙事：文学人类学视域下的云南文学，司聘，中国宗教，2019 年，第 5 期。

周作人欣赏大乘佛教的原因，孙郁，文艺争鸣，2019 年，第 6 期。

佛教元素影响中国古代通俗文学创作，张媛，中国社会科学报，2019 年 3 月 5 日。

兴城文庙碑林之海云寺与朝阳寺碑志校考，王志钢，辽宁工业大学学报，2019 年，第 2 期。

磨砺七载，精益求精——读董志翘、刘晓兴等《经律异相校注》，邵天松，南京师范大学文学院学报，2019 年，第 2 期。

简论敦煌写卷中组诗、长诗的佛教特征，王志鹏，兰州学刊，2019 年，第 12 期。

节日传说、民间信仰与地方史的互动研究——以绕三灵传说为研究中心，张翠霞，青海民族研究，2019 年，第 2 期。

"悲"与"喜"的较量——论慈恩寺、青龙寺诗风差异，罗婉宁，成都理工大学学报，2019 年，第 3 期。

汉唐乐府与佛曲之文体关系新论，杨贺，浙江学刊，2019 年，第 6 期。

论《文心雕龙》赞体部分的缺失，哈磊，宝鸡文理学院学报，2019 年，第 4 期。

论南朝佛教与宫体诗，杨秋萍、温志拔，常州工学院学报，2019 年，第 1 期。

唐代小说中的佛教寺院功能浅析，朱杰，武汉工程职业技术学院学报，2019 年，第 1 期。

论安史之乱与王维晚年的儒佛互补思想，高萍，唐都学刊，2019 年，第 5 期。

攘斥佛教，复兴儒学：韩愈辟佛思想论，刘馨明，哈尔滨学院学报，2019 年，第 2 期。

文化传播视阈下佛教题材戏曲研究述评，孙向锋，歌海，2019 年，第 6 期。

空海入唐，隐元渡日——由两位高僧事迹看中日文化交流互鉴，本性，法音，2019 年，第 2 期。

傣族的二元信仰及其在史诗中的表现，屈永仙，百色学院学报，2019 年，第 3 期。

文学主题学"大文科"观念基本规则及学术规范——以李福清佛经母题影响研究为例，王立、黎彦彦，河北学刊，2019 年，第 6 期。

论苏轼神异出身故事的渊源及其文学性影响，王昕，浙江学刊，2019 年，第 5 期。

河西走廊民间口头说唱文学的多神信仰体系——以河西宝卷与凉州贤孝为例，钱秀琴，甘肃广播电视大学学报，2019 年，第 4 期。

《诗镜》文本的注释传统与文学意义，意娜，文学遗产，2019 年，第 5 期。

论温庭筠创作的禅意审美与时空艺韵，余安安、田文雅，武陵学刊，2019 年，第 5 期。

论佛教"四圣谛"教义对小说《灵山》的影响，蒋洋洋，桂林师范高等专科学校学报，2019 年，第 6 期。

莲社故事文、图与《陶渊明集》之编纂，蔡丹君，文艺研究，2019 年，第 3 期。

元僧来复"送别诗"的特色，刘建建、刘嘉伟，法音，2019 年，第 11 期。

"论"文体之"圆通"，王艺，齐齐哈尔大学学报，2019 年，第 2 期。

历史记忆、神秘命运与救赎意识——论白先勇小说的创作主题，乌兰其木格、左宏阁，北方民族大学学报，2019 年，第 1 期。

"镜花水月"批评意象研究述评，温玲、高文强，贵州文史丛刊，2019 年，第 2 期。

《红楼梦》的"形影叙事"与曹雪芹的自我形象，魏颖，红楼梦学刊，2019 年，第 2 期。

华裔作家的文化自信与传承创新——佛教思想与陈美龄小说《雌狐月饼复仇记》，杨春，清华大学学报，2019 年，第 6 期。

中华吟诵与佛教的因缘际会——读张培锋教授《佛教与传统吟唱的文化学考察》，黄文翰，中国图书评论，2019 年，第 6 期。

郑巢与僧人交游诗歌考，王卢笛，山东农业工程学院学报，2019 年，第 11 期。

"意在寻僧不在花"——元稹与佛教关系谫论，王艺，绵阳师范学院学报，2019 年，第 12 期。

范仲淹"忧乐观"与大乘佛教"菩萨道"，悟才，中国宗教，2019 年，第 6 期。

柳宗元对佛教的态度转变——以对永州和柳州山水的描写为例，肖悦，湖南科技学院学报，2019 年，第 11 期。

论韩愈反佛的佛教因素，李格香，周口师范学院学报，2019 年，第 4 期。

六朝佛教造像文与唐代"墓志铭"，徐世民，绍兴文理学院学报，2019 年，第 2 期。

从"烈士池"故事到《杜子春》的流变看佛教对中国传统伦理的妥协及权威重建，武彬，内蒙古师范大学学报，2019 年，第 3 期。

论柳宗元诗文创作与佛教关系，白倩，武夷学院学报，2019 年，第 4 期。

六朝名士与幽明世界，袁济喜，学术研究，2019 年，第 9 期。

从敦煌变文中的佛教称谓看文化交融，谢燕琳，兰州文理学院学报，2019 年，第 6 期。

苏轼与镇江金山文化的交互影响，朱千慧，文教资料，2019 年，第 12 期。

佛教中的"受戒"与《西游记》，李贝贝，齐齐哈尔大学学报，2019年，第2期。

美丑与善恶：佛教说法故事中的业报轮回思想发微，元文广，世界宗教文化，2019年，第5期。

佛教经典里"试"的故事（上），孙昌武，古典文学知识，2019年，第1期。

佛教经典里"试"的故事（下），孙昌武，古典文学知识，2019年，第2期。

论佛教"相"文化对审美意象创构的三重影响，王耘，学术月刊，2019年，第2期。

"天竺七僧"、"竹林七贤"与东晋文风，汤君，宁夏社会科学，2019年，第3期。

论佛教视域下的《极玄集》，张倩、刘则权，唐山师范学院学报，2019年，第1期。

柳宗元佛教碑文探微，杜青，贵州师范学院学报，2019年，第4期。

蒙藏《诗镜》研究史概观，树林，民族文学研究，2019年，第2期。

梵琦禅师的禅净观，刘昀，法音，2019年，第1期。

敦煌变文美人形象管窥，谭升元、牟代群，宜春学院学报，2019年，第11期。

《西游记》人物和故事情节的佛教意蕴，王玉姝、王树海，明清小说研究，2019年，第3期。

论韩愈散文所蕴含之文人心态，段文琦，皖西学院学报，2019年，第1期。

制度文化视域下的唐宋寺松意象群——以松僧、松塔为例，李小荣，世界宗教文化，2019 年，第 1 期。

陶弘景作品中的佛教，（美）柏夷著，孙齐译，西南民族大学学报，2019 年，第 8 期。

"伊利沙"和"卢至长者"——佛经中的吝啬鬼典型及其故事的跨文化流变，陈明，国外文学，2019 年，第 4 期。

佛教譬喻"二鼠侵藤"在古代欧亚的文本源流（下），陈明，世界宗教研究，2019 年，第 1 期。

农牧业视角下宋代山西寺观壁画牛图考，伊宝、高策、史宏蕾，中国农史，2019 年，第 6 期。

文化场域、空间与藏族原生态文学结构的生成——以甘肃卓尼"打巴奥"歌为例，王晓云，青海民族大学学报，2019 年，第 2 期。

《洛阳伽蓝记》中的女性与佛教探析，李丹，中华女子学院学报，2019 年，第 1 期。

从《唐语林》看唐代佛教的世俗化，兰翠，山东师范大学学报，2019 年，第 3 期。

浅析《西游记》中的各类水形象，李晓媛，淮海工学院学报，2019 年，第 10 期。

汉晋之间：中国美学从宗经向尚艺的转进，刘成纪，中国社会科学，2019 年，第 11 期。

六朝佛教造像记与唐代"记"体文，徐世民，惠州学院学报，2019 年，第 1 期。

北魏慧生行记诸种相关文献考述，阳清，宗教学研究，2019 年，第 1 期。

藏族文献结集传统与格萨尔史诗目录本的生成与赓续，央吉卓玛，民族文学研究，2019 年，第 2 期。

鲁迅选购佛书的偏好，沈杰，绍兴文理学院学报，2019 年，第 1 期。

刘智《五更月》所引佛道教术语考述，马文，回族研究，2019 年，第 4 期。

《红楼梦》中的禅机与参悟，刘彦彦，求是学刊，2019 年，第 6 期。

灰姑娘的亚洲起源——广西壮族的故事讲述者，（美）费伊·比彻姆、陆慧玲，民族文学研究，2019 年，第 3 期。

《神僧传》版本考订，方文昕，法音，2019 年，第 6 期。

中唐诗僧清江考述，吴岳聪，古籍整理研究学刊，2019 年，第 6 期。

药物类民间传说"刘寄奴伐薪射蛇"的形成，卞梦薇，南京中医药大学学报，2019 年，第 2 期。

华藏世界：佛家审美境界之一，余虹，青海师范大学学报，2019 年，第 1 期。

唐代白话诗中的死亡认知与地狱图景，邵颖涛，宝鸡文理学院学报，2019 年，第 3 期。

"大欢喜"的现代意义与鲁迅意义：以《复仇》为中心，周维东、郭鹏程，西南民族大学学报，2019 年，第 1 期。

"在欲行禅"与"祖师西来"——论佛教视域中的"临去秋波那一转"，王艺，成都理工大学学报，2019 年，第 5 期。

从晋唐僧传叙事看净土法门的自我疗治作用——以《高僧传》《续高僧传》为中心，丁良艳，五台山研究，2019 年，第 2 期。

多元文化背景下杜甫与李奎报佛禅思想同异探析，王玉姝，东疆学刊，2019 年，第 1 期。

中古宗教文献整理上的新收获——评刘林魁《〈集古今佛道论衡〉校注》，魏宏利，宝鸡文理学院学报，2019 年，第 2 期。

晋宋江州移民与隐逸诗派，王建国，江西社会科学，2019 年，第 1 期。

从《六祖坛经》看禅与文字禅，李存周，黄冈职业技术学院学报，2019 年，第 2 期。

西禅古寺一诗僧——梵辉上人一生足迹，演静，炎黄纵横，2019 年，第 8 期。

论严羽《沧浪诗话》对诗之"盛唐"的建构，陶楚歌，陕西理工大学学报，2019 年，第 2 期。

佛教文化与王维的禅意诗，汪天雄，文学教育，2019 年，第 4B 期。

论唐代佛禅山水诗的生态美学意蕴，丁红丽，内蒙古大学学报，2019 年，第 4 期。

论雁荡山禅茶与古代诗人的情愫，舒曼，农业考古，2019 年，第 2 期。

雨洗东坡月色清——浅议苏轼禅诗中的人生智慧，王慕飞，世界宗教文化，2019 年，第 2 期。

"多元共生"下的禅诗意境英译研究——以赤松版《寒山诗歌集》为例，朱越峰，文化创新比较研究，2019 年，第 29 期。

陈傅良佛禅诗略论，黄文翰，温州职业技术学院学报，2019 年，第 3 期。

王维山水禅诗的四个向度，武建东，中国民族博览，2019 年，第 7 期。

扬州籍名臣徐铉佛禅诗谫论，黄文翰，扬州职业大学学报，2019 年，第 3 期。

远走他乡的寒山：禅空观和禅诗的在美传播，张开媛，邯郸学院学报，2019 年，第 3 期。

《永嘉证道歌》与盛唐禅诗新变，齐兰英，佛学研究，2019 年，第 1 期。

论觉浪道盛的"以禅解庄"，师瑞，五台山研究，2019 年，第 1 期。

支遁五言诗赞之维摩诘形象论析，张富春，中华文化论坛，2019 年，第 3 期。

儒学思潮与《宋高僧传》的编修，李熙、何胜莉，中华文化论坛，2019 年，第 3 期。

清遗民庄清逸与尚小云名剧《摩登伽女》新探，周茜，文艺研究，2019 年，第 11 期。

《破船》与杜甫晚年去蜀心境试解，孙少华，杜甫研究学刊，2019 年，第 1 期。

空、实和"思维停顿"的诗学，钟殷归，外国文学研究，2019 年，第 3 期。

敦煌赞文中的五台山信仰管窥——以《辞娘赞文》敦煌连写本为中心，韩传强，五台山研究，2019 年，第 4 期。

明代文人诗中的佛教美学意蕴，刘洋，中国宗教，2019 年，第 5 期。

试论《沧浪诗话》的禅宗美学渊源，严胜英，哈尔滨工业大学学报，2019 年，第 4 期。

儒融佛老，道自心悟：论史浩学术思想的内涵与特色，宋华、郭艳华，宁波大学学报，2019 年，第 1 期。

中国古典诗学的"以食喻诗"批评策略，叶汝骏，汕头大学学报，2019 年，第 3 期。

佛禅影响下的金代文学批评观念，孙宏哲，内蒙古民族大学学报，2019 年，第 3 期。

新世纪以来苏轼诗研究综述，朱付利，重庆文理学院学报，2019 年，第 4 期。

参透诗禅即画禅，全教笔墨化云烟：清代朱本绘画艺术研究，姜保国、张芸芸，文物世界，2019 年，第 1 期。

王维哀悼诗浅论，相文、韩震军，安徽农业大学学报，2019 年，第 2 期。

《河岳英灵集》诗学融承儒释道三教思想研究，潘链钰，海南大学学报，2019 年，第 1 期。

沈曾植"元嘉关"诗论中的现实文化关怀，徐国荣，贵州师范大学学报，2019 年，第 1 期。

论南宋禅师北磵居简古琴诗中之琴禅互融，刘弋枫，浙江艺术职业学院学报，2019 年，第 2 期。

"诗佛"王维及"禅情意趣"，王恒娟，中学语文教学参考，2019 年，第 3C 期。

论宋代诗歌创作选材的禅学化，徐璐，韶关学院学报，2019 年，第 4 期。

中国传统绘画审美思想中的禅宗意味——从"以禅喻诗"到"以禅喻画"，孟云飞，文艺评论，2019 年，第 4 期。

文人居士与唐宋诗境的开拓，何奕儒，佳木斯大学社会科学学报，2019 年，第 2 期。

杜甫山水田园诗的佛禅思想，王小燕，东莞理工学院学报，2019 年，第 2 期。

南朝江总山水自然之"康乐体"——以《〈游摄山栖霞寺诗〉并序》为例，杨侠，理论界，2019 年，第 4 期。

王维山水诗的摄色艺术，王怡瑶，郑州航空工业管理学院学报，2019 年，第 6 期。

平等在心大愿行——浅谈狄平子的佛禅行持，沈诗醒，上海佛教，2019 年，第 4 期。

韦应物诗歌佛禅思想对其功名人生的超越，王玉姝、孙德彪，延边大学学报，2019 年，第 6 期。

论旧禅宗与王维的诗歌创作，王树海、冷艳，延边大学学报，2019 年，第 3 期。

《金瓶梅词话》中的因果报应，魏文哲，河南理工大学学报，2019 年，第 1 期。

存在的魔杖：格非小说的神秘术，董外平、向梦雪，安庆师范大学学报，2019 年，第 2 期。

佛教中的"受戒"与《西游记》，李贝贝，齐齐哈尔大学学报，2019 年，第 2 期。

儒耶佛耶基督耶，一入中华并一谈——丰子恺《缘》解，张传敏，名作欣赏·中旬，2019 年，第 4 期。

论佛教"四圣谛"教义对小说《灵山》的影响，蒋洋洋，桂林师范高等专科学校学报，2019 年，第 6 期。

论清初黄周星《人天乐》戏剧中描述的理想世界，张静、唐元，上饶师范学院学报，2019 年，第 4 期。

元末明初蒙古族戏剧家杨景贤所作杂剧《西游记》中的禅宗

人物形象分析，闫敏，名作欣赏·中旬，2019 年，第 9 期。

四川安多藏戏的宗教情感表达与戏剧呈现研究，杨梅，文化学刊，2019 年，第 11 期。

人性的震颤，精神的角逐——对施蛰存与井上靖佛教小说人物的心理透视，吴雪松、崔雨薇、王书红，绥化学院学报，2019 年，第 5 期。

述论中国神话与小说里的婆罗门文化因子，严耀中，华东师范大学学报，2019 年，第 3 期。

华严思想与雪浪洪恩的诗歌创作，郑妙苗，世界宗教文化，2019 年，第 3 期。

制度文化视域下的唐宋寺松意象群——以松僧、松塔为例：（诗歌研究），李小荣，世界宗教文化，2019 年，第 1 期。

中印佛教文学比较研究的若干问题——侯传文教授访谈录，张叉、侯传文，燕山大学学报，2019 年，第 4 期。

"悲"与"喜"的较量——论慈恩寺、青龙寺诗风差异，罗婉宁，成都理工大学学报，2019 年，第 3 期。

"变文"辨析，徐志啸，学术研究，2019 年，第 8 期。

《嘉陵诗词稿》中佛禅意蕴的三个层次，崔淼，中国韵文学刊，2019 年，第 3 期。

福建戏曲音乐中的（太子游四门）曲牌考，孙星群，中国音乐，2019 年，第 3 期。

藏戏研究的两点新认识——以四川藏戏为例，雷燕，中国戏剧，2019 年，第 8 期。

《坛经》"三十六对"与苏轼诗歌创作之关系，张海沙、侯本塔，华南师范大学学报，2019 年，第 6 期。

天台及华严思想对皎然诗学的影响，刘卫林，复旦学报，2019年，第5期。

元僧来复"送别诗"的特色，刘建建、刘嘉伟，法音，2019年，第11期。

"2018年，第五届佛教文献与文学国际学术研讨会"召开，杨刚，文学遗产，2019年，第3期。

丝路文化视域中的中印古代神话故事传播交流——刘安武先生的中印文学比较研究评述，黎跃进，衡阳师范学院学报，2019年，第5期。

论东晋士僧交往对佛教传播的影响，胡亚琦，人文天下，2019年，第18期、

曹植和鱼山梵呗，范子烨，文史知识，2019年，第10期。

《续高僧传》点校商补，王绍峰，宁波大学学报，2019年，第5期。

宝卷讲唱技艺的起源，尚永琪，光明日报，2019年7月22日。

《高僧传》中"狂僧"的形象特征及内涵探析，王利艳，青年文学家，2019年，第15期。

韩国汉文小说的"剑侠"书写及其渊源特色，孙逊，文学遗产，2019年，第3期。

隋炀帝招揽江南之高僧与南朝佛学之北传——以《续高僧传》所载相关史实为中心的考察，王永平，扬州大学学报，2019年，第2期。

裴子野《众僧传》成书时间考，李婧，风景名胜，2019年，第2期。

梵呗——存在于寺院中的民族音乐，于洋，黄河之声，2019年，第1期。

以《度柳翠》杂剧为例看《红楼梦》与元人度脱剧的关系，王佳琪，红楼梦学刊，2019年，第5期。

宋代江西诗僧饶节诗歌中的养生思想，于文静、吴昌林，东华理工大学学报，2019年，第4期。

论皎然对谢灵运诗的推崇原因——以《诗式》及其诗学阐释为中心，王郭燕、刘泽华，湖北第二师范学院学报，2019年，第11期。

诗僧苍雪诗作中的"佛儒交汇"思想探析，张国栋，桂林师范高等专科学校学报，2019年，第6期。

《砌石与寒山诗》：禅意浓厚的劳动礼赞，闵瑞琪，外文研究，2019年，第7期。

佛教"竹林"四考，蓝晓光，竹子学报，2019年，第3期。

从《湘山野录》看宋僧文莹诗歌创作的审美趣向，陈琳，浙江树人大学学报，2019年，第4期。

姚广孝年表，余霞，内江师范学院学报，2019年，第7期。

风景的发现：唐宋时期咏黄山诗流变及其文化内涵，尚丽姝，安徽农业大学学报，2019年，第4期。

唐代禅僧引用过的唐诗，陈尚君，古典文学知识，2019年，第4期。

由唐诗派生的成语典故（六），子规，文史杂志，2019年，第4期。

论析姚广孝为文之道——以李继本《题独庵外集后》为中心，余霞，汉字文化，2019年，第10期。

论晚唐诗僧贯休诗中之"闲"及其审美意义，胡玉兰，重庆科技学院学报，2019 年，第 3 期。

齐己茶诗的审美三层论，宋晨虹，广西民族师范学院学报，2019 年，第 2 期。

清初泰山诗僧元玉及其诗歌，阚文文，泰山学院学报，2019 年，第 2 期。

刘宋诗僧惠休考略，孙耀庆，盐城工学院学报，2019 年，第 1 期。

流寓视野下惠洪对苏轼的接受——以海南为中心，曹艳贞，海南热带海洋学院学报，2019 年，第 3 期。

布迪厄社会学视角下赤松禅诗译介活动研究，秦思、陈琳，天津外国语大学学报，2019 年，第 4 期。

日藏释守仁《梦观集》抄本考论，钟彦飞，文献，2019 年，第 3 期。

"独行"与"数息"——贾岛禅诗词义发微，陈允吉，世界宗教文化，2019 年，第 2 期。

宋诗东传与异域阐释——四种宋人诗集日本古注本考论，卞东波，聊城大学学报，2019 年，第 5 期。

"首届'人间佛教'暨'中国佛教文学'国际学术研讨会"专辑简介，胡素华、黄启江、萧丽华、释永东、田运良，华人文化研究，第 7 卷第 2 期，2019 年。

晚明浙江诗僧的师友联谊网，黄启江，华人文化研究，第 7 卷第 2 期，2019 年。

唐初释、道二教争议的书写——以道世《法苑珠林·破邪篇》为主的研究，谢薇娜（Severina Balabanova），台北大学中文学报，第 25 期，2019 年。

巨洋寒雨满征帆，到岸初春着夏衫——大汕和尚及其《海外纪事》之航海书写，陈清茂，人文与社会学报，第 3 卷第 8 期，2019 年。

至诚则必感——段成式《金刚经鸠异》所记叙佛教徒皈依之历程与体悟之教义，黄东阳，兴大中文学报，第 46 期，2019 年。

沦为"试金石"的红莲们意象述论——基於明代相关小说的考察，王水根、傅琴芳，宗教哲学，2019 年。

汉译《杂阿含》偈颂特色之研究，屈大成，新亚学报，2019 年。

结缘·度化·证悟：元杂剧《龙济山野猿听经》的佛教意蕴，司徒秀英，戏剧研究，第 23 期，2019 年。

墨韵诗意，禅画寒拾——论夏荆山"寒山拾得图像"之笔墨表现，杨侦琴，夏荆山艺术论衡，第 8 期，2019 年。

《维摩诘经》的文人趣味，萧丽华，华人文化研究，第 7 卷第 1 期，2019 年。

从禅院清规看"和尚家风"中的茶禅关系，萧丽华，华人文化研究，第 7 卷第 2 期，2019 年。

《禅宗杂毒海》的版本及其相关问题，金程宇、苏航，佛光学报，新第 5 卷第 1 期，2019 年。

五四论佛教与文学：从《白话文学史》谈起，廖肇亨，中国文哲研究通讯，第 29 卷第 3 期，2019 年。

魏晋南北朝笔记小说疾病文本的细读与远读，刘苑如、罗佩瑄、邱琬淳、陈雅琳，清华中文学报，第 22 期，2019 年。

禅与本草的结合：《禅本草》、《炮炙论》以禅为药之禅修譬喻，黄敬家，成大中文学报，第 65 期，2019 年。

从《破魔变》看佛经故事之编写，林静慧，中国文化大学中文学报，2019 年。

再探《名僧传抄》的编选特点及其抄记意义，谢献谊，汉学研究集刊，第 29 期，2019 年。

龙济禅寺开山祖传奇——《听经猿记》的文本策略，司徒秀英，台大佛学研究，2019 年。

佛教宝卷中的高僧故事书写探原——以《湛然宝卷》为例，曹晔，玄奘佛学研究，2019 年，第 32 卷。

Monk Calligrapher's Calligraphy and Poems on Calligraphy in the Tang（唐）Dynasty. 禹在镐. *Journal of North - East Asian CulturesVolume* 60，2019. pp. 93 – 111.

The Connection between Landscape Idyllic Creation and Buddhist Culture in the Flourishing Tang Dynasty，孟岩，郝雁奇. 国学 Volume 7，Issue 3，pp. 17 – 21，2019.

Mad but not Chan：Tu Long（1543 – 1605）and the Tiantai School of Buddhism（狂而非禅：屠隆与天台宗），陈朗（Chen；Lang），佛光学报，新 5 卷第 2 期，2019 年.

Genre Conflation and Fictional Religiosity in Guilian meng（Returning to the Lotus Dream），Mengjun Li，*The Journal of Chinese Literature and Culture* 2，2019.

Han Shan's Transparent Eyeball：The Asian Roots of American Eco - poetry，Tony Barnstone，*Manoa* 31，2019.

Localizing a Bodhisattva in Late Imperial China：Ksitigarbha，Mt. Jiuhua，and Their Connections in Percious Scrolls，Nan Ouyang，

Journal of Chinese religions 2，2019.

Rescuing Mulian's Mother in the Xi Era：Reviving Ritual Xiqu in Contemporary Fujian，Josh Stenberg，*Asian Theatre Journal* 1，2019.

The Politics of Place – Making in the Records of Buddhist Monasteries in Luoyang，Manling Luo，*T'oung Pao* 105，2019，43 –75.

2020 年

美国汉学家管佩达论苏诗与佛道关系，万燚，汉学研究，2020年秋冬卷，第29集。

论圆悟克勤对颂古的实践性批评，袁贝贝、李万营，中国俗文化研究，第17辑，2020年。

《妙法莲华经讲经文（四）》校注，《敦煌变文全集》课题组，何剑平，中国俗文化研究，第17辑，2020年。

杂剧《鱼儿佛》与晚明的佛教及社会，易斌，中国俗文化研究，第17辑，2020年。

法藏P.3883、P.2653对传统化生复仇观念的文学演绎，冯和一，中国俗文化研究，第17辑，2020年。

星云大师《修剪生命的荒芜》中的生活禅思与象征譬喻，侯作珍，人文社会与医疗学刊，第7期，2020年。

明清之际渡日黄檗僧侣诗文中的圣境与俗世——以福济寺为中心的考察，廖肇亨，国际汉学研究通讯，第19—20期，2020年。

试论中国戏曲中"目连文化"的渊源和发展，马琳、赵文壮，文化学刊，2020年，第11期。

论京剧《天女散花》的佛教美学意蕴，李蕾，浙江艺术职业学院学报，2020 年，第 3 期。

《镡津文集》国内外版本考论，谢天鹏，新国学，第 19 卷，2020 年 9 月。

澹归和尚《遍行堂集》文字狱案再考——从高纲《遍行堂集序》及募疏的发现说起，薛泪，新国学，第 19 卷，2020 年 9 月。

《高僧传》中行医济世事迹及其意义，释圣智，法音，2020 年，第 7 期。

晋唐佛教行记文体解析与文学生成，阳清，宝鸡文理学院学报，2020 年，第 4 期。

佛禅思想对陈与义文学创作的影响，沈童，河北师范大学学报，2020 年，第 5 期。

切对专题，乘兴随缘——从陈允吉先生《唐音佛教辨思录》（修订本）谈起，张煜，中国比较文学，2020 年，第 1 期。

继逸发微，嘉惠学林——从《全北魏东魏西魏文补遗》谈起，孙小梅，出版广角，2020 年，第 9B 期。

论宋僧惠洪的佛教文学创作成就及影响，周裕锴，中华文史论丛，2020 年，第 1 期。

论日本有马赖底禅师的佛教文学，任传印，浙江海洋大学学报，2020 年，第 3 期。

现代佛教文学批评视域中的苏曼殊，谭桂林，文艺理论研究，2020 年，第 3 期。

敦煌变文《四兽因缘》考论，王树平、包得义，中华文化论坛，2020 年，第 3 期。

两宋禅宗语录与讲史话本，李小荣，福建论坛，2020 年，第

7 期。

《宗镜录》宋元明清传播接受史略论，李小荣，东南学术，2020 年，第 3 期。

《法显传》的文学性解读，王汝良、徐剑英，东方论坛，2020 年，第 6 期。

佛教中国化的文学进路——以《南朝佛教与文学》为中心的考察，张勇，宗教学研究，2020 年，第 4 期。

佛教文化对唐代叙事文学空间建构与情节塑造的影响，邵颖涛，沈阳大学学报，2020 年，第 6 期。

僧侣文学与文艺理论之关系——以《文心雕龙》《诗式》《文镜秘府论》为中心，黄志杰，法音，2020 年，第 11 期。

论《文心雕龙》篇末"赞曰"与佛教偈颂的关系，哈磊，四川大学学报，2020 年，第 6 期。

《西游记》中的佛教寓意，赵美真著，雷璐灿译，哈尔滨工业大学学报，2020 年，第 6 期。

敦煌佛教邈真赞研究的回顾与展望，李小荣，石河子大学学报，2020 年，第 5 期。

北周赵王宇文招的佛教文学与佛教思想——兼论庾信对宇文招文学创作的影响，汕头大学学报，2020 年，第 8 期。

"深入"还是"转向"——从陈与义生平解读其佛禅作品，沈童，文学与文化，2020 年，第 3 期。

日僧东阳英朝《新编江湖风月集略注》禅诗动物意象解读，董璐，国际中国文学研究丛刊，2020 年。

河西走廊珍贵古典戏剧文献考辨，黎羌、赵琦，云南艺术学院学报，2020 年，第 2 期。

宫体诗产生原因探析，赵红菊，内蒙古大学学报，2020 年，第 6 期。

苏轼佛印故事在小说、戏曲中的叙事意义，谭婷婷，名作欣赏·中旬，2020 年，第 8 期。

佛学既昌，新意杂陈——德国早期中国文学史纂中的佛教影响论说，方维规，文艺争鸣，2020 年，第 10 期。

婚姻与善法：藏文伏藏《柱间史》的王权表述，杨毛措，民族研究，2020 年，第 4 期。

佛教影响下的人生困境书写——试论赵壹《穷鸟赋》的渊源，孙尚勇，安徽师范大学学报，2020 年，第 4 期。

敦煌文献"董仲寻母"与"目连救母"情节内涵比较，冯和一，中北大学学报，2020 年，第 4 期。

上梁文"六诗"文体刍议，王志钢，绍兴文理学院学报，2020 年，第 7 期。

一个新材源的发现——关于鲁迅《摩罗诗力说》中的"凯罗连珂"，张宇飞，鲁迅研究月刊，2020 年，第 1 期。

中古俗文学宗教外衣下的世俗面相，邰同麟，南京师范大学文学院学报，2020 年，第 2 期。

目连入戏：一类展演写本的生成与流变，喻忠杰，学术研究，2020 年，第 11 期。

文学他国化与"变文格义"：隋唐佛学中的变异思想，曹顺庆、王熙靓，暨南学报，2020 年，第 5 期。

宗教文化与民间文学的相互影响：以非物质文化遗产为例，刘登鼎，中国宗教，2020 年，第 5 期。

从谢灵运《答范特进书》看佛教赞体创作与南朝社会风尚，

何剑平，中华文化论坛，2020 年，第 3 期。

民俗学"互文性"方法的个案研究——以"水灾"与"动物报恩"母题的流变为例，徐令缘，河北广播电视大学学报，2020 年，第 3 期。

《雁荡山志》载散佚佛教文献辑考，姜复宁、周琦玥，法音，2020 年，第 5 期。

惠能法师及其《六祖坛经》论略，唐燕飞，名作欣赏·下旬 2020 年，第 2 期。

段成式《金刚经鸠异》里的叙事变异，（美）罗曼玲，长江学术，2020 年，第 2 期。

因应时代的宗教艺术：丰子恺的佛教漫画，赵男，中国宗教，2020 年，第 4 期。

蒙古神话比较研究百年回眸，那木吉拉，东方论坛，2020 年，第 4 期。

高僧人性叙事的真与失真——施蛰存小说《鸠摩罗什》与三种史传对读辨异，王炎欣，现代中文学刊，2020 年，第 2 期。

"诗中居士"赵秉文佛缘解读，常小兰，名作欣赏·中旬，2020 年，第 1 期。

武周时期佛教文化交流与"沈宋"诗歌中的佛教意蕴，王珺、陈洪，天津师范大学学报，2020 年，第 2 期。

试论王梵志诗"翻着袜法"的言语特征及其修辞功能，彭慧，信阳师范学院学报，2020 年，第 1 期。

从阎摩到阎王：浅析印度阎摩形象的演变与东传，任婧，南亚东南亚研究，2020 年，第 5 期。

明代汉传佛教史籍研究述评，金建锋，韶关学院学报，2020

年，第 1 期。

饶宗颐诗歌中佛语及佛教意象的妙用，庄平贤，文学教育，2020 年，第 1A 期。

日本说话文学故事集《十训抄》所载孝子故事考，翟会宁，武汉理工大学学报，2020 年，第 1 期。

江南佛教视阈中的汪曾祺创作，竺建新，当代文坛，2020 年，第 1 期。

论佛教对戴叔伦思想与创作的影响，赵盼龙、吴怀东，法音，2020 年，第 4 期。

魏晋南北朝佛教思想的新阐释对山水艺术的影响，周春雨，重庆科技学院学报，2020 年，第 3 期。

论晚明居士佛教的兴盛，柳旭，长春师范大学学报，2020 年，第 1 期。

游艺与修行：净土剧《归元镜》的刊印、阅读与搬演，王萌筱，清华大学学报，2020 年，第 1 期。

唐宋文学中的五台山文化意象，张静，五台山研究，2020 年，第 2 期。

"火中取子"：佛教医王耆婆图像的跨文化呈现，陈明，世界宗教文化，2020 年，第 5 期。

《心经》在《红楼梦》中的作用，（德）卜松山著，曹露丹译，长江学术，2020 年，第 4 期。

从民间信仰与通俗文学的互动看五通神形象的演变，罗兵、苗怀明，文化遗产，2020 年，第 1 期。

悲智双运：中国佛教人生审美修养论的特质，余虹，青海师范大学学报，2020 年，第 4 期。

佛教与陶渊明《形影神》组诗的写作及其生命观，蔡彦峰，中国韵文学刊，2020 年，第 2 期。

清初释晓青生平著述考略，马明洁，法音，2020 年，第 8 期。

辽朝佛教信徒"兼奉诸宗"考论，杨军、鞠贺，古代文明，2020 年，第 4 期。

论印光大师净土佛法的美学意蕴，袁俊伟，法音，2020 年，第 2 期。

佛教如何影响唐代诗歌，（美）宇文所安著，左丹丹译，长江学术，2020 年，第 2 期。

中古汉译佛经反复仇思想与明清小说，王立，河南大学学报，2020 年，第 2 期。

刘勰在定林寺校理佛经对《文心雕龙》成书的影响，墨白、姜军委，文教资料，2020 年，第 2 期。

梁武帝《敕答臣下神灭论》与梁初佛教，李猛，国学学刊，2020 年，第 3 期。

敦煌佛教诗偈《心海集》孤本研究综述，伏俊琏、龚心怡，法音，2020 年，第 5 期。

《出三藏记集》校补，韩小荆，长江学术，2020 年，第 3 期。

皎然诗境"空""有"之辨——兼论法华宗对皎然"诗境说"的影响，李华伟，文学与文化，2020 年，第 1 期。

白居易中晚年涉道诗之"矛盾"新解——兼论白居易的宗教信仰与佛道二教之关系，郭健，中山大学学报，2020 年，第 2 期。

紫柏真可研究综述，屈丽蕊，法音，2020 年，第 3 期。

六朝志怪小说中的儒家审美文化观念，周春雨，九江学院学报，2020 年，第 1 期。

论《金瓶梅》中的丧葬活动及其文学功能，刘相雨，陕西理工大学学报，2020 年，第 4 期。

佛与禅的文学解读——长篇历史小说《佛印禅师》评析，涂国文，中国民族，2020 年，第 7 期。

试论中国古代文论中的"具眼"说，孙敏强、谢文惠，浙江大学学报，2020 年，第 2 期。

《水浒传》与密教，薛克翘，宝鸡文理学院学报，2020 年，第 4 期。

佛教八关斋与中古文人精神世界，夏广兴、鲍静怡，西南民族大学学报，2020 年，第 7 期。

瞿秋白诗词佛理蕴涵探微，鞠彩萍，常州工学院学报，2020 年，第 4 期。

皎然诗学"情性"论与佛学心性论，周燕明，河北学刊，2020 年，第 5 期。

宝卷中的"和佛"研究，尚丽新、车锡伦，民族文学研究，2020 年，第 3 期。

关于敦煌文化与唐代诗歌的艺术姻缘——从飞天到霓裳的交接与嬗变说起，殷国明，新疆大学学报，2020 年，第 6 期。

中国多源流文化的通俗化书写——徐兆寿长篇小说《鸠摩罗什》解读的三个维度，杨红，文艺评论，2020 年，第 3 期。

醉僧何不成问题？——宋诗醉僧形象略论，李小荣，福建师范大学学报，2020 年，第 1 期。

汪曾祺小说评价中的圣俗问题——以寺庙空间为切口的考察，褚云侠，文艺研究，2020 年，第 9 期。

古典小说与佛经文艺的双向互动及其社会时代意义，王子成，明清小说研究，2020 年，第 2 期。

从《西游记》看猴行者形象的变异，王腾腾，甘肃广播电视大学学报，2020 年，第 3 期。

生态文明视阈中的佛本生故事，侯传文，东方论坛，2020 年，第 4 期。

《金瓶梅词话》宝卷故事中的色空世界，孟欣誉，河南理工大学学报，2020 年，第 5 期。

论杨衒之的生平仕履与史家意识，林大志，内蒙古民族大学学报，2020 年，第 2 期。

新出梵文写本《般若灯中观本颂》，陆辰叶，复旦学报，2020 年，第 2 期。

柳宗元"统合儒释"思想试论，王玉姝、孙德彪，邵阳学院学报，2020 年，第 1 期。

20 世纪以来禅诗研究的三个维度，齐兰英，兰州学刊，2020 年，第 3 期。

苏轼禅诗哲学境界探微，邵宇、崔波，郑州大学学报，2020 年，第 5 期。

北宋诗僧道潜《参寥子诗集》中"云"的意象书写，邱玥，法音，2020 年，第 7 期。

佛禅典籍与白居易的佛禅信仰考论，肖伟韬，宝鸡文理学院学报，2020 年，第 3 期。

以禅喻诗：严羽的诗学思想及其文化旨趣，洪涛，首都师范大学学报，2020 年，第 5 期。

姚鼐诗歌中的佛教因素，项波，淮北师范大学学报，2020 年，第 2 期。

禅诗与生态：虚云诗偈中的生态观，宋颖、曾衍桃，法音，2020年，第2期。

教育有禅：读骆玉明《诗里特别有禅》，李鹤，江西教育，2018年，第5B期。

文人习禅与北宋中后期诗史流变的重释——评左志南《近佛与化雅：北宋中后期文人学佛与诗歌流变研究》，沈扬，上饶师范学院学报，2020年，第2期。

试论吴开《优古堂诗话》的禅宗基因，程景牧，太原师范学院学报，2020年，第1期。

藻饰万象——苏轼题画诗与佛教，康倩，东北师范大学学报，2020年，第6期。

朱熹禅、理融汇诗研究，李兵，贵州师范学院学报，2020年，第1期。

佛禅思想与南朝体物诗的范式研究，丁红丽，新疆大学学报，2020年，第5期。

宗杲学溉公安辨，周群，首都师范大学学报，2020年，第5期。

元好问的佛教思想与信仰——以《寄英禅师》为切入点，冯大北，名作欣赏·上旬，2020年，第2期。

朱熹《春日》诗在禅宗语录中的接受与传播，邱蔚华，福州大学学报，2020年，第4期。

董其昌的诗画禅：《〈渔翁〉诗意图》研究，王中旭，湖北美术学院学报，2020年，第2期。

晚清诗僧的"近代"感知与近代佛教史的端绪——以笠云芳圃的僧诗及其日本见闻为线索，沈庭，佛学研究，2020年，第

1 期。

坐禅与吟诗：贾岛的佛禅因缘，周裕锴，安徽师范大学学报，2020 年，第 5 期。

论清初广东天然和尚诗教法门之开启，李福标、黄桂芳，湖南大学学报，2020 年，第 5 期。

从"断魂"到"返魂"——苏轼初到黄州的心绪探微，江梅玲，赣南师范大学学报，2020 年，第 1 期。

诗僧的宗派身份与北宋中期钱塘台禅生态——《山游唱和诗》之研究，吕肖奂，西北民族大学学报，2020 年，第 2 期。

高启诗学理论发覆，刘召明，文艺理论研究，2020 年，第 5 期。

禅宗语录杜诗崇拜综论，李小荣，杜甫研究学刊，2020 年，第 3 期。

从王阳明诗歌看其生命抉择，王利民、江梅玲，北方论丛，2020 年，第 1 期。

走向民间：南宋五山禅僧、"五山文学"与庶民世界、通俗文学，王汝娟，苏州科技大学学报，2020 年，第 1 期。

日本平安文坛对白居易闲适诗的新型接受与民族文化构建借势，刘洁，西南大学学报，2020 年，第 3 期。

中日文明交流互鉴：入宋僧诗与普门禅寺碑，方汉文，西安外国语大学学报，2020 年，第 2 期。

《鱼儿佛》中的禅净关系研究，李广宇，法音，2020 年，第 8 期。

目连入戏：一类展演写本的生成与流变，喻忠杰，学术研究，2020 年，第 11 期。

蒙古村落傩仪戏剧"呼图克沁"——一个意义的象征体系，董波，贵州大学学报，2020年，第5期。

文体学视野下唐佛、俗音乐互动及意义，杨贺，文学遗产，2020年，第6期。

汪曾祺小说评价中的圣俗问题——以寺庙空间为切口的考察，褚云侠，文艺研究，2020年，第9期。

古典小说与佛经文艺的双向互动及其社会时代意义，王子成，明清小说研究，2020年，第2期。

高僧人性叙事的真与失真——施蛰存小说《鸠摩罗什》与三种史传对读辨异，王攸欣，现代中文学刊，2020年，第2期。

认知文体学视域中的翻译行为研究——以阿来《格萨尔王》英译为例，邵璐、许凌君，解放军外国语学院学报，2020年，第3期。

中古汉译佛经反复仇思想与明清小说，王立，河南大学学报，2020年，第2期。

论《金瓶梅》中的丧葬活动及其文学功能，刘相雨，陕西理工大学学报，2020年，第4期。

印度古典梵语小说《十王子传》宗教意蕴探微，薛克翘，世界宗教文化，2020年，第4期。

神性原乡的终结者——阿来、迟子建、刘庆的四部长篇小说，王达敏，南方文坛，2020年，第4期。

论佛教"因果报应"观念对六朝志怪小说的影响，郑华萍，名作欣赏·下旬，2020年，第11期。

古代小说题材的文化史研究——以"前世为僧"故事的跨文本流传为线索，王昕，学术研究，2020年，第6期。

文学作品中成吉思汗形象分析，刘中树、张慧儒，天津社会科学，2020年，第2期。

六朝志怪小说中的儒家审美文化观念，周春雨，九江学院学报，2020年，第1期。

佛与禅的文学解读——长篇历史小说《佛印禅师》评析，涂国文，中国民族，2020年，第7期。

浅析《聊斋志异》中的"果报小说"，曲爽，名作欣赏·中旬，2020年，第1期。

中国多源流文化的通俗化书写——徐兆寿长篇小说《鸠摩罗什》解读的三个维度，杨红，文艺评论，2020年，第3期。

武周时期佛教文化交流与"沈宋"诗歌中的佛教意蕴，王珺、陈洪，天津师范大学学报，2020年，第2期。

姚鼐诗歌中的佛教因素，项波，淮北师范大学学报，2020年，第2期。

饶宗颐诗歌中佛语及佛教意象的妙用，庄平贤，文学教育，2020年，第1A期。

敦煌佛教诗偈《心海集》孤本研究综述，伏俊琏、龚心怡，法音，2020年5期。

《西游记》中"如意金箍棒"的来源及意义，刘铭、翟荣惠，明清小说研究，2020年，第2期。

龙崇拜、祈雨术及明清御灾叙事的文化复制与修正，刘卫英、曹磊，学术交流，2020年，第5期。

明清辟兵宝物母题、辟邪观念及其佛道渊源，王立、韩雅慧，山西大学学报，2020年，第4期。

从民间信仰与通俗文学的互动看五通神形象的演变，罗兵、苗怀明，文化遗产，2020年，第1期。

皎然诗学"情性"论与佛学心性论，周燕明，河北学刊，2020年，第5期。

寒山诗里南华影——浅谈寒山子诗的佛道融合意蕴，韩焕忠，世界宗教文化，2020年，第4期。

大历诗人严维隐逸思想探微——以浙东地区的创作为例，郦寅、房瑞丽，湖北科技学院学报，2020年，第1期。

试论王梵志诗"翻着袜法"的言语特征及其修辞功能，彭慧，信阳师范学院学报，2020年，第1期。

王维诗歌色彩词运用探析，景遐东、许玲玲，湖北师范大学学报，2020年，第4期。

李白"青莲居士"名号再考，汤洪、任敬文，延边大学学报，2020年，第5期。

"东学西渐"之苏轼禅趣诗的美国传播研究，黄力平，湖北工程学院学报，2020年，第2期。

南宋诗僧志南《绝句》新考，卢建宇，绍兴文理学院学报，2020年，第4期。

明代诗僧姚广孝与龙溪等闻、绝海中津文缘考，詹绪左，苏州科技大学学报，2020年，第1期。

禅隐的云：皎然诗歌中云意象探微，温新瑞，山西大同大学学报，2020年，第1期。

晚明《华山三高僧诗》考论，金建锋，宜春学院学报，2020年，第2期。

北宋诗僧秘演的生平与创作，黄文翰，运城学院学报，2020年，第1期。

临安末照中的禅僧诗变容：觉庵梦真《籁鸣集》《续集》，王汝娟，中国韵文学刊，2020 年，第 1 期。

诗僧灵一的诗歌风格研究，张凤仪，文学教育（下），2020 年，第 3 期。

晚唐五代佛教中国化的趋向：以贯休及其罗汉画为例，张琴，中国宗教，2020 年，第 4 期。

宋僧居简在上海地区行迹考略——以方志、碑刻为中心，王诗越，法音，2020 年，第 4 期。

姚广孝"诗材"论，牛鹏、张勇，常州工学院学报，2020 年，第 2 期。

日本中世禅僧的华言习得问题考论——以五山文学别集材料为中心，毛建雷、范维伟，东疆学刊，2020 年，第 3 期。

日本五山诗僧笔下的"虎溪三笑"，吴春燕，河南师范大学学报，2020 年，第 4 期。

南屏诗社两诗僧论，鲁小俊，江苏海洋大学学报，2020 年，第 4 期。

雅俗之间：禅宗文学的两种面向——以禅僧诗"行卷"和"演僧史"话本为例，朱刚，中华文史论丛，2020 年，第 1 期。

域外汉籍所见宋僧诗文集的史料价值，纪雪娟，中国史研究动态，2019 年，第 6 期。

论南宋道济禅师诗歌的禅学思想，张锦辉，中北大学学报，2020 年，第 1 期。

文学体式接触进化论——胡适的文学接触佛教经典进化论之二，严慧、庄森，关东学刊，2020 年，第 2 期。

慧皎《高僧传》中的音乐美学思想，苗建华，天津音乐学院学报，2020 年，第 4 期。

"义净寺·义净大师研究"系列之十三《大唐西域求法高僧传》中的那烂陀寺，胡雅瑄，中国宗教，2020 年，第 11 期。

颠狂与超脱：明清笔记小说中的世俗化圣愚研究，徐笑一，辽宁师范大学学报，2020 年，第 6 期。

义净《大唐西域求法高僧传》国内外研究综述，陈陵娣、陈倩，德州学院学报，2020 年，第 5 期。

"援儒入释"：论北宋"僧传"的文体自新，孙文起，宗教学研究，2020 年，第 3 期。

义净所见西行求法僧人籍贯聚集现象探析，张少锋，华夏文化，2020 年，第 2 期。

义净大师的海路西行记，于晴，中国宗教，2020 年，第 4 期。

元代诗僧释大圭及其《梦观集》（上），陈丽华，闽台缘，2020 年，第 3 期。

元代诗僧释大圭及其《梦观集》（下），陈丽华，闽台缘，2020 年，第 4 期。

精诠妙叙称知己，索引钩玄释本心——《〈白莲集〉注释与解读》评介，胡友慧，哈尔滨学院学报，2020 年，第 12 期。

晚唐五代庐山诗僧内部交游诗创作及其价值，吴昌林、丑送，西南科技大学学报，2020 年，第 6 期。

苍雪《南来堂诗集》诗韵考，段玉，现代语文，2020 年，第 10 期。

白居易中晚年涉道诗之"矛盾"新解——兼论白居易的宗教信仰与佛道二教之关系，郭健，中山大学学报，2020 年，第 2 期。

读萧丽华教授《佛光，文学之道》的感思，胡素华，华人文化研究，第 8 卷第 1 期，2020 年。

论新编佛教昆剧《未生怨》的阿阇世题材和寺院演出意义，司徒秀英，民俗曲艺，第 209 期，2020 年。

周梦蝶现代诗向现代禅结构转型的解读：从《未济八行——七夕口占》到《未济八行》，吴冠辇，华人文化研究，第 8 卷第 1 期，2020 年。

新竹寺庙、诗僧与地景所共构及体现在地文化的空间性，陈惠龄，东华汉学，第 32 期，2020 年。

人间何处可安禅——论八指头陀的末世体验与生命安顿，陈占扬，中国文学研究，第 51 期，2021 年。

出世悲时事，忘情念友生：吴梅村与临济宗三峰禅僧交游诗文映现的心灵图景，张俐盈，人文中国学报，第 31 期，2020 年。

历代僧传疾病叙述的数位研究——从僧人寿考谈起，刘苑如、罗佩瑄、邱婉淳，中国文哲研究通讯，第 30 卷第 2 期，2020 年。

百回本《西游记》中红孩儿形象之流衍与意涵考释，陈筑筠，子衿论衡：中正文哲研究集刊，2020 年。

《西游记》中千变英雄历劫的神话意蕴，林柔瑀，有凤初鸣年刊，2020 年。

黑水城遗存《父母恩重经》卷首画研究，崔红芬、文志勇，夏荆山艺术论衡，2020 年。

般若之洞见：刘勰对於"论"的审谛，刘凯玲，中国学术年刊，2020 年。

壁画、文本与政治：司马承祯《真图赞》与唐代净土经变画，陈晶晶，中国文化研究所学报，2020 年。

敦煌文献图像整合视阈下的泗州僧伽和尚信仰，郑阿财，夏荆山艺术论衡，2020 年。

关於《续藏经》的底本问题——以《名僧传抄》为例，王招国、释定源，佛光学报，2021 年。

脚躧实地，认得家乡：李卓吾《西游记》评本的本路、云路与晚明禅净双修思潮，张闰熙，清华中文学报，2020 年。

雪堂：东坡谪黄时期自我调适之标志，吴洁盈，华人文化研究，2020 年。

清代治台初期的佛教——以《蓉洲诗文稿选辑·东宁政事集》为中心，阚正宗，佛光学报，第 6 卷第 1 期，2020 年。

The portrayal of women in the poetry of Jing'an Eight – Fingers *Studies in Chinese Religions*. Bingenheimer；Shen. Volume 6，Issue 2，pp. 119 – 140，2020.

A Holistic Evaluation of Buddhism Literature：A Bibliometric Analysis of Global Publications Related to Buddhism Between 1975 and 2017，Engin Senel；Ghouse Modin Mamdapur，*Library Philosophy and Practice*，pp. 1 – 14，2020.

Monks，Bandits，Lovers and Immortals：Eleven Early Chinese Plays（review），Iris H. Tuan，*Asian theatre journal* 37，2020.

Reconciling the Three Teachings：Tu Long's（1543 – 1605）Self – Cultivation and Playwriting，Mengxiao Wang，*Late Imperial China* 1，2020.

中国佛教文学研究学位论文索引

1969 年

敦煌讲经文研究，罗宗涛，政治大学中文研究所，博士学位论文，1969 年。

The Cold Mountain：Han Shan's Poetry and Its Reception in the West，L Chung，Unpublished M. A. thesis，University of Wisconsin，1969.

1970 年

唐代传奇小说丛考，李东乡，台湾大学中研所，硕士学位论文，1970 年。

1971 年

寒山子其人及其诗之笺注校订，卓安琪，中国文化大学中国文学研究所，硕士学位论文，1971 年。

1974 年

敦煌曲研究，林玟仪，台湾大学中国文学研究所，硕士学位论文，1974 年。

1975 年

敦煌讲经变文笺，谢春聘，政治大学中文研究所，硕士学位论文，1975 年。

宝卷之研究，曾子良，政治大学中文研究所，硕士学位论文，1975 年。

1976 年

空海《文镜秘府》之研究，郑阿财，中国文化大学，硕士学位论文，1976 年。

1977 年

寒山诗研究，沈美玉，中国文化大学，硕士学位论文，1977 年。

1978 年

释迦牟尼佛传记的神话性初探：以八相成道为例，李坤寅，辅仁大学宗教所，硕士学位论文，1978 年。

目连救母故事之演进及其有关文学之研究，陈芳英，台湾大学中文所，硕士学位论文，1978 年。

敦煌赋研究，陈世福，中国文化学院中文所，硕士学位论文，1978 年。

魏晋南北朝志怪小说研究，（韩）全寅初，博士学位论文，

1978 年。

空海的研究——以他的文学论为中心，冈崎鬱子，台湾大学，硕士学位论文，1978 年。

1981 年

元建安虞氏新刊五种平话儒释道思想之研究，赵振华，政治大学中研所，硕士学位论文，1981 年。

唐代诗歌与佛学思想，黎金刚，台湾师范大学国文研究所，博士学位论文，1981 年。

Les poèmes de Hanshan, Carré, Patrick, Unpublished ph. D. dissertation, Paris Ⅲ (Sorbonne – Nouvelle), 1981.

1982 年

洛阳伽蓝记研究，杨圣立，政治大学中文研究所，硕士学位论文，1982 年。

冥报记研究，片谷景子，台湾大学中文研究所，硕士学位论文，1982 年。

1983 年

诗佛王维之研究，林桂香，政治大学中文研究所，硕士学位论文，1983 年。

1984 年

王梵志诗研究，朱凤玉，中国文化大学，博士学位论文，

1984 年。

白居易诗与释道之关系，韩庭银，政治大学中文研究所，硕士学位论文，1984 年。

敦煌变文《太子成道经》、《八相变》、《破魔变》、《降魔变》与佛经比较研究，金泰宽，政治大学中文研究所，硕士学位论文，1984 年。

敦煌变文主题及其相关问题之研究——以董永变、舜子变、伍子胥变文三篇为主，小野純子，政治大学中文研究所，硕士学位论文，1984 年。

1985 年

文心雕龙与佛教之关系，方元珍，中国文化大学中文研究所，硕士学位论文，1985 年。

1986 年

盛唐诗与禅，姚仪敏，东吴大学中文研究所，硕士学位论文，1986 年。

1987 年

《幽明录》、《宣验记》研究，陈桂市，高等师范专科学校范大学国研所，硕士学位论文，1987 年。

寒山诗及其版本之研究，朴鲁玹，政治大学中文研究所，硕士学位论文，1987 年。

1988 年

佛经传译与中古文学思潮，蒋述卓，华东师范大学，博士学位论文，1988 年。

1989 年

寒山子诗语法研究，赵芳艺，东海大学，硕士学位论文，1989 年。

1990 年

王梵志诗之研究，卢顺点，东吴大学，硕士学位论文，1990 年。

王梵志用韵考及其与敦煌变文用语之比较，卢顺点，东海大学中文研究所，硕士学位论文，1990 年。

禅宗与宋代诗学理论，林湘华，"国立"成功大学中文研究所，硕士学位论文，1990 年。

1992 年

宋代大慧宗杲禅思想研究，李开济，辅仁大学哲学研究所，博士学位论文，1992 年。

1993 年

论儒释道对晚明文学思潮的影响，周群，南京大学，博士学位论文，1993 年。

六朝佛教志怪小说研究，薛惠琪，交大中研所，硕士学位论文，1993 年。

1994 年

初盛唐佛教禅学与诗歌研究，张海沙，陕西师范大学，博士学位论文，1994 年。

佛教与晚明文学思潮，黄卓越，北京师范大学，博士学位论文，1994 年。

明末清初遗民逃禅之风研究，廖肇亨，台湾大学，硕士学位论文，1994 年。

《杂宝藏经》及其故事研究，梁丽玲，中国文化大学中国文学研究所，硕士学位论文，1994 年。

1995 年

傅大士研究，张勇，四川大学，博士学位论文，1995 年。

佛教因缘文学与中国古典小说，张瑞芳，东吴大学中研所，博士学位论文，1995 年。

敦煌礼忏文研究，汪娟，中国文化大学，博士学位论文，1995 年。

1996 年

佛教与六朝文学研究，许云和，南京大学，博士学位论文，1996 年。

1997 年

印度佛典那伽故事与中国龙王龙女故事，郑筱筠，复旦大学，博士学位论文，1997 年。

中印古代神话传说之比较研究，（印度）莉杜·巴玛，复旦大学，博士学位论文，1997 年。

文字禅与宋代诗学，周裕锴，四川大学，博士学位论文，1997 年。

圆悟克勤禅学研究，高毓婷，台湾师范大学国文学系，硕士学位论文，1997 年。

惠洪觉范禅学研究，吴丽虹，台湾师范大学国文学系，硕士学位论文，1997 年。

1998 年

南朝佛教与文学，张弘，山东大学，博士学位论文，1998 年。

晋唐弥陀净土信仰研究，刘长东，四川大学，博士学位论文，1998 年。

金堡论考，廖肇亨，东京大学，硕士学位论文，1998 年。

唐代诗僧创作论研究，彭雅玲，政治大学，博士学位论文，1998 年。

1999 年

变文讲唱与华梵宗教艺术，李小荣，复旦大学，博士学位论文，1999 年。

中古汉译佛经叙事文学研究，吴海勇，复旦大学，博士学位论文，1999 年。

禅诗研究，吴言生，陕西师范大学，博士学位论文，1999 年。

心学与禅学，赵旗，西北大学，博士学位论文，1999 年。

2000 年

敦煌变文研究，陆永峰，四川大学，博士学位论文，2000 年。

佛教与隋唐五代小说——隋唐五代佛教之流布与汉译佛典对小说创作之影响，夏广兴，复旦大学，博士学位论文，2000 年。

孙悟空形象文化论，李安纲，陕西师范大学，博士学位论文，2000 年。

晋宋之际佛道并兴及陶渊明、谢灵运诗境之研究，马晓坤，复旦大学，博士学位论文，2000 年。

敦煌维摩诘文学研究，何剑平，扬州大学，博士学位论文，2000 年。

中唐佛理诗研究，杨晓玫，玄奘大学，硕士学位论文，2000 年。

禅宗公案体相用思想之研究——以《景德传灯录》为中心，黄连忠，"国立"师范大学，博士学位论文，2000 年。

《贤愚经》及其相关问题研究，梁丽玲，中正大学中国文学系，博士学位论文，2000 年。

2001 年

庞居士研究，谭伟，四川大学，博士学位论文，2001 年。

敦煌变文写本的研究，荒见泰史，复旦大学，博士学位论文，2001 年。

佛教与中国早期白话小说研究，袁书会，复旦大学，博士学位论文，2001 年。

明末清初の文藝思潮と佛教，廖肇亨，東京大學，博士學位論文，2001 年。

六朝僧侣诗研究，罗文玲，东海大学中国文学系，博士学位论文，2001 年。

虚幻与现实之间——元杂剧"神佛道化戏"论稿，毛小雨，中国艺术研究院，博士学位论文，2001 年。

敦煌佛教歌曲之研究，林仁昱，"国立"中正大学中文所，博士学位论文，2001 年。

2002 年

弘道与明道——《弘明集》研究，刘立夫，南京大学，博士学位论文，2002 年。

汉译部派广律研究，陈开勇，复旦大学，博士学位论文，2002 年。

佛教与大历诗歌，邰林涛，复旦大学，博士学位论文，2002 年。

禅宗与黄庭坚，龙延，复旦大学，博士学位论文，2002 年。

宗教民俗文献与小说母题，王立，上海师范大学，博士学位论文，2002 年。

贬道·嘲佛·崇儒——《西游记》主题研究，黄健威，暨南大学，硕士学位论文，2002 年。

双重因素影响下的僧传语言——《续高僧传》语言研究，帅志嵩，四川大学，硕士学位论文，2002 年

论鸠摩罗什的佛典翻译及其历史贡献，马丽，东北师范大学，硕士学位论文，2002 年。

论韩愈的佛教观及其对文学创作的影响，梁倩筠，暨南大学，硕士学位论文，2002 年。

敦煌禅宗文献研究，蒋宗福，四川大学，博士学位论文，2002 年。

寒山子资料考辨，叶珠红，"国立"中兴大学中国文学系，硕士学位论文，2002 年。

敦煌话本探微，萧夙雯，台湾师范大学，硕士学位论文，2002 年。

敦煌本《佛说阿弥陀经讲经文》研究，刘静宜，逢甲大学，硕士学位论文，2002 年。

宋代禅宗对诗歌的影响研究，廖丹妙，南华大学，硕士学位论文，2002 年。

释贯休研究，田道英，四川大学，博士学位论文，2002 年。

2003 年

中古汉译佛经叙事文学研究，吴海勇，复旦大学，博士学位论文，2003 年。

诗僧皎然，（韩国）吴定泫，复旦大学，博士学位论文，2003 年。

论苏轼的艺术哲学，许外芳，复旦大学，博士学位论文，2003 年。

《金楼子》研究，钟仕伦，四川大学，博士学位论文，2003 年。

清初岭南诗僧群研究，李舜臣，中山大学，博士学位论文，2003 年。

南宋诗僧丛考，许红霞，北京大学，博士学位论文，2003 年。

诗人不幸诗之幸：约翰·邓恩与王维比较研究，王改娣，河南大学，博士学位论文，2003 年。

四大名山佛教文化及其现代意义，李桂红，四川大学，博士学位论文，2003 年。

北宋诗僧研究，成明明，扬州大学，硕士学位论文，2003 年。

唐传奇中的西域人物形象，倪红雨，黑龙江大学，硕士学位论文，2003 年。

敦煌佛曲研究，王定勇，扬州大学，硕士学位论文，2003 年。

西夏晚期七大经变画探析，王艳云，首都师范大学，博士学位论文，2003 年。

晚唐五代诗僧群体研究，王秀林，复旦大学，博士学位论文，2003 年。

释惠洪研究，陈自力，四川大学，博士学位论文，2003 年。

敦煌曲子词地域文化研究，汤君，四川大学，博士学位论文，2003 年。

蕅益儒佛融通思想初探，杨俊，四川大学，硕士学位论文，2003 年。

理禅融会与宋诗研究，张文利，陕西师范大学，博士学位论文，2003 年。

王安石与禅，林成伟，暨南大学，硕士学位论文，2003 年。

敦煌佛教民间文学之研究——以讲唱文学与文化义蕴为中心，郑名棋，"国立"花莲师范学院，硕士学位论文，2003 年。

《法华经讲经文》与《法华经》注疏之比较研究，徐孟志，玄奘大学，硕士学位论文，2003 年。

惠洪文字禅之诗学内涵，吴静宜，台湾师范大学，硕士学位论文，2003 年。

佛经故事对朝鲜古代叙事文学的影响研究 ——《高丽大藏经》为中心，李官福，延边大学，博士学位论文，2003 年。

敦煌小说研究，王昊，中国社会科学院研究生院，博士学位论文，2003 年。

唐代寺院教育与文学，戴军，中国社会科学院研究生院，博士学位论文，2003 年。

魏晋南北朝志怪小说词汇研究，周俊勋，四川大学，博士学位论文，2003 年。

灵验记研究，刘亚丁，四川大学，博士学位论文，2003 年。

2004 年

佛教与永明文学批评，高文强，南京大学，博士学位论文，2004 年。

门阀信仰——东晋士族与佛教，徐清祥，中国人民大学，博士学位论文，2004 年。

狂禅思潮与晚明文学，赵伟，南开大学，博士学位论文，

2004 年。

敦煌佛教歌辞研究，王志鹏，南开大学，博士学位论文，2004 年。

寒山及其诗研究，崔小敬，复旦大学，博士学位论文，2004 年。

魏晋般若与美学，赵建军，复旦大学，博士学位论文，2004 年。

诗僧皎然，吴定泫，复旦大学，博士学位论文，2004 年。

佛教女性观源流辨析，杨孝容，四川大学，博士学位论文，2004 年。

论宋诗僧惠洪的诗学思想，于萍，广西师范大学，硕士学位论文，2004 年。

《法苑珠林》叙事结构研究，安正燻，复旦大学，博士学位论文，2004 年。

宗教与壁画艺术，徐海京，中央美术学院，硕士学位论文，2004 年。

漱逸性灵空格套，雅吟一任照禅风——浅论佛教因缘影响下的袁宏道的诗论，王志钢，辽宁师范大学，硕士学位论文，2004 年。

智顗禅学探微，程群，复旦大学，博士学位论文，2004 年。

敦煌宫词研究，董艳秋，四川大学，博士学位论文，2004 年。

佛、道造像碑源流及其相关问题研究，罗宏才，南京艺术学院，博士学位论文，2004 年。

紫柏大师的佛学思想研究，胡漫漫，四川大学，硕士学位论文，2004 年。

寒山诗集版本源流考述，（韩）李钟美，浙江大学，博士后出站报告，2004 年。

佛教与唐五代白话小说，俞晓红，上海师范大学，博士学位论文，2004 年。

徐渭之《玉禅师翠乡一梦》与沙特之《无路可出》中人的存在循环与超脱，曾明钰，"国立"中正大学，硕士学位论文，2004 年。

唐代北宗禅发展研究——以玉泉神秀为中心，余威德，慈济大学，硕士学位论文，2004 年。

明末注疏对《楞严经》"五十阴魔"之研究，蔡旻芳，佛光大学，硕士学位论文，2004 年。

王安石与佛教，张煜，复旦大学，博士学位论文，2004 年。

《景德传灯录》研究，冯国栋，复旦大学，博士学位论文，2004 年。

从玄解到证悟 ——论中土佛理诗之发展演变，张君梅，复旦大学，博士学位论文，2004 年。

佛经叙事文学与唐代小说研究，孙鸿亮，陕西师范大学，博士学位论文，2004 年。

普门化红颜——中国观音变女神之探究，王俪蓉，台湾大学中国文学研究所，硕士学位论文，2004 年。

2005 年

齐梁竟陵"八友"之研究，谭洁，南开大学，博士学位论文，2005 年。

禅宗语言研究，张胜珍，南开大学，博士学位论文，2005 年。

心性与情性——从心性论角度管窥黄庭坚哲学与诗学思想，杨遇青，陕西师范大学，硕士学位论文，2005 年。

唐五代僧诗初探，胡启文，广西师范大学，硕士学位论文，2005 年。

一代儒僧的精神求索与文化贡献——从李叔同到弘一法师的文本解读，治晓梅，中央民族大学，硕士学位论文，2005 年。

刘禹锡与佛教关系原论，李志强，复旦大学，博士学位论文，2005 年。

中晚唐清雅诗僧研究，刘鹏，苏州大学，硕士学位论文，2005 年。

两晋南北朝与唐代比丘尼僧团比较研究，吴艳，中国人民大学，硕士学位论文，2005 年。

文化迁移、文本误读与翻译策略——以《西游记》中佛籍语汇为例，黄进，西南交通大学，硕士学位论文，2005 年。

《佛本行集经》词汇研究，杨会永，浙江大学，博士学位论文，2005 年。

试论北朝时期中原北方弥勒造像的演变，张雪芬，郑州大学，硕士学位论文，2005 年。

论佛道对儒家的狡黠——以《西游记》为个案，葛琛辉，华中科技大学，硕士学位论文，2005 年。

试论汉译佛典对唐代小说叙事之影响，李艳茹，内蒙古师范大学，硕士学位论文，2005 年。

元代僧人世俗化问题探析，马彩霞，河北大学，硕士学位论文，2005 年。

敦煌写本祭悼文研究，龚泽军，四川大学，博士学位论文，2005 年。

中国地藏信仰研究，尹富，四川大学，博士学位论文，2005 年。

敦煌变文的口头传统研究，富世平，四川大学，博士学位论文，2005 年。

苏轼与佛学，梁银林，四川大学，博士学位论文，2005 年。

《涅槃经》的汉译及涅槃信仰研究，郭迎春，四川大学，博士学位论文，2005 年。

蕅益智旭净土思想研究，龚晓康，四川大学，博士学位论文，2005 年。

大慧宗杲禅学思想述论，吴隆升，武汉大学，硕士学位论文，2005 年。

高峰原妙及其禅法研究，牟成娟，四川大学，硕士学位论文，2005 年。

憨山大师禅修思想研究，周祥钰，四川大学，硕士学位论文，2005 年。

晋代僧人的性情问题研究——以支道林为例，陈柏光，成功大学，硕士学位论文，2005 年。

东晋佛教思想与文学研究，玄宗女贵莲（释慧莲），福建师范大学，博士学位论文，2005 年。

佛教禅宗与唐代诗风之发展演变，胡遂，河北大学，博士学位论文，2005 年。

宗教与戏剧的文化交融——元杂剧宗教精神的全面解读，杨毅，福建师范大学，博士学位论文，2005 年。

《聊斋志异》与宗教文化，黄洽，山东大学，博士学位论文，2005 年。

宗教文化与唐五代笔记小说，刘正平，复旦大学，博士学位论文，2005 年。

《妙法莲华经》的一乘思想及其文学特征，王丽洁，复旦大学，博士学位论文，2005 年。

2006 年

佛典与南朝文学，龚贤，武汉大学，博士学位论文，2006 年。

宋代士大夫佛学与文学，张培锋，南开大学，博士学位论文，2006 年。

物色观形成之历史过程及其文学实践，兰宇冬，复旦大学，博士学位论文，2006 年。

慧皎《高僧传》研究，纪赟，复旦大学，博士学位论文，2006 年。

转型中的唐五代诗僧群体，查明昊，浙江大学，博士学位论文，2006 年。

汉文佛典用语专题研究，顾满林，四川大学，博士学位论文，2006 年。

白居易闲适诗研究，毛妍君，陕西师范大学，博士学位论文，2006 年。

寒山子诗歌研究，李皓，武汉大学，硕士学位论文，2006 年。

越南闽籍侨僧拙公和尚与十七、十八世纪中越佛教交流，谭志词，暨南大学，博士学位论文，2006 年。

论汉魏六朝时期的中国佛教表现艺术，王志远，首都师范大学，博士学位论文，2006年。

从名士与名僧的交往看魏晋思想界——以《世说新语》为中心展开，黄崑威，苏州大学，硕士学位论文，2006年。

中唐诗僧研究，杨芬霞，陕西师范大学，博士学位论文，2006年。

唐代诗僧与僧诗研究，董林，华中师范大学，硕士学位论文，2006年。

东晋南朝隋唐诗僧丛考，李彦辉，东北师范大学，硕士学位论文，2006年。

北宋诗僧道潜研究，吴庆红，南京师范大学，硕士学位论文，2006年。

唐代诗僧文学批评研究，胡玉兰，浙江大学，博士学位论文，2006年。

日本入宋僧研究——以日本汉文史料为中心，半田晴久，浙江大学，博士学位论文，2006年。

《佛本行集经》定中结构研究，许剑宇，浙江大学，博士学位论文，2006年。

《法华经》中"平等思想"之研究，武氏莉（释心美），福建师范大学，硕士学位论文，2006年。

《维摩诘经》思想研究，王新水，复旦大学，博士学位论文，2006年。

论苏轼的佛教思想及其诗词中的般若空意识，刘丽娟，东北师范大学，硕士学位论文，2006年。

佛禅与《夷坚志》，于国华，东北师范大学，硕士学位论文，

2006 年。

诗僧寒山禅诗研究，周海燕，东北师范大学，硕士学位论文，2006 年。

庄禅精神与新时期文学，陈丽，吉林大学，硕士学位论文，2006 年。

禅籍谚语研究，刘爱玲，南京师范大学，硕士学位论文，2006 年。

郭熙《林泉高致集》及其儒道禅美学精神，杨晔，四川师范大学，硕士学位论文，2006 年。

论禅宗的道德修养观——以超佛祖师禅为中心，黄凌，中南大学，硕士学位论文，2006 年。

无尽居士张商英研究，罗凌，四川大学，博士学位论文，2006 年。

法华宗与隋唐文学，秦丙坤，四川大学，博士学位论文，2006 年。

试述佛像在汉地发挥的宗教功能，黄瑜，四川大学，硕士学位论文，2006 年。

关于敦博本《六祖坛经》惠能生平部分经文的传奇性研究，余玥，四川大学，硕士学位论文，2006 年。

汉文佛典用语专题研究，顾满林，四川大学，博士学位论文，2006 年。

佛儒道德观比较研究，郗瑞欢，安徽大学，硕士学位论文，2006 年。

西夏时期的河西佛教，崔红芬，兰州大学，博士学位论文，2006 年。

武则天时期的宫廷佛事活动研究，闵军，西北大学，硕士学位论文，2006 年。

王维的诗歌与其佛教信仰，何春图，四川大学，硕士学位论文，2006 年。

大慧宗杲禅师与宋代士大夫交游研究——以大慧宗杲得法弟子为主，吕真观，华梵大学，硕士学位论文，2006 年。

白居易禅诗研究，庄美缓，"国立"高雄师范大学，硕士学位论文，2006 年。

《杂阿含经》譬喻故事研究，林韵婷，玄奘大学，硕士学位论文，2006 年。

佛经文学与六朝小说母题，刘惠卿，陕西师范大学，博士学位论文，2006 年。

谢灵运山水诗与其三教安顿思考研究，陶玉璞，台湾清华大学中国文学系，硕士学位论文，2006 年

释氏辅教之书——《冥祥记》研究，刘家杏，中兴大学中国文学系所，硕士学位论文，2006 年。

中国六朝时代的唱导，何励，台湾大学历史学研究所，硕士学位论文，2006 年。

2007 年

柳宗元儒佛道三教观研究，张勇，南京大学，博士学位论文，2007 年。

宋元俗文学叙事与佛教，陈开勇，复旦大学，博士学位论文，2007 年。

敦煌变文单音动词词义演变研究，李倩，四川大学，博士学位论文，2007 年。

支谦译经复音词研究，杨同军，四川大学，博士学位论文，2007 年。

曹学佺研究，陈超，福建师范大学，博士学位论文，2007 年。

萧衍研究，钱汝平，四川大学，博士学位论文，2007 年。

中国古代琴僧及其琴学贡献，司冰琳，中国艺术研究院，博士学位论文，2007 年。

北宋诗僧研究，高慎涛，陕西师范大学，博士学位论文，2007 年。

东晋南朝时期尼僧社会生活的历史考察——以《比丘尼传》为中心，庄圆，华东师范大学，硕士学位论文，2007 年。

清初遗民诗僧研究，白海雄，苏州大学，硕士学位论文，2007 年。

齐己的诗歌研究，刘雯雯，扬州大学，硕士学位论文，2007 年。

中唐诗僧诗歌创作研究，岳珊珊，暨南大学，硕士学位论文，2007 年。

苏轼与禅僧酬唱诗研究，张晓丽，首都师范大学，硕士学位论文，2007 年。

释道潜诗歌研究，梁海珍，广西大学，硕士学位论文，2007 年。

道安疑伪经判别标准研究，李素洁，上海师范大学，硕士学位论文，2007 年。

慧远与东晋末期庐山地域的诗文创作，李智敏，浙江大学，硕士学位论文，2007 年。

释文晌研究，林斌，南京师范大学，硕士学位论文，2007 年。

兰溪道隆东渡传禅及其文化意义，魏杏芳，浙江大学，硕士学位论文，2007 年。

北宋禅宗思想史及其渊源，土屋太祐，四川大学，博士学位论文，2007 年。

以禅喻诗的误区——以杜甫入蜀前的诗歌为中心，张鸿雁，陕西师范大学，硕士学位论文，2007 年。

禅籍谚语研究，范春媛，南京师范大学，博士学位论文，2007 年。

大慧宗杲生平思想新探，李芹，厦门大学，硕士学位论文，2007 年。

北宋诗僧道潜研究，刘涛，四川大学，硕士学位论文，2007 年。

佛教山居诗研究，祁伟，四川大学，博士学位论文，2007 年。

《广弘明集》研究，刘林魁，西北大学，博士学位论文，2007 年。

明太祖与儒佛道，吕广明，安徽大学，硕士学位论文，2007 年。

北宋禅词研究，周瑶，陕西师范大学，硕士学位论文，2007 年。

七世纪前汉地佛像服饰研究，费泳，南京艺术学院，博士学位论文，2007 年。

万历朝慈圣李太后崇佛考论，聂福荣，吉林大学，硕士学位论文，2007 年。

中国禅茶文化的渊源与流变，李海杰，陕西师范大学，硕士学位论文，2007 年。

敦煌北宗文本的价值和禅法——禅藉的历史性与文本性，黄青萍，台湾师范大学，博士学位论文，2007 年。

初唐敦煌佛经写卷书法之研究，张明莱，玄奘大学，硕士学位论文，2007 年。

苏轼文学与佛禅之关系——以苏轼迁谪诗文为核心，施淑婷，台湾师范大学，博士学位论文，2007 年。

释文珦研究，林斌，南京师范大学，硕士学位论文，2007 年。

佛教对乐府创作的影响，罗慧，湖南大学，硕士学位论文，2007 年。

贯休思想及其文学创作初探，吴双双，厦门大学，硕士学位论文，2007 年。

王梵志及其诗研究，卢其美，山东师范大学，硕士学位论文，2007 年。

从《蕉坚稿》看《三体诗》对五山汉诗的影响，兰文君，对外经济贸易大学，硕士学位论文，2007 年。

杜甫与佛教关系研究，鲁克兵，复旦大学，博士学位论文，2007 年。

禅宗典籍《五灯会元》研究，黄俊铨，复旦大学，博士学位论文，2007 年。

2008 年

憨山德清与晚明士林，王红蕾，南开大学，博士学位论文，

2008 年。

汪道昆文学研究，刘彭冰，复旦大学，博士学位论文，2008 年。

元杂剧宗教人物形象研究，唐昱，武汉大学，博士学位论文，2008 年。

《醉菩提》道济形象研究，鄢贝贝，武汉大学，硕士学位论文，2008 年。

明代中后期宗教题材剧研究，郭迎晖，浙江大学，博士学位论文，2008 年。

释宝唱与《比丘尼传》，刘飙，华中师范大学，博士学位论文，2008 年。

8 至 10 世纪敦煌尼僧研究，石小英，兰州大学，博士学位论文，2008 年。

隋代塔铭分类研究，樊波，陕西师范大学，硕士学位论文，2008 年。

唐代佛教用乐系统研究，李丛阳，山西大学，硕士学位论文，2008 年。

日僧圆仁视野中的唐代青州，程少燕，中国海洋大学，硕士学位论文，2008 年。

东晋南朝僧诗研究，任冬善，兰州大学，硕士学位论文，2008 年。

在菩提与烦恼之间——禅门清规研究，何松旭，浙江大学，硕士学位论文，2008 年。

李商隐爱情诗与佛教关系探析，张粉瑞，福建师范大学，硕士学位论文，2008 年。

黄庭坚的佛禅思想与诗学实践，孙海燕，北京语言大学，博士学位论文，2008 年。

唐传奇中的佛、道观，武彬，陕西师范大学，博士学位论文，2008 年。

了却归洛愿，适性作闲人——白居易晚年在洛阳，王新杰，福建师范大学，硕士学位论文，2008 年。

王维诗歌的禅宗美学思想及多样化诗风述评，许革晨，东北师范大学，硕士学位论文，2008 年。

汉译佛典佛陀与佛弟子的诞生故事研究——以阿含部、律部为中心，廖秀芬，"国立"嘉义大学，硕士学位论文，2008 年。

敦煌《观音经》文献及其相关信仰之研究，释大参，华梵大学，硕士学位论文，2008 年。

七～八世纪的南宗禅——印度禅风"转化"为中国禅风的关键期，王姵婷，佛光大学，硕士学位论文，2008 年。

论汉译《究竟一乘宝性论》的文本与思想特色，蔡孔章，佛光大学，硕士学位论文，2008 年。

皎然集探微，惠慧，西北大学，硕士学位论文，2008 年。

情佛困境下的诗性矛盾 ——苏曼殊文学研究，熊娟，华中科技大学，硕士学位论文，2008 年。

释道潜研究，李俊，华东师范大学，博士学位论文，2008 年。

白居易的诗歌创作与中国佛学，邹婷，苏州大学，博士学位论文，2008 年。

唐五代佛寺壁画的文献考察，马新广，西北大学，博士学位论文，2008 年。

佛教与六朝诗学，刘艳芬，山东师范大学，博士学位论文，

2008 年。

边缘视域 人文问思 ——废名思想论，谢锡文，山东大学，博士学位论文，2008 年。

咒语、图象与法术 ——密教与中晚唐文学，黄阳兴，复旦大学，博士学位论文，2008 年。

2009 年

释赞宁《宋高僧传》研究——兼与《高僧传》、《续高僧传》之比较，金建锋，上海师范大学，博士学位论文，2009 年。

《法苑珠林》分类思想研究，吴福秀，华中师范大学，博士学位论文，2009 年。

关于五山禅僧形象的考察——以绝海中津为中心，朱雯瑛，天津外国语学院，硕士学位论文，2009 年。

明代僧人群体研究，李孔楠，青海师范大学，硕士学位论文，2009 年。

《世说新语》所涉僧人、名士交游研究，杨恒，青海师范大学，硕士学位论文，2009 年。

宋代禅僧诗辑考，陈珏，复旦大学，硕士学位论文，2009 年。

元朝西僧研究，牛亚丽，西北师范大学，硕士学位论文，2009 年。

隋唐五代僧诗中的女性形象分析，刘阿丽，陕西师范大学，硕士学位论文，2009 年。

中晚唐诗僧心态研究，罗姝，湖南大学，硕士学位论文，2009 年。

元末明初诗僧群研究——以来复、宗泐、姚广孝为中心，蔡晶晶，浙江大学，硕士学位论文，2009 年。

《红楼梦》中的佛教思想探讨，谢氏映凤（释坚莲），福建师范大学，博士学位论文，2009 年。

天童如净及其禅法研究，冯珺，浙江大学，硕士学位论文，2009 年。

南岳禅宗与禅茶一味，王科瑛，湖南师范大学，硕士学位论文，2009 年。

晚明清言的禅学意蕴，景旭，陕西师范大学，硕士学位论文，2009 年。

欧阳修与佛教关系初探，张轶楠，首都师范大学，硕士学位论文，2009 年。

明末禅僧密云圆悟研究，罗谊文，厦门大学，硕士学位论文，2009 年。

《红楼梦》的宗教书写分析与探源，陈国学，南开大学，博士学位论文，2009 年。

试论释典海客故事在中国文学中的演变，叶盈，复旦大学，硕士学位论文，2009 年。

从偈颂到禅门白话诗，余军燕，西北大学，硕士学位论文，2009 年。

赴日宋僧无学祖元研究，江静，浙江大学，博士学位论文，2009 年。

魏晋玄佛交融研究，朱雪强，曲阜师范大学，硕士学位论文，2009 年。

榆林 25 窟一佛八菩萨图像研究，陈粟裕，中央美术学院，硕士学位论文，2009 年。

从南京教案透析佛耶之争，沈小雯，吉林大学，硕士学位论文，2009 年。

元代诗僧研究丛稿，李舜臣，武汉大学博士后出站报告，2009 年。

汉译佛典阿难形象之研究——以阿含部、本缘部、律部为主，谢佩芹，东吴大学，硕士学位论文，2009 年。

北宋惠洪禅师——初探其生平、历史形象及著作特色，释见融，佛光大学，硕士学位论文，2009 年。

《西游记》与佛典故事比较研究，郑恪堃，静宜大学，硕士学位论文，2009 年。

苏轼佛教文学研究，吴明兴著，佛光大学，博士学位论文，2009 年。

王梵志、寒山、庞蕴通俗诗之比较研究，方志恩，华梵大学，博士学位论文，2009 年。

五台山与文殊道场：中古佛教圣山信仰的形成与发展，林韵柔，台湾大学，博士学位论文，2009 年。

佛教愿文的发展及其东传日本研究，李映瑾，台湾中正大学，博士学位论文，2009 年。

重读华兹华次之序曲：自然、我、禅，柯量元，台湾中山大学，博士学位论文，2009 年。

彭绍升与神道设教之交涉，林一銮，华梵大学，博士学位论文，2009 年。

缘发性结构：王昌龄、皎然、司空图之作品存在观，陈劭为，台湾辅仁大学，博士学位论文，2009 年。

《文心雕龙》佛论辞源研究，陈建郎，佛光大学，硕士学位论文，2009 年。

释居简及其诗歌研究，柴继红，西北大学，硕士学位论文，2009 年。

皎然《诗式》诗歌理论研究，张静，新疆大学，硕士学位论文，2009 年。

大历时期江南两大诗会研究，支彤，北京语言大学，硕士学位论文，2009 年。

函可诗歌研究，于美娜，山东大学，硕士学位论文，2009 年。

佛教思想和刘长卿的诗歌创作，胡小勇，湖南大学，硕士学位论文，2009 年。

佛音缭绕的六朝文学，李大伟，山东大学，博士学位论文，2009 年。

济公故事演变及其文化阐释，吕堃，南开大学，博士学位论文，2009 年。

《阅微草堂笔记》之宗教文化研究，张伟丽，南开大学，博士学位论文，2009 年。

赞宁及其《宋高僧传》研究，宋良和，浙江大学，硕士学位论文，2009 年。

唱导论，李英武，南京艺术学院，硕士学位论文，2009 年。

《法华传记》校读札记，柳榕，厦门大学，硕士学位论文，2009 年。

敦煌佛教叙事歌曲与其相关文艺研究，张诗涵，中兴大学中国文学系所，硕士学位论文，2009 年。

游冥故事与古代小说的建构空间，郑红翠，哈尔滨师范大学，博士论文，2009 年。

2010 年

萧纲骈体论稿，牟华林，四川师范大学，博士学位论文，2010 年。

《沧浪诗话》禅语考辨，邓晗霖，武汉大学，硕士学位论文，2010 年。

元杂剧与佛教母题研究，宋寒冰，吉林大学，博士学位论文，2010 年。

莲花色比丘尼及其相关人物的研究，赵欣，西北大学，硕士学位论文，2010 年。

敦煌写本僧无名所上谏表研究，张军胜，兰州大学，硕士学位论文，2010 年。

遣唐使中的留学僧研究，张兴华，黑龙江大学，硕士学位论文，2010 年。

明清小说中尼僧形象之文学与文化研究，郭辉，南开大学，博士学位论文，2010 年。

《比丘尼传》成书研究，胡前胜，西北大学，硕士学位论文，2010 年。

西方文学的非理性特点及禅意研究，柳东林，吉林大学，博士学位论文，2010 年。

《碧岩录》的禅学思想及其美学意义，厉文兵，四川师范大学，硕士学位论文，2010 年。

顿渐之争与朱陆之辩，胡勇，中南大学，硕士学位论文，

2010 年。

梁代僧尼传记中的话语权力——以《高僧传》、《比丘尼传》为中心的研究，刘鹏，复旦大学，博士学位论文，2010 年。

圆悟克勤禅学思想研究，魏建中，武汉大学，博士学位论文，2010 年。

佛教三圣信仰模式研究，释见脉（黄淑君），中国社会科学院研究生院，博士学位论文，2010 年。

皎然诗歌用韵考，易丽菊，华中师范大学，硕士学位论文，2010 年。

论加里·史耐德翻译的寒山诗，王海燕，山东大学，硕士学位论文，2010 年。

寒山和合伦理思想探析 袁恒雷，苏州科技学院，硕士学位论文，2010 年。

齐己诗歌多元化思想与风格探究，苏展，辽宁大学，硕士学位论文，2010 年。

藏族诗人仓央嘉措情歌研究，栗军，陕西师范大学，硕士学位论文，2010 年。

论仓央嘉措的情歌，尕玛措，西南大学，硕士学位论文，2010 年。

大慧宗杲与两宋诗禅世界，方新蓉，四川大学，博士学位论文，2010 年。

担当山水禅意研究，黄洪平，西南大学，硕士学位论文，2010 年。

两宋的僧诗批评，何丽，江西师范大学，硕士学位论文，2010 年。

元代中后期诗僧研究，韦德强，中南大学，硕士学位论文，2010 年。

虚云大师禅学思想研究，罗福明，杭州师范大学，硕士学位论文，2010 年。

禅的语言观：整合语言学提供的新视角，周菲菲，华东师范大学，硕士学位论文，2010 年。

中国佛教与道教人生哲学比较研究，雷丹，广西师范学院，硕士学位论文，2010 年。

王谢二族与佛教文学关系之比较研究，谢元琨，中国人民大学，硕士学位论文，2010 年。

唐代长安佛教文学研究，王早娟，陕西师范大学，博士学位论文，2010 年。

抉择与会通：王通"三教可一"思想研究，杨云，陕西师范大学，硕士学位论文，2010 年。

佛教的涅槃与文学的审美，佟剑锋，华中科技大学，硕士学位论文，2010 年。

《世说新语》与佛教，戴丽琴，华中师范大学，博士学位论文，2010 年。

白先勇小说中的佛教因素，武凤华，山东师范大学，硕士学位论文，2010 年。

汉语四字格佛教成语研究，杨喜玲，宁夏大学，硕士学位论文，2010 年。

《红楼梦》佛教文化翻译分析，陈丽勋，南开大学，硕士学位论文，2010 年。

李白与佛教文化，许齐娟，西南大学，硕士学位论文，

2010 年。

与佛教有关的汉泰成语对比研究，何谭光，广西师范大学，硕士学位论文，2010 年。

佛教与齐梁士人及主要佛典目录研究，刘瑞峰，南开大学，硕士学位论文，2010 年。

佛教对晚唐诗人许浑、杜荀鹤及其诗歌的影响，庄晓燕，云南民族大学，硕士学位论文，2010 年。

沈从文佛经故事作品中的人物形象研究，袁仁意，北京科技大学，硕士学位论文，2010 年。

苏黄诗歌与禅门公案，赵文斌，暨南大学，硕士学位论文，2010 年。

北宋中后期文人学佛与诗歌流变研究，左志南，四川大学，博士学位论文，2010 年。

儒、释、道三家思想对苏轼创作的影响，翟晴，山东大学，硕士学位论文，2010 年。

阳明心学与佛禅，李春易，吉林大学，硕士学位论文，2010 年。

废名诗歌佛禅背景探析，刘娜，中国人民大学，硕士学位论文，2010 年。

王安石与《维摩经》、《楞严经》关系研究，陈丽婷，福建师范大学，硕士学位论文，2010 年。

僧人神迹的原型探析，马维娜，西北大学，硕士学位论文，2010 年。

废名诗歌中的禅踪佛影，王银，湖南师范大学，硕士学位论文，2010 年。

概念合成理论对中国禅诗意义构建的认知阐释，肖玲，湖南大学，硕士学位论文，2010年。

敦煌本《坛经》语言研究，李婧，上海师范大学，硕士学位论文，2010年。

《坛经》禅学新探，潘蒙孩，中国社会科学院研究生院，博士学位论文，2010年。

《坛经》偏正结构研究，余梅，西南大学，硕士学位论文，2010年。

鸠摩罗什和玄奘《金刚经》翻译对比研究，彭熙祎，南开大学，硕士学位论文，2010年。

朱棣《金刚经集注》之注家研究，李艺敏，福建师范大学，硕士学位论文，2010年。

《金刚经》译文研究之一，李缅艳，湖南师范大学，硕士学位论文，2010年。

魏晋南北朝汉译佛经程度副词研究，谢换玲，中山大学，硕士学位论文，2010年。

吐蕃时期佛经目录研究，南杰多吉，青海师范大学，硕士学位论文，2010年。

《法华经》梵汉对勘与异译比较，姜南，中国社会科学院，博士后出站报告，2010年。

比较汉译《法华经》与汉译《大般涅槃经》中"权实"思想之哲学涵义，谭智昌，中山大学，硕士学位论文，2010年。

汉译佛经之美术理论研究：以汉唐为中心，侯艳，福建师范大学，博士学位论文，2010年。

隋以前汉译佛经中助动词连用研究，唐立勇，湖南师范大学，硕士学位论文，2010 年。

三国时期汉译佛经的量词研究，王娟，西南科技大学，硕士学位论文，2010 年。

三国时期汉译佛经的介词研究，刘萍，西南科技大学，硕士学位论文，2010 年。

三国时期汉译佛经的助动词研究，刘凌云，西南科技大学，硕士学位论文，2010 年。

三国时期汉译佛经的外来词研究，于朝兰，西南科技大学，硕士学位论文，2010 年。

德怀特·戈达德《六祖坛经》译本研究：突显视域冲突，于海玲，河南大学，硕士学位论文，2010 年。

《支遁集》校注，余彦芬，西北大学，硕士学位论文，2010 年。

支遁诗文寓意浅论，唐李，四川师范大学，硕士学位论文，2014 年。

慧远生平著作考，陈旭，辽宁大学，硕士学位论文，2010 年。

慧远与东晋佛教的变迁，罗骧，南开大学，博士学位论文，2010 年。

庐山慧远佛学思想研究，游云会，南昌大学，硕士学位论文，2010 年。

契嵩思想与文学研究，杨锋兵，陕西师范大学，博士学位论文，2010 年。

儒禅视野下的担当诗歌研究，刘爱香，云南大学，硕士学位论文，2010 年。

晚明遗民担当禅师诗画研究，余美玲，逢甲大学，硕士学位论文，2010 年。

唐代变文对明清神魔小说的影响，韩洪波，河南大学，硕士学位论文，2010 年。

2011 年

想象的形象：《禅林僧宝传》的历史书写，李熙，四川大学，博士学位论文，2011 年。

《楞严经》如来藏思想研究，段新龙，陕西师范大学，博士学位论文，2011 年。

唐代高僧塔铭研究，李谷乔，吉林大学，博士学位论文，2011 年。

冥界与唐代叙事文学研究，邵颖涛，南开大学，博士学位论文，2011 年。

从世俗到神圣——米拉日巴皈依历程研究，孙娟，中央民族大学，博士学位论文，2011 年。

王融与永明时代——南朝贵族及贵族文学的个案研究，林晓光，复旦大学，博士学位论文，2011 年。

论汪曾祺小说的审美形态——以《受戒》为例，张艺，武汉大学，硕士学位论文，2011 年。

寒山诗研究，方倍，武汉大学，硕士学位论文，2011 年。

杜牧僧寺诗研究，赵一男，延边大学，硕士学位论文，2011 年。

南朝佛教造像研究，费泳，南京艺术学院，硕士学位论文，2001 年。

唐代妇女的佛道信仰，李晓慧，曲阜师范大学，硕士学位论文，2011 年。

道济诗文考证及其佛教形象分析——以佛典、寺志、方志为中心，刘玉霞，福建师范大学，硕士学位论文，2011 年。

空间表达与寓意——以敦煌西方净土变结构研究为中心，王治，中央美术学院，博士学位论文，2011 年。

融汇儒道禅思想的司空图《诗品》及其诗论，王岳玮，辽宁师范大学，硕士学位论文，2011 年。

《宗范》研究，袁朝伟，陕西师范大学，硕士学位论文，2011 年。

论沩仰宗与茶禅文化，陈文凭，湖南师范大学，硕士学位论文，2011 年。

略论善财童子五十三参对菩萨行的诠释，孟双双，陕西师范大学，硕士学位论文，2011 年。

《注维摩诘所说经》研究，王建军，西北大学，硕士学位论文，2011 年。

为霖道霈禅师禅学研究，马海燕，南京大学，博士学位论文，2011 年。

皎然诗学渊源考论，甘生统，中央民族大学，博士学位论文，2011 年。

王梵志及其诗歌研究，杨万里，西南民族大学，硕士学位论文，2011 年。

王梵志诗词汇研究，刘湘兰，华南师范大学，硕士学位论文，2011 年。

王梵志诗的譬喻研究，马纯燕，中山大学，硕士学位论文，

2011 年。

从支遁诗到王梵志诗：僧诗雅俗之变研究，崔丹，河南师范大学，硕士学位论文，2011 年。

诗歌英译过程中偏离现象研究：以 gary snyder 所译《寒山诗》为例，韩丹丹，中南大学，硕士学位论文，2011 年。

模因视角下的史耐德寒山译诗的经典构建 田慧，武汉科技大学，硕士学位论文，2011 年。

寒山热与英译寒山诗的解构主义解读，张红蕾，西北大学，硕士学位论文，2011 年。

后殖民视阈下寒山诗英译过程中原作者文化身份的重构——基于史耐德《乱石坝与寒山诗集》译本的研究，廖治华，西北师范大学，硕士学位论文，2011 年。

寒山寺数字化仿真系统的审美特征研究，任兴华，哈尔滨工业大学，硕士学位论文，2011 年。

寒山寺慈悲思想研究，丁志英，苏州科技学院，硕士学位论文，2011 年。

寒山生态伦理思想研究，陈枫，苏州科技学院，硕士学位论文，2011 年。

诗僧齐己研究，马旭，四川师范大学，硕士学位论文，2011 年。

智圆法师对中庸的理解及其思想史背景，王利剑，中山大学，硕士学位论文，2011 年。

释智圆儒佛汇通思想研究，马步飞，陕西师范大学，硕士学位论文，2011 年。

释智圆诗歌研究，刘亚楠，西南交通大学，硕士学位论文，

2011 年。

北宋僧人词比较研究：以仲殊与惠洪为例，钦佩彦，华东师范大学，硕士学位论文，2011 年。

蕅益大师与《楞严经》关系之研究，夏佳，杭州师范大学，硕士学位论文，2011 年。

本源一心，所异者迹：论憨山大师《中庸直指》的佛儒融通思想，周开玮，上海社会科学院，硕士学位论文，2011 年。

智旭佛学易哲学研究，张韶宇，山东大学，博士学位论文，2011 年。

憨山德清《庄子内篇注》之研究，郭建云，苏州大学，硕士学位论文，2011 年。

浅析藏汉诗歌翻译中的《仓央嘉措情歌》汉译本，叁知扎西，西藏大学，硕士学位论文，2011 年。

《仓央嘉措道歌》版本研究，拉毛措，青海师范大学，硕士学位论文，2011 年。

论《仓央嘉措情歌》汉译版，尕藏东智，西藏大学，硕士学位论文，2011 年。

雪窦重显研究，赵德坤，四川大学，博士学位论文，2011 年。

元代诗僧研究，王君莉，北京师范大学，博士学位论文，2011 年。

清拙正澄《禅居集》研究，乔磊，浙江工商大学，硕士学位论文，2011 年。

大慧宗杲看话禅之"疑情"研究，吴容锡，南京大学，博士学位论文，2011 年。

越南陈代诗僧陈仁宗汉禅诗研究——兼与中国唐代禅诗比较，

范明心，华中师范大学，硕士学位论文，2011年。

唐宋与新罗和高丽僧诗交流研究，李金宏，延边大学，硕士学位论文，2011年。

传统僧人文学近代以来的转型，贾国宝，复旦大学，博士学位论文，2011年。

从《高僧传》看魏晋南北朝僧人的社会生活，陆康勇，湖北大学，硕士学位论文，2011年。

小说、佛教与王学，熊幸立，复旦大学，硕士学位论文，2011年。

佛教与谢灵运的山水观，杨晶晶，四川师范大学，硕士学位论文，2011年。

佛教与晚明传奇，温晓敏，河北师范大学，硕士学位论文，2011年。

论柳宗元与佛教，袁广华，湘潭大学，硕士学位论文，2011年。

方干与佛教，杨艳，上海师范大学，硕士学位论文，2011年。

《洛阳伽蓝记》之佛教义理及其表达策略研究，张全耀，广西师范大学，硕士学位论文，2011年。

苏轼诗歌与佛禅关系研究，李明华，吉林大学，博士学位论文，2011年。

唐代佛道类梦小说研究，李效霞，苏州大学，硕士学位论文，2011年。

《禅真逸史》及其续书研究，王园园，苏州大学，硕士学位论文，2011年。

袁宏道禅学思想初探，崔传爱，西安电子科技大学，硕士学位论文，2011 年。

魏晋时期儒佛道思想互动研究，吕玉霞，山东大学，博士学位论文，2011 年。

隋唐时期儒释道的冲突与融合，蔺熙民，陕西师范大学，博士学位论文，2011 年。

敦煌佛教讲经文研究，郝翠玉，河南师范大学，硕士学位论文，2011 年。

佛教语言功能研究，张力，黑龙江大学，硕士学位论文，2011 年。

佛教词汇世俗化的表现，叶晓意，南开大学，硕士学位论文，2011 年。

唐代南宗禅传播研究，胡东力，重庆大学，硕士学位论文，2011 年。

北宋"文字禅"研究，赵娜，西北大学，博士学位论文，2011 年。

杨仁山佛教思想研究，黄伟，南开大学，博士学位论文，2011 年。

慧远与晋宋佛学的思想转向，解兴华，中国人民大学，博士学位论文，2011 年。

庐山慧远法身思想探析，张凯，中国人民大学，硕士学位论文，2011 年。

庐山慧远与毗昙学，张敬川，北京师范大学，博士学位论文，2011 年。

庐山慧远教团研究，李勤合，华中师范大学，博士学位论文，2011 年。

慧远佛学思想源流探讨，于林洋，西南大学，硕士学位论文，2011 年。

慧远的净土信仰研究，张魏魏，河南大学，硕士学位论文，2011 年。

后秦佛教研究：以译经为中心，姜涛，兰州大学，博士学位论文，2011 年。

佛经、圣经中习语的概念隐喻对比研究，张守慧，华中师范大学，硕士学位论文，2011 年。

鸠摩罗什译经介词研究，周灵，西南科技大学，硕士学位论文，2011 年。

鸠摩罗什译经副词研究，安霞芝，西南科技大学，硕士学位论文，2011 年。

鸠摩罗什译经中的趋向动词研究，赖明辉，西南大学，硕士学位论文，2011 年。

佛经翻译中名相的翻译与重复结构的处理方法，阎慧，复旦大学，硕士学位论文，2011 年。

藏传佛教佛经翻译史研究，扎西卓玛，兰州大学，博士学位论文，2011 年。

论佛经汉译对汉语的影响，喻湘波，华中师范大学，硕士学位论文，2011 年。

竺法护翻译佛经词汇研究，价值论视阈下解读中国古代佛经翻译，姜士绅，中国石油大学，硕士学位论文，2011 年。

从施护译经看宋代的佛经翻译，范慕尤，中山大学，博士后出站报告，2011 年。

《〈十地经论〉义记》缘集说探析，杨小平，中国人民大学，硕士学位论文，2011 年。

敦煌本《六祖坛经》连词研究，张舒翼，河南大学，硕士学位论文，2011 年。

《六祖坛经》版本及得法偈辨析，张红立，东北师范大学，硕士学位论文，2011 年。

《坛经》思想及其在后世的演变与影响研究，金命镐，南京大学，博士学位论文，2011 年。

《坛经》伦理思想研究，张玉姬，中南大学，硕士学位论文，2011 年。

《坛经》的实修思想研究，左欣，河北大学，硕士学位论文，2011 年。

《金刚经》哲学思想研究，李云，陕西师范大学，硕士学位论文，2011 年。

《金刚经》离相无住思想研究，孙杰群，西南大学，硕士学位论文，2011 年。

On the Reception and Influence of Han Shan's Poems in America in the 1960s ——From the Perspective of Reception Aesthetics，程斐，西安外国语大学，硕士学位论文，2011 年。

佛学与六朝文论，盖晓明，武汉大学，博士学位论文，2011 年。

唐僧取经图像研究 ——以寺窟图像为中心，于硕，首都师范大学，博士学位论文，2011 年。

释慧皎《高僧传》文学探析，耿朝晖，陕西师范大学，博士学位论文，2011 年。

神怪小说与山岳信仰关系研究，贾海建，中央民族大学，博士学位论文，2011 年。

《高僧传》与《续高僧传》神异故事研究，陈柳冬雪，陕西师范大学，硕士学位论文，2011 年。

《高僧传》研究，王战睿，陕西师范大学，硕士学位论文，2011 年。

由士人走向高僧：云栖袾宏之生平与交谊，吴晃昌，台湾清华大学历史研究所，硕士学位论文，2011 年。

力争上游：明代僧人的游方活动，郭伟鸿，"国立"暨南国际大学历史学系，硕士学位论文，2011 年。

2012 年

蒙古族藏文文论体系研究，树林，内蒙古大学，博士学位论文，2012 年。

弘农杨氏与隋代文学研究，郑国周，浙江大学，博士学位论文，2012 年。

清代前中期笔记小说中的入冥故事研究，李娟，武汉大学，硕士学位论文，2012 年。

明代文言小说中幽冥故事的文化考察，王秋香，武汉大学，硕士学位论文，2012 年。

宗教视野下明代曲家及其剧作研究，邓斯博，武汉大学，博士学位论文，2012 年。

敦煌遗书及其中的文学所反映的净土信仰研究，武玉秀，扬州大学，博士学位论文，2012 年。

释僧祐生平交游研究，傅秀莲，福建师范大学，硕士学位论文，2012 年。

皎然茶道思想美学研究，贾静，中国人民大学，博士学位论文，2012 年。

诗僧皎然研究，温永明，安徽师范大学，硕士学位论文，2012 年。

《王梵志诗》名词、动词、形容词研究，张琪，四川师范大学，硕士学位论文，2012 年。

寒山诗在国外的传播与接受，郑文全，北京师范大学，博士学位论文，2012 年。

从互文性理论析加里·斯奈德英译寒山诗，蔡亚洲，西南财经大学，硕士学位论文，2012 年。

从接受美学视角看斯奈德寒山诗英译本中的创造性叛逆，黄佳燕，杭州电子科技大学，硕士学位论文，2012 年。

改写理论角度下创造性叛逆研究：以寒山诗英译为例，马佳佳，江苏大学，硕士学位论文，2012 年。

翻译规范观照下的史奈德《寒山诗》英译本研究，朱斌，四川外语学院，硕士学位论文，2012 年。

寒山禅意诗歌翻译策略对比研究，刘昆，西南民族大学，硕士学位论文，2012 年。

寒山诗歌研究，王建芳，西北师范大学，硕士学位论文，2012 年。

寒山诗中的自然意识研究，刘鲁南，山东师范大学，硕士学位论文，2012 年。

惠洪言行与北宋佛教世俗化研究，靳春艳，河北师范大学，硕士学位论文，2012 年。

诗僧惠洪诗歌创作研究，范昕，河南大学，硕士学位论文，2012 年。

仓央嘉措诗歌内涵研究及传播过程中的"情"的演变，黄晓纯，中山大学，硕士学位论文，2012 年。

籍儒家之言说佛家之理：智旭儒佛会通思想研究，欧阳小建，山东大学，硕士学位论文，2012 年。

《四书蕅益解》儒佛会通思想研究，饶洁琳，湖南大学，硕士学位论文，2012 年。

释德清《老子道德经解》研究，王闯，华中师范大学，硕士学位论文，2012 年。

两晋南朝僧人与文学研究，杜庆尧，华南师范大学，硕士学位论文，2012 年。

论魏晋僧人对《庄子》的接受，仲寅，曲阜师范大学，硕士学位论文，2012 年。

江左诗僧灵一研究，朱晓玲，浙江师范大学，硕士学位论文，2012 年。

《大唐西域记》的内容及文学价值，张强，延边大学，硕士学位论文，2012 年。

赞宁《大宋僧史略》研究，李亚男，华东师范大学，硕士学位论文，2012 年。

宋僧慈觉宗赜新研，阳珺，上海师范大学，硕士学位论文，2012 年。

明末清初岭南士僧交游与文学，王美伟，西南大学，硕士学位论文，2012 年。

禅宗与苏轼诗词创作研究，尹欣欣，陕西理工学院，硕士学位论文，2012 年。

来宋日僧无本觉心与中日文化交流，徐风琴，浙江工商大学，硕士学位论文，2012 年。

东晋十六国时期僧侣文学研究，刘东方，西北师范大学，硕士学位论文，2012 年。

唐代诗僧拾得研究，王丹，浙江工业大学，硕士学位论文，2012 年。

由李叔同"先识后艺"文艺观的流变探析其文化追求与文化身份间的碰撞，冯建军，杭州师范大学，硕士学位论文，2012 年。

藏传佛教文学叙事中的女性意识研究，罗丽娜，湖南科技大学，硕士学位论文，2012 年。

佛经与南朝宫体诗，翟倩，陕西师范大学，硕士学位论文，2012 年。

佛禅与王安石诗歌研究，宫波，吉林大学，博士学位论文，2012 年。

三言二拍与佛道关系之研究，姜良存，曲阜师范大学，博士学位论文，2012 年。

"大宗教"的叙事：论徐訏作品中佛道耶思想的渗透与糅合，王海燕，浙江师范大学，硕士学位论文，2012 年。

论苏轼的人生境界及其文化底蕴，阮延俊，华中师范大学，博士学位论文，2012 年。

庄子之"静"及与儒释之"静"的关联，王春莉，辽宁大学，硕士学位论文，2012 年。

刘秉忠的儒、释、道思想与诗歌研究 王素芬，漳州师范学院，硕士学位论文，2012 年。

《太史升庵文集》与佛教，孙一超，上海师范大学，硕士学位论文，2012 年。

汪曾祺小说创作的佛教色彩，彭聪，西北师范大学，硕士学位论文，2012 年。

陶渊明与东晋佛教：文化过滤问题，钱丽萍，复旦大学，硕士学位论文，2012 年。

六朝佛教灵验类志怪小说叙事研究，刘冠芳，河南师范大学，硕士学位论文，2012 年。

张九成诗歌中的禅风佛影——以《横浦集》为中心，李娜，西南民族大学，硕士学位论文，2012 年。

论苏轼文人禅的哲理意蕴，李楠，西安交通大学，硕士学位论文，2012 年。

支遁及其诗文研究，袁子微，广西师范大学，硕士学位论文，2012 年。

从法身至佛性：庐山慧远与道生思想研究，史经鹏，中国人民大学，博士学位论文，2012 年。

《南海寄归内法传》英译本研究，陈一凡，四川外语学院，硕士学位论文，2012 年。

《百喻经》故事研究，赵纪彬，江苏师范大学，硕士学位论文，2012 年。

浅析鸠摩罗什与义净佛经翻译的异同：以《佛说弥勒下生经》为例，丁瑾，河北师范大学，硕士学位论文，2012 年。

译者主体性的社会话语分析：以佛经翻译和近代西学翻译为阐释中心，贺爱军，苏州大学，博士学位论文，2012 年。

汉译佛经叙事研究，王红，西北大学，博士学位论文，

2012 年。

《楞严经》文学研究，孙冬梅，辽宁师范大学，硕士学位论文，2012 年。

鸠摩罗什翻译思想考辨，姚晓菲，山西大学，硕士学位论文，2012 年。

《坛经》的文学性研究，郭晓敏，浙江大学，硕士学位论文，2012 年。

玄奘的翻译理论和实践及其对当代汉语外译的价值与影响，朱佩弦，华中师范大学，硕士学位论文，2012 年。

佛典汉译传统研究：从支谦到玄奘，汪东萍，华东师范大学，博士学位论文，2012 年。

从诗学、赞助人、意识形态的角度来看玄奘译本不流行的原因，董照磊，上海外国语大学，硕士学位论文，2012 年。

《维摩诘经》不思议解脱思想研究，闫润清，江西师范大学，硕士学位论文，2012 年。

《维摩诘经》文献与文学研究，杨瑰瑰，华中师范大学，博士学位论文，2012 年。

《百喻经》语言研究，李岑星，中国社会科学院研究生院，硕士学位论文，2012 年。

试论《金刚经》的否定性美学，张好，北京师范大学，硕士学位论文，2012 年。

"应无所住而生其心"与"真如本心"的关系：禅宗观念下的《金刚经》研究，韩振邦，兰州大学，硕士学位论文，2012 年。

顺应论视角下《金刚经》英译策略比较研究，杨艳，南华大学，硕士学位论文，2012 年。

传统文化与马克思主义中国化：以《金刚经》为例，张豪，中共中央党校，硕士学位论文，2012年。

敦煌吐蕃文书《圣神能断金刚般若波罗密多经》部分残卷比较研究，桑结克，西北民族大学，硕士学位论文，2012年。

湛然法华经思想的展开：以《法华玄义释签》为中心，松森秀幸，中国人民大学，博士学位论文，2012年。

敦煌本《法华经》注疏研究，吴建伟，上海师范大学，博士学位论文，2012年。

苏曼殊及他的"六记"在中国小说史上的影响研究，苏金玲，西北大学，硕士学位论文，2012年。

《江湖风月集》研究，张聪，南京大学，硕士学位论文，2012年。

南朝诗歌中的佛寺研究，李晓红，山东师范大学，硕士学位论文，2012年。

担当诗论和诗歌研究，傅晶，云南民族大学，硕士学位论文，2012年。

蒙古族藏文文论体系研究，树林，内蒙古大学，博士学位论文，2012年。

晚明僧侣的政治生活、世俗交游及其文学表现，王启元，复旦大学，博士学位论文，2012年。

偈与颂：以中古时期汉译佛典为中心，王丽娜，南开大学，博士学位论文，2012年。

无锡宣卷仪式音声研究——宣卷之仪式性重访，李萍，上海音乐学院，博士学位论文，2012年。

明代世情小说中的僧尼形象研究，田冬梅，中央民族大学，博士学位论文，2012 年。

民间宝卷与中国古代小说，张灵，上海师范大学，博士学位论文，2012 年。

《续高僧传》研究，陈瑾渊，复旦大学，博士学位论文，2012 年。

汉译佛典文殊故事中的女性形象，黄馨仪，台湾大学中国文学研究所，硕士学位论文，2012 年。

越南陈朝慧忠上士的诗文及其思想，武春白杨，"国立"暨南国际大学中国语文学系，硕士学位论文，2012 年。

从"气感迁化"到"兴会体物"——论六朝诗歌中知觉观感之转移，陈秋宏，台湾大学中国文学研究所，硕士学位论文，2012 年。

北宋文士禅僧自然诗歌研究，陈嘉璟，成功大学中国文学系，硕士学位论文，2012 年。

史传或僧传：禅宗四祖道信的传承，苏文瑞，法鼓文理学院佛教学系，硕士学位论文，2012 年。

2013 年

《弘明集》"论"篇探微，陈特，复旦大学，硕士学位论文，2013 年。

六到七世纪僧人与政治——以个案研究为中心，吴智勇，复旦大学，博士学位论文，2013 年。

韩国目连故事流传研究——以收藏在《月印释谱》的目连故事为中心，卢仲邦，南京大学，博士学位论文，2013 年。

诗思飘然总不群——虚云和尚诗歌研究，党晓龙，武汉大学，硕士学位论文，2013年。

忏尽情禅空色相——苏曼殊"以情求道"及其文学呈现，杨婷婷，武汉大学，硕士学位论文，2013年。

"洞庭波送一僧来"——诗僧八指头陀研究，李晶晶，武汉大学，硕士学位论文，2013年。

佛教题材戏曲研究，孙向锋，武汉大学，博士学位论文，2013年。

关于日本汉诗的研究——以一休宗纯的《狂云集》为中心，王健，天津师范大学，硕士学位论文，2013年。

晚唐五代僧俗交游与士风考论，朱敏楠，天津师范大学，硕士学位论文，2013年。

唐宋时期来华日僧之比较研究，李娴，山东大学，硕士学位论文，2013年。

释僧祐研究，张继文，华中师范大学，博士学位论文，2013年。

皎然集考，成亚林，华中师范大学，博士学位论文，2013年。

六朝时期比丘尼研究，石少欣，南开大学，博士学位论文，2013年。

藏传佛教文化中的女性观研究，孟姣，西北民族大学，硕士学位论文，2013年。

北宋诗僧的世俗化情怀及文学表达，戴小丽，杭州师范大学，硕士学位论文，2013年。

出家不出世：隋唐时期比丘尼的世俗性特征，朱继莲，云南师范大学，硕士学位论文，2013年。

德清与岭南禅学，黄陆希，广州大学，硕士学位论文，2013年。

紫柏真可易学思想研究，张丽丽，山东大学，硕士学位论文，2013年。

憨山德清三教会通思想研究，刘莹，陕西师范大学，博士学位论文，2013年。

憨山德清三教关系思想研究，冯刘飞，安徽大学，硕士学位论文，2013年。

接受美学视域中的仓央嘉措情歌，曹丹，湖南科技大学，硕士学位论文，2013年。

仓央嘉措诗歌翻译与传播研究，荣立宇，南开大学，博士学位论文，2013年。

李煜与仓央嘉措比较研究，于赛，南京师范大学，硕士学位论文，2013年。

《红楼梦》儒释道伦理思想研究，李娜，中央民族大学，硕士学位论文，2013年。

谢灵运的佛道思想与其诗文，裴健伟，中南民族大学，硕士学位论文，2013年。

苏辙佛道会通思想研究，张璐，中央民族大学，硕士学位论文，2013年。

韩孟诗派与佛教意识，张玉荣，陕西师范大学，硕士学位论文，2013年。

唐代终南山佛教诗歌研究，王文莲，陕西师范大学，硕士学位论文，2013年。

从佛教哲学角度看《西游记》的"真实"与"虚妄"，张楠，辽宁师范大学，硕士学位论文，2013年。

佛教思想对齐梁诗歌的浸润，彭煌，湘潭大学，硕士学位论文，2013年。

牧斋与佛教，王彦明，福建师范大学，博士学位论文，2013年。

《弘明集》"论"篇探微，陈特，复旦大学，硕士学位论文，2013年。

杜诗佛禅世界，张轶男，吉林大学，博士学位论文，2013年。

《金瓶梅》与佛教，陈思，湖南师范大学，硕士学位论文，2013年。

佛教对南朝志怪小说的影响研究，刘琳，河南师范大学，硕士学位论文，2013年。

目的论下《西游记》中佛教思想的翻译研究：以阿瑟·韦利的译本为例，段美卿，山西师范大学，硕士学位论文，2013年。

当代中国朝鲜族小说中的佛教因子研究：以《痕迹》《真虚》《飞起来 龙龙龙》《鲁鱼》为中心，曹琳瑛，延边大学，硕士学位论文，2013年。

中国禅诗隐喻：认知个案研究，侯菲，中国海洋大学，硕士学位论文，2013年。

严羽"以禅喻诗"研究，李倩，华东师范大学，硕士学位论文，2013年。

《红楼梦》与禅，陈迟，西南民族大学，硕士学位论文，2013年。

从诗与禅的特征看以禅喻诗，胡中月，西南民族大学，硕士学位论文，2013年。

王维禅诗、禅画对中国古代文论的贡献，方志宏，新疆大学，硕士学位论文，2013 年。

诗与禅——函可禅诗研究，胡晓婷，广州大学，硕士学位论文，2013 年。

星云人间佛教思想研究，殷玮，南京大学，博士学位论文，2012 年。

辽代僧人群体研究，张琳，吉林大学，硕士学位论文，2013 年。

敦煌史籍抄本与僧人的社会生活，王艳玲，西北师范大学，硕士学位论文，2013 年。

唐代涉儒僧人研究，戎川，中央民族大学，硕士学位论文，2013 年。

魏晋南北朝时期涉儒涉道僧人研究，张玉皎，中央民族大学，硕士学位论文，2013 年。

身份意识、作家习气与古代文学批评：以闺秀、理学家和僧人为中心，刘娇，江西师范大学，硕士学位论文，2013 年。

论苏曼殊作品中的佛教精神，马尔克，杭州师范大学，硕士学位论文，2013 年。

弘一大师温州交游考论，金星，温州大学，硕士学位论文，2013 年。

释道潜禅诗研究，吴雪君，西南民族大学，硕士学位论文，2013 年。

以笔砚作佛事：北宋文字禅运动流衍考，徐铭谦，"国立中央"大学，博士学位论文，2013 年。

翻译大师鸠摩罗什和仁钦桑布翻译思想的比较研究，周措吉，西南民族大学，硕士学位论文，2013 年。

敦煌本《维摩诘经》异文研究，张瑞兰，浙江师范大学，硕士学位论文，2013 年。

《百喻经》虚词研究，郭端平，安徽大学，硕士学位论文，2013 年。

《金刚经》与禅宗思想影响的研究，赵永华，云南师范大学，硕士学位论文，2013 年。

《维摩诘经》之研究，武氏明心（释愿莲），复旦大学，博士学位论文，2013 年。

魏晋南北朝评议句研究：以佛经和史书为考察范围和语料来源，许晨晨，苏州大学，硕士学位论文，2013 年。

中国古代佛经汉译和《圣经》英译对比研究：思想和基本理论，刘鸣宇，天津师范大学，硕士学位论文，2013 年。

赞助人系统之操纵与反操纵：唐代统治者赞助下的佛经翻译，张青青，西南大学，硕士学位论文，2013 年。

佛经翻译中的翻译伦理特点探讨，王艳，四川外国语大学，硕士学位论文，2013 年。

东汉至唐代的佛经翻译研究，方阳，河北大学，硕士学位论文，2013 年。

敦煌三卷本《王梵志诗集》词汇研究，秦洁，扬州大学，硕士学位论文，2013 年。

王梵志诗中的佛教词语研究，周巧竹，西北师范大学，硕士学位论文，2013 年。

基于译者主体性的多元系统理论重构——以寒山诗英译经典化为例，张格，杭州电子科技大学，硕士学位论文，2013 年。

从切斯特曼的翻译规范论看斯奈德的寒山诗英译，毛晓旭，郑州大学，硕士学位论文，2013 年。

从文本旅行角度比较研究斯奈德和韦利的两个寒山诗翻译版本，金敏芳，浙江大学，硕士学位论文，2013 年。

从改写理论看斯奈德寒山诗英译的经典化，张钰，延安大学，硕士学位论文，2013 年。

小说《寒山》第一章节翻译反思性报告 王佳煦，东北师范大学，硕士学位论文，2013 年。

菲利普·惠伦的"寒山情结"，徐莹，湖南大学，硕士学位论文，2013 年。

斯坦纳阐释学翻译观视角下唐诗英译中的创造性叛逆：以寒山诗歌英译为例，陈彩采，西安理工大学，硕士学位论文，2013 年。

寒山诗歌实词研究，汤涓，四川师范大学，硕士学位论文，2013 年。

齐己及其佛禅诗研究，龚向玲，湖南大学，硕士学位论文，2013 年。

以佛释儒：智圆、契嵩的中庸思想研究，杨静，山东大学，硕士学位论文，2013 年。

孤山智圆儒佛关系思想研究，李飏，江西师范大学，硕士学位论文，2013 年。

皎然《诗式》中的中道思想研究，陈小茹，济南大学，硕士学位论文，2013 年。

皎然意境理论浅议 王珣，青海师范大学，硕士学位论文，2013 年。

庐山慧远的形神思想研究，谭雪叶，中国政法大学，硕士学位论文，2013年。

唐代江南地区佛教文化环境与诗歌创作 ——以中唐前期江南东道佛寺为考察中心，刘静静，西北大学，硕士学位论文，2013年。

函可《千山诗集》研究，秦嘉，东北师范大学，硕士学位论文，2013年。

印度梵剧《沙恭达罗》英汉译本变异研究，刘建树，陕西师范大学，博士学位论文，2013年。

韩国目连故事流传研究 ——以收藏在《月印释谱》的目连故事为中心，卢仲邦，南京大学，博士学位论文，2013年。

北宋室町诗禅综合研究，商海锋，南京大学，博士学位论文，2013年。

西方净土信仰与唐人创作研究，马小方，福建师范大学，博士学位论文，2013年。

明代文言"鬼小说"研究，苏羽，浙江大学，博士学位论文，2013年。

赞宁《宋高僧传》研究，杨志飞，浙江大学，博士学位论文，2013年。

《高僧传》神异描写研究，赵晶，河南师范大学，硕士学位论文，2013年。

敦煌佛教孝道文献与图像之互文性研究，简佩琦，成功大学中国文学系，博士论文，2013年。

康僧会《六度集经》之研究，毕书径，淡江大学中国文学学系，硕士班学位论文，2013年。

"诗禅交涉"在唐代至北宋诗学的开展，吴静宜，成功大学中国文学系，博士学位论文，2013 年。

伦常道·菩提心——李炳南居士儒佛思想探析，吴毓纯，台湾大学中国文学研究所，硕士学位论文，2013 年。

吕碧城研究，杨锦郁，淡江大学中国文学学系，博士班学位论文，2013 年。

討債鬼故事の成立と展開：我が子が債鬼であることの発見，福田素子，東京大學，博士學位論文，2013 年。

敦煌变文语言文学研究，许松，兰州大学，博士学位论文，2013 年。

靖江做会讲经研究，孙跃，华中师范大学，博士学位论文，2013 年。

日僧天岸慧广的《东归集》之研究，左茗，浙江工商大学，硕士学位论文，2013 年。

2014 年

回鹘文《金光明经》中的佛教术语翻译研究，杨潇，中央民族大学，硕士学位论文，2014 年。

清代佛学思想与龚自珍诗文创作研究，赵宏，吉林大学，博士学位论文，2014 年。

西游故事跨文本研究，赵毓龙，上海师范大学，博士学位论文，2014 年。

晚明高僧《四书》诠释研究，樊沁永，首都师范大学，博士学位论文，2014 年。

形象·意义·审美—中国现代文学"宗教人物形象"研究，任传印，浙江大学，博士学位论文，2014 年。

冯梦祯研究，魏红艳，浙江大学，博士学位论文，2014 年。

唐代游记文学研究，丁庆勇，武汉大学，博士学位论文，2014 年。

南宋中期僧道故事新变研究——以文言志怪小说为例，吴浩菊，沈阳师范大学，硕士学位论文，2014 年。

庄子与僧肇理想人格说比较研究，周欢，安徽大学，硕士学位论文，2014 年。

清初吴中遗民僧及其文学研究，张夸，西南大学，硕士学位论文，2014 年。

敦煌法荣窟研究，郑怡楠，中央美术学院，博士学位论文，2014 年。

中古时期僧人宝志的文献书写及后世神僧身份之建构，徐隆，南京大学，硕士学位论文，2014 年。

《出三藏记集》研究，高冉，东北师范大学，硕士学位论文，2014 年。

日僧圆仁《入唐求法巡礼行记》所载文书研究——兼与圆珍文书、敦煌文书比较，齐会君，郑州大学，硕士学位论文，2014 年。

关于五山诗僧汉诗中的汉字使用：以"懒"字为中心，李秋艳，长春工业大学，硕士学位论文，2014 年。

敦煌曲子辞写本整理与研究，张长彬，扬州大学，博士学位论文，2014 年。

《妙法莲华经·提婆达多品》研究，陈婕，福建师范大学，硕士学位论文，2014 年。

《大唐西域记》佛教词语研究，张艳华，新疆师范大学，硕士学位论文，2014 年。

《大慈恩寺三藏法师传》研究，张婷，华中师范大学，硕士学位论文，2014 年。

贯休诗学理论研究，崔宝峰，牡丹江师范学院，硕士学位论文，2014 年。

明清之际诗僧研究，孙宇男，吉林大学，博士学位论文，2014 年。

唐代诗僧群体的世俗化研究，李婷，厦门大学，硕士学位论文，2014 年。

诗僧无可研究，李冬艳，厦门大学，硕士学位论文，2014 年。

八指头陀和韩龙云诗歌创作的比较研究，朱曼曼，烟台大学，硕士学位论文，2014 年。

诗禅一如——浅析担当山水画中的诗境与禅意，张静，河北师范大学，硕士学位论文，2014 年。

弘一法师佛学特质探究，陈国鹏，湖北大学，硕士学位论文，2014 年。

论虚云和尚的禅学圆融观，黄伟龙，南昌大学，硕士学位论文，2014 年。

李煜与南唐佛教研究，黎文雯，江西师范大学，硕士学位论文，2014 年。

"妙悟"：佛教中道美学，阳开怀，暨南大学，硕士学位论文，2014 年。

张载佛教观思想研究，李山峰，陕西师范大学，硕士学位论文，2014 年。

佛教世俗化对晚明世情小说中僧尼形象的影响，王煜，湖南师范大学，硕士学位论文，2014 年。

浅析维译版《西游记》中佛教词汇的翻译，贾义龙，新疆师范大学，硕士学位论文，2014 年。

唐代文人与僧人唱和诗研究，汪丽，安徽大学，硕士学位论文，2014 年。

北宋文人对《维摩诘经》的接受，程华锋，中央民族大学，硕士学位论文，2014 年。

北宋文人禅词研究，孙元璐，延边大学，硕士学位论文，2014 年。

禅走向诗之顿悟路径透视，宋喜顺，华侨大学，硕士学位论文，2014 年。

陆九渊援禅入儒的几个问题，周薇，重庆师范大学，硕士学位论文，2014 年。

宋代佛教典籍出版史研究，张敏敏，西南交通大学，硕士学位论文，2014 年。

明清佛教目录研究，李晶，杭州师范大学，硕士学位论文，2014 年。

智旭的律学思想研究，杜悦，陕西师范大学，硕士学位论文，2014 年。

智旭《大学直指》研究，林丽娟，华侨大学，硕士学位论文，2014 年。

《上海图书馆藏敦煌吐鲁番文献》佛经写本俗字研究，杨义凤，南京师范大学，硕士学位论文，2014 年。

《出三藏记集》汉译佛经序文研究，李洁，河南师范大学，硕士学位论文，2014 年。

佛经文学中的动物形象，李政，青岛大学，硕士学位论文，2014 年。

论佛经翻译与中国文化，何丹丹，华中师范大学，硕士学位论文，2014 年。

玄奘本《般若波罗蜜多心经》概念英译研究，张雅娟，北京外国语大学，硕士学位论文，2014 年。

从宗教文本的翻译看中西翻译方法的相似性，张姣，西北大学，硕士学位论文，2014 年。

语言与世界——《华严经》语言哲学研究，单欣，吉林大学，博士学位论文，2014 年。

敦煌《楞严经》写本考暨俗字汇辑，康小燕，浙江师范大学，硕士学位论文，2014 年。

皎然《诗式》中的"取境"观，武争争，中国政法大学，硕士学位论文，2014 年。

皎然意境理论探究 王豪菁，广东外语外贸大学，硕士学位论文，2014 年。

从斯坦纳的翻译阐释观看译者主体性在斯奈德寒山诗英译本中的体现，郭世红，杭州电子科技大学，硕士学位论文，2014 年。

生态翻译学视角下的斯奈德寒山诗英译本研究，彭井，杭州电子科技大学，硕士学位论文，2014 年。

《草堂诗集》与《寒山诗集》的比较研究：以无常观为中心，秦爱娟，首都师范大学，硕士学位论文，2014 年。

寒山及其诗歌研究，鞠俊，南京师范大学，硕士学位论文，

2014 年。

释宗泐及《全室外集》研究，孙海桥，内蒙古师范大学，硕士学位论文，2014 年。

晚唐五代诗格探究，王晶，上海师范大学，硕士学位论文，2014 年。

偈颂的流变研究 ——从偈颂到颂古，沈娜，安徽大学，硕士学位论文，2014 年。

南朝佛教与文人 ——以谢灵运、萧子良、沈约为例，释源清，广西师范大学，博士学位论文，2014 年。

丰子恺文学创作与绘画，黄思源，湖南师范大学，博士学位论文，2014 年。

佛教传播对唐传奇小说通俗化的影响研究，王永丹，吉林大学，博士学位论文，2014 年。

明代四大奇书与宗教，徐薇，武汉大学，博士学位论文，2014 年。

张力与典范：慧皎《高僧传》书写研究，刘学军，南京大学，博士学位论文，2014 年。

《续高僧传》校读研究，李明，安徽大学，硕士学位论文，2014 年。

隐君子——黄山谷的人格与诗风之定位，黄志正，中兴大学中国文学系所，硕士学位论文，2014 年。

"Formation des paradigmes religieux entre essai et hagiographie：étude de deux biji du bouddhisme Chan des Song du Sud（1127 – 1279）"（在随笔与圣传间塑造宗教典范——两部南宋佛教禅宗笔记研究），Zhang，Chao（张超），Ph. D thesis，école pratique des hautes études，2014。

2015 年

从佛学之"空"到文学之"空"，蒋立彦，武汉大学，硕士学位论文，2015 年。

方以智僧后交游考，崔晨，南京师范大学，硕士学位论文，2015 年。

宋人笔记小说中的宋代僧人形象研究，林帅，温州大学，硕士学位论文，2015 年。

论刘勰《文心雕龙》佛学观——以僧肇《肇论》为中心，罗聪懿，上海师范大学，硕士学位论文，2015 年。

齐己及其诗歌研究，朱力力，南京师范大学，硕士学位论文，2015 年。

贯休及其诗歌研究，黄梦珊，南京师范大学，硕士学位论文，2015 年。

明遗民诗僧苍雪研究，顾明义，苏州大学，硕士学位论文，2015 年。

东晋南北朝僧士合流背景下诗歌的发展，陈丽丽，西北民族大学，硕士学位论文，2015 年。

日藏元代诗僧文集六种研究，范蒙，南京大学，硕士学位论文，2015 年。

释洪恩生平创作考论与《雪浪集》卷上点校，熊文艳，江西师范大学，硕士学位论文，2015 年。

中晚唐书僧文学研究，吕婷婷，济南大学，硕士学位论文，

2015 年。

释道潜诗歌研究，安婧如，山东师范大学，硕士学位论文，2015 年。

《佛果圆悟禅师碧岩录》校勘研究，赵晓冬，西南科技大学，硕士学位论文，2015 年。

清代诗僧元璟研究，周小春，浙江师范大学，硕士学位论文，2015 年。

唐五代僧诗文学批评研究，郑晓蕾，新疆大学，硕士学位论文，2015 年。

敦煌文学中的产育民俗研究，蒋勤俭，云南大学，博士学位论文，2015 年。

敦煌变文中的教化思想研究，伊昕舟，山东师范大学，硕士学位论文，2015 年。

贯休政治生涯考述——兼论其政治诗，江舟，福建师范大学，硕士学位论文，2015 年。

齐梁士僧交往与文学创作，段美莉，福建师范大学，硕士学位论文，2015 年。

明清之际遗民逃禅研究，刘雪梅，吉林大学，博士学位论文，2015 年。

张耒诗文佛缘禅境，杨威，吉林大学，博士学位论文，2015 年。

晚清诗僧寄禅研究，李文兴，吉林大学，博士学位论文，2015 年。

贾岛诗歌研究，宝怀隽，吉林大学，博士学位论文，2015 年。

阳明诗歌与佛禅，侯丹，福建师范大学，博士学位论文，

2015 年。

清初士人"逃禅"现象及其对文学之影响研究，刘敬，南开大学，博士学位论文，2015 年。

《四十二章经》版本再研究，李沁，福建师范大学，硕士学位论文，2015 年。

南本《大般涅槃经》研究，吴章燕，福建师范大学，博士学位论文，2015 年。

《西游记》佛禅思想考释，张艳姝，吉林大学，博士学位论文，2015 年。

"三言""二拍"僧道形象研究，吕冰洁，陕西理工学院，硕士学位论文，2015 年。

杨无咎《逃禅词》研究，董为，哈尔滨师范大学，硕士学位论文，2015 年。

唐代佛寺文化与诗歌的传播，左钊，河北大学，硕士学位论文，2015 年。

韩愈论说文对《弘明集》的接受研究，时旭，新疆师范大学，硕士学位论文，2015 年。

唐五代笔记小说佛道内容研究，王鑫，兰州大学，硕士学位论文，2015 年。

宋代宜丰禅宗文学研究，朱小娟，南昌大学，硕士学位论文，2015 年。

唐代长安寺观与诗歌创作，姜卓，陕西师范大学，硕士学位论文，2015 年。

论佛教对《聊斋志异》的影响——以佛教故事为中心，付昀夕，云南大学，硕士学位论文，2015 年。

皎然的辩证诗学观研究，汪鹏，三峡大学，硕士学位论文，2015 年。

中晚唐诗僧山水诗意象研究——以水、云、月意象为中心，刘云飞，湖北师范学院，硕士学位论文，2015 年。

皎然诗集注释，陈新华，广西民族大学，硕士学位论文，2015 年。

明代小说中佛门情欲现象研究，陈苗苗，河北大学，硕士学位论文，2015 年。

白居易与佛教——以诗歌为研究对象，王一乔，四川师范大学，硕士学位论文，2015 年。

慈恩寺与唐代文学，王展，上海社会科学院，硕士学位论文，2015 年。

敦煌变文三考，张芷萱，四川师范大学，硕士学位论文，2015 年。

《大藏经·丹珠尔》中的一百五十赞佛颂研究，完么加，青海师范大学，硕士学位论文，2015 年。

支遁及其诗歌研究，武金芝，东北师范大学，硕士学位论文，2015 年。

前蜀方外作家研究——以杜光庭和贯休为中心，于玥，辽宁大学，硕士学位论文，2015 年。

密教传持与取经故事，李晓，上海师范大学，硕士学位论文，2015 年。

傣族诗歌的华丽蜕变——南传佛教影响下的"傣族诗歌"考察，彭雪丹，云南师范大学，硕士学位论文，2015 年。

《古今禅藻集》研究，郭宜兰，江西师范大学，硕士学位论文，2015 年。

贯休政治生涯考述，江舟，福建师范大学，硕士学位论文，2015 年。

孟郊与佛教，张杨，福建师范大学，硕士学位论文，2015 年。

唐代杭州诗歌研究，张超男，广西师范大学，硕士学位论文，2015 年。

惠洪《冷斋夜话》研究，唐娟，广西师范大学，硕士学位论文，2015 年。

宗教视野中的文学变革（1915—1919）——以《新青年》为中心，陈志华，山东师范大学，博士学位论文，2015 年。

六朝灵验类小说研究 ——以三种《观世音应验记》为中心，谷文彬，华中师范大学，博士学位论文，2015 年。

李贽的伦理思想研究——以其论儒释道三教为考察对象，王裔慈，台湾大学中国文学研究所，硕士学位论文，2015 年。

2016 年

《宋文宪公护法录》研究，贾素慧，上海大学，博士学位论文，2016 年。

中国古代鬼戏与传统文化，刘库，武汉大学，博士学位论文，2016 年。

元僧楚石梵琦赓和寒山、拾得诗研究，冯妍菲，武汉大学，硕士学位论文，2016 年。

宋元时期赴日禅僧的宗教文学作品研究，侯利萌，武汉大学，硕士学位论文，2016 年。

佛学之"识"的诗学阐释，程婷婷，武汉大学，硕士学位论文，2016 年。

诗道惟在妙悟 ——诗学之"悟"的生成及流变研究，张嘉薇，武汉大学，硕士学位论文，2016 年。

佛教文化视域下的西域戏生成研究，韩文慧，陕西师范大学，博士学位论文，2016 年。

唐代僧伽教育研究 ——以《续高僧传》、《宋高僧传》为中心，李莉，西北师范大学，硕士学位论文，2016 年。

《世说新语》与佛教，姜广振，南京师范大学，博士学位论文，2016 年。

柳宗元诗文与佛禅的现实关照研究，王玉姝，吉林大学，博士学位论文，2016 年。

北魏比丘尼研究，陈晨，吉林大学，硕士学位论文，2016 年。

金元文人李俊民与僧道人士交游考，龚雨璐，湖南师范大学，硕士学位论文，2016 年。

皎然《诗式》的诗学理论研究，于艳军，齐齐哈尔大学，硕士学位论文，2016 年。

禅宗思想对唐宋审美趣味转向之影响——以诗歌及艺术理论为例，刘韵，西安音乐学院，硕士学位论文，2016 年。

中晚唐僧诗研究，林媛媛，吉林大学，博士学位论文，2016 年。

《洛阳伽蓝记》研究——以文学为中心，张安蜜，闽南师范大学，硕士学位论文，2016 年。

《太平广记》所载《金刚经》灵验故事研究——以唐代为例，杨夏丽，西北大学，硕士学位论文，2016 年。

北宋佛寺文研究，李晓红，山东大学，博士学位论文，2016 年。

二十世纪以来《洛阳伽蓝记》研究综述，陈思林，东北师范大学，硕士学位论文，2016 年。

试论明清昆腔传奇中僧尼形象的世俗化趋势，徐传南，苏州大学，硕士学位论文，2016 年。

晚明佛教与汤显祖"情至"文学创作的关联研究，柳旭，吉林大学，博士学位论文，2016 年。

金代诗文与佛禅研究，孙宏哲，吉林大学，博士学位论文，2016 年。

越南李陈禅诗之研究，武氏明凤，上海师范大学，博士学位论文，2016 年。

禅尊达摩：永明延寿禅学思想研究，程佳琳，厦门大学，博士学位论文，2016 年。

《九僧诗集》研究，陈敏，浙江大学，硕士学位论文，2016 年。

晚唐五代诗僧普遍苦吟现象研究，金佳敏，江西师范大学，硕士学位论文，2016 年。

汉文佛经中的提婆达多故事类型研究，李从武，西北大学，硕士学位论文，2016 年。

唐宋僧人茶诗研究，宋小静，陕西师范大学，硕士学位论文，2016 年。

《坛经》佛理的文学性表达，杨兵，江西财经大学，硕士学位论文，2016 年。

敦煌变文与元杂剧同题材作品研究，王海霞，湖北师范大学，硕士学位论文，2016 年。

"三言"、"二拍"中的僧尼形象研究，何进，重庆工商大学，硕士学位论文，2016 年。

清初两浙诗僧研究，何年丰，浙江师范大学，硕士学位论文，2016 年。

论禅学影响下的王维诗画，杜秀萍，山西师范大学，硕士学位论文，2016 年。

义堂周信《空华集》汉诗研究，马蕙颖，广西大学，硕士学位论文，2016 年。

寒山在明代丛林中的影响，曹裕玲，江西师范大学，硕士学位论文，2016 年。

文莹笔记研究，孙健，山西大学，硕士学位论文，2016 年。

晚唐五代诗僧群体的诗禅观研究 ——以齐己为中心的考察，李芳，华中师范大学，硕士学位论文，2016 年。

大历诗僧与文士交游研究，阮先薇，扬州大学，硕士学位论文，2016 年。

芥川龙之介作品中的无常观 ——以"寒山拾得"为中心，陈梦宇，大连理工大学，硕士学位论文，2016 年。

宋代僧人咏史诗研究，邓泰，辽宁师范大学，硕士学位论文，2016 年。

函可诗歌研究，徐洁，辽宁师范大学，硕士学位论文，2016 年。

王梵志诗副词研究，王玉婷，云南大学，硕士学位论文，2016 年。

文化融合视域中的《六度集》，刘春明，吉林大学，博士学位论文，2016 年。

敦煌文学嬗变研究 ——以吐蕃统治时期为中心，朱利华，西北师范大学，博士学位论文，2016 年。

唐前鬼文化与志怪小说研究，金官布，陕西师范大学，博士学位论文，2016 年。

2017 年

永年与《吴都法乘》研究，王海男，苏州大学，博士学位论文，2017 年。

唐代僧人"前理解"研究，戎川，中央民族大学，博士学位论文，2017 年。

蒙汉文学交融视域下的元诗研究，赵延花，内蒙古大学，博士学位论文，2017 年。

真心观与宋元明文艺思想研究，曹磊，南开大学，博士学位论文，2017 年。

克孜尔石窟佛传故事图像研究，闫飞，华东师范大学，博士学位论文，2017 年。

唐、宋禅宗"牧牛图、颂"研究，王一帆，武汉大学，博士学位论文，2017 年。

宋代佛教灵验类故事及其世俗化，张欢，西南交通大学，硕士学位论文，2017 年。

宋南渡佛禅词研究，赵星月，吉林大学，硕士学位论文，2017 年。

《佛子行三十七颂》研究，华贡才让，西北民族大学，硕士学位论文，2017 年。

唐代诗僧释灵澈研究，郑蕴杰，天津师范大学，硕士学位论文，2017 年。

黄庭坚的文化人格与佛禅思想，朱丽华，吉林大学，博士学位论文，2017 年

朱熹文学与佛禅关系研究，邱蔚华，福建师范大学，博士学位论文，2017 年。

《般舟三昧经》研究，歌春话，福建师范大学，博士学位论文，2017 年。

唐五代敦煌诗歌写本及其传播、接受，张利亚，兰州大学，博士学位论文，2017 年。

白居易与禅宗思想经典——以《金刚经》《维摩诘经》《心经》为例，谢华平，福建师范大学，硕士学位论文，2017 年。

龟兹早期壁画研究——以克孜尔 117 窟为例，雷启兴，华东师范大学，博士学位论文，2017 年

晋唐庐山禅诗研究，鲍赫，吉林大学，博士学位论文，2017 年。

唐代禅诗研究，辛鹏宇，陕西师范大学，博士学位论文，2017 年。

南宋禅宗绘画研究，李静，山东大学，博士学位论文，2017 年。

白云禅系研究，张倩，中央民族大学，博士学位论文，2017 年。

《众喜宝卷》研究，蔡迎春，上海师范大学，博士学位论文，2017 年。

文学的终极关怀精神——探讨藏族佛教文学至现当代文学的思想流变，边巴顿珠，西藏大学，博士学位论文，2017 年。

孟浩然与佛教，陈小玲，福建师范大学，硕士学位论文，2017 年。

《了凡四训》中的佛教思想研究，宋浩，西南政法大学，硕士学位论文，2017 年。

南朝士大夫佛教教育问题研究，朱冰洁，西北大学，硕士学位论文，2017 年。

《佛本行集经》中的佛陀形象研究，成瑶瑶，陕西师范大学，硕士学位论文，2017 年。

论梁启超佛学思想对其美学观的影响，郭焕苓，山东师范大学，硕士学位论文，2017 年。

论敦煌变文的通俗化特征，曹俊杰，新疆师范大学，硕士学位论文，2017 年。

《吴兴昼上人集》整理与研究，张国勇，贵州民族大学，硕士学位论文，2017 年。

《五灯会元》诗偈研究，崔淼，河北大学，硕士学位论文，2017 年。

僧仲殊及其诗词研究，王赛，河北大学，硕士学位论文，2017 年。

南宋禅画艺术研究，周亚赛，淮北师范大学，硕士学位论文，2017 年。

敦煌讲史变文文体特色探析，石庭瑞，内蒙古师范大学，硕士学位论文，2017 年。

许浑诗歌创作与佛道二教，刘欣然，四川师范大学，硕士学位论文，2017 年。

张氏归义军时期佛教影响下的文学研究，张兴华，四川师范大学，硕士学位论文，2017 年。

敦煌文献中的《维摩诘经讲经文》研究，杜维茜，四川师范大学，硕士学位论文，2017 年。

九僧诗歌创作艺术特征研究，张媛，海南大学，硕士学位论文，2017 年。

贯休诗歌禅意研究，王泓力，广西大学，硕士学位论文，2017 年。

明遗民与江西禅门关系考述，熊超，南昌大学，硕士学位论文，2017 年。

皎然"性情"诗论研究，赵闪闪，江南大学，硕士学位论文，2017 年。

八指头陀诗风嬗变研究，阳晓，湘潭大学，硕士学位论文，2017 年。

隐元诗歌研究，商宇琦，绍兴文理学院，硕士学位论文，2017 年。

敦煌文献《舜子变》研究，朱梦霞，青海师范大学，硕士学位论文，2017 年。

敦煌写本《斋琬文》研究，朱义霞，西南大学，硕士学位论文，2017 年。

论儒释道文化对宗璞小说创作的影响，宋爽，上海外国语大学，硕士学位论文，2017 年。

魏晋南北朝佛教文学研究，时佳佳，山西大学，硕士学位论文，2017 年。

白居易的诗歌与佛寺之关系研究，刘瑶，山西大学，硕士学位论文，2017 年。

敦煌石窟北朝白衣佛小考，谢漠兮，中国美术学院，硕士学位论文，2017 年。

宋僧道潜年谱简编，滑红彬，南昌大学，硕士学位论文，2017 年。

北宋佛寺与北宋诗歌考论，贾晓峰，西北大学，博士学位论文，2017 年。

中国古代小说中的圣愚形象研究，徐笑一，东北师范大学，博士学位论文，2017 年。

东晋时期僧文研究，王蒙，广西大学，硕士学位论文，2017 年。

《大唐西域求法高僧传》版本异文研究，余枣焱，四川外国语大学，硕士学位论文，2017 年。

2018 年

《洛桑泽培传》研究——《白莲鬘》翻译注释与研究，海梅，中央民族大学，博士学位论文，2018 年。

唐宋禅宗对越南李陈禅诗影响研究，阮英俊，广西师范大学，博士学位论文，2018 年。

《本生经》对中土小说的影响，蔡苡，南京师范大学，博士学位论文，2018 年。

《冷斋夜话》研究，孙可，南开大学，博士学位论文，2018 年。

张九成儒释思想与文学研究，吕继北，南开大学，博士学位论文，2018 年。

元杂剧死亡书写研究，曹瑜，武汉大学，博士学位论文，2018 年。

明末清初曹洞宗寿昌派诗歌研究，党晓龙，武汉大学，博士学位论文，2018 年。

支遁文艺思想研究，王美心，武汉大学，硕士学位论文，2018 年。

论慧远的文艺思想，高雨薇，武汉大学，硕士学位论文，2018 年。

张恨水小说中佛教文化原型研究，董胜，苏州大学，博士学位论文，2018 年。

佛教命题中观音慈悲形象的流变及其舞台创作，李梦瑶，西安音乐学院，硕士学位论文，2018 年。

魏晋佛教绘画人物形态研究，符长瑜，沈阳师范大学，硕士学位论文，2018 年。

《文选注》所见中古教外士人的佛教知识世界——以李善为中心，徐沛楠，华东师范大学，硕士学位论文，2018 年。

晋代僧人书信词汇研究，桂小雨，西南科技大学，硕士学位论文，2018 年。

佛陀造像中国化研究——以东晋至宋佛教壁画为中心，李靖，中央美术学院，博士学位论文，2018 年。

来宋日僧俊芿与中日律宗交流研究，谢曼，浙江工商大学，硕士学位论文，2018 年。

物初大观研究，鲁弯弯，宁波大学，硕士学位论文，2018 年。

南宋巴蜀禅僧画研究，王芳，四川师范大学，硕士学位论文，2018 年。

宋初僧诗研究，王欢，湘潭大学，硕士学位论文，2018 年。

担当禅师书画研究，赵天，山东师范大学，硕士学位论文，2018 年。

支遁文学接受研究，周小敏，河北师范大学，硕士学位论文，2018 年。

《名僧传》研究，何雪利，云南师范大学，硕士学位论文，2018 年。

东晋南朝剡县僧人研究，赵鑫桐，重庆大学，硕士学位论文，2018 年。

室町时期五山禅僧的中国观考察，白甜甜，大连外国语大学，硕士学位论文，2018 年。

《金瓶梅》中的僧道形象研究，娄啸宇，江西师范大学，硕士学位论文，2018 年。

齐己僧诗的佛禅美学研究，宋新乐，山东理工大学，硕士学位论文，2018 年。

赴日元僧竺仙梵仙研究，程璐璐，浙江工商大学，硕士学位论文，2018 年。

赴日元僧清拙正澄在日活动研究，许语，浙江工商大学，硕士学位论文，2018 年。

南宋禅宗大慧法脉写作研究，何宇，陕西师范大学，硕士学位论文，2018 年。

南宋禅僧北涧居简及其诗歌研究，宋肖利，陕西师范大学，硕士学位论文，2018 年。

论禅宗思想对清四僧山水画的影响，罗小川，广西师范大学，硕士学位论文，2018 年。

《五杉集》佛教丧葬仪式研究，刘素香，上海师范大学，硕士学位论文，2018 年。

宋代药师佛信仰研究，南丽，上海师范大学，硕士学位论文，2018 年。

敦煌本《金刚经》灵验记研究，朱国立，兰州大学，硕士学位论文，2018 年。

敦煌千手千眼观音研究，纪应昕，兰州大学，硕士学位论文，2018 年。

北宋临济宗禅僧诗研究，王嘉宁，兰州大学，硕士学位论文，2018 年。

藏传佛教绘画中的神格化本土女性形象研究，云丹卓玛，西藏大学，硕士学位论文，2018 年。

藏传佛教文殊菩萨造像研究，王岳，西藏大学，硕士学位论文，2018 年。

《八大菩萨曼荼罗经》中八菩萨立像造型研究——以勉唐风格为例，陈敬林，西藏大学，硕士学位论文，2018 年。

论敦煌壁画乐舞的佛法意蕴——以唐代西方净土变为例，罗雪婷，北京舞蹈学院，硕士学位论文，2018 年。

敦煌社邑文书常用动作语义场词语研究，姬慧，兰州大学，博士学位论文，2018 年

隋及唐前期莫高窟藻井图案研究，陈振旺，兰州大学，博士学位论文，2018 年。

佛教神异与唐五代密咒研究，金晖，上海师范大学，硕士学

位论文，2018 年。

美岱召藏传佛教诵经仪式音声考，韩雪，内蒙古师范大学，硕士学位论文，2018 年。

赵孟頫书法的禅宗思想研究，赖建建，河北师范大学，硕士学位论文，2018 年。

赵孟頫《红衣罗汉图》的艺术分析，祁婷，河北师范大学，硕士学位论文，2018 年

禅宗空间研究——以茅蓬寺为例，李珂，中央美术学院，硕士学位论文，2018 年。

释迦牟尼佛神话研究——以佛传为中心，赵艳，陕西师范大学，博士学位论文，2018 年。

船子和尚研究，刁森成，扬州大学，硕士学位论文，2018 年。

龟兹文化与唐五代文学研究，屈玉丽，浙江大学，博士学位论文，2018 年。

尹湛纳希作品中佛教文化影响研究，包银全，中央民族大学，博士学位论文，2018 年。

越南慧忠上士与中国苏东坡禅诗比较研究，范明心，上海师范大学，博士学位论文，2018 年。

宋初三朝莲社诗研究，黄文翰，山东师范大学，硕士学位论文，2018 年。

唐代生活禅诗歌研究，李耀红，陕西师范大学，硕士学位论文，2018 年。

时空视角下的唐长安佛寺诗研究，王金格，陕西师范大学，硕士学位论文，2018 年。

《全唐诗》洛阳佛寺诗研究，宁欣，内蒙古大学，硕士学位论

文，2018 年。

佛教文化对王维、杜甫的影响及原因，郝文婧，西安外国语大学，硕士学位论文，2018 年。

李白涉佛诗研究，李倩，长沙理工大学，硕士学位论文，2018 年。

仓央嘉措诗歌汉译本研究，祁拉旦，北方民族大学，硕士学位论文，2018 年。

《西行取经记》研究，高莉，贵州民族大学，硕士学位论文，2018 年。

20 世纪中国小说中的佛教徒形象演变研究，朱令军，山东大学，硕士学位论文，2018 年。

晋唐僧侣与中国文学西域书写的开拓，李娜，江西师范大学，硕士学位论文，2018 年。

《续高僧传》分科研究，张婷，华中师范大学，博士学位论文，2018 年。

《盂兰盆经》与中元斋醮的融合与实践研究，张伶芬，中兴大学中国文学系所，硕士学位论文，2018 年。

唐五代禅宗悟道偈研究——从祖师禅到分灯禅之语境交涉及宗典诠释，黄朝和，中兴大学中国文学系所，硕士学位论文，2018 年。

《思凡》研究：从说唱艺术、地方戏、目连戏到崑剧，吴谨桦，成功大学艺术研究所，硕士学位论文，2018 年。

2019 年

方东美华严思想研究，刘峰，陕西师范大学，博士学位论文，

2019 年。

唐代文人禅诗研究，张锦辉，陕西师范大学，博士学位论文，2019 年。

《高僧传》文艺观念研究，陈舒楠，武汉大学，博士学位论文，2019 年。

晚清爱国高僧察罕呼图克图棍噶扎拉参研究，雍赟，兰州大学，博士学位论文，2019 年。

临济宗与宋代诗歌研究，侯本塔，暨南大学，博士学位论文，2019 年。

白居易文学式经典诠释方式研究，谭立，湖南大学，博士学位论文，2019 年。

《乐邦文类》研究，陈昱昊，武汉大学，博士学位论文，2019 年。

佛禅与白居易诗歌创作研究，严胜英，武汉大学，博士学位论文，2019 年。

隐元禅师东渡前诗偈研究，王全武，武汉大学，硕士学位论文，2019 年。

元僧中峰明本及其拟寒山诗研究，陈卓尔，武汉大学，硕士学位论文，2019 年。

《明僧弘秀集》研究，赖艳彬，武汉大学，硕士学位论文，2019 年。

庾信与佛教关系考论，马麟，武汉大学，硕士学位论文，2019 年。

六朝比丘尼佛教书写研究，王婧，武汉大学，硕士学位论文，2019 年。

《唐僧弘秀集》研究，陆光杰，贵州民族大学，硕士学位论文，2019 年。

释来复《澹游集》研究，陈芳，南昌大学，硕士学位论文，2019 年。

唐代僧诗比喻运用研究，朱芳容，海南师范大学，硕士学位论文，2019 年。

俄藏黑水城汉文佛教文学文献研究，赵阳，兰州大学，博士学位论文，2019 年。

汉译佛典譬喻故事研究，元文广，西北大学，博士学位论文，2019 年。

唐代之前"复活"型民间故事研究，邵晨宁，广西师范大学，硕士学位论文，2019 年。

论明代的神祇形象与造神方式 ——以《绘图三教源流搜神大全》为中心，张宜强，福建师范大学，硕士学位论文，2019 年。

《西游记》英译史研究，王文强，上海外国语大学，博士学位论文，2019 年。

方杞佛理散文研究，刘宝炼，南宁师范大学，硕士学位论文，2019 年。

刘义庆志怪小说中的佛教故事研究，孙亚飞，西北师范大学，硕士学位论文，2019 年。

宋代文言小说报应题材研究，马李莉，南京师范大学，硕士学位论文，2019 年。

唐五代笔记小说中的僧人形象研究，杜青，西华师范大学，硕士学位论文，2019 年。

《太平广记》中的入冥类小说研究，张艺凡，西藏大学，硕士学位论文，2019 年。

佛教与清代世情小说 ——以《醒世姻缘传》《野叟曝言》等为中心，高新，上海师范大学，硕士学位论文，2019 年。

西游故事的空间叙事及其文化意蕴，李贝贝，陕西理工大学，硕士学位论文，2019 年。

观音类宝卷研究，陈佳利，上海师范大学，硕士学位论文，2019 年。

白居易诗歌中的佛学意趣研究，马卓，延安大学，硕士学位论文，2019 年。

寄禅禅诗研究，李鹏博，辽宁大学，硕士学位论文，2019 年。

《阿底峡尊者八十颂》研究，多杰才旦，青海师范大学，硕士学位论文，2019 年。

宋代佛寺文化与诗歌研究，许烨麟，南京师范大学，硕士学位论文，2019 年。

彭绍升佛儒会通思想研究，马婷婷，中国计量大学，硕士学位论文，2019 年。

佛教思想与谢灵运创作观念 ——以《辨宗论》为中心，黄丽霞，深圳大学，硕士学位论文，2019 年。

佛禅对陆游诗歌创作的影响，刘艳芳，福建师范大学，硕士学位论文，2019 年。

杨亿佛禅诗研究，刘子溪，云南大学，硕士学位论文，2019 年。

乾隆皇帝五台山诗歌研究，薛海霞，山西师范大学，硕士学位论文，2019 年。

《觉社丛书》的佛学阐释与文学研究（1918—1919），许晓晓，暨南大学，硕士学位论文，2019 年。

隋至唐前期的长安佛教——以《续高僧传》为中心，冯晓敏，暨南大学，硕士学位论文，2019 年。

佛书东传：宋朝与日本的文化交流，李夏璐，厦门大学，硕士学位论文，2019 年。

《灵州龙兴寺白草院史和尚因缘记》研究，梅雪，兰州大学，硕士学位论文，2019 年。

《楞伽经》与唐代诗人——以韦应物为研究中心，黄晓宇，安徽大学，硕士学位论文，2019 年。

唐五代僧侣行旅诗研究，代慧婷，江西师范大学，博士学位论文，2019 年。

宋以前佛教西方净土思想与文学，丁良艳，陕西师范大学，博士学位论文，2019 年。

晋唐庐山佛教文学研究，陈方，福建师范大学，博士学位论文，2019 年。

魏晋南北朝佛教与志怪小说研究，冷艳，吉林大学，博士学位论文，2019 年。

西晋七僧佛教文学研究，米文靖，湖南师范大学，硕士学位论文，2019 年。

北宋禅僧山居诗研究，吴成田，扬州大学，硕士学位论文，2019 年。

中国佛教文学与近现代知识启蒙暨历史书写，刘凯玲，台湾师范大学国文学系，硕士学位论文，2019 年。

2020 年

弘一法师诗词研究，肖菲，吉林大学，博士学位论文，2020 年。

王维的佛教思想及其与玄光禅诗视野探究，陈氏贤（Tran Thi Hien），福建师范大学，博士学位论文，2020 年。

明季巴蜀第一禅僧：聚云吹万广真研究，王廷法，福建师范大学，博士学位论文，2020 年。

《西游记》"空"的审美范畴论，安汝杰，东南大学，博士学位论文，2020 年。

唐代士人赠僧诗研究，王卢笛，南开大学，博士学位论文，2020 年。

编目与造藏——唐宋之际的经录与藏经，张旭，浙江大学，博士学位论文，2020 年。

裴休的佛教信仰研究，狄蕊红，西北大学，博士学位论文，2020 年。

惠洪《冷斋夜话》诗学思想摭论，温玲，武汉大学，硕士学位论文，2020 年。

贯休诗歌批评研究，廖楚宣，武汉大学，硕士学位论文，2020 年。

传记文学理论视域下的《米拉日巴传》研究 ——以桑杰坚赞所著版本为例，俸裕程，战略支援部队信息工程大学，硕士学位论文，2020 年。

琦君小说的主题意蕴研究，蔡林翰，湘潭大学，硕士学位论文，2020 年。

中日佛教文化交流视域下日本五山汉诗创作研究 ——以绝海中津为中心，李君，山西大学，硕士学位论文，2020 年。

唐代洛阳佛教文学研究，百双，山东师范大学，硕士学位论文，2020 年。

朱熹诗写佛禅研究，李兵，贵州师范大学，硕士学位论文，2020 年。

寂静主题的东方文学呈现 ——以梵语诗、禅诗、俳句为例，黄丽娴，广西师范大学，硕士学位论文，2020 年。

论柳宗元诗歌中的佛禅观，李春锦，海南大学，硕士学位论文，2020 年。

土观洛桑曲吉尼玛诗作研究，桑杰卡（Sang Rkys Mkhar），西北民族大学，硕士学位论文，2020 年。

作为诗文僧的物初大观研究，姚梦圆，江西师范大学，硕士学位论文，2020 年。

蒙古族妙音天女赞颂诗研究，仓萨尔，内蒙古大学，硕士学位论文，2020 年。

《大库伦寺法王阿旺华丹传》翻译与研究，康丽丽，内蒙古大学，硕士学位论文，2020 年。

北宋江西诗僧诗作研究，邱悦，南昌大学，硕士学位论文，2020 年。

《二十一度母礼赞》及其文学价值研究，三智加，西北民族大学，硕士学位论文，2020 年。

佛教与范成大文学创作及其佛禅思想的接受，朱晓凤，上海师范大学，硕士学位论文，2020 年。

惠洪《石门文字禅》研究，向光会，西华师范大学，硕士学位论文，2020 年。

唐代巴蜀佛寺诗研究，邹静驰，四川师范大学，硕士学位论文，2020 年。

郑之珍《新编目连救母劝善戏文》研究，刘子聿，云南师范大学，硕士学位论文，2020 年。

元杂剧中的佛教剧研究，庞雅心，山西师范大学，硕士学位论文，2020 年。

宋元南戏的鬼神情境研究，张明晖，中国戏曲学院，硕士学位论文，2020 年。

《夷坚志》冥报故事研究，万巧燕，长沙理工大学，硕士学位论文，2020 年。

《金瓶梅词话》宗教活动书写研究，张欣，陕西理工大学，硕士学位论文，2020 年。

《夷坚志》中宋代民间信仰与佛教关系研究，林子超，贵州师范大学，硕士学位论文，2020 年。

中日冥界故事考察 ——以《日本灵异记》和《太平广记》的比较为中心，张馨元，渤海大学，硕士学位论文，2020 年。

隋唐时期《金刚经》应验故事研究，魏鑫，辽宁大学，硕士学位论文，2020 年。

《太平广记》所见僧尼故事研究，李玺林，陕西师范大学，硕士学位论文，2020 年。

唐代小说中的冥界官僚系统研究，高丽丽，重庆大学，硕士学位论文，2020 年。

唐代笔记小说中的僧人交往活动，曹若曦，西北大学，硕士学位论文，2020 年。

清代僧诗批评文献考绎，金丽燕，杭州师范大学，硕士学位论文，2020 年。

释来复与《蒲庵集》研究，位义朋，南昌大学，硕士学位论文，2020 年。

姚广孝诗文理论研究，牛鹏，安徽师范大学，硕士学位论文，2020 年。

日用寻常与无边妙法——憨山德清咏物诗、山居诗之概念譬喻浅析，姜德昭，中兴大学中国文学系所，硕士学位论文，2020 年。

后　记

　　本索引的编撰，历时 20 余年。1999 年，我确定以《八仙故事系统考论》作为博士学位论文选题后，便利用人大报刊资料索引、《全国新书目》、《民国总书目》、《史学论文索引》、《东洋学类目》等工具书以及各类专题论著索引收集中国宗教文学研究方面的论著信息，并在各地的书店、图书馆抄录、复印、拍摄、购买相关论著。博士毕业后，这种习惯一直持续到今天，并陆续编译了如下一系列论著：《八仙文化与八仙文学的现代阐释》（黑龙江人民出版社，2006 年）、《想象力的世界——二十世纪"道教与古代文学"论丛》（黑龙江人民出版社，2006 年）、《多面相的神仙——永乐宫的吕洞宾信仰》（齐鲁书社，2010 年）、《百年中国佛道文学研究史论》（中国社会科学出版社，2021 年）、《中国佛教文学学术档案》（2015 年交稿）、《中国道教文学学术档案》（2015 年交稿）、《域外中国道教文学研究论文选》（2015 年交稿）。此外，还设计了一套海外中国宗教文学译丛：《欧美学者论中国道教文学》《欧美学者论中国佛教文学》《日本学者论中国道教文学》《日本学者论中国佛教文学》《疯僧济癫研究》《重游庐山——苏轼生活与写作中的佛学》《终末的反思：中国中古存亡诗学》等。2007 年策划 12 卷 25 册本《中国宗教文学史》的编撰后，便将历年抄录的研究索引整理成 word 文档，并利用开会、访学的机会开始收集港台及海外的研究信息，特别是 2012—2013 年访学"中研院"中国文哲研究所、2014—2015 年在南华大学做客座教授以及 2019—2020 年访学亚利桑那州立大学，收集到了大量港台及海外文献；2016 年举办第三届宗教实践与文学创作暨《中国宗教文学史》编撰研讨会时，便邀请一批海外学者撰写相关专题综述，编成《国际视野中的中国宗教文学研究》一书。最近这两个月，又将索引进行了校订和增补，尤其是对各类重要辑刊中的论文进行了增补。在辑录索引的 20 多年中，得到了许多师友的帮助，也曾聘请吴岳聪等同学对索引进行规范化处理，在此一并致谢。由于辑录工作历时长久，信息来源各异，且涉及多个语种，其间错误在所难免，挂一漏万在所难免，有的名称前后不统一，如"中央研究院"和"中研院"等。如有不当，请多指正，以便修订。

本索引是作为 12 卷 25 册本《中国宗教文学史》的参考文献出版的。自 2007 年开始策划这套书以来，一直得到各界师友的帮助和支持，项目得以顺利展开：2009 年组建武汉大学中国宗教文学与宗教文献研究中心，并在《武汉大学学报》开设《宗教文学研究》专栏，以此为契机，一个由中国社会科学院、南开大学、内蒙古大学、内蒙古社科院、西藏民族学院、兰州大学、四川社科院、陕西师范大学、武汉大学、南京大学、华东师范大学、福建师范大学、湖南师范大学、江西师范大学、中山大学等高校、科研机构组成的课题组得以成立。2015 年，课题获得国家社科重大基金资助；2017 年，此套书获得国家社科重大基金滚动资助和国家出版基金资助。为了凝聚学术理念、加快编撰进度，课题组先后举办了 10 次学术研讨会，先后在《武汉大学学报》《学术交流》《哈尔滨工业大学学报》《江西师范大学学报》《贵州社会科学》等刊物举办专栏，刊发了一批论文。如今，在课题组的共同努力下,《中国宗教文学史》已经大体定稿,即将结项。这套书得以顺利完成,与本索引中诸多前辈和同行的努力密切相关。在此,特向耕耘在这片土地上的学者们致以崇高的敬意!

2021 年 12 月 4 日,国家社科基金重大项目《中国宗教文学史》顺利结项;2022 年 3 月 12 日,《中国宗教文学史》结项获批"优秀"。在此特向课题组同仁以及支持这个课题运作的学界、教界、出版界、期刊界诸前辈、诸师友表示衷心地感谢;同时,也要向武汉大学文学院、社科院、人事部诸师友,以及我的历届研究生表示衷心地感谢。

2021 年 7 月 7 日初稿
2023 年 8 月 30 日定稿